古典占星统宗全书

明译天文书增注详解

（下）

The Essence of Ancient Astrology in Theory and Practice

(Second Half)

叶飘然　著

加拿大国际出版社

Canada International Press

书名：古典占星统宗全书--明译天文书增注详解(下册)

作者：叶飘然

出版：加拿大国际出版社

www.intlpressca.com

Email: service@intlpressca.com

国际书号ISBN： 978-1-990872-32-7

电子书 ISBN： 978-1-990872-33-4

Book Name: The Essence of Ancient Astrology in Theory and Practice

(Second Half)

Written by: Piaoran Ye

Published by: Canada International Press

www.intlpressca.com

Email: service@intlpressca.com

PRINT Version ISBN 978-1-990872-32-7

EBook ISBN 978-1-990872-33-4

内容简介

本书以波斯占星家 Ibn Labbān 的占星著作《Introduction to Astrology》在中国的译本（《明译天文书》）为底本，作者为之注解，但并未拘泥于原书，而是独立并完整的论述了整个古典占星系统，包括命理、占卜、世运、择吉，从理论引导入门到深入的实践操作，进行了详细的分解，并配备了大量的真实案例。在古典占星主导的案例中，还附带有印度吠陀占星、中国七政四余占星、阿拉伯地卜卦，以及中国术数中的四柱命理、大六壬、奇门遁甲、太乙卦轨、金口诀、六爻纳甲、河洛理数、梅花易数等不同角度的解析，精彩纷呈的东西方术数案例可以让所有术数爱好者从中汲取并领略到不同术数文化的精粹。本书是世界上第一部真正意义上的东西方术数高端实战型融汇书籍！

作者简介

　　叶飘然，男，本名姚洪洲。祖籍浙江省绍兴，现居山东。1978 年出生于易学世家，父母均为民间易学大家，其自幼酷爱易学，研究易学数十年，精通中国、西洋、印度等世界术数，身处国内易学领域应用研究的顶端，在多个领域都达到顶级水准。至今为止，累积数十年各类易学实战经验。作者多年来，一直在新浪博客与微信公众号传播世界易学，并系统向中国引入了印度 Nadi 占星术、红书占星术、K.P 占星术、阿拉伯地卜卦、法国雷诺曼牌占、意大利西比拉牌占等等。主要著作有《奇门遁甲真髓》、《大六壬通解》、《把易临风——大六壬金口诀直指》、《印度纳迪占星与天文手相》。

作者电话：(+86)13589642874

作者邮箱：475035672@qq.com

欢迎关注作者公众号

目　录

The Essence of Ancient
Astrology in Theory and Practice

天文书第三类
（命理占星及案例）

第一门　总论题目

凡阴阳之理，专论祸福。若是吉星断作吉，凶星断作凶。若各星吉照主身安，诸事顺快欢乐。若各星恶照，则凡事艰难涩滞。若各星全顺受者，主一应事皆成就。若各星着中顺受者，凡事亦成就。但着中，若各星不在顺受中，则一应所望之事，皆不得成就。

凡事若遇吉星，不敢便作吉断。若遇凶星，亦不敢便作凶断。看遇吉星时，又有吉星相助。遇凶星时，又有凶星相照，然后断其吉凶。遇吉星，则事皆成全。遇凶星，则事皆不成，又凶。若吉星逆行，或在太阳光下，则不能为福。若凶星顺受者，亦不为凶。

凡四正柱，为有力，能成全一切事；四辅柱，则所望之事，一半成就；四弱柱，则一切事皆不成。若一星先于太阳东出者，与四正柱同；若一星后于太阳西入者，与四辅柱同；若一星在太阳光下者，与四弱柱同。

若太阴与一星相照，后离此一星，主一切过去事。若太阴正与一星相遇或相照，主一切未来事。又看太阴在何宫分，将那宫分主星为主，断一切结末之事。与人命宫第四位，所主同。若二星并行，一星在前，一星在后，其后者追及前星相遇，主一切创求之事。又命主星与第二宫主星相照，主求财事。若第二宫主星，遇命主星者，其财不求自至。若吉星到陷宫或陷度，则于好人处受忧虑；若凶星到庙旺宫度上，则于歹人处得恩惠；若凶星到陷宫度上，则于歹人处受害；若吉星到庙旺宫度上，主吉人，又遇吉人处有恩惠。

太阳最怕与火星同宫同度，与土星相冲；太阴最怕与土星同宫同度，与火星相冲。若是凶星先太阳东出者，其人有伤损。若凶星后太阳西入者，其人累有灾病，骤有患难。太阳最怕火土二星东方先出；太阴最怕火、土二星东方后出。

凡人一切身体气力，皆太阳所主。一切秉性，皆太阴所主。土星主收聚之力，木星主生长之力，火星主恼怒，金星主色欲，水星主思虑记性。

若人安命在天秤宫，其妻安命在白羊宫，主夫妇和顺，又且久远，余仿此。若人奴仆宫内，是奴仆安命宫者，主得奴仆之力，亦顺且久。若二人安命宫同，一命有吉星，一命有凶星，二人同交往，其吉星人受凶星人之祸。若看人命宫主星，或财帛宫主星，或田宅宫主星，或官禄宫主星，专看强旺取用，其余宫分主星，一体推之。

注：此段内容总体而论，主要讲了吉凶论断的关键，具体内容已经在本书其他部分有所论述，之后提到了东出和西入的一些特殊论断规则，最后一段讲述了古典占星中的合盘，所谓合盘就是通过两个人的命盘，进行比较，论断二人的利益或利害关系。

我们该如何如何开始论断一个命盘呢？笔者根据《天步真原》和Rhetorius 在其著作中的说法将论断步骤罗列出来，供大家参考学习。

《天步真原》认为，人命看七件。一：定各曜所主，如妻妾为月，财帛为福，聪明为月、水星之类；二：各曜能力大小。第一为日能力大、二为月、三为木、四为土、五为火、六为金、七为水；三：七曜之性及1宫，10宫之性，称为生人之星；四：各曜何星能力大，在1宫、10宫或在1宫、10宫相近之2宫、9宫；五：能力星在1宫、10宫者，其性之吉凶；六：五星能力大者，在日东或日西，又各曜在本圈高卑。又五星能力大者或在其宫，或在外或在冲；七：七曜同他星有吉照恶照。

七曜有能力,性吉,在强宫有位,比他星高,其星所主之福皆大且久;凶星在强宫有权,比他星高大,凶。凡在其下之星,吉皆变凶,有吉事不成;若吉凶星不在人命强宫,却在高,其所主吉凶事皆少;吉星在高,在下星居高星宫中,即凶事多,但凶事减轻;假如凶星在高,其伎能许星在凶星宫中,其伎能不能成名;如凶星在高,伎能许星在凶星冲位,更凶,即伎能买祸;有吉星在高,五星俱在其下,动则皆吉,不拘所行何事,皆有天幸;有凶星在高,不拘所行何事,皆有祸凶,凶星在宫之正中,其凶更大。

人命有吉凶,看黄道内有何事与我所求者作比例,欲知其事,当求黄道是何宫。有黄道宫,即看各星在黄道中之权。命论各星之宫,官禄论各星之升,朋友及寻常事论星之三角。人命有本宫之性,又有本宫主星之性,又有主星所落之宫之性。又论四宫黄道之性,若俱吉则吉,俱凶则凶。有吉有凶,则论分数。

关于吉凶来之大小,吉凶之来在各星之性,来之大小,在各星之权。一,论黄道之宫或为星之宫,或为星之升,有权者大,无权者小;二,论十二宫在四角内,权大在上,去宫者次之,下去者无权(即角、续、果宫);三,论太阳,土木火与日会后至180°为东,从180°至会时为西,月从朔至望为东,自望至朔为西。金水星自180°至相会为东,从后至180°为西,各星在日前东方行者权大,在日后西方行者权小;四,星与他星比,有一星在高,一星在卑。有一星从北往上行,一星从南往下行(从冬至往夏至为上,从夏至往冬至为下)。有星在北纬大,或在南纬小。两星在一处,在西者行迟者。有星在地平圈离午圈近者,以上五者皆权大,其次权小。又五星行速者权大,迟者权小,退行者无权。

在吉凶迟速上,看所主照星位于1、3象限来速,在2、4象限主迟;

12 宫在角来速,续宫次之,果宫来迟。先定五星在日东日西,从会到 90°、从 180°～270°为日东,从 90°～180°、从 270°至相会,为日西,在日东来速,日西迟。

以上内容对于行星的吉凶大小,提出了详细的模式,我们可以对比 Abū Ma'shar 的类似划分方法。具体如下:

Abū Ma'shar 认为,行星有力量,分别有 8 种,行星于黄道北纬或往北纬升起;行星在远地点的轨道内升起;行星第二次停驻;行星不在日光下;行星位于轴或续宫;外行星东出,尤其相位六合太阳(Abū Ma'shar 认为强力有效的辅星格范围,出此范围为弱东升);外行星位于 1、3 象限,当太阳位于 1、3 象限或阳性星座也有力量,除非太阳位于天秤座;内行星西入或位于 2、4 象限。

Abū Ma'shar 认为,行星力量弱,有行星缓行;第一次停驻;行星逆行,内行星逆行,更有损害性,尤其是焦灼时逆行;行星位于日光下;行星位于黑度;阳星位于阴性星座,或位于阴性度数,白天位于地平线下,夜晚位于地平线上。阴性行星,位于阳性星座,位于阳性度数,夜晚位于地平线下,白天位于地平线上;行星位于降星座;行星位于南纬或朝南纬下行;行星位于果宫;燃烧之径,行星位于天秤座或天蝎座,尤其是天秤座 19°～天蝎座 3°,因为日月于此落陷;行星落于陷星座;行星与逆行行星连结,或与落陷行星、损害的行星、落于果宫的行星连结;行星未被接纳;行星游隼,比行星空亡要凶,如果没有吉星映射则更糟;外行星西入、位于 2、4 象限。如果太阳位于阴性星座,位于 2、4 象限,也无力,除非位于第 9 宫;内行星位于东出之始,或者位于 1、3 象限。

Abū Ma'shar 认为行星吉利的情形有多种。行星被吉星六合、三合、刑或合相;凶星反厌行星;行星离于吉星趋于吉星;行星被两颗吉星夹拱;行星位于日核;行星被太阳三合或六合;行星被月亮映射,同时月亮吉利;行星速行或增光;行星位于舍、升、界、三方、旬或喜乐宫;行星位于亮度;行星被接纳;阳星位于阳性星座或阳度,白天位于地平线上方,夜间位于地平线下方。阴星位于阴性星座或阴性度数,白天位于地平线下方,夜晚位于地平线上方;日月于吉星处有力量,譬如合星宗,金星、木星于日月处得星宗力。需要注意,吉利可以叠加,譬如水星位于室女座,既是舍,也是升,双重力量。如果位于水星界,则具有三重力量。行星位于符合自己特性的舍星座,更强化一些,譬如土星位于宝瓶座,木星位于射手座,火星位于天蝎座,金星位于金牛座。

Abū Ma'shar 认为行星凶的情形有多种。行星合相凶星,或与凶星刑冲,三合六合,它们之间距离小于一个界,尤甚;行星位于凶星或凶星星座;凶星高于行星,位于其10、11宫,凶星未接纳则尤甚;行星合相太阳或刑冲太阳;行星与罗睺或计都合相,小于12°。太阳合相罗计,前后4°内凶。月亮合相罗计,前后12°内凶;有些占星家认为罗睺主增长,计都主减少,罗睺合凶星则增凶,合吉星则增吉,计都合吉星则减吉,合凶星则减凶;行星被凶星夹拱。

在系统论断命盘方面,Rhetorius 提出了以下规则。

1、首先鉴定一个命是好命还是坏命。看日月是否有辅星形成辅星格,辅星是同星宗还是异星宗。譬如昼生人,木星和土星为同星宗,火星、金星、月亮异星宗。看行星是否入域,即相应的行星位于阳性星座还是阴性星座,位于阳性象限还是阴性象限,日月与五星、上升轴是否有吉利的映射相位,或者是否彼此反厌,注意它们所在阴阳象限,是否一个位于阳性象限,另一个位于阴性象限,以上这些至关重要。

观察上升的三方主,昼生人看太阳的三方主,夜生人看月亮的三方主,看它们所在宫位,看日、月的界主星,看行星的 12 分部,看它们位于什么星座、宫位,和什么行星在一起。也要检查福点和精神点以及它们的定位星,当它们被焦灼或被凶星注视映射,或彼此相冲,则命主生下来难以存活,尤其是日、月被凶星注视映射,或被凶星夹拱,与凶星合相,并且凶星非同星宗,这种情况一般命主夭折,此时应该检验出生前新月或满月的位置以及它们的定位星与界主星。

实际操作的时候,可以按上升的三方主、日月三方主(分昼夜)、福点的三方主次序论断。如果昼生人命盘上升的三方主与太阳的三方主、福点三方主都一致,则大吉,这种重叠体现,强化了命主的强吉命运轨迹。如果发现上升的三方主状态不佳,接着看日月(分昼夜)的三方主是否吉利;如果也不吉,则看福点的三方主,它们关系到命主的命元根本(福禄寿);如果福点三方主也不吉,可以观察木星,木星位于角、续宫,被吉星映射,没有凶星,也有补救;如果木星不吉,则看金星;如果金星位吉,得木星映射,也有补救;如果金星损坏,则看月亮(这一段为命元的论断方法)。

2、分辨日月(分昼夜)的三方主和上升、天顶的三方主的吉凶,如果位于果宫,被焦灼,或七日后被焦灼,这些都是凶象。这些三方主中,如果日月的三方主被凶星映射,尤其不吉,主凶死。入星宗的行星互相对冲,也主人生多舛。另外要注意恒星和星座亮度的影响,吉利恒星正好合相四轴或日月,则命运极佳,成就非凡。需要注意的是,如果月亮的定位星反厌月亮,上升定位星反厌上升,古人认为这是怪物或四足动物出生(怪胎),如果有吉星映射,代表胎儿有爪子或动物毛发之类,如果凶星位于轴,吉星未映射,属于纯怪胎,形似动物。

3、论断月亮、月亮定位星、月亮界主星、月亮三方主、出生后第 3、7、

40 天的月亮位置以及月亮在命盘中产生的趋离相位(月离者为身以及兄姐,月趋者为事业和经济财运)。

出生后的第 3、7、40 天的月亮位置,古人将之译为三日宫。三日宫是非常重要的,第 3 天体现命主出生后的成长和条件,如果第 3 天的月亮吉利,则幼年条件佳、善良、好养,少病痛、少哭闹。如果不吉,则难养、爱哭、性格有缺陷,并且有可能喝他人的母乳。第 7 天为身体的缺憾和特点。第 40 天为幼年、积极性和灵魂特性等等。并且三日宫还可以主宰人的命运吉凶、财富程度。三个位置的月亮俱佳,则人生大吉;两处吉利,一处凶,则人生普通;三处皆凶,则人生多舛。

要论断月亮的 12 分部、月亮盈亏、月亮纬度、运行速度以及月亮是否位于一个星座的末端度数,月亮是否空亡,以及月亮是否遇到罗计等等。吉星夹日、月、上升则为好命,凶星夹则为凶象。月蚀则不利母子生产,或主母亲水性杨花,除非月与计合相则非此意。月亮位于星座末端,大多是凶星界,因此不吉,主母亲出身低微,尤其位于天秤座末度、巨蟹座末度。

我们还需要观察天底轴的三方主的第一和第二主,前者代表死亡,后者代表慢性疾病。如果都不吉,代表死的痛苦。第一主位于 4、7 宫,则死时无人知信,第二主位于 7 宫,死于病痛折磨。如第一主落于凶位,并且被凶星映射,没有吉星参与,死的更不好。

4、检查新月、满月盘,看其所在的位置,以及新月或满月后,它们的相位。看什么行星与其东出或西入。如果正好是吉星,则利于父母条件,如果是凶星,非星宗,代表双亲为外地人,或者出身低微,或者不同种族等等。凶星如果与此日月刑冲,主灾害,有时候主暴毙。

同时看新月、满月的定位星和三方主,看其所在宫位,被什么行星映射,是否反厌新月或满月,是否对冲新月或满月。凶星映射新月或满月定位星,新月或满月定位星对冲新月、满月或反厌新月、满月,主暴毙。本命盘月亮的定位星反厌月亮,上升定位星反厌上升,命主非人类或非人形或有四足或者有乌鸦、狗、食肉动物的毛发等等,为众人所奇异,凶星位于轴,吉星反厌,则纯为野蛮异形。

5、有必要检查福点和精神点以及基础点、贵命点,观察它们所在及其定位星(有关基础点的名称定义是比较混乱的,在 Rhetorius 的著作中,指的是生命点。而 Valens 在论断命格富贵时候也使用基础点,但是其所说的基础点实际是本书中的金星点)。如果这些点正好反厌上升,位于福点的角宫,和吉星合相,即使在日光下也是吉利的。这种配置下,如果一颗凶星位于福点或上升第 11 宫或第 8 宫,主流亡,也主暴毙。如果福点和福点定位星有力量,精神点和精神点定位星有损伤或被凶星映射,会带来地位损失,尤其是夜间生人。

贵命点定位星被凶星损害,会破坏富贵或行动力,主懒惰、怠惰。如果福点位置佳,被吉星映射,其定位星(或精神点定位星)位于上升第 9 宫,会通过神圣的事务或神圣的地方取得成功。如果其定位星位于天底,会成为一个财政部门的警卫。福点和福点定位星位于一个湿性星座,会在水上或航海事务中成功。

简而言之,幸福还是沮丧,必须根据福点和福点定位星所在的星座特性和后天宫位进行论断。

火星或土星位于福点第 12 宫,昼日夜月,位于舍、升、三方等强力位,命主会通过暴力、抢劫、不法行为等获益。火土位于福点第 6 宫,命主会受到奴役的伤害或背叛。福点的第 12 宫,只有凶星映射,尤其是那些异星宗行星,代表地位损失,火星代表火灾、统治者、军事行动、海盗袭击等等类似的事情,土星则代表来自沉船、律法、老年人、当权者或太监,或旧事、死亡者。福点和其定位星如果未映射太阳,为凄惨之人,除非它们位于相同特性星座、等赤经上升星座或等日光星座。新月、满月的定位星位于上升第8、12宫,也主凄惨之命。同样,新月、满月位于第8、12宫,也意义相同。

行星以及福点、精神点位置、定位星都是井然有序的,生命中的美好就会持久不衰。但也有必要观察上升星座,根据埃及人的一些方法,每一颗行星的周期性都和星座有关,并且在行星主宰过运中,如果行星相对于上升配置不佳,相对于福点和福点定位星配置佳,代表一开始不成功,后来走向成功,这种配置反过来,则主一开始好运,后来走向衰落。

同样,福点代表人生第一阶段,其定位星代表人生第二阶段。福点代表身体的疾病以及收获,尤其福点第11宫和福点定位星。精神点代表精神、商业、事业、交易、荣誉和性格。基础点定位星代表财富。

所以我们在看流年小限的时候,不仅仅要从上升计算小限,也可以从太阳、月亮、福点计算。譬如我们想知道父母行运,可以从父亲点或母亲点的位置开始计算,一年一限,计数论断。

计算命盘中最有力量代表命主的行星,被凶星映射,则主凶死。

所有论断都基于十二星座,旬、界的意义和特性。检查上升第6、12宫的定位星,它们位于角宫,位于上升则早年灾害疾病,位于下降轴,则老年灾害疾病。也要检查月亮,如果月亮映射残杀点,主暴毙。残杀点的公式=Asc+月亮-上升定位星(昼),Asc+上升定位星-月亮(夜)。

6、检查罗睺和计都。看其所在星座和旬,被什么行星映射。很多时候,当行星吉利的时候,计都与太阳、月亮、木星会合时,会给命主带来巨大的灾难。和太阳合相的时候,罗睺和计都会损害父亲。和月亮合相时,会导致母亲死亡或不光彩,位于角宫尤应。罗睺性质类似火星或土星,尤其位于角宫。罗睺见吉星则增吉,见凶星则增凶。计都则反之,见吉星减吉,见凶星降凶。

7、检查太阳、月亮、上升轴的 12 分部。看它们位于什么宫,被什么行星所映射。如果它们的 12 分部,和上升位于四足星座,命主将出生如四足动物或禽兽之类的怪胎或脾性,日、月并福点及福点定位星也位于四足星座则更应。当吉星映射,主马车车夫及看守动物者。若月亮反厌其定位星或对冲,代表相同的情况。出生后第 3 天的月亮如果刚好位于四足星座,被凶星映射,则命主将成为禽兽或四足动物之类的怪胎;如果出生后第 3 天的月亮被凶星映射,并且出生前新月或满月的定位星与上升及其定位星反厌,结果一样。

检查慢性疾病点,公式＝上升＋火星－土星(昼)上升＋土星－火星(夜),这个点被凶星映射则非常凶险,主命主遭受毁灭。

检查相同特性星座、等赤经上升星座、等日光星座的配置。同时,需要检验每个命盘的行星的旬、同位置的恒星、旬星、明暗度的影响。在检视这七条进行考量之后,你对命主的基本判断将不会出错。

检查福点的第 11 宫、日月蚀点的三方主星。检验四轴的度数,命盘的行星落在轴附近,同时特等恒星合轴,则为富贵之命。许多人不知道恒星的效力,恒星非常影响行星,尤其当行星与恒星位于相同纬度时。同样,恒星也影响位于同纬度、同经度的行星。

Rhetorius 的这段论述,集成了希腊占星的系列论断技术,其中内容前后有重复,但是不影响阅读,对研究希腊占星的论断模式,有重要的参考价值。其中有关怪胎部分,内容重复出现,归纳起来,怪胎的论断,主要依据日月和日月定位星、上升和上升定位星、七大行星的 12 分部(尤其上升和日月的 12 分部)、出生后第 3 天月亮、福点和福点定位星,凶星入轴等等,需要考虑四足星座,综合以重象论断。

第二门　说人生受胎未生之前事

凡人初受胎时,精血相凝聚。其形如和成面剂。甚小、且圆,胎宫极热,将外肤蒸干,后卫胎衣,此为成胎初变时。如五谷之粒,种于地上。其人秉性并气力,皆定于受胎时,从受胎时,即安个命宫。

上古阴阳人说,受胎后,每一月有一星照。

初一月,土星照。何则? 精性寒润,稍迟,不轻改动。若土星其月强旺,主生人聪明诚实,识见远,与人和睦。

第二月,木星照。其胎色变红,似一块肉,却有热气,比初微大。若此时,木星在受胎命宫,又强旺,主其人有才能文学。

第三月,火星照。此时,胎中心肝脑生成,其余肢体微显迹。若其月火星强旺,主其人生而有力,勇猛有胆气。

第四月,太阳照。此时,其胎身体全生成,微有力,天赋与性命活动。若太阳在受胎命宫,又当月太阳强旺有力,主其人至贵,有机谋。

第五月,金星照。其胎中毛发皆生,规模已定。此时,金星若在安胎命宫,或强旺,主生人聪明、美貌、好奢华。

第六月,水星照。其胎中舌动口开。若此时,水星在安胎命宫,或水星强旺,主其人有智谋、有才能、舌辩、能言语。

第七月，太阴照。此时，胎中成人有力。若太阴在坐胎命宫或强旺，主其人好农种。若此月生者，养得成。

第八月，又是土星照。土星性寒燥，以此胎气重，儿气脉昏沉，不如第七月精神。若八个月生者，养不成。

第九月又是木星照。木星性热润，主胎气旺，儿有力转动。九月既足，胎气全，乃生。

注：上文讲述了孕期行星月份原理。精卵结合的第一个月，由土星主宰，土星的元素特性是冷和干，由于土星的这种特性，男子的精子和女子的卵子在这个月不会交融，就像鸡蛋清和鸡蛋黄一样分离开，一直到下一个月木星来进行主管。因此在怀孕的第一个月，土星需要强，譬如位于舍、升、三方、旬、段中，这个时候孕妇少病，并且身心愉悦，精子会活跃上升到上腹部位置。譬如土星位于木星段，代表孕妇会有好的想法，心情愉悦，呼吸平静，身体也佳。如果土星此时位于火星段，则孕妇会受到火星特性的侵扰，譬如热、疾病等等，会导致身体出现各种变化，孕期会有经血出现，下腹部会疼痛，精子会位于右边侧。当土星位于金星段，孕妇心情愉悦，并且皮肤气色也好。其他可以类推，在孕期的所有时间段都有相关的分析。

第二个月，由木星主宰，木星投射精神能量到坯胎，木星的风元素能量加速，精子开始运动活跃，让精卵混合一起，风元素有加速的作用，能量带有一定的混合性（其实木土就是业力和阴阳最大的表征）。风元素越活跃，生命体在出生后越聪明，因此风元素在人体的灵魂中占有一定的位置，所以人死后，会变的冷而干。风元素在第四个月的时候，会使灵魂和精卵混合，此时风元素和灵魂会一起留在胚胎的身体里。

第三个月,由火星主宰。血脉、心肝脑等脏器形成。第四个月,太阳主宰,形成了生物的气门、呼吸,生命产生了、激活了,此时已经给胚胎赋予了部分的命运定数,也就是寿命。太阳的这种能力,我们可以通过日常的太阳运行规律看出来,每当太阳从一个星座进入下一个星座的时候,节候气候会发生变化,当太阳从一个星座离开的时候,该星座的气候变化走向衰退。

在第五个月的时候,归于金星主宰,这个时候性别形成了,男女的性征形成了。在第六个月的时候,水星主宰,胎儿的舌头形成了。

第七个月的时候,月亮主宰,想象力、情绪、五感都完备了。所以七个月时候,孩子出生就有了安全性。

第八个月的时候,土星主宰,土星主死亡,因此八个月出生会有一定死亡率。九个月时候,木星主宰,又回归到木星,木星象征生命力,生命充盈,新生之象。

第三门　说按命宫度备细（矫正生时）

凡安命宫之理,即系创生之事。人生一切贫富、贵贱、寿夭、贤愚,皆定于有生之初。当初生时,取一命宫,最为紧要。若要知初生时辰,须用定时辰牌,待子生下地之时,若是昼间,即将定时辰牌看太阳取则。若是夜间,看杂星取则。时辰既真,然后安命宫度有准,断说祸福无差。若用铜壶滴漏,亦不如定时辰牌之准。若无定时辰牌,及铜壶滴漏者,别有法度取用。取用之法多有,今选出几等可通用者。

一等，是先贤八替列木思说（据说是印度占星师 Batiliemusi，也有人认为是 Ptolemy），若人口说个时辰，未为准的，或前或后不过差二刻，且将此时辰，安个命宫。又依此命宫取个四柱，将七曜宫分度数排定，却看当生人在月半前生者，看太阳与太阴相会宫分度数。若在月半后生者，看太阴与太阳相望宫分度数。若相望时刻在昼，看太阳在何宫度。相望时刻在夜，看太阴在何宫度。看此相会相望宫分度数，属何星强旺，若强旺星度数比四柱内一柱度数相同，则安命度数真了。若强旺星度数，与四柱度数前后多少不同时，却将四柱内一柱度数，与强旺星度数最近者，取同。如强旺星二十度，四柱中一柱二十五度，将五度减去，与强旺星度数同。如强旺星二十五度，四柱内一柱二十度，将四柱中一柱增五度，与强旺星度数同，就此度数，再安一命宫，似此定时辰真矣。

又一云，定受胎度数之法。先贤亦的里思说，若人生下时节，看太阴在何宫度，只此宫度，便是受胎安命度数。受胎安命时太阴宫度，即便是人生的安命度数。

凡人怀胎有三等。日月有多，有少，有得中的。最少者，是太阴行周天九遭半，计二百五十九日，近一十三个时辰；中等者，是太阴行周天一十遭，计二百七十三日，又近五个时辰；最多者，是太阴行周天一十遭半。计二百八十六日，又近二十一个时辰。

凡人生时，看太阴在地平环上，或地平环下，若在地平环下，从命宫数至太阴，计几宫几度；若在地平环上，从太阴数至命宫，计几宫几度。将此度数，以太阴所行中道，一昼夜行一十三度一十一分，除之，看该几日几时。

若太阴在地平环下，将此日时，加于怀胎中等月日内；若太阴在地平环上,将此日时,于怀胎中等月日内减去。此数正是怀胎月日之数。将此怀胎月日之数,从生时日期,以大小月日退除,到除尽时,则知是此时受胎。此受胎时太阴所在宫度,与生时安命宫度同,则知此安命时辰真,或微有争差,亦同,但前后不过差一日。如前一日与命宫同,则用前一日,如后一日与命宫同,则用后一日。

又看此时,太阴东出地平环是昼、是夜。若是昼时,将那争差的日辰,看太阳午时在何宫度,又看对黄道的赤道度数,又看太阴的赤道度数,将太阳赤道度数于太阴赤道度数内减去,余剩度数便是太阳东出时,至太阴出地平环处度数;若是夜时,看太阳子时在何宫度,将此宫度对冲的赤道度数,于太阴赤道度数内减去,余剩度数,便是太阳西入时,至太阴东出的度数。

将以上度数,每十五度作一个时辰,如太阳出地,离太阴三十度,作两个时辰算。若在夜,看太阳西入至太阴东出的度数,亦每三十度作两个时辰算。将此两个时辰,看太阴在何宫度,此宫度便是人生的安命宫度数,时辰真矣。以上两说,或有不同,看两说的度数争差几度,将多的度数减半添与少的度数,似此增减,则度数真矣。

注:无论占卜、命理、择吉还是世运占星,命宫是一个星盘的起始点,代表一切事物的开端,因此可以代表人生一切信息。所以在命理占星中,命宫至关重要,这也就关系到上升轴点一定要准确。原文提到了古人记录出生时辰的方法,我们现代有医院记录婴儿的出生时间,十分方便,但是不同年代出生的人,有些人并不清楚自己的准确出生时间,这个时候就必须核校出生时间。以下内容主要讨论关于校订生时的技术。这些技术在历史传承中,有的早已失传,作为现代研究者,务必要

反复验算论证，才能正确的吸收古人的经验和知识。

第一种校订生时的方法：出生前新月、满月校订法。

先贤八替列木思说，如果命主的出生时辰不太准确，前后误差在半个小时内，可以用大概出生时间排出命盘，列出四轴和七大行星。命主是农历十五前出生，则排出生前的朔月盘，观察日月所在的星座度数。命主是农历十五后出生，则排出生前的望月盘，观察日月相对的各自星座和度数，望月为白天，看太阳度数；望月为夜间，看月亮度数。也有其他古籍认为，望月的时候，谁在地平线上，则取之。在希腊占星中，这种方法，是 Claudius Ptolemy 在其著作中所提出。Hephaistio 在其著作中指出，在几乎所有的案例中，都发现这种方法是令人满意的。

总之无论朔月盘还是望月盘，都看日月相会、相望的星座内的日月度数，看该度数哪个行星具备的五种力量最强，然后观察该强旺星，如果该强旺星和出生盘的四轴度数其中一轴相同，则出生时间正确。如果不一致，则将近于强旺星度数的轴度调整为同度，譬如强旺星在 20°，四轴中一轴为 25°，则将此轴改为 20° 即可，准确的出生时间就可以得到。我们需要知道四轴中，上升和下降轴度数一样，天顶与天底轴度数相同，因此我们只需要观察上升和天顶轴度数即可。下面我们举一个真实案例。

男命，出生于 1978 年 2 月 28 日 3：15 分，甘肃永登。出生时间为父母提供，为了解说此案例，我们假设其出生时间误差值大一些，并假设不确定的出生时间是 3：05 分。

我们排盘如下：

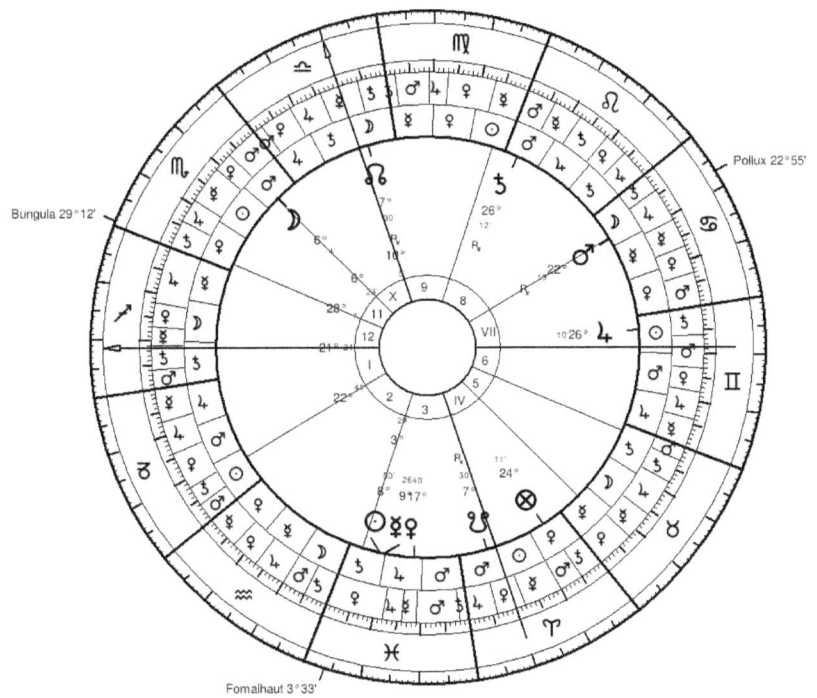

未经校订的出生时间星盘

此为 3:05 分的本命假定时间盘，上升位于射手座 21°24′。根据软件查询，出生前为满月，满月时间为 1978 年 2 月 23 日 9 点 26 分 20 秒。根据这一时间排盘如下：

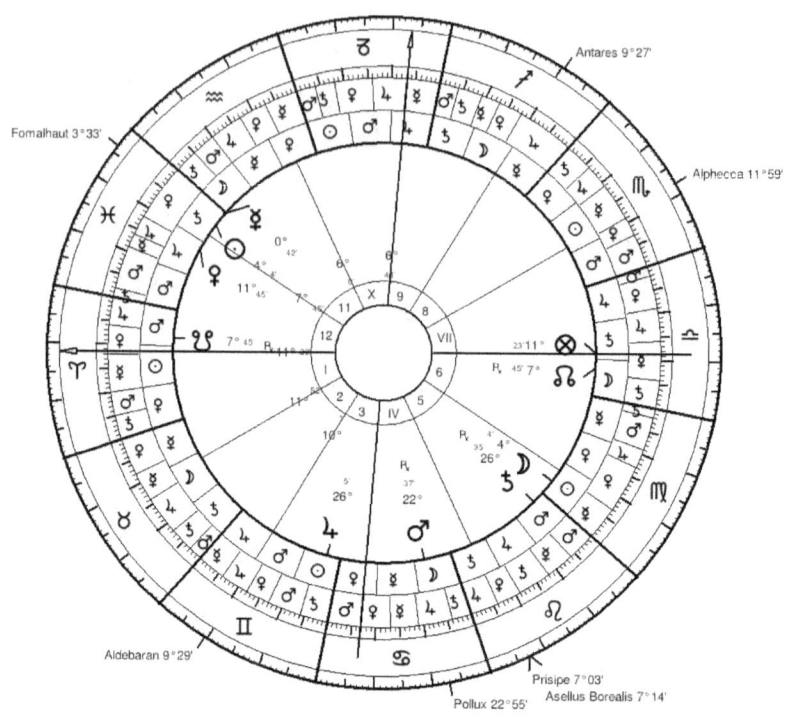

出生前的满月星盘

　　根据《天文书》所论，此望月盘太阳在地平线上方，为白天，看太阳度数。太阳位于双鱼座 4°，为木星舍星座、金星升位星座、金星三方主、金星界，明显金星占有多种力量，从力量上应该优先考虑金星。金星位于双鱼座 11°45′，我们对比本命假定盘会发现，本命假定盘上升位于21°24′，天顶位于 7°30′，金星和天顶差了 3°多距离，根据金星，我们则需要调整本命天顶。

调整后如下：

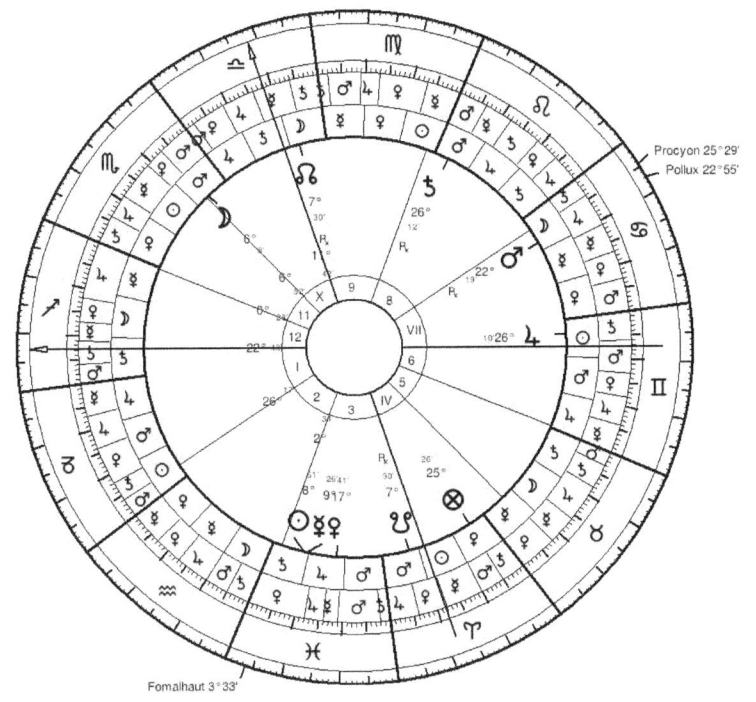

月相校订后的出生时间星盘

此盘时间为2月28日3点20分。这个结果其实非常接近真实时间，可参考后文使用受孕盘校订的精准时间，与受孕盘校订的出生时间仅差一分钟。

月相调整生时的方法，属于粗调法，存在一定的误差，但是它属于迅速校订出生时间的好方法。我们可以进一步通过受孕盘的方法互相印证，最后通过主向限锁定真正的出生时间。

需要注意的是，一般古籍认为，根据朔望盘找到相关行星，之后使用本命假定盘的相关行星度数参校。譬如本案例，选定了望月盘的金星，则观察本命盘中的金星位于双鱼座17°40′，距离假定盘的上升轴度射手座21°24′较近，我们调整如下：

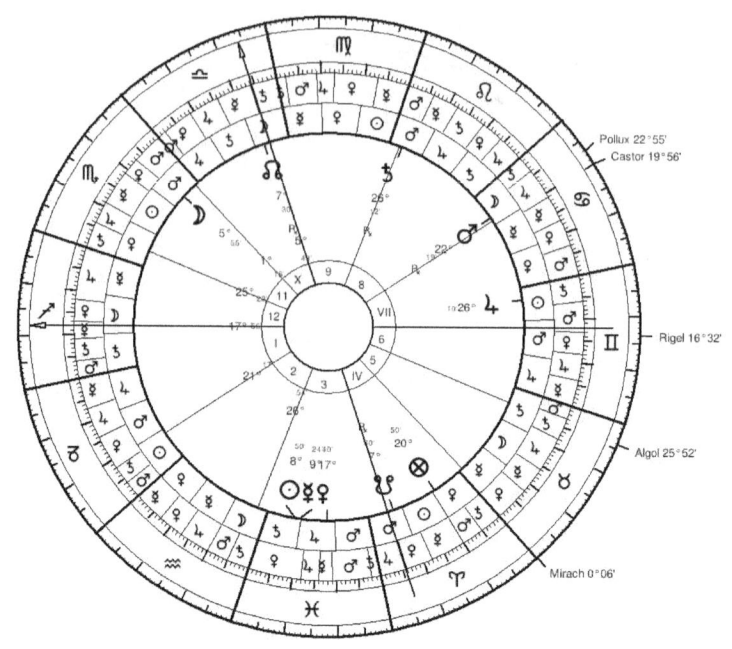

月相校订后的出生时间星盘

此盘时间为 2 月 28 日 2 点 59 分,距离受孕盘校订的真实出生时间有 19 分钟误差,误差太大。如果按木星度数校订,则上升轴位于射手座 26°,则出生时间为 2 点 26 分,也有较大误差。

根据笔者实践经验,更倾向于以上演示的第一种校订思路。

Claudius Ptolemy 所提出的这种精妙而自然的方法,校订出的上升度数是比较接近真实的上升度数。但是有些命的出生时间过于粗略,我们就没办法通过这种方法去校订生时。为了解决具体问题,笔者列出其他人对上升星座以及上升轴度的校订方法。

1、昼生人,观察产前的新月或满月的界主星在哪个星座,出生时的上升星座为该星座,或该星座的四轴星座,譬如出生前的新月或满月的界主星是火星,位于巨蟹座。则出生时候的上升星座,为巨蟹座或其他三个启动星座。夜生人,取界主星所在星座前后两个刑相位星座,如上案例,如为夜生人,则上升星座为天秤座或白羊座。如果界主星位于日光下,则不取其所刑的星座,取黄道星座次序的右方六合和左方三合星座,如上案例,如火星位于日光下,则取金牛座或天蝎座为上升星座(此法仅供参考,笔者实践未发现其有效性)。

2、如果我们使用校订生时法,无法区分该命为昼生或夜生时。看本命盘太阳和受孕盘月亮度数之间的距离,小于 180°,则为昼生,大于 180°则为夜生。这种方法,在 Hermes 的方式中,计算出生盘月亮和受孕盘太阳之间的距离,当月亮位于太阳黄道次序后的时候,从太阳开始的 180°范围内,为昼生。譬如受孕盘太阳位于双子座 15°,出生盘月亮位于巨蟹座 20°,黄道次序上,巨蟹座在后,代表命主为白天生人。如果月亮位于其前,超过太阳开始的 180°,则为夜生人。当我们知道命主是昼或夜生人后,想知道命主在哪个小时内出生,取受孕前新月或满月盘的月亮和受孕盘的月亮距离(如果胎儿在母腹中的日期不是中等时值 273 日,则更准),计算其赤经上升时间数值,除以 15,商数就是小时,余数就是小时的剩下具体数值。新月后受孕,从白天 12 点开始计数到晚上 0 点,满月后受孕,从晚上 0 点开始计算到白天 12 点。

3、Hephaistio 在其著作提供了一种方法,首先要知道命主生于白天还是夜间。儒略历 8 月 29 日～2 月 24 日生人,太阳度数加 2.5°,儒略日 2 月 25 日～8 月 28 日,太阳度数减去 2.5°,将得出的度数结果,将之乘以 12,从出生盘的太阳度数处算起,找到终止所在星座。该星座及其三方星座其中一个就是上升星座。譬如命主为白天生人,生于 10 月,太阳位于射手座 4°,加 2.5°,则为 6.5°,即 6°30′,乘以 12,为 78°,从射手座 4°起算,78°位于宝瓶座 22°,所以宝瓶座、双子座、天秤座其中一个星座就是上升星座,命主为昼生人,天秤座不可能是上升星座,因为出生当日白天,天秤座位于地平线下方,早上日出时候太阳位于射手座初段,因此从射手座初段到双子座初段为地平线上方的星座,双子座大部分位于地平线下,也排除了双子座,宝瓶座位于地平线上方,所以宝瓶座为上升星座。

当两个星座都位于地平线上的时候,我们根据命主的长相判断属于哪一个上升星座。譬如白羊座上升的人瘦骨嶙峋或骨感、多发,身材中等,这一星座的后半段主危险,面部朝下弯曲,为人胆怯、善舞、满嘴污语;金牛座为塌鼻子、牛眼、略黑、额头宽阔、鼻翼宽阔、眉毛宽阔,有的是秃头、小眼睛、虚伪和伪善者。有的会是厚嘴唇、大鼻孔、眉毛浓密,金牛座后半段生人淫荡;双子座的人,身体对称,鼻子长,有的头发毛茸茸,耳朵大,肩膀肥厚;巨蟹座生人,骨感,圆脸。有的长的黑(根据地域特征进行论断),前额光秃,牙齿较多,身高不成比例,譬如下大上小,腹突出等等,胸部宽阔;狮子座的人,灰白色,头发发红、强壮、驼背,身体上部较宽,多毛发,尤其生于狮子座初度,头发浓密,鼻子粗大,脸型如同狮子,贪吃、腿瘦。生于狮子座末度,则骨感,头发稀薄,额头秃,好色;室女座的人,身体对称,体型大,身材好,腹部大,举止端正;天秤座的人有美丽的眼睛,皮肤有些黑,公正而谦虚。天蝎座的人,小眼睛,面色蜡黄,耳朵小,下巴比较秃,眼睛略灰,咽喉突出,肩膀宽阔,腿部长,嫉妒而贪婪。天蝎座后半段,主好色,有眼疾、额头秃;射手座的人,大长腿,腿部灵活,胡须浓密,大腹便便,双手的肤色好,善于游泳,喜欢骑行,容易秃顶,射手座后半段,主好色;摩羯座生人,个头矮,尤其是摩羯前半段生人,主胸小腿细,有时候腿毛多,瘦骨嶙峋,弯腰驼背,好色;宝瓶座的人,身体丰满,胡须浓密,身体轻盈,有时候一条腿比另外一条腿长;双鱼座的人,肩膀很宽,头发漂亮。需要注意,当以上星座内有行星时,会有产生一定程度的变化。

Hephaistio 认为此法比较准确,笔者实践发现,使用恒星制时,此法更具有效应。

4、Anubio 提出了一个粗略校订上升星座的方法。昼生人,找到太阳定位星的位置,从太阳定位星的位置数到月亮定位星的位置,记住数值,从太阳星座开始计算,数到该数值的星座就是上升星座。夜生人,从月亮开始,方法类似,从月亮或太阳开始计数。如果太阳位于黄道星座的度数很小时,需要注意从其所刑、所冲的星座计数,并且上升星座不会是刑冲星座之一(版本古老,言辞模糊,笔者根据理解而归纳整理,其中完整用法有待商榷)。

案例:

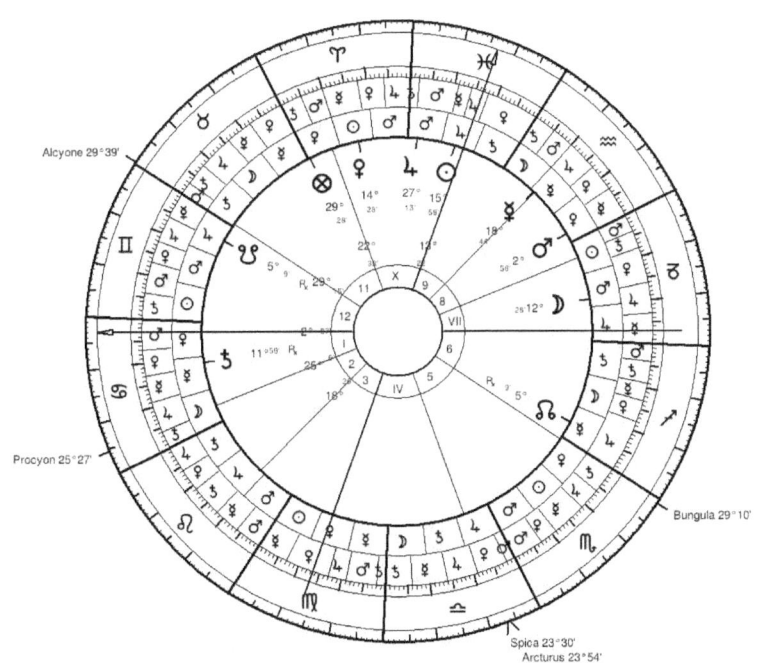

此命出生于 1975 年 3 月 7 日中午,不知道具体时间,只知道是太阳升到最高的位置。按 12:08 分作为假定出生时间排盘如上。上升为巨蟹座,根据常识,这个命也有可能是双子座上升。因此需要鉴定上升星座到底是哪个。按 Anubio 的方法,此命为昼生人,太阳定位星为木星,月亮定位星为土星,从木星数到土星,分别经历从双鱼座到巨蟹座等 5 个星座。从太阳所在星座,开始计数,数到第 5 个星座为巨蟹座,因此巨蟹座就是真实上升星座。

5、Paul 在其著作中提到了埃及占星的一种校订方法。首先我们需要知道三方度数,星座中每一个度数被分配昼夜三方度数,具体表格如下:

星座度数三方主星表

星座度数	火元素星座		土元素星座		风元素星座		水元素星座	
	昼	夜	昼	夜	昼	夜	昼	夜
1°	太阳	木星	金星	月亮	土星	水星	金星	火星
2°	木星	太阳	月亮	金星	水星	土星	火星	金星
3°	金星	月亮	土星	水星	金星	火星	太阳	木星
4°	月亮	金星	水星	土星	火星	金星	木星	太阳
5°	土星	水星	火星	火星	太阳	木星	月亮	月亮
6°	水星	土星	太阳	木星	木星	太阳	土星	水星
7°	火星	火星	木星	太阳	月亮	月亮	水星	土星
8°	太阳	木星	金星	月亮	土星	水星	金星	火星
9°	木星	太阳	月亮	金星	水星	土星	火星	金星
10°	金星	月亮	土星	水星	金星	火星	太阳	木星
11°	月亮	金星	水星	土星	火星	金星	木星	太阳
12°	土星	水星	火星	火星	太阳	木星	月亮	月亮
13°	水星	土星	太阳	木星	木星	太阳	土星	水星
14°	火星	火星	木星	太阳	月亮	月亮	水星	土星

续表

星座度数	火元素星座		土元素星座		风元素星座		水元素星座	
	昼	夜	昼	夜	昼	夜	昼	夜
15°	太阳	木星	金星	月亮	土星	水星	金星	火星
16°	木星	太阳	月亮	金星	水星	土星	火星	金星
17°	金星	月亮	土星	水星	金星	火星	太阳	木星
18°	月亮	金星	水星	土星	火星	金星	木星	太阳
19°	土星	水星	火星	火星	太阳	木星	月亮	月亮
20°	水星	土星	太阳	木星	木星	太阳	土星	水星
21°	火星	火星	木星	太阳	月亮	月亮	水星	土星
22°	太阳	木星	金星	月亮	土星	水星	金星	火星
23°	木星	太阳	月亮	金星	水星	土星	火星	金星
24°	金星	月亮	土星	水星	金星	火星	太阳	木星
25°	月亮	金星	水星	土星	火星	金星	木星	太阳
26°	土星	水星	火星	火星	太阳	木星	月亮	月亮
27°	水星	土星	太阳	木星	木星	太阳	土星	水星
28°	火星	火星	木星	太阳	月亮	月亮	水星	土星
29°	太阳	木星	金星	月亮	土星	水星	金星	火星
30°	木星	太阳	月亮	金星	水星	土星	火星	金星

以上表格具体如何使用呢?首先分昼夜生人,昼生人看太阳所在星座度数的三方主星,譬如昼生人,太阳位于巨蟹座 8°,巨蟹座为水元素星座,根据表格其三方主为金星,Asc 位于摩羯座 23°,摩羯座为土元素星座,我们发现其三方主为月亮。我们要求 Asc 所在三方主星要和太阳所在的三方主星一致,在摩羯座 23°附近查找,我们发现摩羯座 22°的昼三方主是金星,在出生时间误差不太大的情况下,我们确认 Asc 的精确度数为摩羯座 22°。夜生人,查看月亮,方法同上。

还有一种方法,无论昼夜生人,都参考月亮所在星座度数的三方主星。在使用以上表格的时候,需要注意,度数出现分数则加 1°进行操作,譬如某行星位于星座 13°15′则等于 13°＋1°＝14°,我们将其当作 14° 进行操作,这是因为希腊以及早期的算术系统中没有数字 0,因此在星座度数数据中,都是从 1°开始,所谓 1°即从 0°0′至 0°59′都等于 1°,其余可以类推。这种校订方法,综合日月进行校订,能够迅速校订生时,大部分十分精准,属于速校法,其准确性与速度让人震撼。

第二种校订生时的方法:受孕盘推测法(最精准的校订法)。

这种方法非常好用。笔者经过大量实践,发现此法极为精准,令人惊叹！先贤 Abraham Ibn Ezra 在其著作中也极为称赞此法,并且,他认为 Ptolemy 的校订生时法不准确。

受孕盘推测法,需要寻找授精时星盘的上升度数,先哲亦的里思说,在出生时刻命盘中,月亮在星座中的度数,就是人授精时星盘的上升轴度数。而人受孕时星盘中月亮所在星座的度数,就是人出生时命盘的上升轴度数。这种方法非常古老,活跃在五世纪的埃及占星师 Hephaistio of Thebes (Ἡφαιστίων Θηβαῖος,译为底比斯的赫菲斯提奥)的著作《Apotelesmatika》中,声称古埃及人坚定的认为,月亮在出生盘中的位置,标志着受孕的时刻。Hephaistio 指出,占星家认为,本命盘月亮和受孕盘上升星座或第 7 宫星座完全一致。由此可知此法传承古老。这种方法,首先需要知道婴儿在母腹中的基本时间单位,这个数值在历史上不同的占星古籍中有不同说法。根据不同的说法,我们分为三类。

第一类:《明译天文书》的数值标准和用法。

原文认为,婴儿在母腹中的时间有三种,分别为最小、中等和最大时间值。最小时间是 259 日 13 小时,中等时值是 273 日 5 个小时,最大时值是 286 天 21 个小时(原文为时辰,根据其他文献,笔者认为应为小时)。

在出生命盘中，观察月亮在地平线上方还是下方，如果在地平线下方，从上升轴数到月亮，看有多少度；如果在地平线上方，从月亮数到上升轴，看有多少度，将这个数值除以 13°11′，看得出数值结果是几日几时。月亮在地平线下方，将此数值加 273 日 5 个小时就可以得出受孕时间。月亮在地平线上方，用 273 日 5 个小时减去该数值，就可以得到受孕时间。

最后，从生日开始，根据大小月份进行数序计算，推算到怀胎日期和时间。如果，受孕盘中的月亮所在星座、度数与出生命盘的上升轴所在的星座、度数完全相同，本命盘月亮度数和受孕盘上升轴度数完全相同，则说明出生时间准确。如果稍微有差异也是允许的，这种算法下，受孕盘的误差最多误差一天。如果前一天的数据符合，就用前一天，后一天的数据符合，就用后一天。这种方法的原理，类似我们使用螺丝刀固定四角螺丝，当两个角的螺丝固定后，其他两个角的位置已经被固化而精准定位。

我们需要注意一个问题，当受孕盘的月亮和本命盘上升之间的度数少于 15° 的时候，直接将本命盘的上升修改为月亮度数即可，如果大于 20° 甚至更多，观察本命盘中的月亮是否位于下降轴的地平线下方 15°（看是否在下降轴上下），这是因为真实出生盘的月亮位于地平线下，而校订中把月亮放在了地平线上方，由于错把月亮安置在地平线上，则受孕日的推算会有 30 天误差。此时修改本命盘的上升轴度数，让月亮在轴上下变化，让月亮度数符合受孕盘的上升度数。

第二类：Vettius Valens，即维蒂乌斯·瓦伦斯的著作《Anthology》中的数值标准。

《Anthology》中认为，婴儿在母腹中的时间有三种，分别为最小、中等和最大时间值。这三个数值彼此之间差 15 天。最小时间是 258 日，中等时值是 273 日，最大时值是 288 天。古人根据月亮所在位置定论，认为命主出生时星盘中月亮位于下降轴，则婴儿在母腹中停留 258 天。月亮位于上升轴，婴儿停留母腹中 273 天，月亮位于下降轴下，婴儿停留母腹中 288 天。如果月亮在其他位置，则需要根据以上数值调整时间。Abraham Ibn Ezra 认为，月亮位于 Mc 为 266 天，位于 Ic 为 280 天。

公元九世纪的阿拉伯占星师 Sahl B. Bishr，即赛尔·宾·彼沙尔的著作中的数值与 Valens 一致，并且认为数值之间的差为 15 天。譬如月在上升轴是 273 天，月在下降轴是 258 天，它们之间的度数是 180°，180°除以 15，为 12°，要计算度数差，就需要除以 12°来计算日期。

Sahl B. Bishr 的著作中讲了计算方法，首先，排出命主出生命盘，看月亮所在位置，如果月亮位于地平线上方，取西下降轴到月亮之间的距离度数，除以 12，得出的商数就是日期，余数乘以 2，就是小时数值。将日时数值加上 258 天，就得到了命主在母腹中的时间值。如果计算出来是 15 天，则不需要后续计算，如果不足 15 天，则将日期数乘以 24 得到小时数值，加上之前的小时数值，再除以 15，得出的就是小时结果，余数部分作为小时，加进去，即可得到结果。

如果月亮位于地平线下方，计算东上升轴到月亮之间的度数距离，除以 12，商数为日期，余数乘以 2，就是精确的小时，将日时数值加上 273 就得到的命主在母腹中的时间值。如果计算出来是 15 天，则不需要后续计算，如果不足 15 天，则将日期数乘以 24 得到小时数值，加上之前的小时数值，再除以 15，得出的就是小时，余数部分作为小时，加进去，即可得到结果。

以上内容的计算看起来比较复杂,我们来看 Valens 对这个理论的数学处理方法。Valens 利用了差值 15 天的概念,换算为每 30°等于 2.5 天,根据出生盘,月亮如果位于地平线上方,计算下降轴到月亮之间的度数距离,每 30°分配 2.5 天,然后加上最小孕期值 258 天,就得到了结果。也可以使用另外一个理论,计算月亮位置到上升轴的距离,每 30°分配 2.5 天,然后用均值天数 273 天减去它,得到的结果是一样的,最后从生日开始倒数这个数值,找到受孕日。

如果月亮位于地平线下方,计算上升到月亮之间的度数数值,每 30°分配 2.5 天,加上平均孕期数 273 天,则为在母腹中的时间。或者可以计算月亮到下降轴的距离,每 30°分配 2.5 天,用 288 减去这个数值,也可以得到答案,从生日开始倒数这个数值,找到受孕日。

除此外还有简便算法,如果月亮位于地平线上方,取月亮度数到上升轴之间的距离,每 30°分配 2.5 天,得到数值,然后加上 92,得到天数数值,从生日开始往后按次顺数到的日期就是受孕日。

如果月亮位于地平线下方,取上升轴到月亮的度数,每 30°分配 2.5 天,得到数值,92 减去该数值,得到天数数值,从生日往后按次顺数到的日期就是受孕日。

下面列举 Valens 的两个案例,来具体了解其算法(案例中的日期为古希腊亚历山大历,每年 12 月,每月 30 天,365 天一年,闰年为 366 天)。

例 1 根据亚历山大历,公元 120 年 6 月 13~14,夜里 1 点,月亮位于天蝎座 7°,上升轴位于室女座 7°,月亮位于地平线下方。上升轴到月亮距离 60°,每 30 度分配 2.5 天,结果是 5 天,用 273+5=278,所以怀孕就在 278 天前。我们往回计算,就是公元 119 年 9 月 11 日。另外,我们可以用 92−5 天,等于 87 天(孕期平均数值为 273 天,365−273=92

天）。6 月 14 加 87 天，则为 9 月 11 日。

如果我们计算月亮到下降轴之间的距离，即双鱼座 7°，则结果为 120°，每 30° 为 2.5，算下来为 10 天，用 288 减去 10，结果为 278 天，从生日逆数 278 天得到结果。

例 2 根据亚历山大历，公元 114 年，12 月 1 日 11 点半，太阳位于狮子座 5°，月亮位于天秤座 26°，上升位于摩羯座 24°，月亮位于地平线上方，因此取它与上升轴之间的度数距离，约 90°，每 30° 为 2.5 天，则计算下来为 7.5 天，92 加 7.5，等于 99.5 天。从生日开始向前数，正好是 3 月 6 日，反之亦然，从 3 月 6 号数到生日，是 266 天。如果不想用 92 加 7，可以用 273 减去 7，得到 266，然后从生日数倒数即可。通过计算发现月亮位于摩羯座。

得到结果后排出受孕日的占星盘，如果月亮所在星座度数和本命盘的上升星座度数一致，则说明生时正确，稍微有出入也是允许的。Valens 的计算方法简单易懂。

Māshaʼallāh 认为，受孕盘的月亮度数和预估的本命盘的度数是允许有 1°～3° 误差的。如果校订的时候，发现受孕盘月亮度数大于本命上升度数，则根据月亮度数的一半数值，加到上升度数，得到校订结果。如果上升度数大于受孕盘月亮度数，则将上升度数减半，得到校订结果。

第三类：《Apotelesmatika》中的数值标准和用法。

赫菲斯提奥，在他的著作《Apotelesmatika》中，认为婴儿在母腹中的三个时间值分别是，最大时间值 288 天 8 个小时，中间时值是 273 天 8 个小时，最小时值是 258 天 8 个小时。同时他提到，怀胎七个月的命造，最大时值是 206 天 8 个小时，中间时值是 176 天 8 个小时，最小时值是 191 天 8 个小时。

有的人使用一种不太令人满意的方法,这种方法需要先找到出生盘上升度数,譬如上升位于白羊座 10°,命主出生于昼时 9 点,用 10°乘以 9 等于 90°,上升度加 90°,到达巨蟹座 10°,则巨蟹座 10°为受孕时候的上升轴度数。有现代占星师推测,这种方法使用的有可能是希腊的行星小时系统,即白天等分 12 小时,夜间等分 12 小时,除非春秋分的时候,这两时间段相等,其他都是不对等时间。

有关月亮的计算,有人有不同的观念,二世纪的 Antiochus of Athens,即安提欧卡斯认为将出生盘月亮的度数加 180,得到数值,以每个月 29 天的理论为依据,从数值中除以 29,所得商数为受孕月份时值,余数为日期时间,根据结果找到受孕具体时间,排出星盘,看月亮在何处,就是怀孕时候的月亮所在星座度数。这些方法,古人都罗列出来,并没有进一步检测这些理论的准确性,主要用来从诸多理论方法中通过计算结果,看共性而得出结论。

底比斯的赫菲斯提奥说,古埃及的理论比其他校订生时的方法更令人满意,古埃及人认为出生盘与怀受孕盘是有关联的,出生盘的上升星座和度数,和受孕盘的月亮是一致的,受孕盘的上升,和出生盘的月亮度数是一致的。在校订生时我们需要有效利用这个规律。

底比斯的赫菲斯提奥提供了有关受孕盘的具体算法,在出生命盘中,看月亮在地平线上方还是下方,如果在地平线下方,从上升轴数到月亮,看有多少度距离,如果在地平线上方,从月亮数到上升轴,看有多少度距离。将这个数值除以 13°10′,得到的商数为日,余数处理的时候需要知道每 33′为一小时,得到具体数值。如果月亮在地平线下方,将此数值加 273 日 8 个小时就可以得出受孕时间。如果月亮在地平线上方,用273日8个小时减去该数值,就可以得到受孕时间。

最后,从生日开始,根据大小月份进行数序计算,推算出受孕的日期和时间。为了让这个结论更为精确,我们对比得到的受孕盘和出生盘,如果出生盘的月亮位于受孕盘太阳在星盘前行方向的位置,则主受孕时间为白天,如果出生盘的月亮位于受孕盘太阳在星盘运行方向的后方,则主受孕时间为夜晚。

如果受孕为白天,计算出受孕盘太阳和出生盘月亮之间的度数,计算出相应的赤经数值,转换为小时,就可以知道具体的受孕时间,此时的月亮度数就是出生盘上升的度数。如果两者度数相同,则代表出生时间精确。如果度数不一致,调整本命上升度数到符合受孕月亮度数即可。如果受孕为夜间,计算出本命盘月亮到受孕盘太阳之间的度数,方法同上。

从以上方法我们可以看出,校订生时的技术在古代属于占星术领域的高端技术,并且方法错综复杂,从实用主义出发,笔者更推崇Valens的计算方法,Valens认为,他们当时那个时代所看到的古籍相关内容都是极其晦涩难懂的,因此他在自己的著作中提供了简单易用的计算公式和案例。

笔者以现代案例演示如下:

男命,出生于1978年2月28日3:15分,甘肃永登。出生时间为父母提供。

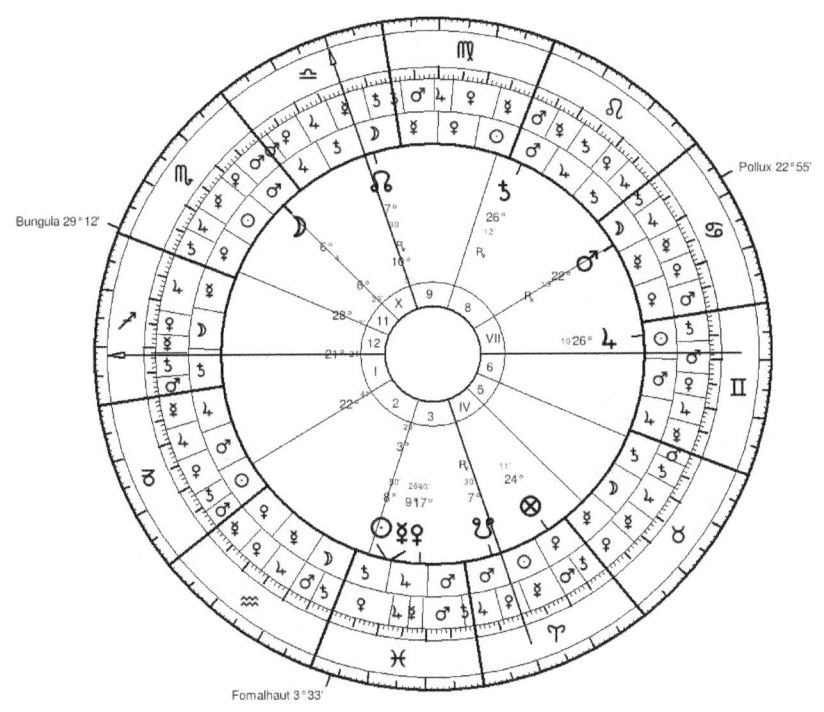

未校订的出生时间星盘

上升轴位于射手座 21°24′,月亮位于地平线上方天蝎座 6°4′,月亮距离上升轴 45°20′,按照《天文书》的方法,除以 13°11′,等于 3 天 10 小时 31 分,273 日 5 个小时减去 3 天 10 小时 31 分,等于 269 天 18 小时 29 分,从生日逆推这个数值,结果是 1977 年 6 月 3 日 08 点 46 分。

根据 Valens 的方法,月亮距离上升轴 45°20′,每 30° 等于 2.5 天,换算下来为 3 天 18 小时 40 分钟,然后加 92,为 95 天 18 小时 40 分钟,从出生时间往后顺推日期,为 6 月 3 日 21 小时 55 分。结果就是 1977 年 6 月 3 日 21 时 55 分。

根据 Valens 这种方法得出的时间排盘如下:

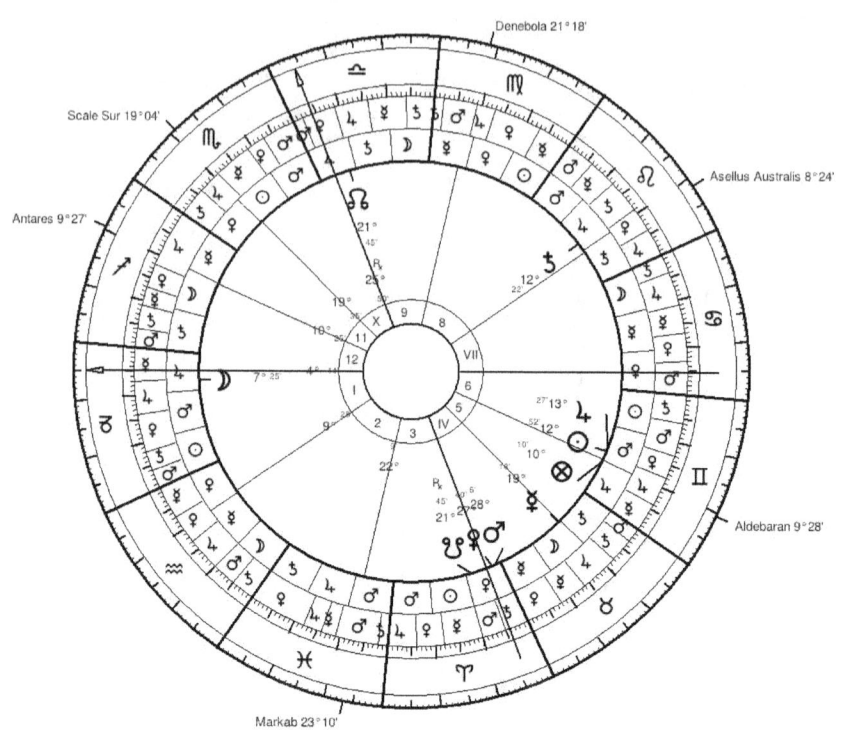

　　此盘月亮位于摩羯座 $7°25'$,本命盘上升位于射手座,两者位于不同星座,明显此盘并非准确的受孕时星盘。摩羯座与射手座紧挨着,我们根据这一特征,从软件中选择前一天 6 月 2 日的盘逐步进行搜寻,将月亮移于射手座即可。

　　最后根据调配规律找到正确的受孕盘如下:

1977 年 6 月 2 日 22：04 分

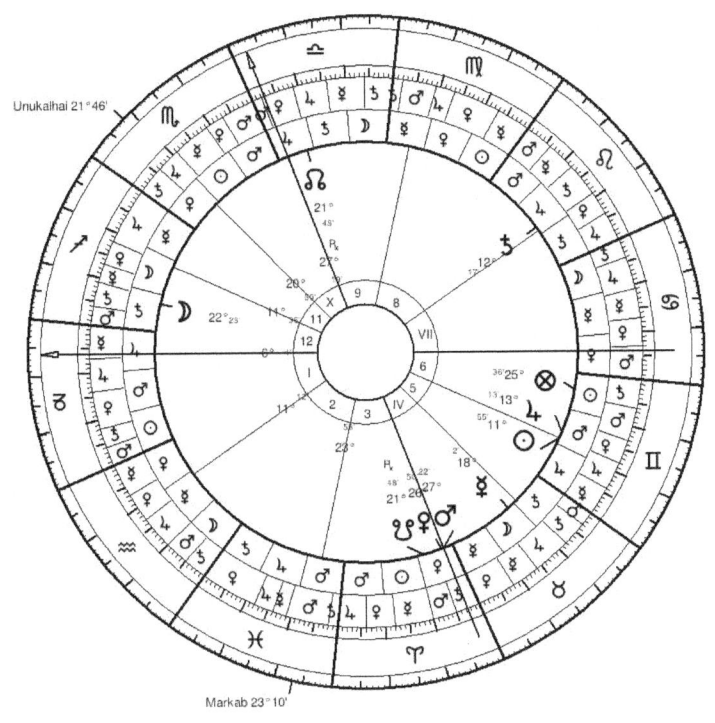

受孕盘

　　我们观察此受孕盘，上升位于摩羯 6°4′，本命盘月亮位于天蝎座 6°4′，两者度数完全一致。受孕盘月亮位于射手座 22°23′，与本命盘上升射手座 21°24′对比，星座一致，度数差别极小，所以此盘为正确的受孕盘。根据这个数值修订出生盘的上升度数，使其与受孕盘月亮度数完全一致，就可以得到正确的出生盘与出生时间。通过这个案例我们也能看出，《天文书》与 Valens 计算出来的数值在同一天，与受孕日误差仅一日，在精确度上《天文书》计算的时值更靠近受孕日。

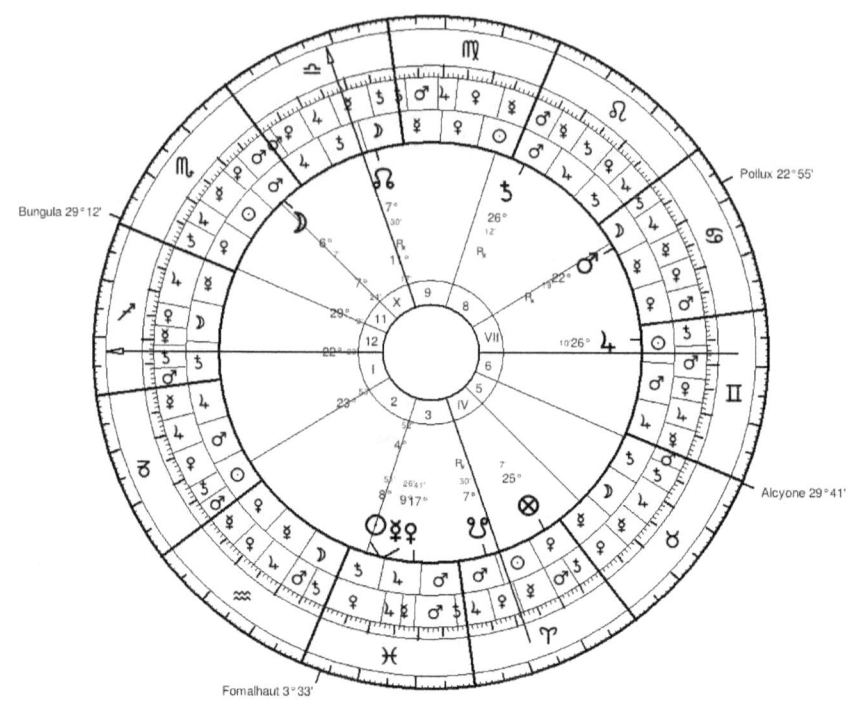

正确出生时间星盘

经过修订的正确出生盘，为 1978 年 2 月 28 日 3 点 19 分。此盘上升轴数据与受孕盘月亮完全一致。

通过这个案例我们知道，出生时间有误差的命盘，将星座上升度数修改为受孕盘月亮度数就可以得到准确的出生时间。

实际操作的时候，没有必要进行复杂计算，我们可以忽略数据的精确性，因为所得出的数据都是参考数据，会有一二天的误差，可以使用 Valens 的方法，经过简单估算找到受孕日附近的日子，排出星盘，然后再微调找到真实受孕日，排出受孕盘即可验证、校订生时。此时我们需要使用出生盘的上升星座和度数，和受孕盘的月亮是一致的，受孕盘的上升，和出生盘的月亮度数完全一致这个规律进行调整即可。像笔者这个案例,就可以直接用 92 加 3 天进行估算,避免数学计算上的麻烦。

另外我们在推算怀孕月份的时候,有一定的规律,一般受孕时星盘的太阳位于出生盘太阳的右刑相位,如果本命盘太阳正好位于星座末的时候,尤其是那种短上升星座,则受孕时候的太阳星座为右六合相位星座。由于受孕盘中的月亮所在星座、度数与出生命盘的上升轴所在的星座、度数完全相同,我们可以根据这个原理推出受孕时候是新月还是满月。

譬如本命盘中,太阳位于宝瓶座、月亮位于天蝎座、上升位于室女座,则受孕时候太阳位于金牛座、月亮位于室女座,此时,我们可以知道该命受孕于新月阶段,因为月亮没有到达怀孕时候的太阳对宫。如果出生命盘的上升度数,在怀孕时候的太阳对宫并且超过太阳,则为满月出生。在大多数情况下,在新月时段受孕的出生者会在满月时段死亡,在满月时段受孕的人会在新月时段死去。

大多人 9 月怀胎而生,因此以上公式适用,但是 7 个月生或者 11 个月出生的孩子该如何计算呢? 古人认为,在七个月出生的婴儿在母腹最长时间是 206 天 8 小时,最短时间是 176 天 8 小时,中间阶段是 191 天 8 小时。Abraham Ibn Ezra 提供了两个修订理论,第一,观察临近生产的时候,其命盘的金星和水星,金星和水星在月亮所在的位置有力量,并且位于刑映射月亮的度数,胎儿会在算定的出生时间七天前出生,金星、水星和月亮相刑,但是没有主宰力量,在月亮进入到出生度数之前,命主不会出生。第二,看火星是否进入怀胎时候月亮的位置,如果火星入舍、升星座,如果这发生在怀孕七天前,月亮合相火星,则命主会在算定的时间之前出生。这两个理论,笔者目前还未曾验证其有效性。

Valens 提过一种方法，用来确定婴儿是否在子宫中度过足月或更短的时间，在这种情况下，会发生早产、流产、难产和死亡，以及七个月大的孩子的出生。

首先，排三个盘，第一个盘为本命盘，看月所在星座度数；第二个盘为出生前一年的盘，看月亮所在星座度数；第三个盘为出生后的下一年的盘，看月亮所在星座度数。前后两年的月亮都三合本命盘月亮，则其命九个月足月而生；前后两年的月亮都刑本命盘月亮，则在母腹 258 天；前一年的月亮三合本命盘月亮，后一年的月亮刑本命盘月亮，则为 269 天；前一年的月亮刑本命盘月亮，后一年的月亮三合本命盘月亮，也为 269 天。

前一年的月亮刑本命盘月亮，后一年的月亮未映射本命盘月亮，在胎中八个月，主出生即死；前一年月亮三合本命盘月亮，后一年月亮未映射本命盘月亮，主胎儿无法存活；前后两年月亮都没有映射本命盘月亮，胎儿会死胎或流产，对母亲造成危险。

前后两年的月亮，对冲本命盘月亮，主于胎中七个月；前一年月亮冲本命盘月亮，后一年月亮三合本命盘月亮，主胎儿停留胎中七个月；前一年月亮刑本命盘月亮，后一年月亮冲本命盘月亮，主胎儿停留胎中七个月；太阳位于新月对宫，也主胎儿停留胎中七个月。

有关早产胎儿生时校订，Hephaistio 指出，首先按正常计算，找到受孕日，其次排出受孕日之前的新月盘。在此新月盘上的上升轴开始将整个星盘分为三个分区，假设上升轴位于白羊座 0°，我们列图如下：

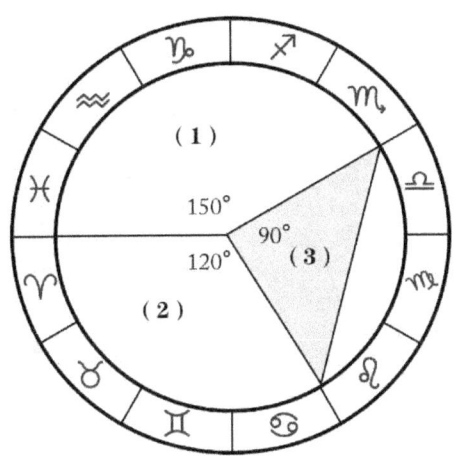

接着我们排出命主出生前的新月盘,观察其上升轴,如果落入第一区,则命主为九个月出生,落入第二区,则为七个月出生,落入第三区,则命主不正常或者可能有先天缺陷。有些占星家会同时比较出生前新月盘和孕前新月盘的上升,如果它们分别落入 1 和 2 区,则为九个月出生;分别落入 2 和 3 区,则为 7 个月出生;分别落入 1 和 3 区,在不正常或存在缺陷。

Sahl B. Bishr 的三个分区划分与 Hephaistio 著作的方法不同,他以受孕日之前的新月盘的上升轴顺时针方向朝 Mc 方向分别划分为 150°、120°、90°三个区间。在论断方式上也有差异,Sahl B. Bishr 的方法认为,如果命主出生前新月盘的上升轴和月亮位于第 1 区,则命主 9 个月出生;上升轴和月亮位于第 1 区,则命主 9 个月出生;上升轴和月亮位于第 3 区,则命主 7 个月出生;上升轴位于第 3 区,月亮位于第 2 区,命主 7 个月出生;上升轴位于第 1 区,月亮位于第 2 区,命主 9 个月出生;上升轴位于第 2 区,月亮位于第 1 区,命主 9 个月出生;上升轴位于第 3 区,月亮位于第 1 区,命主为畸形胎。

案例：开普勒命盘

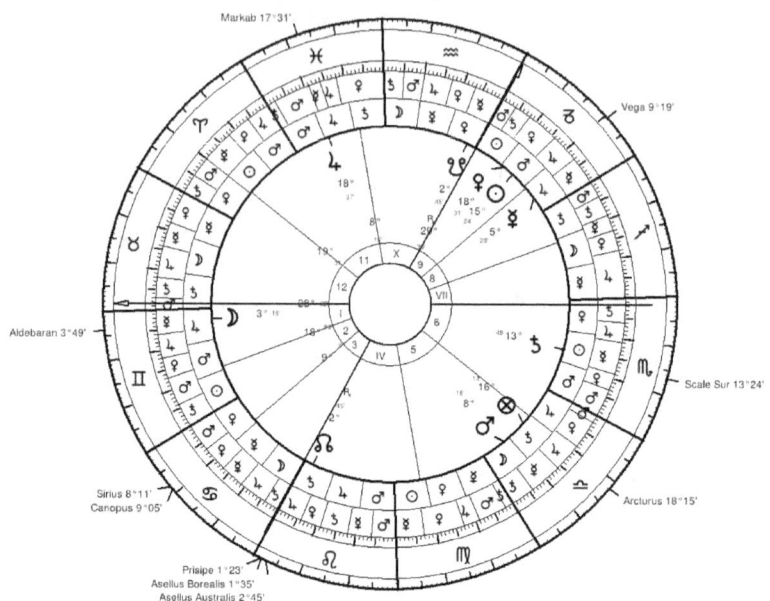

开普勒 LMT13:07 分本命盘

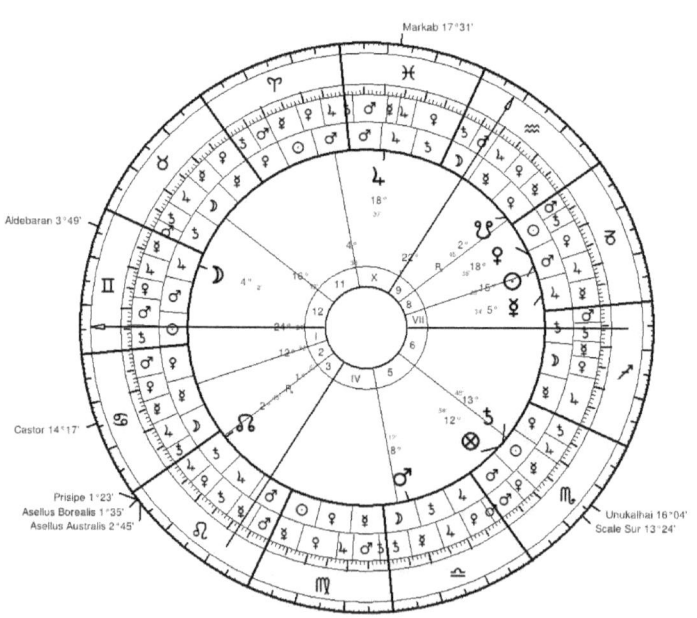

开普勒 14:37 分本命盘

Johannes Kepler，儒略历 1571 年 12 月 27 日当地时间 14:37 出生于德国 Weil der Stadt。开普勒，生于德国作家、数学家、科学家、天文学家、宫廷占星家和教师。被誉为"现代天文学之父"，他发现了行星运动的三大定律。早年他给自己的星盘绘制时，使用的时间是 12 月 27 日当地时间下午 13:00，后来通过校订，改为 14:37 分，并确定自己的受孕时间是 1571 年 5 月 16 日，凌晨 4:37 分，也就是在母腹中时间为 224 天 9 小时 53 分钟。

我们根据第一个盘，计算出其受孕日为 1571 年 3 月 29 日。根据第二个盘，则受孕日为 3 月 31 日。这并不影响我们后续的计算，因为两者之前的新月时间都一样，孕前新月为 1571 年 3 月 25 日 15:51 分。我们列出此盘：

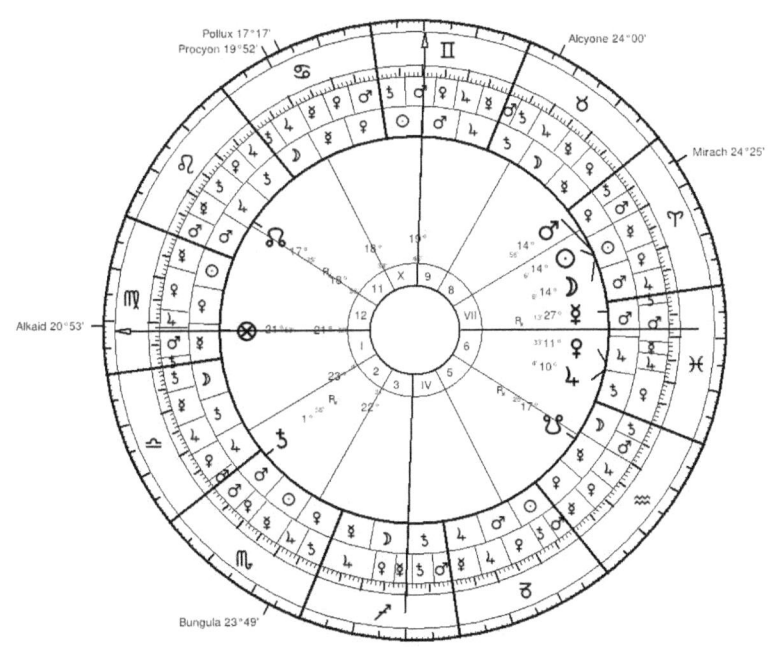

孕前新月盘

孕前新月盘上升位于室女座 22°，我们按之前的区分方法，将之划分为三个区域。室女座 22°～白羊座 22° 为一区；白羊座 22°～射手座 22° 为二区；射手座 22°～室女座 22° 为第三区。

按第二种方法，则室女座 22°～白羊座 22° 为第一区，白羊座 22°～摩羯座 22° 为二区；摩羯座 22°～室女座 22° 为第三区。

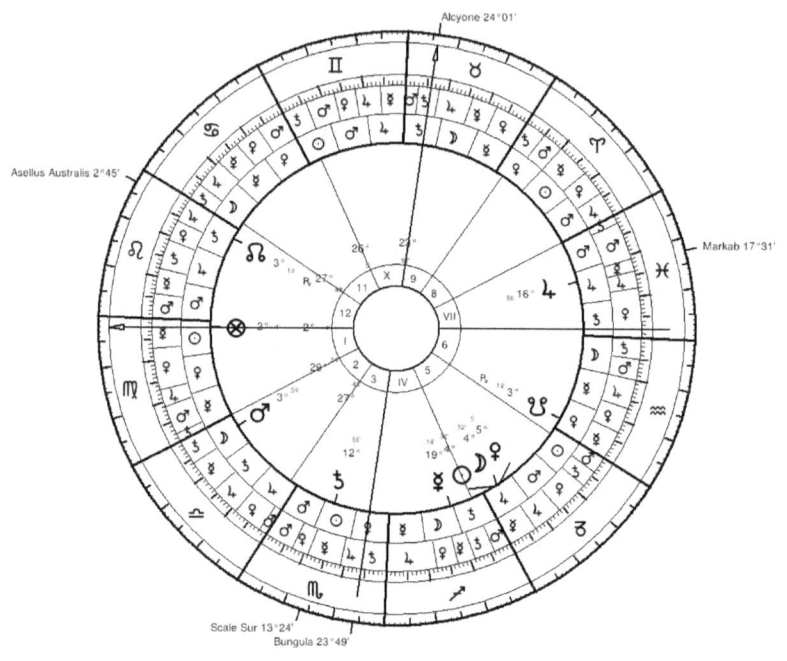

出生前新月盘

此盘的上升位于室女座 2°，月亮位于摩羯座 4°32′，数据显示应为九月怀胎，并不符合这两种论法。以上案例列出只是为了方便数据研究，由于古典占星相关内容有所分歧，有关此项研究并未定论。但是开普勒校订了自己的生时，留下了早产儿的相关校订数据，值得我们去研究探索。

第四门　说人生幼时，皆有星辰照管

凡人生下，不能食乳者，三日之内不得活。何故？为太阳或太阴在四柱内一柱，遇火星、或土星相冲，或四正照，或命宫前后有火土二星相夹，又无吉星相照者，所以不能食乳，三日之内，不得活矣。

又云，昼生人，看太阳。夜生人，看太阴。在何宫度数，其宫度主星，何星强旺，看强旺星，若是凶星，或凶星照，似此，与前一般论断。

又一说，人生下，要见养成，与养不成，或止活得四岁者，何故？凡人生，皆有星辰照管。其照管星辰数多，一个是度主星，一个是宫主星，又看太阳、太阴，看福德箭、看三合主星，最紧要的是三合主星。昼生人，看太阳；夜生人，看太阴。

所说以上星辰，若在四正柱，或四辅柱，又在分定度数，又有吉星相照，无凶星照者，所生人，养得成，易长大；若以上星辰在四弱柱，又不在分定度数，又有凶星相照者，所生人，养不到长成；若以上星辰得其中者，看吉星旺，可以养成，若凶星旺，难以养成；若初生三日至七日，看太阴在庙旺宫，或有吉星照者，主其母乳多，能养大。若太阴在弱宫或有凶星照者，主其母乳少，或绝无。

注：以上内容即古典占星中的命元，英文为 Nourishment，拉丁文为：Nutritio 和 Nutrimentum。

笔者将其翻译为命元。命元的概念十分贴切，命元代表命主的生命力，为生命之根，意味着福、禄、寿，只有福、禄、寿全，才是最佳的命造。

命元有四种情形：第一种，生命没有体验养育，没有灵魂成长；第二种，生命得到一定的抚育，但是没有成长起来；第三种，生命得到一定的抚育成长，但是没有得到长寿；第四种，生命得到抚育并且长寿。

在论断命元的时候，不同占星师有不同的经验组合方法，在《天文书》中列举了作者的相关观念。下面我们参考其它说法。

命盘中分析命元时，需要分析太阳、月亮和上升轴。尤其凶星位于轴，月亮位于曲向上升星座。直向上升星座和曲向上升星座，在孩子出生方面非常有参考价值。直向上升星座为巨蟹座～射手座，曲向上升星座为摩羯座～双子座。月亮位于曲向上升星座，被凶星夹拱，主出生有灾难，尤其凶星也位于曲向上升星座作为佐证。

Al－Andarzaghar 认为，男命，太阳、月亮都位于阳性星座，上升轴也位于阳性星座，代表母子平安、健康，尤其日月位于阳性星座互相三合，而女命遇到则不吉。如为女命，太阳、月亮、上升轴都位于阴性星座，代表母女平安、健康，尤其日月位于阴性星座彼此三合，男命遇到则不吉。此外，土星位于上升轴，尤其位于阴性星座，代表难产或出生后夭折。当火星位于上升轴或火星合月亮，位于阴性星座，代表突然分娩产和意想不到的生产，譬如生在路边之类等等，土星未损坏金星时，尤主速生。当月亮被两颗凶星夹拱时，尤其在一个曲向上升星座内，位于轴，是令人恐惧的，代表出生的灾害和不顺。另外，凶星位于12宫，也代表生产困难。

在论断命元时，观察上升轴的三方主星、昼日夜月的三方主星、福点三方主星、金星和木星、昼盘昼星和夜盘夜星。

先观察上升轴的三方主星的第一和第二主星，看它们是否位于上升或天顶轴，或者11宫、4宫，没有被凶星影响，则利于命元。

如果它们位于果宫，被凶星干涉，则看昼日夜月的三方主星，位于吉宫，未被凶星干涉，则利于命元。如果不吉，看福点的三方主星状态，方法如上，如果昼生人，它映射太阳的三方主，夜生人，它映射月亮的三方主，则利于命元。

福点的三方主不吉，则看木星和金星，它们其中一个位于轴或续宫，没有被凶星映射，则利于命元。木星位于轴或续宫，被金星映射，尤其主此。如果木星凶而不符合，金星位于上升轴 15°内，被木星映射，则利于命元。如此时，金星位于上升星座的末度，则依然救助不了死亡。

最后，我们强调一下月亮，即使上升轴定位星不吉，我们依然要注意月亮的情形，如果月亮位于上升或天顶轴，未被凶星映射，昼生连结昼星，夜生连结夜星，命元依旧吉利，生命得到保障。

Dorotheus 在命元的论断上，使用三方主星的三颗主星，他认为，当凶星入轴，则不利于命元，这种情况看似恐怖，需要从上升轴的三方主星进行检验，如果三方主星的第一、第二、第三主星，有一个在有力量的位置并且位于轴，则命主生命获得保障。如果三个主星都位于有力宫位，则更吉，如果有两个位于有力位置，则其力量会贯彻始终，尤其第一三方位于吉位，更确。如果三颗主星位于上升轴的三方四正（即三合、刑），彼此相互映射，则非常有利。如果三者又映射日月，则更有力。即使火星或土星位于上升轴，但上升三方主位于有力宫位，不在日光下，命主会顺利成长。如果上升的三方主星位于 3、6、12 宫，则此时看福点的三方主星，如果其三方主星位于吉宫，并且映射福点，或位于吉宫，映射昼日夜月，则吉利。如果木星位于上升或上升的三方星座，或在 2 宫，则命主得到成长。如果月亮和水星位于上升轴，木星位于天底轴，代表命主得到成长。昼生人，土星、水星、木星位于轴，则命主得到顺利成长。昼生人，土星位于轴，并且土星位自己的三方主星，命主顺利成长。

另外，Dorotheus 强调，观察七个有力的宫位，分别是 1、10、11、5、7、4、9，如果昼生人，昼星落在这些宫位之一，则顺利成长；夜生人，夜星落于这些宫位之一，则顺利成长。有吉星落于这些宫位，对命主成长有益。在分析行星落宫时，行星与上升轴距离 15°内，哪怕已经落入第 2宫，其力量和属性则依然属于第 1 宫，超过 15°则对上升轴没有影响力，对命主的成长也没有影响力（此处度数为赤经度数）。

上升的三方主星在日光下或入凶宫，代表生命力减少，尤其是第一、第二三方主都处于这种状态。当土星和火星同时损坏月亮，尤其月亮又位于轴，两凶星同时紧密对冲月亮或上升，不利于命主成长，主夭折。月亮位于第 7 宫，反厌吉星，凶星入轴，为夭折。月亮在天底，土星和火星对冲，或与之合相，也损坏命主成长，月亮如此，但是具有三方主力量，且吉星三合凶星，命主得以存活，但无法由亲生父母抚养成人，会被抛弃或送养，或为奴仆被人使唤，难以获得幸福。月亮被两颗凶星夹拱，其中一颗凶星投射月亮，主短命。如果月亮为亏月，命主有慢性疾病，生命范围也会缩短，吉星合相月亮，则有救，凶星合相月亮，则更凶。月亮和凶星同时位于轴或续宫，又有吉星映射月亮，命主能够成长，但是会遭双亲抛弃，太阳映射凶星，说明是父亲厌恶命主而想抛弃，月亮被凶星映射，则母亲要抛弃命主，月亮和太阳同时被凶星损坏，则父母都想抛弃命主，命主也知道自己被弃养。昼生人，火星位于轴或续宫，月亮对冲，月亮不在舍升等任何力量上，或火星如此映射太阳，命主幼年被弃养。夜生人，土星以同样方式映射太阳与月亮时，同断。

一颗凶星位于上升，另外一颗凶星与之对冲，月亮位于天顶或第 7宫，命主夭折。月亮位于凶星界，凶星位于轴，月亮反厌吉星，命主生平多灾害。不能忽略昼盘太阳与其三方主、夜盘月亮与其三方主，它们代表命主成长过程顺利与否。如果命盘中四轴、吉宫,或上升轴的三合星座,都没有吉星落入,且凶星映射太阳、月亮,或映射新月或满月,这些都为凶象。新月与满月受损,是凶兆,如果月亮与金星受损,情况会更糟糕,因为金星和月亮代表母亲,除非此时有一颗吉星映射上升和月亮(上升代表命主)。

在论断命元时,Dorotheus还指出,需要检查福点和精神点,如果月亮与其中一个合相或三合,则对命主成长有利,代表长相俊美,四肢健全,牙齿没有瑕疵。月亮与此两点反厌,则以上不吉。

Abu'Ali另外提出有关于这个主题的其它佐证,代表命元资源的还有第5宫和第5宫定位星,三日宫中,出生后的第3天、第7天的月亮状态,看它们的吉凶状态作为参考。

Umar Al-Tabari 将命元论断分为四种,介绍如下:

1、命元的第一种情形:分析上升轴、角宫、昼日夜月、以上三者的定位星、上升轴的三方主星、福点、福点定位星、出生前新月或满月。分析这些位置中最有力量的类神,是几个,做出相关分析即可。如果只有一个,位于果宫,并与凶星同度,上升轴也被损伤,则出生即死,总之以上损坏严重,则符合。

2、命元的第二种情形:分析同上。这些位置中强力类神,位于果宫,但是距离凶星有一段距离,则代表得到一定的抚育,而未成长起来。具体根据主向限等行运法进行分析。如果凶星位于轴,以上所说强力类神位于果宫,上升轴合凶星或月亮合于凶星,也根据度数距离论断存活多久。都勒斯认为,上升轴的第一三方主和第二三方主位于果宫,则不利于命元,尤其此时夜生人土星位于轴,昼生人,火星位于轴,则小限降临轴时凶。另外有人说,如果有两个有力类神,一个被损伤,另一个未损伤,则损寿。多个强力类神,都按这个思路推导。

3、命元的第三种情形:命盘没有寿星和寿主星。此时观察昼日夜月以及它们的定位星、上升定位星,未被凶星影响,未逆行、未焦灼,则符合。12 岁时,容易死亡。

4、命元的第四种情形:命盘有寿星和寿主星。分析上升轴、角宫、昼日夜月、以上三者的定位星、上升轴的三方主星、福点、福点定位星、出生前新月或满月,有力而无损,则符合,为长寿命造。

Ptolemy 的夭折论断经验:

太阳或月亮与凶星位于上升轴,吉星反厌上升,日月的定位星落于果宫,主夭折;两颗凶星一起映射日月,两颗凶星映射上升,主夭折,位于轴更凶;太阳位于上升轴或第 2 宫,被火星映射,或太阳和月亮位于这两个宫位,被火星映射,主夭折(日、月、上升三者俱损更凶);两个凶星同日月位于轴,出生即死,这种情况下,如果日月其中一个伴随吉星,或被吉星映射,在日月抵达凶星之前可以存活(根据主向限计算度数,为日、时或分钟单位);如果凶星伴随日月位于第 7 宫,凶星是日月或上升定位星,出生即死。

有关难产以及出生不久夭折的论断经验:

月亮和土星同度,短命之象。如有其他凶星刑冲,代表从母腹中剖出;月亮位于土星和太阳之间,代表短命,从母腹出来的时候,一只眼瞎,尤其吉星未映射更应;月亮被火星和太阳夹拱,也主短命,出生时候,瞎或聋哑,吉星未映射尤应;土星位于上升轴,月亮映射,主夭折;土星位于天顶,映射月亮,母亲因疾病迅速死亡;土星位于第 7 宫映射月亮和上升轴,没有吉星救助,出生即死;土星位于第 4 宫,月亮映射,父亲财运败坏,减损命主赖以生存的资源。

　　火星位于上升，凶星刑冲月亮，主短命；火星于天顶映射月亮，命主有火烧之灾害，濒临死亡；月亮和火星位于上升轴，土星位于第 7 宫冲之，剖腹产，出生当天母亲死亡；月亮和火星位于第 7 宫，冲上升轴的土星，出生当天死亡；月亮落于下降轴，凶星从其第 4、第 10 个星座映射，命主和母亲很快死亡；月亮和火星位于天顶，土星于天底冲之，命主死亡，不得埋葬；月亮位于第 4 宫，凶星于天顶冲之，命主会被房子倒塌所压；月亮位于天顶，凶星于天底冲之，命主会失去双腿或变瞎。

　　两颗凶星，一颗位于天顶，另外一颗位于天底，哪怕有吉星位于下降轴或其他位置，也主短命。

　　例 1　皇子

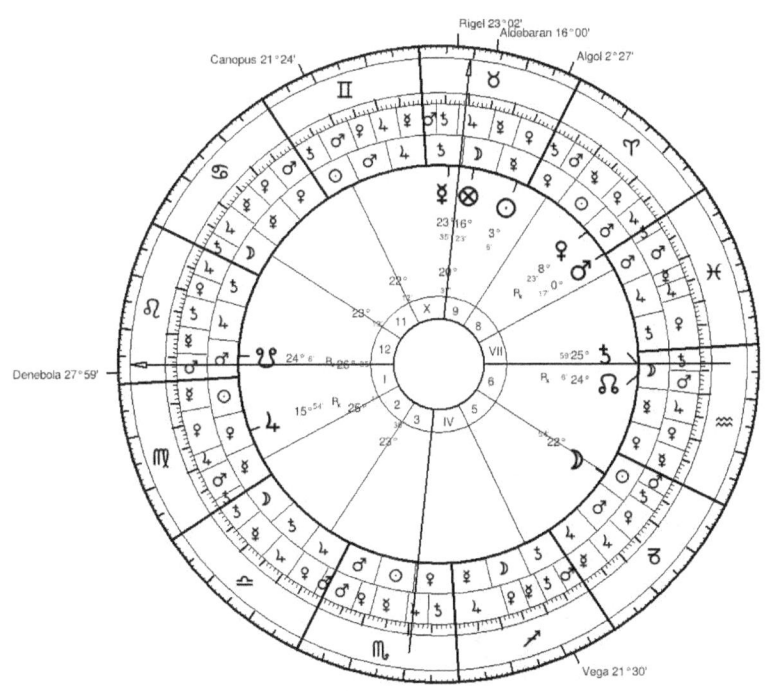

　　此命为拜占庭皇帝 Leo I（利奥一世 401～474）和皇后 Aelia Verina（艾莉亚·维丽娜）的孩子。生于公元 463 年 4 月 25 日 12:56 分。

原书数据：上升轴位于狮子座 26°，天顶轴位于金牛座 17°，满月位于天秤座 24°36′，福点位于金牛座 16°，精神点位于射手座 6°，贵命点位于狮子座 11°。罗睺位于宝瓶座 24°，土星位于宝瓶座 26°，木星位于室女座 17°，火星位于白羊座 1°，太阳位于金牛座 3°，金星位于白羊座 15°，水星位于金牛座 26°，月亮位于摩羯座 23°。

上升轴的三方主为太阳、木星、土星。太阳的三方主分别是金星、月亮和火星。

原书疑有删节，论断内容模糊。笔者认为，此命计都合上升轴，不利于命元。且土星凶星合下降轴与罗睺，极大增凶，上升定位星落入后天果宫无力，日月分别被火土映射，满月点与火星相冲，又与月亮相刑，满月点定位星与火星合相，种种都是凶夭之象。

例 2　出生后溺死

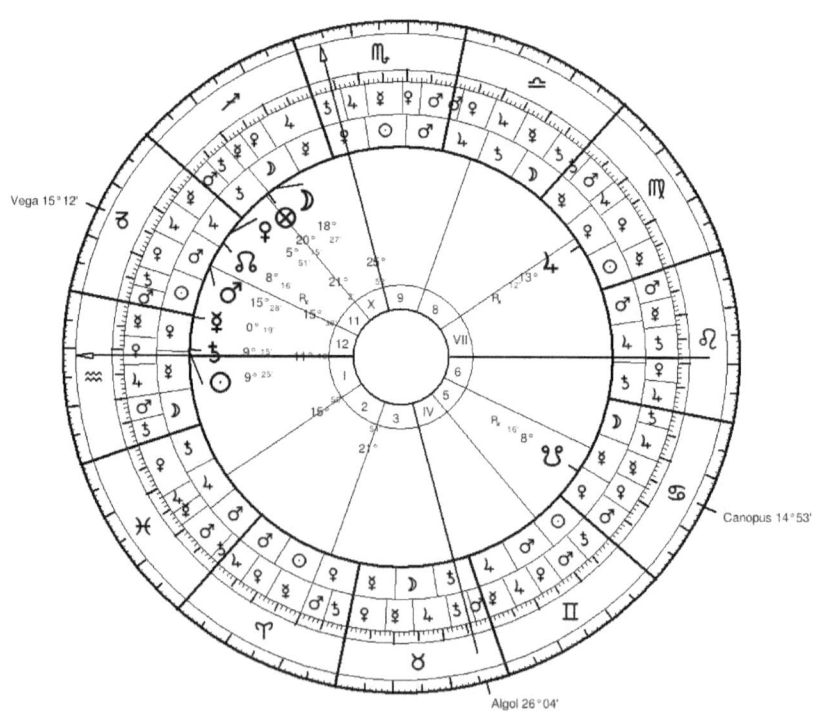

此命生于 1992 年 1 月 30 日上午 7:21 分,Delhi。出生当年跌入浴缸被溺,被医生救治时已经脑死亡。

上升星座为宝瓶座,昼生人,太阳合相土星,土星居于日核,太阳落陷,凶星入轴,极凶。上升轴的三方主分别是土星、水星、木星,土星位于上升轴,水星位于 12 宫,且为歧度。木星逆行,又位于第 8 宫轴,皆为凶象。

月亮空亡,福点和月亮的定位星为木星,位于第 8 宫轴。新月后生人,新月点位于宝瓶座,土星为定位星,位于上升轴。恒星大陵五与天底轴合相,大陵五的行星性质为木星、土星,木星和土星在盘中的凶象定性了大陵五的凶象,并且天底轴也与死亡有关。

以上凶象极强而无解,命元无力,为夭折命。并且此命,寿星为太阳,寿主星为土星,土星对太阳的损坏极大,根据主向限行运而言,也是当年夭折之象。

例 3　幼年溺死

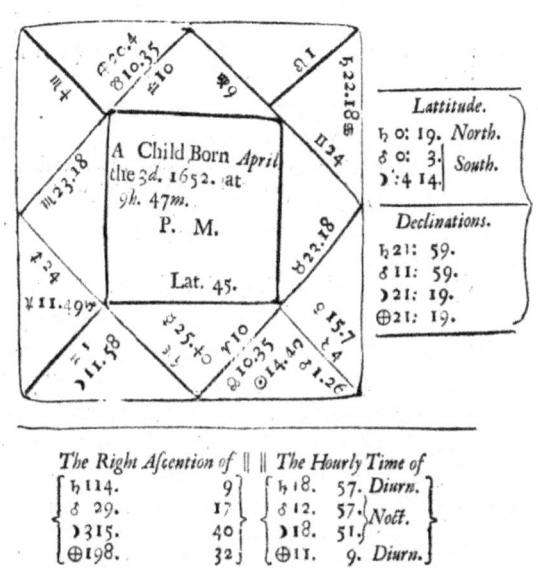

A Childs Nativity.

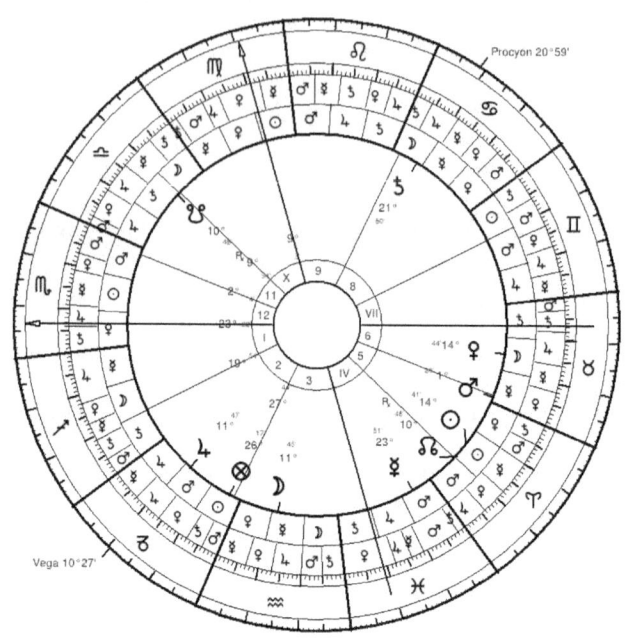

案例选自 Richard Kirby 的著作《The Marrow of Astrology》第二部分 53 页。命主出生于 1652 年 4 月 3 日 21:47 分,北纬 45°。

我们分析命元,需要检查其上升轴、角宫、昼日夜月、上述的定位星,并且要分析上升三方主星、福点、福点定位星、出生前的新月或满月及其定位星。

此命上升轴位于天蝎座,其定位星火星落陷于金牛座,且位于后天果宫。夜间生人,以月为主,月亮位于凶星星座且为果宫,月亮定位星土星位于落陷的巨蟹座,福点位于第 3 宫果宫,福点定位星为土星,土星落陷。

命主生于昼,上升星座的三方主星分别是金星、火星、月亮,三者都落于果宫,且火星落陷。

Syzygy	Date(GMT)	Longitude
Full Moon	1652.03.25. 4:10:08	5°08'42" ♎

命主出生于满月后,查软件发现,满月点位于天秤座 $5°08'$,位于续宫,定位星金星位于果宫。

以上皆为无力,命主为夭折之命。

关于死亡的原因。分析第 8 宫、第 8 宫定位星、第 4 宫、死亡点、死亡点定位星等等。此命第 8 宫,土星落陷于水元素星座,土星性干冷,代表水灾,位于水元素星座尤应。第 8 宫定位星为月亮,月亮为水象,月亮落于宝瓶座,宝瓶座也为水象。第 4 宫位于双鱼座,为水元素星座,其定位星木星降于摩羯座,摩羯座属于湿、水性质的星座。以上基本已经完全锁定。

其死亡点位于射手座 $7°49'$,死亡点定位星为木星,木星落陷于摩羯座,摩羯座为湿性星座,且被土星所冲,溺死无疑。

Richard Kirby 在其著作中使用了行星"赤纬映射",所谓赤纬:从天赤道沿着天体的时圈至天体的角度称为该天体的赤纬。以天赤道为赤纬 $0°$,向北为正,向南为负,在 $0°\sim90°$ 数值中,正值为北天赤纬,负值为南天赤纬。所谓纬度映射指的是两行星纬度相同或与赤道纬度相距相同,又称作赤纬平行。其著作中月亮赤纬为 $21°19'$,土星赤纬为 $21°59'$,福点赤纬为 $21°19'$,因此数值一样,发生了赤纬映射,土星在第 8 宫水元素星座,通过纬度映射,土星、月亮、福点产生互相映射,导致溺死,这里他使用的是托勒密不分昼夜的福点,并且他认为福点为命主的寿星。软件中相关行星的赤纬表格如下:

	Longitude	Latitude	Rectascension	Declination
Asc	23°21'32" ♏	0°00'00"	230°57'33"	-18°39'00"
MC	9°05'06" ♍	0°00'00"	160°41'04"	8°10'45"

☉	14°41'03" ♈	0°00'00"	13°30'50"	5°47'53"
☽	11°45'07" ♒	- 4°32'11"	315°34'41"	-21°39'00"
☿	23°51'28" ♓	- 2°27'45"	355°20'35"	- 4°42'14"
♀	14°44'29" ♉	0°28'12"	42°07'23"	16°44'29"
♂	1°28'01" ♉	- 0°04'49"	29°20'03"	11°55'56"
♃	11°46'42" ♑	0°08'45"	282°47'41"	-22°49'06"
♄	21°49'54" ♋	0°19'56"	113°39'10"	22°02'28"
☊℞	10°45'35" ♈	0°00'00"	9°53'12"	4°16'01"

　　上图中的 Declination 即赤纬。我们可以看到月亮位于南赤纬,当两颗行星位于天赤纬同一面相同距离时(同赤纬度),称之为 Parallel,即赤纬平行,或赤纬同向。当行星是相同的距离但是在天赤道的两对侧上时,称之为 Contra－parallel,即赤纬度反向平行或赤纬反向。这种用法在古典占星发展到近现代出现,其容许度为 1°范围,严格的说,属于现代占星的内容。

　　例 4　出生后 4 个月死亡

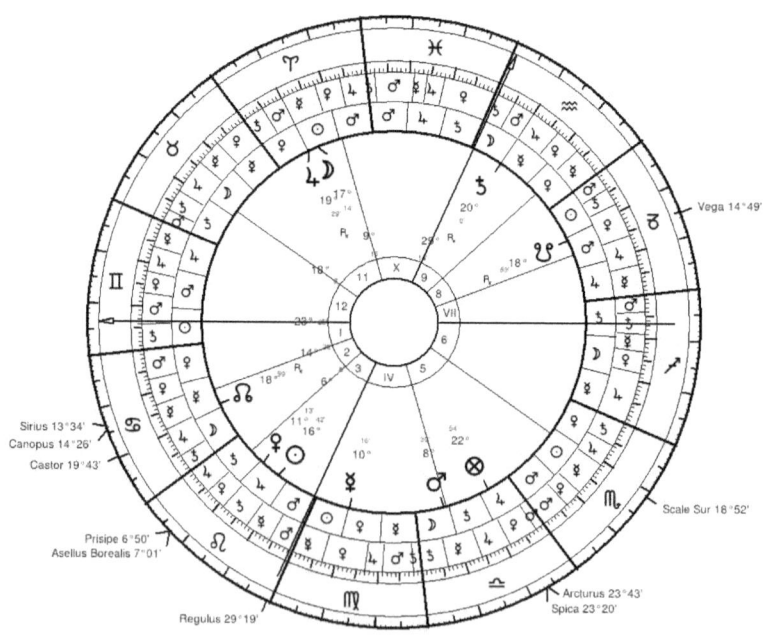

1963年8月10日02:09分出生于西班牙马德里,1963年12月9日与母亲乘坐商用喷气式飞机时,飞机被闪电击中,在马里兰州埃尔克顿上空爆炸。

分析:此命为夜间生人,土星凶性增强,土星与太阳呈紧密相位相冲,土星为第9宫、第8宫定位星,太阳为第4宫定位星,这是高空灾难或摔落的特征。月亮合相木星,木星为第7宫定位星,以紧密相位六合第8宫的土星,为凶险标志,且月亮又被火星所冲。上升定位星水星被火土夹拱。月亮合相木星于白羊座,与其升主星太阳三合,与舍主星火星相冲,火日的暴烈性质影响月亮,此时月亮和木星通过主授客星,被赋予太阳、火星的能量,火星落陷,大凶之象,夜间生人,月亮为母亲,因此与母亲一起发生事故。

注意分析命主出生后的第3天月亮状态,亏月位于金牛座,与土星产生密切的刑相位,这是大凶之象。

例5 勒死

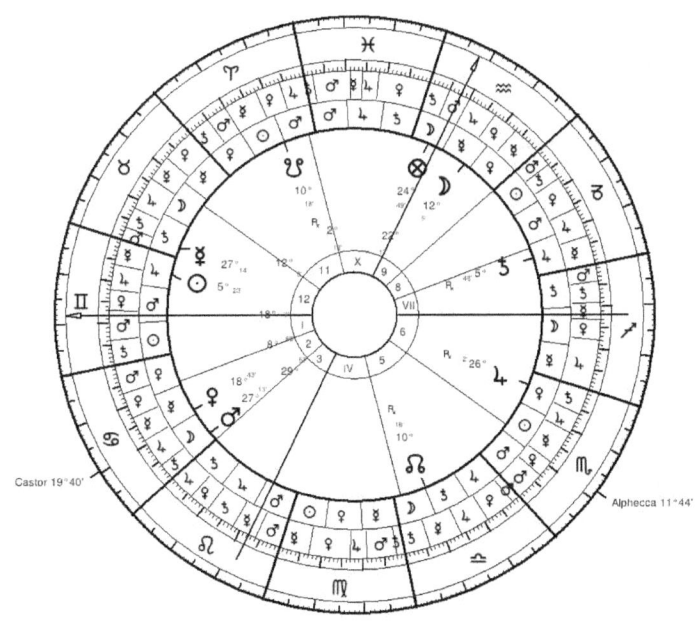

　　美国一桩凶杀案受害者。1972 年 4 月 15 日失踪,人们发现他被一根晾衣绳勒死,并遭到重击,他曾在弥撒中担任祭坛侍童。

　　分析:在后天宫位制中,诸星主要分布在 2、6、8、9、12 宫中,缺乏力量,2 宫为续宫,但是 2 宫中火星与金星为凶象组合,在行星分布规律上是不吉利的,不利于命主成长。整个盘中的吉星金星与火星合相,与土星相冲,木星落陷于上升星座且反厌上升星座,同时冲上升定位星,吉星没有援救命盘的作用,大凶之象。

　　上升星座为双子座,其定位星水星落入果宫,且水星与火星呈精确六合相位,落陷于双子座的木星位于天蝎座与水星精确相冲,皆为大凶之象。命主为昼生人,太阳落入果宫无力,其定位星水星也落入 12 宫,且水星受到损害。

　　上升星座的三方定位星分别是土星、水星、木星,土星落入第 8 宫,水星落入 12 宫,木星落入果宫冲上升定位星,皆为凶象。

Arc	Age	Date	Distributor	Partner
000d 00m 00s	000y 00m 00d	27 May 1959	♂	
005d 49m 38s	005y 09m 29d	24 Mar 1965	♄	
012d 12m 14s	012y 02m 15d	09 Aug 1971	♂ ♋	
018d 40m 09s	018y 08m 01d	26 Jan 1978	♂	♂ ♄

　　根据界向行运法,命主于 1971 年 8 月开始,上升轴进入巨蟹座火星界,火星开始主宰命主运程,火星和水星的精确相位,导致命主在这一运中死亡。

　　下面笔者以中国传统术数解析此命:

四柱八字:
阴历:己亥年 四月 二十日 卯时 (昼)
生于:小满初

胎　　　　帝旺　　　长生　　　病
比肩　　　比肩　　　日主　　　偏印
平地木　　大林木　　大驿土　　炉中火

乾造：己亥年　　己巳月　　己酉日　　丁卯时　　［寅卯空］
　　　　　　　　　　　　　　　　　　空亡
壬正财　　庚伤官　　辛食神　　乙七杀
甲正官　　丙正印
戊劫财

分析：年月比肩，劫夺年下财神，时上枭神，克夺支中巳酉所合之食神，财食受损，为夭折之命。且年月相冲，日时相冲，四柱一片冲击之下，年下财受伤，日下食受克，年日根本动摇，为凶死之象。

七政四余占星术：

　　正偏正七正　偏伤食劫比己
　　印印官杀财　财官神财肩亥
　　（（（（（　（（（（（（
　　木金火孛计　罗水炁土月木
　　）））））　）））））

　　爵喜禄催寿印官魁文科科己
　　星神神官元星星星星甲名巳
　　（（（（（（（（（（（己
　　火土火炁木罗火金炁火土酉
　　）））））））））））

　　产血血仁人地天马禄地天丁
　　星忌支元元元元元驿马卯
　　（（（（（（（（（（（
　　火木火土水土罗水日火木男
　　）））））））））））

　　伤　　　地天局职值　生
　　官　　　纬经主元难　官
　　（　　　（（（（（　（
　　水　　　金水金计月　计
　　）　　　）））））　）

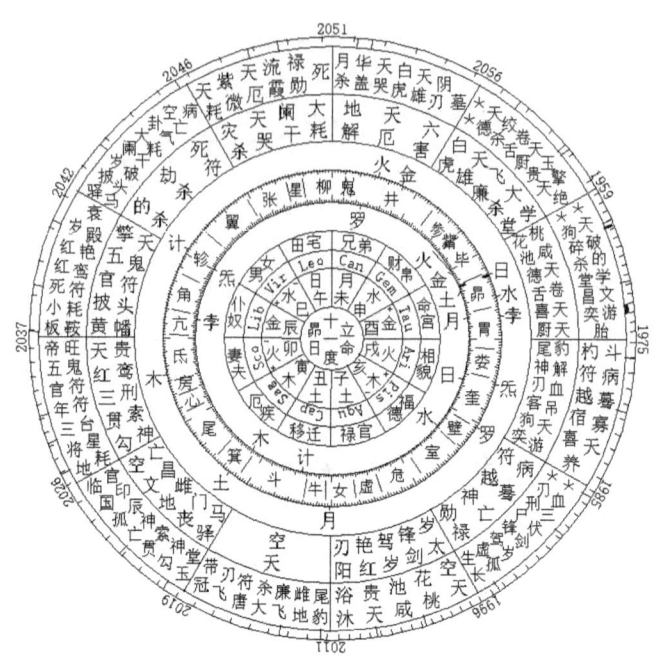

分析：身、命两歧，孛犯太阳，水、孛与太阳同宫。命主生于夏季，太阳得水滋润，而水则枯竭，尤其水孛相争，化气伤官、七杀，为夭折之象。命宫主星金星与难星火星交战，且落入刃宫，宫内恶煞纷踏。人元土星主寿元，落于疾厄恶弱之宫，又受星宫所制，短寿之象。身星月亮值难，又落入飞刃、大杀凶宫，且与难星罗睺相络。命主生于四月，火星为令星，难星极旺，夭折凶死之命。古人有缢死必犯阑干煞的经验，此命生于巳月，阑干于巳宫，月柱坐实，为实宫，水星掌阑干煞、劫煞、六害、绞杀、卷舌，水孛相争，且生起仇星木星，且气星落于相貌宫，因此命主被勒死。

1972年，命主大限于酉，金星与火星交战为大凶之象。限入胃土雉，土星与命度、太阳相络，土化劫财，且位于八煞宫，土计同经，化气劫财逢财，大凶之象，且行限处顶金星，火金交战，命主死亡。事发当天，流星火、金、土、月集中于命宫，且本命盘本身就有火金凶格，月亮位于本命盘水孛之间,流星罗睺与本命火星相会,皆为大凶倒限之象。

此命如以月所在宫,从生时逆数到西的方法计算身宫,则身宫于巨蟹座,火金相战,也是大凶之象,身命具克。以竹罗三限法,此命昼生,初限为金星,虚岁 14 岁限行巳宫,正逢阑干恶煞,计星于内,且水孛掌阑干恶煞入命。

特别说明:七政四余占星盘的星制选择,是很多人最为头疼的问题,这个问题关系到岁差、历法常识。岁差是中西方占星术都要面对的问题,七政四余占星术处理岁差问题,使用天自为天,岁自为岁的原则,在明末清初发生了重大变化,明末西方天文观、历法观系统进入中国,清代时宪历的出现改变了七政四余的排盘方式,白羊座春分点的黄道宫混淆中国12 次的概念,导致二十八宿移位,所以七政四余占星术系统,可以分为七政四余占星与清代中西七政四余占星两种,后者我们简称为"清制七政四余"。这种特殊的历史原因,在清代也引起了当时学者们的疑惑。

在清代历法家梅文鼎的《历算全书卷六》中有所论述,书中是这样描述的:"问历法最难解者,未宫鬼金羊为主,今未宫全系井度,而鬼反在午,室火猪只十度在亥,而余皆入戌,不知天运何年西下,诸宿移而天盘动?按列宿移而天盘动,即岁差之法也。周天列宿分十二宫,古今历法各各迥异。要其大端之改易有三:自隋以前未用岁差,故天之十二宫皆随节气而定。如冬至日躔度即为丑初之类一也;唐一行始定用岁差分天自为天,岁自为岁,故冬至渐移而宫度不变,以后历家遵用之,所以明季言太阳过宫以雨水三朝过亥,二也;若今西历则未尝不用岁差,而十二宫又复随节气而移,三也。三者之法未敢断其孰优,然以平心论之则一行似胜!何以言之?盖既用岁差则节气之躔度年年不同,故帝尧冬至日在虚而今在箕,已差五十余度若再积其差,冬至必且在尾在心、在氐房在、角亢，顾犹以冬至之故而名之曰丑宫，则东方七宿不得为苍龙而皆变玄武，北方宿反为白虎，西方宿反为朱鸟，而南方朱鸟为苍龙，名实尽乖，即西法之金牛白羊诸宫皆将易位，非命名取象之初防。即不如天自为天，岁自为岁之为无弊矣。故新历之推步实精而此等尚在可酌，不无俟于后来之论定耳。先生于此深疑，实与鄙意相同，至若十二生肖及演禽之法别有本末，与历家无涉亦无与于星占可无深论。

以星推命不知始于何时，然吕才之辟，禄命只及干支，至韩潮州始有我生之时月宿南斗之说，由是微之，亦在九执以后耳。每见推五星者率用溪口历，则于七政躔度疏远若依新法则宫度之迁改不常，二者已如枘凿之不相入，又安望其术之能验乎。夫欲求至当，则宜有变通，然其故多端，实难轻议。或姑以古法分宫而取今算之七政布之，则既不违其本术，亦不谬乎悬象，虽未知验否，何如而于理庶几可通矣！"

梅文鼎在其著作中已经详细论述了这个问题，笔者持同样的观念，因为无论世界上任何一个国家的文化，都是以本国文化为体，异域文化为用的去融汇，而中国术数一向更以中国文化为体去吸纳别的文明，所以明末清初的星学文化天秤倾向于西方文化，这是亘古未曾发生过的，这是一次文化剧变的特殊现象，因此笔者认为中国传统文化的衰亡是从明末开始的，新文化运动只是将传统文化的衰亡推向了顶点。

基于古老文化的本色，本书七政四余占星术主要基于古制。但是清制的七政四余抛开二十八宿和神煞而言，其行星、星座模式更接近古典占星，因此也不能认为这种星制不能用于预测，这种情况下既然已经在中西文化的体用上做出了大的调整，那么是可以参考古典占星上升、古典占星阿拉伯点的，这种新型组合的占星也有着一定的特色。

大六壬命理解析：

公历：1959 年 5 月 27 日 5:06 星期三

农历：己亥（猪）年四月小二十　小满

干支：己亥　己巳　己酉　丁卯

旬空：辰巳　戌亥　寅卯　戌亥

小满 5 月 22 日 3:42　芒种 6 月 6 日 19:0

月将：申　甲辰旬寅卯空

```
    朱  蛇  贵  后
    戌  亥  子  丑
  合酉              寅阴
  勾申              卯玄
    未  午  巳  辰
    青  空  虎  常

    青  阴  虎  贵
    未  寅  巳  子
    寅  酉  子  己


  兄弟  丁未  青
  妻财  壬子  贵
  父母  乙巳  虎
```

分析：此课为无禄绝嗣课，四课四下克上，主小人无礼、暗算、横灾、殃祸。且日上子未穿害，支上寅酉相绝，三传中子巳相绝，子巳为死，初传克中传，中传克末传，无一点生气，初传与中传旬干丁壬合为日鬼，本命亥上覆辰墓，皆为凶死之象。1942 年太岁壬子，真太岁入课，临日干子未穿害，为大凶之象，代表被人所害，行年于卯，其上申金为本命劫煞，且冲辰上寅木，又为子水长生，助子水太岁为害。

第五门　说人生相秉性（相貌体态）

　　论人生相秉性。要看安命宫度强旺星。又看太阴宫度强旺星。又看何星在庙旺宫，或在分定度数。又看何星力气多，以上数等星，取一个最强旺者为主。

　　若强旺星是土星，又比太阳先东出者，主其人身体十全，发黑、颜貌黄白似蜜色、胸前有毛、眼生得中、秉性寒润。若土星比太阳后西入者，主其人颜貌如小麦色、发稀身瘦、上下相称、目黑、秉性干燥。

　　若强旺星是木星，比太阳先东出者，主其人容貌白色，有光彩、身体长大、发生得中、美好、目亦得中、动静安详、秉性热润。若木星比太阳后西入者，主其人容貌淡白、无光彩、发稀直、干燥、目生得中、身矮小、秉性润。

　　若强旺星是火星，比太阳先东出者，主其人容貌红白、身体十全、上下相均、目色青、发生得中、秉性热润。若火星比太阳后西入者，主其人貌红、身矮小、目亦小、发稀、秉性干燥。

　　若强旺星是金星，比太阳先东出者，其人生相与木星所论一同，稍更清秀滋润，貌嫩似妇人，目生秀美。

　　若强旺星是水星，比太阳先东出者，主其人容貌清白，身体得中、目小、头发得中、秉性热。若水星比太阳后西入者，主其人容貌黄白色，身体上下得中、瘦小、声细、目深陷，又似山羊眼，白色，秉性燥。

　　凡太阳、太阴，与各星相助。得太阳相助者，身体十全，容貌甚好。得太阴相助者，身体十全，修长得中，秉性性润。若各强旺星，比太阳先东出，相离近者，主其人身体肥大。若此星在初留，主其人爽利、灵变。

若在逆行,主其人身体得中,精神稍钝。若在第二留,则其人体弱。若在太阳光下,则其人最低微、贱,又常有灾。若人命主星,在小轮极高处,主其人身体甚长。若命主星在小轮最低处,则其人矮短。

注:古典占星,论人长相,和其他分类占一样,都是多类神选用,取用最旺的类神进行论断。《天文书》中主要使用上升轴度数和月亮度数的最强行星进行论断。

下面我们参考其他占星师的相关经验。

一、选自阿拉伯时期的占星著作。

在论断长相的时候,需要注意上升轴,并观察上升轴的旬星,看谁映射它或与它合相。金星为旬星,土星刑金星,则使人面部肤色发黑。土星于吉相位映射金星,或从吉位映射,则根据其缓和程度进行相关论断,发黑的程度会有所减轻。当太阳参与进来,太阳会影响土星,并会削弱土星、金星导致的肤黑,会使用肤色褐色近白。如果月亮参与映射,和太阳一样,火星也类似,它能够让黑色变弱、变小到人们不去注意。木星也像月亮一样,但是它不像月亮那种消减黑色的强度。以上条件,都是这些行星映射影响到了土星时候,做出相关论断。水星影响土星时候,会让皮肤黑色削弱为黄色。诸多行星混合时候,我们需要根据其各自力量进行相关论断。

通过以上方法论断的同时,需要注意看有什么行星映射上升轴,断法和上文一样。另外要观察上升轴的度数是否位于明亮度或黑暗度。金星、月亮、木星映射主肤色白,如果它们有缺陷,日火参与映射则能使人肤色发红。土星则主黑。如果上升轴位于黑暗度,月亮映射,则主褐色,金木映射则增白,火星映射则增红,土星映射则增黑。

古人认为，每一个小时，在上升有 24000 个点以上的不同颜色，它们每一个点都代表不同的颜色、味道、体质和天性，而且不同国家，不同地区，不同人种都有差异。因此这些详细的内容，非人类所能掌控。

Claudius Ptolemy 认为，论断人的身材、长相，根据上升、上升定位星、位于上升宫的行星和月亮进行论断，而阿拉伯占星师在这个基础上综合使用上升、上升定位星、发光体行星（日、月）、出生前新月或满月、福点，等五处进行论断。

上升对命主出生时候的体质有影响，上升星座是人形星座（双子座、室女座、天秤座，射手座的前半段、宝瓶座），性格比较温和，气质高贵。每个人出生时候，性格、长相都和上升星座性质有相似之处；上升为狮子座、室女座、射手座的人身体强壮；双鱼座、巨蟹座、摩羯座则出生后身体软弱。白羊座、金牛座、狮子座的初段为增长特性，代表身体状态的增长，其末段为下降特性，代表消减。在健康方面，上升于射手座、天蝎座、宝瓶座等开端，主健康，如果于其末段，主生病。温和、聪明、适中的星座为室女座、天秤座、射手座。感性、愚昧的星座为天蝎座、双鱼座、金牛座。

命主长的像父亲还是母亲，或者长的像舅舅、叔叔之类，看上升定位星、太阳、月亮、父亲点、母亲点、父亲点和母亲点的定位星、第 4 宫，阳性则类父系，阴性则类母系。看上升定位星以及以上多神所连结的行星特性。太阳定位星代表父系家庭，月亮定位星代表母系家庭。月亮连结阳性行星，则长的像父亲，连结阴性行星，则长的像母亲，如果连结阴性行星，该行星位于阳性星座，则长的像母亲家庭的亲属。

二、选自《天步真原》

《天步真原》认为，管人相貌，一命宫，一月躔宫，一命宫主星，一月躔宫主星,一经纬星与命宫、命宫主星、月躔宫、月躔宫主星同者。

土星出东地平,色白发少,貌美性湿,若在西地平,貌不甚佳,身中等,内湿;火星出东地平,人中等坚实,眼睛不黑,内热干,在西地平,人中等,头笑发劲,性干;金星与木星同,各事俱美好,眼尤美;水星出地平东,眼小身中,性热。在西地平,色黄眼凹足小;太阳主好丑;月主筋骨肌肉,常要看月有光无光。五星内,土木火在西生人,身体大。各星有顺逆、有留,留有四,第一次留,人坚实,退行留,湿热难调,不甚好看;二次留极软;三次四次留,病软不堪。五星留有二,一逆行前;一逆行后(即行星停驻)。逆行前,早间出地平,自顺行至逆行,到留时,性湿;逆行前夜中从地平出,性热;逆行后,早间出地平到第二次留,性干;逆行后早间出地平,性冷。

人命黄道度上,从白羊座至阴阳生人,坚固、眼睛好、高大、性湿热;从巨蟹至双女,颜色中等、不白不黑、不大不小、坚固、性热干;从天秤至人马、长瘦、面有点、眼睛好、性冷干;摩羯至双鱼,色黑、身中性、冷湿。黄道上,双女、狮子、人马生人大;双鱼、巨蟹、摩羯生人小;白羊、摩羯、狮子宫前半生人坚固,后半生人弱;人马、天蝎、阴阳前半生人弱,后半生人坚实;双女、天秤、人马生相皆好,天蝎、双女、摩羯次之。

三、犹太占星学家 Abraham Ibn Ezra 的说法。

Abraham Ibn Ezra 在其著作中引用了诸多前人的说法。其中他提到寿主星代表一个人的体貌。如果该行星位于黄道,不在南北纬则瘦,有黄纬则胖,位于南纬则行动敏捷,位于北纬则笨手笨脚。上升星座为长赤经上升时间星座(巨蟹座到射手座),并且位于第一旬,月亮也在长赤经上升时间星座,则命主比父母高;上升星座为短赤经上升时间星座(摩羯座到双子座),则反之。在长相的美丑上,注意上升星座的特性,人形星座则貌美（双子座、室女座、天秤座，射手座的前半段、宝瓶座），上升或寿主星位于此类星座，则貌美，金星映射上升、月亮或寿星，尤甚。天蝎座、摩羯座和双鱼座属于中等俊美星座。Sahl B. Bishr 指出，旬主星代表人的脸，并说他已经多次通过经验证明了这一点。Abraham Ibn Ezra 说，当旬主星映射上升轴时，Sahl B. Bishr 的这个说法是正确的。

　　Abraham Ibn Ezra 指出，当没有两个有效的佐证时，不要做出论断。关于佐证的有效性和无效性，他认为，任何行星佐证被日光焦灼，证吉无效，证凶有效；任何逆行行星，不论是吉还是凶，都无效；任何行星佐证位于果宫，无效，除了第 9 宫，在第 9 宫为半效，太阳位于第 9 宫为全效；行星佐证位于轴，无论吉凶，皆为全效；行星佐证位于 2、5、11 三个续宫，为半效；木星位于 11 宫，金星位于 5 宫为全效；行星佐证位于 8 宫，证吉无效，证凶有效；月亮合相吉星，证吉有效，映射吉星，证吉半效；月亮合相凶星，证凶全效；当月亮位于地平线下的时候，传递力量给地平线下的一颗行星，会赋予其全效不吉佐证，无论该行星是吉星还是凶星。如果月亮在地平线上，通过主传客星传递力量给地平线下的一颗行星，与此同论；如果月亮位于地平线下，通过主传客星传递力量给地平线上的一颗吉星，等同于两倍佐证，前提是该行星未焦灼、逆行，否则无效；如果一颗行星完全接纳月亮，全吉则有效，否则无效；如果月亮位于地平线上，通过主传客星传递力量给地平线上的行星，无论该行星是吉还是凶，为全吉效；如果月亮通过主传客星传递力量给第 8 宫定位星，第 8 宫定位星为吉星，则为半吉佐证，如果为凶星则为全凶佐证。

　　注：这一段关系到古典占星论断的关键，主传客星这个概念见本书前面章节的定义，在此处代表月亮位于舍、升、三方等力量所在映射

其他行星，将自身能量赋予对方。Abraham Ibn Ezra 的对于焦灼定义，认为木星和土星距离太阳 $16'\sim6°$ 为焦灼，火星距离太阳 $16'\sim10°$ 为焦灼，金星和水星距离太阳 $16'\sim7°$ 为焦灼。

关于貌美的星座，Abū Ma'shar 认为，双子座、室女座、天秤座、天蝎座、射手座、双鱼座为优雅、美丽、清洁的星座，当月亮、上升、上升定位星位于这些星座内时，应其象意。同时，也代表灵魂精神慷慨、心胸宽广。

四、选自文艺复兴时期占星师 William Lilly 的著作《基督占星》并有所改动。

长相和体态的断法：

身体体态、身高主要由紧密相位映射上升定位星的行星决定。如果有多星映射，则观察其中最强的行星。

土星东出，则中等偏矮，体质湿冷。西入，身形矮，身体燥湿并会增多毛发。

木星东出，则很高，色白，身体湿、热。西入则中等偏高，身体有更多水分。

火星东出，主高，体质燥热。西入，中等略高，小眼睛，体质较干燥。

金星东出，主较高而瘦。西入，较矮，中等身材，脸颊光滑，眉毛、前额美丽。

水星东出，主中高。西入，瘦小而高。

在看水星的时候，无论东出还是西入，要结合其定位星进行论断。如果入舍星座或位于太阳、月亮星座，要根据其所在星座特性论断。发光行星论断方法也如此。

论断体型的时候，要注意上升星座、上升定位星、位于上升宫的行星、映射上升的行星、日和月、季节、位于上升宫、上升轴的固定恒星。

白羊座、金牛座、天秤座、摩羯座：中等身材，较高。

狮子座、室女座、射手座：较高身材。

双子座：中等身材。

宝瓶座：中等身材。

肤色的断法：

1、位于上升星座的行星。

2、上升星座和被劫夺的星座。

3、上升定位星。

4、紧密映射上升和上升定位星的行星。

5、在上升轴的恒星，以及恒星性质的相关行星。

6、一般而言，多血质皮肤明润，粘液质皮肤苍白，胆汁质皮肤红黄，抑郁质皮肤黑。吉星在上升则肤色好，凶星在上升则肤色差。

北方星座，白羊座、金牛座、双子座、巨蟹座、狮子座、室女座，以及双鱼座、射手座皮肤好。

冬季星座，或凶星星座，皮肤差。判断肤色时的基本肤色为白、黑、黄、红，但首先要考虑每个类神星所代表的颜色，然后综合起来根据其最大多数，判断占优势的颜色，同时也要考虑当事人的出生地人种肤色特征。

脸型主要参考上升星座、上升定位星、在上升星座的行星、和上升产生紧密相位的行星、太阳、月亮、四季和位于上升的恒星。

上升位于人形星座，则较为好看，人形星座为双子座、室女座、射手座前半段与宝瓶座。

金牛座、巨蟹座、天蝎座、摩羯座和双鱼座，为畸形星座，白羊座的后半段与狮子座也是如此，代表不协调或丑陋。

木星和金星能赋予人最好的肤色。水星和月亮其次，如果其被凶星影响则主丑陋，不受影响则俊美。土、火、计与上升映射，主丑陋。土、火、计等凶星位于上升，则主有瑕疵或胎记、疤痕、雀斑于面部。

日月力强，则俊美，尤其太阳，赋予人均衡和美丽。日月受损，主伤眼，凶星合日月，与罗计合，或与其自身罗计合，并且没有纬度，或位于其最大纬度，主丑陋、残疾、变形等等。

春天星座主身材好、丰满、头发和肤色好、多血质。

夏天星座主肥胖、中等身材、头发多、眼睛大、胆汁质。

秋天星座主头发覆额眼睛漂亮中等身材、抑郁质。

冬天星座主黑小、头发长而稀疏、以及粘液质。

恒星可辅助决定美丑，根据与其性质相近的行星而定。

水星或金星位于舍升星座，且映射上升，则高；如落陷，则矮。

土星、木星或火星，落陷且逆行，为中矮；但如落陷而不逆行，则不改变身高。

如果没有行星紧密映射上升定位星，当上升定位星顺行时，考虑上升定位星，但不考虑其星座；如果上升定位星逆行且落陷，则不仅考虑其自身性质，也考虑其所在星座；如其为发光体，则考虑其所在星座；如水星为上升定位星时，考虑其定位星性质。

身材肥胖的断法：

所谓身材胖瘦，指的是成年定型后（大约 30 岁后或更晚）。身材的胖瘦据上升星座及上升定位星判断。

白羊座、金牛座、狮子座：0°～15°为胖，15°～30°为瘦；

双子座、天蝎座：0～15°为瘦，15°～30°为胖；

巨蟹座、摩羯座:0～15°中等偏瘦,15°～30°偏胖;

射手座:0～15°瘦,15°～30°胖;

宝瓶座、双鱼座、天秤座、室女座:中等身材,宝瓶座15～30°偏瘦。

上升定位星,如其紧密映射上升轴点,则考虑上升星座性质;当上升定位星与其他行星成相位时,考虑上升定位星所在星座。

上升定位星未与任何行星产生紧密相位,则考虑宫神星所在星座。

上升定位星舍、升且接近太阳映射半径(火星除外),则当上升或上升定位星未给出相反意义时,身材高大。

第六门　说人寿数短长

凡看人寿数,专看寿星,并寿主星。要知寿数长短,有两等说:一是正,一是辅。

正亦有两等:一等说人性命,一等说人身体。

性命,寿星主之;身体,寿主星主之。取用寿星之法不等,昼生取太阳;若太阳无力且弱,却选太阴;若太阴又弱无力,取福德箭;若福德箭又弱无力,取命宫度数主星。夜生人,取太阴为寿星;若太阴无力,却取太阳;若太阳无力,却取福德箭;若福德箭无力,却取命宫度数主星。以上所说取用寿星之法。昼生取太阳。夜生取太阴。若在第十宫、或在命宫、或在第十一宫、或在第七宫、或在第九宫,在以上宫分可为寿星。若一星在命宫前,离安命度数五度以下属命宫。五度以上不属命宫,属第十二宫。其余宫分,一体推之。

　　若太阳是寿星，又在庙旺宫度上，寿主星即是太阳。若太阴是寿星，又在庙旺宫度上，寿主星亦是太阴。若命宫寿星多，又有力，又自相吉照，主其人一世身安、聪明、有机变，又有寿。若寿星，或寿主星，在第七位、第十位两中间，从十位逆排去，至七位，看星在何宫度上。取对冲宫分赤道度数。将命宫赤道度数，于本星对冲宫分赤道度数内，除之，余剩度数，每一度，准一年；每一分，准六日。

　　假如安命在金牛宫十二度，对黄道的赤道度数，是二十三度五十四分，第七位是天蝎宫十二度。太阴为寿主星，在人马宫十二度。其对冲是阴阳宫十二度，对黄道的赤道度数，是五十四度三十七分。以命宫赤道度数二十三度五十四分，于此数内除之，余剩三十度四十三分，该三十年八个月零一十八日，即是人之寿数。此是从第十位至七位如此，若在别个位分，顺排去，第十位至命宫、命宫至第四位、第四位至第七位，以上皆为顺排位分。将排去的度数算之，可见人生寿数。若寿星并寿主星，与金木星相照，主增人寿。若寿星并寿主星与凶星同度，则减人寿。

　　凡各星所主寿数。有上中下三等。

　　太阳所主：上等一百二十年、中等六十九年、下等一十九年。

　　太阴所主：上等一百单八年、中等六十六年、下等二十五年。

　　土星所主：上等五十七年、中等四十三年、下等三十年。

　　木星所主：上等七十九年、中等四十五年、下等一十二年。

　　火星所在：上等六十六年、中等四十年、下等一十五年。

　　金星所主：上等八十二年、中等四十五年、下等八年。

　　水星所主：上等七十六年、中等四十八年、下等二十年。

　　若寿星，并寿主星，行限到第七宫。或遇土木二星。或遇太阳，太阴,相冲、四正照,或遇杂星内一凶星,似此,其人寿数危险。又看流年命宫内,或四柱上有凶星者,其人寿数危险尤甚。

若当生命星强旺,流年又是本星强旺,此星照限,其人虽有灾祸,不至殒命。若寿星,并寿主星,当生力弱,遇流年强旺,或当生强旺,流年力弱,有灾祸轻。流年第八宫主星,若是土星或火星必凶,又兼当生本是凶星,又遇凶星相照者,其凶祸至重。

上古先贤,将太阳为寿星者,看太阳在六阳宫。或命宫至十位一角、七位至四位一角,皆属阳,在此宫位,则为寿星也。取太阴为寿星者,看太阴在六阴宫,或十位至七位一角、四位至命宫一角,皆属阴,在此宫位,则为寿星也。若太阳,太阴,在第三、第六、第九、第十二,四弱位,则不堪为寿星。

若昼生人,先看太阳,次看太阴,后看命宫,后又看福德箭。若夜生人,先看太阴,次看太阳,后看福德箭,后又看命宫。看以上四星内,选一强旺者,为寿星。又看寿星所在宫分主星,若庙旺力强,即为寿主星。

若寿主星在四正柱上,则有上等寿数;若在四辅柱上,则有中等寿数;若在四弱柱上,则有下等寿数;若吉星在四正柱上,吉照庙旺星者,则增与下等寿数;若吉星在四辅柱上吉照者,则增与下等寿数内三分之二;若吉星在四弱柱上吉照者,则增与下等寿数内三分之一;若凶星似以上照者,依此数列,于原得的寿数内减之。水星,遇吉星则吉,遇凶星则凶。又太阳、太阴在三合、六合吉照者则增,若相冲二弦恶照者则减。

若寿主星力弱者,亦有寿,但艰难过日。若寿星、并寿主星,遇凶星相照者,其人必有惊恐险峻之事。若其人在中年遇之,尤重。此以上论正,若论辅者,详见后门。

注：释放星 Releaser，中世纪拉丁语一般都称之为 Hyleg（也叫做hyleth、alhileg、hilaj，源出中古波斯语为 hīlak），意面上主妻子，代表赋予生命，我们可以称之为寿星。最古老的选取方法，拖勒密在其《占星四书》中曾提及，Dorotheus 的方法则与 Ptolemy 的方法在某些方面有所不同。但是所有的作者都认为寿星取法，基于昼夜规则。

与其相对应的代表生命结束的行星叫 Kadukhudhah（拉丁文 al-codhoze，经常拼写为 alcocoden，希腊语叫做 anauretes，拉丁文为 anaer-ta）意面上主丈夫，如果翻译过来，类似毁灭者，杀手等意思，代表人生的危险和灾难等等。所以我们可以知道它们是一对表达生命与生命结束的类像，两者如同夫妻关系一般，阴阳不相离。

在中国术数中，生命为禄，因此这一对类象就是生死禄，根据原本的阴阳意象，我们可以将 Hyleg 译作阴禄主，Kadukhudhah 我们可以译作阳禄主。阴禄主赋予生命，阳禄主主宰生命的长度。《天文书》将 Hyleg 翻译为寿星，将 Kadukhudhah 翻译为寿主星，这里我们采取《天文书》译法。归根结底，寿星代表生命的状态和情形。寿主星赋予生命的年限。

行星寿限表

寿命行星数值	最大年限	中等年限	最小年限
土星	57	43.5	30
木星	79	45.5	12
火星	66	40.5	15
太阳	120	69.5	19
金星	82	45	8
水星	76	48	20
月亮	108	66.5	25

《天文书》寿星取法，白天出生取太阳；太阳无力且弱，则取月亮；月

亮无力而弱,取福点;福点弱而无力,取上升度数主星;夜间出生,取月亮为寿星;月亮无力,取太阳;太阳无力,取福点;福点无力,取上升轴定位星。以上备选的寿星,必须在1、10、7、9、11宫才能取之。

　　另外需要注意一点,一颗行星位于第12宫,但是距离上升轴在5°内,则该行星属于命宫,超过5°则不是。这种概念延伸应用于其他所有宫。

　　更早的古贤,用太阳作为备选寿星时,需要看太阳是否在阳性星座或位于第1、第3两个阳性象限时,才能成为寿星。用月亮作为备选寿星的时候,月亮位于阴性星座,或者位于第二、第四两个阴性象限时,才能成为寿星。

　　白天生人,按太阳、月亮、命宫、福点的次序,夜生人,按月亮、太阳、福点、命宫的次序,在四个备选里选一个最强的作为寿星。

　　有关寿星和寿主星,是古典占星非常关键的技术,但也非常混乱,下面我们列举一些著名占星师的观念。

　　Claudius Ptolemy 的寿星与寿主星取法:

　　Claudius Ptolemy 在选取寿星时,使用等宫制,并遵循5°规则,适合取寿星的宫位依力量递减,分别是10、1、11、7、9,昼生人,太阳位于以上宫位则符合;如果太阳不符合,则取月亮,在以上宫位则符合。如果月亮不符合,则观察以上宫位中,最强力量的行星,至少占有3种力量(舍、升、三方、界、包括合相在内相位映射);如果没有这样的行星,则以上升轴作为寿星。

　　夜间生人,月亮位于10、1、11、7、9宫时,取月亮;月亮不符合,观察在以上宫位的太阳(太阳只可能在1、7宫);太阳不符合,则观察以上宫位的最强星;太阳不符合,则满月生人取福点为寿星(Ptolemy 的福点不分昼夜,在其手稿的其他版本中显示,如果福点不在以上宫位,则取上升轴为寿星),新月生人,上升轴为寿星。

如果日月都位于符合的宫内,或者日或月和一个符合昼夜星宗的行星都位于符合的宫内,我们选其中所在宫位最强的一个。当日月都位于符合的宫内时,第3颗其他行星也位于符合的宫内,则该行星宫力量强于日月所在宫,并且在日月所在宫都占据力量,才能选取为寿星。

《天步真原》中有卡尔达诺对托勒密方法注解诠释,他认为人命照星有五,一、太阳;二、太阴;三、命宫;四、十宫;五、福星。人命不止一星为主,常有几星主人命,单有一星,命不悠久。取照星之宫有五,一、十宫;二、命宫;三、十一宫;四、七宫;五、九宫(九宫比其他四个宫稍弱)。五处皆起五度前,有星皆可取。昼取太阳为命照星,若太阳不可取(不在取照星之宫),即取太阴,若太阴亦不可取,次即取福星或一宫,或以上四位宫主星最强者为照星(舍升三角界位,五者之中有三为最强,如日在人马,木星升、木星舍、木星三角,可取木星。日在八宫,木星在十宫,不可取日,可取木星。亦要在取照星之宫。)

夜取太阴为命照星,若太阴不可取(不在取照星之宫),即取太阳,若太阳亦不可取,次即取一宫、福星及日月、福星、一宫之主星中最强者为照星。

凡不取日月取五星,要五星比日月在强宫,又要五星有权者,在日月相会宫、相望宫、人命宫、福宫。凡星在降宫,即全无力,不能作照星。取日月五星在两宫相连(如九宫与十宫),皆可作照星之宫,少差犹可。若一宫可取,一宫不可取,照星即大相悬殊(如九宫与八宫)。若日月皆可作命照星,昼生人,日在九宫,月在十宫,自当取月。若月在十宫,日在十一宫,二宫相似,即论日月强弱。夜生人,月在九宫或七宫,日在命宫，自当取日。若有小分别难得定准，即看日月所在宫之星，与日月吉照者，取其星为照星。

卡尔达诺的注解基于对托勒密方法的理解和个人应用经验，很有参考价值。

Valens 的寿星与寿主星经验

Valens 在寿星和寿主星方面，以个人经验进行了相关论述。他指出，有关寿限这个主题，古人论述的十分复杂。他认为，虽然有占星家提出，寿星的取法，昼生人，选太阳。夜生人，选月亮。但是他个人认为，日月有好的配置的情况下，夜生人也可以用太阳，昼生人也可以用月亮，日月都配置好的情况下，在日月中，选择那个更符合星宗，更符合三方星座特性的即可。而寿主星，则采用寿星的界主星。日月的位置都不吉，则使用上升轴或天顶轴的界主星，通常该界主星与上升产生映射。

他提出以下有关寿星、寿主星的几种特殊情况，被证明为正确的取法。

第一、太阳位于狮子座，月亮位于巨蟹座，日月位于上升或天顶，此时，日或月可为寿星，其界主星就是寿主星，日月都位于同一颗行星段上，则毫无疑问，该行星为寿主星。

第二、太阳位于上升，月亮位于第 12 宫，12 宫为凶宫，太阳获得寿星的控制权；如果太阳位于 11 宫，月亮位于天顶，则太阳拥有寿星的控制权；太阳位于下降轴，月亮位于第 8 宫，则太阳获得寿星的控制权；月亮位于下降轴，太阳位于第 8 宫，则太阳获得寿星的控制权；太阳位于第 9 宫，月亮位于第 2 宫，月亮获得寿星的控制权。

太阳位于第 9 宫，月亮位于天顶，则月亮获得寿星控制权；如果太阳位于第 9 宫，月亮位于 11 宫，则月亮获得寿星的控制权；月亮位于第

9宫,太阳位于天底,则太阳拥有寿星的控制权;月亮位于第9宫,太阳位于第5宫,则太阳拥有寿星的控制权;太阳位于十二宫,月亮位于第5宫,则月亮具有寿星的控制权。

太阳位于第12宫,月亮位于天底,则月亮拥有寿星的控制权;日月都位于天顶之前的第9宫,则上升拥有寿星的控制权,上升的界主星为寿主星;月亮位于第11宫,太阳位于第9宫,则看日月谁的光照映射距离上升轴最近,最近者获得寿星的控制权;日月都位于第12宫,则天顶具有寿星的控制权,此时天顶的界主星为寿主星。

第三、命主生于白天,当日月都位于地平线上方,所在位置无法成为寿星时,上升轴会成为寿星,上升的界主星为寿主星;夜间生人,日月位于天底和天顶之前的宫(即第3宫、第9宫),则天顶成为寿星。太阳位于第5宫,月亮位于第9宫,则日月谁先精确映射到上升轴,谁就是寿星。

日月位于下降轴,出生前的新月为寿星,其界主星为寿主星;日月都位于上升、天顶或天底,同上。日月位于同一个星座,或不在同一个星座,但是其界主星一样,则绝对该界主星为寿主星。

太阳位于天秤座,则不能成为寿主,除非它正好位于上升轴度上。月亮位于天蝎座落陷,也一样。如果月亮是新月,位于日光下焦灼,则不能成为寿主星,除非它正好在上升轴度数上。

月亮正在进入满月或即出的阶段,则上升轴的界主星即为寿星,也是寿主星。但是必须要检查一下这一天与满月之间的度数距离。根据这个数字你可以计算出寿命之年份。譬如上升,月亮位于白羊座22°,同一天满月位于白羊座27°,距离为5°,主宰四年,主命主寿命到4岁为止。死亡将会发生在凶星映射,或冲其星座的位置。如果吉星参与,则主疾病灾害,而非死亡。月亮和太阳在其余的连接相位期间,是具有破坏性的。

太阳或月亮映射其界主星,并且它位于四轴或位于"活跃度数区间"(见后文),则一定可成为寿主星。如果不是这样,则命主缺少寿主星。太阳或月亮星座的定位星,与它们的界主星交换界,则没有寿主星。此时有必要检查备选寿主星的行星是否在下降轴,如果在,则命主无寿主星。

我们介绍相对于轴线的活跃区间与不活跃区间。

首先,我们要注意四轴度:即上升、天顶、下降和天底。然后我们考虑从上升—天底的距离(按十二黄道星座次序),将该数值三分之一,然后计算从上升轴开始的这三分之一数值的区间,这个区间就是活跃区间。无论是吉星还是凶星,在这个区间都会强有力。从该区间结束位置到天底之间的区间为不活跃区间。

例如,上升轴位于双鱼座 13°,天顶轴位于射手座 22°,天底轴位于双子座 22°,下降轴位于室女座 13°。计算上升轴到天底轴的距离是 99°,三分之一这个数值,结果是 33°,然后从上升轴开始按照黄道十二星座次序计算,位于白羊座 16°,在这区间的行星则强有力而活跃。在白羊座 16°之后到天底轴之间的度数区间的行星则位于不活跃区间,与上升相反的其他轴所在区间与此计算方法相同。接着,我们计算天顶轴到上升轴的距离是 81°,其三分之一是 27°,从天顶轴开始计算 27°,则为摩羯座 19°,这一度数区间以及其对宫的同等区间,都属于活跃区域,行星位于其间则强而活跃。摩羯座 19°到上升轴之间的区域以及其对宫同等区域,属于不活跃区间。

Umar Al—Tabarī 关于寿星、寿主星的取法。

白天生人看太阳,太阳位于 1、11、10 宫(Mc),不论阴阳星座,都为寿星。太阳位于8、9宫时,太阳位于阳性星座才能成为寿星。

太阳要成为寿星,还必须符合以下条件,如果太阳所在星座的舍、升、三方、界主这四个有一个映射太阳,则太阳为寿星,否则,太阳不能作为寿星(这一规则适用于月亮、福点、新月点、满月点以及上升轴)。

如太阳不能作为寿星,此时看月亮,如果月亮位于角宫或续宫,并且位于阴性星座,月亮的四种力量主星中,有一个映射月亮,则月亮为寿星。

如月亮不符合,命主是满月后生人,则用福点,方法同上。命主是新月后生人,则用上升轴,方法同上。

满月后生人,福点不是寿主,则寻上升轴。新月后生人,上升轴不是寿星,则寻福点。

还没找到,则看出生前最近的新月或满月,新月看日月交点处,满月看月亮所在度,方法同上。

在取寿主星的时候,如果寿星所在的舍、升、三方、界主都映射寿星,并且每个都占一种力量时,则根据其位于寿星前后的远近距离取最亲近者,如果其中有一个同时占有两种力量或三种力量,则优先取之,不论度数远近距离,只要星座产生映射即可。寿星代表一个人的生命。寿主星代表一个人生命的年限和危险时间。根据寿星的赤经度数,一年1°前进,当遇到凶星,映射凶星,或遇到计都星,刑、合、冲月亮,并且年限也接近寿主星计算出来的寿限时,吉星也没有映射其寿星所到界,命主会死亡。如果寿星到达凶处,却不符合寿主星计算出来的寿限,代表命主有濒临死亡之灾祸。

Umar Al—Tabari 在其著作中指出,Dorotheus 认为太阳在第8和第7宫的时候,除非是阳性星座,才能取寿主星。如果是阴性星座,会导致其力弱不能胜任寿主星。

Ptolemy 认为太阳在第 8 宫不能成为寿星,因为第 8 宫为混浊黑暗之宫,太阳不喜,并且第 8 宫并不映射上升星座,因此不能取之。而太阳喜欢第 9 宫,因为它属于上升的三方宫位,为太阳喜乐之宫,代表好的人生,并且持久。Ptolemy 认为,如果夜间生人,日强,位于地平线下的宫,取与地平线上的适合宫所冲的宫位时,也可以成为寿星,关于这一点,Dorotheus 认为这种情况下,必须是太阳位于阳性星座(从现存典籍看,Ptolemy 并不允许太阳在地平线下取用,因此这一观念的出处并不明确)。

昼生人,太阳不在以上位置,则不能成为寿星。此时看月亮,如果月亮位于角或续宫,不需要检查阴阳星座,但如果是女命,月亮位于阴性星座更有用。男命,月亮位于阳性星座,更有用。月亮在第 3 宫可以成为寿星,因为第 3 宫是月亮喜乐之地。月亮位于第 9 宫,Dorotheus 认为月亮在此受到阻碍。Ptolemy 并没有否认月亮位于第 9 宫能够成为寿星,他赋予月亮如同太阳同样的规则。如果月亮不在这些位置,落于果宫,则新月后生人,取上升轴作为寿星。满月后生人,以福点取寿星。因为新月时候,月亮无光乏力,满月时候月亮光泽完美。

我们取福点时,它位于轴或续宫时,不需要看阴阳星座,则适合成为寿星。我们取上升轴时,不需要考虑别的,它就是寿星(除非福点在内或上升轴遇到损害)。

太阳和月亮以及福点、上升轴都不能成为寿星,则看新月或满月点。确保其所在的四种力量主星中,有一个映射它们,当它们位于角、续宫则可以成为寿星,不需要考虑星座阴阳性质。

确定了寿星,进一步需要确定寿主星。根据 Dorotheus 所述,看寿星的舍、界、三升、三方主。从界主开始,如果界主星映射到寿星界内,则界主星可成为寿主星,如果未映射该界,则看舍主星、升主星、三方主星,如果其中任意一个映射,则可以成为寿主星。如果其中任意一个,占有更多力量(譬如同时为舍、三方)映射入该界,则为寿主星,如果两个候选的寿主星力量相等,取最靠近轴者(或太阳,当太阳出现时)为寿主星。这都是解释它们位于一个点时的条件,任何等级力量的寿主星,位于轴或续宫的时候,看哪一个更靠近轴或续宫轴,则其为最强。如果其中一个游隼,另外一个位于舍星座,则位于舍星座的更强,或者两者都东出,距离太阳近的则更强(先天星座、后天宫位,东出力量之间的衡量比较)。

当混合力量的行星和寿星都出现在上升或天顶的时候,此时看该行星是否在寿星所在处具有力量(舍、升、三方、界),如果有,该行星也是寿主星的参与者,这种行星比只占一份力量的行星要更值得选取。

Dorotheus 认为,当土星、木星、火星东出,或距离太阳一度内的时候(日核)、或停驻,三者在命主出生前或出生后 7 天,处于以上状态,它们具有成为寿主星的特质,适合成为寿星或寿主星(现存版本的《占星五经》为 9 天)。

需要注意一点,取寿主星时,界主星映射入寿星界,则优选,因为此时它更强化。当出现多个备选寿主星力量均等,并都映射寿星的时候,取度数最接近寿星者。

Ptolemy 提供了一种有价值的说法。他认为当分析寿星所在四种力量的时候(舍、升、三方、界),其中最有力量,并且映射寿星的为寿主星。假如有一个备选寿主星,在寿主位占一份力量,映射寿主,另外一个备选星,占有三份力量,但是反厌寿主,此时选前者为寿主星。甚至他认为,备选星在上升轴、日月、福点、新月、满月拥有更多力量者,更为胜出。也就是说,备选星在这些地方有二处,或三四处占有力量。

确立寿主星后,需要确定寿限,需要根据行星所在的最强力量计算年限。即观察行星东出、位于角轴,星宗(即昼盘阳星位于阳性星座,位于地平线上之类)、先天力量(舍、升、三方、界)。当行星符合星宗,位于角轴中的上升和天顶时,取行星最大年限。如果行星东出,占有五种力量之一,位于续宫,尤其符合星宗,没有被凶星干涉,未逆行,未焦灼,取中等年限。如果其他与上相同,没有被凶星干涉,未逆行,未焦灼,但是位于果宫,取最小年限。

知道以上算法,接着我们需要知道增减的方法。如果吉星映射,则增加行星的最小年限,除非其逆行或焦灼(此时根据最小年限数据加月数)。被凶星映射,刑冲或合相(同星座或同度),根据最小年限减去相关数据。如水星合相吉星,则以其最小年限增之。合相凶星,以其最小年限减之。

寿限根据以上寿主星的状态进行计算。同时,也应该注意一下什么行星主宰寿星。如果其位于舍、升、三方,位于天顶或上升、11宫(昼生),位于4、5宫(夜生),取最大年限。如果寿星游隶、西入,取最小年限。一般,游隶、西入、逆行、焦灼,对外行星的损害要更大。如果外行星在以上状态,根据其最小年限取月或日。

寿主星如果位于舍星座之外的其他地方,位于角或续宫,依其行星本身年限取数,除非被焦灼,因为焦灼代表生命不足。

如果寿主星位于果宫,取最小年限。以最小年限数值取月或日。被焦灼,取日或小时。尤其寿主星、上升都被损害,月亮也被凶星损害于轴或其他位置。

在使用主向限的时候,除了使用寿星推向论断,想知道命主一般性行运情况，无论上升轴是否寿星，都有必要根据上升轴在推进中遇到的吉凶星映射，进行相关吉凶的论断。

在主向限中使用寿星的时候，Umar Al－Tabari 提出了凶星和煞星的概念。这种概念在《天步真原》中也有规定。Umar Al－Tabari 提出了六种凶星，即土星和火星、水星与火土两颗凶星合相或发生映射时为凶星、太阳尤其在与火星合相或刑冲，或与土星映射时、罗睺星、计都星。

说明：Umar Al－Tabari 在寿星的取舍上，参考了 Dorotheus 和 Ptolemy 的一些观念，在细节上有相关考量。

Nawbakht 的寿星取法：

白天生人看太阳和新月。夜间生人看月亮和满月。

白天生人，太阳位于 1、10、9、7、8，则为寿星，如果太阳不在以上位置，或者它位于其中一个宫位，但是其舍、升、三方、旬主、界主没有映射太阳，则不可取之。此时，你必须看出生前新月，新月位于以上五个位置，则为寿主星。新月和太阳都落于果宫，则寿星为上升轴。

夜间生人，看月亮，满月和福点。月亮位于角、续宫，其舍、升、三方、旬、界主映射它，则为寿主星。月亮位于果宫，或者没有力量主星映射它，我们必须看满月点。满月点，位于角、续宫，其舍、升、三方、旬、界主映射它，则为寿星。

满月点也位于果宫，或者五种力量的行星没有映射它，则它不能成为寿主星，此时看福点，福点位于位于角、续宫，其舍、升、三方、旬、界主映射它，则为寿星。

如果发现日、月、新月、满月、福点都不符合，看上升轴。上升轴被吉星映射，并且上升定位星位于自己的舍、升、三方、旬、界内，则上升轴为寿星。如果没有这样，主命主寿元无根基。

从上升轴开始，使用上升赤经度数推进，与任何凶星产生合相以及六合、三合、刑冲相位，代表会发生灾害或不吉之事，与吉星产生以上连结，代表发生吉利事件、如果连结凶星时，没有太阳、木星、金星参与映射，则代表死亡或灾难发生。如果同时连结吉凶星，先遇吉星，后遇凶星，也不吉，即凶星度数大于吉星。月亮进入凶星界，并且该凶星在本命盘中损害上升轴或月亮，也不利于生命，在太阳返照盘中，该年的月亮也不吉，或遇到凶星，或焦灼，尤甚。上升轴没有凶星影响，代表吉利顺遂，尤其吉星映射更应。

如果确立寿星，根上文解释的方法，通过主向限法，以寿星上升赤经推进，论断行运吉凶即可。遇到两吉星映射，则吉，遇到两凶星映射，则凶。

Abraham Ibn Ezra 的寿星取法：

白天生人，先取太阳，次取月亮。太阳位于后天 10 宫或 11 宫，无论星座是阴还是阳，太阳被其舍、升、三方、旬、界主映射它，则为寿星。没有被以上定位星映射，则太阳不能作为寿星。如果太阳位于 7 或 9 宫，星座为阳性，太阳被其舍、升、三方、旬、界主映射，则为寿星。如果未映射，则看月亮。月亮位于 1、7 宫，无需考虑星座阴阳，月亮位于 10、11 宫，则星座是阴性星座才能成立，此时月亮被五种力量定位星映射，则月亮为寿星，如果反厌，则月亮不能作为寿星。

Abraham Ibn Ezra 指出，以下这些是 Ptolemy 和古人的看法，但是他们存在一些不同观念，古人认为第 3 宫是月亮喜乐之宫，所以 3、4、5 宫，如果星座为阴性，月亮被五种力量定位星映射，则月亮为寿星。但是 Ptolemy 认为我们永远不能取地平线下方的行星作为寿星。Abraham Ibn Ezra 表示赞同 Ptolemy 的说法，因为他已经从经验上证明了这一点，而且著名占星家 Dorotheus 也说了同样的话。

　　日月不符合寿星,命主生于新月后,则观察新月点,如果它位于1、7、10和11宫,被五种力量定位星映射,则新月点为寿星,其定位星用于论断寿命。不符合,则取上升轴,上升轴的五种力量映射上升轴,则上升轴为寿星。上升轴没有被其五种力量映射,则没有寿星。直接使用上升轴,通过主向限,上升轴推进中遇到凶星或遇到代表死亡的类象,则命主死亡,并且这类命都是短命。

　　命主生于满月后,看日月谁位于地平线上,当位于1、7、10和11宫,被五种力量定位星映射,则为寿星,其定位星用于论断寿命。不符合,则取福点,位于1、7、10和11宫,被五种力量定位星映射,则福点为寿星。不符合,则取上升轴。

　　夜间生人,先取月亮,月亮不符合,则取太阳,其他方法同上。

　　在寿主星的论断上,Abraham Ibn Ezra 认为,如果寿主星是三颗外行星之一,东出于日,并且正向运行,或者位于第二次停驻的开端,即距日45°处,位于轴,同时木星位于11宫,命主会活到寿主星主宰的最大年限;位于续宫,可以活到中等年限;位于果宫,可以活到该行星的最小年限。需要注意,当寿主星,无论是外行星还是内行星,该行星位于日光下,需要另取其他寿主星。寿主星逆行,计算出来该行星在两次停驻之间的日期数值,以该数值乘以该行星年限数字的五分之二,然后用该行星年限减去此结果,最后得出的结果就是寿命年限。如果寿主星是内行星,观察其东出还是西入,位于角、续或果宫,类似外行星论法,内行星东出则弱,此时即使位于轴,也不能到达最大年限。如果一颗吉星位于轴或5、11宫映射寿主星,无论吉凶映射形式,寿主星的寿命需要加上该行星的最小年限。如果一颗凶星位于角、续宫刑冲寿主星,则寿命需要减去该行星的最小年限。Dorotheus 认为加减年限应该根据映射的度数距离计算，Abraham Ibn Ezra 则认为这是无稽之谈。

Abū'Ali al—Khayyāt 的寿星取法：

白天生人，太阳位于角或续宫，位于阳性星座或阳性象限，其舍、升、三方、旬主、界主映射太阳，则太阳为寿星；太阳不符合，看月亮，月亮位于角或续宫，位于阴性星座或阴性象限，其舍、升、三方、旬主、界主映射月亮，则月亮为寿星；月亮不符合，命主为新月生人，看上升轴，方法同前。上升轴不符合，看福点，方法同前；福点不符合，看出生前新月和满月的度数，看哪一个符合。

夜间生人，看月亮，月亮位于月亮位于角或续宫，位于阴性星座或阴性象限，其舍、升、三方、旬主、界主映射月亮，则月亮为寿星；月亮不符合，则看太阳，太阳位于角或续宫，位于阳性星座或阳性象限，其舍、升、三方、旬主、界主映射太阳，则太阳为寿星；太阳不符合，命主为满月生人，则看福点；福点不符合，看上升轴；上升轴不符合，看出生前的最近的新月或满月，位于角或续宫，其舍、升、三方、旬主、界主映射，则符合。

太阳是寿星，但是没有一颗映射它的寿主星，则看上升轴，如果上升轴也类似，看出生前的新月或满月点，如这些寿星都没有寿主星，代表命主短寿，不健康。

另外需要注意的是，当选上升轴、福点或新月与满月点作为寿星时，不需要考虑星座的阴阳性，因为它们在哪个星座都是吉利的，只需要考虑是否在角或续宫即可。当福点成为寿星时候，寿主星只需要从舍主星、升主星、界主星里寻找即可。

Abū'Ali al—Khayyāt 认为，取寿主星时，根据寿星的界主、舍主、升主、三方主、旬主，如果映射寿星，则为寿主星。其中二三个或全部都映射，根据力量或度数最近者选之。如果其中一个力量强，度数也近寿星,但是没有映射寿星,我们取具有力量并且最靠近寿星,又映射寿星的行星作为寿主星。

当太阳为寿星时,如果太阳位于白羊座或狮子座,太阳的五种力量没有映射它,太阳既是寿星也是寿主星。当月亮位于巨蟹或金牛座时,也一样。

寿主星如果位于轴,位于舍、升、三方,东出,没有被凶星干涉,未逆行、未焦灼,则取自己的最大年限。如果位于续宫,其它如前所述,取寿主星的中等年限;如果位于果宫,其它如前所述,取寿主星的最小年限。

但是我们必须要知道,寿主星,会根据其自身力量、映射、所在宫位,综合考虑做相关的加减。譬如没有东出,就要做出相关加减。如果位于角宫,但是未东出,则将最大年限变为中等年限;西入并游隼,将中等年限改为最小年限;西入、游隼、逆行、焦灼,将最小年月改为最小日期。

罗睺星位于寿主星前后,会增加寿主星四分之一的年限,度数越近越好。计都星位于寿主星前后,会减损寿主星四分之一的年限,度数越近则越差,太阳和月亮为寿主星,则更应,尤其月亮。

寿主星显示为短命,但是木星和金星位于上升轴或天顶轴,命主有希望活到寿主星的最小年份,除非上升轴的界主星和月亮被凶星损坏,或者这些代表生命的吉利类神,是第8宫定位星,则代表短命、速死。

吉星合相、三合、六合寿主星,则加其最小年限;如果吉星只有中等力量,加其最小月份;吉星无力,加日和小时;凶星合、刑、冲寿主星,则减去其最小年限;如果吉星刑冲,凶星三合、六合,则不加不减;水星与吉星一起,则加其最小年限;水星与凶星一起,则减其最小年限;行星当中,火星对寿主星的损害最大。

当我们知道了寿主星的具体年限时,我们就可以通过主向限,根据寿星的主向限轨迹,经过凶星或被相关凶星映射时候,就是死限。

在论断死期方面,Māshāʾallāh 指出,观察凶星损坏寿主星,当寿主星到达这些凶位的时候,命主死亡。AbūʾAli al－Khayyāt 认为,当根据寿主星知道人的寿命数值后,通过主向限观察寿星的赤经上升度数的运行,当到达凶星或被凶星映射的位置,代表死亡发生。Umar Al－Tabari 指出,土星、火星、太阳合相、冲、刑之处为死煞位;当月亮与太阳相刑时,也是死煞位,寿星经过此处主死亡;当月亮产生冲相位时,如果上升轴为寿星,与之合相代表死亡,月亮是寿主星,经过上升轴也主死亡;当寿星到达星云或黑暗度数(Bonatti 取 6、8、12 宫轴),也代表死亡;寿星到达心宿二、毕宿五,主死亡;水星被凶星六合、三合、刑冲影响,没有吉星救援时,当它与寿星合相、六合、三合、刑冲时,主死亡;寿星或月亮到达第 7 宫轴,主死亡;如果寿星到达一个星座的末度,正好年限到寿主星的最小、中间或最大数值,主死亡;当寿星从一个凶星界进入另外一个凶星界,寿星受到影响,主死亡,如果没死亡,代表这一段运中有较长的忧虑恐惧。

最后我们要注意,在分辨寿星的时候,古人使用的是等宫制,也有人使用 Porphyry(波菲利宫位制)、Alchabitius Semi－Arcs(阿卡比特斯半弧宫位制)。

例1　武打影星李小龙

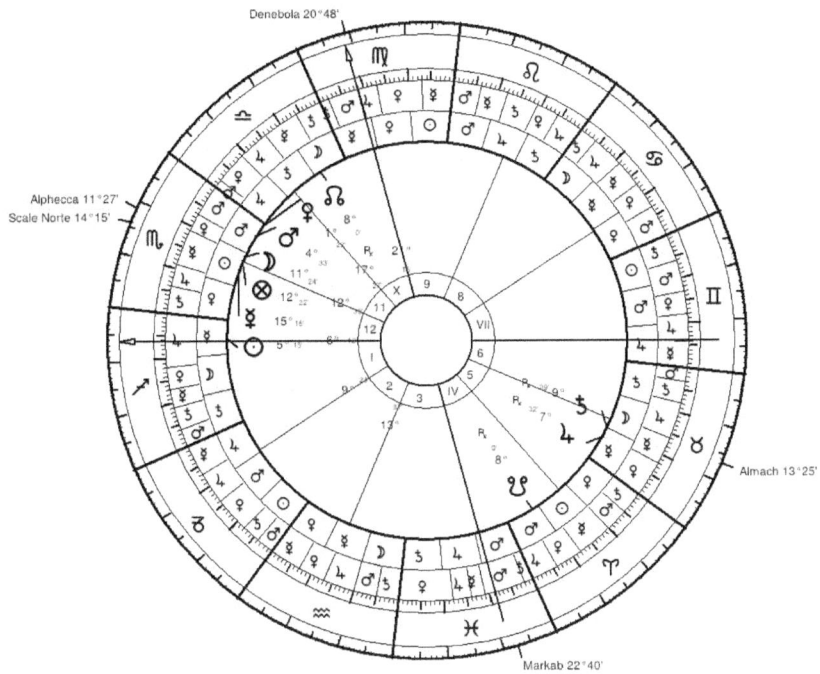

Bruce Lee,李小龙(英文名:Bruce Lee,1940年11月27日—1973年7月20日),本名李振藩,1940年11月27日上午7:12分出生于美国加利福尼亚州旧金山,他在香港的四部半电影3次打破多项记录。

1962年李小龙开办"振藩国术馆",1964年8月17日结婚,父亲于1965年2月8日在香港去世。1967年自创截拳道,1969年4月19日,女儿出生。1973年7月20日,李小龙在香港逝世,年仅32岁。

根据笔者校订,李小龙受孕于1940年2月29日11:1分46秒,其本命盘上升轴度数准确。

此命太阳为寿星、寿主星,太阳在主向限中的运行关系到重大事件以及生死。

```
Z P dex ✳ ☉ 0L C =>            ♂ 0L    31°53'24"  Pto 17 Oct 1972 21:31
Z P      ☌ ♄ 0L C =>            ☉ 0L    31°55'07"  Pto 28 Oct 1972 07:57
Z P      ♄ 0L C =>            ☍ ☉ 0L    31°55'07"  Pto 28 Oct 1972 07:57
Z P sin ✳ ♂ 0L D =>            Aˢ 0L    32°33'48"  Pto 20 Jun 1973 18:57
Z P      ♄ 0L D => sin △ Aˢ 0L         32°54'53"  Pto 27 Oct 1973 04:31
```

观察主向限，我们可以发现，1972 年 10 月，太阳与土星相冲，这是一个非常危险的信号。1973 年，上升轴六合火星，三合土星，双凶星的强化，导致命主死亡。1973 年界向行运中，上升轴位于摩羯座水星界，六合火星，也强化了这一信息。

人的行运并不会因为人的死亡而消弭，在人死亡后，其行运会继续反映身后事以及家眷亲属。

```
Z P      ♂ 0L D => dex □ ☉ 0L         52°29'22"  Pto 24 May 1993 16:35
Z P      ♄ 0L D => sin △ ☽ 0L         52°35'16"  Pto 29 Jun 1993 12:53
Z P sin □ MC 0L D =>            ♂ 0L    52°45'07"  Pto 28 Aug 1993 12:51
```

1993 年，太阳与土星相刑，月亮三合土星，火星与天顶相刑，其子李国豪死亡。火星正好是命盘第 5 宫定位星。

```
Z P      ♃ 0L C => dex □ MC 0L        52°08'49"  Pto 19 Jan 1993 13:02
Z P      ♃ 0L D => dex ✳ ♄ 0L         52°09'10"  Pto 21 Jan 1993 15:30
Z P dex ✳ ⊗ 0L C =>            ♀ 0L    52°20'29"  Pto 31 Mar 1993 13:08
Z P      ♀ 0L D => dex ✳ ♀ 0L         52°25'00"  Pto 28 Apr 1993 02:56
Z P      ⊗ 0L D => dex ✳ ☿ 0L         52°28'58"  Pto 22 May 1993 04:13
```

1993 年，天顶与木星相刑，金星与福点六合，水星与福点六合，命主获得荣誉，1993 年美国发行李小龙逝世 20 周年纪念钞票，好莱坞星光大道铺上李小龙纪念星徽；同年，获香港电影金像奖大会颁发"终身成就奖"。

例 2 乱伦被杀

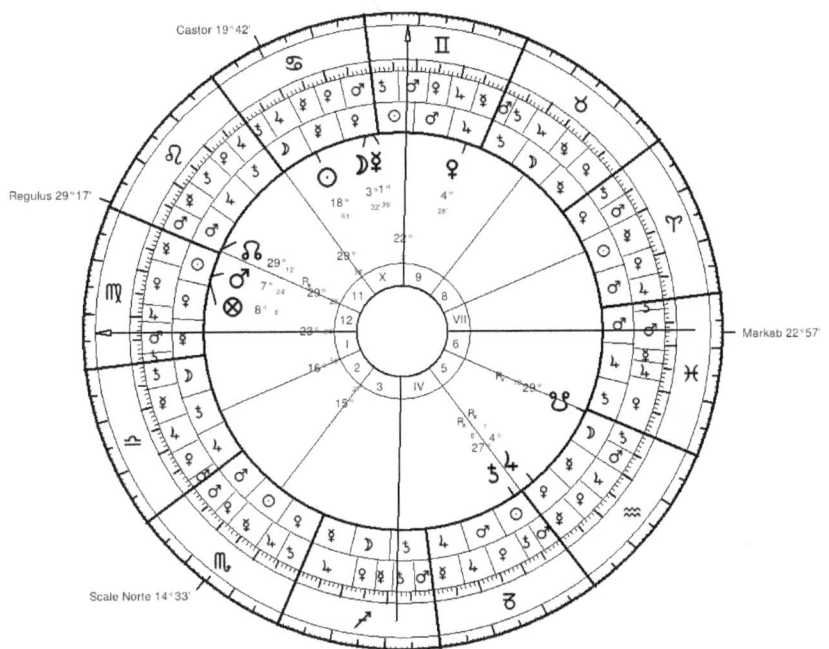

女命,1961 年 7 月 11 日中午 11:10 分生于法国郎贡,1979 年被父亲发现她与兄弟乱伦,后来兄弟进了部队,她于 1983 年结婚,在 1987 年 4 月 1 日诞下一子,于 1989 年离婚,1989 年 12 月 20 日,在 3:45 至 4:00 之间,兄弟将命主及其父母、子女全部杀害。

此命月亮为寿星,命盘中月亮入相位火星,火星为第 8 宫定位星,为煞星,凶死短命之象。

```
Z P      MC OL D => sin △ ♄ OL       27°34'25"   Pto  5 Feb 1989 12:08
Z P      ☉ OL D => dex □ A♌ OL       27°38'51"   Pto  4 Mar 1989 12:06
Z P   ♂° ♄ OL D =>       ☿ OL        27°42'11"   Pto 24 Mar 1989 19:21
Z P      ♄ OL D => ♂° ☿ OL           27°42'11"   Pto 24 Mar 1989 19:21
Z P dex △ MC OL D =>       ♄ OL       27°45'12"   Pto 12 Apr 1989 02:45
Z P      ☽ OL D => dex □ ⊗ OL         27°51'05"   Pto 17 May 1989 23:35
Z P dex □ ♂ OL C =>       ☽ OL       28°00'52"   Pto 16 Jul 1989 12:58
```

1989 年月亮与煞星火星刑相位,命主被杀。

第七门　说人内外病症

凡论人暴得病症。看第七位宫主星,是何星强旺。又看第六位宫主星,是何星强旺。看土星,火星,与命主强旺星相照。又看在何宫分相照。

在白羊宫相照者,病症生在头面。

在金牛宫相照者,病症生在颈项、咽喉。

在阴阳宫相照者,病症生在肩膊、并手。

在巨蟹宫相照者,病症生在胸胁、并肺。

在狮子宫相照者,病症生在心经、脊背、胃脘。

在双女宫相照者,病症生在肠肚、腹中。

在天秤宫相照者,病症生在脐下。

在天蝎宫相照者,病症生在肛门、并臀。

在人马宫相照者,病症生在两腿。

在摩羯宫相照者,病症生在两膝。

在宝瓶宫相照者,病症生于两胕。

在双鱼宫相照者,病症生于两足。

又一说,从人命宫排起,依前例次第推之。凡人所生之症,又看各星所主。

土星所主,外则右耳,内则脾、及膀胱、又生痰。

木星所主,外则皮肤,内则心、血、精神。

火星所主,外则左耳,内则肝、及血脘。

太阳所主,外则眼白,内则脑、胃、筋、并右边身体,一切症候。

金星所主，外则鼻塞，内则内肾、并肉、及肛门。

水星所主，舌、胆。

太阴所主，饮食无味，内则肺、并食嗓，又左边身体，内外一切症候。

前项各星，若力弱，又有凶星照，则其星所主之症受病。

若病症凶星，先太阳东出者，其人暴病。后太阳西入者，其人得病缠绵。

若病症凶星，是土星者，多生痰，并积聚症候，又肠内生疮，发黄、喉痛、吐血、结燥，妇人胎中生病。

若是火星者，有血旺症候，黑血盛，并内肾病症，并疥癣、犯针灸之症、一切恶疮、妇人患胎疮。

若水星遇火星或土星，皆助其星之力。若病人当生命内，火土二星在何宫分，得症时太阴到火土二星之宫或相冲、或四正照，则患人病重。若其病是火土所主之症，则其病尤重也。

注：《天文书》以第 7 宫定位星、第 6 宫定位星为疾病，以最强力量为标准，分辨类神，结合火土两颗凶星，以上升和上升定位星为命主身体特征，综合而断，并且介绍了星座和行星的疾病类象。

另外，在研究古典占星的时候，我们有必要了解一下希波克拉底的四种体液说。希波克拉底在古希腊医生恩培多克勒（约公元前 495－前 435 年）"四根说"的基础上，提出了气质的体液说。他认为：人体内含有四种不同的液体，即血液、粘液、黄胆汁和黑胆汁。它们分别产生于心脏（血液）、脑（粘液）、肝脏（黄胆汁）和胃（黑胆汁）。希波克拉底认为，四种体液形成了人体的机体特性，机体的状况取决于四种液体的正确配合。在体液的混合比例中，血液占优势的人属于多血质，粘液占优势的属于粘液质,黄胆汁占优势的人属于胆汁质,黑胆汁占优势的人属于抑郁质。希波克拉底认为,每一种体液也都是由冷、热、湿、干四种性能中的两种性能混合而成。血液具有热、湿的性能,因此多血质的人温而润,好似春天一般;粘液具有冷、湿的性能,粘液质的人冷酷无情,好似冬天一般;黄胆汁具有热、干的性能,黄胆汁的人热而燥,如夏季一般;黑胆汁的人具有冷、干的性能,因此抑郁质的人如秋天一般。四种体液配合恰当时,身体便健康,否则就会出现疾病。希波克拉底的理论后来被罗马的医生盖伦所发展。

Valens 在其作品中提到,古代的占星师把人体健康分为身体和精神层面,以福点和精神点作为上升,通过衍生十二宫,进行疾病论断。我们列出如下:

福点	2	3	4	5	6	7	8	9	10	11	12
胸、乳	侧腹	腹部	腹股沟	生殖器	大腿	膝盖	小腿	足	头	面颈	肩臂

精神点	2	3	4	5	6	7	8	9	10	11	12
心脏	胃	肾、精液	结肠	肝脏	肠	膀胱	直肠	脑、牙、耳	咽喉	舌	胃

这种次序的原理,分别以巨蟹座和狮子座为起点,依次推衍。因为巨蟹座代表宇宙的命运,太阳代表精神、心灵和神性。宇宙和人类一样,也有自己的命盘,这种说法源出于希腊占星,术语叫做 Thema Mundi,译为宇宙诞生命盘,它并非真正的宇宙诞生图,只是在数理上用于推导占星术原理。这种盘有不同的版本,最早的版本是巨蟹座为上升,月亮在巨蟹座,太阳在狮子座,水星在室女座,金星在天秤座,火星在天蝎座,木星在射手座,土星在摩羯座,所有行星都为 15°。图示如下:

为何宇宙的命盘会以巨蟹座作为上升星座,很可惜现存文档并没有相关解释,现代占星家通过研究,认为可能有两个原因与这个原理有关。

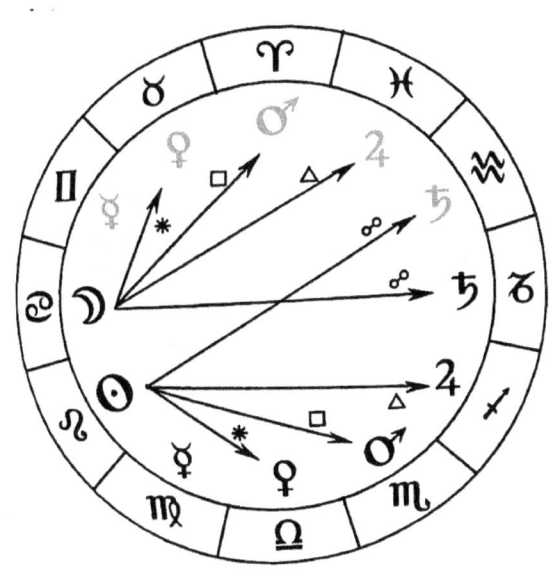

宇宙诞生命盘

第一、是美索不达米亚晚期以及希腊早期的占星学家认为,所有的行星合相于巨蟹座和摩羯座的时候,是整个世界的创造和毁灭周期点,这一说法归因于 Berossus,他认为,当所有行星合相于巨蟹座的时候,世界毁灭于大火;当所有行星聚集于摩羯座时,世界毁灭于大洪水。第二、是因为在埃及占星中,天狼星于每年夏季日出时上升的时候,就是尼罗河水泛滥之时,天狼星是夜空中最亮的恒星,这标志着埃及一年日历的开始。日出时候天狼星在地平线上升,发生在太阳进入巨蟹座的 7 月,由此可能是巨蟹座作为宇宙上升星座的原因。这两个说法都只是后人的研究和猜测。

这张图中,包含有行星特性的原理在其中,譬如位于射手座的木星与狮子座三合,都是阳性星座,位于双鱼座的木星与巨蟹座三合,都是阴性星座,所以两个木星星座都和对应的阴阳特性星座三合,木星属于最吉利的行星。金星六合,所以属于第二吉星,其它可以类推。还可以根据远近关系推导,月亮最先遇到冲相位的土星,然后三合遇到木星,接着刑相位遇到火星，其次金星，最后水星，揭示了内外行星的原理和万物发展的规律。

Valens 认为以下方法更为准确。

十二星座疾病类象：

白羊座：象征头部、感官能力和视力。白羊座会引起头痛、视力模糊、中风、耳聋、失明、麻风病、皮肤苔藓状鳞屑、脱发、疥癣、秃顶、昏迷、溃烂、急喘、关节炎、肿瘤，以及任何出现在感官功能，耳朵和牙齿上的疾病

金牛座：象征颈部、面部、食道、眉毛和鼻子等等。这个星座会导致驼背，因为恒星星座的金牛座形象是牛肩膀圆圆，四足弯曲，所以金牛座可以代表瘸腿，由于昴宿在金牛座的缘故，也主眼疾，失明等等。这是一个代表狡猾、堕落的星座。它会引起痉挛、小舌切除、痈、甲状腺肿、窒息，以及受伤、鼻孔疼痛、从高处或动物身上跌落、四肢骨折、喉咙肿瘤、残废、坐骨神经痛、脓肿。

双子座：象征肩膀、手臂、手、手指、关节、肌肉、力量、勇气、变化、妊娠、语言、口腔、血管、声音。当受到损害时，双子座会造成以上伤害。它也主来自盗匪和敌人的攻击，伴随着伤口、割伤和失去四肢。也代表黄疸、从高处坠落。

巨蟹座：象征胸部、胃部、乳房、脾脏、口腔、隐私部位，视力模糊和失明（因为巨蟹座有恒星星云）。主麻风病、皮肤和脸部的苔藓鳞状、中风、脾脏水肿、步态蹒跚、胆汁综合症、跛行、黄疸、斑纹皮肤、龅牙、斗鸡眼、睫毛脱落、眼睑病变、脊柱扭曲、水生动物伤害、胎记和眼周痣、咳嗽带血、黄疸、胸膜炎和肺部疾病。

狮子座：象征两胁、腰部、心脏、勇气、视力和肌肉。主精神错乱或迷信恐怖，因暴力或恶习造成的抽搐或伤口，或因勇敢、禁欲造成的疾

患,失去四肢、截肢、眼睛受伤,也主恶臭。它还会导致丑陋、截肢、骨折、从高处或从动物身上坠落、被野兽咬伤、建筑倒塌和烧伤造成的伤害,以及抑郁症、癌症和同性恋。

室女座:象征腹部、内脏和内生殖器。它会引起激情亢奋,性交方面使人或弱或强或贞洁。因此我们会发现室女座或位于室女座的行星所主宰的疾患不会长久,也主呼吸、疝气、迷信恐惧。对女性来说,它会引起歇斯底里综合症和子宫疾病。

天秤座:象征臀部、结肠、生殖器和身体后部。会导致瘫痪、疝气、破裂、痢疾、水肿、肾结石。

天蝎座:象征生殖器和臀部。由于天蝎之刺,它也主视力模糊、失明、视力弱、肾结石、怪症、反复发病、疝气、性乱交、瘘管。

射手座:象征大腿和腹股沟。代表皮肤斑秃及胎记、秃顶、视力差、视力疲劳或失明、口臭、痛风。也代表从高处或从野兽身上坠落,主失去四肢或因为野兽而受伤,出生时有多余四肢。

摩羯座:象征膝盖、肌肉、身体内外部的扭伤、视力下降和失明、潮湿带来疾患及精神错乱、神志失常、女人乱伦、女同性恋、女色情狂、盗匪行为、恶习。

宝瓶座:象征腿、小腿、肌肉和关节。它会引起象皮病、黄疸、跛行、水肿、精神错乱、阉割、骨折,有时主痛性尿淋沥。

双鱼座:象征脚、肌肉和脚趾。主关节炎、皮肤上的苔藓鳞片和麻风病,遭受许多的谩骂或许多伤害。新生儿会多生长四肢、口吃、耳聋、疥疮、被水生动物咬伤,或因为潮湿得病。

以上为12星座所有疾病象意,我们必须要仔细检查命盘,观察福点位于哪个星座,该星座的特性代表容易得的疾患,也要注意福点定位星和其所在星座的性质。以同样的方法检查精神点和精神点定位星所在星座，代表相关性质的疾病。位于第 10 宫的行星也要以同样的方式检查。凶星在这些位置或映射这些位置、映射其定位星，则代表疾病和伤害尤其厉害。这些位置和其定位星都在吉利位置没有被损害，则命主健康。分析时候一定要精确看福点和精神点的度数，因为粗略的计算有时候会导致点所在星座发生偏差，尤其是上升和日月位于星座的始端和末端，经常容易产生错误。

当吉星位于凶位的时候，主疾病和虚弱。当凶星位于吉位的时候，不会导致疾病，或者只代表短暂、间歇性的疾病。如果福点或精神点的定位星位于第 9 宫或第 3 宫，被凶星拦截或映射，主哑巴或成为胡言乱语的疯子或者成为先知。如果一颗代表疾病的行星，位于强有力的位置（尤其角宫、续宫），被凶星映射，主该疾病不可治愈。吉星连结或映射该凶位，代表可以被治愈。Valens 在此接着强调了角轴的重要性，强调必须精确计算福点与精神点，尤其当上升轴位于星座开端或末端时，粗算容易产生错误。

一般而言，太阳、月亮、土星、水星相冲，或一个紧挨一个东升，主损眼或中风，精神错乱。太阳在火星之后东升，或位于同星座，主咳嗽、吐血，心脏病或视力损伤。土星和火星合相或单独位于天底，会导致人弱视、会突然发作，看到神或死者的幻象，被传授秘密、神秘的知识。以上行星，如果它们与新月或满月点相冲或于上位映射，或者映射到月亮经过的特定相位，就会引起疯狂、突然发作，并能使人变哑。凶星入精神点星座或冲精神点，主精神错乱，着魔附身。

案例 1　痛风盲人

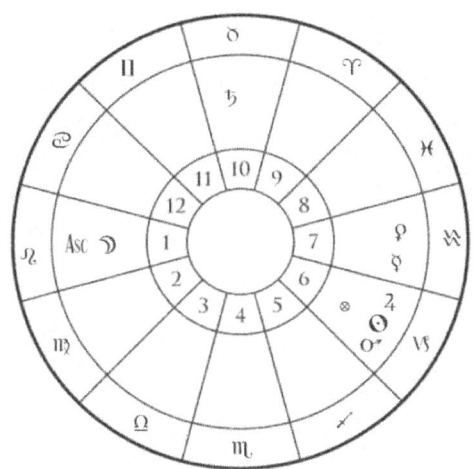

　　分析：福点位于摩羯座，土星为福点定位星。由于金牛座的昴宿星团和凶星土星的影响，命主是盲人，摩羯座和金牛座导致命主有难以启齿的恶习。木星作为精神点定位星(精神点位于双鱼座)，落陷于摩羯座，主其患有痛风。福点、精神点和它们的定位星足以揭示命主所得的疾病和伤害。

案例 2　精神病患者

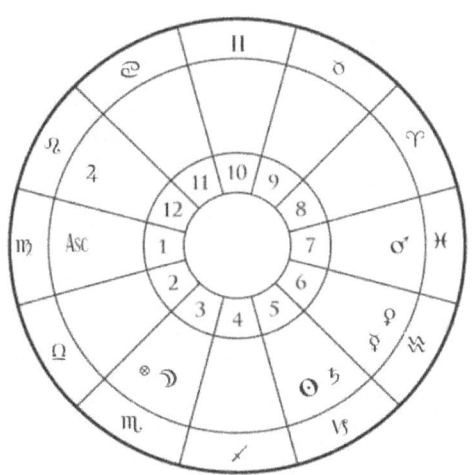

精神点位于巨蟹座,土星在精神点对宫相冲,会影响命主的智能和精神状态。并且土星映射满月点,福点定位星火星对冲上升星座,根据双鱼座特性,命主腿足有伤,并且是一个疯子。

案例3　性癖

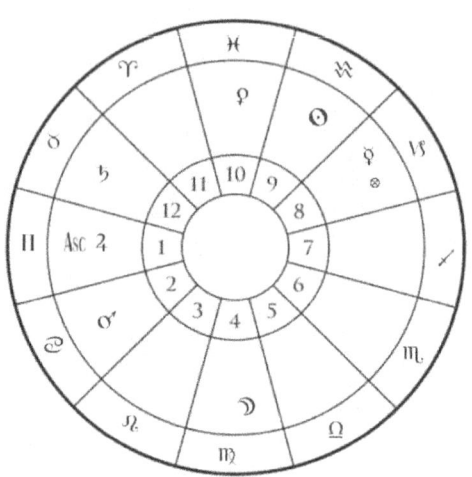

福点位于摩羯座,精神点位于天蝎座,福点被火星对冲,精神点被土星对冲,都被凶星所伤。命主为同性恋,有难以启齿的恶习。因为摩羯座是一个淫荡猥亵星座,其定位星土星位于金牛座,金牛座属于消极病态、被奸星座,天蝎座也有这种恶习的意义。

案例4　阉人

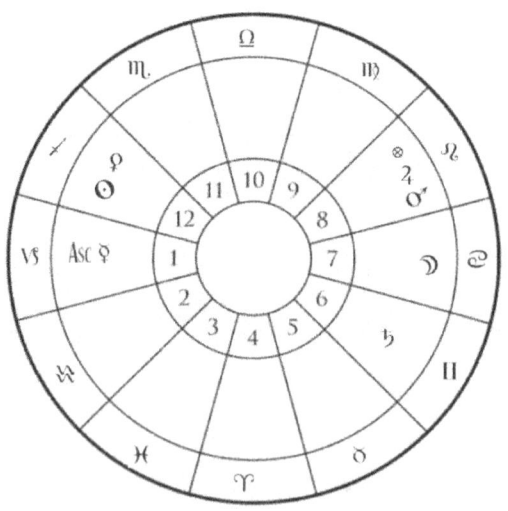

福点位于狮子座,精神点位于双子座,土星位于双子座,导致命主被阉割。其定位星水星位于天蝎座,天蝎座主生殖器。太阳位于射手座冲精神点与土星,射手座为腹股沟部位。

案例5　皮肤病患者

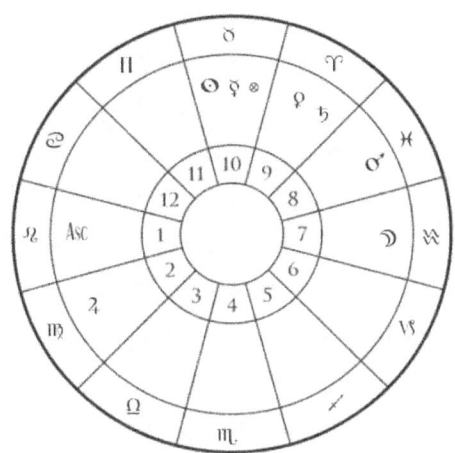

福点位于金牛座,其定位星金星位于白羊座和土星合相,命主头上有疥疮,有麻风病、鳞状皮肤,皮癣等等。精神点位于天蝎座,其定位星火星位于双鱼座,具体参考上文中双鱼座疾病的论述。

案例6　短臂

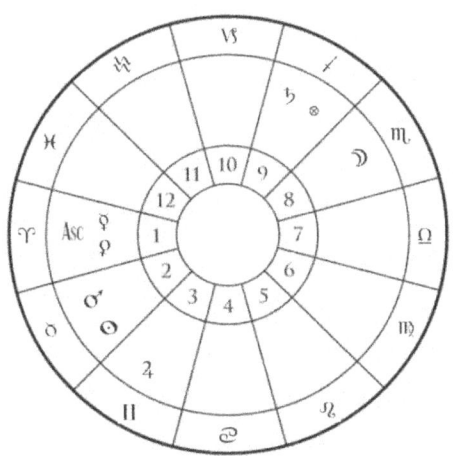

福点位于射手座,其定位星木星位于双子座冲福点,精神点位于狮子座,定位星太阳位于金牛座,命主有不正常的短臂。

案例7 驼背

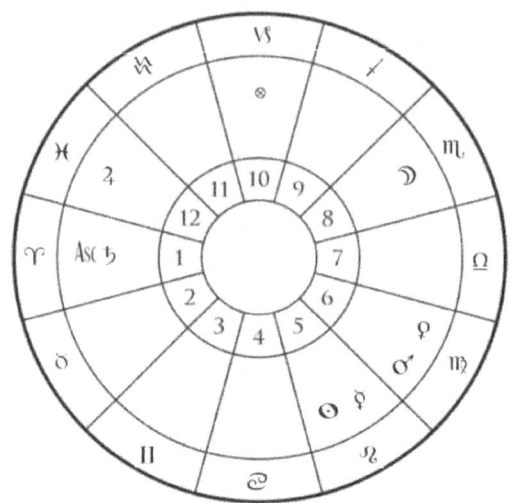

福点位于摩羯座,精神点位于巨蟹座,命主为驼背。摩羯为驼背星座,福点定位星土星位于命宫,降于白羊座,主凶,并且刑福点。

案例8 疯子

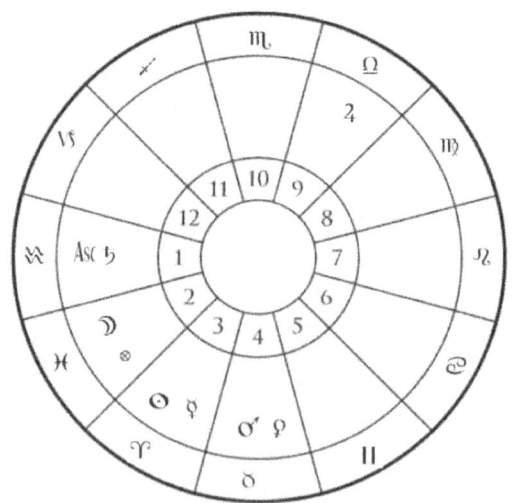

福点位于双鱼座,精神点位于摩羯座,命主被神附体而发疯。福点定位星木星位于天秤座,正好是第9宫神性宫,精神点定位星土星位于上升宫,第9宫定位星金星位于天底,与凶星火星合相。

Rhetorius 对于疾病的经验论述,列出如下:

论断疾病主要根据福点、精神点、慢性疾病点所在星座以及它们的定位星进行论断。

1、伤病的一般配置。

凶星单独位于轴或续宫,映射太阳或月亮,会造成伤损、疾病;凶星东出主伤损,西入主疾病;月亮独自离相位凶星,主疾病和损伤;第6宫与第6宫定位星被凶星映射,主疾病、损伤;太阳、月亮、上升被凶星夹拱,主损眼;第6宫定位星位于上升宫,星座为启动星座,主损眼;第6宫和其定位星位于水元素星座,被土星映射,主潮湿、流动,类似痢疾、体液相关的疾病,被火星映射,代表因洗澡或热水受到损伤。

当第6宫定位星被凶星映射,没有被金木映射援助的时候,都主疾病、损伤;当火星为第6宫定位星或上升定位星,只被凶星映射,为残疾之象;木星为第6宫定位星,只被凶星映射,主因酒致病;如定位星为金星,会为女人而着迷发疯或得肺病;定位星为水星,主聋哑、声音嘶哑、口齿不清、口吃之类;定位星为太阳,主心脏病、眼盲。第6宫定位星被凶星映射,没有木星、金星援救,也一样凶。

论断时候,不能忽略等日光星座、等赤经上升上升星座的配置格局,譬如等赤经上升星座,双子座命令摩羯座,两星座互相影响,巨蟹座与射手座互相影响。等日光星座,白羊座和室女座、天秤座和双鱼座互相影响等等,很多论断错误源出于忽略它们,会认为它们之间互相反厌而没有关联。相同特性星座之间无法阻碍一些格局形成的影响力。

观察慢性疾病点与其定位星,观察其吉凶星映射,Dorotheus 的公式为 Asc＋火星－土星(昼) Asc＋土星－火星(夜),注意与该点产生合相、三合六合刑冲的行星,及其相关星座特性。分析第 4 宫的三方主,当其被凶星映射,或位于凶宫,没有被金木映射时,主伤损、疾病。

凶星单独位于日月的续宫,会损害视力。月亮疏松散黏合太阳的状态下或满月,被火或土映射,损眼。月亮位于损害视力的星座度数上,被凶星映射主损眼或眼疾。这些度数有狮子座 18°、27°、28°;天蝎座 19°、25°(有本作 29°);射手座 1°、7°、8°、18°、19°;金牛座 6°、7°、8°、10°;巨蟹座 9°～15°;宝瓶座 18°、19°(有本作 10°、12°、19°);摩羯座 26°～29°(有本包括天秤座 6°、7°、8°、10°)。月亮在以上位置为亏月状态或被损伤,则主损眼或眼疾,满月损害视力。火星主伤损来自铁、火、中风或跌倒,土星代表白内障、寒冷、晶体混浊、视力模糊,位于巨蟹座、摩羯座、天蝎座、双鱼座,则更应,这些星座也代表口腔溃疡、鳞斑、瘰疬、象皮病、瘘管、癌症等类疾病。射手座和双子座代表跌倒、摔伤、癫痫、中风瘫痪。

木星东出,映射代表疾病的类象时,主疾病、损伤,它通常会使疾病隐藏或疾病减轻。水星代表通过医生减缓疾病。金星代表通过神的祈福或神谕而产生愉悦,减轻疾患。

Valens 认为,有必要看什么行星映射福点和福点定位星。只有凶星映射,则会带来疾病,根据福点和福点定位星的特性,及其所在星座特性进行论断。位于土星星座,代表疾病通过寒冷造成,位于火星星座代表经过切割、外伤、烧伤等类似形式,根据福点和福点定位星所在的星座论断相关身体部位。

第 6 宫为疾病宫,也是腿足疾病宫,代表腿足伤害和钱财破耗。罗睺位于第 6 宫,或火星、土星正好也在此,会从高处跌下或掉进深井,骨头会受伤,囚禁期间会经常受伤。如果金星木星于第 6 宫,火星、土星反厌,主没有损伤、疾病。如果计都位于第 6 宫,主早年时期损伤或疾病,同时如金星、木星于此,主隐疾,火星、土星于此,身体不会受伤,但是会伤脚。

一些重点突出,主宰疾病的行星配置。盈月或满月于第 6 宫,连结火星或对冲土星,主足部畸形或跛足、假足。月亮和罗睺、计都位于一个有生理缺陷的星座,诸如白羊座、金牛座、巨蟹座、天蝎座、摩羯座,则命主出生就有残疾和缺陷;土星落陷位于上升、12 宫,主手指疾病;火星在日落后东出,主瘘管疾病;亏月疏松黏合太阳的状态下,趋于土星,没有金星、木星映射,主麻风病、残障、或体液流动方面的疾患;火星位于狮子座,没有金星、木星映射,主眼疾、脾胃病;火星位于室女座,没有吉星映射,主肠痛、吐血;火星在天秤座,没有吉星映射,主腹股沟疾病;火星位于天蝎座,没有吉星映射,尤其位于上升时,主生殖器、内脏、四肢疾病;火星距离太阳(无论东出或西入)82°,会对身体或眼睛造成损伤。土星在上述配置时,也一样。

火星和土星位于6、12 宫,主隐疾或癌症、溃疡;土星、火星、金星、月亮位于双鱼座、天蝎座、巨蟹座会造成麻风病或皮肤病;金星和土星在上升宫,主尿液潴留或怪症;月和火星于第 7 宫,损害眼睛或坐牢;土星位于第 12 宫,位于水元素星座,主损害精子相关器官或脚或慢性溃疡。

恒星通过刑、冲或度数,以及星座损害日月,没有吉星映射,主损眼。尤其是夜生人,亏月被土星映射。昼生人,满月被火星映射。或者凶星位于角轴、日月位于续宫、土星映射,伤害形式前文已经论述,根据凶星特性论断。

2、秃顶。

狮子座、室女座、天蝎座和射手座，容易变秃或前秃，尤其当福点、精神点或它们的定位星位于白羊座，会变秃顶或前秃，位于射手座、狮子座、摩羯座、天蝎座和巨蟹座也类似，摩羯座尤其主前秃。

3、痛风、坏疽性溃疡。

福点、精神点，及其定位星，位于射手座、摩羯座、宝瓶座、双鱼座易患痛风或风湿病，土星参与映射尤应。如果福点位于其他星座，被土星映射，主手足痛风，尤其是位于双子座和巨蟹座。土星位于第6宫时，代表痛风，会得黑胆汁疾病。当摩羯座、巨蟹座、双鱼座为上升时，如不吉，容易得坏疽性溃疡、淋巴结核之类的疾病。

参考 Valens 所论及的七大行星所主身体部位，当某行星成为福点或精神点定位星，并且被凶星映射，则主伤痛疾病之类，然后根据其行星特性论断。当这两个点和其定位星位于驼背星座时，代表命主为驼背（Valens 书中提到驼背星座，只提及摩羯座）。土星位于狮子座，父亲会得痛风，以及体液疾病，并且主暴毙。

4、精神病与癫痫。

月亮和土星位于上升轴，水星位于下降轴相冲，没有吉星映射，为精神错乱或痴傻；火星位于下降轴，土星和水星位于上升轴，火星相冲，没有吉星映射，也主精神病患者；太阳和月亮位于上升轴，土星位于下降轴，没有金木映射，主疯狂或精神病；土星和水星位于上升轴，木星位于下降轴，主愚蠢、白痴、知觉差、理解力差；金星被火土夹拱于一个星座，被月亮和水星所刑，为神启示之人，以神的名义预言之人，被神圣狂热所控制而失去理性之人（巫婆、萨满、神汉之类）。

月亮位于上升轴，土星在天顶轴，水星位于第 7 宫轴，为疯子、精神病;月亮、火星和水星位于角宫,没有金星、木星映射,为强盗、窃贼,当土星位于天底轴,刑冲它们,为盗墓贼;如火星和水星位于下降轴,被月亮冲或刑,会使盗贼、杀人犯被钉死在十字架上或被扔下悬崖;火星和水星位于角轴,并且同度,没有吉星映射,主欺骗、诽谤、伪造、伪证,当土星和月亮映射它们时,代表肮脏的人、巫师、召唤亡灵。

满月离相位土星,主中风、精神病,有时候也主盲人。亏月离相位火星,也一样;火星位于上升,木星位于下降轴,与火星同度,其他行星未参与,主受神启发、癫痫;昼日夜月的三方主相冲,又被凶星映射,主癫痫,尤其上升或其定位星又被土星或火星映射时;当水星和月亮、上升都未映射时,主癫痫,如果它被凶星映射,会被恶魔折磨;满月并且和太阳黏合时,会被神上身、附体,火星映射,代表被恶魔附身。

如果福点或精神点的定位星位于第9宫或第3宫,被凶星冲,主呓语或做出预言。月亮为新月或满月状态,被土星映射,没有金木映射,代表受恶魔影响。满月被火星单独映射,尤其位于射手座或双鱼座,也是如此。如果月亮和凶星单独合相,相关病无法治愈,木星参与映射,可以通过医疗、饮食和药物治疗,金星映射,可以通过神谕或得到神性的帮助。

火星或土星位于天底轴,会被恶魔影响产生幻影图像之类的惊吓,伴随金星在此受到损害,则会受到神的启发或对话,成为寺庙侍从。土星或火星,合相精神点,或冲精神点,没有金木映射,为精神病,新月和满月被如此影响也一样。福点、精神点定位星与其相冲,为给相反意见、吹牛、傲慢之人。

其它著述疾病种类论断经验:

地平线以上代表可见的疾病,代表头部与身体上部。地平线以下,代表内部疾病与身体下部位置的疾病。太阳和月亮代表眼睛,因为日月清晰而明亮,火星和金星代表鼻孔,金星和火星如果在地平线以上不吉,代表鼻部疾病,影响气味、食欲,鼻涕不断,位于地平线下则不吉,代表肝脏、静脉、肾脏、尿路和性交欲望。太阳代表脑部,土星和木星代表耳朵,水星代表舌头,也可以代表内脏。上升代表心脏,天顶代表头部,下降轴代表足,天底轴代表人体下部。

白羊座,属于太阳升星座,代表大脑、思考和智力,大脑能够区分善恶、得失;金牛座代表颈部和喉咙,是月亮的升星座,代表胸部,空气从喉咙进入胸腔;双子座是罗睺的升星座,代表双手;室女座是水星升星座;天秤座是土星升星座、金星舍星座,代表脾脏,是性交和食欲之位;天蝎座是火星舍星座,代表肝脏;射手座是计都升星座。肌肉为土元素,血液为水元素。

1、眼疾。

眼疾,分析第6宫定位星,看其所在星座,被什么行星映射;注意太阳或月亮被双凶星夹拱;注意分析月亮所在星座,与谁合相,被谁刑冲;太阳和月亮合凶星于四轴,或凶星于其第2宫,或被凶星刑冲;月亮、上升轴定位星是否位于眼疾相关的度数;昼生人太阳代表右眼和身体右边,月亮代表左眼和身体左边。夜生人,反之。Māsha'allāh 认为,当日月或其中一个位于地平线上被损害时,代表眼疾,位于地平线下,代表胃病、脑疾、肺病等等。

第6宫定位星位于上升,位于启动星座,吉星反厌,则损视力,火星为此位的定位星,则失明。上升轴或太阳、月亮其中一个被双凶星夹拱,吉星反厌,损坏视力或面部有缺陷。月亮为满月状态,或位于第7宫(有本作第6宫),趋于火星,或冲刑火星,损眼。火星在太阳或月亮的第二个星座,或在同星座时度数大于日、月,吉星未参与映射,代表损眼,甚至主失明。太阳或月亮位于上升宫,火星或土星位于其第 2 宫,更严重。如果太阳、月亮位于第 7 宫轴,火星随于其后,度数大于它们,与上文一样严重。甚至当日月位于一个轴的续宫,而火星位于轴,也主损眼。凶星位于太阳第 2 宫,冲月,或上位映射月亮,代表损眼。日月之一位于轴,另外一个位于第 2 宫,火星在它们中间,吉星未映射,主损眼或面部有缺,尤其夜生人土星映射亏月,昼生人火星映射满月。太阳或月亮位于上升轴或下降轴,并受到损坏,则主眼疾,有凶星在其后随之升起,也主眼疾,这种格局,当日、月位于下降轴时,代表眼部慢性疾病,因为上升轴和下降轴都属于日月出入的地方,代表光线、光亮。计都位于上升轴,发光体行星不吉,则命主失去一只眼,除非吉星吉映射它们。

损害视力的恒星类度数范围如下:

月亮位于狮子座 15°～18°,狮子的鬃毛。

射手座 6°～9°,射手座的箭头。

宝瓶座 10°、18°、19°,水罐。

摩羯座 26°～29°,摩羯脊刺。

金牛座 6°～10°,昂宿星团。

巨蟹座 9°～15°,鬼宿星团。

亏月在以上位置,则损眼或视力长期受到影响。盈月则视力不会损坏。火土介入佐证,则根据其特性论断。现代度数位置请参考本书中的恒星星云内容。

《Bizidaj》中认为,昼日夜月在一些度数如果不吉,会损害视力。分别是天秤座 27°36′～28°、射手座 1°、天蝎座 9°、10°、巨蟹座 15°～19°。

Nawbakht 认为,月亮位于白羊座 1°或摩羯座 29°,被凶星映射,主疾病。月亮位于金牛座中部或位于巨蟹座 9°、射手座 1°,主眼疾。

Abraham Ibn Ezra 认为,昼生人,太阳位于轴,被一颗凶星映射,代表右眼损害,如果凶星位于人形星座,代表右眼被人所伤,如果位于残疾畸形星座(白羊座、金牛座、巨蟹座、天蝎座、摩羯座、双鱼座),代表伤害来自疾病,具体根据凶星的性质和所在位置的特性论断。昼生人,月亮位于 7、10 宫,被凶星凶相位映射,代表左眼有缺陷,如果日月都在这个位置,被一颗凶星映射,代表双眼有缺陷。如果只是太阳如此,并不代表对眼睛的完全损害。昼或夜间生人,月亮位于地平线下,代表疾病来自肺部和上腹部,不是眼睛,经验证明,月亮在地平线下,有咳疾。夜间生人,月亮位于地平线上方,被凶星凶映射,代表左眼损害。Abraham Ibn Ezra 认为 Enoch 的著作《Book of Secrets》中有些内容十分准确,但是难以理解其原理。他举例说,出生在双鱼座末度的人,会被烧伤。任何生于摩羯座或天蝎座 30°的人,为私生子。如果一个盘的太阳和土星距离是 82°,一只眼会失明。Abraham Ibn Ezra 声称这些都是经过实战检验的,但是原理难明,这样的太阳和土星也不是标准刑相位。

Umar Al—TabarĪ 指出,月亮位于射手座减光时(亏月),无论月亮是否受到其他凶星损害,都主眼疾,命主会畏惧失明。

2、精神病与心理疾病。

注意分析上升、月亮,凶星入轴;新月或满月时候月亮的离相位;昼日夜月的三方主、上升、月亮,以及相关映射;金星被双凶星夹拱、月亮和水星被刑;木星和土星位于第 7 宫;月亮位于上升,土星、火星、水星位于第 4 宫;看新月和满月,是否有凶星映射其星座;看福点和精神点,及其定位星,以及吉凶星是否对其映射。

太阳和月亮位于6、12宫,火星、土星、水星都位于轴,或联合于轴,木星和金星都未映射上升,命主精神错乱,如同着魔一般。

3、侏儒。

月亮位于星座第一度(未完结度数)或最后一度(30°,为未完结度数),和土星位于天底轴,月亮落陷则更应(最后一句不确定,因为不同版本古籍都存疑)。月亮位于星座末度趋于星座末度的一颗行星,则个子矮,如果为凶星,则为侏儒。

4、口吃、聋哑。

月亮离土星趋于水星,水星被土星干涉,会导致舌头不灵敏无法说话,或语言障碍;土星映射水星和月亮,主语言障碍,除非特别需求,被迫使用语言;土星和水星位于轴,尤其是下降轴,主语言障碍或沉默、哑巴,火星映射它们,则主健谈,月亮连结,则更应;月食,其定位星位于无声星座,为哑巴。其定位星位于狮子座,代表哑,父亲有慢性疾病;土星于无声星座映射水星,为哑巴。水星为精神点定位星,位于第8宫,代表不聪明、懒惰之人。水星作为6、8、12宫定位星,位于第8宫,被太阳焦灼,合相火星、土星,为聋哑人。

5、秃顶、胡须稀疏、麻风病、皮肤病瘙痒。

月亮不吉并位于白羊座、巨蟹座、天蝎座、摩羯座、双鱼座,月亮并非单独于此,而是月亮在此比较活跃。福点、精神点位于这些星座,被凶星映射,则须发稀疏,或者有相关缺陷。土星、火星、月亮位于巨蟹座或其三方星座,命主有麻风病或严重皮肤病、痛风、喉疾。火星在天蝎座,尤其位于上升星座,代表肠溃疡类的疼痛。凶星和月亮、金星位于水元素类星座,代表红色丘疹、溃疡和隐痛。

月亮不吉并位于启动星座时,位于白羊座,代表疾病来自麻风病或瘙痒；位于巨蟹座，代表疾病来自疥疮和癣；位于天秤座，代表疾病来自黑麻风病和溃疡；位于摩羯座，代表疾病来自囊肿或肿瘤。如果月亮位于一个星座被两颗凶星所夹拱，离相位其中一颗行星，趋于其中另一颗行星，观察星座性质论断。如果位于白羊座的三方星座，代表麻风病；位于白羊座的三方星座，代表麻风病导致四肢肌肉开裂、脱落或截肢；位于双子座三方星座，代表空气之类的疾病；位于金牛座三方星座，代表过度胆汁导致的疾病，以上情况下，如果连结方式通过行星会合或刑冲产生，则更凶。

6、高处坠落。

土星位于第2宫，火星和疾病点位于第11宫，会从高处坠落；凶星合相日月或从第十个星座上位映射日月，日月与其连结，则从高处坠落或落于盗匪之手；罗睺位于第6宫，合相火星、土星，代表落入深河而死，如果逃离也会落下疾病，或者被钢铁击伤落下疾病。当土星和太阳产生佐证，主高处跌落。月亮连结土星，土星位于白羊座的三方星座，主高处坠落。位于双子座的三方星座，并位于天顶，被墙或建筑物倒塌所砸，位于天底轴，则代表高处坠落。凶星位于天顶，位于上升定位星的降星座，上升定位星与之连结，建筑物倒塌将命主砸死。双子座、射手座前半部分不吉，会从骑乘动物身上摔下或从山上摔下，并成为植物人。双子座、射手座后半部分不吉，会被截掉一条腿或被截断手，或主痛风，吉星映射则会恢复。

7、肢体伤损。

1）疾病点与罗睺合相，被凶星映射，吉星未映射，主肢体伤损、高处摔伤或慢性疾病。

2）疾病点与月亮合相位于第2宫，代表伤损四肢。如土星参与，代表高处摔伤或重物压伤。

3)火星位于上升轴或第7轴,或对冲月亮,亏月状态,并位于残疾星座,代表截肢。

4)月亮位于第11宫,通过主授客星,影响到第2宫的火星,代表肢体截肢、破碎,如果第2宫为土星,则主高处摔伤。

5)月亮和疾病点位于第11宫,火星位于第8宫,肢体损伤,失去四肢。

6)月亮位于金牛座,或位于一个残疾星座,火星冲之,四肢之一会被钢铁切断。除非有一颗有力吉星映射,或太阳映射,则虽然被钢铁所伤,不至于切断。

8、肾结石、尿道结石、痔疮。

土星为疾病类象,并且不吉,与月亮合相,或映射月亮,代表肾结石、尿道结石之类;疾病点映射第6宫,第6、7宫定位星不吉,命主会因为结石疼痛,具体根据第6宫星座特性论断;罗睺位于天秤座,代表痔疮或其他肛门疾病;土星游隼于11宫,被逆行火星所冲或土星位于第2宫,主痔疮;火星位于出生前新月或满月处,主痔疮或肛瘘;上升定位星合相火星位于第7、4宫,代表肛门疼痛、痔疮带血;游隼土星位于上升,吉星反厌,火星于第7宫相冲,主痔疮带血;上升定位星为凶星位于第7宫,吉星反厌,会有下腹部疾病或痔疮;昼生人,土星逆行于第7宫,吉星反厌,火星凶映射,痔疮带血。

9、纵欲过度、阳痿早泄。

金星位于淫色星座,即白羊座、金牛座、狮子座、摩羯座部分、双鱼座、天秤座,代表喜好性交;金星游隼于第3宫或位于双子座第三旬,主纵欲,不育;金星位于狮子座第一旬,位于凶位,代表纵欲;金星位于宝瓶座,被火星吉映射,纵欲;金星位于双鱼座,火星于升星座映射金星,命主纵欲并通奸,导致死亡;金星为第7宫定位星,被火星于凶位映射,纵欲;金星位于狮子座,被火星凶映射,纵欲通奸;金星合计都于天秤座,没有木星映射,纵欲、鸡奸。

金星和土星不吉,游隼,在第10宫会合,命主阳痿体虚;月亮位于2宫,伴随土星和金星,它们逆行,被其所刑,主阳痿;逆行土星位于第6或12宫,位于一个潮湿星座,代表精液寒性和相关障碍;游隼、逆行的土星位于金星界,代表精液和性交障碍;月亮离金星趋于水星,并位于第7宫,代表性交障碍,但是并非完全不行。

10、肺病。

月亮位于地平线下,不吉,代表肺部疾病;月亮与火星合相,肺部有脓肿,月亮位于第4宫轴,尤凶,因为会有严重的咳嗽、血痰;金星为第6宫定位星,被土星干扰,尤其土星位于火元素星座,会燥热、肺痛;月亮位于地平线下,被土星刑冲,命主会因肺病喘息。

11、人体气味。

上升星座如果有一颗行星于内,则有令人讨厌的气味。白羊座开端,代表腋窝有气味。白羊座中段,代表气味好闻,白羊座末端代表大腿有气味;金牛座腿有气味发臭;双子座的人身上气味很好,令人愉悦;巨蟹座的人口臭;狮子座初段的人口臭,在末端则没问题,这和靠近室女座的恒星有关;室女座的人有好闻的气味;天秤座的人一样气味好闻;天蝎座的人生殖器和大腿散发恶臭;射手座的人气味好闻,但是容易出汗;摩羯座的人有恶臭味;宝瓶座的人鼻孔里散发着臭味,但是宝瓶座初段有好闻的气味;双鱼座的人身上散发恶臭。

Al—Andarzaghar、Māshaʾallāh在疾病方面的经验论述:

1、分析疾病的时候,看月亮的星座,度数,映射以及月亮趋离。尤其位于疾病宫,要注意论断。

2、分析上升轴及其特性,不要忽略第 6 宫,看什么行星在内,以及第 6 宫定位星,同时注意疾病点。

3、月亮被凶星干扰,或月亮合计都,太阳合计都,都是疾病特征。月亮位于白羊座 1°、摩羯座 29°(摩羯之刺),哪怕有吉星映射,也主疾病。当月亮位于 6、12 宫,主疾病。月亮位于天蝎座,主疾病。月亮位于土星星座,主冷湿方面的疾患,尤其凶星映射,主疾病。如果所有星宗行星不吉,尤其不利身体。

4、上升被不合星宗的行星干扰,有凶星位于上升,则头部有疾患缺陷。如果位于下降轴,则身体下部有疾患缺陷。如果为土星,代表湿冷、痔疮、脾脏、肾脏,或其它和黑胆汁或粘液质相关的疾病。根据土星所在星座论断,如果是湿星座,则更主粘液质。干性星座,则为黑胆汁。

5、月亮、上升都被火星干扰,则代表骨折、伤损、受伤、出血、黄疸等等疾患,黄疸的论断是因为它的病因是血液和黄胆汁。凶星位于第 6 宫,则主疾病。

6、分析以上时,当凶星不吉时,月亮参与,则主身体疾病。同时注意分析疾病点,公式即后文的慢性疾病点,根据其所在星座分析是什么部位。

7、太阳不吉,或月亮位于日光下,则不吉。盈月被火星干扰,亏月被土星干扰,月亮离于太阳,主重病。

8、当月亮不吉并位于白羊座、巨蟹座、摩羯座、天蝎座、双鱼座时,主有一种疾病缠身。如果月亮位于金牛座中段,或位于金牛座 9°,射手座 1°,主眼疾。

9、凶星东出,会加剧疾病疼痛,也主明症。西入则减少疼痛,主隐疾,在日光下也主隐疾。当第 6 宫定位星代表疾病,位于轴,尤其是上升和天顶轴,代表显症。落于果宫,反厌上升,代表疾病位于隐蔽的部位。映射上升,代表位于明显的位置。

10、代表疾病的行星,位于地平线上代表显,在地平线下代表隐。如果太阳或月亮不吉,位于地平线上,代表慢性疾病,损害视力,在地平线下,代表胃、脑部和肺,尤其是月亮。如果木星和土星不吉,位于地平线上,代表耳疾,土星代表右耳,木星代表左耳,如果位于地平线下,土星代表脾脏,木星代表心脏;火星和金星不吉,位于地平线上,损害鼻子,火星代表右鼻孔,金星属于左鼻孔,位于地平线下方,火星代表肝脏,金星代表肾脏;水星不吉位于地平线上,代表舌头损害。在地平线下方代表胆囊。总体而言,行星在地平线上方不吉时,代表外在疾病,在地平线下方,代表内在疾病。Abraham ibn Ezra 认为,人体七窍,日月代表眼睛,土星和木星代表耳朵,这是因为七大行星中土星和木星最高远,火星和金星代表鼻孔,水星代表舌头和嘴巴,这是所有占星师的经验验证。

Abraham ibn Ezra 认为,土星代表右耳,昼夜生人,土星位于地平线上,被焦灼,或被火星、水星凶映射,代表耳疾,同样的配置出现在地平线下方,代表脾脏疾病。木星代表左耳,被焦灼,或者被土星、火星、水星凶映射,代表左耳疼痛或疾病,木星在第 6 宫尤甚。但是 Enoch 说,这种情况无论昼夜生人,木星在地平线上方才应,在地平线下,代表肝脏疾病。火星位于地平下上方,代表右鼻孔,被焦灼,或被土星、水星凶映射,鼻子有疾病,如果位于地平线下方,代表胆囊有疾病。金星在地平线上方为左鼻孔,焦灼或被凶星凶映射,代表鼻子疾病,如果在地平线下方,代表阴茎或精液疾病。Abraham ibn Ezra 认为这些都是准确的,尤其当日月或以上行星为寿星时,尤应。水星无论在地平线上方还是下方,都代表舌头。如果水土合相,没有黄纬,或者土星凶映射水星而火星未映射水星,命主必然口吃,如果土星或水星是寿主星则尤甚。如果上述情况位于土星星座(双鱼座尤其严重),命主为哑巴。需要注意,这些凶星产生的凶映射,有吉星参与映射时,则会治愈或弱化。以上关于耳、鼻、口疾病的取象和论法,笔者认为 Abraham ibn Ezra 表述的更为合理。

11、当分析疾病部位的左右时,如果代表疾病的类象行星位于第 1、3 象限,疾病部位位于右边,如果位于 2、4 象限,疾病位于左边。位于阳性星座,代表疾病或缺陷位于上部,在阴性星座,位于下部。阴性星座代表黑色斑点。阳性星座代表红色或白色斑点。夜生为黑色,昼生为红色。Abraham ibn Ezra 认为,太阳代表身体的右边,月亮代表身体的左边,当日月都强的时候,哪一边都不会得病,如果其中一个受到土星凶映射,要小心瘫痪和偏瘫,根据日月断其左右,如果火星位于人形星座映射,代表被人打伤或持械伤害。

Al－Andarzaghar 在论断疾病时候还会分析第 4 宫的第二三方主,以及观察罗睺是否与吉凶星合相。因为第二三方主星代表慢性疾病。

慢性疾病和其它相关论述:

分析慢性疾病,分别看第 6 宫与第 6 宫定位星,以及凶星映射;看慢性疾病点与其定位星,看其吉凶星映射,公式为 Asc＋火星－土星(昼)Asc＋土星－火星(夜);看第 4 宫第二三方主以及吉凶星映射;看疾病所在宫的星座特性分析相关部位,看属于哪部分肢体,是否有强力用神;看福点与其定位星及其行星和星座特性;看月亮趋离;看罗睺和计都,伴随吉星还是凶星。

分析第 6 宫和第 6 宫定位星,它们都显示凶,土星映射,没有其他吉星援救,代表疾病或其慢性疾病的病因为湿寒、四肢寒凉,会有较长时间的疼痛周期。火星映射,未焦灼,代表烧伤、金属刺伤、被抢劫殴打、动物咬伤之类导致的疾患。被焦灼,代表莫名的腹部疼痛,并因此导致死亡。木星为第 6 宫定位星,凶星映射,病因酒起,会因为喝酒而导致肝脏肿大;6 宫定位星是金星,因为女性而导致情志失绪产生疾病,如金星位于阳性星座尤其严重;6 宫定位星为水星,主聋哑、喉咙、头部、听力等等,水星位于土星星座或土星界,没有吉星映射,则会产生以上影响;6 宫定位星为太阳,需要注意心脏和视力;6 宫定位星为月亮,主脾脏和视力,尤其吉星反厌。

凶星映射第 4 宫第二三方主,吉星未映射,疾病点位于凶位,代表长期慢性疾病。其次分析最强能量代表的四肢,观察凶星,是什么让其凶,然后观察其所代表的四肢最强类象。譬如位于白羊座,主头部。

分析福点,如果福点被凶星映射,吉星反厌,根据该凶星特性分析疾病特质。

分析月亮趋离,看趋离凶星时,凶星特性和其所在星座特性。月亮离于吉星,趋于凶星,代表命主早年健康,中晚年生病。月亮离于土星,代表会肚子疼、肠胃疼、感冒等等,疼痛时间周期长,易哮喘、咳嗽、肺结核。离于火星,代表容易受伤、出血,甚至手术也不吉,女命代表不能生育或孩子无法存活,会人流、生育手术。火星和土星位于 12 宫,都映射月亮,并且没有吉星映射月亮,会遭受各种苦难折磨。土星和金星位于第 10 宫,或月亮位于第 10 宫,火星映射它们,命主是一个坏男人,并且无法与女人做爱。如果月亮离于轴上凶星,代表体弱多病。满月位于第 6 宫，与火星连结，主慢性疾病。

火星位于第 6 宫，位于阴性星座，则无损害，因为火星喜乐于第 6 宫，尤其第 10 宫或第 12 宫有吉星，或者火星被日月三合映射，此时火星得助，则更确。当第 10、12 宫没有吉星的时候，火星有凶性影响。如果月亮和火星位于狮子座，没有吉星映射，代表脾胃疾病。

Māshaʾallāh 认为，根据第 6 宫定位星所在的星座特性分析疾病所在的位置，位于星座的开端，代表疾病缺陷位于头部；位于星座中段，代表疾病位于身体中段；位于星座末端，代表疾病位于腿部。然后根据慢性疾病点所在的星座分析疾病所在。如果慢性疾病点位于轴上，看其性质属于吉还是凶，其性凶，映射上升，代表命主工作低端，为奴仆。映射上升定位星，代表慢性疾病会折磨命主。其性吉利，代表病后能恢复健康。慢性疾病点位于 3、5、9、11 宫，如其定位星为凶星，并且映射慢性疾病点，位于 9 宫，代表因为宗教而受伤害；位于 11 宫，被朋友所伤害；位于 5 宫，被子女所伤害；位于 3 宫，被兄弟所伤害。如果定位星为吉星，代表损害后能恢复。慢性疾病点位于 2、8、6、12 宫时，如果其定位星为凶星，映射上升定位星，或一颗行星位于上升星座接纳其力量，如果是 2 宫，主因病损财，8 宫意味恶劣的死亡形式，6 宫主慢性疾病，12 宫代表敌人强于自己，并且会因此招致灾祸。慢性疾病点的定位星为吉星时，以上论断都会减轻，仅主疾患。慢性疾病点定位星反厌慢性疾病点、上升定位星、上升星座内的行星，则不会发生什么。

例 1 痛风

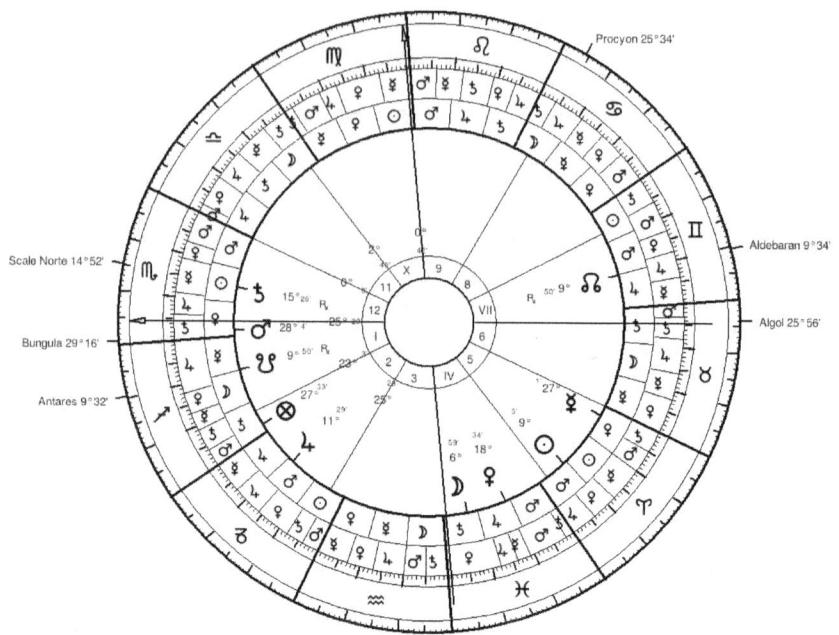

　　男命，生于 1984 年 3 月 29 日，患有痛风。福点位于射手座 27°33′，精神点位于天秤座 23°23′，射手座、摩羯座、宝瓶座、双鱼座易患痛风。此命福点位于痛风星座；福点定位星木星位于摩羯座，为痛风星座；精神点金星位于双鱼座，也是痛风星座。并且土星六合木星，上位三合金星，福点定位星和精神点定位星都受到土星的影响，完全符合古人断法。上升定位星火星又与土星会和于天蝎座，命主身体非常容易受土星的损害。

例2 精神病

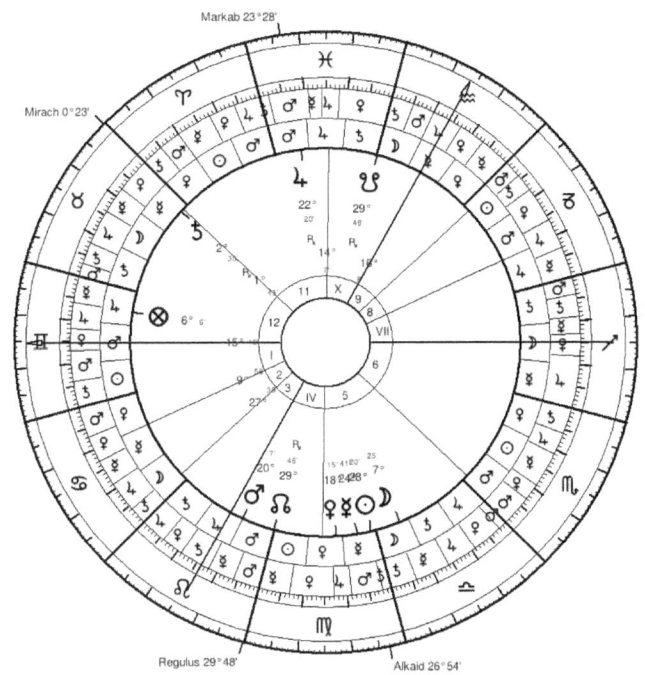

女命,生于1998年9月21日,患有精神病。此命火星为第6宫定位星,位于天底轴,新月点位于室女座,新月离相位水星、金星,金星降于室女座,又为月亮定位星,并且金水日会和,被天顶的木星所冲,且度数紧密,这是精神病的标志。上升轴与福点的定位星为水星,精神点位于双子座24°15分,其定位星也是水星,水星在其疾病方面呈现主象,水星代表思维与语言都会受到影响。

此盘月亮已经超越太阳9°,按Rhetorius的观念,属于月亮黏合,新月、满月、月亮黏合时候受到特殊影响时,属于精神病、灾害格局,且月亮趋于火星,火星位于水星界,水星位于火星界,火星为第6宫定位星,互相损坏。

例 3　失明

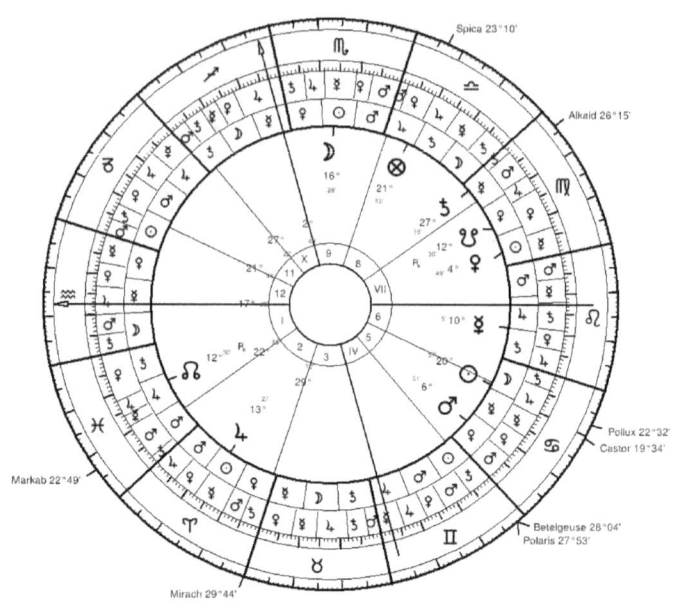

　　女命,1951 年 7 月 13 日夏令时 21 时 30 分出生于美国洛杉矶,弱智而天生失明,其母关心照顾命主。

　　本书上文摘录了古籍中损害视力的恒星度数,这些度数是否使用现代恒星度数替代,原数据是否有效,或有别的因素,很难考据。需要从大量案例中印证。本案例中上升位于宝瓶座 17°,非常接近古籍度数,并且很可能完全符合,因为本案例的出生时间未校订,因此极有可能完全符合。所以古籍中的致盲度数不可以忽视。

　　命盘中月亮落入天蝎座落陷,火星落入巨蟹座,两者落陷并互相接纳,尤其夜间生人,月亮受到损害,更为突显。太阳落入第 6 宫与火星合相,且火星落陷,月亮离相位火星,入相位太阳,日、火被月亮所接纳,月亮为第 6 宫主星,代表疾病,日、火、月代表眼疾、脑疾。损眼星座为金牛座、巨蟹座、天蝎座、射手座、摩羯座、宝瓶座、狮子座。此命上升位于宝瓶座,月亮位于天蝎座,太阳位于巨蟹座,力量分布都比较集中。

此命弱智的原因是因为落陷于上升星座的太阳与水星落入第 6 宫,会影响脑部与思维,并且金星降于室女座,合相土星、计都,对水星星座有破坏性,月亮同时落陷,又被火土映射。

下面我们通过 12 分部解析此盘:

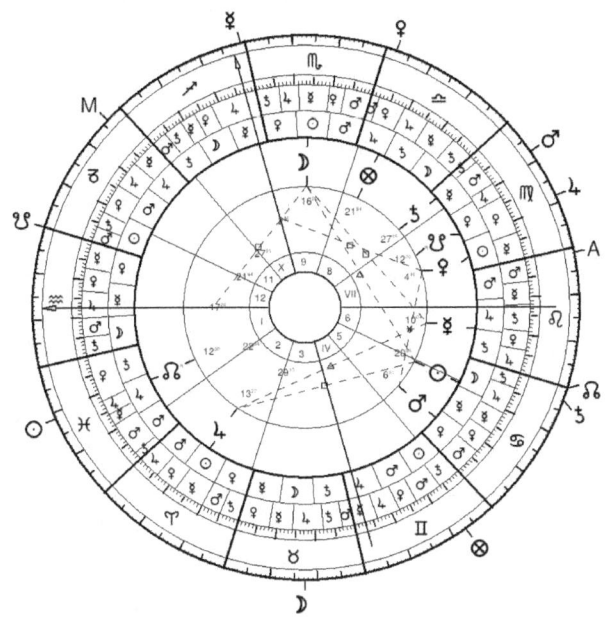

	Dodecatemorion	
	Longitude	Latitude
☉	11°20'05" ♓	0°00'00"
☽	17°17'39" ♉	0°00'00"
☿	0°58'48" ♐	0°00'00"
♀	27°52'46" ♎	0°00'00"
♂	22°13'57" ♍	0°00'00"
♃	11°29'22" ♍	0°00'00"
♄	27°16'58" ♋	0°00'00"
☊	0°02'35" ♌	0°00'00"
☋	0°02'35" ♒	0°00'00"
⊗	22°59'01" ♊	0°00'00"
Asc	28°56'35" ♌	0°00'00"
MC	3°42'13" ♉	0°00'00"

本命盘中太阳与火星位于第 6 星座，是此命为盲人、弱智的关键，我们发现太阳的 12 分部落入双鱼座（巨蟹座区间），度数与罗睺合相，也进一步显示了太阳的损伤，其 12 分部的主星为月亮，月亮因此极力体现太阳之吉凶，命盘中月亮于天蝎座落陷，非常不利于太阳。月亮的 12 分部落入金牛座（天蝎座区间）与月亮相冲，并且火星和土星与其产生相位，其 12 分部的主星为火星，火星落陷于摩羯座，且位于第 6 宫，损眼之象。土星的 12 分部落入第 6 宫，合相太阳、火星，强化了其凶性。

例 4　蒂莫西·阿道夫

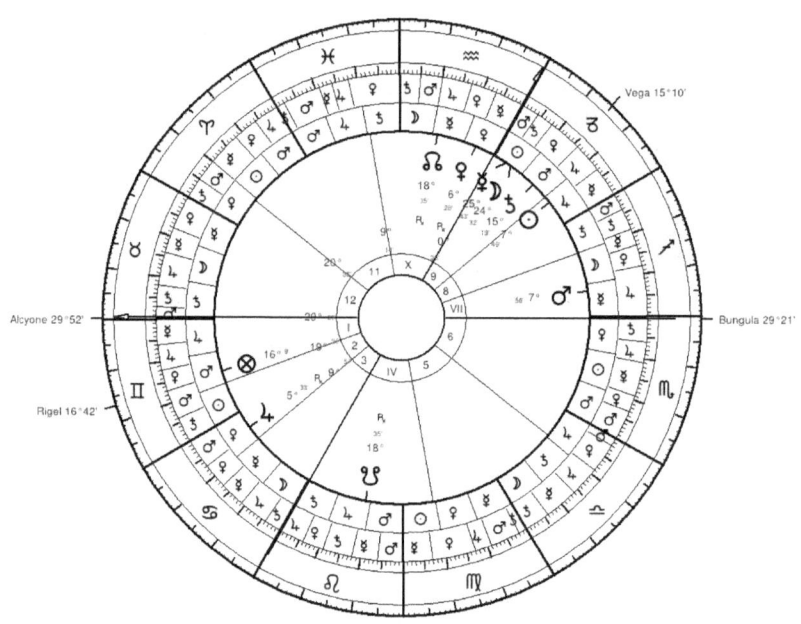

男命，1989 年 12 月 29 日 14 时 30 分出生于法国凡尔赛，法国盲人残奥会运动员。由于失明，他参加了 T11 级别的比赛。它被称为"白色猎豹"。他是 60 米、100 米和 200 米的欧洲纪录保持者。

分析：此命上升轴位于金牛座 29°26′，合相昴宿星团，这是致盲星云。Abū Maʿshar 认为其行星特性为月亮和火星。太阳、土星、月亮、水星映射其恒星所在星座,产生影响,火星又冲上升,因此命主失明。

根据本案例,我们可以知道现代恒星度数的影响力有效。除了恒星之外,此命火星位于下降轴冲上升,其随后的第 2 星座内有太阳、月亮合相土星,且月亮入降星座,这是致盲格局。因为上升轴与下降轴是日月出入之所,火星位于此处会损害日月,如果此时日月受到损害则更应。并且这一格局被火金夹拱,金星为第 6 宫定位星,落入土星星座,宝瓶座与摩羯座都属于损眼星座。

我们通过这个案例演示阿拉伯点的逆向思维用法,盘中火星冲上升,月土合相,土星又是第 6 宫升主星,上升定位星为金星,与火星产生密切相位,因此格局充分显示命主会有重疾病。此时按逆向思维习惯,需要立即起出疾病点观测,其疾病点位于白羊座 22°3′,位于 12 宫,有损害,且与火星、土星都有相位关系,其定位星火星再次佐证火星冲上升的损害性,其升主星太阳也指向了视力问题。

例5　里戈·托瓦尔

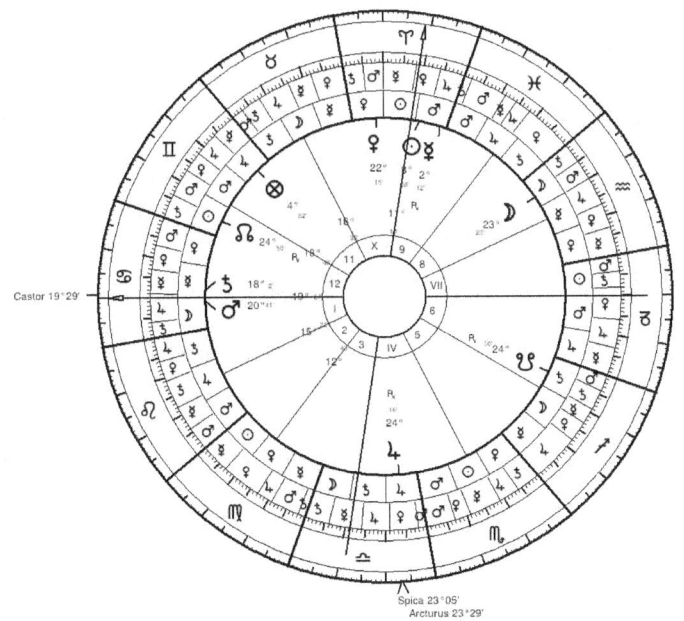

男命,1946 年 3 月 29 日中午 12 点 45 分出生于墨西哥马塔莫罗斯（塔毛利帕斯 25n53,97w30）。墨西哥歌手,1971 年,托瓦尔发行了他的第一张专辑马塔莫罗斯·克雷多这首歌获得了两次成功,在他的职业生涯中,托瓦尔打破了墨西哥和整个拉丁美洲的多项出席记录（其中许多记录至今仍在）,售出了超过 3000 万张专辑,并继续影响着各种流派的无数艺术家。

托瓦尔患有色素性视网膜炎,这是一种遗传性眼病,没有药物可以治疗,这也是他经常戴深色太阳镜的原因。他在 25 岁左右开始出现失明,并最终失明。他还患有白癜风,这是一种皮肤疾病,导致身体上出现浅色皮肤。2005 年 3 月 27 日,在他 59 岁生日的前几天,死于糖尿病并发症导致的心肺衰竭。

分析:火星合相土星夹拱上升轴,在其前后 7°内,属于非常严格的夹拱格,且位于巨蟹座,上升轴是日出之处,具有太阳的能量,巨蟹与上升轴都与眼睛有关,因此命主失明。太阳、金星、水星以上位刑火星和土星,金星、水星都接受太阳的管理,主损害视力、容貌,且月亮与土星互相接纳,彼此反厌,也主此类。

癣疥、麻风病、斑、聋哑、秃顶、少发、胡须疏稀、无腋毛星座:白羊座、巨蟹座、天蝎座、摩羯座、双鱼座。火星合相土星于巨蟹座为皮肤病标志,且月亮与土星互相接纳,受到影响。古人认为,土星、火星、金星、月亮位于双鱼座、天蝎座、巨蟹座会造成麻风病或皮肤病。金星代表肾脏,其金星与火土之间有密切相位,这是糖尿病的标志。太阳以密切相位冲第 4 宫轴,且月亮位于第 8 宫,月亮为肺部与呼吸系统,金星与木星以密切相位相冲,因此命主死于糖尿病并发症引起的心肺衰竭。

例 6　英国国王乔治三世

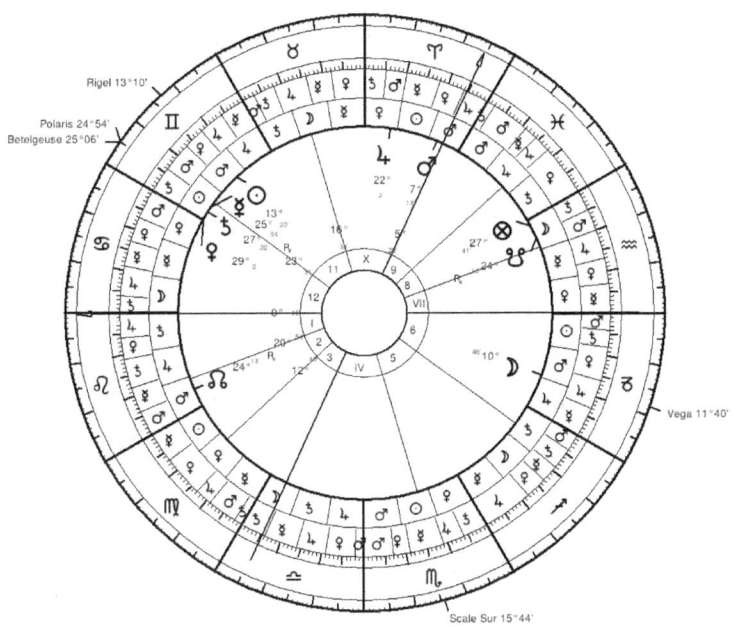

　　乔治·威廉·弗雷德里克，1738 年 6 月 4 日 07:30 出生于英国伦敦(51n30,0w10)1760 年 10 月 25 日登基，并于 1761 年 9 月 22 日加冕，统治了英国历史上最关键的时期之一。法国和美国 60 年的革命改变了英国统治的方方面面，包括失去了美国殖民地。

　　乔治三世工作努力，但情绪不稳定，在周岁 50 岁、62 岁和 66 岁时遭受精神错乱的折磨，1810 年 10 月，在 72 岁时无可救药地疯了，他的儿子，未来的乔治四世，在 1811 年成为摄政王，乔治三世苟延残喘，双目失明，后来失聪，直到他 81 岁去世。

　　他是一个尽职尽责的统治者，一个忠实的丈夫和 15 个孩子的好父亲。美国殖民地的丧失不是他的缺陷的结果，而是公众舆论支持的议会政策的结果。他于 1820 年 1 月 29 日晚上 8 点 35 分在温莎死于腹泻。20 世纪晚期,认为他的疯狂被归因于卟啉症。

分析：此命火星位于天顶轴,且位于舍星座,又得木星同宫相助,本书前文中指出,木星和火星合相有辉煌、耀眼的特性,主为官贵戚友,或成为一方大员或极富极贵,为官贵之命,为公职之人或公众人物,能够获得荣誉和地位。但是他们的生计方面却不大稳定,此格容易破财或弃财。这类命通过命运的转折而获得其渴望的一切,尤其位于吉宫,位于角轴或 5 宫、11 宫,如果位于木星或火星星座,代表强权、部队、伟大荣誉。Dorotheus 认为,木星与火星合相,代表领导力,拥有资产,闻名于大城市,成为官员,并且非常忙碌。如果两者位于其中一颗行星的舍星座内,则命主有权势,意志坚定,在军事领域中活跃。以上格局的论断非常准确。

其上升轴位于巨蟹座和狮子座的歧度,此时日月受到损害,尤其月亮落陷且位于 6 宫,月亮上位刑火星,主损眼目,头部,而太阳与水星、金星、土星合相的格局也有此象,土水金的格局会损害命主的听觉五感,所以命主会盲聋发疯。

此命亏月离相位火星,入相位木星,火星位于天顶入舍星座,又是夜生人,代表军权富贵之象,木星更主权利,但是夜间木星代表凶性,因此命主战斗可以获胜但是却不能够持续胜利。木星又是福点第 11 宫定位星。此类命会参与公开的著名战斗,成为著名的军人,成为名流,但是月亮落陷并且位于第 6 宫,这种格局会带来隐藏的身体缺陷,并使命主经常生病命宫定位星太阳合相第 6 宫定位星土星更指向疾病。我们需要注意,火星虽然距离月亮很近,但是月亮并未经过火星界,因此火星对命主并不具有主宰性。月亮趋于木星,木星映射半径为 9°,月亮位于木星界,摩羯座木星界范围为摩羯座 7°~13°59′,所以木星光线映射进了月亮所在界,此时木星具有命运的主导性,木星作为第 6 宫定位星就会给命主总是带来身体上的疾患。出生后第 3 天月亮位于宝瓶座 10°46′,与福点同星座,趋于木星、太阳、水星、土星、金星,其中土星、水星的影响力量最为突显,土星为第 6 星座定位星,代表晚年疾患,主耳聋、眼疾、精神疾病。月亮的 12 分部位于金牛座水星界,所以金星、水星反映在月亮相关格局的类象上格外明显,金水受到土星的影响,直接指向了人体五感出现问题,关系到耳、眼和敏感度。

四柱命理分析:

阴历:戊午年　四月　十七日　辰时(昼)

生于:小满末

临官	帝旺	胎	衰				
劫财	偏印	日主	劫财				
天上火	沙中土	平地木	大林木				

乾造:戊午年　丁巳月　己亥日　戊辰时　　〔辰巳空〕
　　　　　　　空亡　　　　　空亡

丁偏印	庚伤官	壬正财	戊劫财
己比肩	丙正印	甲正官	乙七杀
	戊劫财		癸偏财

临官	冠带	沐浴	长生	养	胎	绝	墓
劫财	比肩	伤官	食神	正财	偏财	正官	七杀
天上火	天上火	石榴木	石榴木	大海水	大海水	海中金	海中金

大运:	戊午	己未	庚申	辛酉	壬戌	癸亥	甲子	乙丑
	2 岁	12 岁	22 岁	32 岁	42 岁	52 岁	62 岁	72 岁
始于:	1739	1749	1759	1769	1779	1789	1799	1809
流年:	己未	己巳	己卯	己丑	己亥	己酉	己未	己巳
	庚申	庚午	庚辰	庚寅	庚子	庚戌	庚申	庚午
	辛酉	辛未	辛巳	辛卯	辛丑	辛亥	辛酉	辛未
	壬戌	壬申	壬午	壬辰	壬寅	壬子	壬戌	壬申
	癸亥	癸酉	癸未	癸巳	癸卯	癸丑	癸亥	癸酉

甲子	甲戌	甲申	甲午	甲辰	甲寅	甲子	甲戌
乙丑	乙亥	乙酉	乙未	乙巳	乙卯	乙丑	乙亥
丙寅	丙子	丙戌	丙申	丙午	丙辰	丙寅	丙子
丁卯	丁丑	丁亥	丁酉	丁未	丁巳	丁卯	丁丑
戊辰	戊寅	戊子	戊戌	戊申	戊午	戊辰	戊寅
止于：1748	1758	1768	1778	1788	1798	1808	1818

分析：中国四柱命理大致分为两种，一为李虚中为代表的古八字命理，一为徐子平为代表的子平八字，实际上这种划分方法并不科学。前者以干禄、支命、纳音身为核心，以年、日为两个基点，进行系统论断。后者以日柱为基点进行系统论断。四柱八字是年遁月，日遁时，年日属于四柱的重要轴点。所以具体而言，年日作为根本的出发点是正确的，如果仅仅从日作为基点入手，会出现一些忽略的部分。也就是说这两个系统其实合起来才是命理的完整系统。

命主生于戊午年，戊午纳音为天上火，为日轮，生于巳月，火旺至极，为六阳之月。戊禄在巳，日柱己亥，巳亥冲而必破，并且亥水时上有根，命主大运顺行亥子丑北方，水得助力，水火相激射，必然损眼损头脑，因为戊午、己未为日月，为眼目、为头脑，且戊午位于年柱，就四柱而言，年、日、时带自刑，也是损害。实际论断命运的时候，四柱八字加胎、息、通、变，以及大运的趋势才更为完整，因为男女命不同，行运差异，人生的格局并不一样，四柱只是一个静态格局，任何命理都避不开动静结合论断，所以大运的趋势会参与到命格的分析中。

以日而言，生于印绶之月，年时劫财帮比，身旺之命，且年、月、日、时干，丁己禄在午，戊禄在巳，年月日时交互其禄，为用安稳且至强，日柱下坐财官为用，可以享祖宗现成之大富贵。但是地支巳亥相冲，且辰中癸水助攻，日柱被冲，日柱是命主自身，其下财被劫，则身被伤，四柱见辰、亥、午自刑,命有残疾、灾难则难免。水在日时,因此在后半生发生。

第八门　说人生性、智识（性格）

凡论人生性,智识。有两等。一等说人之智识,一等说人生成之性。说人之智识,有聪明远大者,有识见短浅者。说人生成之性,有缓急忧乐,志气高远卑微之分。智识,水星主之。生性,太阴主之。看此二星之力气强弱,吉凶断之,则贤愚可见。

若太阴、水星在转宫,其宫主星亦在转宫、强旺,主其人好积聚、好人奖誉、喜修善、动止安详,通性理;二星若在二体宫,其宫主星强旺,亦在二体宫,主其人诸事通晓,性不定,动止轻狂,作事不久;若二星在定宫,其宫主星强旺,亦在定宫,主其人正大聪明,守分能忍,好作劳役之事。

若太阴、水星,宫主强旺星是土星,又在庙旺,主其人识见远思虑多,行事有主张、合道理。若土星陷弱无力,则其人昏愚、低微、无志气、作事昧心、与人不和,长有忧容。

若木星与土星相助,土星又在庙旺宫度,主其人至诚有信行,敬老慈幼劝人为善,又肯与人分别是非,又肯与人为事,志气高,动止安详,见事颖悟。若木星与土星相助,土星陷弱,则其人智识浅短,轻视人为善,好作师巫,不爱惜儿女,与人不和,凡事不可依托,喜为恶事,不喜为善事。

若火星助土星,土星又在庙旺,则其人性勇心毒,不能分别是非,常有口舌灾祸,与人交易不明白,无慈心,不助人为善,所为皆凶险之事。好争斗,昧心憎嫌人,凡事所求,却能逐意。若火星助土星,土星陷弱无力,则其人必为盗贼,所作生理皆低微,不敬神天,不畏王法,一世极贫贱。

若金星助土星,土星庙旺,则其人敬老人寡色欲,却常被人憎恶,不喜人为善事,嫉妒人富贵,其性至悭吝,出行常避人,凡事自专。若金星助土星,土星陷弱无力,则其人好酒,与年长妇人为婚,不能分别是非。

若水星助土星,土星强旺,则其人聪明性急,爱搜求暗昧,好为惊世骇俗之事,凡事皆遂意。若水星助土星,土星陷弱无力,则其人诡谲、有盗心,为魔魅、诓赚,与亲人外人皆不和,常与人结仇恨,一世凡事多不遂意。

若太阴、水星宫主强旺星是木星,又强旺有力,主其人高贵,轻财重义,守志安详,有廉耻,好贤纳士,肯为善事,正直心慈有纪纲,得人敬重。若木星陷弱无力,其人虽贵相,有善事,但比上文所言稍减,用财不得其当,胆小怕事,凡事自夸。

若火星助木星,木星又强旺有力,则其人勇猛好争斗,喜武艺有方略,好胜自高傲。有作为,诸事遂意,心常多怒,能主张人为事。若木星陷弱无力,则其人口噪伤人,凡事无忍耐不开怀,作事多悔不久长,不能分别,无远智,平日为事,多蹭蹬不遂意。

若金星助木星,木星又强旺有力。主其人守分,好受用、好洁净、好音律、好艺业,有仁德,爱亲戚,心慈,与人和睦,众人亦相敬重,至诚有学。若木星陷弱无力,则其人好受用,费财物,好与妇人起坐,多淫欲,不肯为善事,识见短浅人难得托,凡事有调弄。

若水星助木星,木星强旺有力,其人好性格,凡事有商量,聪明好学有文才,通阴阳精书算、诗词,见识远,至诚有纪纲,多有称意事。若木星陷弱无力,其人生得低微,言语不合理,做事颠倒如常,心焦无才学,自夸有能,多使小见识,自专、傲人、轻狂。

若太阴、水星,宫主强旺星是火星。火星又强旺有力,则其人高贵,性勇猛刚强,好兵器,为事多险,常受灾祸,高傲不伏人,力能服众,作事不定,有刑杀之权。若火星陷弱无力,则其人与众不和,好伤人、好杀伐争斗、无慈心、行歹事、心术不正、作事痴呆。

若金星助火星,火星强旺有力,则其人好受用,心常喜悦,好音律,贪心重,多计较,聪明,能分别事务,平日凡事遂意。若火星陷弱无力,则其人性强、虚诈,平日爱图赖人。见识浅,又謟佞,喜作非违、淫乱,所好之事不长久。

若水星助火星,火星强旺有力,则其人聪明出众,见识疾,有机谋,爽利,好积聚,诓赚人,行歹事,面是背非,喜朋友害仇人,所为之事皆称意。若火星陷弱无力,则其人性勇愚浊,为事过后多悔,不安详,动静恍惚,行诈伪之事,要强于人。

若太阴、水星宫主强旺星是金星,金星又是强旺有力,则其人至诚守道、颜貌端庄、动止详雅,好受用、喜洁净、多思虑、有志气,不喜人为非,喜诸般技艺,一世平安,用财合理,事多遂意,又好音律、色欲。若金星陷弱无力,则其人动静如妇人,常患劳怯之病,众中不显。

若水星助金星,金星强旺有力,则其人有志气,聪明,好性格,见事疾,有机谋,微晓性理,好诸般技艺,喜吟诗词,好学问,作事正当,不疑人。若金星陷弱无力,则其人多秽语,好争竞伤人,面是背非,凡事怀恶,使人憎嫌。

若太阴、水星宫主强旺星是水星,水星又强旺有力。则其人聪明远见，本身有文学德行，能及于人，思虑深远，凡前所虑之事，后皆有验。通阴阳书算，能容忍事，平日凡事遂意。若水星陷弱无力，则其人愚浊、性不归一，于人前小意取胜，言语多不实，动静轻狂，作事颠倒。

若以上各星强旺有力，又得太阳或太阴强旺相助，主以上所言吉事又增。若各星陷弱无力，得太阳或太阴强旺相助，则以上所言不善之事稍减。若太阳、太阴陷弱无力，与以上各星相助，各星虽强旺有力，其所主吉事皆减。若太阳、太阴陷弱无力，与各星相助，兼各星亦无力，则所言凶事益凶。凡各星所主吉凶之事，备陈于前。在人仔细参详断之。

若人命宫，太阴与各星相照，则其星所主之事，又勤谨加勉。若太阴所照之星本身有力，则其人于星所主之事，通晓且明，其事能力为之。若其星力弱，太阴虽相照，其事欲为而不成。

凡人命第九位，若有吉星，或吉星相照，主其人好修善有德行。第九位若有凶星或凶星相照，则其人为恶事无德行。又看第九位主星，又看聪明远识出众之箭，并宫主星，若以上二星皆吉，有力，则所断之事，如上所云，若无力，凶，则其事与吉星所主者相异。凡第九位所主者，修行、好善、文学、德行等事。若其位吉，所照之星亦吉，则所主之事皆吉。若其位凶，所照之星亦凶，则所主之事亦皆凶也。

注：《天文书》主要使用月亮和水星论断人的思想性格，对性格、心理的论断十分详细。正如其所说，月亮和水星运行速度快，代表人的心理和思维的变化，水星本身有语言、思维的类象，因此月亮代表人天生的性格和心理，水星代表后天学习知识，接受教育后所体现的思维和性格特征。最后结合第9宫和聪明远识出众之箭（即精神点）进行进一步

分析。

《天步真原》认为,日月五星作人性论东西南北。土星、木星在东,主人性宽宏,能让人读书达礼,恶邪淫,家丰,虽死不肯为非;火星、木星在西,喜杀人救人,能担劳苦,与友不欺,喜作善事;土星、金星在东,好戏好色,有才能喜洁净;火星、金星在西,大好色,喜作奇异,恶事无信,胆大;木星、金星在东,有才能,有主意,能文喜洁,能生利;土星在东,为人丑大,在西,粗俗狠恶与黑人相似;水星在东,为人聪明喜书,善天文,性浮;金星在西好歌舞欢乐,在东好歌舞,好诗文,大概有妇人之性;火星在西,为人心狠好杀,在东为人胆大不怕死,喜作乱暗谋害人;木星在西为人朴实爱人,在东不悭吝,好朋友喜经商;太阳不拘所在,为大人、善人、爱人,喜天文;火星、金星在东为盗贼行劫,但少有水星之气,更不吉;土星、火星在西,为人不爱人,有才能;太阴在东,妇人大胆好争,有才,在西,男子如妇人,惧内,善经商;土星、金星、水星在西,为人不善不恶,知书能文,能晓深奥之理;木星、火星、水星在东,为人不老成,喜动能经商,好作阴私恶事;土星、木星、水星在西,好邪教,不论男女皆能生子。

十二象论人性,白羊主人狠戾,大胆暗谋害人;金牛主人快乐好色奢华;阴阳主人聪明有主意,喜天文,不纯良;巨蟹作客,人有家业,性浮,妇人生此善持家;狮子为善人老成稳当,好友喜天文;双女生人大聪明善读书,在地平生人,无不读书,大文人,能明深微之理;天秤主快乐,能生利好色,不甚朴实;天蝎大胆争斗,不怕死,失信喜作乱,多劳力;人马性宽爱人,善作事,忠诚;摩羯生人丑,大难交,喜生利;宝瓶心野性执固,不喜同人,不喜笑语;双鱼为人小心明白,性宽有主意,善作客会工作。

水主聪明，月主情欲，水在管物宫，月在伏物宫，为人伏理不肯任性。水在黄道长（黄道升度多为长，即直向上升星座），月在黄道短（曲向上升星座），为人亦肯伏理。水在伏宫（命令—服从星座中的服从星座），水在黄道短，反是。月光大长强，故世间善人少，恶人多。土星性迟，主事长难改，木星心直，火星性傲，日公明傲大，金星快乐好色，水星强明智，弱奸诈，月性快不稳，七政皆有所主，然单主性情者，水星与月亮。水星离日 20°～24°太现露、不聪明。要看逐日离日，水去日远在 20°外逐日好，去日近在 4°～5°，离日好。离日不多，止在 4°～5°内，聪明，件件皆学而皆不精。逆行鲁钝，顺行伶俐，在日心不能作大文人（日核）。月降下或少光伴恶，心性痴，水星伴恶星在本降宫，止于鲁钝不痴。

人性情所主，一水、月本宫，一水、月本宫主星，一水、月相近经纬星或水月宫相近经纬星，一相近星在日东日西，一水星、月及相近星在人何宫，一各星主人何事。

水星、月本宫，在白羊、天秤、巨蟹、摩羯，喜生利除害，为官吏好谋多疑，在双鱼、金牛、狮子、人马、摩羯，轻浮好诈、易成易毁，在金牛、狮子、天蝎、宝瓶，主稳当长久，性明不喜奉承，耐老喜争。

五星分日东、日西，日东与一宫近，人直、有勇、聪明。在日东西有七等：一，星在东，日未出。星在西，日已出；二，日未出，星在 10 宫（或日在地平，星在 10 宫亦是，但稍弱）；三，日入，星在 10 宫；四，日入，星在四宫；五，日出，星在四宫；六，日在 10 宫，星或出地平或入地平；七，日将出，星落地平（或稍在日前后，亦稍弱）。

星在 10 宫或命宫，有胆力，有记性，性直而聪明；星或在 1 宫、7 宫，日在地平下，浮软不耐老，性怯慢；星在 4 宫，聪明耐老，有忍耐好奇。

性情照星在本宫或相照所主事,皆大,在外小。看照星大小,要命宫、水星、月亮三者相合,又强,所主皆大且精,三者不相合,一星主一事,为风癫不成事之人。

又详星在上在下,在上所主大,譬如有凶星管月水之主,其人要害人,若无吉星在上,无人之治伏,其恶人常得便宜,终无祸;若有吉星在上,其人行恶事即有罚;若管月水星宫吉,无恶星在上,人必善,其行善事亦有名有利;若在上有恶星,为善事要被害;若凶星主事,有吉星在上,行恶事必有罚;吉星为照星,有凶星在上,当被人害;若吉星为许星,有权,有凶星在上,恶人要害,善人亦不能大为害;许星吉,有吉星在上不相和,人亦善,但水性没主意。

水星与月所在宫,土为宫主星,在四角强宫,为人自利自私、执拗怀奸耐老、性苛;在弱宫,下贱悭吝、不合人、少廉耻;木星在其宫或相照,人孝义伶俐、有主意、心宽。在弱宫,似疯子,好恐惧、邪术,善赖人不爱亲;火星在其宫或相照,口恶喜作乱,大胆暗害人,但做事伶俐,在弱宫,作贼,骄傲好杀;金星在其宫或相照,不好色、为人嫉妒、亦有主意。在弱宫,好酒色;水星在其宫,好杂学医卜,管闲事,有能干,在弱宫,好仇嫉妒,作贼欲行奸恶事而不能。

水星与月所在宫,木为宫主星,人善有胆能忍耐,爱人善,为官。在人命弱宫,有善事而偏执,如爱人不问善恶之类;火星在其宫或相照,性野难服,火与木星相冲,与人争无亲疏尊卑,记仇心狠;金星在其宫或相照,喜诗爱戏、好鲜洁快乐、性善。在人命弱宫,好色妄费,性如妇人;水星在其宫或相照,好工作、有主意、聪明。在弱宫,性颠妄,欲学明白人而不能。

火星为水、月宫主星,在人命强宫,在火星旺处,大胆有志愿,伶俐能管兵,在弱宫,人心狠图财作乱;金星在其宫或吉照,能文快乐好谋,心直喜洁,在人弱宫,懒惰好色多诈;水星在其宫或相照,有福,善言语,有胆气,伶俐奸诈,损人利己,在弱宫,心狠害人,争斗作乱。

金星为水、月宫主星,在人命强宫,行好事,好嬉乐,不耐老,喜文章工技;在弱宫,懒惰,有妇人之性,命不甚大;水星在其宫或相照,善做事,好嬉乐交游,在弱宫无耻。

水星为水、月宫主星,大聪明,善作事,达天文,能通玄微之理;在弱宫,性浮不稳,易差难信。

水星行快,性浮,若退行,疑不定。在日光内,好作无用之物,出日光好作有用之物。在日东心宽,内外如一,在日西,内外不同,外宽内忌。月在白道,大纬离日远,主人脑软性体变化不一,暗中伤人。古人云,做恶人,诸事皆不明白。天首、天尾(即罗睺、计都),为人俱伶俐,若在天首尾正过时,善作事,伶俐有主意,生人有瘫疾,亦为人不忠诚。月要在高,有光又上升,上升有五,在交内;一月于1、3象限为上,2、4象限为下;小轮最高;不同心圈最高。月有光,即各事大,第一望前到上弦;其次十五到下弦;又其次,下弦到初一。下弦到初一,做事皆贱,无名迟慢。望日,光大又长,又在不同心圆上,又在小轮最高,故吉。

日与照星吉照,主各事大又正,又有名,若许星恶照,事小无名。月、日、水星全无相照相合,或土星夜生,或火星昼生,在强宫,或在1宫、10宫,或在巨蟹、双鱼,其人多狂妄之疾。

以上根据《天步真原》原书录入,并有所改动。需要注意,论断人的性格时,月、水星为照星,与月、水星产生合相、映射的就是其许星,水星和月亮的界主星,属于旁许星。从实战意义上而言,就是根据月和水星,以及与它们产生连结的行星,综合论断一个人的性格。

下面我们列出其他占星师关于性格的论断经验：

在论断性格时，Sahl 认为，上升星座为启动星座的人，比较喜欢关注或涉及他人的事务，正直而善良，在宗教信仰上有自己的决定，有善行，能够保守秘密，慷慨而喜欢智慧；上升星座为双体星座，为人生性不稳定，在许多事情上懒惰，缺乏耐心，对事物理解肤浅，欲望想法多，持有双重观念，喜欢异性而充满感情，容易反悔；上升星座为固定星座，代表固执、有耐心、能吃苦，怀有恶意，对于自己的想要的事物不会退却，谨守、骄傲自大，不向任何人屈服。

上升星座是人形星座，则为人温和、高贵。生于其他星座则与相关星座特性类似。上升星座是狮子座、室女座、射手座，则强。上升星座是双鱼座、巨蟹座、摩羯座则弱。白羊座、金牛座、狮子座的开端主增强，末端主减弱（体质）。在身体健康方面，射手座、天蝎座、宝瓶座的开端健康，末端体弱生病。上升星座为室女座、天秤座、射手座，主温和有节制、自我中心、聪慧。上升星座为天蝎座、双鱼座、金牛座则感情化、愚昧。

Abū'Ali 认为，上升轴与月亮主宰人之身，上升轴定位星与月亮主宰人之心性。想要了解一个人的思想状态，需要注意分析上升定位星、水星（水星代表智力、口才、演讲），当水星位于启动星座时，代表智商高，能够轻松把握事物，思维卓越，热爱科学、宗教；位于双体星座，智力不高，行动敏捷，容易发怒，对待事务欠缺一定的稳定性和毅力；位于固定星座，则审慎、坚定不移、仁慈。

当思想状态的类象星（即上升定位星和水星）都东出，位于角轴或续宫，代表命主有好的心态和思想道德，做事居于稳定性。当它们西入、位于果宫，则意味着心态和思想道德的麻烦，鲁莽的心态，极为贪婪。

每一颗行星在代表行星上有着自己不同意义的论断结果,我们列举如下:

太阳作为上升定位星,位于吉位,凶星反厌,代表为人思想有深度、性格灵活,对神敬畏,心性成熟稳定,也代表地位。当太阳受到损害或位于果宫,则为高谈阔论、思想低级而无价值,没有知识的愚蠢之人。

月亮作为上升定位星,位于吉位,凶星反厌,则代表成长、美丽脸庞、人生成长轻松而完美。如位于凶位,则不利成长,心性坏,长相无知、身体不良。

土星作为上升定位星,位于吉位,凶星反厌,命主是一个有很大价值的人,有着深度而独特的观念。如果位于凶位,则命主是一个有着渺小价值,卑鄙、狡猾的头脑,为奴性之人。

木星作为上升定位星,位于吉为,凶星反厌,高位、高贵,崇高的思想,如果位于凶位,则为一个狡猾之徒、伪装者、谎言者。

火星作为上升定位星,位于吉位,凶星反厌,则代表大胆、鲁莽、权力、军队,在土地和王权固定资产上的名声。如位于凶位,被凶星损害,则代表可怕,不利心性,极度不信任,代表言行赘余。

金星作为上升定位星,位于吉位,凶星反厌,命主身体比例佳,美丽而有美丽,有女人气质,心性快乐。如果位于凶位,则代表肮脏、狡诈、女人气、淫荡无耻。

水星作为上升定位星,位于吉位,凶星反厌,命主说起自身滔滔不绝,代表聪明、魅力、魅力、写作能力、知识,发明、作曲方面显得卓越而有技巧。如果位于凶位,则命主是骗子,倾向于各种恶意,是一个歪曲文字之人,代表诡计、欺诈。

由于水星代表一个人的心性,它运行速度又快,我们需要注意它入相位的行星、合相的行星,这些行星会影响论断结果。

水星趋于土星,代表言辞严肃,敏锐审慎,为人沉默,代表自然科学调查与审慎的意见,有着过多的淫欲。

水星趋于木星,意味着体面、谨慎、敏锐、教导。

水星趋于火星,话语喋喋不休,充斥谎言虚伪、欺骗。男命则象女人一样,女人则象男人一样。

水星趋于太阳,命主会与王者、有学问的人经常一起。

水星趋于金星,代表对知识的热爱,参与宗教争论、法律事件等社会活动。

水星趋于月亮,喜欢四处变动,代表带着对事物、人物、科学的热爱在诸多国家旅行。

最后我们需要注意,论断性格一定要根据男女性别以及各方面做出一定的加减论断才能够准确论断。

Abū Bakr 在其著作列出了行星心性类象:

土星代表懒惰、愚蠢、卑鄙、恐惧、劳役、损害、说谎、悲伤、坏心思。

木星代表法律、信仰、知识、谦逊、忠诚、慷慨、耐心、理智、理性、冷静、干净的外表。

火星代表愤怒、厌恶、暴力、浪费、狡猾、偷窃、不谦虚、攻击。

太阳代表力量、崇高、诚实、强大的力量。

金星代表谦卑、虔诚、良好意愿、尊重之心、幸福、良好道德、女人气。

水星代表商业、演讲、讲述历史、逻辑、智力、话语的快速性、语法、修辞、算术、占星术。

月亮代表沉重脚步、虚弱、痛苦、旅行、传谎言、引凶人事物。

以上行星当出现在上升或天顶时，可以论断性格，论断时，需要结合其强弱状态。

Abū Bakr 认为位于上升和天顶的行星，会影响命主的性格，但是当它们受到不利于它们的行星映射或合相时，则论断会根据强弱产生变化，如果行星之间不是敌对的，则会对命主的道德心性有所加强，因此当之前的行星代表谦虚时，则此时代表命主是真正的谦虚之人。

譬如当火星出现在上升或天顶时，月亮或上升定位星映射火星，火星在一个强的位置（具有力量），则命主会成为军官，为人果敢而有强大的力量，勇气会从内心涌现，喜欢杀戮、暴力和疯狂，会成为一个叛徒，有着冷酷残忍的心态；当土星映射火星时，则赋予命主坏心性、恐惧、懒惰、痛苦、沉重、悲伤；当木星映射火星时，则会减少其愤怒，克制自己轻浮之态，相比斗争而言，更使自己能安静得财，当遇到的杀戮时易遇到变化安全之运；当太阳映射火星时，会赋予力量、统治权、好的外貌、智慧；当金星映射火星时，成为女人的情人，有女子的特性，因为女人或女性的嫉妒而让自己处于灾险死亡之中；当水星映射火星时，则命主恐惧、孤独、不会取悦他人，甚至别人也不会取悦他，做事方法愚蠢，经常撒谎，常说自己不懂的事物，想做自己不能做的事情。

恒星也会赋予命主特定的性格。恒星与太阳以及其他行星合相，也会赋予命主突然的富贵。在论断性格时，结合恒星的行星特性。

我们也需要掌握十二星座的性格特性，列出如下：

白羊座：爱笑而健谈，高傲、喜欢诗歌、口齿伶俐、好色、勇敢。

金牛座：有判断力、疏忽、说谎、欺骗、好色、愚昧。

双子座：慷慨、纯洁、擅长游戏、喜欢哲学和天文学、暴力。

巨蟹座:懒惰、愚笨、善变。

狮子座:王道、威风、口齿伶俐、心狠手辣、天生好斗、胆大妄为、麻烦多、为罪人、健忘、本性强大、胆大。

室女座:开明、礼貌、诚实、见多识广、虔诚、有思想、活泼、爱玩、喜欢舞蹈音乐。

天秤座:体贴、礼貌、慷慨、公正、懦弱、法官、平民、讲话激动、音乐家与歌手。

天蝎座:生性慷慨、焦虑、狡诈、大胆、尖酸刻薄、杀戮者、傻子、懒惰、自鸣得意、大胆。

射手座:王者、沉默寡言、自由、狡猾、偏见、数学家、测量员、喜欢马与食物餐饮衣服之类、男子气概。

摩羯座:傲慢、虚伪、暴躁、浮躁、善变、恶念、焦虑、喜好争吵、固执己见、喜欢游戏和生活、狡猾、健忘、暴戾、大胆。

宝瓶座:善良、渴望积累财富、渴望华丽、男子气概、美食、坏心肠、惰性、宁静、对世俗事物过于焦虑。

双鱼座:性格好,慷慨大方、举止优雅、好色、意见不稳、诚信、做事狡猾、容易犯错、健忘、愚蠢、大胆。

水星和月亮主宰人的思维能力,因此,它们不仅可以体现人的性格层面,也能够反应出一些智商之类的疾患问题,我们举例如下:

男命,生于2014年11月25日。目前只能发出啊啊的声音。水星和土星为紧密度数合相位,并且都位于土星界,代表语言表达力差、反应迟钝、思维缓慢。同时月亮位于土星星座并且陷落,又位于第7宫轴,冲上升轴。月亮趋于火星、土星和水星,主智商问题长期存在。木星虽然映射土星水星,但是木星位于上升轴的反厌宫,水星被土星和火

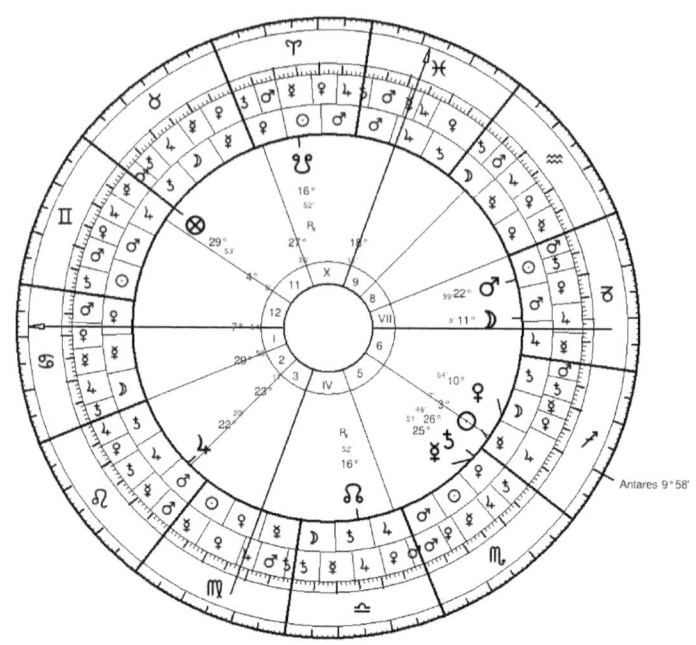

星所夹拱，木星度数小于火星，助力不够，但是也参与化解这个格局，代表会长期治疗，见效较为缓慢。

　　此命为夜间生人，其寿星为月亮，因为月亮位于第 7 宫，位于阴性星座、阴性象限，并且位于下降轴。月亮作为寿星，其趋于火星和土星、水星，更代表先天如此。摩羯座升主星为火星，距离月亮最近，为寿主星。月火冲命，更应。

第九门 说人风症病患

凡太阴与水星不相照。其太阴、水星,又与命宫不相照。却有恶星与二星相照者,则其人有灾。又看何凶星相照,则其灾如其星之性所主也。

若太阴与水星不相照,又与命宫不相照。昼生人,土星在四柱上;夜生人,火星在四柱上;则其人得暗风之症。若昼生人,火星在四柱上;夜生人,土星在四柱上;则其人有心风之症。若在巨蟹宫、双女宫、双鱼宫者,其心风之症尤大。若昼生人,火星在正四柱上;夜生人,土星在正四柱上;又土星是太阴宫度主星,又强旺,又太阴与太阳相会后离太阳,或相望后离太阳,则其人风痴之症,如着鬼神,因其脑湿润之盛,故有是症也。

若人命内,太阳、太阴,在阳宫,其人是阳人,则有精神,身健力旺。若是阴人,则有悍性。似此以上二命,若火星、金星,又在阳宫,则其事愈甚,又且显著。若太阳、太阴在阴宫,则与上文所言之事相异。若金火二星,又在阴宫,则相异之事尤重。

注:"风症"是中医说法,这个"风"并非自然界中的风。在中医的理论中,细菌、病毒感染、受凉、血管阻塞、疲劳等引起的疾病,都可以归纳到"风症"中。文中所谓心风,指的是癫痫之类的疾患,同时《天文书》在这方面也涉及到精神病之类的疾患,有关这些病症的论断方法,可参考笔者于第七门中的详细注解。

例 1　脑出血

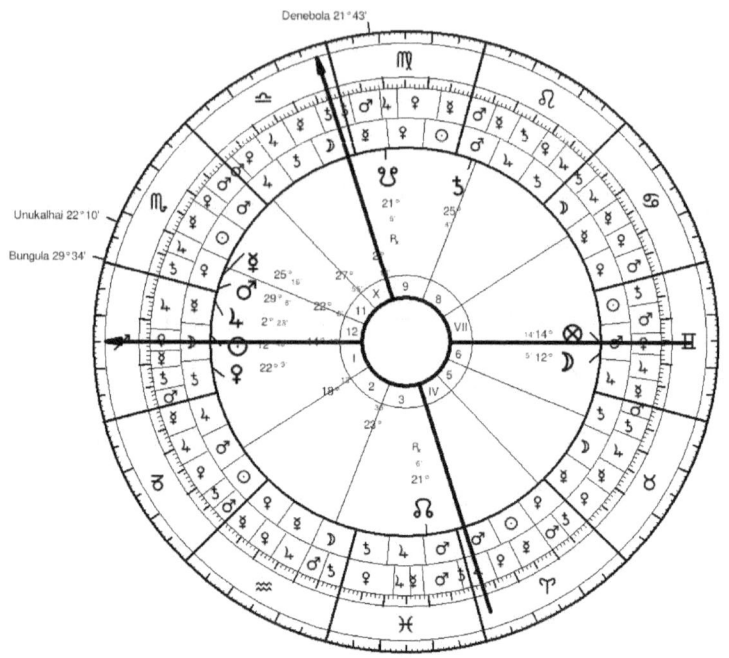

　　此命按《天文书》的论法，水星反厌上升，并且和凶星火星同星座，位于 12 宫，月亮又映射土星，是疾病灾祸的格局。按 Valens 的断法，福点和人体疾病有很大关联，此命日月对冲，生于 2006 年 12 月 5 日上午 7 点 20 分，当天望月时间为夜间 8 点 24 分。太阳定位星为木星，月亮定位星为水星，福点定位星也是水星，水星位于 12 宫凶宫，并且水星和火星同星座，近度数合相，也未映射福点星座，主有大的灾病。恒星南门二与火星合度，主凶。南门二的行星性质为金星、木星，木星落于第 12 宫，主凶。

　　此命于 2021 年 4 月 24 日因为头疼住院，发现为脑出血，病因不明，稳定后转院，又肺部感染。

例 2　抑郁症

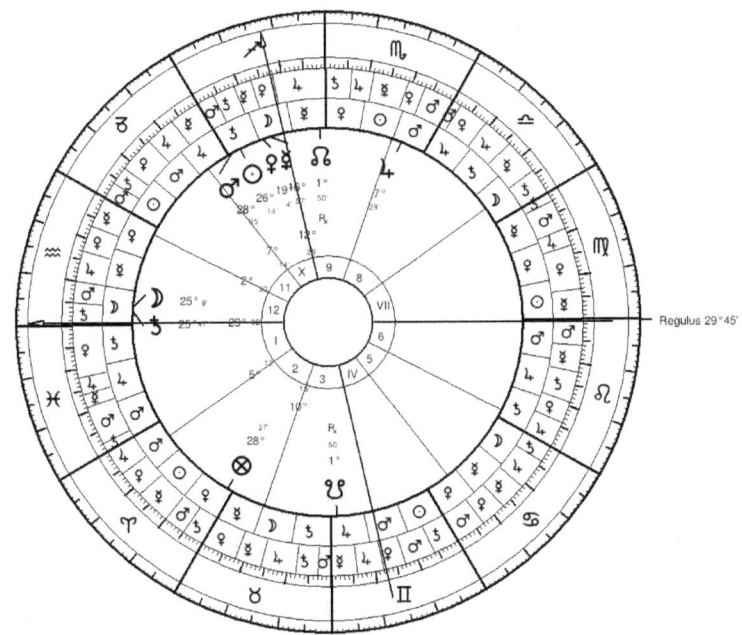

　　男命,生于 1993 年 12 月 18 日,患有抑郁症。精神点位于摩羯座 0°38′,土星为精神点定位星,土星又是第 12 宫定位星,土星与月亮合相同度,并位于上升轴,这是早年患有抑郁症的标志。太阳合相火星又映射土月,强化了这一格局。一般抑郁症,主要是日月等代表精神、光明、情绪等类神受到损伤。此命上升轴位于歧度,歧度位置都是比较弱化的位置,上升定位星同时携带木星和土星的性质,其中土星同时是上升定位星和 12 宫定位星,损害月亮,为强烈佐证。而太阳又是第 6 宫定位星,代表疾病,被火星损害。福点位于白羊座 28°,被定位星火星以精确度数三合,这是一个强烈代表疾病的标志。

第十门　论人父母

凡论人之父,先看太阳,次看土星,又看第四位,并第四位宫主星,又看父箭并宫主星。昼生人,先看太阳,后看土星。夜生人,先看土星,后看太阳。

若论人之母,先看太阴,次看金星,又看第十位,并第十位宫主星,又看母箭并宫主星。昼生人,先看金星,后看太阴。夜生人,先看太阴,后看金星。

看以上各星吉凶强弱,将父母之事断之。

若各星内一星最强旺有力,将此星为重。若其星前后,又有二吉星相拱夹者,主父母和顺,丰足过日,有贵显。若其星前后,有二凶星相拱夹者,则其父母不和,与上文相异。

以上所云各星,若在庙旺宫分,并有力之处,主父母身安,诸事皆吉;若在陷宫无力,又与凶星相照,则父母灾病,凡事不顺。又看何凶星照,患其星所主之病也;又看福德箭,并宫主星,与太阳,或土星相照,则其父增添财物福禄;若太阳与土星吉照,又有木星或金星,亦相照,主其父寿长;若太阴与金星吉照,或木星吉照,或金星却与木星吉照,主其母寿长。

若论人祖,看第七宫。若论伯叔,看第六宫。以上二宫主星强旺,则祖并伯叔皆吉。若陷弱无力,则凶。

凡命宫第四位是父,从第四位数至第七位,亦是四位,故为祖。从第七位数至第十位,亦是四位,故为曾祖。命宫第三位是兄弟。从第四位数至第六位,亦是三位,故为伯叔。其余宫分,依此例推之。

注：论断父亲,先看太阳,其次看土星,还需要看第 4 宫、第 4 宫定位星、父亲点以及父亲点定位星;论断母亲,先看月亮,其次看金星,第 10 宫和第 10 宫定位星以及母亲点,母亲点定位星。《天文书》的这种论断方法,属于古典占星 12 宫主题常见的断法结构,使用多类神同参,最强类神为主要类神。如果类神与相关宫、宫定位星,上升,上升定位星产生吉利映射,并且强有力,则吉利,否则为凶。这种基本断法是根本,不可忽视。以下有关十二宫主题的论断,笔者不再反复强调这一点。

另外在本篇中,《天文书》以 12 宫的衍生宫的方法论断祖父、曾祖、伯叔的论法,这种衍生宫的用法,最早在 Valens 的著作有所论述,后世的作者中,Bonatti 对此有详细的列举。关于宫位代表父母,有不同的说法,Abraham Ibn Ezra 在其著作中指出,Ptolemy 以第 10 宫为父亲,第 4 宫为母亲,但是其他占星家持不同意见,Al－NayrĪzĪ 认为,昼生人第 10 宫为父亲,第 4 宫为母亲,夜间生人反之。Thābit 认为,第 4 宫为阳性星座则为父亲,为阴性星座则为母亲。

任何分类占,不同的作者都会选用不同的类神组合进行判断,下面我们列举一些著名占星师的组合论断内容。

1、父母谁先死亡。

Valens 在其作品中详细论述了论断父母的方法,首先他提到了父母谁先死亡的论断方法。

他认为在行星类象上,首先以太阳代表父亲,其次是土星。以太阳论断父亲最为准确。在昼夜星盘中,检查太阳与土星,看它们谁与月亮产生联系(即同星座、相位映射、位于月亮星座以及其三方星座),谁就是父亲类神。以月亮、金星代表母亲,看金星与月亮谁与太阳产生联系,谁就是母亲类神。

如果太阳被定为父亲类神,太阳被火星或土星映射,没有吉星解救,则父亲先死。月亮或金星,出现以上情形,代表母亲先死。如果日月或金星都被凶星映射,或居于凶位和异星宗行星映射,根据轻重情形论断父母谁先死亡。

另外一个理论认为,父亲点位于阳性星座,其定位星被凶星映射,主父亲早死。母亲点断法类似。

还有一种方法,计算天狼星上升时距离出生日的日期数,除以12,看余数,从月亮所在星座数起,如果计数停于阳性星座,则父亲先死,停于阴性星座,则母亲先死。如果所停星座内有凶星,更确。譬如天狼星上升的日期距离生日为203天,除以12,余数11,命盘月亮位于天蝎座,按次序数至11,停于室女座,室女座为阴性星座,并且火星在内,主母亲先死。

例1 母亲先死。

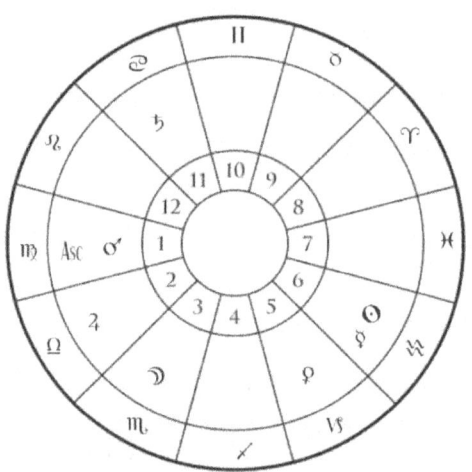

此命夜间生人,土星位于巨蟹座,和月亮有关联,并且为太阳的定位星。很明显,土星代表父亲,土星被木星和位于吉宫的金星映射。月亮和金星却被火星、土星映射,主母亲先死。

例 2　父亲先死。

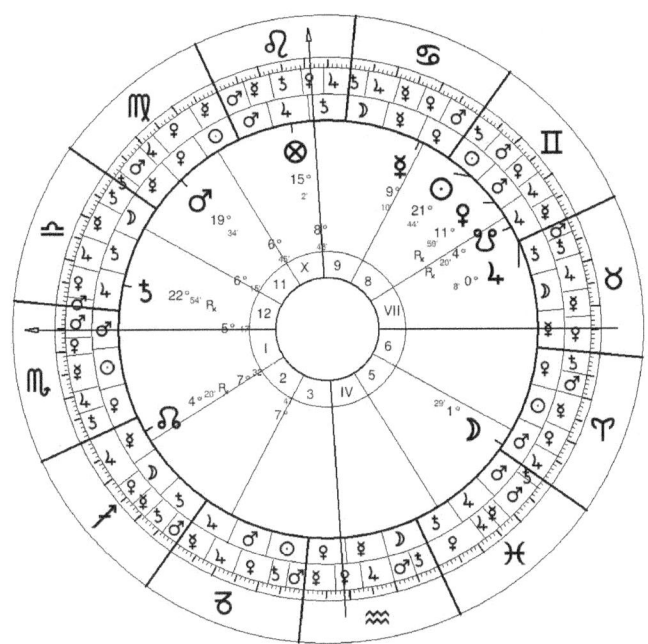

　　2012 年出生的女命，幼年丧父。太阳与金星位于同一个星座，位于第 8 宫凶宫，太阳和月亮呈六合相位，昼生人，种种力量表明，太阳更代表父亲，土星可以代表父亲的部分信息。太阳位于第 8 宫，土星逆行于 12 宫，这都是父亲先死、甚至早死的标志。同时火星左相位刑太阳，土星左相位三合太阳，双凶星映射太阳，都是紧密度数，重重佐证，父亲必然短寿。

　　父亲点位于双鱼座 6°28′，父亲点定位星为木星，木星位于星座歧度 0°，位于第 7 宫，主死亡，在第 8 个星座也主死亡，并且与计都位于同界内，凶象。父亲死亡点位于双子座 12°31′，与太阳同位于第 8 宫，代表死亡，并且其定位星水星，被火星和土星双凶星映射。

　　Valens 认为，太阳于上位映射月亮，母亲先死，月亮于上位映射太阳，父亲先死。如果这种格局未形成，则检查土星和金星之间的上位映射，如果土金也没有，则检查土月。当太阳居于上位映射月亮，而金星在其中参与，则金星起到拦截太阳上位映射的作用，此时看土星是否低位映射金星，如映射，代表父亲先死。如果金星低位映射土星，则主母亲先去世（低位指从左侧星座映射，上位指从右侧星座映射）。上位星参与映射，因此起到了拦截作用，上位星在力量性质上具有主导性，同星座或对冲时候，以度数或星座位在前者为上位。

凶星映射满月，满月位于阴性星座，母亲先死。位于阳性星座，父亲先死。命主出生于满月，下一个新月必须检查，如果该新月位于阴性星座，被凶星映射，主母亲先死，位于阳性星座，父亲先死。昼生人，月亮位于地平线上，或位于果宫，被凶星映射，金星也类似这种情况，母亲先死。太阳位于地平线下，主父亲死于海外。如木星被凶星映射，或木星于果宫被凶星紧密相合，主父亲死于海外。土星离于轴，靠近火星，如果它们任意一个映射木星或太阳，主父亲死于海外。太阳的定位星与太阳都反厌上升，则父亲死于海外。

太阳被凶星映射，木星于左相位映射，父凶死。如以上情况只是土星映射，会死于窒息、水肿、流脓、寒冷、中毒、沉船或旧事；仅火星映射，会死于刀伤、刺伤、血伤、肺痨、流产、烧伤、跌倒；太阳和木星同时受到这些凶星映射，死的更凶，根据行星性质进行论断。

Rhetorius 认为，看父母谁先死亡，看父母点，哪一个被凶星投射，则谁先死亡。看日月谁位于 Ic，并位于其他行星星座或位于自己的三方主星座内，则谁先死。满月位于双鱼座，父亲先死。看父母点的定位星，哪个位于地平线下，哪个先死。如果父母点定位星都位于同一个星座，哪一个受到损坏或者位于日光下者先死。如果两个定位星同星座同度，看界主星，界主星位于阳性星座则父亲先死，位于阴性星座则母亲先死。

必须观察映射父母定位星的凶星，观察父母中谁更安全。观察太阳和土星、月亮和金星,前者受到损伤严重,则父亲先死,后者受到损伤严重,则母亲先死。如果都损坏严重,则丧双亲;凶星冲日或月,则父或母短命。太阳和土星同度,父亲先死,长兄先死,但是却主遗产;太阳位于土星界合凶星,代表死亡与伤害,损子孙,很快克父;土星与月亮同度,母亲先死,如火星参与映射,代表死于生产或隐疾;月亮空亡,父亲先死;太阳位于一个星座的 8 度,父亲先死;火星和土星位于 Ic,父亲先死;土星位于太阳星座,代表父亲暴毙或有湿所引起的疾病、麻烦;土星位于月亮星座,损害母亲的钱财,主疾病、寒冷;火星位于太阳星座,代表父亲早死或在旅行中突然死亡,也不利于命主的视力,昼生尤应;火星位于月亮星座,不利于母亲,主早死,不利母亲钱财,也代表命主胃病或暴毙,夜生尤应。波斯人强调,罗睺、计都位于日月星座也要注意,但是罗睺和吉星在一起,是吉利富贵的表征。Rhetorius 金星、木星,代表父亲出身良好,长寿。

Rhetorius 强调了出生前的新月和满月,他认为吉星映射出生前的新月或满月,对命主是吉利的,冲则不利,代表弃养、父母出身低微。月亮趋离可以作同样的论断,当月亮趋于吉星,而吉星被凶星上位映射,或月亮离于吉星趋于凶星,都主父母奴役,出身低微,这些都经过诸多验证。新月及其定位星是父亲的生计,月亮和月亮的定位星是母亲的生计。新月佳,而月亮趋离不佳,实践中已经多次出现父亲脱离奴籍,而母亲为奴的情况。凶星映射太阳的定位星,则父亲财产损坏,凶星映射月亮的定位星则损坏母亲财产。Rhetorius 通过研究发现,希腊占星师 Antigonus 或以新月为母亲,或以满月为母亲,以它们的定位星为父亲进行论断。有人认为,昼生人,新月为父亲;夜生人,满月为母亲。并强调,也许新月更强有力的代表父亲,满月更强有力的代表母亲,尤其满月位于阴性星座时。

例3　父亲早逝

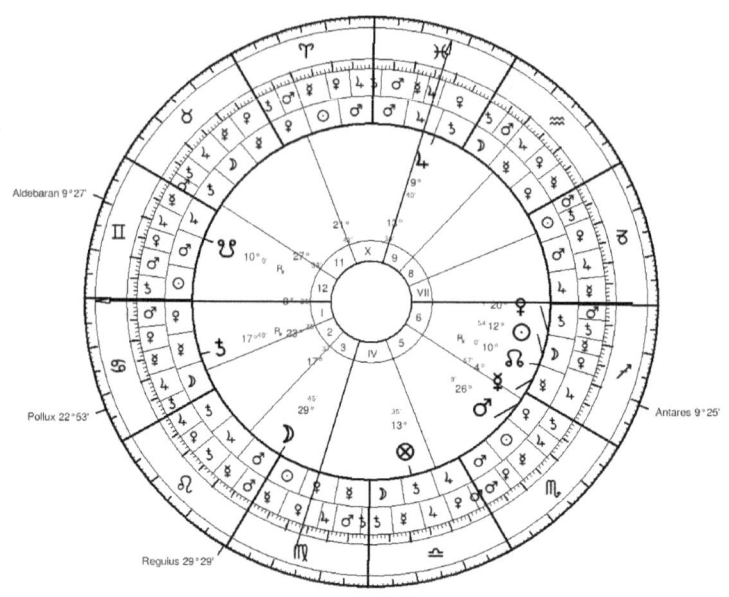

Name	Formula	Longitude
Lot of Fortune	AC + SU - MO	13°34'31" ♎
spirit	AC + MO - SU	17°17'58" ♓
brother	AC + JU - SA	22°17'31" ♒
father	AC + SU - SA	25°30'37" ♏

此命出生于 1974 年 12 月 5 日,此命生于满月后,并且在月食后出生,根据软件我们发现,在 1974 年 11 月 29 日 23:10 分发生月全食,月亮位于双子座 7°1',月食的位置对冲太阳星座,对父母都有影响。且命主上升定位星就是月亮,主幼年损害父母。

父亲的类神星,是太阳和土星,太阳尤其代表父亲,太阳和罗睺合相,损父。土星代表父亲,和火星刑相位,并且夜间生人,土星尤其凶,位于上升星座。父亲点位于天蝎座 25°30',父亲点定位星火星位于天蝎座 26°9',两者紧密相合,主凶。而且天蝎座为第一毒星座,火星、太阳、12 宫定位星金星均位于第 6 宫凶宫,因此父亲自杀。第 4 宫定位星水星也落入第 6 宫,诸象集中体现。太阳被凶星映射,木星于左相位映射,主父亲凶死,这一条在本案例中完全符合。

月亮位于歧度,也不利于母亲和自身。但是天顶定位星木星入舍星座,代表母亲的有力之处,同时木星位于天顶,说明本命的事业上得母亲之力。

2、父母出身境况。

Valens 在其著作中,论断父母出身境况的时候,引用了 Timaeus(大约公元前 1 世纪的占星师)的理论。论断父亲,昼生人,看太阳、太阳所在星座、木星定位星、以及木星所在星座,皆有效;论断母亲,夜生人,看月亮、月亮所在星座、月亮定位星。昼生人看金星、金星所在星座。

以上与父母相关的行星位于吉位,符合昼夜星宗,位于舍升星座,被吉星上位映射,不在果宫,没有被凶星映射,主父母有名望、地位、吉顺。父母的类神行星,被凶星映射或被其上位映射,并且本身位于凶位,主父母出身卑微。其定位星,根据其本身吉凶,配合其他行星对其映射的吉凶而断。如果代表父母的类神或其定位星,被凶星映射,或被焦灼,位于 12 宫等凶位,或定位星和损伤的行星在父母类神星座失去力量,或反厌父母类神星,主父母出身卑微。如果这些行星无力,又被凶星映射或被其上位映射,父母出身更差。代表父母的类神星位于果宫,被某种形式所损伤,但是其定位星吉利,位于佳位,并且没有被凶星伤损,主父母有灾害、厄难。如土星位于天顶,木星位于天底,父亲为奴或被流放,太阳不吉时,尤应。

Valens 以父亲点、母亲点的对宫论继父母,譬如父亲点定位星位于父亲点对宫,则为继父,父亲点对宫定位星位于父亲点所在星座,也一样。继母断法类推。

Dorotheus 认为金星和月亮映射四轴，代表母亲吉运不断，运气佳；太阳、木星、土星映射第 4 宫，代表父亲运气佳。它们一起互相映射，代表父母财运、事业佳；太阳合相月亮于吉星界，并受所在星座的定位星映射，代表父母长寿，感情融洽，如果太阳和月亮又是福点定位星，或位于轴上，则更吉利；火星和土星刑冲天底轴，没有吉星参与，则父母多困难灾害、地位低下；月亮位于天底轴，则母亲有灾害；太阳位于天底轴，则父亲有灾害。

Rhetorius 强调，论断父亲，观察太阳、土星、父亲点和父亲点对宫的星座。论断母亲，观察月亮、金星、母亲点。根据星宗，昼生人看太阳和金星为父母，夜生人土星和月亮为父母，需要看它们的定位星、三方主星、界主星，根据这些就可以知道父母相关的事情，诸如疾病、危险、出身、财产、事业等等。

太阳代表父亲的家庭出身和血统，其定位星为父亲的生活生计。太阳位于吉位，但是其三方主星位于凶位，则父亲出身良好，行运不佳而平庸；如果太阳正好位于一个凶星界，则父亲为奴或出身低下，如果这颗凶星映射太阳，则代表父亲有疾病伤痛；太阳位于凶宫，但是其三方主星位于吉位或状态佳，代表父亲虽然出身低微，但是事业进步，得到提升。第一三方主代表父亲人生第一阶段的生活，第二三方主星代表其第二阶段的生活。

用同样的方式，以月亮论断母亲，月亮位于吉星界，位于果宫，靠近蚀点，尤其靠近计都，被凶星映射，代表母亲虽然出身好，但是为了孩子而屈身于人做事，不体面的生活；月亮近罗睺，则母亲出身低微；如果月亮正好与凶星映射，母亲点位于果宫，则母亲为奴婢；如果月亮趋于一颗凶星，母亲暴毙；当太阳和其三方主位于凶位，位于其他行星星座，代表父亲暴毙,如被凶星映射,代表毁掉祖产;太阳和其三方主位于凶宫,被凶星映射,白天出生,命主会被父亲所憎恨、拒绝。也要观察父亲点定位星,被什么行星映射,根据这些论断父亲的生计;如果父亲点定位星位于 6、8、12 宫,父亲没什么钱财。

论断父母,还需要注意看太阳和月亮的 12 分部落于什么宫位,被什么行星映射,这些都代表父母的境遇。分析日月的辅星、分析新月和新月定位星、以及月亮的趋离。波斯人认为,任何行星和太阳位于同一星座时,将会混合其特性,论断时候需要注意,尤其该行星东出,譬如木星东出,木星与太阳同星座,或木星在太阳所在星座内有力量,代表父亲好运。火星东出同上,则代表父亲严厉,其他行星类推,如果行星位于日光下,则弱而无力,行星西入也一样,代表无力。

3、刑克父母与父母离异的断法。

火星合相太阳,刑土星,主丧亲之痛;土星和火星与水星组合,如果木星没有在右侧星座映射,为孤儿;土星落陷和木星一起,为孤儿;月亮位于双体星座和木星合相,会有两个父亲;金星位于上升,月亮位于天底,位于火星星座,木星无力且刑冲之,也主两个父亲。

火星和土星,在日月星座或映射中,如果起到拦截作用,代表父母离异;日月中,昼日夜月位于凶位,昼月夜日和其处于凶映射关系,主父母离异;土星合日,月亮远离,主父母离异;上升定位星吉利,上升宫凶,上升星座的次主星不吉,代表父母离异,命主自己会感到不幸,并且父母的钱财也会因此损耗。

日月与其定位星彼此和谐,则父母关系和谐。太阳的定位星与月亮和谐,月亮的定位星和太阳和谐,代表父母关系和谐。

Dorotheus 认为,月亮位于天底,土星和火星合相或对冲月亮,则不利于命主成长,如月亮此时具有三方主力量,且吉星三合,命主得以生存,但是无法由亲生父母抚养,会被外人抚养或为奴,难得幸福;月亮与凶星合相于轴或续宫,有吉星映射月亮,命主得以长大成人,但是会被双亲弃养,被谁弃养,我们观察日月,如果太阳映射凶星,则父亲弃养,月亮映射凶星,则母亲弃养。日、月同时被凶星所损坏,则父母都想弃养,且命主也知道自己被抛弃;昼盘,火星位于轴或续宫,月亮与其对冲,月亮不在舍星座和任何力量上,或者火星也如此映射太阳,主命主幼年被抛弃;夜盘,土星以同样方式映射太阳和月亮,也主幼年被弃养;月亮在星座的末度且受火星或土星映射,命主会被弃养,出生时候有困难,如果有木星或金星映射月亮,能顺利出生,但是无法由亲生父母抚养。并且,月亮位于星座末度,代表母亲的社会地位低,除非木星和月亮会和,金星会和月亮时,且位于金星星座,这种凶性也能消弭(被接纳则力强,因为金星吉性次于木星)。

Dorotheus 在其著作中提到父母离异,认为太阳位于第 7 个星座,代表父母离异,其中一方会离开伴侣;太阳位于凶星界,代表父亲的资产破耗,月亮如此,则应于母亲;火星和土星会合太阳或刑冲太阳,代表父母资产破败,并主离异。月亮如此,则应于母亲,代表少年时候父母离异,或生离死别,命主成为孤儿;土星位于轴,最差的情形是位于下降轴,木星未映射,或木星入果宫,父母离异。火星位于轴,没有金星映射,结果如上;日月分别位于 6 宫和 12 宫,代表父母离异;命主生于新月,日月一起位于 6 宫、12 宫,代表父母离异;父亲点和母亲点位于同一个星座,没有吉星映射,代表父母离异;太阳和月亮互相未映射,也未映射上升星座,代表父母离异;父亲点和母亲点,彼此反厌,凶星合相、刑冲它们,也损坏父母关系。

4、父子关系与遗产。

Al—Andarzaghar 认为,白天生人看太阳,太阳位于火星界(夜间盘位于土星界),同时火星和土星映射太阳,金星、木星反厌,则子女叛逆父母,将克死或杀死其中一个或者毁灭其土地、家庭。根据月亮,以同样的方法论断母亲,母亲会被子女抛弃;父亲点位于 12 宫,命主仇恨父亲,母亲点如此也一样;太阳位于轴,火星于下降轴映射太阳,父亲憎恨子女;土星于上位刑木星,命主克死父母或其中一个,木星于上位映射土星,代表父亲憎恨子女,土星的凶性较少,但是父亲不会有突出的地位,太阳于上位映射土星也一样;木星和土星相冲,则父子斗争,主暴力、苦难;木星和土星三合,则父子和睦,六合也吉利,但比三合弱;太阳和太阳的三方主星位于凶位,凶星与其合相,或刑冲,则父子不和,一直到他们保持距离为止;如果父亲点对宫星座定位星冲父亲点,或位于父亲点所在星座,则命主为养子(母亲以月亮同论);太阳趋于上升定位星,或上升定位星趋于太阳,代表父子和睦,月亮以同样方式论母子关系;上升定位星冲太阳或其中一个离相位另一个,代表命主憎恨父亲,与父母争吵,月亮可以作同样推断。一般,冲主争吵不合,三合、六合主和睦。

命主是否继承父母资产,白天生人看太阳和土星,如果太阳和土星都位于吉位,火星没有参与映射,则命主能得到父母的遗产,因为火星无论以任何形式映射,都会分散遗产;吉星映射太阳和土星,则更吉利,代表得到父亲的大部分财产;如果火星位于轴(昼生人更差),土星不像之前那么吉利,代表父亲的资产在父亲在世和死亡后毁灭;太阳、土星位于 6、12 宫则凶,月亮和金星位于这些宫代表母亲的相关状态,结果也一样;如果火星和土星相冲或火星右相位刑土星,代表父亲资产消亡,当土星或父亲点主向限到达这些位置,代表继承父亲资产。

上文 Al－Andarzaghar 提到有关养子的论断,我们参考 Dorotheus 的说法,Dorotheus 认为,父亲点定位星反厌父亲点,或位于下一个宫位,或父亲点对宫星座定位星位于父亲点所在星座,命主为养子。其他古籍认为,父亲点或母亲点的定位星位于各自点的对宫,也代表远离父母或为养子,这也是命主有继父、继母的论断方法。

Rhetorius 认为,水星位于上升轴,且位于阴性星座,命主会因妻子而获得地位和进步。水星位于上升轴,位于双体星座,命主成为它人子女的监护人。有其它版本认为,金星或木星位于上升轴,并位于双体星座,命主会有两个父亲或两个姓名,水星位于上升轴,命主会因为妻子而获得地位和进步。

笔者通过大量案例和古人的论述,归纳总结了有关养子和养女命的规律,这些论断,首先需要注意父亲类象行星为太阳和土星,母亲类象行星为金星、月亮,由于养子命的主要现象是命主出生后远离父母,除了亲生父母外,有了其他父母,所以这种现象主要体现在父亲类象和母亲类象本身发生了严重的别离迹象或重叠迹象。譬如土日相冲、金月相冲、土日合相等等。由于送养时候,命主处于幼年,所以这种现象很容易出现在上升宫、第 2 宫、第 4 宫、第 10 宫及其定位星。这些现象会在父亲点、母亲点及其它们的定位星上有相关反应。尤其要注意这种点的对面星座的定位星。因为这种位置与相关点相冲,代表了与父母少缘,在以上论断的基础上,行星关系也会有所加强,譬如水星和火星 3°内密切相位、太阳焦灼参与其中,会加强此类结果,并且罗睺和计都也往往会参与其中。这种论断方法极为准确,养子、养女之类的命盘必然符合。

5、父母性格和杂项。

父母的性格可以通过类神行星的搭配来确定。土星主乖戾、嫉妒、堕落、多疑、肮脏,卷入秘密情感、丑陋、花费在宗教事务上;木星主其善良、杰出、慷慨、坦率、开朗;火星主其大胆、热情、鲁莽、傲慢、不安分、冒险、酒鬼、辛苦。假如论断母亲,如果火星作为定位星,强于月亮、金星,代表母亲粗鲁,或为妓,或有血光、肺痨,如果没有吉星映射,会加重这种情况;金星映射日月,代表父母开朗,喜欢音乐、欢乐、多情,有宗教信仰;水星代表父母好交际、节俭,在某些方面或技能上与人分享,容易说谎,并会损害地位辈分低于他们的人。

当论断父母的时候,必须看类神行星所在的星座,当太阳位于阳性星座,被阳性行星映射的时候,代表父亲地位高;位于阴性星座,被月亮映射,代表懒怠和女性化;如果太阳位于阴性星座,被土星或金星映射,主父亲不会受到伤害,也没有坏名声;月亮位于阳性星座,有阳性行星映射,主母亲性情专横易怒,位于阴性星座,并被木星映射,母亲性情温和。

Dorotheus 论述了父母非相同国籍的断法,他认为上升星座、太阳、月亮都位于启动星座,则父母不属于同一国家,尤其是凶星合相、或刑冲。日月彼此反厌,也反厌上升星座,其中一个位于地平线下方,另外一个位于地平线上方合相凶星,或上升星座为启动星座,且无任何行星在内,尤其凶星合相日月其中一个,代表父母不是同一国家、地区的人。

Umar Al—Tabarī 用三方主论断父母条件时,昼生人,以太阳第一三方主和第二方主论断父亲;夜生人,以土星的第一三方主和第二主论断父亲。昼生人,以金星的第一三方主和第二主论断母亲;夜生人,以月亮的第一三方主和第二主论断母亲。第一三方主代表初限,第二主代表中限,第三主代表末限。

Māshaʾallāh 认为,论断父亲,先看第 4 宫,第 4 宫有凶星在内,则凶。如果太阳与之用神佐证(譬如在第 4 宫拥有力量、映射第 4 宫等等），或太阳为第 4 宫定位星、第 4 宫三方主星，或第 4 宫定位星位于日光下，或位于太阳星座、或位于太阳三方星座、或与太阳连结，则太阳更代表父亲。如果没有以上情形，则看第 4 宫和第 4 宫定位星。

一颗游隼的凶星位于第 4 宫，或者刑冲第 4 宫，代表父亲条件差，贫困不幸。如果凶星对于上升也游隼，没有任何接纳，代表父亲的条件很差。吉星在第 4 宫，父亲的条件佳，被接纳，则更佳。第 4 宫定位星的断法类似，它被焦灼，代表不利于父亲，此时太阳更代表父亲的状况。凶星刑冲第 4 宫定位星，代表不利于父亲，具体看伤损它的行星性质做出论断，伤损它的凶星游隼或没有接纳，则缺少欢乐。

第 4 宫定位星位于轴，代表父亲被社会认可，且父亲知名，位于 Mc 则更吉利，代表父亲有权威。如太阳为第 4 宫定位星、上升轴定位星或天顶定位星，位于天顶，代表父亲闻名于显贵。父亲点也位于轴，代表父亲受益并获得职位，位于天顶或 11 宫更吉，如果落于续或果宫，代表坏的境遇。落于上升轴的果宫则更差，自身落陷或位于凶位，就更残酷了，意味着遭遇灾难，遭遇小人斗争，凶星参与尤甚。

太阳与其定位星一起位于轴，代表父亲过去与将来的境况俱佳。如果其中一个映射上升，则命主会继承。此时观察上升定位星，如上升定位星也位于轴，则命主像父亲一样得利。如果位于轴的同时，它位于升星座，则胜过父亲。如位于果宫或降星座，代表地位损坏，不如父辈，被凶星映射，尤甚，代表多方面都不利。

第 4 宫定位星位于轴，而太阳位于果宫，代表父辈曾经有地位和权威，但是已经消退了。太阳定位星也落于果宫，则生计变差，祸患增多。第 4 宫定位星位于日光下，代表父亲比家里其他人更有名、更有能力、地位也更高，家人们需要他、敬畏他。

太阳的定位星位于第9宫,父亲以知识、虔诚、信仰而闻名,有一颗凶星映射,则有所损坏。太阳在第9宫被接纳,代表父亲的知识和洞察力,如太阳的定位星位于轴,则因为知识而闻名,位于天顶或上升则更吉利,代表闻名诸国,位于11宫也一样。太阳定位星是外行星,代表知识非常晦涩,甚至无法命名。定位星是内行星,代表显而易见的知识,逻辑清晰或手艺类知识。

先以太阳代表父亲的生活条件,然后以第4宫定位星论断父亲的生活条件,在论断父亲生活条件时,将太阳置于优先考量,论断太阳和太阳的定位星。在论断父亲寿命的时候,看太阳的定位星和它的宫位,以及吉凶星映射。

父亲的家庭出身条件,结合第4宫定位星和太阳一起分析,同时注意什么行星位于第4宫,被什么行星映射。太阳不吉,则父亲条件差。落于果宫,并且太阳定位星不吉,父亲运毁业坏。太阳定位星位于日光下,进入焦灼,不仅不利自己,且败坏于自己行事。太阳落于第6宫或被第6宫定位星损坏,落于12宫,或被12宫定位星损坏,太阳位于轴或续宫,凶星位于轴,代表父亲有明显的缺陷。太阳如上所述不吉状态,落于6、12宫,代表有隐蔽性缺陷。太阳位于12宫或被12宫定位星损坏,凶性低于以上,会遇到监禁之类的灾害。以上所论,都是缺陷或艰苦、苦难,除了这几方面,其它不会发生。如果第8宫和第8宫定位星参与,则父亲生命短暂。太阳和太阳的定位星都落于果宫,父亲境况差。被接纳,则代表父亲境况良好,富有而有名望,但是地位卑微。

在论断父亲点时,观察父亲点、父亲点定位星、它们所在位置与吉凶星的关系、它们连结的行星。凶星连结父亲点,游隼而未接纳,则父亲寿命短,父亲是一个不幸之人。凶星刑冲父亲点也一样,太阳定位星也如此论断。吉星映射父亲点,未接纳,父亲在生计上坚持不懈,即将成功时,惨淡收场。被接纳则代表父亲富贵出众,刑冲也一样论断。当吉星合相或映射父亲点时,父亲点东出,位于轴或位于 11、5 宫,代表父亲富贵,尤其多星映射父亲点,父亲点定位星为吉星。论断时,我们也要注意父亲点所在的界主星,观察映射到界的行星。需要注意,当行星符合星宗时,则更吉。

父亲点未被凶星影响,则父亲健康。父亲点定位星位于轴,则父亲出众。当第 4 宫定位星也位于轴,则更有利于父亲的地位名声。如果太阳所在星座的定位星也位于轴,则父亲为官贵(上升轴强于天顶轴)。父亲点位于 11、5、9、3 宫,则父亲闻名。然后观察父亲点定位星,如果没有凶星干扰,符合星宗,则父亲条件佳。如不吉,在日光下,则父亲状况不好。在 11 宫,父亲寿命短;在 9 宫,有缺陷、疾病;在 5 宫,父亲条件佳,且有含饴弄孙之福(除非上升定位星有别的显示)。在第 3 宫,父亲境况不好,因为会在所在阶层被人敌对。

父亲点落入 2、8、6、12 宫,父母将不被为人熟知,地位卑微。然后观察父亲点定位星及其所在位置,如果没有不吉,则父亲境况很好。如果不吉或在日光下,则境况糟糕。位于轴,则父亲显赫;位于 12 宫,则父亲多有旅行。当父亲点定位星反厌上升,并且不吉时,父亲将死于异地;当位于 6 宫时,也代表父亲旅行,如果定位星不吉,则代表父亲有缺陷、疾病。父亲对不会善待命主;位于 2、8 宫,且父亲点定位星合星宗,没有凶星影响,则代表父亲境况的进步,如果不吉,则代表父亲短寿。父亲点与父亲点定位星或与 12 宫定位星位于 12 宫,则命主与父亲为仇。父亲点和母亲点一起或任意一个位于第 7 宫,则父母很快分离,伴随着贫穷和奴役。

　　论断母亲，注意月亮，月亮吉利则利于母亲，尤其白天生人金星位于轴、东出，或位于续宫（第8宫除外），夜间生人，月亮位于上升或天顶，或其他吉位，则命主和母亲的条件、地位都吉利，尤其月亮位于升星座或位于阴性星座，没有凶星干涉。月亮离相位土星，母亲的丈夫和兄弟死亡，或者母亲的每次孕育子女期间，疾病、寒冷、困难、悲伤会侵扰。与此类似，当月亮连结土星或冲、刑土星时，因为母亲而悲伤，并且也不利于命主的资产财富，会导致衰落。月亮连结火星或刑冲火星，也一样不吉。

　　观察母亲的事宜，根据月亮和月亮的定位星，和论断父亲的方法一样。月亮合相计都时，尤其月亮位于凶星星座，代表母亲出身卑微、卑劣。月亮映射母亲点，并且月亮位于吉星界，没有凶星干涉，则吉利。注意分析映射母亲点的吉凶星，方法与分析父亲点一样。当土星位于月亮星座，则母亲条件状况不好。无论如何，只要发现月亮有凶象影响，就代表母亲的条件不好，凶星映射则更为严重，如果月亮又位于果宫，则母亲出身卑微。

　　月亮位于天底轴，母亲身体不好，有慢性疾病；月亮位于第7宫轴，位于凶星界，母亲有错误和缺陷；月亮位于凶星轴，与凶星刑冲，或合凶星，代表母亲凶死；月亮的12分部位于12宫，母亲堕落或通奸；12宫定位星合相月亮，一起位于果宫，母亲为奴婢，如月亮界主星也位于果宫，主母亲为奴婢，或类似奴婢一样；当月亮位于吉位，被凶星映射时，代表母亲穷苦、卑微；月亮位于果宫，映射凶星，母亲为奴；日或月未在舍升星座，并位于12宫，代表父母穷困；凶星佐证于月亮的定位星，代表母亲凶死；夜生人，土星为月亮的界主星，月亮连结土星，母亲短寿；月亮位于凶星界，月亮定位星落于果宫，母亲有奴役之苦，同时凶星映射，则母亲早死；月亮位于第7宫，位于凶星界，代表分离以及财产消退。当日或月其中一个位于6宫，另一个位于12宫，也一样；月亮和母亲点不吉，吉星位于果宫，金星又弱，母亲会遭遇苦难、疾病，会遇到强大的伤害直至死亡，并且由于父亲的缘故，母亲会对女人有强大的愤恨。

想知道母亲出身自由还是奴婢，看月亮或金星以及母亲点，当凶星使其不吉时，观察星座。一般男奴、女奴星座是金牛座的三方星座，即金牛座、室女座、摩羯座。最苛刻的是摩羯座，中等程度的是室女座，较高等一些的是金牛座。土星位于月亮宫，损害母亲的钱财，其性格为黑胆汁特质，相关疾病会降临其身，或有冷疾导致的隐痛。火星位于月亮宫，母亲会在旅途中死亡或突然死亡，死前视力损坏。一般，月亮代表母亲，月亮的定位星代表母亲将来的行运。

母亲的寿命，观察月亮，月亮连结逆行行星，母亲点定位星也逆行，代表母亲死亡，除非被接纳；月亮连结逆行行星，逆行行星没有接纳月亮，母亲点定位星位于母亲点第8宫，代表母亲死亡；母亲点合相月亮，月亮不吉，代表损毁母亲；母亲点定位星连结其第8宫定位星，或其第8宫定位星连结母亲点定位星，母亲死亡。

说明：Māshā'allāh 的论断方法，集中体现了古典占星的各种基础应用，这种思路主客分明，论述非常细腻，这种论述对于深入掌握古典占星非常重要，由于他的论述篇幅很多，所有分类都有细节论述，不便全部收录，因此笔者只做部分选录。实际上，这些论断并不是用于照搬，而是要从中学习怎么把基础知识与命运的事实结合起来，因此学者们需要从中学会思考，掌握 Māshā'allāh 的思路模式。

例4　父母离异

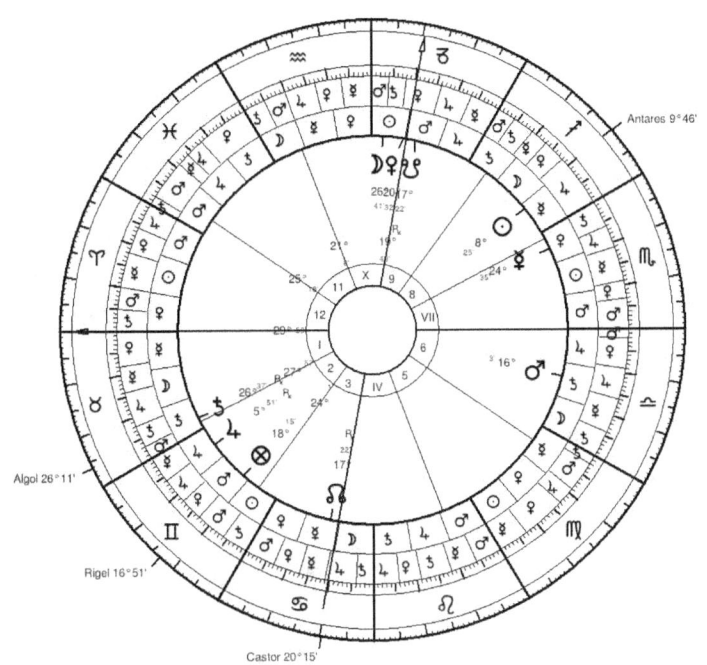

　　女命,2000年11月30日出生。上升轴位于歧度,太阳位于射手座,月亮和金星位于摩羯座,月亮落陷,月亮和金星都代表母亲,与太阳反厌,不利于父母关系。同时,月亮、金星合相计都,计都属于业力与分离性质,月亮已经进入南纬0°58′,不利于母亲,因此有父母离异的标志,金月均位于天顶,被第6宫的火星上位映射,代表父母婚姻破裂,涉入离婚财产是非。水星为福点定位星,与上升宫的土星对冲,且度数紧密,土星位于第2宫轴,水星位于第8宫轴,生平多灾害发生,早年、中年、都需要注意。此命于2012年8月左手肘关节骨折,2016年7月,左腿烫伤入院二次植皮。

例5　养女命例一

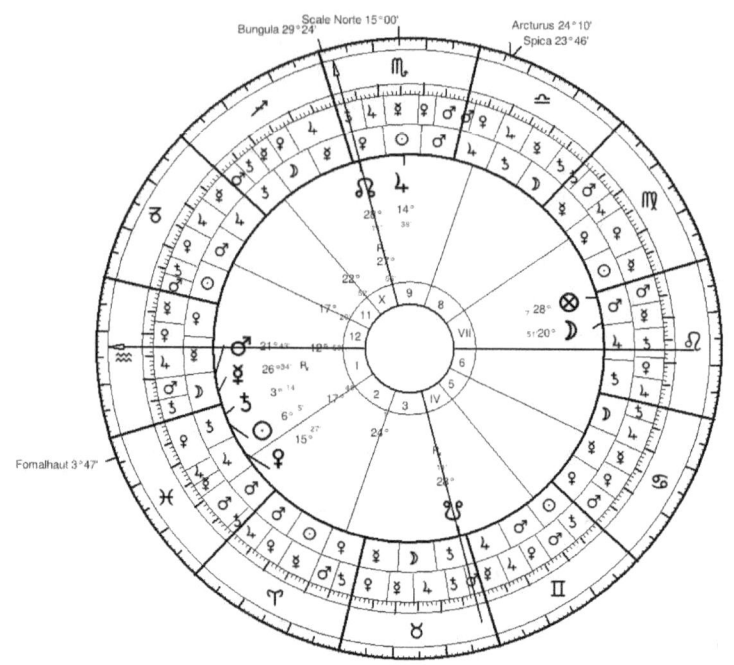

　　此命生于1994年2月25日,命主被弃养,被养父母带大。命盘父亲点位于宝瓶座15°46′,紧挨上升轴,父亲点定位星土星,位于双鱼座3°14′,位于父亲点下一个星座,并反厌父亲点,为养女标志。

　　常规角度而言,太阳和土星都代表父亲,但是夜间生人,土星合星宗,并且土星太阳同界,位于土星界内,为双重父母之象。天底轴合计都,计都为分离性行星,罗睺与计都压在天顶轴—天底轴,罗睺、计都属于强分离性行星,因此代表命主与出身家庭无缘。一般太阳、月亮更代表亲生父母,此命月亮位于第7宫轴与上升、火星相冲,都是父母无缘的表征。母亲点位于室女座7°31′,定位星为水星,水星入上升宫,水星和火星近度数合相,并且被火土所夹拱,这也是母亲无缘的标志,同时,月亮冲水星,加强了这种象意。

例6　养女命例二

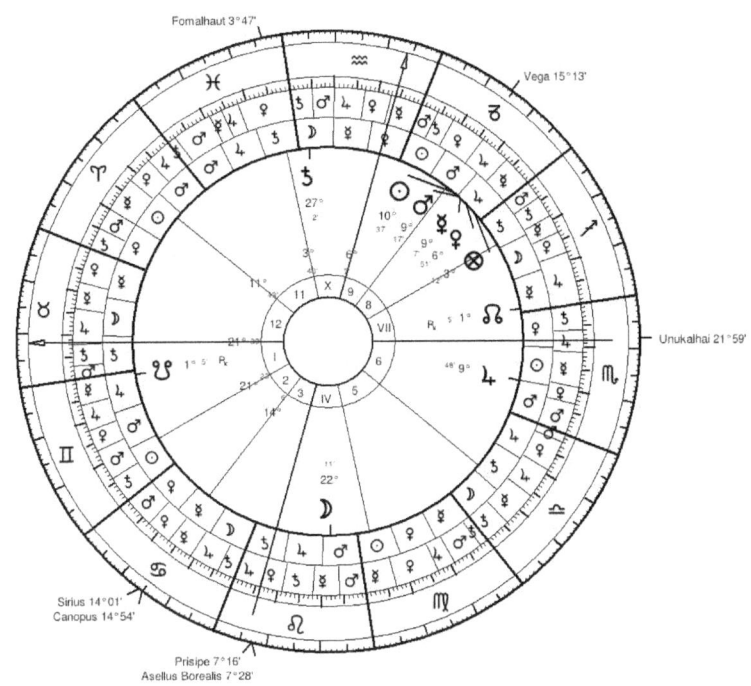

此命为姐妹双胞胎，这是妹妹的命盘，出生时早产，妹妹被送与叔叔抚养，17岁时被送回。

上升定位星为金星，金星与水星紧密合相，是双胞胎姐妹的重要标志，太阳、火星、福点都位于摩羯座内，火星是代表兄弟姐妹的重要类象行星，加强了这一信息。但是太阳将它们焦灼，几颗行星都位于无力与忧惧中，而摩羯座又是启动星座，金星不喜欢落于土星星座。

以上行星的定位星土星居于第10宫高位，并且位于舍星座，成为主宰力量很强的行星，月亮与土星相冲，代表不利于双胞胎姐妹的亲缘。但是此命为昼生人，土星符合星宗，其损害力会随着时间减弱，并加强吉性，因此后来被送回。

父亲点位于巨蟹座8°02′，母亲点位于摩羯座6°58′。父亲点对冲星座为摩羯座,摩羯座为养父相关的重要星座,诸星位于此星座冲父亲点,并且摩羯座定位星冲父亲点定位星月亮,代表命主为养女。火星距离太阳仅仅 1°,这也是不利于兄弟姐妹的标志,水星和火星同度,代表妹妹被送养。

金星位于南纬 0°22′,水星位于南纬 1°39′,火星位于南纬 0°49′,分析合相时候,同纬影响力大。同样位于南纬,金星能量要更高,所以姐姐留下。命盘中,计都位于上升星座,属于强分割性质的行星,计都定位星为水星,使水星带有强分裂特性。综合以上,我们可以发现,每一个信息的解读,在命盘中其实都有多处体现,而优秀的占星家则会选择力量精细的类象组合方法,通过两到三种佐证,就可以得出精准的结果。

从行星角度,太阳代表父亲和火星 3°内紧密合相,月亮于天底与天顶的土星相冲,是从小被送养的标志。

说明:对于弃养,本书前文章节有过论述,Dorotheus 认为月亮和凶星同时位于轴或续宫,又有吉星映射月亮,命主能够成长,但是会遭双亲抛弃,太阳映射凶星,说明是父亲厌恶命主而想抛弃,月亮被凶星映射,则母亲要抛弃命主,月亮和太阳同时被凶星损坏,则父母都想抛弃命主,命主也知道自己被弃养。昼生人,火星位于轴或续宫,月亮对冲,月亮不在舍升等任何力量上,或火星如此映射太阳,命主幼年被弃养。夜生人,土星以同样方式映射太阳与月亮时,结果一样。这两则案例非常符合 Dorotheus 的论法。

第十一门　论兄弟姊妹

凡论兄弟姊妹。看火星、水星。火星主兄姊,水星主弟妹。又看第三位宫主星,强旺有力。又看兄弟箭并宫主星。

以上之星,若与命宫吉照,或与第三位宫主星吉照,主有兄弟姊妹,又相和睦。若恶照时,亦有兄弟姊妹,却不和。

若以上星,与命宫并命宫主星不相照者,其兄弟姊妹少,或无。

若以上各星自相吉照者,主兄弟姊妹有力,又有福禄。若恶照则无力,又贫贱。

注:《天文书》论断兄弟姐妹,主要看火星、水星,火星主兄姐,水星主弟妹,结合第3宫和第3宫定位星,以及兄弟点,兄弟点定位星。

下面我们列举诸家经验:

Ptolemy 认为,太阳和月亮位于双体星座,日或月位于上升星座,并且为双体星座,命主有双胞胎兄弟姐妹。Abraham Ibn Ezra 认为这个断法不准确。Ptolemy 认为,土星位于轴,这是命主是头胎的可靠证据。如果上升定位星位于第3个星座,并且是外行星,命主是头胎。第3星座定位星位于上升星座,并且为内行星,命主是头胎。上升星座的第一三方主如同以上这样,也符合。Abraham Ibn Ezra 认为这种断法也是不准确的,他测试了十多个命,没有一个符合。笔者指出,Abraham Ibn Ezra 的观念仅供参考,因为很多断法需要绝对的力量或佐证支持。

《天步真原》认为,兄弟姐妹看第10宫,见吉则吉,见凶则凶。同父母所生的兄弟姐妹,先选母亲命宫,母亲命宫选法,昼生人,金星所在星座为母亲命宫,夜生人,月亮所在星座为母亲命宫,母亲命宫的第 10 宫,有吉星相会或映射,则有兄弟姐妹,有三吉星则有三人,其他类推,如果吉星位于双子座、射手座、室女座,一星代表二人。如果凶星相会或刑冲,则无兄弟。如果第 11 宫有吉星,也有兄弟姐妹。日月金木为吉星,如果水星在高处或在有力量的地方,也是吉星,否则非吉。兄弟星都是阳星或在日东出,兄弟姐妹都是男性,如果兄弟行星都是阴星,或西入,代表都是姐妹。兄弟星为吉星,在喜乐之地,或在角轴或不在果宫,或东出,有力量,则兄弟有福。兄弟行星有凶星,高于吉星,或吉星在后追凶星,兄弟命短。母命宫的 12 宫如果有吉星三六合,代表兄弟友爱。

Rhetorius 认为,土星代表兄长,太阳、火星、木星代表排行中间的兄弟姐妹,水星代表排行小的兄弟姐妹。月亮代表姐姐,金星代表妹妹。火星第一三方主和第二三方主如果位于凶位,则兄弟姐妹少。第一三方主位于吉宫,第二三方主位于凶宫,则兄弟有刑克。Asc 和月亮位于双鱼座、天蝎座、巨蟹座的人,母亲长寿。也有人说,母亲会生很多孩子。月亮单独位于天蝎座,月亮落陷,尤其位于 3°,会使母亲的一些孩子弃养。当兄弟点位于这些星座内,代表兄弟姐妹多,如果位于不育星座,诸如狮子座、双子座、射手座、摩羯座,则兄弟稀少。其他星座,代表中等数目,吉星映射兄弟点,则赋予生命,凶星映射兄弟点,则赋予死亡。

Valens 认为,太阳位于上升,会导致兄弟姐妹极少。土星位于第 7 宫也一样。木星、水星、金星位于轴,赋予兄弟姐妹,但是土星对冲,则主兄弟姐妹死亡。土星合相火星,则不利兄弟姐妹,或灾病之类。金月位于第 3 宫,主姐妹,位于阴性星座尤应。太阳、木星、水星位于阳性星座,位于第 3 宫,主兄弟。凶星位于凶位映射第 3 宫,则主兄弟少或无。吉星映射,不但有兄弟,还主兄弟吉顺。火星旺而吉位于第 3 宫,吉星映射,月亮映射,则主兄弟姐妹。

Umar Al－TabarĪ 在论断兄弟姐妹的时候,使用七类神,分别是第
3 宫、第 3 宫定位星、第 3 宫内的行星、兄弟点、兄弟点定位星、火星、火
星的三方主星。结合它们与上升定位星的关系和力量进行论断。以相
关类象,尤其兄弟点所在的星座阴阳性定男女性别。以火星的三方主,
第一主为排行靠前的,第二主为排行中间的,第三主为排行靠后的,分
别看相关兄弟姐妹的吉凶状态。

《Bizidaj》以及 Dorotheus 认为,也可以通过火星观察兄弟姐妹,如
果火星的第一三方主与第二三方主都位于第 8 宫或凶宫,则兄弟姐妹
不多,当两个三方主一强吉,一凶弱时,则兄弟姐妹中人会先命主而死。
当凶星通过刑冲相位佐证上升定位星的三方主时,缺乏兄弟姐妹,如果
凶星位于轴,则无兄弟姐妹,有也会分离。月亮或上升轴位于狮子座或
射手座,代表缺少兄弟姐妹。如果星座是巨蟹座、天蝎座、双鱼座,代表
兄弟姐妹多。月亮在射手座,代表长兄长姐死亡,当凶星位于上升、天
顶,或 2、11 宫,代表兄弟姐妹凶兆,或无兄弟姐妹。水星位于火星界,
映射月亮或上升,会对兄弟造成损害。

Dorotheus 指出,有人认为,计算兄弟姐妹的人数时,昼生人,以地
平线上的行星数计算,夜生人地平线下的行星数计算。当木星右相位
三合月亮,兄弟点合相木星,命主会有兄长;如果太阳如此映射月亮,也
代表有兄姐;水星位于上升星座,无兄长,有也会遭遇不测。月亮离相
位土星,尤其夜间生人,命主无法从兄长处获得好处,兄长容易早死,且
兄长生前的名声死后依然留存,月亮离相位火星时,与上同论;月亮离
相位金星,命主会有姐姐,命主也会喜欢金星之类的活动,并且晚年资
产更佳;月亮离相位水星,命主不是头胎子女,个性温和聪明,博学多

闻,获得赞誉,根据星座论断精通哪种学问。太阳位于上升轴,不利于兄弟姐妹。火星和土星位于上升或天顶,或位于其续宫,最不利兄弟姐妹,代表没有兄弟姐妹,或彼此为敌。火星位于 12 宫或天底、下降轴,都不利于兄弟姐妹,尤其上升定位星或月亮定位星又会合火星,或火星映射水星,尤其严重的是,如果火星为上升或月亮的定位星,位于上述位置,兄弟之间互相敌视。火星位于水星星座或映射水星,兄弟之间会有冲突,甚至会把敌意扩至他人,引发更大的灾祸,尤其火星又映射月亮或兄弟点更甚。

Al－Andarzaghar 认为,在论断兄弟姐妹人数多少的时候,必须知道星座特性,譬如多育星座为巨蟹座、双鱼座、天蝎座,不育星座为狮子座、室女座、摩羯座。其他星座代表中等。太阳和土星代表比自己大的兄弟,木星和火星代表排行中间的,水星代表比自己小的,月亮代表姐姐,金星代表妹妹。

论断排行的时候,看上升的三方主,哪一个最强,最强的一个位于上升轴,代表命主为老大或老四;位于天顶,命主为老大或老四;位于第 7 宫,命主为老大或老七,然后观察吉凶星是否映射,吉则幸存,凶则死亡;如果三方主星都位于果宫,则排行无法分配。如三方主星位于上升右侧星座,在地平线上,则从主星到上升轴之间的星座代表母亲在命主出生前已经生育几位子女。如果有凶星,代表流产的,或者该兄弟姐妹有胎记或缺陷。吉星在其间,则代表子女数目超乎想象。如果天顶到上升之间,没有任何行星,代表命主为老大,命主之前如有兄或姐,则已经死亡。观察上升和天底轴之间,如果有行星,代表命主有弟弟妹妹。没有行星或有凶星,代表没有弟第妹妹,纵有亦流产。

第 3 宫定位星位于上升或下降轴,命主为父母唯一的子女,如果它位于天顶,则有兄姐,位于天底,则有弟弟妹妹。月离相位的行星代表兄姐,月亮入相位行星代表弟妹,月离相位凶星,代表兄姐有灾祸,尤其是土星,最差。土星于四轴,则命主为独子,夜里出生,则主兄弟姐妹死亡。太阳或木星位于轴,则命主为老大。水星于上升轴,代表没有兄姐,如有则已经死亡。月亮离相位土星,离相位火星,如果星宗反之,均主丧兄姐。

使用阿拉伯点的时候,Al—Andarzaghar 认为兄弟点有两种:一种是赫尔墨斯学派,公式为兄弟点＝Asc＋木星－土星(昼夜相同);另外一种是 Valens 的观念,公式为兄弟点＝Asc＋木星－水星(昼夜相同),并指出这两个点都是准确的,可以一起用。(Valens 的著作使用的是第一个公式,并且他认为夜间公式为兄弟点＝Asc＋土星－木星)另外,Dorotheus 使用以上第二个公式,计算兄弟姐妹人数,以映射此点的行星数量计算。

兄弟点位于多育星座并吉利,则兄弟姐妹多且吉,在不育星座,则少。金星和水星于阴性星座映射兄弟点,则主姐妹,于阳性星座映射,则主兄弟。一个于阳性星座,另外一个于阴性星座,则兄弟姐妹皆有。金星和水星从凶位映射,则有缺陷或不吉。木星合兄弟点,映射太阳或月亮,会有很多兄弟姐妹。

土星合相兄弟点或冲兄弟点,代表兄姐死亡,火星参与映射则更凶,火星停驻则更快,木星反厌,则更凶。如果主向限的水星允星影响兄弟点,凶星参与佐证,譬如参与的凶星,至少有一个位于本命盘的水星星座,主兄弟死亡,尤其水星刑冲兄弟点为凶,金星、水星则主姐妹。上升定位星连结第 3 宫定位星,则命主需要兄弟。第 3 宫定位星连结上升定位星,则兄弟需要命主。

在论断兄弟姐妹数目上，Dorotheus 认为，需要观察兄弟姐妹数目点，公式为 Asc＋木星－水星（昼夜相同），以映射此点的行星数量计算命主的兄弟姐妹人数。如果金星和水星从吉宫映射此点，且位于阴性星座，则为姊妹；如果在阳性星座，代表兄弟；其中一个位于阳性星座，另外一个位于阴性星座，则男女都有。同时可以根据火星的三方主进行论断，火星的第一和第二三方主，如果都位于凶宫，则兄弟姐妹不多。其中一个在吉宫，另外一个在凶宫，则有人先命主而死。如果在地平线上方，则观察其与上升星座之间的星座和行星。如果在地平线下，则观察其与上升星座之间的星座和行星。如果两个三方主不在同一个星座，看哪颗行星东出，从其开始计算，如果力量相近，取第一三方主星计算。计算时候，双体星座代表两个，其他星座均代表一个。Dorotheus 以兄弟点论断兄弟关系，兄弟点＝Asc＋木星－土星（昼夜相同），兄弟点的三方主星三合映射兄弟点，则兄弟情浓，刑则关系中等，冲则彼此敌意或分离，没有映射，主兄弟远离。

在论断兄弟关系上，Abraham Ibn Ezra 在其著作中说，Dorotheus 认为上升星座为摩羯座和巨蟹座的人，会和兄弟姐妹争吵。原理是此时第 3 星座和第 12 星座定位星是同一颗行星，12 宫代表矛盾和争吵。Abraham Ibn Ezra 根据原理推导出其他星座，如果上升星座是白羊座或天秤座，命主会自己导致自己的死亡，会从女人那里得到钱，某个器官会有慢性疾病，和父亲一起开心欢乐，因为月亮和太阳的性质相同，并且会被卷入到外地或与客人的争吵中；上升星座是金牛座或天蝎座，他会使自己生病，会和女人争吵，会从土地上赚钱，他的大部分朋友会死去；上升星座是双子座或射手座，他的兄弟们会挥霍他的钱，会从积累的东西中赚钱，大部分孩子会成为他的敌人。这些东西无须加以解释,因为它们是由两者之间的关系派生而来的。如果第 3 宫定位星和上升轴或上升定位星三合、六合,则兄弟友爱;如果刑冲,则争吵不和。针对兄弟关系,也应该观察火星,它在每个命盘中都代表兄弟姐妹,火星刑冲上升或上升定位星,则兄弟之间发生斗争;火星吉映射福点,因为兄弟姐妹受益;凶映射福点,会因为兄弟姐妹而破耗。

Muhammad B. Bishr Al—Khurāsānī 认为,排行在命主之后的弟弟或妹妹,会出生于第 3 宫主星所在的星座定位星的日子、第 3 宫定位星时段。譬如第 3 宫定位星为木星,位于白羊座,则弟弟或妹妹生于火星日(也可能是太阳日,因为太阳升于白羊座),生于木星时段。

Māshā'allāh 论断兄弟姐妹时,首先分析第 3 宫(指星座)、第 3 宫定位星、第 3 宫内的行星,以及刑冲该星座的行星,如果凶星在内,则缺少兄弟姐妹,或有兄姐死亡;如果有行星刑冲第 3 星座,则有弟妹死亡;如有吉星映射此宫,则兄弟姐妹佳,如果佐证映射的吉星被接纳,则会有许多兄弟姐妹。当它位于星座开端时,代表排行在前;在星座中段,代表排行中间。在星座末端,代表排行最后。第 3 宫定位星为吉星时,没有凶星映射,而被日月映射,则命主境况很好,也有许多兄弟姐妹。

其次,分析第 3 宫定位星所在位置与第 3 宫的关系,分析它所在位置与上升轴、上升定位星的位置关系(是否映射或反厌)。位于日光下,则兄弟姐妹少,如处于焦灼则更甚。观察它是否被未接纳它的行星通过行星汇聚、刑冲关系导致不吉,如果被接纳,则兄弟姐妹虽有而少,或者有缺陷,或者与命主不和。当第 3 宫主星与一颗落入升星座的行星连结,则兄弟姐妹能够从贵人处获得职位,他们的境况可以从其连结的行星状态得知。

接着分析火星,观察火星的位置与其所在星座的性质。分析其定位星,具体分析方法同上。火星位于上升轴与天顶轴之间,代表兄姐比自己强大、稳定,除非命主是老大或火星落入降星座,此时代表自己比兄姐强。火星逆行,则兄姐有缺陷。当火星位于上升轴和天底轴之间时,弟弟妹妹强大稳定,除非自己是老小或火星落入降星座。火星最佳的情形是,其东出并在所处的星座中有佐证,或者被其接纳,这种情况则代表强大,如与此相反,则意味着兄弟姐妹不吉,或失踪或分离,如焦灼则更凶。如果同时,火星的佐证很强,譬如它是第 3 宫定位星或兄弟点定位星,则更凶,代表死亡、毁灭。

月亮离相位的行星,代表兄姐,月亮离相位吉星,并且吉星接纳它,则兄姐就会健康生活,生活富裕。如果接纳,但它不吉或者离相位于接纳它的凶星,则兄姐长寿,但生活条件不好。如离相位凶星,未被凶星接纳,则兄姐不能存活。如凶星映射太阳,并且东出,则应于月亮入相位连结的行星。月亮离相位落入升星座的行星或位于轴,则兄姐中有人比自己强,根据月亮入相位连结的行星,论断弟弟妹妹。

第 3 宫定位星落入第 8 宫,兄弟姐妹的境况不好。落入上升星座开始的第 10 个星座,则兄弟姐妹的生存时间很短。在论断年运的太阳返照盘中,第 3 宫定位星落入第 10 宫,则命主不利于兄弟姐妹,有些兄弟姐妹此年不吉,如果状态不吉,则更凶。第 3 宫定位星落入角轴,位于舍升星座,兄弟姐妹获得富贵。如果没有以上其他情形,仅仅落入角轴,代表兄弟姐妹获得一定的地位提升。

在分析兄弟点时,兄弟点位于角轴宫,兄弟姐妹有名望、地位,结合第 3 宫定位星分析,如果兄弟点的佐证多于第 3 宫定位星,并且位于上升星座,命主胜于兄弟姐妹,兄弟点定位星以其所在的位置加减吉凶论断即可。兄弟点或其定位星位于天顶,虽然兄弟姐妹有名望地位,但是必不能存活，当第 3 宫定位星也位于天顶时，尤其凶；兄弟点位于第 7 宫，则命主会对兄弟姐妹充满敌意；兄弟点定位星或第 3 宫定位星位于第 4 宫时，命主会有很多兄弟姐妹，并且他们的事业会高于父母，会被指定为继承人，当上升定位星也位于第 4 宫时，则命主也会和兄弟姐妹的状态一样。

兄弟点位于 11、5、9、3 宫，或者兄弟点、第 3 宫定位星位于以上宫位，则兄弟姐妹互爱互助。如果位于 11 宫，则兄弟姐妹经常旅行，其中一人在远离故土后有好的际遇并安居在异地；位于第 3 宫，则缺乏兄弟姐妹，其生计也匮乏；位于第 9 宫，兄弟姐妹结婚时候彼此缺席，也代表快乐。凶星位于第 9 宫，或其定位星不吉时，代表宗教上的损害，因为妇女而争吵不合，宗教理念分歧；在第 5 宫，代表弟弟妹妹帮助自己，兄弟姐妹在其管辖下。最后观察兄弟点定位星的吉凶，如果位于轴，被接纳或位于轴，兄弟姐妹富贵，不吉则意味着他们的毁灭。

兄弟点或第 3 宫定位星位于 8、2、6、12 宫，意味着兄弟姐妹境况不佳。位于 2 宫，代表兄弟姐妹依靠自己，命主负责其生计问题。同时，如兄弟点定位星不吉，代表不幸，兄弟姐妹有人被囚监狱，有人饱受煎熬；位于第 8 宫，并有佐证，其定位星强，但是上升定位星有缺陷，则兄弟姐妹侵吞其产业，如果兄弟点定位星有缺陷，则兄弟姐妹有疾病或身体虚弱；当位于第 6 宫并有佐证，其定位星不吉，则兄弟姐妹为奴，或作类似的工作，并随后遭遇疾病折磨。如没有凶星影响，则其使用诡计伎俩，作可憎卑贱之事；兄弟点或其定位星位于 12 宫，有佐证且映射自己，兄弟姐妹在官贵门下做事，类似税吏、监狱看管之类的卑下职位；位于轴，位于极好的位置，则代表命主与兄弟姐妹之间的敌意。

兄弟或姐妹

判断兄弟姐妹性别，需要观察兄弟宫星座、定位星、月亮星座。这三个星座都是阳性，则有兄弟，无姐妹；都是阴性，则有姐妹无兄弟。同时也要结合兄弟点和兄弟点定位星作为佐证进行综合考量。兄弟宫星座为阳性，其定位星阳性，但是兄弟点位于阴性星座，月亮位于阴性星座，则命主有兄弟也有姐妹。金星、木星、水星位于合适的位置，位于阳性星座，代表兄弟，位于阴性星座，代表姐妹。

异父母兄弟姐妹

Al—Andarzaghar 认为，需要观察兄弟宫星座，如果是双体星座，代表有异父母兄弟姐妹。尤其兄弟宫定位星位于启动星座、双体星座，或者类似摩羯座这样的双体特性星座，代表有异父母兄弟姐妹。或者兄弟宫星座为启动星座，定位星位于双体星座，尤其兄弟点位于双体星座，尤应。

兄弟姐妹死亡与时间

土星合相兄弟点或兄弟数目点，或土星刑冲它们，吉星反厌，代表兄弟姐妹死亡，火星参与尤甚。火星或土星逆行前以停驻形式刑冲兄弟点，尤其凶。太阳返照盘中，水星伴随凶星，则兄弟姐妹死亡。当火土二星或其中一颗位于本命盘中水星所在的星座，主兄弟姐妹死亡。水星刑冲兄弟点，也代表兄弟姐妹死亡。凶星于兄弟点，映射水星，代表弟弟、妹妹死亡，映射金星，代表姐妹死亡。可以通过主向限，看兄弟点前进中遇到凶星，则不利于兄弟姐妹，尤其刑冲。

双胞胎兄弟姐妹

木星和水星紧密度数合相上升轴，并且上升星座为双体星座，月亮位于轴，太阳在星座内入相位于某颗行星（同星座），命主为双胞胎或有双胞胎子女。观察时候必须要注意，不能有凶星上位映射其中一颗行星,其中一颗行星被凶星映射,代表双胞胎中最先受孕的那个会在出生时死亡,或此之前死亡。月亮既也不在轴,也不在双体星座,但是木星合相水星于双体星座,位于上升宫,月亮或太阳与任何行星合相,代表双胞胎。

月亮合相水星或合木星,太阳映射其它行星,并位于双体星座,并且上升轴位于双体星座,有任何行星与其合相,则为双胞胎。月亮位于木星星座或水星星座,木星和水星位于上升或下降轴,则为双胞胎。月亮位于双体星座,太阳位于轴并位于月亮的第二个星座,或者月亮与水星或木星位于双体星座,代表命主为双胞胎,或有双胞胎子女。

双胞胎是男性还是女性?太阳、月亮、上升位于阳性星座,阳性行星佐证,则更确,诸如木星、土星、火星等等,代表兄弟双胞胎。如果金星佐证,并且位于阴性星座,代表姊妹双胞胎。金星佐证,位于阳性星座,并且阴性行星连结太阳、月亮、上升,代表龙凤胎。

火星和土星位于舍星座,映射太阳、月亮、上升,没有吉星映射,代表未生即死,或一出生即死。吉凶星一起映射,代表先出生的一个会死。

月亮位于轴,并且位于多育星座,与一颗吉星合相,上升星座为双体星座或多育星座,木星或水星在内,代表多胞胎。第5宫的星座定位星,位于双体星座,第5宫也位于双体星座,木星和水星映射位于双体星座的月亮,或与月亮合相,代表命主是双胞胎。

以上双胞胎理论非常准确,所有双胞胎,多胞胎都必定符合这种理论,读者可以排出世界上任何双胞胎、多胞胎的命盘检验此理论,看是否符合。另外,必须要参考本书中论述的所有的双胞胎断法和原理,以及笔者详细分析的案例。

家庭成员的论断以及相关阿拉伯点

论断亲人，可以结合阿拉伯点和相关类象行星的三方主。譬如父亲可以看太阳和太阳的三方主，母亲可以看月亮和月亮的三方主，兄弟可以看火星和火星的三方主，姐妹可以看金星和金星的三方主。根据命盘中的行星论断命主出生后相关事件的开始状态和等级，其三方定位星论断结局以及事情的转换变化，变好或变坏。如果太阳和太阳的三方主星都吉利，则所代表事项始终皆吉。行星吉利，其三方主变凶，则开始顺遂，后遇挫折、灾害，根据具体变化而断，其他类推即可。

然后，分析阿拉伯点，根据其所遇的吉凶论断，观察其主向限变化，论断相关经历。如果发现父亲点或其他亲属的点位于一个皇室星座，譬如狮子座，公家、政府或官贵就会对父亲产生影响；在植物星座，就会邂逅有关土地、植物、树木的影响；在水元素星座，就会受到水，或水域环境的影响。

接着分析阿拉伯点定位星，当定位星位于水星星座时，代表相关人物会受到书籍、演讲、口才、商人的影响，或者代表应用自己的才智、观点和策略；当位于金星星座，代表与女性相关；位于火星星座，部队、军警、火类工作有关；位于土星星座，和土地、定居或者和老者有关；位于木星星座，代表卓越的人、贵族、宗教；位于月亮星座，代表依附于王者，或和女性关系有关。

阿拉伯点最有力量的位置是 1、10、11、5、7、4、9 宫，对于所代表的人物都是强有力的，2、3、8 宫则弱，最凶位置是 6、12 宫。观察阿拉伯点和其定位星，两者皆吉，则大吉，尤其点定位星吉映射点。如果两者皆凶，则更凶。一吉一凶，则吉凶混杂。一般阿拉伯点定位星在事项的代表上更有力。从这些点所在的界开始前进，通过主向限，遇吉则吉，遇凶则凶,用于推相关运限的吉凶。

例 1 非血缘兄弟姐妹

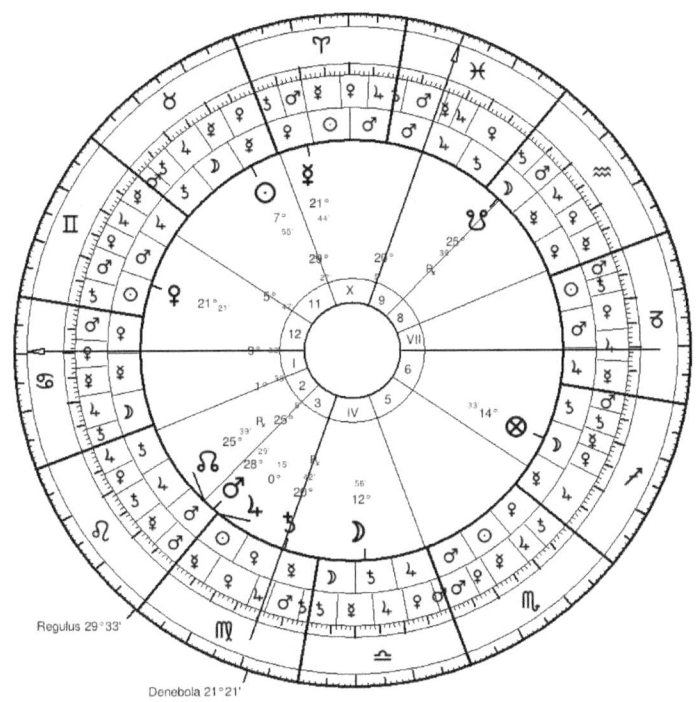

Regulus 29°33'

Denebola 21°21'

男命,生于 1980 年 4 月 28 日,此命有很多特殊的地方。父母离异后,母亲改嫁,父亲至今未娶,本来有 5 个兄弟姐妹,都流产夭折。有一个领养的妹妹。

论断兄弟姐妹,必看火星、第 3 宫,此命火星位于第 3 宫,更为明显。白天出生,火非星宗,为凶星,并且遇到罗睺,与罗睺在 3 度内距离,影响很大,罗睺和计都带有非常强的业力性质,罗睺代表分离,巨大,数量,业力,它常在各种特殊事件中出现,诸如多胞胎、多婚姻、多儿女、凶死、六亲无缘等等。本案例中,罗睺放大了火星的凶性,同时体现了它的吞噬特性,所以兄弟姐妹都夭折了。火星凶性,被罗睺放大。在第 3 宫中又出现了火星、土星夹木星的凶格,也代表对兄弟姐妹的损伤，土星位于第4宫轴，代表兄弟姐妹的死亡，土星作为第8宫定位星，又是计都的定位星，让土星极具凶性。

上升位于巨蟹座，为多产星座，代表母亲是多产的，但是火星和第3宫轴位于狮子座，狮子座为不育星座，代表兄弟姐妹数量稀少或没有。罗睺和火星的组合容易让命主有非血缘兄弟姐妹，主要是因为木星佐证，木星出现在第3宫，并且位于歧度，歧度行星都是不正常的，也意味着非血缘关系的兄弟姐妹。观察歧度时，一定要论断其歧度星座的意义，木星位于狮子座和室女座之间，狮子座和室女座都属于不育星座，所以这个木星更代表非血缘关系。第三星座为室女座，定位星水星位于天顶，代表会有一个妹妹，水星与月亮相冲，代表了妹妹的特殊性。

观察其兄弟点，兄弟点＝Asc＋木星－土星（昼夜相同），兄弟点位于双子座19°17′，金星在内，会有一个妹妹，但金星在12宫果宫，并且被土星所刑。其定位星为水星，位于白羊座代表有弟弟妹妹，但上升定位星月亮和水星相冲，代表非血缘关系，兄弟点与福点相冲，也有这种象意。兄弟数目点位于天蝎座18°15′，其定位星火星与罗睺所形成的格局，再次强调了非血缘关系的兄弟姐妹象意。

根据火星三方主星论断兄弟姐妹，火星三方主第一个是太阳，第二个是木星，观察太阳和上升星座之间的行星，金星位于其间，会有一个妹妹，虽然双子座是双体星座，但是金星被土星所刑，不可能以多论。观察木星，木星与上升星座之间是火星、罗睺，代表有非血缘兄弟姐妹。

例 2　双胞胎姐妹

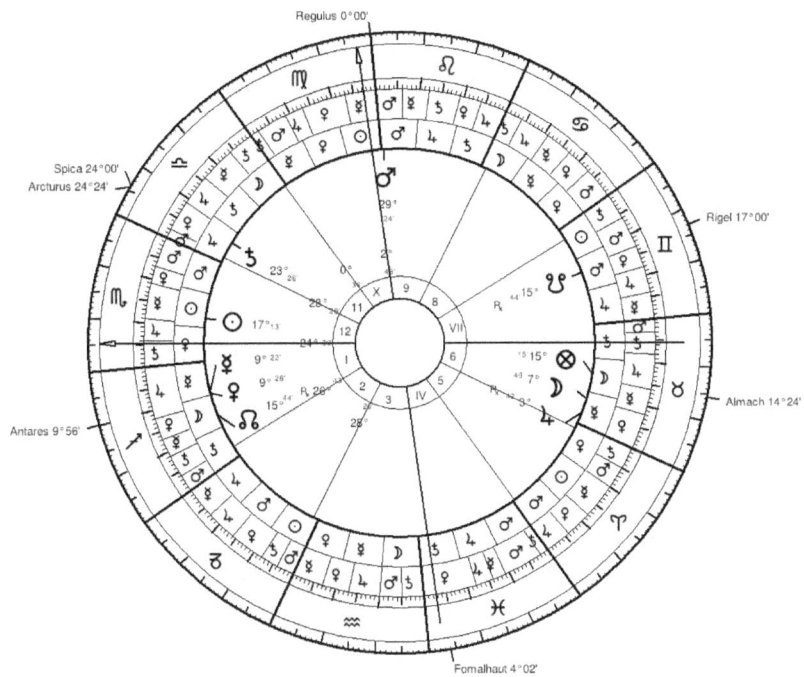

命主生于 2011 年 11 月 10 日,在命盘中,能够代表命主的,分别是上升轴,上升定位星和月亮。代表兄弟姐妹的分别是火星、第 3 宫、第 11 宫。

双胞胎以及多胞胎的关键,在于有生命体与命主同一时段出生,因此代表命主的类象一定带有多重性和特殊性。

命盘中,上升宫内有金星和水星同度!金星为阴性行星,水星无性别,遇到金星,水星也变为阴性行星,这个信息代表为姐妹双胞胎。其中金星代表姐姐,水星代表妹妹,在性格,人生轨迹上一定是不同的。

罗睺带有极大的特殊性和业力性质,常见于各种特殊业力,并且罗睺主放大。上升星座,金星、水星、罗睺的组合,代表了多胞胎的特性。

火星代表兄弟姐妹,此命火星位于天顶狮子座 29°,合天顶轴,并且紧密刑天蝎座 24°的上升轴，火星同时还是上升定位星，这代表出生时候，兄弟姐妹有极大的显著和活跃特性，也是双胞胎的标志。

11 宫也代表兄弟姐妹，其定位星金星位于上升宫，金水合相前面已经分析。

月亮代表当事人之身，月亮伴随木星，木星为生命体行星，代表多胞胎出生。并且月亮升于金牛座，阴性星座，代表女性。同时伴随木星、福点，吉象明确。

观察其兄弟点，如果以兄弟点计算，兄弟点＝Asc＋木星－土星（昼夜相同），兄弟点位于双子座 5°44′，双子座为双胞胎标志，并且兄弟点定位星水星入上升宫，与金星合相。

最后我们观察恒星，恒星 Fomalhaut 位于第 4 宫 4°02′，与天底轴合相，本书前文恒星章节有论，认为北落师门位于上升或天顶，一般子女较少，得子女迟晚，或者只有女儿，或无子女，但是为人口才极佳，相貌英俊。这一段断语说明北落师门更代表女性，有这个断语是因为北落师门的恒星特性是金星与水星。此命盘北落师门合天底，天底代表家庭与父母，而其恒星特性金星合水星位于上升宫，因此这对姐妹花同时出生。

以上信息我们可以看出，一些特质明显的命盘，信息都会有多处反应，实际论断时，其中一两处已足以得出结果。

第十二门　说财帛福禄（财运）

凡论财帛福禄，看第二位，并第二位宫主星。又看木星并福德箭，及本箭主星，又看财帛箭，并本箭主星。

若以上各星内，有力强旺者，与命宫或命宫主星，吉照，主有财易得；若以上星，与命宫，或命宫主星恶照时，虽得财，甚艰难；若以上各星，与命宫并命宫主星不相照，则无财，求亦不得。

若以上强旺之星，前后有吉星拱夹，又有太阴，或太阴吉照者，主广有财；若强旺有力之星，并福德箭位强旺主星有力，又有吉星相照者，主极有财，有福禄；若凶星相照，则贫贱，求财不得。

若强旺有力之星，是土星，主田产，房舍，农种等项上得财。

若是木星，则使人经营得财。却用财吝涩。又不望其财，人自供送。

若是火星，则因领兵，或掌刑罚，此上得财。

若是金星，则得朋友，或阴人，相助送之财

若是水星，则因学问，或经商上得财。

若土星与福德箭吉照，又有木星相助，则得父祖遗留之财，或得不想望之财。

若第二位主星入命，又命宫顺受，则其财不求而至。若不顺受，则空想不得。若命宫主星在第二位，第二位顺受又无凶星照者，求财必得。若不顺受，又有凶照，则徒费心力求财不得。若顺受却有凶照者，得财却不聚。若顺受又有吉星照者，求财易得又得用。

若太阳或太阴在阳宫，又在正四柱上，昼生人，太阳在地平环上，夜生人,太阴在地平环上,又前后有星拱夹,或有吉星在四柱相照者,主其人至富极贵。以上拱夹之星,并相照吉星强旺有力,则富贵尤大。若以上之星力弱,则其人富贵,比上所言减少。若太阳、太阴在阴宫,又在四弱柱上,又前后有凶星拱夹,则其人至贫贱。

若杂星内第一等,第二等星,在人命宫四正柱宫度上。或与太阳、太阴同度,或在福德箭度数上,主其人大贵且富。得杂星力气相助,随各星之性所主而富贵之。若杂星是第三等内上等星时,其人亦富贵,比上稍减。若杂星是凶星者,亦得富贵,但后终凶。若杂星性情是吉星,富贵始终如一。

注:在财富上的论断上,《天文书》中提及了第 2 宫,第 2 宫定位星、木星以及拱夹格和恒星的用法。《天文书》的财产点公式:Asc＋第 2 宫轴－第 2 宫定位星(昼夜同),Māshā'allāh b. Atharī 也用此财产点。同时,他也会分析生命点,公式为 Asc＋土星－木星(昼) Asc＋木星－土星(夜),他将生命点也命名为财产点,根据生命点所落星座性质,论收入的方式。譬如生命点位于双子座、天秤座、宝瓶座代表财源收入来自知识和口才。

在论断财富以及富贵方面,首先要重视本书第十五门中关于三方主的注解和案例,这也是辨别富贵的关键手段,同时需要注意恒星论断富贵的重要性,并注意下一节中辅星格的论断方法。其次,参考以下论法。

Dorotheus 对财富的论法,请参考本书第一类中第十五门,有关 Dorotheus 对三方主的应用方法。

Claudius Ptolemy 论断财富,主要单独使用福点(其福点不分昼夜),分析福点所在星座,及其定位星的力量,最后分析映射福点、福点定位星的行星的特性,这些特性包括后天宫、昼夜星宗,行星力量、星座性质、东出西入等等。

Umar Al—Tabarī 在论断财运方面,列出一些相关论断规则:

首先分析第 2 宫,看什么行星在内,并分析第 2 宫定位星;其次分析阿拉伯点的财产点及其定位星;接着分析木星;随后,分析福点和福点定位星;最后在以上八个类神中,根据力量,找到最有力量、最具有代表性的类象星作为主体进行论断(这种最强用神,在波斯时期的术语为 Mubtazz)。分析最强用神与上升定位星之间的关系和格局,该用神东出,则早年发财,西入则迟晚。还可以使用最强用神的三方主星,论断人生财富的阶段性吉凶。

Al—Andarzaghar 汇总前人的断法,归纳断法如下:

第一,注意固定恒星,与上升轴、天顶轴、太阳、月亮紧密合相;第二,昼日、夜月的三方主星,第一主星和第二主星,看它们在盘中的配置。看位于月亮的什么宫位,它们是否映射月亮、福点;第三、注意昼日或夜月的两个三方主星是否位于四轴的 0°~15°(赤经);第四,福点和福点定位星的位置,福点定位星是否位于三方、升、界等力量处;第五,观察上升定位星和天顶,11 宫;第六,观察月亮所在的星座和月亮趋离;第七,观察吉星或凶星是否映射映射福点的 11 宫;第八,看阿拉伯点的财产点和财产点定位星。

关于行星和星座方面,注意以下论断经验:

1、所有吉星位于吉宫,但是木星却位于 6、12 宫,并且反厌太阳和月亮,则有不好的行为与名声,并将降低它出现在三方主星时所代表的意义,会从运中跌落,敌人会战胜他,把他打倒,让他离开出生地或国家。木星位于阴性星座,未于舍升星座,木星不吉时尤应。

2、所有行星位于果宫,木星位于天顶或上升轴,代表命主结交贵人,能够获得贵人的尊重,尤其木星位于升星座,并从月亮处获得力量。金星位于天顶,并有力量,命主富饶、幸福、休闲。论断罗睺时,如果罗睺合相吉星位于上升或天顶,代表富贵、领导。夜生人,计都合相火星,代表力量、邪恶、压迫者、流血、毁灭国家、掳掠、挥霍、不仁,尤其太阳映射,并且它们位于皇室星座或火星升星座(白羊座),当水星佐证时,则其凶更大、更邪恶。月亮参与则更凶,命主会被砍断四肢而凶死。昼生人,土星合相计都,也会从以上论述方式获得财富,但是不至于如此之凶。

3、土星位于第2宫,主欺诈、贪婪爱财、喜欢交际、出身贫寒。火星在第2宫,代表为贼,堕落腐败,财会因此消散,火星在这里,意味着毁灭,从本土逃离,尤其是白天生人,火星落陷。木星映射任何一颗行星,无论它是否合星宗,任何一种相位,都会趋于吉利,譬如木星映射太阳,会因为首领、长官、领导、有权势的人而获益;木星映射水星,就会因为作家、知识而获益;木星映射火星,就会因为部队、战士、军职、勇敢的人而获益;木星映射月亮,则会身体健康,灵魂快乐,得益于奉献、女性、高贵和友谊。

4、夜间生人,月亮位于天顶,盈月状态,并且月亮为自己的三方主星,映射第二个三方主星,并且该主星为吉星,则多财运,为富命。如果月亮位于升星座或吉映射升星座,一颗吉星位于自己或月亮的升星座映射月亮,财富运更强。月亮位于金星星座,位于吉宫,代表财富因为女人而增加;月亮位于水星星座,通过写作和逻辑而获得;月亮位于木星星座,通过贵人而获得,或因为国家、政府部门工作而获得;月亮位于火星星座,通过继承父母而获得,或因为古董、古老事物而获得财富;月亮位于太阳星座,从王者、领导处获得财富;月亮位于舍星座,通过手艺而获得财富。

5、白天生人,太阳如果是自己三方主星中的一员,位于天顶,尤其位于白羊座,命主为王者、领导。如果水星与它们合相,则为法官,精通法律学,值得信任,尤其木星是水星界主星或为水星定位星。

6、昼日夜月三方主星如果位于昼日夜月的升星座,尤其是月亮的升星座,主命主显赫。太阳和月亮位于吉宫,没有凶星映射,则生活舒适,良好的生计,火星映射,则代表旅行和努力,献身于军队。土星映射,则代表疾病、冷漠、工作懒散、悲伤。

7、太阳位于第 2 宫,资产更大。星座为双体星座,代表一部分财会消散,星座为启动星座,代表财消耗败尽。昼火夜土,位于第 2 宫,代表贫穷。昼火或夜土,位于第 4 宫,如果凶星对冲,没有木星映射,代表逃跑、死亡,更凶。凶星刑冲第 2 宫,为衰败之象,导致衰败的原因根据第 2 宫星座的定位星论断。

8、不吉的命盘,木星位于轴,伴随凶星,木星会抵挡凶星 12 年。如果位于续宫,木星行运经过凶星时候则终止抵挡;金星位于轴,抵挡 8 年;土星位于轴,如果土星为昼盘太阳三方主或夜盘月亮三方主,抵挡 30 年,如非以上条件,则不应;水星条件如同上文土星,则抵挡 20 年;火星如此,则抵挡 15 年;太阳位于轴,并且为昼生人,位于自己的三方主,抵挡 19 年,夜盘不应;月亮位于轴,并位于阴性星座,抵抗 25 年,如位于阳性星座,抵抗 25 个月。

9、当观察福点时,福点位于太阳升星座,命主为上位者或会与上位者有联系;位于木星升星座,命主会结交权贵;位于火星升星座,会与部队,军官有联系,或从事军事,好运也因此而来;位于月亮升星座,命主受益于正直、强大和好运。注意福点所在的宫和界,论断事业工作,尤其当福点定位星映射福点时。福点位于 1、10、11、5 宫,映射太阳或月亮,吉利,尤其映射昼日夜月。

10、每一颗行星位于自己的升星座,或位于其他行星的升星座(不能位于行星自己的落陷星座),都有助于好运和富贵,根据星座特质而论。尤其太阳和月亮,当它们位于木星的舍升星座。如果位于火星升星座,命主坚定、易怒、武职;位于金星升星座,为人慷慨,具有良好的性格;位于木星升星座,会在努力中变得强大,主权威和名誉;位于月亮升星座,命主会感到满足,受到赞扬;位于土星升星座,命主有耐心;位于水星升星座,主教育。确定这些论断时,这些行星中有一颗位于上升轴,其升主星位于轴或续宫,位于吉位。

十二分部论断,需要注意以下几点:

1、太阳、上升轴、月亮的 12 分部,位于吉宫,与吉星合相,代表身体健康,自己与六亲皆吉。

2、凶星的 12 分部,没有和符合星宗的行星合相,反厌上升轴。

3、木星和金星的 12 分部,和日或月合相或位于上升。

4、凶星的 12 分部,男命位于阳性星座,女命位于阴性星座。

中等财富论断经验:

中等财富,看福点,如福点不吉,但是吉星于吉宫映射福点,并且东出于日,代表中等财富,根据该吉星分析即可;如果太阳的三方主,位于轴最后 15°(赤经),代表中等财富;吉凶星一起映射福点,中等财富;分析上升定位星、天顶定位星、11 宫定位星,吉凶混杂,中等财富,生平有时财好,有时财运差;昼日夜月的三方主星位于凶位,但是昼月夜日位于吉位,代表中等财富;

由富变贫穷的论断经验:

1、白天生人,看太阳的三方主星;夜生人,看月亮的三方主星。位于吉位,被凶星映射,则富贵跌落。福点或福点定位星位于吉位,被凶星干扰,也主如此。

2、吉星位于上升和天顶,凶星位于第 7 宫,富贵跌落。火星或土星位于第 2 宫,并且无力,也主吉运败落。如果它们都位于第 4 宫,或其中一个位于 4 宫,另外一个位于天顶,木星未映射,主富贵跌落,被迫离开乡土,并永无翻身之时。如果火星和土星位于 11 宫,或位于福点的 11 宫,也代表富贵跌落。

3、土星合相月亮,位于轴,哪怕富贵如王者,也会跌落,火星映射则更差。木星映射,则资产能保持一段时间,但是依然会富贵跌落。月亮离吉星,入相位凶星,也代表富贵跌落。太阳位于 6、12 宫,凶星映射,代表富贵跌落。昼日夜月,反厌上升,凶星于轴,会变穷。

4、分析新月或满月点。位于 6、12 宫,代表富贵跌落;寿主星位于凶位被凶星映射,代表富贵跌落;土星于固定星座,映射新月或满月,代表长久跌落;位于启动星座,多次跌落;位于轴,代表巨大跌落;位于果宫,代表丑闻、痛苦、突然死亡。

贫穷悲惨的论断经验:

1、太阳的三方主不吉或福点不吉,位于 6、12 宫,合凶星或被凶星刑冲,福点定位星落陷或不吉,特别差(不用夜间生人看太阳,白天生人看月亮)。白天生人,火星合福点,或刑冲福点,则出生后贫穷至老。

2、看福点定位星,如果位于 6、12 宫,金星与木星也在 6、12 宫损坏,都未映射月亮,如果此时两个凶星位于轴或续宫,尤其差。

3、四轴的定位星、四续宫定位星,都位于果宫,此时不需要看昼日夜月,此命为贫贱之命。

4、看第 2 宫与其定位星,位于凶位,凶星映射或位于 2 宫,吉星未映射,强力行星位于果宫,主穷困。

5、财产点与财产点定位星位于 6、12 宫,吉星未映射,主穷困,持续不断的痛苦。

由贫穷而致富的相关经验:

Al－Andarzaghar 认为凶星位于轴,接着吉星在其后紧随,为先衰后旺。月亮离凶星,趋于吉星,也一样。昼生人,只有夜星(或夜生人,只有昼星)映射福点,早年好运潜伏,直至中年。

昼日夜月的三方主星,正向运行,未在日光下。其中一个三方主星,位于另外一个三方主星座。第三个三方主星位于第 7 宫,晚年才会有财运。命盘中位于凶宫的行星映射福点,而福点定位星位于吉位,则晚年才有财运。

与上面原理类似,观察福点和福点定位星,福点代表早年的财富运,福点定位星代表中晚年的财富运。

凶星东出,位于上升和天顶之间,吉星从其对宫映射,并且有力量。

自食其力和其它论断经验:

1、福点的第一三方主位于吉星界,位于吉宫,并映射福点,代表自食其力。

2、福点的两个三方定位星反厌福点,未得其它吉星映射福点,代表生计增长源于外人、外地。

3、土星和火星位于福点 11 宫,都位于舍、升、三方星座,靠力量、敲诈、不公正赚钱。

4、福点的第一三方主未映射福点,第二三方主映射福点,主财运起伏不定、耗费、损坏。

Māshāʾallāh **关于第 2 宫和财产点的论断经验：**

观察上升定位星和第 2 宫定位星，如果第 2 宫定位星趋于上升定位星，代表求财不费力而得。如果上升定位星趋于第 2 宫定位星，代表辛苦求财。观察它们之中，主管客星时的接受管理的一方位于何处，位于上升星座，代表通过自己双手努力工作；位于天顶，代表因为官贵而获利；位于第 7 宫，代表因为女性而获利；位于天底，因为土地、水源、建筑而获利。这些所得之财，会留给子孙。如果位于果宫，但是映射上升轴，则会低于以上所论。如果位于 5、11 宫，会在晚年财运大，如果位于 3、9 宫，早年财运较大，这四个宫，生计方面吉利。如上所述，但是反厌上升轴，则财利混杂进退，代表吝啬、缩水。如果第 2 宫定位星传递到上升定位星，会有持续持久的利益，上升定位星传递到第 2 宫定位星，代表急于渴望求财，不利于所得。

代表财的类象行星位于轴，命主不会从父辈获得钱财，而是靠自己赚得钱财。如果此类行星在整宫制和象限宫位制都位于轴（双重意义），命主即会从父辈处得财，也会通过自己努力赚钱。此类行星位于果宫，双重效应下（整宫制、象限宫位制），代表命主既不会从祖辈得财，也无法靠自己赚到钱。

观察第 2 宫定位星，如位于轴并且未被凶星映射，则财运事业有福，不会遭遇不幸，被接纳则更佳。如果位于果宫，只能获得日复一日的适当的回报。如反厌上升，则生计艰难。上升定位星连结木星，木星本身代表钱财，或木星与之连结，代表财富累积。

进一步分析财产点和财产点定位星，财产点公式：Asc＋第 2 宫轴－第 2 宫定位星（昼夜同），观察吉凶星映射。如果它合相上升轴定位星，上升定位星强映射上升轴，命主会获得父辈财产。第 2 宫定位星和财产点定位星不吉或被焦灼、位于日光下，代表处境艰难。福点位于吉位，福点定位星未被凶星干扰，并且映射上升和上升定位星，生计佳。

观察第 2 宫所冲、刑之处，这些地方有凶星，则会损害财和资产，以类似的方法看财产点。如上升定位星和第 2 宫定位星没有互相映射，但是有第 3 颗行星反射光线（即行星反射），达成连接，代表通过他人之手获得钱财，为其学徒，或沾其利益。

月亮被接纳，并映射上升轴，则命主有好的生计，尤其接纳月亮的是吉星。如果盈月位于第 2 宫，通过主传客星、主管客星传递力量给一颗吉星，并且该行星接纳月亮，代表越老财运越好。如果代表命主境遇财运的行星位于启动星座，则代表各种不稳定，总是吉凶交错变化。如上升定位星和第 2 宫定位星彼此反厌，福点定位星反厌上升，吉星反厌上升和上升定位星，月亮反厌上升轴，福点和福点定位星也不吉，则命主在斗争、磨难中度过。

分析第 2 宫的时候，第 2 宫定位星在上升轴有佐证时（有相关力量关联），可以根据第 2 宫定位星论断获得资产的方式。根据行星特性和星座特性论断，譬如位于土星星座，代表从土地、植物、水源获得钱财；位于木星星座，代表从知识、正义、真理和信仰方面得财；位于火星星座，从战争、武器、官贵、火和血等方面得财；位于太阳星座，代表从官贵、父亲、祖先方面得财；位于金星星座，代表从女人、医药方面得财；位于水星星座，代表从写作、知识、商业方面得财；位于月亮星座，看月亮趋于什么行星，根据该行星论断，如果月亮空亡，代表信使或游荡、传递消息的职业。

第 2 宫定位星位于上升轴，代表自己亲手工作，不用寻求也能蒙福,被接纳则更吉;位于第 2 宫,代表生计来自一个已知的来源,如第 3 宫定位星映射,则兄弟姐妹痛苦,凶星映射,则财产被毁,财产分散;位于第 3 宫,因旅行或兄弟的缘故得利,如果是吉星,会有宗教信仰并从中得利;位于第 4 宫,和父亲和祖产有关,代表父亲财产佳,出生时候的环境佳,生活条件好,并孝顺父母;位于第 5 宫,从女性、孩子处得财,因为官贵相关事物而获益,命主将在其所在社会阶层中有着重要地位;位于第 6 宫,与奴仆、骑行动物、药物有关,如被接纳,或被上升定位星映射,会因为药物或动物、奴仆的疾病而受益,如未被接纳,会遭遇不幸,自己的动物会遭到破坏,资产受灾,境况糟糕,生计辛劳而艰难;位于第 7 宫,因妇女或诉讼获利,吉凶星皆反厌,也不接纳,上升定位星也未映射,其财大部分来自争竞和诉讼,主丧妻,会娶奴婢为妻,上升定位星映射第 2 宫定位星,且第 2 宫定位星是凶星时,命主会因为女人、诉讼而破财,因此而遇到困难;位于第 8 宫,主得遗产、亡人之财,不论从哪里得到的资产,用在什么地方,命主都会慷慨分配收益,趋于第 8 宫定位星,其资产会被抢夺,如果第 8 宫定位星趋于它,则通过死亡和继承的原因而获得收益;位于第 9 宫,收入与旅行、虔诚、宗教有关,上升定位星映射,则生计与旅行、离家有关,上升定位星未映射,则代表旅行中获得他人帮助,或依赖他人而得,有吉星映射,则代表生计由宗教、虔诚而得,如果是凶星映射或对它有损害,代表命主成为法师或给人解灾而获利;位于第 10 宫,因为官贵获利;位于第 11 宫,因为朋友或商业获利,上升定位星映射,代表会有良好的生计,命主的熟人朋友需要他,上升定位星未映射,则命主需要朋友;位于第 12 宫,和监狱、敌人有关,内心困苦,极其苦恼。

分析财产点时，注意财产点和财产点定位星，以及与它们产生映射的行星吉凶特性。财产点位于轴，利于钱财、资产、社会地位，会在其所处的社会阶层有良好的状态，其生计来自已知财源，当财产点定位星未被凶星干涉或被接纳时，好运会逐年增长。如果不吉，则代表损耗和毁灭；财产点位于上升轴，命主从所做的工作中获益；位于第4宫，因为父亲获益；位于第7宫，因为女性和诉讼获益；位于天顶，会因为官贵获益；位于11、5、9、3则低于以上，除非其定位星位于轴或吉利位置，则吉利；位于第9宫代表来自旅行，但是得到后会有耗损，或者晚年时境况变差；位于第3宫，代表钱财耗损和兄弟有关；在第11宫，获权威与朋友有关，从中得益；在第5宫，和孩子有关。

当财产点位于第2宫时，如果定位星位于6、8、12宫时，则强有力的判断受益来自第2宫定位星，因为此时有两条佐证，其上升定位星映射财产点，映射第2宫财宫。此时，第2宫定位入第6宫，并且第6宫佐证更强时，命主会因为牲畜、奴仆而获益。反厌第2宫，则因为治疗救济、医学获益，如果位于第8宫，第8宫佐证高于第2宫，代表得人资助，第2宫佐证高于第8宫，为诉讼辩论的权威，生活艰难。

Māshā'allāh提及了另外一个财产点，为了方便区分，我们将之命名为生计点。公式为Asc＋土星－木星（昼），Asc＋木星－土星（夜）。当吉星形成此点时，命主拥有财富。当其所在星座为动物星座时（如白羊座），则资产来自动物；在金牛座、室女座、摩羯座，代表资产来自土地植被；在双子座、宝瓶座、天秤座，资产来自知识和语言；在双鱼座、天蝎座、巨蟹座，资产来自水路、商业旅行。当此点被凶星合相或刑冲时，资产遭遇破坏，破坏原因就根据以上所论的星座特性论断。

论断财富,我们还需要观察吉星、凶星,看谁更强,财富来自其中更强的一方。当太阳、木星都强的时候,它们都是火元素星座的三方主,则命主会得到自己意想不到财富;同样当火星作为三方主时,双手会沾满鲜血;金星、月亮为三方主时,不用流血就获得权威,并不断攀升;如果土星为三方主,代表官贵,通过土地统治,权力会持续下去;水星为三方主,通过否定和欺骗获得财富地位。这些行星要居于有力的位置,如果三方主一吉一凶,则有财富无地位或地位低。

观察福点和福点定位星论断财富,和观察上升轴及其定位星一样。如果昼生人,太阳及其定位星强,则不需要看福点。夜生人,月亮合月亮定位星强大,也不需要看福点。如果它们不强,则使用福点进行分析,此时不可以忽略福点。

Dorotheus 认为,通过财产点(Asc+第2宫轴—第2宫定位星)和财产点定位星的状态,观察什么行星映射它们,能够清楚论断命主的生计。财产点定位星位于吉宫,被吉星映射,则财运佳;财产点定位星为凶星,被另一颗凶星映射,则财运困难;财产点定位星为吉星且东出,位于轴,位于舍升星座,则命主富贵;如其西入,但是七日后转为东出,也主享有富贵生活,但是无法获得名声,无人知道其富贵。注意观察与此点合相的行星,一般财产点位于吉宫东出,命主可以长期持有资产,如在日光下,则为短期。

例1　上亿身家

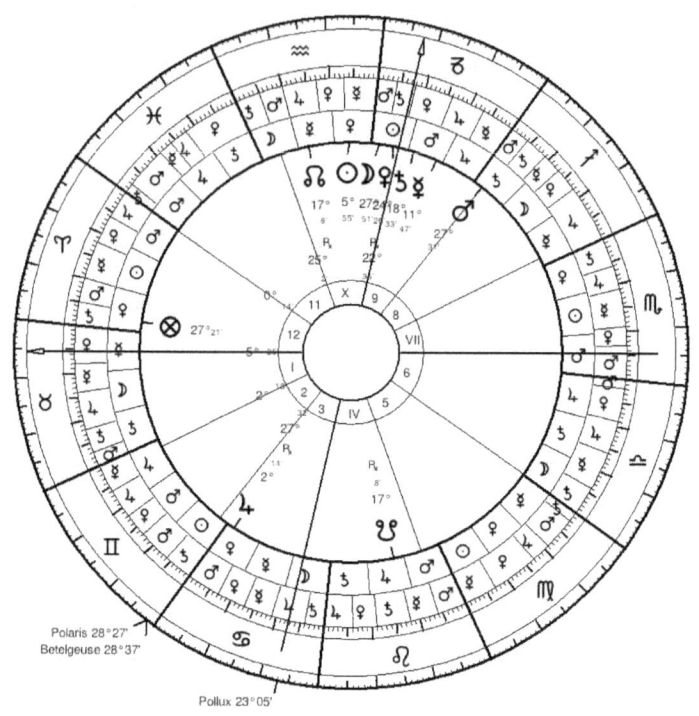

男命，生于1990年1月26日。白手起家，二十多岁时，已经数亿身家。太阳位于阳性星座、月亮位于阴性星座，太阳、月亮、金星、土星于天顶轴，尤其白天生人，太阳于天顶，土星、金星、火星、水星东出辅日，按出生后7日论法，土星完全东出，且土星舍于摩羯座，土星作为金星、水星、月亮的定位星，合相于它们且昼生人土星合于星宗，土星赋予它们极大的力量，同时土星又是天顶定位星，这些是此命大富的关键。

罗睺放大了太阳的吉利，代表早年发富提升社会地位。罗睺和计都是逆行的，按罗睺与计都截漏而言，漏出木星入巨蟹，也是富格。但是此命日月落陷，代表出身一般。太阳位于天顶，得贵人力，落陷，则得败落贵人之力。

例 2　成功商人

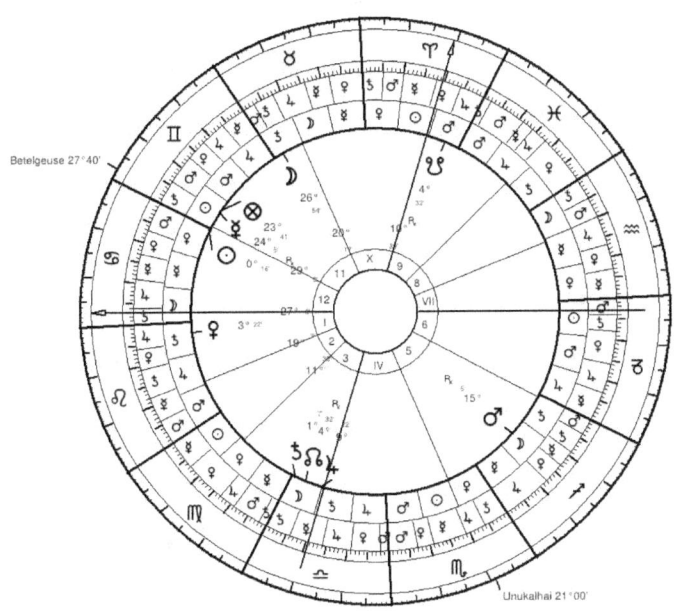

　　Bill Blass,比尔·布拉斯,1922 年 6 月 22 日早上 6 点 20 分出生于印第安纳州韦恩堡。美国时装设计师、成功商人,作为美国时尚界最著名、最有影响力的人之一,他热情、友好、聪明、有才华,而且相貌英俊。童年,父亲在大萧条期间患有抑郁症自杀而死。15 岁时,他成了一名自由设计师,通过邮件向纽约市的服装制造商出售草图,每张售价 35 美元。1939 年毕业后,他搬到纽约,进入帕森斯设计学院学习。不到六个月,他就成了一家运动服装公司的素描师。

　　第二次世界大战爆发时,19 岁的他参军了,在欧洲当了三年半的战斗工程师和卡车司机。战后,他立即开始从事内部设计师的工作。1961 年,他担任公司副总裁。1970 年,他买下了这家公司,并将其更名为比尔·布拉斯有限公司。最终在纽约总部管理了 35 家国内零售商和 70 家海外零售商。1998 年轻度中风,1999 年 77 岁的他饱受喉癌困扰,此年 11 月,布拉斯从他 60 年的时装设计师生涯中退休,在纽约举办了最后一场盛大的时装秀,将他的帝国以 5000 万美元的价格卖给了两位时装业高管。2002 年 6 月 12 日,就在他 80 岁生日前几天,他因癌症在康涅狄格州的家中去世。命主为同性恋,终身未婚,也没有子女。

分析:我们首先研究其婚姻问题,命盘金星位于上升星座,论断婚姻时候必须分析金星和金星的三方主,分析一个人一生的情感问题。此命金星与土星呈紧密六合相位,其土星位于金星舍、土星界、土星升,土星被金星所接纳,同时具有主传客星、主授客星的形式,土金的影响导致晚婚、不婚。金星的三方主星分别是太阳、木星、土星。太阳落入 12 宫,且位于巨蟹座 0°歧度,其力量弱化与土星紧密相刑,木星位于天底轴且与罗睺紧密合相,土星位于第 3 宫与罗睺紧密合相,罗睺紧密合相木土,并分离木土,破坏了木土的能量,因此本命终身未婚。为何没有子女?本命第 5 宫内有火星,火星逆行,且被水星相冲,火星游隼,水星力强,这种格局导致不利于子女,火星作为天顶定位星是一个强佐证。且木星合相罗睺遭遇破坏。木星以六合相位映射火星,通过主授客星,木星影响火星,更反映在子女上。

在财富方面,此命月亮作为上升定位星落于 11 宫,且升于金牛座,力量极强,为财富增长之象。水星合相福点,水星又为福主星,位于 11 宫,11 宫定位星金星位于上升星座角轴宫,极为有力,这都是财富组合。水星与福点被日月左右夹拱,水星既是福点定位星,也是第 2 宫定位星,这是大富的关键,但是太阳位置欠佳,且命主为昼生人,因此稍微阴差阳错,会早年不顺,且土日紧密相刑,早年克父,后运富贵。

注意其出生后第 3 天,月亮位于双子座与水星、福点合相,水星为福点定位星,又舍于双子座,大富之象。

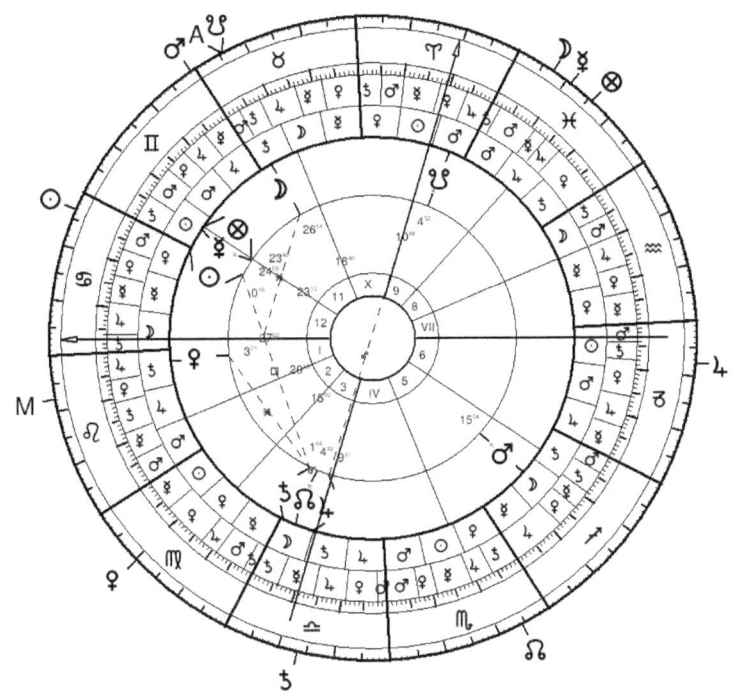

	Dodecatemorion	
	Longitude	Latitude
☉	3°17'13" ♋	0°00'00"
☽	22°51'55" ♓	0°00'00"
☿	19°01'39" ♓	0°00'00"
♀	10°20'53" ♍	0°00'00"
♂	0°54'15" ♊	0°00'00"
♃	22°20'20" ♐	0°00'00"
♄	13°23'21" ♎	0°00'00"
☊	24°26'46" ♏	0°00'00"
☋	24°26'46" ♉	0°00'00"
⊗	14°09'53" ♓	0°00'00"
Asc	24°35'11" ♉	0°00'00"
MC	7°42'50" ♌	0°00'00"

在 12 分部表中,我们发现月亮、水星、福点的 12 分部都位于双子座,并且与各自的行星或阿拉伯点相映射,水星是 2 宫、11 宫、福点定位星,所以命主巨富。太阳与太阳 12 分部都落入 12 宫,不利父亲之象非常明显。

Syzygy	Date(GMT)	Longitude
Full Moon	1922.06.09. 15:57:31	18°00'19" ♐

其出生前满月点位于射手座 18°,与火星产生紧密离相位,不利于命主少年时期,不利于父母。

梅花易数命卦分析:

公历:1922 年 6 月 22 日 6:20 星期四

农历:壬戌(狗)年五月小廿七芒种

干支:壬戌　丙午　辛酉　辛卯

旬空:子丑　寅卯　子丑　午未

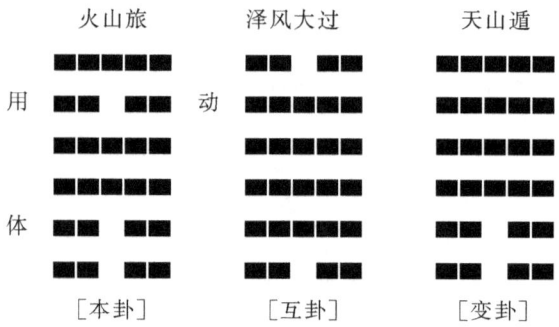

分析:本卦中艮、离均为日干的天贵,乾为马星。命主生于午月,离旺艮相,离得时令为真气,卦气旺相、艮为体,离为命,用生体大吉,为富贵之命。可惜体卦艮犯六虚空亡,富贵减分,空亡利于僧道,因此不利于婚配。其先天策数为 9735,元会化退,运世化进,主早年不利于父母,童年运多舛,后运强劲。元会运世卦化乾、兑、震、坤,日柱冲震,乾兑克震,因此无妻。震克坤卦,且以时柱神煞论之,则坤卦空亡,代表没有子女。

例3 英国企业家约翰·埃勒曼

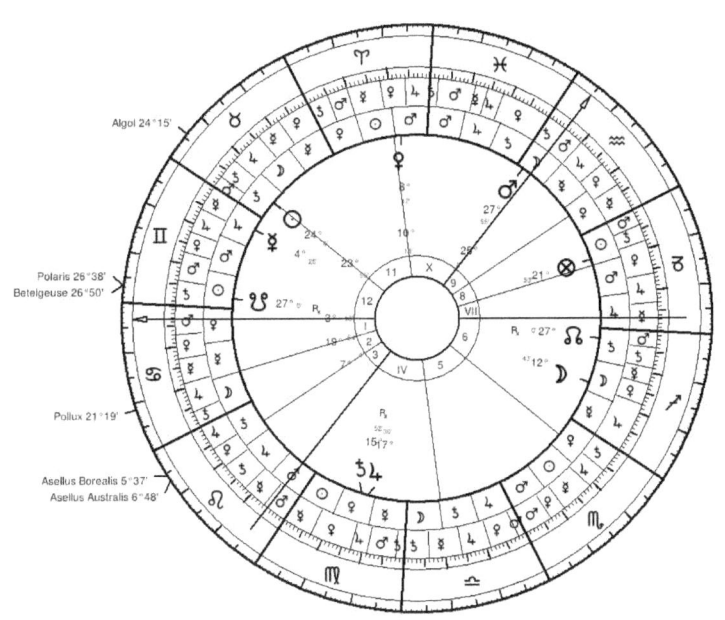

John Ellerman,约翰·埃勒曼,1862年5月15日早上6点20分出生于英格兰赫尔的金斯敦(Kingston upon Hull 53n45,0w20)英国船主和投资者,英国现代史上最成功的企业家之一,也是他那一代人中唯一一个财富可与美国镀金时代的主要富豪相媲美的英国人。埃勒曼于1905年被封为准男爵。从19世纪90年代初开始,他与一位名叫汉娜·格洛弗的女子生活在一起,并于1894年与她生了一个女儿,但直到1908年,也就是他唯一的儿子出生的前一年,他才与她结婚。1933年初,约翰·里维斯·埃勒曼爵士轻度中风,于1933年7月16日在法国迪耶普去世。

分析:木土紧密合相于第4宫,为富裕的标志。土星和木星合相,土星为福点定位星,两颗行星彼此关系融洽,代表能在遗产和收养中带来好处,利于拥有土地财产,可以成为监护人、或他人财产的管理者、管家和收税人(火星反厌则有利)。代表财富、名望、好的后代,尤其昼生人,更吉。这种格局,代表强大的行动力,代理的责任,能够从他人资产中获得财富。命主为昼生人,其木土又位于角轴宫,得日月会照,因此这一格局较强。

命盘中出现月亮黏合,此时月亮格局力量较强,月亮入相位木星和土星,并且月亮位于木星舍星座,代表财富,月亮又是 11 宫升主星,代表利益,强化了这一财富格局。月亮、土星、第 4 宫与船类行业相关。

星盘中,恒星大陵五合相太阳,大陵五的行星特性为木星、土星,因此必须结合木星、土星分析,木土合相上文已经分析。所以大陵五也给命主带来大量财富,大陵五代表拥有财产、土地和权势。喜好农业、种植、建筑。

例 4　意大利女商人玛丽娜·贝卢斯科尼

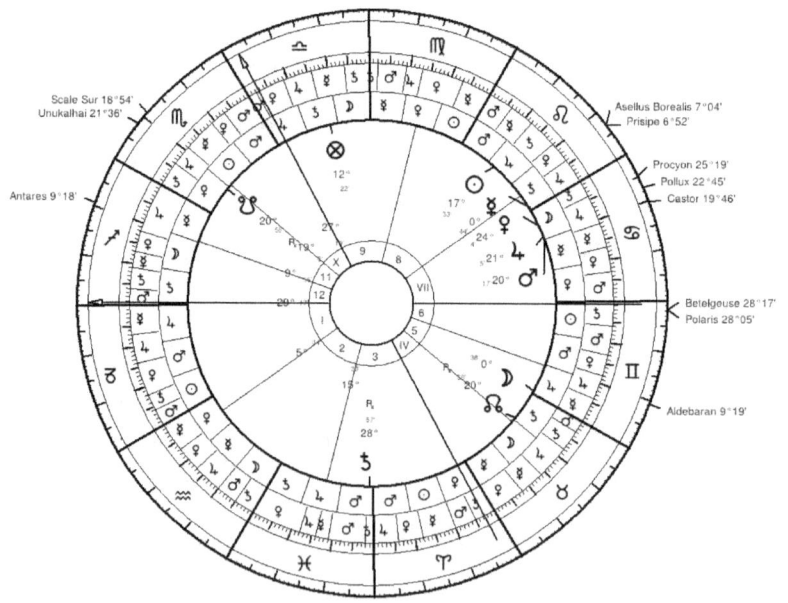

Marina Berlusconi,玛丽娜·贝卢斯科尼,1966 年 8 月 10 日夏令时 17：50 分出生于意大利米兰(45n28,9e12),是出身名门的意大利女商人。意大利总理西尔维奥·贝卢斯科尼和他的第一任妻子卡拉·埃尔韦拉·露西亚·达洛利奥的女儿的女儿,婚后有两个子女,其中一个出生于 2002 年 12 月 28 日 10：13。

自 2003 年以来,她是 Arnoldo Mondadori Editore 出版集团的董事长,39 岁的她于 2005 年 10 月升任 Fininvest 公司董事长,进一步巩固了她在家族企业王国中的地位,Fininvest 在意大利的媒体行业中占据著举足轻重的地位。这家价值 70 亿美元的集团涉足多个领域,其中包括出版、互联网、电影和广播行业。它还控制著意大利最大的私人广播电台 Mediaset。2004 年是 Fininvest 经营业绩最好的一年,经营利润增长了 30%,一举超过 10 亿美元。2007 年,福布斯杂志将她列为世界第 33 位最有权力的女性。

分析：其星盘中,恒星汇聚,其中的南河三、北河二、北河三、参宿四、北极星都强化了此命的富贵特质。木星升于第 7 宫,木星、火星东出于日,金星、水星西入于月,为辅星格。并且日月夹拱水、金、木、火四颗行星,巨富之象。而木星与土星映射,土星被木星接纳,土星又是第 2 宫定位星,也代表财禄丰厚。无论木土相刑、金木合相还是木火合相,都是富贵之象。Dorotheus 认为,木星和金星合相,财富提升,获得荣誉和地位,对人热情慷慨,富有同情心,长相英俊,能结交贵人并被赏识,会因为女性而得到资产和地位,婚姻美好,子女亦佳。有关这三种格局的具体内容,可以参考本书前面章节。日月都位于阳性星座夹拱诸星,更为强化辅星之力,因此其父母富贵,父亲是总理。

其财产点位于天蝎座 5°54′,火星为财产点定位星,同时火星为天底定位星，又合相金木于第 7 宫，代表父母富贵，财运亨通。

第十三门　说人生何艺立身（事业及辅星格）

凡看人何艺立身。看第十宫，并宫主星。又看火星、金星、水星。又看技艺箭，并箭宫主星。以上数星，选一强旺有力者为主，其人于此星所主之事上立身。

若是土星，则为农夫，或土工、石匠，或花果菜园为生。

若是木星，则其人仕宦，儒吏兼通。

若是火星，则其人行凶，好斗，作炉冶之事，或为兽医，或与人针灸为生。

若是太阳，则有官禄。又能采取金银宝贝，矿内等物，又能烧炼金丹。

若是金星，则其人好修合香货，能小术，能造酒，好博戏、塑画，并诸艺精巧。

若是水星，则为人善书能算，又好吟咏诗词，或能经商。

若是太阴，则其人或长为使客，快行之类，又能种植，又通水利。

若以上各星，又与吉星相助、相照，则其事尤盛。若是凶星，则其事皆不善也。若所主艺业之星强旺，又是第十位宫主星，独立无相助者，或所主之星不顺受，则其人无才能，无用也。

注：《天文书》在论断事业上，使用类象组合方式，分析第 10 宫与

第 10 宫定位星，结合火星、金星和水星三个类象行星，并综合阿拉伯点有关事业的点进行综合论断，在其中找到最强类神进行具体论断。

论断事业的时候，使用阿拉伯点分析时，有人同时使用权威与工作点 Asc ＋月亮－土星（昼夜同）与管理与工作点（Asc＋火星－水星 昼，Asc＋水星－火星 夜）

事业论断是比较复杂的，下面列出希腊占星师 Rhetorius 的观念，他在书中选择了不同古代的权威说法，很有参考价值（原文部分内容重复）。

他在第 82 章节中，引用了 Anubio 的说法。Anubio 断法的论断次序如下：

1、先检查命造是否有疾病，如果四肢有疾病，基本可以不需要进一步论断职业行为问题。

2、其次按九个步骤论断。分别为代表工作行为的行星金星、火星、水星；看月亮，尤其是出生前的新月或满月的入相位；看相关行星的十二分部；看代表工作的行星的定位星，界主星，以及映射这些行星的相位关系；看代表工作的行星在命主出生前后七天内的东出和西入状态；看工作点（Asc＋火星－水星 昼，Asc＋水星－火星 夜）；看工作点所在位置以及工作点定位星；看这些行星所在的星座特性；看相关宫谁更强，一般以 1、10、7、4、四续宫、6 宫的次序力量去看待。

Anubio 提出他在论断一个人的职业和行动力的时候，先看一个人的身体损害问题，因为一旦发生损害，就导致一些人无法从事一些行业。从这个角度出发，在论断职业的时候，我们需要考虑人的行为特征，关于这一点，笔者认为古代主要是手工业者居多，因此注重这些，现代社会工作多元化，职业更多，但是我们不能就认为这种思路已经过时，它还是有着重大参考价值。能够代表人的行为的行星分别是水星、金星和火星，对人产生有效作用的后天宫为1、10、7、4宫以及四续宫和第6宫，另外还有福点、月亮入相位格局、以及人出生前后七天内的行星东出与西入状态，这些都和人的职业方向有关。

如果水星、金星、火星位于上升或天顶的果宫，远离两轴，则代表命主不切实际或者不会付诸行动，尤其天顶定位星落于游隼之位，更确，需要注意的是，当天顶主星落于天顶，也会付诸行动。Anubio强调，非常有必要观察月亮，新月或满月时，看其入相位于什么行星，该行星的特性主导职业方向的性质。

例如，当新月或满月时，月亮入相位金星，代表因为女人获得好运；入相位木星，主事业兴旺、正派得体；入相位火星，为军职；入相位水星，为秘书、雄辩者、博学者；入相位土星，主管理者、管家等等。并且要注意和行为主题相关的类神组合构建。如果一个主宰事业行为的行星位于舍星座，其工作或行为则具有该行星的特性，外在特质明显体现。如果位于游隼星座，需要考虑接纳它的行星特点。

譬如，当主宰事业行为的行星在一个木星星座，主其行为辉煌、慷慨、体面，有一个体面辉煌的外表；在土星星座，代表肮脏、辛苦、不光彩；位于火星星座，代表武器、金属、热加工或公共事务；在金星星座，代表女性活动、艺术活动、编织、画家、造型师、香料师、染匠、经销商。

木星作为工作点位于金星星座，代表因为祭司、巫师或导师的身份而受到尊重；在水星星座，代表从事教学、知识、演讲、写作、计算、商业、秤重、测量而获得生计；在太阳星座，代表在市场或公共场所的职业或提供涉火或铁类的行业；在月亮星座，代表自学自授，都是个人创新和个人研究出来的。这些取象，都根据星座的性质和行星特性结合论断,譬如星座为人形星座,则代表人类能够使用的科学技艺、与人有关的职务;四足星座代表金属、商贸和建筑类;分点星座（白羊座与天秤座）代表翻译、等价交换、几何学、祭祀事物等等;土元素星座和水元素星座,代表涉水、或草药、造船类,也主埋葬、捕鱼类。

当新月或满月的月亮,入相位于金牛座、摩羯座、巨蟹座的水星,为占卜师、咒师、法师、抄写员;如果是双鱼座或射手座的水星,为灵魂召唤者、风水师、占卜师;室女座或天蝎座的水星,为占星家,预测家;白羊座、狮子座、天秤座（有的版本为室女座）的水星,为神谕者、智者、法官、解梦者,相关的强弱状态根据其定位星性质论断。当它们位于上升或角宫时候,则职业权威卓越;位于续宫则会相应削弱;当被吉星映射,则受称赞、有益、可靠;当被凶星映射时,代表不体面、钱财匮乏、危险性;土星对冲,主冷、混色;火星于冲相位,主丑闻、鲁莽。

关于以上新月和满月的理论,后世的 Abu'Ali 在其著作中论及职业时也做出说明,指出昼生人观察新月和满月时月亮入相位;夜生人,观察福点（Guido Bonatti 著作中指出看第一个和福点连结的行星）;并且观察出生时候月亮的入相位。

3、三颗工作行为行星的类象意义。

下面我们讲述三颗代表工作行为的行星的类象。这三颗行星即水星、金星和火星。

当水星主宰行动力时,代表秘书、商人、银行、预言家、医生、占星家、献祭者、律师、演说家。简而言之,就是以写作、买卖、授予、接受有关的职业;如果土星映射,代表管理众人、解梦者、启示、灵性、指导而住在神圣的场地等等;木星映射,代表立法者、演说家、诡辩家、和大人物在一起;火星映射,代表奉献者、外科医生、携带武器的人,以火或铁进行工作或贸易的人。如果水星位于 12 宫,则代表作恶、乖戾、喜欢诉讼是非之人。如果火星和土星映射,并且位置佳,代表献祭者,占星师或歌唱神话的歌手。如果木星强映射,代表通晓以上所言事物,获得贵人的友谊。

火星主宰行动力时或位于上升星座,主石匠或木匠;如果太阳参与映射,代表铜匠或祭司、染匠、或操作火铁进行工作;如果金星强映射火星,代表与火、铁相关的贸易,昼生人尤应;火星、月亮和金星组合一起,则代表持械的强盗。

金星主宰行动力时,代表香水贸易、酒商、花卉、颜色、染料、香料、药剂师、编制工、画家、服装商以及与妇女服装、装饰相关;如果土星映射,主出售享受物品或装饰,也主巫师和毒药,有时候主公共场所,或神圣的地方,尤其土星位置吉利则应之;木星映射,主音乐家、故事演讲者、掌管神圣事物或掌管女性的人。

火星映射(金星),太阳参与,代表以火进行工作的人,譬如厨师、金属铸造工、司炉工、冶金工,如果太阳不参与,代表以铁进行工作的人,诸如造船者、木匠、农民、采石工、石匠、木材加工等等。如果土星映射,代表水手,水泵工,隧道工,野兽饲养,厨师,浴室工人等等。如果木星映射金星和火星,代表更强大的人,主高贵、富有,主士兵、税务员、客栈老板、祭司(这一段在 Rhetorius 的现存作品中,紧挨金星格局,似乎火星映射金星,但是后世其他作品将之列入火星独立内容,笔者认为整段内容中,火星作为行动类神是正确的)。

火星和水星,主雕塑家或涉及火、铁、武器类的贸易。或者是武器师、检察官、通奸者、神圣纪念碑的制造者、内科医生、外科医生、坏人、伪造者。如果土星映射,主窃贼、持械强盗。如果木星映射,主喜欢战斗、喜欢行动、可怕的人、好管闲事的人,以及管理别人事物的人。

当火星、土星和太阳位于有效宫位,尤其位于上升或天顶,主水手、船员;水星位于 3 宫,火星位于 9 宫,为捕猎猎犬的主人;火星和水星位于金星星座或金星界,为医生;火星和水星位于上升或天顶,喜欢武器、勇武、重武器士兵;土星位于代表职业的有效宫,不合昼夜星宗,在天顶游隼,为涉及水类行业,如水泵、园丁、钓鱼、渔业之类,代表海滨,付出劳动辛勤;土星、火星、月亮位于上升或天顶,为哲学家、演说家、占星家;当上升星座为巨蟹座、天蝎座或双鱼座时,木星和土星位于天底轴,为草药采集或参展野生动物者;土星在上升轴,火星在下降轴,为训猎、与野兽搏斗、被狗吞食的人;土星和月亮位于下降轴代表水星或海员;土星在天顶轴,火星在下降轴,为敌视其他部落之意。

金星和火星,代表职业的时候,主制染料、香料、金属制造、金匠、雕刻家、银匠、药剂师、医生等等。如果土星映射,代表成为神圣动物的保护者、猎人、哀悼者、神秘,哭泣和流血充斥在其住所;木星映射,代表有宗教信仰的人、占卜者、管理女子事务的人,媒人、皮条客;如果太阳映射,代表绳索舞者、魔术师;太阳和土星映射此格,为建造师或陶工。

火星和金星组合,其十二分部刑、三合或冲此格,主奸夫、酒鬼、骗子。火星、金星位于天底轴,代表绳索舞者或受神启发之人。火和金星位于 3、9 宫为医生。

水星和金星组合,主音乐、乐器和歌唱,也主诗歌、舞蹈,如果其交换星座位置,代表戏剧工作、演员、奴隶贩子、乐器制造者、吉他手、编织、画家。土星映射,卖女装服饰。木星映射,为律师、会计室负责人、幼儿教师、人民领袖。

水星和金星位于上升或天顶,主音乐家、演说家、运动员;水星、土星、金星位于行为有效宫位,代表医生、魔法师、采药者。木星映射,会通过这些获得好运;水星和金星位于行为有效的宫位,并且木星映射,为象牙工人、画家、金匠或装饰;水星和金星位于金星星座,为乐器手;金星和水星位于水星星座,为画家、刺绣、雕刻、雕塑。

除了以上论断,还需要参考月亮的趋离相位和星座、恒星的影响力,以及月亮趋离时候的旬。观察工作点(Asc＋火星－水星 昼,Asc＋水星－火星 夜),观察此点所在的星座和特性及其定位星所在的位置。

论断事业,考察三颗行动行星火星、金星和水星、月亮趋离、上升定位星、太阳和月亮,以及它们的定位星,还有福点等等。

木星、水星、火星位于火星界,造就了运动员和喜欢摔跤的人。有必要研究其配置和结构,如果土星搭配进去,不再造就运动员或名人,而是那些认真对待艺术的人。如果水星映射一个位于上升或天顶的金星,通过刑或彼此接纳,晨出东升,位于自己的舍、升或三方主或位于其他星座内行星,代表演说者或舞者,唱歌跳舞之类。

水星强映射木星,位于吉宫,其界被其他行星接纳,未于日光下,位于角宫、续宫,为司法官、秘书或老师。

水星位于吉宫,尤其位于土星星座,未于日光下,被木星、土星、火星映射,为占星家、预言家、牧师。如果土星正好位于上升轴,位于水星星座,或水星位于上升,为神算的占星家。另外,Rhetorius 指出,土星在第9宫,会让人有神秘学知识和解梦的知识,白天生人,会成为大法师、哲学家、预言未来、祭司。夜间生人,会成为遁世者、经典格言的创造者、解梦者、哲学家,其中一些人留着长发,或穿着古装;木星位于第9宫,会预言未来、神谕、祭司,或者有不可剥夺的特权,夜间生人,则为谎言神谕,预言不稳定的人,以及麻醉于神谕,依赖神谕于期冀之人;太阳在第9宫，为神圣事物的建造者，从事神圣铭文、装饰，有些在寺庙也有职责和权威；金星在第9宫，失去星宗（即昼生人），是被恶魔所折磨之人，或者在寺庙里蓬头乱发穿着破烂的人，他们宣称获得神谕，尤其土星、金星形成相位，更应。夜间生人，金星符合星宗，就代表先知、祭司，敬畏神明之人，但是当金星与火星、土星合相，或被其所刑、冲时，代表与妇女争端，被谴责的人、不幸、忘恩负义，尤其在启动星座，因为这类星座为多婚星座。如果木星参与合相、三合、刑这种格局，则会使妻子生儿育女，代表魅力、成功，能管控妻子的财产，管理女性财务，住豪宅，因为女人而晋升；水星位于第9宫，为牧师、巫师、医生，如果东升，代表先知、占卜、占星家以及献身于神的人，从这些职业中谋生（以上如位于第3宫，论断结论一样）；月亮和金星合相罗睺，位于第4宫，命主是一名占星师，并以之从业。

土星映射月亮，月亮的12分部位于土星界，代表洗浴工人。如果正好位于果宫或位于天底，从事大理石抛光工作，或从事脏不洁净的工作。

土星和火星、水星紧密相位，彼此映射彼此的12分部，没有任何吉星映射，为掘墓者、尸体搬运者、盗墓者。

土星与火星紧密连结，位于白羊座、金牛座或狮子座，或被火星刑，没有任何吉星映射，为驱魔者、屋顶工、建筑师、陶工。如果金星映射，主跳绳索。

火星、金星同度或火星和金星互相刑冲，12分部没有任何强映射，主酒鬼、武装抢劫犯、通奸者、流亡者。土星映射，主淫荡好色，位于阴性星座更应，与肮脏之人私通。

土星、金星、火星在阳性星座中互相映射，尤其是白羊座、狮子座、射手座,主建筑师、木匠、制革工。水星参与映射,为石匠、采石工、石头抛光。木星和月亮映射,主雕刻宝石或大理石。

水星不在日光下,与月亮紧密合相,彼此映射对方的 12 分部,火星与土星位于轴上对冲,代表制服野生动物,代表命主是猎犬或猎人的主人;水星和月亮位于羽翼星座,即室女座、射手座、双鱼座 1°(因为飞马座),命主为养隼者或喂鸟者;月亮和水星位于水星界映射,命主为画家;土星位于 Mc,位于水元素星座,火星和太阳也位于 Mc,或相位刑冲,命主为水手、舵手、船长,尤其 Asc 也位于水元素星座,位于土星界,福点或其定位星也如此;火星和金星合相或位于彼此的界内相刑,命主为裁缝、亚麻织工、亚麻布料商人;水星、火星、金星、月亮位于轴,或于轴互相映射,为使用机械设备之人,位于果宫,则为杂耍。音乐;水星和金星入降星座,或位于自己的界内、位于彼此界内,为哑剧演员或政治家,尤其位于摩羯座;火星和水星位于天底,为行绳者或魔术师;金星位于太阳星座,或位于舍星座合相水星,尤其位于角宫,命主为乐器演奏家或吉他手、音乐家;金星位于水星星座合相水星,位于角、续宫,不在日光下,命主为画家、雕像制造者、锦缎织工;太阳和月亮位于续宫,同时水星和金星位于角宫,命主为车夫,尤其位于双子座和金牛座;盈月位于金牛座,合相水星、太阳,为捕鸟、猎鹰者;Asc 位于巨蟹座、天蝎座、双鱼座,木星和土星位于天底,赋予职业类象时,代表采集药物、耍蛇者;火星和水星位于狮子座,位于角宫,没有木星、金星、太阳参与,为胆大妄为、想无端流血之人,或骗子、伪证者、亵渎神明、奸诈者;土星和水星位于土星星座,月亮位于金牛座,是受过良好教育的演说家、数学家,非常优雅博学,但是脚或脚踝有风湿病,并且职业适合他,为人高尚,可能会因为口吃、耳聋而烦恼。金星与火星合相或彼此刑冲并位于果宫,代表医学、传授哲学。

时代在前进发展,论断职业的时候可以参考以上论述,论断时,只要参与格局的行星都会产生作用,根据行星特性、星座特性有机结合进行论断即可。

另外,命盘中上升和月亮的星座特性需要注意,这些星座特性在论断职业特性时都有一定的作用。巨蟹座、白羊座、狮子座、射手座为贵族、官僚星座;摩羯座和天蝎座为强力;双子座、室女座、天秤座对应的是写作、经商、手工艺、知识和理解;宝瓶座为土地、村庄、湿地;双鱼座和金牛座代表中等阶层的人、女性;双鱼座代表粗俗和淫荡,尤其第一旬和第二旬。

Abraham Ibn Ezra 在其著作中指出,Enoch 认为代表职业的行星(金、水、火之类或其他强类神),如焦灼或逆行于 6 宫或 11 宫,并且没有行星映射月亮,命主是乞丐。Ptolemy 认为,职业一定要观察太阳东侧的行星(即东出于日),该行星的特性和星座特性与职业相关。Abraham Ibn Ezra 认为这个说法完全正确。Enoch 认为,火星凶映射寿主星,寿主星位于天蝎座,命主是贼。月亮冲水星,它们又被火星映射,它们位于轴,命主除了偷东西外别无手艺。

Sahl 认为,行星逆行,则其工作吉利、特性,消减一半。行星焦灼,则消减三分之一。如果同时逆行、焦灼,代表没有工作,或从事工作籍籍无名,混日子。

Umar Al—Tabarī 在论断事业时,根据 6 个类神,即天顶、天顶定位星、太阳、工作点、工作点定位星,在其中找到最强类神星、次强类神星进行分析,分析它们与上升最强类象星之间的关联。论断工作中何时获得尊贵,可以观察太阳所在的象限,东象限则早,西象限则晚。具体可以通过太阳的三方主的状态看相关的早中晚状态。

富贵命造的论断方法：

一般而言，富贵命造，我们需要关注辅星格，尤其日月和辅助日月的五星。还要注意固定恒星，尤其是 1 级、2 级恒星合相位于上升、天顶轴。同时需要注意罗睺和计都的特殊性，罗睺和吉星一起，能够更明显的提升富贵，尤其位于上升、天顶。如果夜生人，计都和火星合相，代表强大、高贵、暴君、血史、灭国、大破耗、冷血无情等等，尤其是太阳位于皇室星座映射此格，如果水星参与佐证，则代表更大的破坏和动荡。月亮涉入，则更凶，因为月亮代表砍掉四肢、破碎四肢，命主自己也是凶死结局。白天生人，土星和计都合相，主收获财富，但是未失去心智头脑。

Rhetorius 在论断富贵时，强调注意辅星格、尤其吉星辅助、辅星合星宗；注意昼日夜月、福点、精神点，以及它们的定位星的配置；注意福点第 11 宫和其定位星；注意昼日夜月的定位星、界主星配置；注意月亮三日宫的吉凶、寿星的吉凶。如果以上配置都吉利，大富大贵，如果它们与上升不和谐，但是与福点和谐，也代表成功，另外需要注意罗睺与吉星、日月的配置。

所谓辅星格，希腊语叫 Doryphory，英文为 Spear－bearer，意思就是重要人物的护卫，可以比喻为日月的侍从，为日月保驾护航。这一术语的原理和占星术的行星模型有关。占星术中，日月为尊，代表阴和阳，日月为体，而五星为用。从关系上而言，日月为君，五星为臣。日月和五星的关系在占星中十分重要，尤其那些东出于日和西入于月的行星。本书将 Spear－bearer 译为<u>辅星格</u>。其原理，就是日月为尊，五星环绕，突显了人生富贵的格局，论断富贵层次必须重视这个格局。关于这个格局有很多不同的说法，下面我们一一列举。

Claudius Ptolemy 的著作,对于贵命的主要论断方法就是辅星格,他对辅星格做出了具体的定义,他认为,观察日月和它们的位置,如果太阳和月亮都位于阳性星座,至少其中有一个位于轴,尤其是都位于舍星座,其他行星形成辅星(行星东出于日,西入于月),则命主为王者。尤其是,东出于日的行星位于轴,这代表强有力的王者。如果东出的行星位于轴上右侧(位于地平线上),也一样。

太阳位于阳性星座,月亮位于阴性星座,其中一颗位于轴,为上位者,有命令之权,生杀之权;如果没有行星辅助,行星也没有映射太阳和月亮,则为地方官、村官或副职之类;太阳和月亮不在轴,有一颗辅星位于轴,反厌太阳和月亮,则受人尊敬,有名声、名望;太阳、月亮、辅助行星都不在轴,太阳和月亮也没有和辅助行星映射,为辛苦、埋没,功不成、名不就之人。

《天步真原》中关于官禄论断主要依据 Claudius Ptolemy 的这种说法,在此列出,供读者对比学习,内容如下:

日月在黄道阳宫(即阳性星座),日月又俱在四角,或日或月前后有五星,日在东,月在西,皆帝王之命;日月旁五星与 10 宫吉照(吉照,即三合、六合相位),在位长久;日在阳,月在阴,或日或月有一在角内,为大人公侯;日月在阴阳,亦在角内,但无五星在旁,无十宫吉照,亦是显官;日月不在角内,日月旁五星在角内,亦显达;日月不在角内,亦不在阴宫阳宫,亦无旁星,即为平人;日月在降下角宫,日月俱阴宫,旁全无吉星,为人下人贱隶;日月在阴宫,志气小,不知大事,旁无他星,孤立无友;日月在降下宫,身常有病,不得强壮。天首(罗睺星)在 10 宫,一时得两贵,天首同吉星则吉,凶星则凶。日月在内,有初、有中、有背,上升下降俱有初、有中、有背,在中者胜,初次之,背为下。看日月旁星宫之主星,主星吉,又与旁星吉照,则吉(如日在双子,木星在旁,同水星吉照)。吉照星为凶星,平常。吉星无吉照,亦平常。吉星有恶照,为下等。恶星无吉照,恶星恶照,皆凶。日月旁星其主星属土,大抵功名从财上来;木星金星,功名从大人朋友中来;火星,从争战中来;水星,从文章中来。

Paulus 认为,东出于日的辅星最远距离太阳 120°,即三合太阳,尤其辅星和太阳同时位于上升轴或天顶轴宫,又是太阳的定位星或为同昼夜星宗行星(即昼生盘昼星东出,夜生盘夜星东出),更为吉利。论月亮时,与月亮同星座的行星更为活跃积极。在 Paulus 的定义中,行星东出至距离太阳 120°为辅日状态,行星与月亮同星座内,于月亮之后度数,一直到西入于月亮的下一个星座,为辅月状态(辅日,必须东出于日,辅月,必须西入于月)。

Hephaistio of Thebes 的占星著作《Apotelesmatics》中定义了三种辅星格。

1、某行星位于轴上,并且位于舍、升星座。另一个黄道数序靠后的行星位于舍、升星座对其产生相位映射。譬如土星在宝瓶座对冲狮子座太阳,或木星在射手座三合狮子座太阳,摩羯座的火星对冲巨蟹座的木星等等。这里的黄道数序指的是黄道十二星座数序,黄道十二宫是从白羊座开始,一直到第十二个星座双鱼座。

2、日月位于上升或 Mc 轴点,甚至未入舍升,而是位于同星宗的行星星座,有行星对其映射,与日映射的行星东出于日,与月映射的行星西入于月。三合力量大于刑冲相位,六合更弱。

3、某颗行星位于上升或天顶轴,如为白天出生,黄道星座在前的昼行星构成辅星格。夜里出生,黄道星座在其后的夜行星构成辅星格。

这种情形下,行星东出于日而获益,西入于月亮,需要在 7°范围内。辅星格行星如果不合星宗,东出太阳 15°以外,则不会损害。当五星位于轴上,日月也可以成为它们的辅星格。当不合星宗的行星构成辅星格,则力量微弱。

Rhetorius 在其著作中指出,辅星格的形式有多种,当一角宫内的行星位于舍或升星座,被另外一个颗位于舍或升星座的行星所映射,则为辅星格。譬如位于上升星座天秤座的金星,被天底摩羯座的土星所映射;或者土星位于天秤座,被摩羯座或白羊座的火星所映射;金星位于双鱼座,木星位于射手座,彼此映射;或者金星位于天秤座,木星位于射手座,互相映射。与 Asc 或 Mc 轴对宫的行星符合星宗,即昼生人见昼星,夜生人见夜星。当其中一颗行星位于另外一颗行星的舍或升星座时,两颗行星形成行星互辅。

当日、月位于上升或天顶,其他星座有一颗同星宗行星,该行星处于东升状态并映射太阳,或处于月亮西入状态或映射月亮,为辅星格。例如月亮位于上升星座,金星从室女座或天秤座映射月亮。还有一种情形,当日月位于轴,与同星宗的行星形成辅星格。

另外 Rhetorius 强调,辅星格中,辅星呈现三合相位或刑相位比较强,六合比较松散。当太阳形成辅星格时,辅星东出于日,并且和太阳同一星座位于上升或天顶,行星为昼星或太阳定位星,则尤其有力;月亮形成辅星格,辅星西入于月并且和月亮同一星座,并位于上升或天顶,行星为夜星或为月亮定位星,则尤其有力。

Rhetorius 认为,当土星为辅星时,赋予理性、欺诈、幸福来源于父亲的名义、巨富;木星为辅星时,赋予正义、仁慈、自夸、显赫、智慧、巨富、成功;火星为辅星时,赋予男子气概、热情、勇敢、鲁莽、暴力,并且在其成就中存在恐惧与卑微；金星为辅星时，赋予好名声、魅力、精明、甜蜜、恬不知耻、幸福的婚姻和成功；水星为辅星时，赋予聪明才智、逻辑性、进取心。当行星为日月作辅星时，位于角轴、果宫时，富贵程度不次于大富大贵多少。日月有辅星，日月本身位于果宫，则不代表大富大贵，代表命主可以成为富贵人的朋友。当不合星宗时，也如此论断。

Valens 认为日月得五星相辅，东出于日，西入于月，日月的相冲轴不宜见凶星。日月等行星的定位星位于轴，则更佳，新月或满月点位于上升轴和天顶轴，也主富贵。辅星格中，日月或较多五星位于天底，命主虽然会富而显赫，但是这种配置也会毁了他的生活或者让他陷入仇恨、诉讼、诽谤等麻烦。并且他认为，如果出生前新月或满月点或者它们的定位星位于上升或天顶，主命主富贵。

由于古籍版本的问题，最后笔者提供一个波斯版本说法，该说法明显整理自以上说法，比较清晰。内容如下：

第一种辅星格，任何行星（位于舍、升星座）从其它轴映射一颗位于角轴的行星（位于舍、升星座）譬如金星位于上升轴，位于天秤座，被天底摩羯座的土星所映射。如果行星不在角轴，但是行星彼此通过六合、三合、刑、冲相位，也可以构成辅星格，譬如金星位于上升轴，位于天秤座，被射手座的木星六合。

第二种辅星格，当太阳或月亮，位于上升轴或天顶轴，不在舍、升星座，映射它们的行星东出于日，西入于月。一般三合的辅星比刑冲更有利，六合的力量最松散。

第三种辅星格，任何行星位于上升或天顶，昼生人，昼星为辅星；夜生人，夜星为辅星。（太阳可以在其前伴随，月亮能在其后伴随，构成辅星格，距离太阳最少 15°，构成东出，此时对行星不会造成焦灼损伤。距离月亮在 7°内,构成西入。同样的方式,太阳和月亮也可以辅助位于轴上的同星宗行星)这种辅星格中,还有一种情况,即昼星辅助夜星,夜星辅助昼星,这属于一种躁动、焦虑的辅星格,因为阴差阳错。

关于辅星格,古人举例,当太阳位于白羊座,位于上升或天顶,土星位于摩羯或宝瓶座,为太阳辅星格;当月亮位于巨蟹座,为上升星座,金星于天秤座,水星于室女座,为月亮辅星格。

辅星格,对于论断富贵层次非常重要,辅星格在古人的规定中,有严格的,有松散的,因为格局存在变格,如果以严格辅星格而言,都是特等富贵。辅星格的构成要素分别是,四轴宫、日月于轴、日月阴阳星座力量、五星于右侧星座环绕或映射、五星东出于日,西入于月、行星舍升星座力量、昼夜星宗力量。

笔者认为,辅星格,主要是日月为体,五星为用,彼此组合做功,产生作用。并且,辅星格的定义为天体之理,本身也符合人类事物本象,作为主要贵格,人间的贵人都是前呼后拥,下属万千,这都是主客呼应,宾主两欢的格局,因此辅星格从人事角度理解,则易懂其旨趣。这种原理,在古典占星以及我国的七政四余占星术中都有论断贵命的具体应用。

在论断富贵方面,Umar Al—Tabarī 认为:第一、应该注意辅星格,即昼星辅日,夜星辅月,昼星东出于日,夜星西入于月。如果外行星东出于日,位于舍升星座,太阳位于舍升星座,它们位于轴并互相映射,则命主为王者之类的上位者;如它们位于舍升星座,但并非都位于轴,或者说,至少有一个位于轴,则命主为公爵之类的富贵命;如果它们位于果宫或游隼,则命主为来自中等家庭,品行端正,在同事中受到尊敬;如果没有来自外行星的日月辅星,且行星未入域(即昼生人,昼星位于地平线上方,阳星位于阳性星座),则命主来自低层阶级,没有地位。第

二、可以根据 Dorotheus 使用三方主定人生三限的方法。第三、从哲学观而言，人有四种命：第一种命，生来富贵，一生富贵；第二种命，出生下层，充满辛苦劳累，并且一生辛劳；第三种命，出身贫穷，经过辛苦劳累后，成为富贵人；第四种，出身富贵，后来贫穷。

第一种命，上升定位星和月亮位于轴，连结轴上的行星或轴定位星。或者日、月和轴定位星连结上升轴定位星，上升定位星在轴上被接纳；第二种命，月亮和上升定位星位于果宫，连结果宫行星，它们自己是果宫定位星，或果宫定位星连结它们；第三种命，上升定位星和月亮、太阳位于果宫或落陷，连结位于轴上的行星，或者连结位于轴上的凶星，且被其接纳。它们自己为轴定位星；第四种命，上升定位星、月亮、太阳、轴定位星位于轴，连结果宫的行星，或连结凶星、罗睺、果宫定位星。

下面我们举例一些辅星格命造。

例1　富贵命

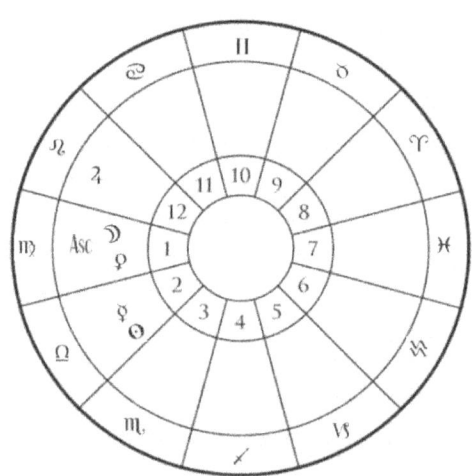

分析：上升位于室女座 6°，金星位于室女座 21°，月亮位于室女座 6°，金星位于室女座 21°，水星位于天秤座 4°。原案例未标明太阳具体星座度数，但是注明了金星和水星东出，因此图例中将太阳拟定于天秤

座。命主为夜间出生,金星为夜宗行星,金星、水星东出环绕太阳,并且金星位于上升轴,金星西入于月亮,并且月亮位于轴上,此命为辅星格。

例 2 皇者之命

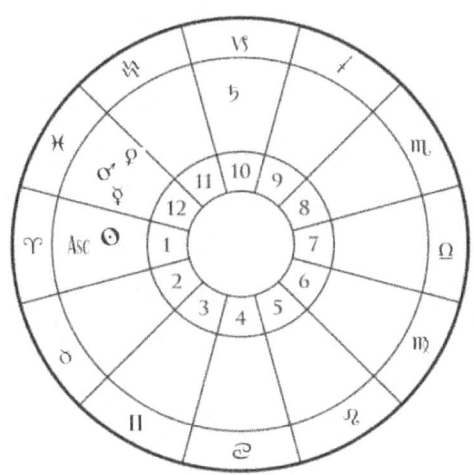

昼生人,上升位于白羊座 19°,太阳位于白羊座,其右星座正好是金星、水星、火星东出环绕太阳,符合辅星格。金星位于双鱼座 8°,水星位于双鱼座 29°,火星位于双鱼座 24 度,土星位于摩羯座 9°,位于太阳右星座,太阳离相位土星。此盘诸星环绕太阳东出,土星又映射太阳,为强辅星格,皇者之命。

例 3 贵二代

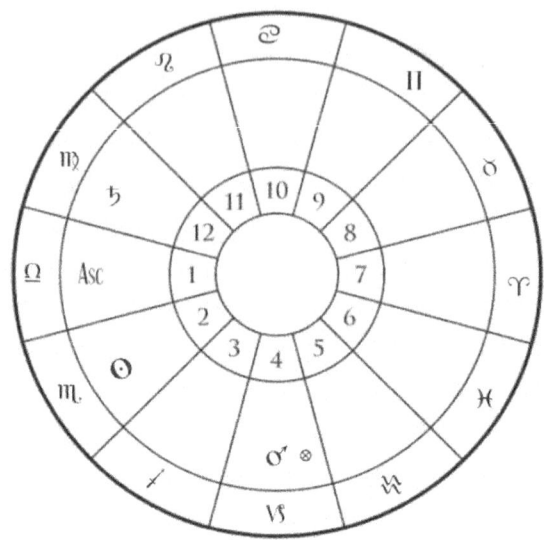

　　此命,父亲富贵。父亲点位于摩羯座,父亲点定位星为土星,土星位于室女座 19°,和父亲点呈三合相位。土星东出,位于太阳右侧星座映射辅助太阳,太阳位于天蝎座 26°,因此代表父亲富贵。水星为父亲点的界主星,父亲点和火星在一起,而父亲定位星土星位于十二宫,主父亲被人杀死。严格来说,这个案例只是辅星格的变格用法,只以太阳东出的行星做了相关的分析。

例 4 祖父富贵

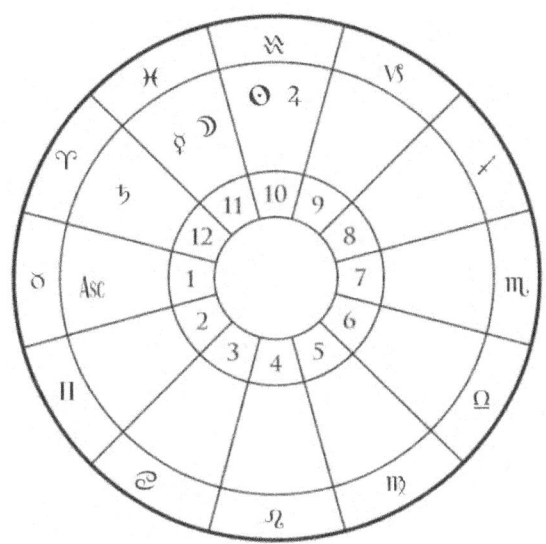

祖父富贵。太阳和天顶 Mc 位于宝瓶座 25°,木星位于宝瓶座 1°,上升位于金牛座 9°,月亮位于双鱼座 9°,水星位于双鱼座 12°,土星位于白羊座 13°。白天出生,两个昼宗行星,木星东出于日,土星和水星西入于月,太阳的第一三方主是土星,土星位于十二宫落陷,并不会于早年伤害命主,因为其没有能力。

例 5 罗马皇帝尼禄

尼禄,全名尼禄·克劳狄乌斯·恺撒·奥古斯都·日耳曼尼库斯(拉丁语:Nero Claudius Caesar Augustus Germanicus,公元 37 年 12 月 15 日—公元 68 年 6 月 9 日),原名路奇乌斯·多米提乌斯·阿赫诺巴尔布斯或尼禄·克劳狄乌斯·恺撒·德鲁苏斯·日耳曼尼库斯(Lucius Domitius Ahenobarbus 或 Nero Claudius Caesar Drusus Germanicus)。罗马帝国第五位皇帝,朱里亚·克劳狄王朝第五位,亦是最后一位皇帝,公元 54 年 10 月 13 日—公元 68 年 6 月 9 日在位。

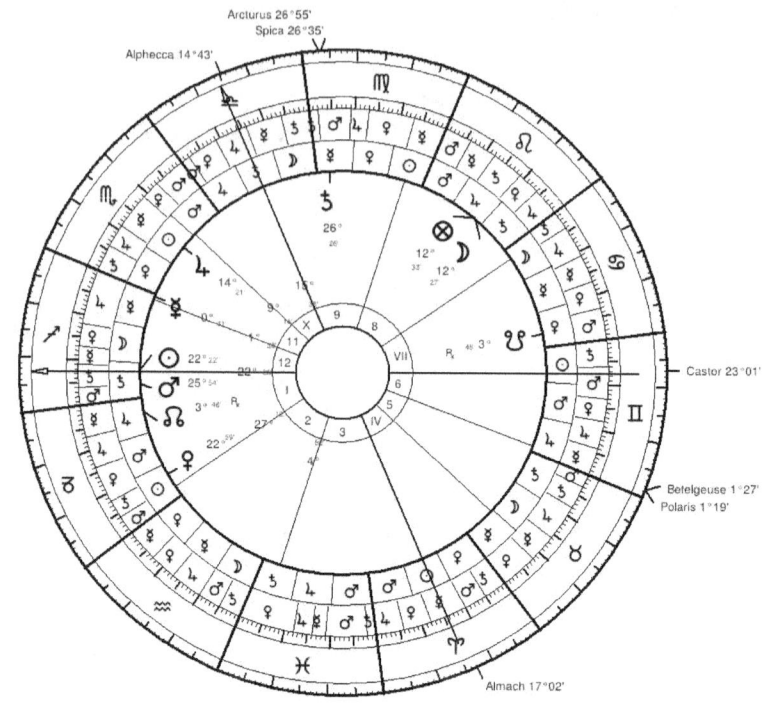

其父在尼禄 3 岁（公元 40 年）的时候就因纵欲过度去世了。父亲去世之后,尼禄的舅舅——罗马皇帝卡利古拉就剥夺了尼禄的遗产继承权,并下令将尼禄和他的母亲一同流放,尼禄被姑母收养,母亲被流放,从小过着寄人篱下的生活。公元 41 年,卡利古拉因暴虐无度被刺杀身亡,登基的新帝是卡利古拉的叔父克劳狄,克劳狄下令退还尼禄所有应得的财产。公元 54 年,皇帝克劳狄乌斯驾崩,尼禄凭借其母小阿格里皮娜此前的诸多谋划,顺利即位为帝。尼禄是古罗马乃至欧洲历史上著名的暴君 。在位时期,行事残暴,杀死了自己的母亲及几任妻子,处死了诸多元老院议员;同时,亦奢侈荒淫,沉湎于艺术、建筑等事。然而,尼禄并未完全荒废政务,对内推行了诸多利民政策;对外成功化解帕提亚与亚美尼亚危机,创造了一定的政绩。后世对他的史料与创

作相当多,普遍对他的形象描述不佳。世人称之为"嗜血的尼禄"。

公元 68 年,高卢、西班牙诸行省先后爆发了反对尼禄的叛乱,尼禄在不明战况的状态下仓皇逃离首都罗马。元老院获悉后当即宣判尼禄为"国家公敌",承认率军起义的西班牙行省总督加尔巴为皇帝。同年 6 月 9 日,尼禄被迫自尽。

此命太阳位于上升轴,水星、木星东出,土星弱东出,以刑相位映射上升轴、太阳,昼生人,木土皆合星宗,昼星辅日,为强辅星格,大富贵之象。

例6 罗马皇帝哈德良的甥孙。

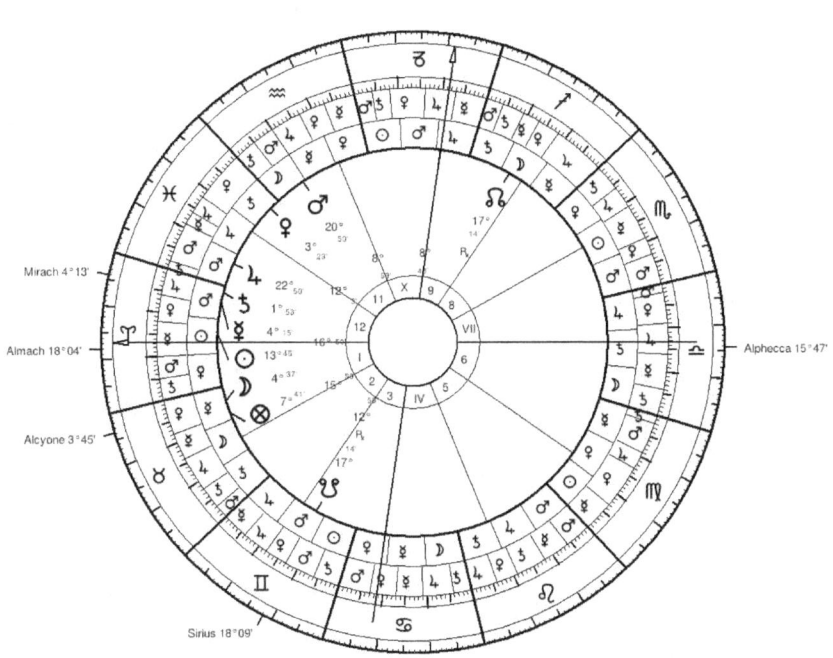

Gnaeus Pedanius Fuscus Salinator,格内乌斯·佩达尼乌斯·弗斯库斯·萨利纳。罗马皇帝哈德良的甥孙。大约生于儒略历公元 113 年 4 月 5～6 日。古籍中没有行星度数,因此盘中度数在学习研究时,忽略即可。

哈德良的最后几年的生活充满了冲突和不幸。尤其是哈德良的妹夫卢修斯·尤利乌斯·塞尔维安努斯和其孙子格内乌斯·佩达尼乌斯·弗斯库斯·萨利纳。据说,他企图夺取皇权,在 137 年,他曾试图发动政变,而他的祖父也牵涉其中。哈德良下令将两人处死。

命主生于贵族家庭,其父母尊贵,但是父母惨死。命主在当时有希望继承王位。在 25 岁的时候,和祖父一起谋反,后一起被杀。

此命太阳入上升轴,为辅星格,之所以不明智,是因为水星和土星位于火星星座,惨死是因为月亮在金牛星座,为截肢残疾星座,火星投射光线到上升轴,伤害来自于人,因为火星位于人形星座。金木组合,代表他比较好色。他喜欢战斗,是因为火星位于天顶之后的宫位,水星位于火星星座。死于 25 岁,因为金牛座与宝瓶座为等赤经上升星座。

二星于轴的格局经验:

太阳位于上升轴,月亮位于 Mc,凶星反厌它们,命主会征服不同的人群和城市,掌控他人生死。太阳位于下降轴,月亮位于天顶,凶星反厌,命主为国王、贵族、上位者,月亮伴随吉星,则掌控大权。在遗产继承等方面,看第 2 宫和第 8 宫定位星,如果它们连结或其中一个位于另一个关联处,命主会从亡者获益,或得亡者遗产。第 8 宫定位星位于 11、5 宫,会获得遗产,与此类似,当吉星位于第 8 宫、2 宫定位星位于第 8 宫、第 8 宫定位星如第 2 宫,命主在遗产上获益。当第 8 宫定位星位于 7 宫时,会得女人财物,或因为女性产业,妻子会死于自己之前。

太阳位于天顶,月亮位于下降轴,没有凶星影响,命主为国王、贵族、官贵,伴随吉星,会管理大城市,成为人上人。月亮位于上升,太阳位于天顶,凶星未干扰,命主为国王、军队官贵,掌控生死大权,下属会因之获益。月亮位于上升,太阳位于天底轴,凶星远离,命主为国家领导,其能力高于父辈和亲属,生活快乐。

土星位于上升,木星位于天顶,火星未出现,命主为家族首领,拥有资产,赢得尊重,掌管城市。土星位于上升,火星位于天顶,吉星远离,命主不幸,死的卑微。土星位于上升,太阳位于天顶,火星未映射,有女人、孩子,主宰地方。

火星位于上升,木星位于天顶,命主拥有权力,拥有资产和财富,成为城市的主宰,中年拥有资产和子女。太阳位于上升,木星位于天顶,凶星远离,命主为王者、官贵,主宰城市,管理众人,拥有资产、子女。金星位于上升,木星位于天顶,命主巨富,有女人、有子女,这些资产源于权贵之家、王者门户,富贵到老。月亮位于上升,木星位于天顶,命主聪慧,有资产,被人尊重,得子女、女人之欢乐。火星位于天底,太阳位于天顶,尤其太阳映射月亮,吉星远离时,命主在活的时候被人钉死在十字架上,尸首也被火所焚烧。火星位于天底,金星位于天顶,命主为首领。

金星位于天底,木星位于天顶,凶星远离,命主为国王或高官,会得到尊重,有子女。命主会掌控自己的行为并且贯彻到底。金星位于天底,土星位于天顶,命主会堕落,如同女子一般堕落,尤其月亮映射更甚,如果木星没有佐证,命主通奸并且不育。

水星位于天底,木星位于天顶,凶星未映射,命主为王者的管家之类,或寺庙管理者,管理相应的资产或城市事务,并能贯彻行为做大。太阳位于天底,木星位于天顶,凶星未映射,命主为王者或贵二代,主宰城市,得女子、子女。土星位于天底,木星位于天顶,凶星未映射,为王者或城市管理者,出身卑下,得到提升。太阳位于上升,火星冲刑月亮,命主为王者或官贵,被俘虏而惨死。如果月亮未映射火星,位于角轴或续宫,也代表王者、官贵,也会被俘虏而惨死。太阳位于上升,火星位于续宫,月亮反厌,命主为王者。

木星位于轴或续宫,月亮合相或位于上升,命主为王者,统治世界,管理许多城市。木星、水星、金星都位于任何轴,代表从遗产中获益,舒适、尊重中管理,富贵之命,火星刑冲,则为小偷、偷窃之人,凶死。夜生人,得社会尊重。土星位于轴,并位于舍星座映射太阳,命主在兄弟中出众,命主会委托慈善捐助,人生得到提升。太阳和土星位于天顶,命主继承王者或领导的遗产,火星正好位于轴,命主会获得权力,但是伴随战争、苦难和嫉妒。太阳位于天顶,火星位于下降轴,月亮位于轴或续宫,命主为王者、首领,被捕而凶死。如火星远离,木星位于上升或第2宫,太阳和月亮为主轴,命主为王者或强大首领,或世界之主宰。太阳位于天顶,代表命主父亲为伪善大师,人前会装,根据与太阳合相以及映射太阳的行星具体论断。

当这些行星靠近轴的时候,会提升命主的事业、人生等好的方面,具体基于与其合相、映射它们的行星特性。如果月亮参与,位于轴,主权力、吉利、掌管城市;水星参与,代表命主有大量的知识;土星参与,主邪恶、严酷。土星位于轴,符合格局时,为城市中让人畏惧的管理者。以上格局,在力量和级别上,根据四轴的不同而论断(以上格局论述实则基于辅星格)。

其他常规断法:

论断富贵,除了辅星格之外,还有其它常规断法,譬如 Māshā'allāh 认为,太阳或月亮与上升定位星连结,为王者。上升定位星位于轴,为强大的王者,位于续宫,则为弱势王者。其他轴定位星与上升定位星相会，也主富贵。如果木星和月亮连结一个入升星座的行星，并且位于吉宫，主富贵，能够达到该行星的极限地位。月亮被接纳，则更强有力的体现在地位上，愿望易实现，这是月亮佐证的结果。

我们注意分析上升定位星，观察谁与它连结，或它与谁连结。如果连结一颗入升星座的行星，会与贵人往来，被贵人提及。如果接纳的行星位于轴，则命主富贵。如果位于续宫，但是映射上升，只会被贵人提及。如果位于果宫，得地位后接着就衰退败落。

在以上论法中，上升定位星代表命主，与之连结的行星代表相关贵人、人事等，要看两颗行星的状态，位于固定星座，或者其中一颗位于双体星座，代表地位稳固，位于轴或映射上升，地位接连进步，如果两颗行星都位于启动星座，则代表状态多次结束。

上升定位星未连结行星，但是一颗行星入升星座连结它，代表命主掌控了贵人所需，贵人需要寻求他的同意。此时，需要观察与上升定位星连结的行星的位置，如果位于轴，主命主提升地位；位于天顶，主获得官职；位于上升，代表自己对事物的洞察力让自己获得成功；位于下降轴，成功来自于女人、冲突、争论；位于天底轴，成功来自于父亲和家庭；落于续宫，却映射上升，则观察其位置。如果位于 11 宫，代表从希望、朋友和雄心中获得。位于 9 宫，代表从知识、宗教、法律学中获得。位于 5 宫，从子女处获得，却在晚年。其它宫都做类似分析即可。如果位于果宫，则不贵，无名。

上升定位星位于升星座，位于轴，命主会获得社会地位也会获得富贵；位于续宫，则不会获得社会地位和但是会获得提升；位于 9 宫或 3 宫，代表思想、对事物的理解和洞察力；11 宫和 5 宫代表机敏与幽默；落于果宫，则获得地位，但是为次要位置，名位不符，结合固定星座和启动星座特性可以进一步解析。

观察上升定位星，当其位于升星座，入相位一颗行星，代表命主需要别人，是一个追随者。如果行星入相位它，代表人们需要他，他被人追随。它被接纳，则代表被人们称赞，未接纳，则被人所批评憎恶。上升定位星没有连结一颗行星，或者上升定位星没有入升星座，而是入舍星座，则地位富贵方面比上文的格局要低。因为升星座要更富贵强力。依此类推，三方主弱于舍，界更低于三方主。

上升定位星连结一颗入降星座的行星，命主通过自身毁灭，没有收益。一颗入降星座的行星连结上升定位星，代表苦难降临其身，使其处境毁坏。然后看这颗行星的位置，如果位于轴，则更严酷，更困难。如果位于天顶轴，则困难来自官员；位于上升轴，主疾病和身体方面；位于下降轴，代表来自女人、战斗；位于天底轴，来自父亲和家庭。如果行星为凶星，则更凶，代表失去地位，结合星座特性论断。如果上升定位星与凶星通过刑、冲连结，在困难中，命主处于弱势，如果未接纳，则更严酷，未接纳，则为上升之敌，代表命主脾气不好，更差。

Māshā'allāh 指出，注意观察上升和天顶的定位星，如果两者互相映射，则命主的生计来源于官贵。上升定位入相位天顶定位星，则命主跟随官贵发展。反之，则官贵赏识他，找到他为其服务。如果两者互相不映射，一颗行星通过反射将两者联系，则会在其他人的帮助下与官贵结识，并且他们对命主有恩惠。上升定位星和天顶定位星都位于轴，则命主事业地位显赫，尤其位于上升轴、天顶轴。如上升定位星位于轴，天顶定位星位于果宫，命主有高的地位，但是其工作性质卑下。上升定位星落入果宫，天顶定位星位于轴，则命主默默无闻，却有好的工作地位，两者皆落入果宫，所做的事情毫无益处。上升定位星在第 2 宫，天顶定位星在第 8 宫,命主杀害百姓,与之为敌。上升定位星位于第 2 宫,天顶定位星位于第 6 宫,则为税吏。天顶定位星位于 12 宫,则为狱官。上升定位星位于 3、9 宫,天顶定位星与之相冲,则命主为信使,常去接触官贵,并且在官贵处遇到困难,具体根据宫与星座定论。

当上升定位星与天顶定位星不存在关联时,我们观察上升定位星与太阳,看彼此是否有关联。如两者有关联,则得贵人之力。当太阳入升星座,映射上升轴,并位于一个强宫,譬如位于天顶,被接纳,有佐证,则命主会和权贵在一起。如果彼此通过刑冲相位,就会被介绍给权贵,只是相冲相位会使命主在权贵那里遇到困难。如果彼此三合六合,则可以与贵人成为朋友并获得好处。上升定位星与太阳汇聚,并且位于日光下,则会卷入贵人的秘密事情中去。上升定位星与天顶定位星相冲,则与贵人发生矛盾,在第 8 宫,则会因为金钱被杀。木星、火星、土星等外行星位于天顶,代表与官贵的关系,让自己成为人上人,金星、水星等内行星在天顶,则因为技术等被官贵所用。日月入相位天顶定位星或天顶定位星入相位日月,命主就会和贵人建立关系,如果接纳,则得到好处,未接纳则得不到好处,权贵的地位高低能量大小,观察日月的力量与宫位。

Sahl B. Bishr 认为,第 2 宫定位星位于舍、升星座,合星宗,与上升定位星连结,尤其为木星时,为极贵之命。

Valens 认为,福点位于巨蟹座、狮子座、天秤座、宝瓶座,被吉星于有效星座映射,命主权威,为皇家或部队官员。

例1 律师

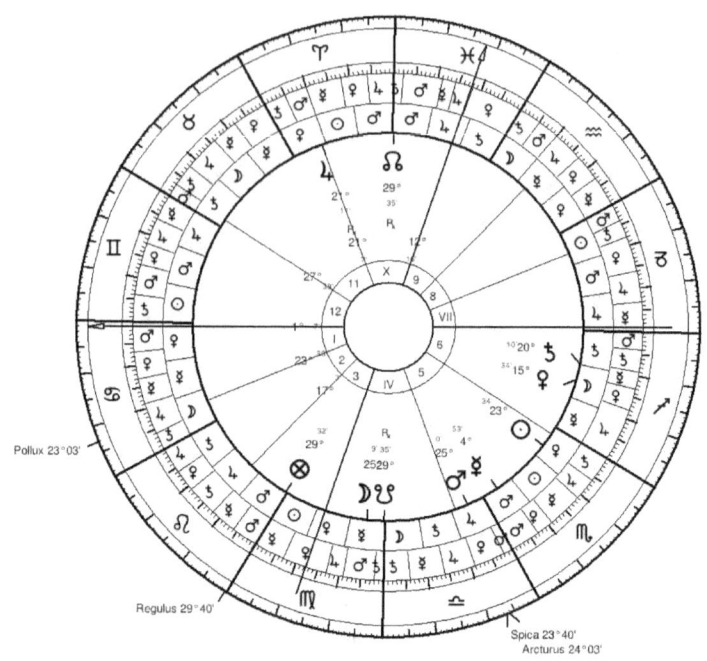

男命，出生于 1987 年 11 月 16 日。出生后第 3 天，月亮位于天秤座 25°9′，月亮与火星紧密合相，天秤座是一个公正司法星座，火星主斗争。而木星又在白羊座对冲火星，并且度数颇近，木星也主司法、正义，律师职业的特征极为明显，木星位于火星舍星座，太阳升星座，为皇家、公家、争斗的信息。

三日宫的用法，在古典占星中颇为重要，关系富贵、财运、事业、健康诸多方面，此盘中，出生后第 3 天的月亮位于天秤座与火星紧密合相，其信息颇为明显。并且本命盘月亮三合太阳，也是政府，公家的意思。

在这里笔者需要阐述一个重要概念"宾主"，也可以称作主客，通俗讲，我们要了解一个主题的时候，必须要有一个中心，这个中心就是主，在古典占星中,最常规的主就是上升轴和上升轴定位星,它们代表命主本人,除此外,月亮以及符合昼夜星宗的日月也是。譬如我们解读一个人的职业,所有职业关键类象星都是客,当主客映射或通过其他关联方式强化的时候,就能体现出职业具体的信息和发展变化。简而言之,人是主,事是客,这个时候从这两个焦点进行分析会十分清晰。所以在上面这个盘中,不仅月亮本身为身星,月亮又是本命上升的定位星,同时命主夜里出生,月又是夜间发光行星主宰,所以月亮十分代表命主,当和火星、木星产生密切关系的时候,就产生了确切的职业特性。

职业和人的财运以及求财方式有着很大的关联,财运论断,福点和福点定位星、福点第 11 宫颇为重要。此命福点位于狮子座,狮子座属于皇家星座,这种星座特性,是火元素,凡事易争,并且和公家、政府、司法等相关。其定位星位于天蝎座的木星界,天蝎的特性也是争斗,木星界代表司法和公正的意义。福点 11 宫,位于双子座,内无行星,我们看到木星六合此星座,月亮刑此星座,火星三合此星座,土金冲此星座,这些信息都有反应,此时我们分析的时候主要注意三合和刑冲相位为主,这里笔者不做具体解析。我们接着看定位星水星,水星位于天蝎座和太阳同星座,水星主文字,火星星座代表争论辩论,太阳代表司法、公家,信息非常明显,在分析的时候我们遇到空星座,先要分析相关定位星。

本命第 10 宫和职业相关,此命第 10 宫定位星为木星,木星升于上升星座,属于强烈佐证,位于 11 宫轴,入 11 宫,这也是木星职业的强烈标志。

水星东出于日,火星东出,这是距离太阳最近的东出行星,水星代表文字、辩论、语言,火星代表争端,并且满月位于金牛座,与水星相冲,水星信息突显。水星和火星是论断本命职业的重要行星。

命盘中我们注意到恒星 Arcturus,位于天秤座 24°03′,中文名大角星,此恒星是木星、火星性质。本书前文有论,如果发现此类恒星位于上升或天顶轴,命主可成为部队领导,为权力之象,声音宏亮,管辖多区域或城市,其号令会被贯彻实施,对人民友好慷慨,为上位者。工作能力强,善于管理,让人敬畏,为人精明,不屈居人下,也不服从于他人,为人英勇,能够战胜敌人,为人活跃,聪明,喜欢被称赞,喜好钱财,有很多资产,得善终。这种命造能够在战争中变强大,可以成为部队领导、王者、上位者,但是没有一个好的结局。

简而言之,大角星是一个木火性质的恒星,凡事需要争斗,在争斗中获得胜利。这些恒星在合天顶、上升的时候能量最强。此命大角星与火星合相,与其所代表的木星相冲,也是争斗、辩论性职业。

最后,我们根据阿拉伯点分析一下,其权威与工种点,Asc＋月亮－土星(昼夜同),位于白羊座 6°,工种点定位星为火星。有关火星位于天秤座的格局上文已经分析。如果按工作点(Asc＋火星－水星 昼,Asc＋水星－火星 夜)的算法,工作点位于巨蟹座 11°,其定位星为月亮,分析见上文。

另外,此命的第 2 宫轴与恒星 Pollux 重合,Pollux 为二等恒星,性质为火星特性。此星位于上升或天顶轴,尤其是夜间生人,命主为战争主宰,为首领,为战争执行者,不愿受任何人支配。生性易怒,强势,为人严厉。天生的战士,不服从者皆毁灭之。掳掠百姓,让百姓遭灾。如果出生于白天,此恒星位于上升轴,主毫无仁心,缺乏人性,远离仁心,背离虔诚,从被禁止的事务中牟利,不得善终。如果合于天顶轴,主雄辩、领导,不得善终,有学问,会成为上位者的朋友。

Pollux 在此命盘中,合相于第 2 宫宫轴,代表求财方式。我们可以得知,恒星和其他十二宫轴,行星合相都是可以产生作用的。但是其力量远逊于合天顶与上升轴,同时非常有必要分析其所代表的行星力量如何。

例 2　职业多变

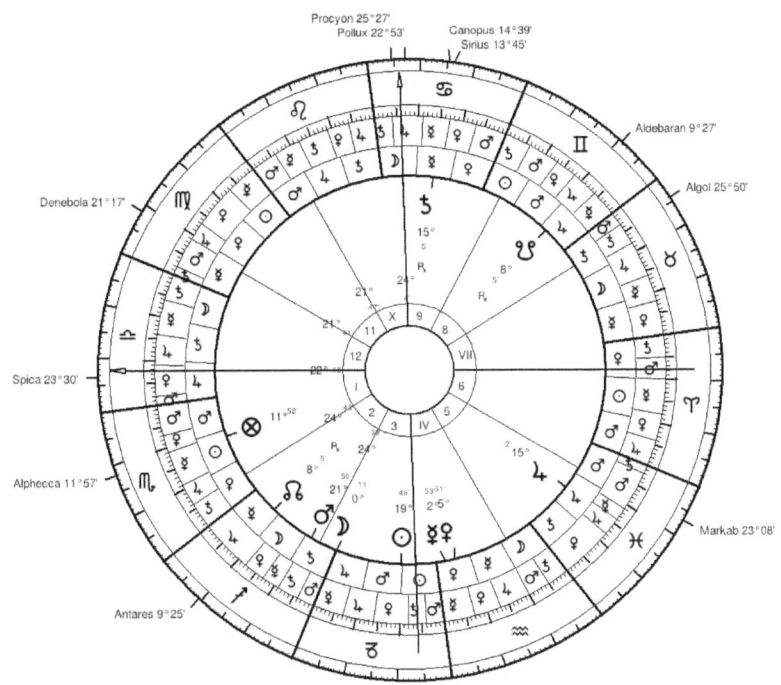

男命,生于 1975 年 1 月 11 日。月亮离相位火星,如果以 Rhetorius 的观念是不成立的,Paulus 的观念则成立,其实这是对力量认知上的分歧。月亮位于摩羯座 0°,位于星座歧度,行星位于星座歧度,是弱化的行星,这类行星就会存在缺陷和问题。月离于火星对命主早年具有损害性,尤其夜间生人,不利自己和母亲。罗睺和火星在同一个星座,又增强了火星的损害性,所以命主和母亲会有六亲上的损害。笔者认为,这种超越星座的月亮离相位,影响力短,若于同星座趋离,则影响更重

（可参考本书前文中关于月亮趋离的篇章）。

本命为夜间出生，土星和太阳为父亲的类神星，土星位于天顶落陷星座与天底轴附近的太阳相冲，土星作为第4宫定位星也代表死亡，而且夜间生人，土星不合星宗，为凶性又逆行，因此代表父亲早年去世，母亲孤单。月离于火，也诠释了这一意义，月于歧度，也代表母亲再未婚。

在工作方面，天顶位于巨蟹座，为水元素星座，土星位于巨蟹座，第9宫为迁移变动，水元素多动，又为启动星座，上升星座也是启动星座，代表命主工作事业不安定，变化极多。天顶定位星月亮，变化多端的行星，位于星座歧度，位于第3宫，都代表多变化和短暂，而月离于火，火星同罗睺，代表很多工作不了了之，罗睺强化了数量。

火星东出于日，位于第3宫轴，又位于双体星座，代表工作变化多端，遇到罗睺同星座，放大了这种信息。

以下为其经历：

1998年7月大学本科肄业（因有课程没补考，没拿毕业证书）

1998年底～2000年初，上海一新建电脑城－招商兼宣传文案。

2000年初～2003年中，上海一新成立的人才招聘类网站的网络编辑兼客服主管。

2003年下半年，去往浙江象山搞网站创业，半年后失败而归。

2004年初～2005年初，某IT媒体上海分公司记者兼编辑。

2005年，某保险公司卖保险半年多。

2006年～2009年，某广告公司新成立的汽车零部件杂志编辑。

2009年～2011年，某公关传媒公司新成立的上海代表处文案兼客户经理。

2011年～2012年，某大型网络集团的公关部宣传主管兼文案。

2013 年～2019 年,回到 2009 年离开的某广告公司当文案编辑。

2020 年,失业赋闲在家。

2021 年 1 月～目前,某街道小区居委会当社工。

例 3　岩土勘探工作

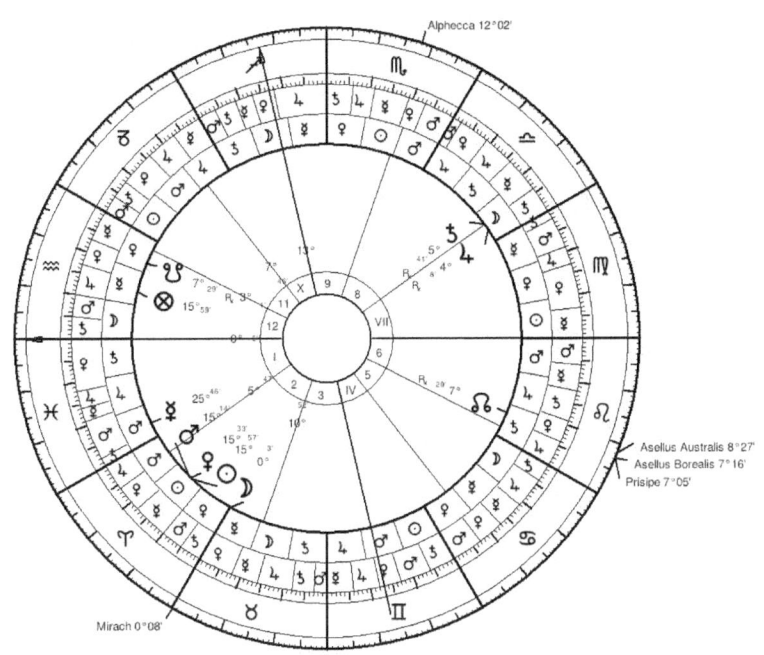

男命,生于 1981 年 4 月 6 日。上升轴、月亮均位于星座歧度,人生多不安定。天顶轴位于射手座,其定位星木星和土星紧密合相,木土属于一种优良组合,但是命主为夜间生人,木土带有凶性,土星升于天秤座,又为风元素星座,天秤座属于等日光星座,带有平衡、真相的意义,并且为风元素、启动星座,变化多端,命主经常出差,四处奔波。木土对宫的火金日,则代表了工作的具体性质,火、金代表机械设备,而火星舍于白羊座,更确定了这一特性,白羊座也是皇家星座,太阳升于白羊座,代表工作单位属于国家部门,或者带有相关特性。

其福点位于宝瓶座,定位星为土星,土星三合宝瓶座,再次诠释了土星性质工作的特质,此盘工作分析重点在土星。

例4　销售工作,售卖化工原料。

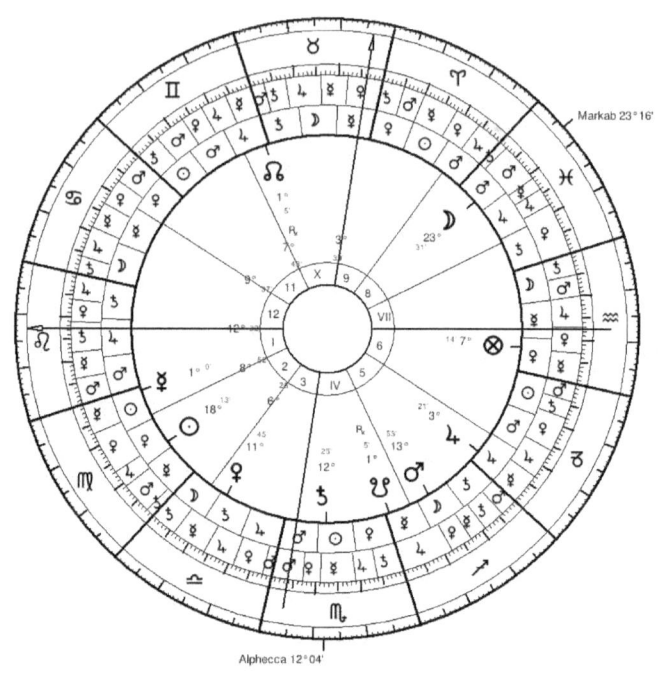

男命,生于1984年9月11日凌晨。命主从事销售工作,到处奔波,卖化工原料。此命上升定位星为太阳,太阳位于第2宫,为其求财方式,太阳和月亮对冲,度数颇近,这是奔波之象。并且太阳为第9宫迁移宫的升主星,代表事业工作,太阳和月亮都带有远行,变动之意。天顶为论断事业必须看的宫位,天顶定位星金星位于第3宫,也是出差变动之象。

水星、金星、火星代表人的工作事业上的行动力,此命水星位于上升宫,并且水星东出于日,在论断工作时属于重要类象行星,水星代表依靠口才、智力而工作,这是代表销售的关键,并且水星位于室女座,水星在上升宫为喜乐宫,同时金星位于天秤座,舍星座,金星被火星紧密度数映射,主传客星,金星将力量加于火星,这是一种加工的信息。

例5 飞行员

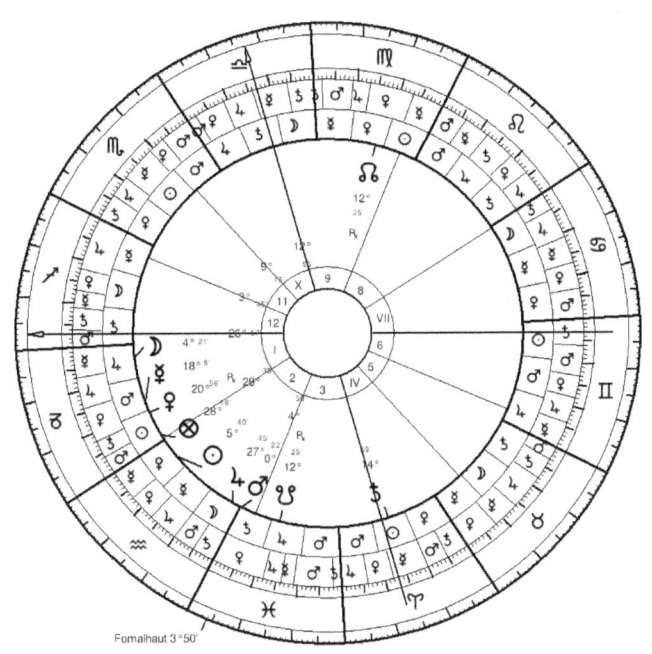

Fomalhaut 3°50'

此命为男性,生于 1998 年 1 月 26 日。命盘有辅星格,月亮入轴,金星、水星西入于月。辅星格也分高低,月亮落陷,则降低了此格局,属于下等辅星格,代表可以从事体面的工作或者在大的部门工作。

月亮,水星和金星入上升宫,凡行星入上升宫,论断职业时候必须分析,并且皆东出于日,属于事业论断的重象。三颗行星都属于速行行星,且水星为第 9 宫定位星和第 7 宫定位星,都代表远行和变动。金星和水星代表美丽修饰,代表高档、速行的运输工具。上升定位星为木星,火星离相位木星,代表机械,火星位于双鱼和宝瓶座之间的歧度,代表经常运动、运转的机械。

由于月亮是第 8 宫定位星,水星是第 7 宫定位星,火星是第 4 宫定位星,并且夜间生人,土星位于第 4 宫轴,此命的工作带有危险性。

月亮趋离对于一个人的职业,人生经历至关重要,此命月亮位于上升轴,月亮趋于水星、金星,水星金星都是速行行星,并且水星是第 9 宫定位星,金星属于天顶定位星,直接指向快速工作特性和天空的特性,同时都位于启动星座,更快。但是月亮离于火星,带有风险性、机械特性。

命主为飞行员,于 2021 年选择了该职业。

例 6   美国飞机设计师

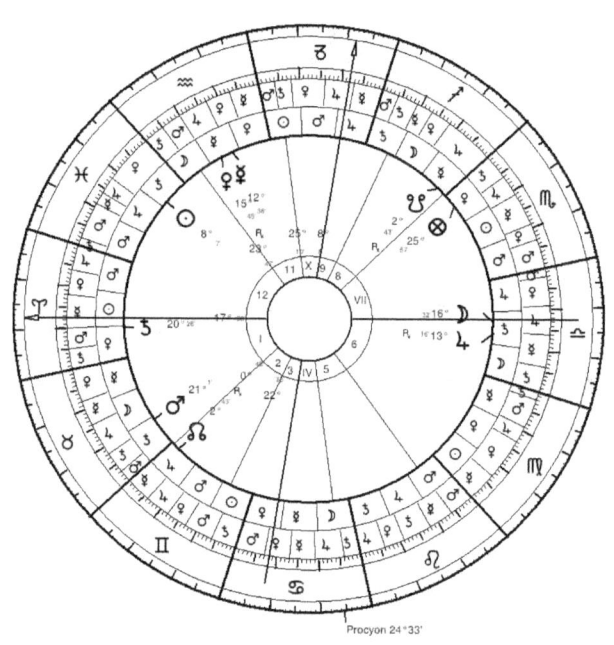

Procyon 24°33'

Johnson Kelly,约翰逊·凯利,1910 年 2 月 27 日上午 8 点出生于伊什佩明,美国航空系统工程师,著名飞机设计师。洛克希德公司的灵魂人物,1937 年,约翰逊设计 P—38"闪电"战斗机。在二战期间生产了近 1 万架,二战结束后,约翰逊研制出美国第一架喷气式战斗机 F—

80。1954 年 2 月,他研制的 F—104 试飞成功,成为美国第一架超音速两倍的战斗机。不过在约翰逊研制的飞机中,最著名的还是 U—2 侦察机和 SR—71 远程战略侦察机。U—2 侦察机最高升限可达 27000 米。SR—71 原飞行高度达到 30000 米,最大速度达到 3.5 倍音速,其升限和速度未被打破。约翰逊一生设计 40 多种军机,曾被授予自由奖章、莱特兄弟奖、国家安全奖章等特殊荣誉。约翰逊的婚姻是不幸的,他总共结过三次婚,但都没有维持太长时间。1990 年 12 月 21 日在加利福尼亚州伯班克的圣约瑟夫医疗中心去世,享年 80 岁,死于大脑动脉硬化。

一般研究性质的工作,与土星有关,土星具有科研、严谨思维的特质,在他的命盘中,土星为天顶定位星,火星为天顶升主星。此命金星、水星紧密合相于 11 宫,并且与土星六合,与火星相刑,土星代表严谨思维,水星为思维类神,位于土星星座,也代表严谨思维,金星、水星位于土星星座,与土星产生 Push nature,即主授客星,金星和水星受到土星的影响,代表设计速度类产物,而水星、金星与火星的相位,代表机械类设计,火星位于金星星座,通过主授客星,金星影响主导了火星,并且在金星、水星刑火星的相位关系中,金星和水星居于上位,突显了其设计师的象意。

在约翰逊·凯利的命盘中,土星最强有力,因为土星既是金星、水星的舍主星,也是月亮、木星的升主星,同时,土星位于上升轴,所以土星对他的思维、行为、命运具有强大的影响力。

如果我们从罗计拦截的角度分析此盘,会发现罗计拦截月木于第 7 宫轴,这是一个非常重要的类象。月亮为速行行星,月亮为天底定位星,木星为第 9 宫定位星,月木组合位于启动星座,代表速行飞行升降。为何他设计战斗机,因为月木与白羊座的土星有相冲的相位,带有凶性,并且第7宫本身就有凶性,而土星是天顶定位星,天顶与天底是两相对极限轴,在古典占星理论中一些高空危险,或跌落而死与其有关,因此这两限也关系一些极限飞行、极限运动行业,而启动星座、风元素星座、射手座也是这类行业的重要标志,军事领域往往与火元素星座、猛兽星座相关。

例7　武打影星李小龙

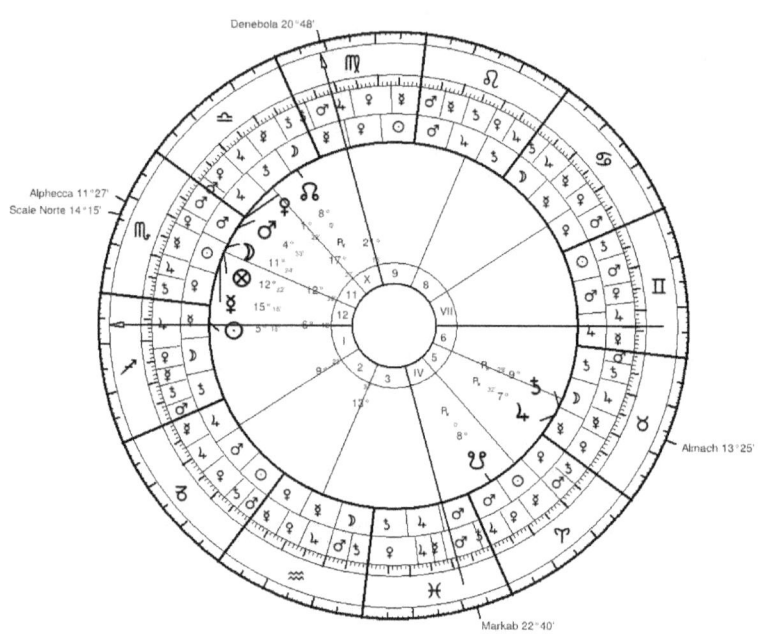

Bruce Lee,李小龙(英文名:Bruce Lee,1940 年 11 月 27 日—1973 年 7 月 20 日),本名李振藩,1940 年 11 月 27 日上午 7:12 分出生于美国加利福尼亚州旧金山,他在香港的四部半电影 3 次打破多项记录。

1962 年李小龙开办"振藩国术馆",1964 年 8 月 17 日结婚,父亲于 1965 年 2 月 8 日在香港去世。1967 年自创截拳道,1969 年 4 月 19 日,女儿出生。1973 年 7 月 20 日,李小龙在香港逝世,年仅 32 岁。

　　分析：其命盘太阳位于上升轴,处于昼夜交替的位置,此时阴阳变化,诸星吉凶变换。根据笔者经验,这种情况下,需要注意星盘是自昼入夜还是自夜入昼,此例中显然是自夜入昼,昼星居于主导,由于阴阳交替,这种也预示人生起伏波动会比较大,人生容易有大动变。木星合相土星于第5宫,位于金星星座,木星又同时位于金星界,被金星主授客星,且土星从阳,代表命主会在演艺事业上有所成就,同时木星和土星位于第6个星座,土星也进入第6宫,代表事业工作带有一定的劳役特性和辛苦特性,金星落陷于天蝎座,合相火星,为武打影星之象。星盘从夜入昼,土星自凶转吉,也掺杂有一些凶性特性。木星和土星逆行也带有吉凶变换消退的意义,因此克子女、富贵而夭。火星与金星位于11宫,位于火星星座,代表命主从事演艺会以武打为主,金星与火星合相也代表隐秘私情。昼生人,且星盘自夜转昼,火星为凶性,月亮作为第8宫定位星与火星合相,是夭折之象。他的死因存疑,是因为其月相为晦月,晦月代表枷锁、监禁、秘密、谴责和耻辱,月亮受到水星和火星的夹拱,因此有关他的死因以及争议都由此而生。

　　月亮对于任何命盘都需要仔细观察,此命的月亮位于果宫,亏月离相位火星、金星,趋于水星。在离相位中距离火星最近,且火星位于天蝎座火星界,为月亮在天蝎座中经历过的界,因此火星是主宰命主命运的行星,火星位于舍星座,入火星界,突显命主习武好武的特性,并且命主从事的工作也与此有关,火星又是福点定位星,月火又落入福点星座,水星作为福点11宫定位星落入天蝎座,太阳又位于上升轴,诸象显示命主会通过习武快速获得名誉地位。木星、土星相冲的相位,更让这一点得到突显,并且吉凶混杂,命主会具有强烈的拼搏意识,能够轻松获得成功,但是也会因此劳碌一生,会因为这种生活节奏而疲惫不堪。

金火会合成为通奸格局，月亮离火星趋于水星，更让这一事项为人诟病，所以命主会因此留下争议。而趋于水星，让命主的生活方式文艺化、演艺化，同时也代表将武术哲理化，亏月、天蝎座、果宫以及火星的凶性让命主度过了精彩而短暂的一生。鉴于火星的重要性，火星为第 5 宫定位星，因此子女也有夭亡。

任何命盘都可以以福点作为命宫论断生平，此命福点与诸星同宫于天蝎座，定位星为火星，其 11 宫为室女座，水星为其定位星，因此水星、火星为其命理格局以及财富论断的关键。

如果想要论断命主的父亲，我们可以使用父亲点，此命父亲点位于金牛座 10°26′，金星为父亲定位星，金星位于火星星座、火星界，与火星合相，火星有力量，说明父亲从事艺术行业，但是也会喜好武术，金月水的组合更让其父亲偏向演艺行业。

注：星盘太阳在上升轴或下降轴则为昼夜交替，此时要看太阳行进的时序，如果太阳位于上升轴，则为自夜入昼，昼星会从凶转吉，夜星会从吉转凶；太阳位于下降轴，则星盘为自昼入夜，夜星会自凶转吉，昼星会从吉转凶。这种格局意味人生带有不安定性和戏剧性，需要注意相关昼夜星所处的环境与格局进行分析。这一思路，是笔者的实践经验。

接着我们从 12 分部角度简要解析此盘：

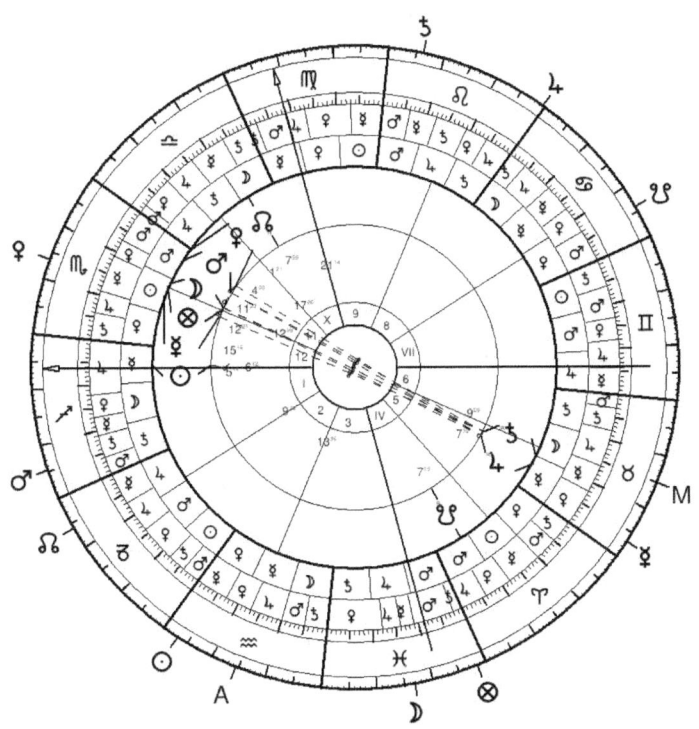

	Dodecatemorion	
	Longitude	Latitude
☉	2°56'11" ♒	0°00'00"
☽	16°47'30" ♓	0°00'00"
☿	3°14'58" ♉	0°00'00"
♀	16°21'04" ♏	0°00'00"
♂	24°39'54" ♐	0°00'00"
♃	0°26'50" ♌	0°00'00"
♄	23°49'39" ♌	0°00'00"
☊	5°54'40" ♑	0°00'00"
☋	5°54'40" ♋	0°00'00"
⊗	28°20'14" ♓	0°00'00"
Asc	14°28'55" ♒	0°00'00"
MC	14°57'12" ♉	0°00'00"

779

命盘中月亮与福点、金星、水星、火星都位于 12 宫,福点与财富有关,汇聚中火星力量最强,是主象。火星的 12 分部位于命宫射手座,为木星星座,更说明了命主爱好武术,并且会从事相关的职业而获得财富。太阳位于轴给命主带来了名声和社会地位,但是太阳的 12 分部位于宝瓶座,属于太阳落陷位置,且上升轴的 12 分部也在此星座,代表名声压力以及成名不久的灾害。月亮、福点的 12 分部位于天底轴的木星星座,代表命主去世后名声不衰。

七政四余占星术分析:

天权(月) 天囚(土) 天印(金) 天刑(木) 天嗣(孛) 天贵(孛) 天荫(火) 天耗(罗) 天福(计) 天暗(炁) 天禄(水) 庚辰(金)

爵星(孛) 喜神(金) 禄神(金) 催官(孛) 寿元(金) 印星(金) 官星(金) 魁星(水) 文星(木) 科甲(水) 科名(金) 丁亥甲戌

产星(金) 血忌(木) 血支(火) 仁元(金) 人元(火) 地元(金) 天元(土) 马元(木) 禄元(水) 地驿(木) 天马(火) 戊辰(男)

伤官(罗)　　　 地纬(木) 天经(土) 局主(木) 职元(炁) 值难(炁)　　 生官(孛)

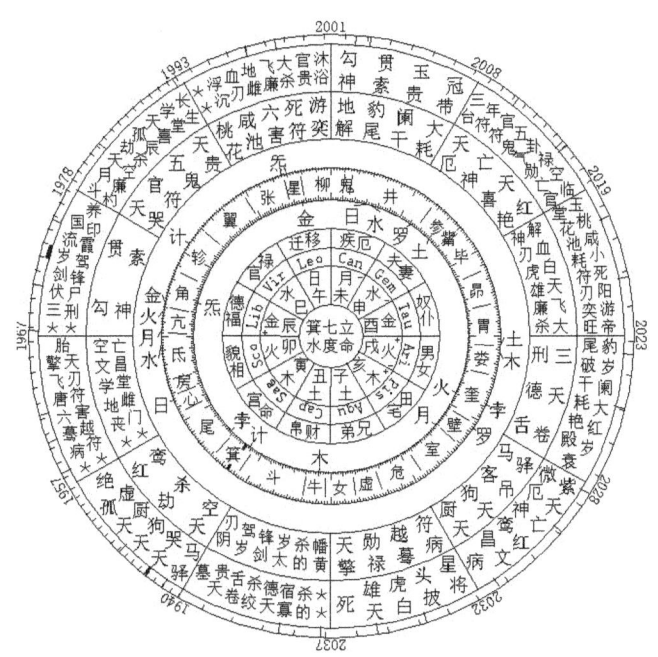

分析：此命月躔亢金龙，水星前引，火、金后从，生日近晦，月少光。昼生人，依仗太阳之光，近前水星为主，水星为官禄、夫妻主星，又为令星，太阳与水星同宫，月得光辉，利于命主功名事业，又主婚姻早成，但是后从之星，火金交战，金水难以相生，富贵短暂之象。命躔箕水豹，此为风雨之宿，尤其不稳，人生多变故疾病灾祸。命坐驿马朝禄，早限动荡，人生多变动，外地发展事业之命。又天狗入命，木星掌天狗入男女宫，克子女，且男女宫孛星入宫，木土交战，克害子女之征尤其明显，男女宫阑干恶煞，木躔刃宿，主子女凶灾。金化天官入垣于福德宫，演艺生涯成名之象，金火同宫，火星化偏财生起官星，事业成名。并且金躔角宿，角为苍龙之角，代表出类拔萃。

以加盘通关而论，寅宫命，以卯加寅，丑为其通关，日出扶桑居于卯宫，官星水星为恩星入内，丑宫又见天贵，卯宫恶煞纷踏，代表命主于变动中遇贵早年成名，得以事业有成，但亦有灾险。寅宫命以金、月为难，金星难星,月亮为八煞主星,此命身星为八煞主星,与难星相伴,火星又克损寿元金星,且火烧金龙为忌,福德宫受损,有名利而无福,辰宫为实宫,其力尤重,命主于辰宫大限中死亡。

金星躔木宿,木星躔金宿,则行木宿倒限,1972年命主限行角木蛟,突然去世。

例8　体操运动员

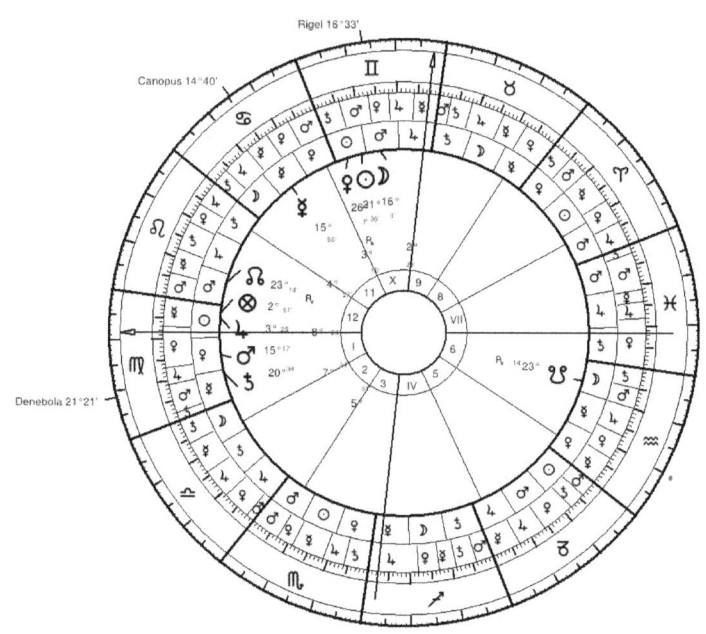

Benoît Caranobe,贝诺特·卡拉诺贝,1980年6月12日夏令时12时28分出生于法国维特里。法国体操运动员,在2008年北京奥运会上获得铜牌。卡拉诺贝是继1920年安特卫普奥运会上马尔科·托雷和让·古诺分别获得个人全能银牌和铜牌后,第一位获得个人全能奖牌的法国运动员。卡拉诺贝于2013年退出比赛。他是巴黎附近喧闹大酒店的老板,也是红磨坊夜总会的杂技演员。

在职业论断时,一些特殊的技术性或工作带有专业性,都需要观察火星、金星与水星。在宫位上需要按照1、10、7、4、四续宫、6宫的次序力量去看待。在本案例中,火星居于上升星座,火星和土星、木星合相位于水星舍星座、金星三方主,说明工作性质带有劳累和劳役特性,水星星座与金星三方主说明带有技术性和灵巧、灵敏的特性,室女座作为人形星座更体现了这一点。观察星座相位我们发现,水星与火星有精确六合相位,并且火星被水星接纳,两者通过主授客星的形式,火星被赋予了水星特性,体现了体育风格的灵敏和柔美,水星位于月亮星座更强化了这一点。在论断职业时,我们也需要观察第10宫,命盘中第10宫,太阳、月亮和金星合相,位于双子座人形星座,并且也位于水星星座,更体现了体操性质,并且也代表了能获得相关的荣誉。天顶双子座,也赋予了他职业的多面性。《天步真原》中星座论断职业特性在此案例中有一定的参考价值,一般双子座、室女座、宝瓶座为技艺,有才能;双鱼座、狮子座、金牛座、射手座、摩羯座为五金匠、造房屋、作客商;白羊座、天秤座、巨蟹座、摩羯座,为农、为医,知天文。

另外,在本案例的星盘中,月亮合相恒星参宿七于天顶,参宿七具有木星和土星的性质,论断时,参考命盘中土星和木星的作用。参宿七带有教练和指导的特性,具体可以参考本书前文章节。

本案例中,笔者会解析12分部、出生前新月或满月点在其中起到的作用,搭配12分部的星盘图如下:

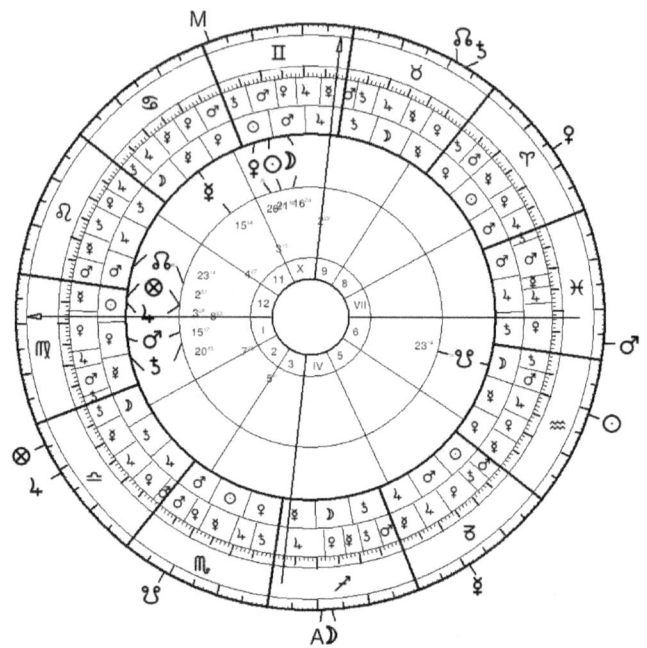

根据其 12 分部，其 Asc 的 12 分部位于射手座 10°45′，月亮的 12 分部位于射手座 10°38′，出生前满月点位于射手座 8°37′，都位于射手座、木星界，满月点入相位火星，预示了体育行业。Asc 与月亮的 12 分部映射木星、火星、土星，更强化了这个格局的影响力，木星与福点的合相，也代表因此获得荣誉。

例9 足球运动员梅西

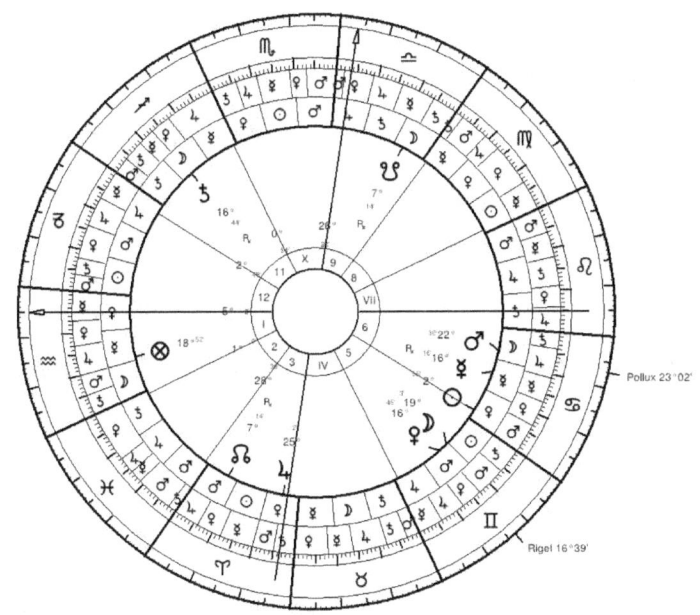

Lionel Messi,1987年6月24日20时30分出生于阿根廷的罗萨里奥,阿根廷外籍足球运动员,也被称为利奥·梅西,自2021年以来,他一直担任法甲巴黎圣日耳曼俱乐部的前锋,并担任阿根廷国家队队长。梅西经常被认为是世界上最好的球员,也被广泛认为是有史以来最伟大的球员之一,他赢得了创纪录的六个金球奖,创纪录的六个欧洲金鞋奖,并在2020年入选金球奖梦之队。在2021年离开俱乐部之前,他自2005年以来一直在巴塞罗那度过他的整个职业生涯,在那里他赢得了俱乐部创纪录的35个奖杯,包括10个西甲冠军,7个国王杯冠军和4个欧洲冠军联赛冠军。

11岁时,梅西被诊断患有生长激素缺乏症。在青年阶段,他赢得了2005年国际足联世界青年锦标赛,以金球奖和金鞋奖结束了比赛,并在2008年夏季奥运会上获得了奥运会金牌。他是一个身材矮小的左脚运球者。2008 年 8 月 23 日获奥运会金奖,2009 年 12 月获奖(获得第一个金球奖)。2015 年 11 月 2 日下午 5:15,儿子 Thiago 出生。梅西在 2009 年、2010 年、2011 年和 2012 年连续 4 年获得金球奖,2015 年,梅西再次获得金球奖。2019 年和 2021 年,梅西又两次获得金球奖。2022 年,梅西帮助阿根廷国家队夺得世界杯冠军和欧美杯冠军,个人再度荣膺世界杯金球奖,梅西的金球奖数量达到 9 个。

分析: 月亮位于双子座火星界,离相位金星与土星,但是金星与土星对宫相冲,金星在月亮趋离上属于主导命主的行星,能够极大体现命主命运,金星为天顶定位星,又为夜间生人,金星代表命主具有魅力,能够早年成名,获得众人的喜爱,但是 3°内的土星会让命主在青少年时期出现一些不利的方面,所以命主早年有生长激素缺乏症,并因此要支付昂贵的医疗费用,并且火星界会真正体现月亮能量的确切表现,所以命主从事体育运动行业。出生后第 3 天,月亮离相位水星入相位火星,并且两者位于第 6 宫,并且月亮从亏月转向盈月,这种格局让命主会更频繁的劳累于运动,并获得更多的奖项。火星与天底轴的木星两者互容,成为全盘最大的靓点,木星代表胜利和荣誉,火星代表运动,白羊座与巨蟹座都属于启动星座,所以命主就需要不断的跑动,不断的劳累而赢得荣誉。

就恒星而言,北河三合相强化了其火星特质,参宿七合相金星,强化了金星、木星、土星的性质,因此命主取得不凡的成就。

例 10 占星作家琳达·古德曼

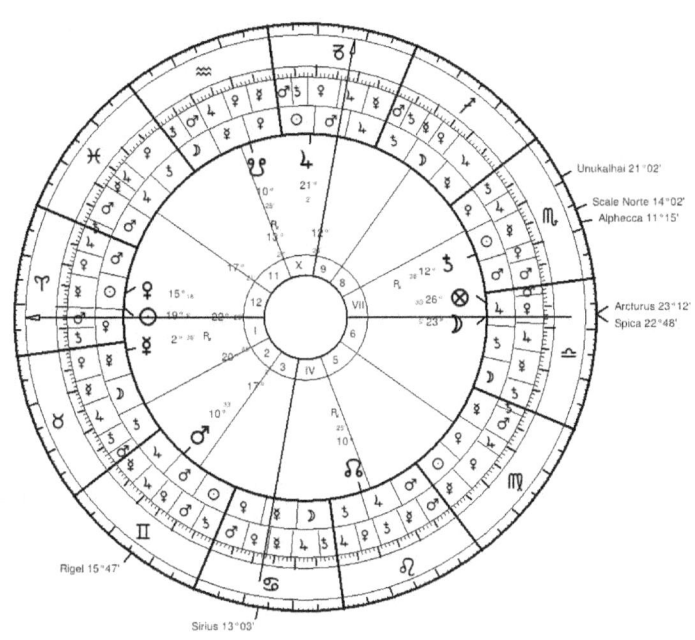

Linda Goodman,琳达·古德曼,1925 年 4 月 9 日 06 时 05 分出生于西弗吉尼亚州摩根敦(39n38,79w57)。美国占星家和诗人,她写了一本畅销书《太阳星座》(1968 年),销量超过五百万册,把占星术带入了日常生活市场。1978 年,她的第二本书《爱的信号》的平装本版权卖到了创纪录的 225 万美元。

她在当地开始了她的新闻写作生涯,并嫁给了她的第一任丈夫,作家威廉·斯奈德。他们有五个孩子,其中三个夭折了。离婚后,她在匹兹堡找到了一份电台播音员的工作,在那里她改名为琳达,并嫁给了她的第二任丈夫,电台播音员萨姆·古德曼。当她 1963 年搬到纽约时,开始学习占星术,并对占星术的兴趣达到了顶峰,她完全沉浸在研究中,排除了其他一切。她坚定而热情,脾气暴躁,但也很慷慨,经常给朋友送礼物,给汽车或珠宝,这一习惯导致了她在 80 年代末的破产。

1970 年,古德曼搬到了科罗拉多州偏远的矿业小镇跛溪,在那里她可以较少分心地写作。她与 26 岁的海洋生物学家罗伯特·布鲁尔有染,后者于 1972 年离开了她,并于 1972 年与丈夫离婚。1973 年,她 21 岁的女儿莎莉自杀,女儿是一名女演员,在纽约服用了过量的杜冷丁。古德曼拒绝相信女儿死亡,并说这是政府的阴谋,掩盖真相,并花了 50 万美元寻找她的女儿。

她在 20 世纪 80 年代中期被诊断为糖尿病,不信任传统药物,有时拒绝服药或治疗。她被切除了一个脚趾,然后截掉了一部分腿。她的前夫萨姆·古德曼于 1983 年去世。古德曼继续写作,并在互联网上完成了她的"琳达古德曼的爱情迹象关系报告"。1995 年 10 月 21 日死于糖尿病并发症。古德曼的著名客户包括史蒂夫·麦奎因、格蕾丝王妃、桑尼和切尔。

分析:太阳位于上升轴,且入升星座,又位于升度上,极为强旺,木星位于天顶为昼星,上位映射太阳,代表可以获得名望与金钱,同时太阳与金星都位于水星界,水星位于命宫,代表在占星、写作上获得名利。日月位于 1、7 轴对冲,这是不吉利的表现,人生会有起伏落差。月亮对冲太阳并为疏松黏合状态,入相位福点,代表中年能获得大量财富。根据月亮趋离关系,月亮离相位天顶的木星,入相位同星座的福点,也代表大量财富。

其命宫为白羊座,第 5 宫为狮子座,都是不育星座,并且第 5 宫内有罗睺,太阳属于罗睺的定位星,这些都不利于子女。天顶也与子女有关,木星作为子女类象星落入降星座,木星作为第 8 宫定位星与月亮相刑,这种种都代表刑克子女。其命盘月亮处于疏松黏合状态,月亮虽然未入相位其他凶星,但是太阳合相金星与之相冲,尤其不利于太阳之象,太阳位于升星座,能够主宰象意,代表子女,金星与之合相且落陷,代表女儿受损,且白羊座为残缺截肢星座与疾病星座,因此女儿死于非命,自己遭受疾病、截肢的灾难。

第3宫定位星水星入命宫,代表术数文化,水星西入且位于喜乐宫,并且不在日光下,金水夹拱太阳与上升轴,为人聪明好学,有诗才。月亮合相恒星角宿一于下降轴,角宿一的行星特性为金星、水星,结合之前的分析,金星和水星的作用更为突显。本书前文中指出,木星映射这些恒星,或木星在盘中也有相关佐证,增加更大的好运,提升富贵程度。水星与这类恒星合相上升或天顶,主预言类、为哲学家、为占星家,精通秘传知识。夜间生人,更主拜神、预言、行为女性化,有法术咒语知识,并实践法术,特别喜欢此类,一直到折磨苦难发生在他们身上。在琳达·古德曼的星盘中,月亮合相角宿一的同时,水星位于上升,木星位于天顶,水星和木星有着极大的影响力,符合上文论述,这种搭配意味着琳达·古德曼成为占星家,并且会有折磨苦难发生(读者可以参考本书前文中对于角宿一的意义的论述)。

其命盘中,月亮还合相牧夫座的大角星,大角星的恒星特性为木星和火星,天顶的木星再次被强化。木星落降星座,火星映射金星,让她难以有好的婚姻,并且难以善终。

四柱八字解析:

阴历:乙丑年　三月　十七日　卯时(昼)

生于:清明初

冠带	养	帝旺	长生
食神	正印	日主	食神
海中金	白腊金	大海水	大溪水

坤造:乙丑年　庚辰月　癸亥日　乙卯时　　　［子丑空］

空亡

癸比肩　戊正官　壬劫财　乙食神

辛偏印　乙食神　甲伤官

己七杀　癸比肩

胎	绝	墓	死	病	衰	帝旺	临官
偏印	劫财	比肩	伤官	食神	正财	偏财	正官
白腊金	杨柳木	杨柳木	泉中水	泉中水	屋上土	屋上土	霹雳火
大运:辛巳	壬午	癸未	甲申	乙酉	丙戌	丁亥	戊子
10岁	20岁	30岁	40岁	50岁	60岁	70岁	80岁
始于:1934	1944	1954	1964	1974	1984	1994	2004
流年:甲戌	甲申	甲午	甲辰	甲寅	甲子	甲戌	甲申
乙亥	乙酉	乙未	乙巳	乙卯	乙丑	乙亥	乙酉
丙子	丙戌	丙申	丙午	丙辰	丙寅	丙子	丙戌
丁丑	丁亥	丁酉	丁未	丁巳	丁卯	丁丑	丁亥
戊寅	戊子	戊戌	戊申	戊午	戊辰	戊寅	戊子
己卯	己丑	己亥	己酉	己未	己巳	己卯	己丑
庚辰	庚寅	庚子	庚戌	庚申	庚午	庚辰	庚寅
辛巳	辛卯	辛丑	辛亥	辛酉	辛未	辛巳	辛卯
壬午	壬辰	壬寅	壬子	壬戌	壬申	壬午	壬辰
癸未	癸巳	癸卯	癸丑	癸亥	癸酉	癸未	癸巳
止于:1943	1953	1963	1973	1983	1993	2003	2013

分析：此命年月天干相合，辰月有助于干合，年月合出正印，凡合在时上不带，皆不能化，但是也因此金气旺盛生日，代表会有利于文化行业的特质。年时两处食神，且地支食神叠叠，食神重见变为伤官，这种组合令人少子女，纵有子女也带克，天干伤官配印，食神多者适合行印运，因此命主大运喜走金地，于甲申大运中，著作畅销。八字中年下偏印，年月合印也是临时际遇，因此行印运时写作成名。命主日下坐伤官，食伤太旺，婚姻也不好。但是癸日乙卯时，贵人食禄，可以得财名贵人之力。

　　身体疾病方面,要精熟干支取象,方便取象身体部位,其次要明白疾病之理,人体疾病都是因为五行不和,天干属于六腑,地支属于五脏。五行克战、太过、不及都会造成人体疾病。具体要通过命格、行运吉凶产生相关的反应。此命年月乙庚合金,年月地支生之,与时上木交战,因此损伤四肢,尤其论残疾,主要注意伤官、七杀。年时食神两重,以伤官论,且金水旺而日下亥水通根,总体而言,主肾脏、脾胃与四肢疾患。

六壬命课分析:

公历:1925 年 4 月 9 日 6:05 星期四

农历:乙丑(牛)年三月大十七 清明

干支:乙丑　庚辰　癸亥　乙卯

旬空:戌亥　申酉　子丑　子丑

清明 4 月 5 日 15:22　谷雨 4 月 20 日 22:51

月将:戌　甲寅旬子丑空


```
    青  勾  合  朱
    子  丑  寅  卯
空亥          辰蛇
虎戌          巳贵
    酉  申  未  午
    常  玄  阴  后


    勾  后  朱  玄
    丑  午  卯  申
    午  亥  申  癸


  子孙  乙卯  朱
  官鬼  壬戌  虎
  妻财  丁巳  贵
```

分析：六壬能够反应时空信息，自然能够作用于命理。以六壬论命有多种方法，或结合七政十二宫或其他十二宫之法、或使用六壬卦轨，或单纯以六壬分析。

此课卯加申发用，为斫轮格，卯为手，戌为足。卯加申，戌加卯都是下贼上，古人认为必然手足不举或有伤害。且巳加戌为天头加地足，其象十分清晰。虚岁 44 岁著作畅销，此年太岁戊申，行年入己丑，申临丑上，丑为行年又为本命，申金为长生学堂，岁月生之有力，且阴神为朱雀，应于出版著作。虚岁 49 岁，子女死亡，行年甲申，太岁为癸丑，申上子孙卯绝，又为丧门，以金口诀之天将，则为玄武，子卯相刑，金木相战，金口有云："大树死时家长死。"卯木子孙临绝，代表儿女死亡，子卯相刑，代表服毒而死。且时柱为子女，卯时生人，卯上白虎乘戌加之，为白虎临门户，戌土又为日干之鬼，子女凶死、夭折之象。

就命格而言，三传铸印，发用子孙朱雀，三月木有气，又为本命禄，中传戌为本命财，朱雀、贵神、丁神铸印，且申为本命贵人，又是长生学堂，天将玄武阴神朱雀，可以因为玄学文化出名，末传丁财参与铸印，代表会因为文化出版而获得大财。日支亥为下辈子孙，亥乘天空坐月建辰墓，克损子女。女以青龙为夫，青龙乘子，与发用卯刑，与日上申金三合，代表命主多婚且有桃花。

例 11　王室成员玛格丽特·德纳瓦拉

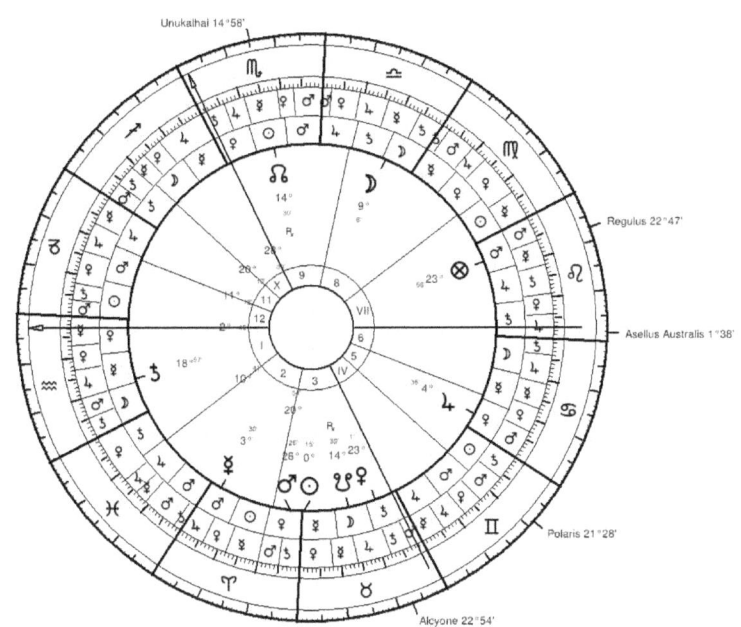

Marguerite de Navarre，玛格丽特·德纳瓦拉，1492 年儒略历 4 月 11 日（公历 4 月 20 日）当地标准时间 02：00 出生于法国昂古莱姆，法国王室成员，是法王弗朗索瓦一世的姐姐，在路易十二宫廷中长大，1509 年 10 月 5 日，她 17 岁时嫁给了阿伦康公爵查理。1525 年丈夫去世后，她成了寡妇。两年后，在 1527 年 1 月 24 日，她嫁给了纳瓦拉国王恩里克二世。1528 年 11 月 16 日他们的女儿出生。

玛格丽特因写了一部名为《七头论》的著作而闻名于世。她于 1549 年 12 月 21 日在法国奥多斯昂比戈尔因肺炎去世。玛格丽特为著名作家与文人的保护者。她醉心于文化沙龙事业，同时亦为艺术家与作家大力提供赞助。在当时的法国以及欧洲均产生了极为重大的影响力。

分析：此命有辅星格，土星于上升角轴宫入舍星座，金星于天底轴入舍星座，且木星于第 5 宫入升星座，福点合相恒星轩辕十四，在论断轩辕十四的影响力时,可以考虑此命的木星和火星,木星、金星的力量极强。

	Dodecatemorion	
	Longitude	Latitude
☉	3°05'54" ♉	0°00'00"
☽	19°07'29" ♉	0°00'00"
☿	12°02'47" ♉	0°00'00"
♀	6°12'48" ♒	0°00'00"
♂	17°09'03" ♒	0°00'00"
♃	25°07'32" ♌	0°00'00"
♄	17°23'11" ♍	0°00'00"
☊	23°59'07" ♈	0°00'00"
☋	23°59'07" ♎	0°00'00"
⊗	17°14'31" ♉	0°00'00"
Asc	3°16'05" ♓	0°00'00"
MC	13°52'00" ♎	0°00'00"

在 12 分部表中,木星的 12 分部位于狮子座 25°07′,与福点、轩辕十四合相,是财富、子女大贵的标志,木星的 12 分部以细节力量体现了这一点。

例 12　英国国王乔治三世

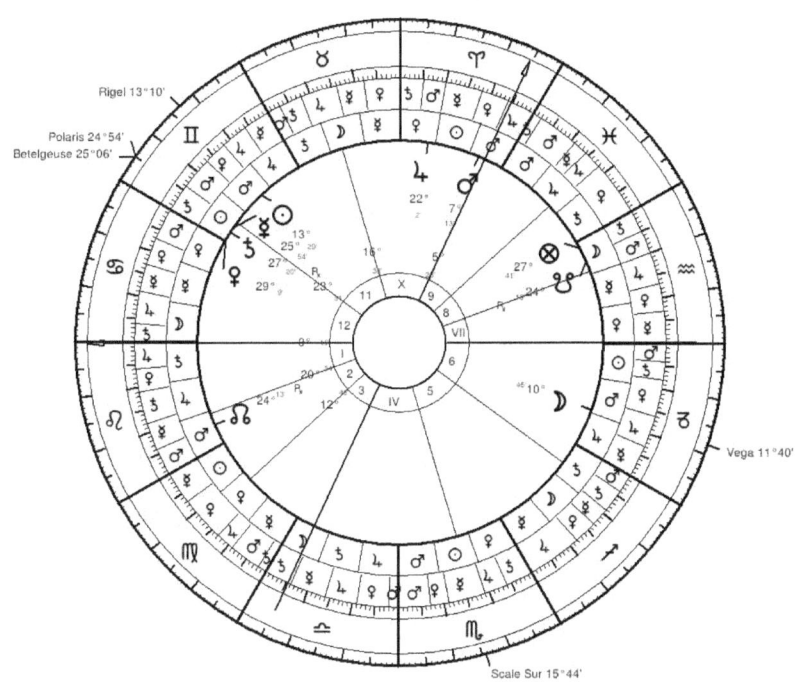

乔治·威廉·弗雷德里克,1738 年 6 月 4 日 07:30 出生于英国伦敦(51n30,0w10)1760 年 10 月 25 日登基,并于 1761 年 9 月 22 日加冕,统治了英国历史上最关键的时期之一。法国和美国 60 年的革命改变了英国统治的方方面面,包括失去了美国殖民地。

乔治三世工作努力,但情绪不稳定,在周岁 50 岁、62 岁和 66 岁时遭受精神错乱的折磨,1810 年 10 月,在 72 岁时无可救药地疯了,他的儿子,未来的乔治四世,在 1811 年成为摄政王,乔治三世苟延残喘,双目失明,后来失聪,直到他 81 岁去世。

除了他的疯狂,他是一个尽职尽责的统治者,一个忠实的丈夫和 15 个孩子的好父亲。美国殖民地的丧失不是他的缺陷的结果,而是公众舆论支持的议会政策的结果。他于 1820 年 1 月 29 日晚上 8 点 35 分在温莎死于腹泻。20 世纪晚期，认为他的疯狂被归因于卟啉症。

  分析： 此命火星位于天顶轴，且位于舍星座，又得木星同宫相助，本书前文曾指出，木星和火星合相有辉煌、耀眼的特性，主为官贵戚友，或成为一方大员或极富极贵，为官贵之命，为公职之人或公众人物，能够获得荣誉和地位。但是他们的生计方面却不大稳定，此格容易破财或弃财。这类命通过命运的转折而获得其渴望的一切，尤其位于吉宫，位于角轴或 5 宫、11 宫，如果位于木星或火星星座，代表强权、部队、伟大荣誉。Dorotheus 认为，木星与火星合相，代表领导力，拥有资产，闻名于大城市，成为官员，并且非常忙碌。如果两者位于其中一颗行星的舍星座内，则命主有权势，意志坚定，在军事领域中活跃。以上格局的论断非常准确。

  命主的上升轴位于巨蟹座和狮子座的歧度，此时日月受到损害，尤其月亮落陷且位于 6 宫，月亮上位刑火星，主损眼目，头部，而太阳与水星、金星、土星合相的格局也有此象，土水金的格局会损害命主的听觉五感，所以命主会盲聋发疯。

  此命亏月离相位火星，入相位木星，火星位于天顶入舍星座，又是夜生人，代表得军权富贵之象，木星更突显权利，但是夜间木星代表凶性，因此命主战斗可以获胜但是却不能够持续胜利。木星又是福点第 11 宫定位星。此类命会参与公开的著名战斗，成为著名的军人，成为名流，但是月亮落陷并且位于第 6 宫，这种格局会带来隐藏的身体缺陷，并使命主经常生病。需要注意，火星虽然距离月亮很近，但是月亮并未经过火星界，因此火星对命主并不具有主宰性。月亮趋于木星，木星映射半径为 9°，月亮位于木星界，摩羯座木星界范围为摩羯座 7°～13°59′，所以木星光线映射进了月亮所在界,此时木星具有命运的主导性,木星作为第 6 宫定位星就会给命主总是带来身体上的疾患。命主出生后第 3 天,月亮位于宝瓶座 10°46′,与福点同星座,趋于木星、太阳、水星、土星、金星,其中土星、水星的影响力量最为突显,土星为第 6 星座定位星,代表晚年疾患,主耳聋、眼疾、精神疾病。月亮的 12 分部位于金牛座水星界,所以金星、水星反映在月亮相关格局的类象上格外明显,金水受到土星的影响,直接指向了人体五感出现问题,关系到耳、眼和敏感度。

四柱命理分析:
阴历:戊午年　四月　十七日　辰时(昼)
生于:小满末

	临官	帝旺	胎	衰	
	劫财	偏印	日主	劫财	
	天上火	沙中土	平地木	大林木	
乾造:	戊午年	丁巳月	己亥日	戊辰时	[辰巳空]
		空亡		空亡	
	丁偏印	庚伤官	壬正财	戊劫财	
	己比肩	丙正印	甲正官	乙七杀	
		戊劫财		癸偏财	

临官	冠带	沐浴	长生	养	胎	绝	墓
劫财	比肩	伤官	食神	正财	偏财	正官	七杀
天上火	天上火	石榴木	石榴木	大海水	大海水	海中金	海中金

大运:	戊午	己未	庚申	辛酉	壬戌	癸亥	甲子	乙丑
	2岁	12岁	22岁	32岁	42岁	52岁	62岁	72岁
始于:	1739	1749	1759	1769	1779	1789	1799	1809
流年:	己未	己巳	己卯	己丑	己亥	己酉	己未	己巳

庚申	庚午	庚辰	庚寅	庚子	庚戌	庚申	庚午
辛酉	辛未	辛巳	辛卯	辛丑	辛亥	辛酉	辛未
壬戌	壬申	壬午	壬辰	壬寅	壬子	壬戌	壬申
癸亥	癸酉	癸未	癸巳	癸卯	癸丑	癸亥	癸酉
甲子	甲戌	甲申	甲午	甲辰	甲寅	甲子	甲戌
乙丑	乙亥	乙酉	乙未	乙巳	乙卯	乙丑	乙亥
丙寅	丙子	丙戌	丙申	丙午	丙辰	丙寅	丙子
丁卯	丁丑	丁亥	丁酉	丁未	丁巳	丁卯	丁丑
戊辰	戊寅	戊子	戊戌	戊申	戊午	戊辰	戊寅
止于：1748	1758	1768	1778	1788	1798	1808	1818

分析：中国四柱命理大致分为两种，一为李虚中为代表的古八字命理，一为徐子平为代表的子平八字，实际上这种划分方法并不科学。前者以干禄、支命、纳音身为核心，以年、日为两个基点，进行系统论断。后者以日柱为基点进行系统论断。四柱八字是年遁月，日遁时，年日属于四柱的重要轴点。所以具体而言，年日作为根本的出发点是正确的，如果仅仅从日作为基点入手，会出现一些忽略的部分。也就是说这两个系统其实合起来才是命理的完整系统。

命主生于戊午年，戊午纳音为天上火，为日轮，生于巳月，火旺至极，为六阳之月。戊禄在巳，日柱己亥，巳亥冲而必破，并且亥水时上有根，命主大运顺行亥子丑北方，水得助力，水火相激射，必然损眼损头脑，因为戊午、己未为日月，为眼目、为头脑，且戊午位于年柱，就四柱而言，年、日、时带自刑，也是损害。实际论断命运的时候，四柱八字加胎、息、通、变，以及大运的趋势才更为完整，因为男女命不同，行运差异，人生的格局并不一样，四柱只是一个静态格局，任何命理都避不开动静结合论断，所以大运的趋势会参与到命格的分析中。

以日而言，生于印绶之月，年时劫财帮比，身旺之命，且年、月、日、时干,丁己禄在午,戊禄在巳,年月日时交互其禄,为用安稳且至强,日柱下坐财官为用,可以享祖宗现成之大富贵。但是地支巳亥相冲,且辰中癸水助攻,日柱被冲,日柱是命主自身,其下财被劫,则身被伤,四柱见辰、亥、午自刑,命有残疾、灾难则难免。水在日时,因此在后半生发生。

例 13 英国女王伊丽莎白二世

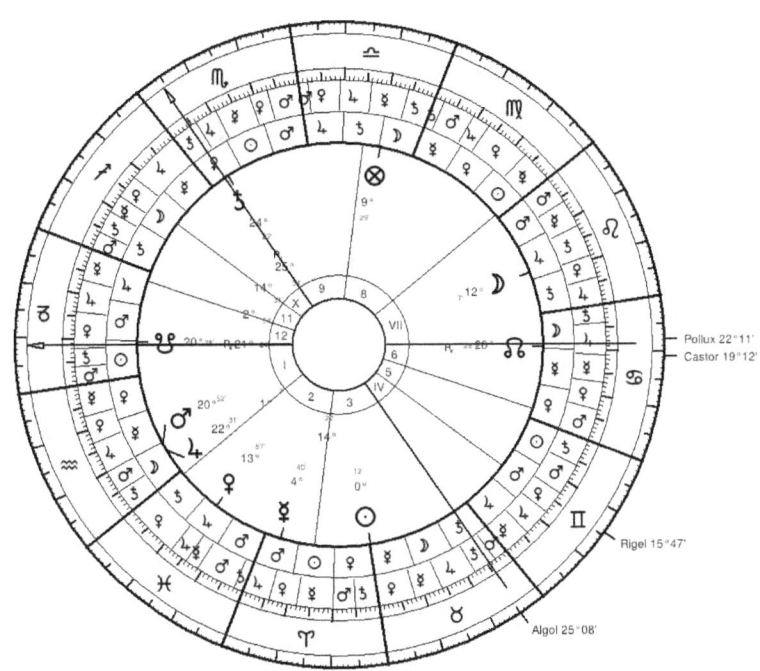

伊丽莎白二世,1926 年 4 月 21 日夏令时凌晨 2 点 40 分英国 May-fair(51n30,0w09)。英国君主,英国和其他 15 个英联邦国家的女王。伊丽莎白是最长寿、在位时间最长的英国君主。她是世界历史上在位时间最长的女性国家元首。

她在一个亲密的,保护性的家庭中长大。11 岁时,成为英国王位继承人。1952 年 2 月 6 日,伊丽莎白 25 岁的父亲乔治六世国王去世,当天继位,1953 年 6 月 2 日加冕,伊丽莎白二世成为英国女王。在她执政期间,40 个前英国殖民地、保护国和领地获得了独立。伊丽莎白被认为是世界上最富有的女性之一。在她执政期间,她目睹了工业国有化、经济衰退以及英国于 1973 年加入欧洲经济共同体。她的主要作用是象征英联邦内部的团结和连续性。

1947 年 11 月 20 日,她与菲利普亲王结婚后,与丈夫一起住在伦敦的克拉伦斯宫。这对夫妇有四个皇室后代,查尔斯王子于 1948 年 11 月 14 日出生,安妮公主于 1950 年 8 月 15 日出生,安德鲁·阿尔伯特·克里斯琴于 1960 年 2 月 19 日出生,爱德华王子于 1964 年 3 月 10 日出生。1948 年,在他们的儿子查尔斯王子出生后,菲利普重新开始了他的海军生涯,夫妇俩去了地中海国家马耳他生活。

2002 年,在 7 周内,她失去了她的姐姐和母亲。玛格丽特公主于 2002 年 2 月 9 日因中风去世,享年 71 岁,她的母亲于 2002 年 3 月 31 日逝世,享年 101 岁。2003 年 1 月,英国女王成功进行了移除右膝软骨的手术。2003 年 12 月 12 日,她在伦敦做了类似的左膝手术,同时也切除了三处良性面部病变。她的丈夫爱丁堡公爵菲利普亲王于 2021 年 4 月 9 日上午在温莎城堡安详辞世,享年 99 岁。他们结婚 73 年了。2022 年 9 月 8 日,英国女王伊丽莎白二世当天去世,终年 96 岁。

分析:罗睺、计都紧贴上升轴,此时罗睺与计都对命主影响力很大,论断时候要马上注意其定位星,上升定位星土星紧密合相天顶,天顶定位星火星位于上升轴,且火星与土星彼此接纳,木星参与佐证,木星又是 11 宫定位星,月亮又入相位木星、火星,因此为极富极贵之命!上升定位星与天顶定位星互相映射,在其命盘中占有极为重要的地位。太阳位于歧度,太阳的能量会集中体现在金星与火星,金星升于双鱼座位于第 2 宫,极大增强了财富,金星同时是第 4 宫定位星,代表家庭基础,出身皇家,继承巨大财富,火星在上升星座,提升了贵征。但是毕竟太阳歧度,因此权利却处于一种虚的状态,太阳落入第3宫,属于闲宫,也应于此象。太阳为第8星座定位星,说明其富贵源出于血脉、祖宗、遗传之类,同时太阳与月亮三合互容,也是这类信息的强烈信号。

```
023d 33m 50s    023y 06m 24d    12 Nov 1949    ♀   ♓
023d 39m 45s    023y 07m 29d    18 Dec 1949    ♀              dex ✶ ☉
029d 02m 54s    029y 00m 17d    08 May 1955    ♃
029d 54m 08s    029y 10m 25d    15 Mar 1956    ♃              ♂ ♀
```

1949年开始,界向行运进入双鱼座金星界,命盘中金星升于双鱼座,且金星为第10星座的定位星,又是福点定位星,代表在金星界行运中,地位会得到极大提升,并且太阳与之六合,太阳为第8星座定位星,又代表父亲,代表命主继承父业,成为女王。

```
093d 38m 31s    093y 07m 22d    11 Dec 2019    ♂   ♋
093d 52m 01s    093y 10m 13d    02 Mar 2020    ♂              sin ✶ ☉
098d 52m 05s    098y 10m 13d    02 Mar 2025    ♂              sin □ ☿
101d 35m 37s    101y 07m 04d    23 Nov 2027    ♀
108d 53m 13s    108y 10m 20d    10 Mar 2035    ☿
```

在近年的界向行运中,2019年她行运进入巨蟹座的火星界,巨蟹座内有罗睺,命盘中罗睺、计都压轴,罗计具有极大的特殊性和拦截性质,因此寿命会终结于此宫行运。界主星火星对冲月亮,损寿,但是得到木星的相助,因此会在救治中得以善终。

接着我们根据主向限列举有关她获得子女的部分行运:

```
Z P sin ✶ ♃ 0L ☽ =>        ♀  0L    22°16'33"   Pto 30 Jul 1948 03:33
Z P        ☿ 0L ☽ =>        ♃  0L    22°34'15"   Pto 14 Nov 1948 22:60
```

1948年的主向限运中,类象星金星六合木星,木星合相水星,金星为第5星座定位星,且金星本身为吉星,木星为子女类象星,水星又为第5宫定位星,这两组象都是得子女的标志,命主于1948年11月诞下查尔斯王子。

```
Z P dex △ ♀ 0L D =>        ⊗ 0L   24°07'30"   Pto  5 Jun 1950 13:25
Z P      ♀ 0L D => dex □ ☉ 0L   24°28'48"   Pto 13 Oct 1950 05:13
```

1950 年,类象星福点三合金星,太阳以右相位刑金星,金星为第 5 星座定位星,是命主生女儿的标志。

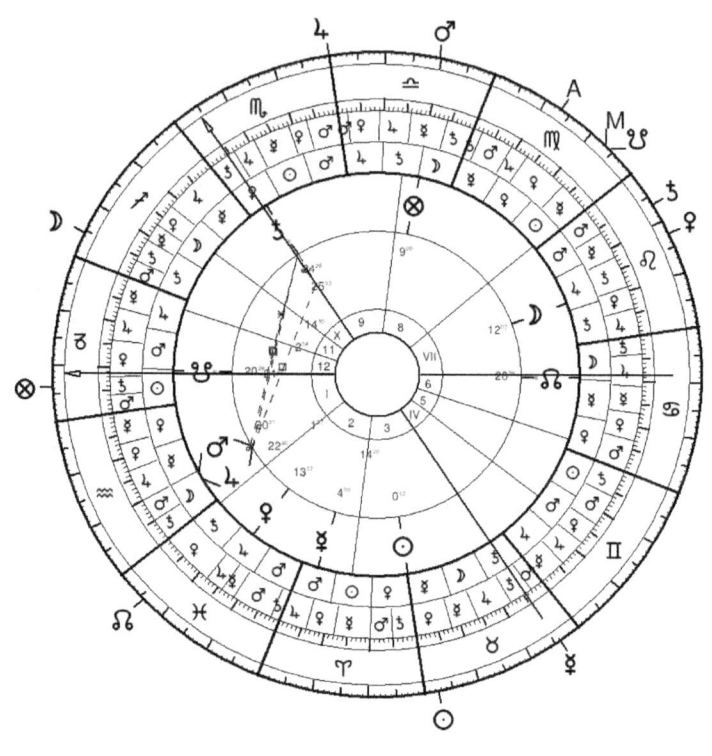

本命盘 12 分部

分析:外盘为 12 分部,其上升、天顶、计都的 12 分部位于第 8 宫,这代表命主的人生、事业发展方向主要来自继承、遗产,并且计都的影响力,让命主的继承王位成为时代或体制的结束。其福点的 12 分部紧密合相上升轴,也带来了巨大的利益。土星与金星的 12 分部到月亮所在星座,土星在命盘中合相天顶代表事业权柄,其 12 分部映射土星又合相月亮,更强化了这一信息,金星 12 分部强化了财富。

七政四余占星术解析：

正印（孛）偏印（火）正官（罗）七杀（计）正财（炁）　偏财（水）伤官（月）食神（土）劫财（金）比肩（木）丙寅（火）

爵星（木）喜神（炁）禄神（计）催官（日）寿元（火）印星（火）官星（罗）魁星（罗）文星（金）科甲（日）科名（火）壬辰庚辰

产星（木）血忌（土）血支（土）仁元（火）人元（火）地元（土）天元（水）马元（水）禄元（金）地驿（水）天马（火）丁丑女

伤官（月）　地纬（水）天经（金）局主（炁）职元（木）值难（月）　生官（炁）

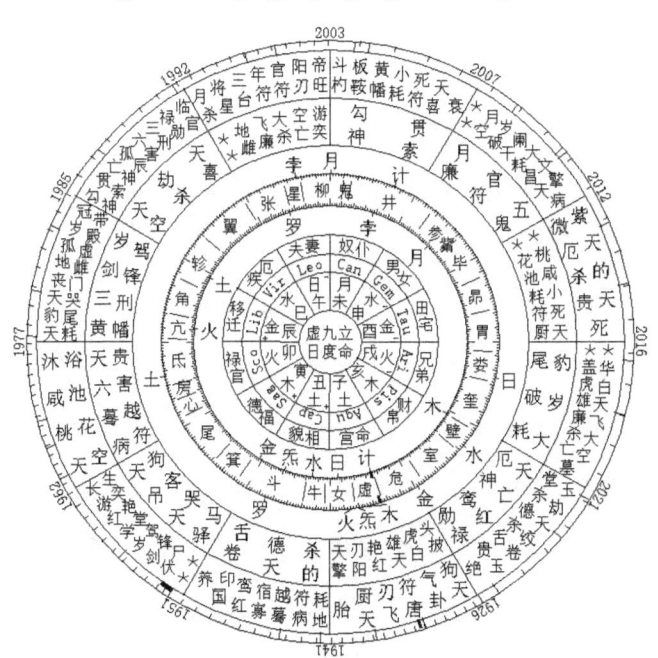

简析：命坐卦气，财、福、官主入命，命主、身度主入官禄宫，且土星为令星，入垣于官禄宫，以加盘而言，卯加子上，天盘土星入垣，加于命宫之上，为四正局，格局高。日躔白羊照福德，月亮入垣，且罗计截断，漏出五星之月、土与四余之孛星，身星月居斗杓，命主土星于官禄宫登殿，又土星为令星，大贵之命。尤其要注意此命盘中，罗入丑宫，火入子宫，火躔土垣、土殿，土星又登殿于卯宫逢生，土星又是令星，作为命主、官禄宫主星的主星，旺到极致。木星为财星、天元禄主入命生起官星，金星为田宅主落入财帛宫，财田主均于命宫前后有情，为大富贵之征。人元火星居于命宫，逢木相生，为高寿之象。

命宫坐唐符、卦气，木、气、火恩难同行，难中见喜，忧中受益之格。1952 大限于寅，限出斗入箕，正应木气相争，木气于虚日鼠宿，克父之象，金水相涵入天门，命主恩星逢生，命宫得旺，此年父亲去世，命主登基。父亲去世当天，太阳与计都入命宫，太阳被损，正应其象。1948 年，大限行丑宫斗宿，顶罗睺星，太岁戊子，罗睺化天嗣，月掌喜神冲大限，且小限行寅冲起子女宫，流星木星于寅冲子女宫，均为得子之象。1950 年，限行斗宿，暗顶金星，流年庚寅，太岁冲起子女宫，且金星掌喜神，孛星化天嗣于夫妻宫，命主得一女。1959 年大限于寅宫尾宿，三合夫妻宫孛星，子女宫余奴为次子女之象，大限又冲子女宫，代表限内会有子女，火星化天嗣于命宫，流星土星掌喜神于大限寅宫，为得子女见喜之象。1960 年（立春后），孛化天嗣于夫妻宫，2 月 19 日次子出生时，流孛化天嗣于子女宫。1962 年开始，大限入卯宫，宫内见桃花、咸池，为见喜之运，且三方会合金、水二星，水星为子女宫主星，代表运内得子女，1963 年限行自尾入心，土星化天嗣逆行于大限宫，火星掌喜神入命为受孕之象。1964 年 3 月 10 日第三子出生时，流孛入限，流罗掌喜神冲子女宫，得子女之象。

六壬命课分析：

公历：1926 年 4 月 21 日夏令时 2：40 星期三

农历：丙寅(虎)年　三月大初十　清明

干支：丙寅　壬辰　庚辰　丁丑

旬空：戌亥　午未　申酉　申酉

清明 4 月 5 日 21：18　谷雨 4 月 21 日 4：36

月将：戌　　甲戌旬申酉空


```
    青  勾  合  朱
    寅  卯  辰  巳
 空丑            午蛇
 虎子            未贵
    亥  戌  酉  申
    常  玄  阴  后


    玄  空  青  朱
    戌  丑  寅  巳
    丑  辰  巳  庚
官鬼  辛巳  朱
妻财  戊寅  青
子孙  乙亥  常
```


　　分析：玄胎格，天将朱雀、青龙、太常均为事业类型的天将，三传四孟皆为长生之气，日干禄入天门，又为本命马星，禄马入天门，代表富贵、事业显耀。丙寅年生人，发用官鬼、日长生为本命禄神，其遁干又与本命干相合，中传为本命长生，财官得力，中末传又为本命印星、官星。此课唯独支上不振，天空、玄武代表子女会影响皇家声誉，虽然戌太阳可以解祸，但是依然有所影响。当地时间 2022 年 9 月 8 日，女王去世，此时正应此课末传，日禄居于日干绝地，天将吉利主善终。

六爻命卦分析：

公历：2022 年 4 月 23 日 10:55　星期六

农历：壬寅(虎)年三月大廿三　谷雨

干支：壬寅　甲辰　丙午　癸巳

旬空：辰巳　寅卯　寅卯　午未

谷雨 4 月 20 日 10:25　立夏 5 月 5 日 20:27

六神	巽为风[巽宫六世卦]		泽水困[兑宫一世卦]	
青龙	妻财庚戌土 ████████	兄弟辛卯木世 O→	██　██	妻财丁未土
玄武	官鬼庚申金 ████████	子孙辛巳火	████████	官鬼丁酉金
白虎	子孙庚午火 ██　██	妻财辛未土 X→	████████	父母丁亥水应
腾蛇	妻财庚辰土 ████████	官鬼辛酉金应 O→	██　██	子孙戊午火
勾陈	兄弟庚寅木 ████████	父母辛亥水	████████	妻财戊辰土
朱雀	父母庚子水 ██　██	妻财辛丑土	██　██	兄弟戊寅木世
	[本卦]		[变卦]	

分析：此卦摇卦而得。巽：小亨，利攸往，利见大人。象曰：重巽以申命，刚巽乎中正而志行。柔皆顺乎刚，是以小亨，利有攸往，利见大人。象曰：随风，巽；君子以申命行事。巽卦是一个利于官贵、管理、命令的卦。就巽卦而言，二爻为阳爻居于阴位，为失位之象，因此父母爻于此则不利父母。二爻与五爻相应，五爻阳爻得位，五爻为君位，二爻失位，五爻得位，且互卦见离，离为目、为见，正应利见大人。此卦世爻居于上六爻宗庙之位，阳爻到达最顶端的阴位，穷则变，变则通，因此命主的人生更具有末端特征，时代末梢的特质，也代表这种富贵的命造缺少实际对应的政治权力。

根据八节建旺，惊蛰后，震旺巽相，本卦上下皆为相气，代表命运昌盛,得祖宗、父母力。辰月占卜,月卦身巳火为未来进气,且位于五爻君位,又得卦中三合木局之生,富贵之命。以五爻爻辞参论,九五:贞吉悔亡,无不利。无初有终,先庚三日,后庚三日,吉。象曰:九五之吉,位正中也。五爻非常得力,代表早年略差,之后运势越来越强。尤其有意思的是,1950年为庚寅年,1952年壬辰年,命主成为女王,正应"先庚三日,后庚三日"之意,以日为年,可以意会。官鬼临应化出回头克,是丈夫先去世的标志,但是妻财未土生金,丈夫也是高寿。

卦中世爻辛卯为财帛宫,与四爻辛未三合木局,辛未土化出丁亥为世爻长生,世为岁贵,应为日贵、月将,为富贵长久之命。且命主生于辰月丑时,命宫为卯,位于变卦二爻,值月建极旺。官禄宫位于本卦二爻辛亥,得岁禄,且助世爻卯,父母爻为寿元、印绶,代表长寿富贵。父母宫位于变卦三爻戊午,官鬼化出子孙,代表父母有克损,酉金发动生命宫亥水,代表得父母之遗财富贵。

依《易隐》中的行限法,命主8岁开始行限,18~22岁行本卦四爻辛未,卦中未、酉俱动,三爻酉金为夫妻宫,财动生鬼,夫妻宫受生,婚姻动,因此命主于1947年虚岁22岁结婚。23~27岁大限行三爻酉金,官鬼化入父母宫午火,酉金生官禄宫亥水,因此父亲去世,命主成为女王。

例 14　美国总统克林顿

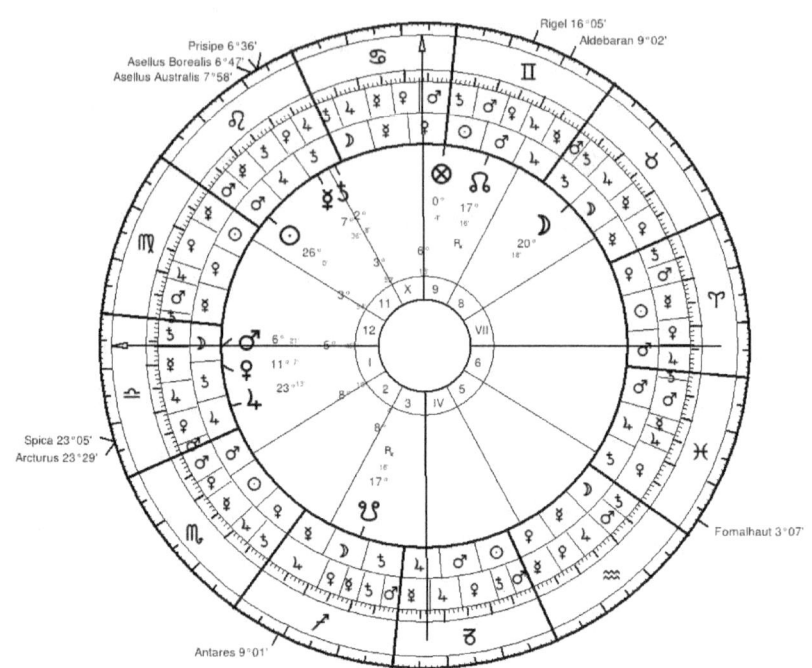

比尔·克林顿，1946 年 8 月 19 日上午 8 时 51 分，出生于阿肯色州的霍普（33n40,93w35）。

美国政治家，从 1993 年至 2001 年担任第 42 届美国总统。他于 1993 年 1 月 20 日美国东部时间上午 11 点 59 分在 DC 华盛顿宣誓就任美国总统，并于 1997 年 1 月 20 日美国东部时间下午 12 点 05 分在 DC 华盛顿宣誓就职第二个任期。在担任总统之前，他于 1979 年至 1981 年担任阿肯色州州长，1983 年至 1992 年再次担任州长，1977 年至 1979 年担任阿肯色州司法部长。

克林顿的生父车祸中溺死，他在父亲去世三个月后出生，由一个酗酒的继父抚养长大，并随其姓。1964 年高中毕业，1971 年进入耶鲁法学院学习。1975 年 10 月结婚。1980 年 2 月 27 日，女儿出生。母亲于 1994 年 1 月 6 日死于乳腺癌。1998 年 1 月 23 日，在"琼斯性骚扰案"中，莱温斯基被曝料与克林顿有染。

分析： 克林顿的命宫有火星、金星、木星三颗行星，这一星格在本书中有所论述，木星、火星和金星组合，使人有许多朋友，容易交往，被认为值得交往、得贵人之力，在女人的帮助下获得成功和进步。这些行星组合，可以使一些人成为大祭司、获奖者、运动员、寺庙或群众的监督者。迎合自己的快乐，有时生活不稳定，会有起伏。这类人在性问题上太随意而受人指责，遭受公开曝光和背叛，在子女和奴仆上会有不利，总是享受新的交往，忍受与女子的分离。

火星合相金星是通奸格局的一种，这种格局使人意志动摇，意志软弱，主渴望贪求，因为女性而被冤枉，因为女性而遭受危机、扰乱或债务，但是木星的参与可以命主通过一些力量进行脱罪。

事业方面，此命天顶位于巨蟹，月亮位于金牛升星座，与狮子座的太阳彼此相刑，并且度数紧密，月亮居于上位，亏亮虽然位于第 8 宫，又为昼间盘，与太阳相位代表早年丧父的不幸，但是月升于金牛座给月亮逐渐增光，金木又位于上升轴，让命主成为极品富贵之人。11 宫定位星太阳与命宫木星紧密相位映射，金木合相位于上升星座，且金星位于升星座，这些都是极富极贵的组合。

此命日、土位于同一星座，父亲点定位星水星与日土同宫，代表亲生父亲与继父。火星、水星、土星之间的紧密六合相位，是克父早死之象。其父亲点位于室女座 11°53′，室女座对宫为双鱼座，双鱼座为继父，双鱼座定位星木星位于上升星座，且木日以紧密关系六合，这是继父抚养之象。

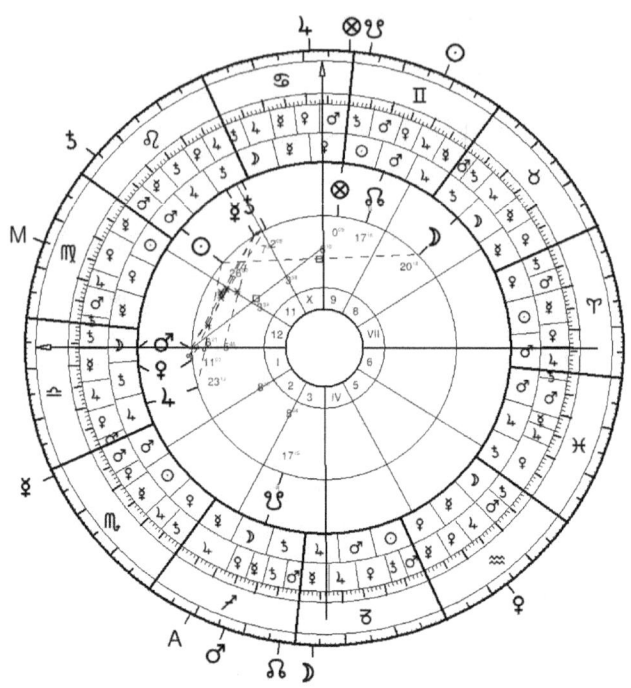

Dodecatemorion		
	Longitude	Latitude
☉	12°01'24" ♊	0°00'00"
☽	3°39'10" ♑	0°00'00"
☿	1°17'07" ♏	0°00'00"
♀	13°25'35" ♒	0°00'00"
♂	16°14'36" ♐	0°00'00"
♃	8°39'09" ♋	0°00'00"
♄	25°37'31" ♌	0°00'00"
☊	27°08'46" ♐	0°00'00"
☋	27°08'46" ♊	0°00'00"
⊗	0°44'52" ♋	0°00'00"
Asc	9°07'07" ♐	0°00'00"
MC	15°05'52" ♍	0°00'00"

　　在配备12分部的星盘中,我们发现太阳的12分部合相罗睺。土星的12分部合相太阳,并且极其紧密,又位于狮子座,这是父亲有极大灾害的表现,土日的这种关系,也代表命主会有继父。木星的12分部落入天顶所在的巨蟹座,本身木星又位于上升星座,两者互相映射,更强化了其吉性。火金合相于上升轴是出轨标志,金星12分部又落入土星星座,与土水日相冲,更指向情感问题影响到政治生涯。

四柱八字分析:

阴历:丙戌年　七月　二十三日　辰时(昼)

生于:立秋末

	墓	胎	衰	冠带	
	伤官	伤官	日主	正官	
	屋上土	山下火	海中金	白腊金	
乾造:	丙戌年	丙申月	乙丑日	庚辰时	[戌亥空]
	辛七杀	庚正官	癸偏印	戊正财	
	丁食神	壬正印	辛七杀	乙比肩	
	戊正财	戊正财	己偏财	癸偏印	

绝	墓	死	病	衰	帝旺	临官	冠带
食神	正财	偏财	正官	七杀	正印	偏印	劫财
山下火	平地木	平地木	璧上土	璧上土	金箔金	金箔金	覆灯火

大运:	丁酉	戊戌	己亥	庚子	辛丑	壬寅	癸卯	甲辰
	8 岁	18 岁	28 岁	38 岁	48 岁	58 岁	68 岁	78 岁
始于:	1963	1973	1983	1993	2003	2013	2023	
流年:	癸巳	癸卯	癸丑	癸亥	癸酉	癸未	癸巳	癸卯
	甲午	甲辰	甲寅	甲子	甲戌	甲申	甲午	甲辰
	乙未	乙巳	乙卯	乙丑	乙亥	乙酉	乙未	乙巳
	丙申	丙午	丙辰	丙寅	丙子	丙戌	丙申	丙午
	丁酉	丁未	丁巳	丁卯	丁丑	丁亥	丁酉	丁未

戊戌	戊申	戊午	戊辰	戊寅	戊子	戊戌	戊申
己亥	己酉	己未	己巳	己卯	己丑	己亥	己酉
庚子	庚戌	庚申	庚午	庚辰	庚寅	庚子	庚戌
辛丑	辛亥	辛酉	辛未	辛巳	辛卯	辛丑	辛亥
壬寅	壬子	壬戌	壬申	壬午	壬辰	壬寅	壬子
止于：1962	1972	1982	1992	2002	2012	2022	2032

胎元：丁亥　屋上土
交运：1953 年 5 月 17 日 19 时

分析：日时相合且得时令之功,此命合化金局成功,喜年月之丙火官星,日时下又有旺印,官印两全又身旺,富贵之象。古人云："乙庚化金,切要火为官,故喜丙丁巳午甲己为福,忌见戊癸日时。"此命,四柱年月日下皆坐下藏金,行运到大运辛丑,太岁癸酉,会金局,金气强盛,命主成为总统。

八字真正合化的格局非常少,合化格局也需要注意原有格局,此命辛丑大运,辛合丙,一辛不能合两丙,伤官见官,因此命主于此运中得富贵,又见官非。

七政四余占星术分析：

天权（孛） 天囚（火） 天印（罗） 天刑（计） 天嗣（炁） 天贵（炁） 天荫（水） 天耗（月） 天福（土） 天暗（金） 天禄（木） 丙戊（火）

爵星（金） 喜神（炁） 禄神（计） 催官（日） 寿元（土） 印星（火） 官星（罗） 魁星（罗） 文星（金） 科甲（木） 科名（火） 丙申乙丑（火）

庚辰（男）
天马（水）
地驿（金）
禄元（水）
马元（罗）
天元（木）
地元（水）
人元（火）
仁元（金）
血支（金）
血忌（水）
产星（木）

生官（炁）
值难（水）
职元（月）
局主（火）
天经（水）
地纬（火）
伤官（月）

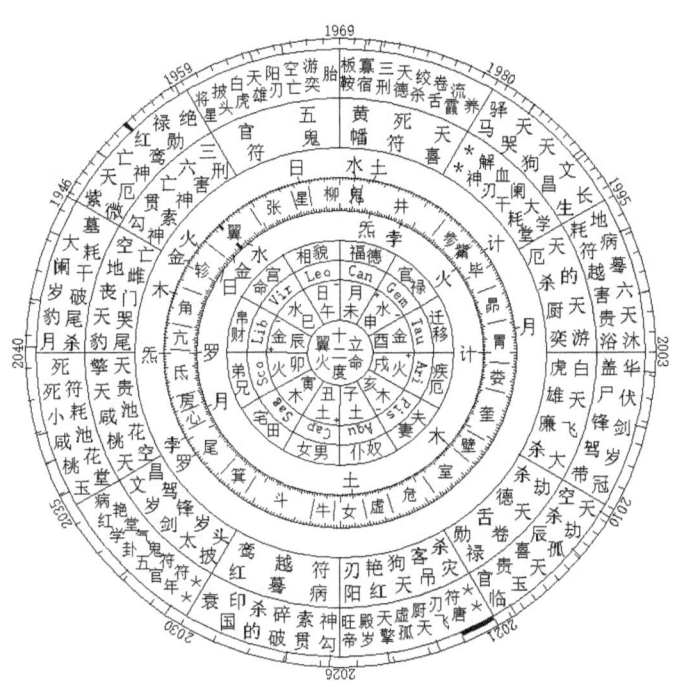

分析：命宫坐禄勋，五星环日，四余捧月，日居于阳，月居于阴，阴阳得地，极旺，水星为命主、官禄主星落于福德宫，富贵极品之命。日躔午宫星宿，为刃星、刃宫、刃宿，午宫又见白虎、天雄，克父之象，但是水土相战，土为难星，官星与难星同宫于福德宫，虽有官禄，易有闪失不耐久。古人认为，金水辅日，于星房二度，为鸾舆南幸；在虚昴二度，为凤驾北征。这两格局其实都以日居偏正殿内，得力而论。此命五星环日，太阳位于午宫星宿,意义上类似,因此为总统之命。

1980年~1995年大限入申宫,官禄主入福德宫,命主生于申月,金生水旺,这一大运行运极佳,事业进步登于高位。1995年~2003年大限入酉宫,限主金星与火星交战于命宫,命主遇性丑闻,事业也终结于此运。2001年,月化伤官与罗睺官星相络,伤官见官,命主终结政治生涯。

例15 美国总统特朗普

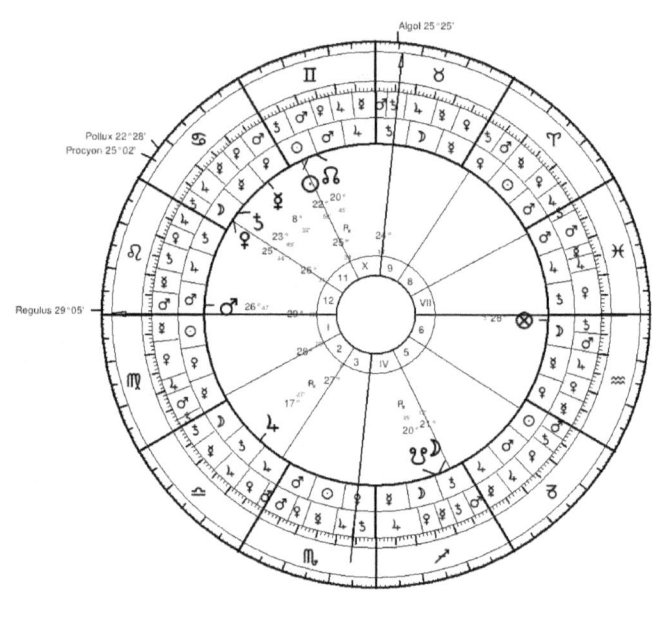

本命盘

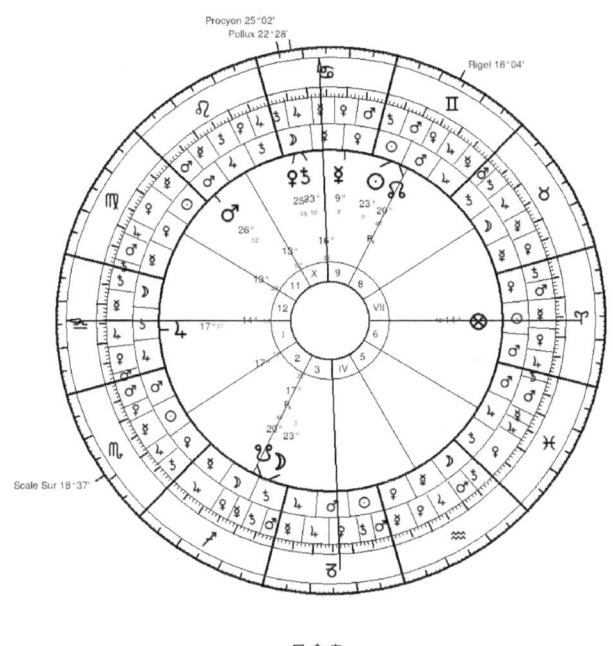

月食盘

Donald Trump,唐纳德·特朗普,1946 年 6 月 14 日 10 点 54 分(夏令时),出生于纽约皇后区牙买加医院。

美国商人、电视名人、作家和政治家,美国第 45 任总统,任期为 2017 年 1 月 20 日至 2021 年 1 月 20 日,代表共和党。

父亲白手起家,是房地产商。特朗普 13 岁时,进入纽约军事学院就读。在军校就读期间,特朗普人缘甚佳,他于 1964 年毕业。1968 年获得宾夕法尼亚大学沃顿商学院经济学学士学位。1968 年,特朗普进入到了家族企业下的特朗普管理公司。

特朗普与伊万娜在 1975 年相遇,1977 年 4 月 7 日结婚,他们有着 13 年的婚姻,育有三个孩子:1978 年的小唐纳德,1982 年的伊万卡和 1984 年的埃里克。两人于 1991 年离婚。特朗普在婚内出轨,认识了第二任妻子玛拉·梅普尔斯,1993 年 12 月 20 日结婚,他们的女儿蒂芙尼于 1993

年 10 月 13 日出生。特朗普于 1997 年 5 月与玛拉分居。1999 年 6 与妻子离婚,6 月 25 日父亲去世,1999 年 10 月,他参加了总统候选人提名的角逐。2004 年 4 月 26 日,特朗普与梅拉尼娅·克瑙斯订婚。2005 年 1 月 22 日两人结婚。2006 年 3 月 20 日儿子巴伦·威廉·特朗普在纽约出生。巴伦是特朗普的第五个孩子。特朗普于 2015 年 6 月以美国共和党人身份宣布参选美国总统,2016 年 11 月 9 日当选美国第 45 任总统,2017 年 1 月 20 日宣誓就职。2020 年 12 月,特朗普败选,连任失败。

分析:出生的当天下午 14:38 分发生了月全食,其命宫位于狮子座,上升轴合相恒星轩辕十四,天顶合相大陵五,这都是强力富贵特质。同时我们可以注意到其金星合相南河三,土星合相北河三,都强化了其富贵格局。这些恒星的意义可以参考本书中的相关内容。我们还需要注意这些恒星的行星特质,结合行星特质才能够得到更为精准的答案。譬如轩辕十四的行星特质为木星、火星,命盘中木星位于第 2 宫,与金星六合映射,彼此接纳,因此命主巨富,其余分析可以类推。任何恒星的行星特质缺乏力量,则会导致格局降低。此外其命有辅星格,火星于上升轴位于火星界,日月同时会照。

七政四余占星术分析:

天权	天囚	天印	天刑	天嗣	天贵	天荫	天耗	天福	天暗	天禄	丙戌
(孛)	(火)	(罗)	(计)	(炁)	(炁)	(水)	(月)	(土)	(金)	(木)	(土)

爵星	喜神	禄神	催官	寿元	印星	官星	魁星	文甲	科甲	科名	甲午
(金)	(炁)	(计)	(日)	(土)	(火)	(罗)	(罗)	(金)	(木)	(火)	己未

产星（木） 血忌（水） 血支（金） 仁元（火） 人元（水） 地元（木） 天元（火） 马元（水） 禄元（水） 地驿马（金） 天 己巳（男）（水）

伤官（月） 地纬（火） 天经（木） 局主（孛） 职元（水） 值难（火） 生官（炁）

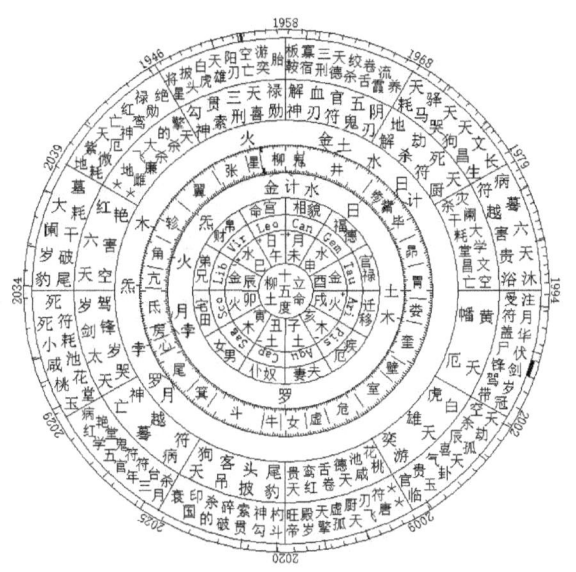

分析：命主生于午月，火星为令星，又为驾主，为度主恩星，且火星为田宅主，一星满用入命，坐于月建实宫，水星为福德之主入垣于福德宫，为大富贵之征！代表幼年生活富足。命宫阳刃、天雄，性情执拗。财坐禄勋，财、禄主入福德宫，水星居垣，命主太阳入内，且为昼生人，极富极贵之命。火星为日之子，子居父宫，为享父之福与基业。

其星格，五星随日，间隔财宫，五星有引无从，四余捧月，但是日西月东，富有余而贵不足，早年行限西而不贵。行子限一阳升处，才能贵显。就婚姻子女而言，金星、土星位于相貌恶弱之宫，土金相生情缘不断，多次婚姻。生于未日，月亮为妻星，罗月位于子女宫，代表会有多次婚姻，并且会养育不同婚姻阶段的子女。

1977年，大限于申宫，限入毕宿，度逢太阳，对顶月亮，此命生于未日，月为妻星，因此这一年命主结婚。1999年大限于戌，限入奎宿，木气相争于对宫冲限，木气蔽日，为命宫、命度难星，因此其父去世，6月金星从未入午，遇到原盘土金，过午宫，遇原盘火星，离婚之象。6月25日，太阳于申宫，遇到原盘日计，丧父之象，且25日太阳与孛星位于田宅宫，孛躔房宿，尤应。1993年，限行西宫胃宿，土星、金星相合于相貌宫，且度数极近，太岁癸酉，土星为夫妻宫主星，又流年化天嗣，火星掌流年喜神位于命宫，流星土星掌天喜位于夫妻宫，命主的女儿出生。

1958～1968年之间，对于命主而言属于中平运，因为限中遇到金星，命主生于夏季，金星失时，但是土金相生有救，因此运势中平。1968年之后其运势开启，因为限主水星于本宫得力，1979年开始的大限对于命主而言会有起伏，因为限主金星失令，且限中神煞不吉。命宫空亡，是此命缺陷之一，2017年大限到岁殿子宫，大限冲实命宫，令星、恩星于对宫生起，三方钓起水日计木，尤其太阳顶度吊起，限主土躔木度，土木相战，但是金星克木救限主，且木气相争，金星作为官禄宫主星逢生得力，生我之星宜在后，金星得力尤佳，代表命主会在竞争中脱颖而出，成为总统。

例 16　约旦国王阿卜杜拉二世

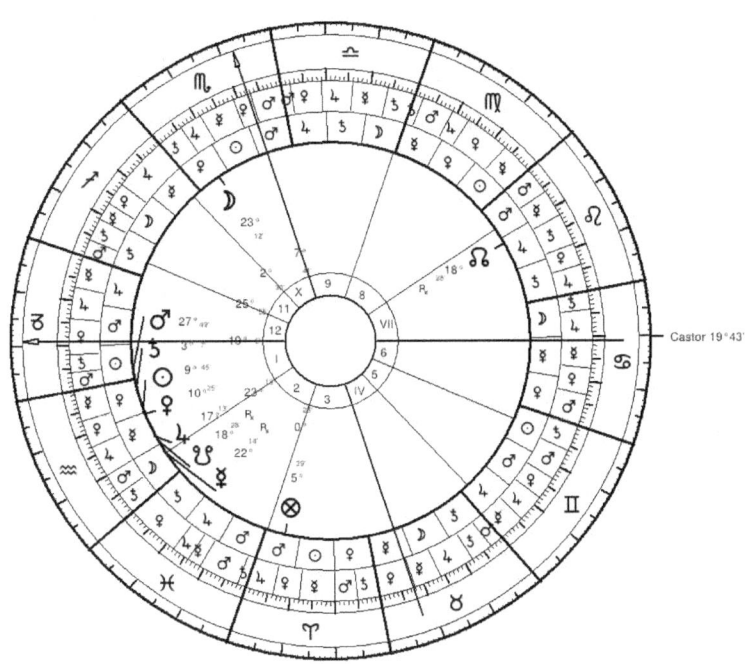

King of Jordan Abdullah II，阿卜杜拉二世・本・侯赛因，受孕于1961 年 5 月 5 日 EET 时间 06 时 55 分，1962 年 1 月 30 日 EET 时间05 时 22 分出生于约旦安曼。EET 时间，即欧洲东部时间（Eastern European Time）的缩写，是比世界标准时间（UTC）早二个小时的时区名称之一。它被部分欧洲国家、北非国家和中东国家采用。其中大部分国家夏季采用欧洲东部夏令时间。

现任约旦国王，前国王侯赛因长子，有 11 个兄弟姐妹，其中有同父异母者。自幼在英国和美国接受教育，曾在英国牛津大学和美国乔治敦大学深造。20 世纪 80 年代初在英国军队中服役，1985 年返回约旦进入军界，曾任装甲兵营长等职，其间先后赴英国、美国军事学校学习进修。1993 年 6 月 10 日在扎赫兰宫结婚，婚后育有四个孩子。1993

年起任特种部队司令,1998 年晋升为陆军少将。1999 年 1 月 25 日被立为王储,同年 2 月 7 日继位,6 月 9 日加冕。爱好军体活动,是专业潜水员、飞行员和伞兵。喜爱赛车,曾获约全国汽车拉力赛冠军。已婚,王后拉妮亚,巴勒斯坦血统。育有二子二女,长子侯赛因 2009 年被立为王储。

　　分析:此命有辅星格,火星升于摩羯、土星舍于宝瓶座,都位于角轴宫,六颗行星集中于上升宫中,月亮位于天顶,日月会照,为标准的辅星格,尤其昼星土星位于阳性星座,东出于日,且诸星定位星为土星,极大强化了土星,火星为天顶定位星落入命宫,火星西入于月,在距离上力量稍弱,皆体现其为王者之命。

　　例 17　Prince of Monaco Albert II

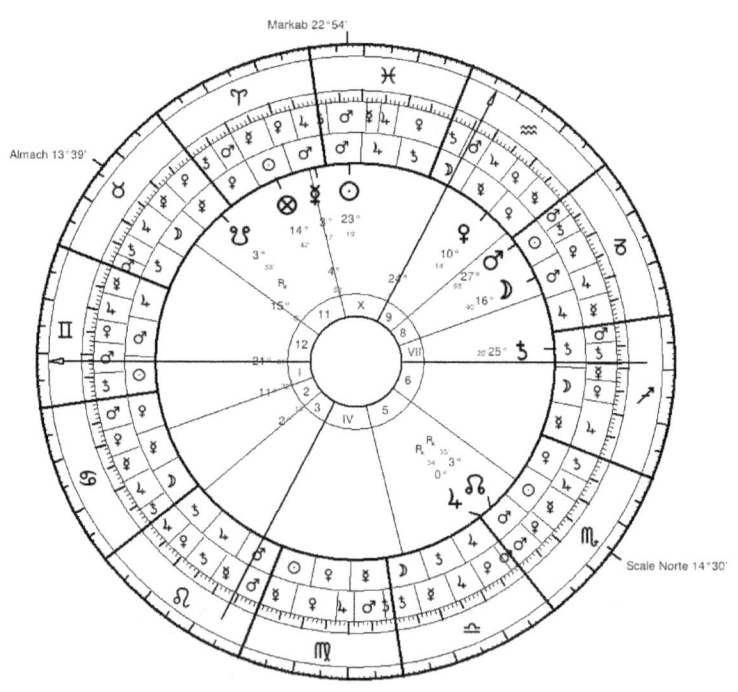

Prince of Monaco Albert II，阿尔贝二世亲王，摩纳哥王室，马尔迪王室的首脑，于 1958 年 3 月 14 日 10 时 50 分出生于摩纳哥的蒙特卡洛。他是雷尼尔王子和格蕾丝王妃（前美国女演员格蕾丝·凯利）唯一的儿子和继承人，他的母亲于 1982 年 9 月 14 日死于一场车祸，他的父亲于 2005 年 4 月 6 日去世，他于 2005 年 7 月 12 日登上摩纳哥王位。

阿尔贝二世亲王是世界上最富有的王室成员之一，拥有价值超过 10 亿美元的资产，其中包括在摩纳哥和法国的土地。1981 年，他在马萨诸塞州的阿默斯特大学主修政治学。1983 年，他在纽约华尔街学习银行业。他代表他的国家参加了 1988 年冬季奥运会的雪橇队；他也是帆船和马术运动的国际选手。2005 年 5 月，一家法国出版物披露了未婚的摩纳哥王子有一个儿子的故事，2005 年 7 月 6 日，被证实他与前法航乘务员妮可·科斯特育有一子，这个孩子名叫亚历山大，出生于 2003 年 8 月。根据现行法律，亚历山大不能继承公国的王位。2006 年 5 月 31 日，他承认有一个女儿，名叫贾兹敏·格蕾丝·马尔迪，生于 1992 年。2010 年 6 月 23 日，他宣布与南非前奥运游泳运动员夏琳·维斯托克订婚。维特施托克 1978 年 1 月 25 日出生于津巴布韦布拉瓦约，比他小 20 岁。他们于 2011 年 7 月 1 日公证结婚，随后于 2011 年 7 月 2 日举行了宗教仪式。2014 年 12 月 10 日，阿尔伯特王子和夏琳公主生下了双胞胎。

分析：根据 Paul 的月亮趋离用法，月亮离于土星，趋于火星、金星，土星为天顶定位星，火星为 11 宫定位星，且火星升于摩羯，太阳又与土星密切相刑，同在木星星座，体现此命为富贵之命。

上升定位星水星与福点落入白羊座，为火星舍星座、太阳升星座、太阳三方主，水星位于太阳第 2 个星座，水星从阳，月亮合相火星于摩羯座，为火星升星座，火星力量得到极大强化，且月亮为第2宫定位星，火星为11宫定位星，代表富贵有钱，月亮合相火星于第8宫，代表巨大的遗产，火星以及天顶定位星土星与太阳有密切的映射相位，也是富贵之征。月亮为母亲，月亮为亏月合相火星于第8宫，是母亲死于非命的标志。并且其母亲点位于金牛座27°47′，位于12宫，且与大陵五紧密合相，大凶之象。父亲点位于双鱼座23°22′，与第10宫太阳紧密合相，所以父亲为亲王。

其附有12分部的命盘如下：

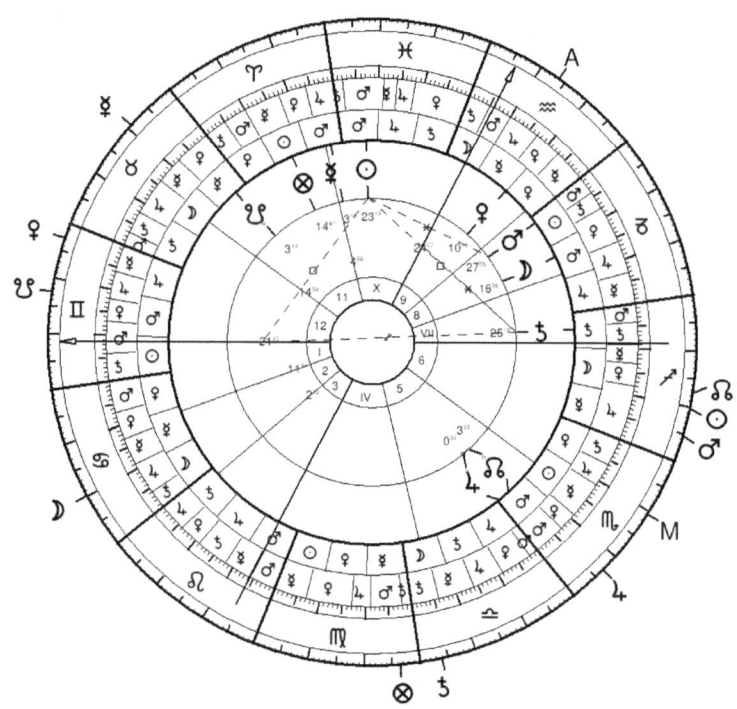

	Dodecatemorion	
	Longitude	Latitude
☉	9°45'24" ♐	0°00'00"
☽	19°56'07" ♋	0°00'00"
☿	9°18'17" ♉	0°00'00"
♀	2°42'47" ♊	0°00'00"
♂	4°39'55" ♐	0°00'00"
♃	6°43'49" ♏	0°00'00"
♄	3°57'26" ♎	0°00'00"
☊	12°36'28" ♐	0°00'00"
☋	12°36'28" ♊	0°00'00"
⊗	26°23'34" ♍	0°00'00"
Asc	16°12'51" ♒	0°00'00"
MC	19°24'07" ♏	0°00'00"

　　上升轴的12分部位于宝瓶座16°12′(属于狮子座分区),其12分部主星为太阳,太阳作为上升轴12分部的主星,位于第10宫,与天顶定位星土星相刑,且土星位于下降轴,彰显此命皇家、富贵之象。

四柱八字解析:

阴历:戊戌年　正月　二十五日　巳时(昼)

生于:惊蛰中

	衰	胎	绝	长生	
	偏印	正财	日主	劫财	
	平地木	大溪水	松柏木	白腊金	
乾造:	戊戌年	乙卯月	庚寅日	辛巳时	[午未空]
	辛劫财	乙正财	甲偏财	庚比肩	
	丁正官		丙七杀	丙七杀	
	戊偏印		戊偏印	戊偏印	

大运:	丙辰	丁巳	戊午	己未	庚申	辛酉	壬戌	癸亥
	8岁	18岁	28岁	38岁	48岁	58岁	68岁	78岁

始于：1965	1975	1985	1995	2005	2015	2025	2035
流年：乙巳	乙卯	乙丑	乙亥	乙酉	乙未	乙巳	乙卯
丙午	丙辰	丙寅	丙子	丙戌	丙申	丙午	丙辰
丁未	丁巳	丁卯	丁丑	丁亥	丁酉	丁未	丁巳
戊申	戊午	戊辰	戊寅	戊子	戊戌	戊申	戊午
己酉	己未	己巳	己卯	己丑	己亥	己酉	己未
庚戌	庚申	庚午	庚辰	庚寅	庚子	庚戌	庚申
辛亥	辛酉	辛未	辛巳	辛卯	辛丑	辛亥	辛酉
壬子	壬戌	壬申	壬午	壬辰	壬寅	壬子	壬戌
癸丑	癸亥	癸酉	癸未	癸巳	癸卯	癸丑	癸亥
甲寅	甲子	甲戌	甲申	甲午	甲辰	甲寅	甲子
止于：1974	1984	1994	2004	2014	2024	2034	2044

胎元：丙午　天河水

交运：1965 年 8 月 5 日 23 时

古命理解析：此命戊年生人，月日乙庚，戊人见乙庚为食合印，为官有权印。月上发用正官，卯月官星旺气，日上食神，正官食神相合，得其贵气，时上伤官助其金象，年禄在时，因此凝气成格。且年月六合，合旺气官星，年戊戌魁罡，遇此格尤贵。

以子平法论其行运，此命庚日生于卯月，古歌云："庚辛卯月多逢木，日主无根怕旺财，南北两头防有破，如逢申酉祸难来。"此命喜走西方运，忌走南北水火之运，大运丁巳，母亲车祸身亡。2005 年命主行庚申大运，于 2005 年父亲去世，命主登上王位。

六壬解析：

公历：1958 年 3 月 14 日 10：50　星期五

农历：戊戌（狗）年一月大廿五　惊蛰

干支：戊戌　乙卯　庚寅　辛巳

旬空：辰巳　子丑　午未　申酉

惊蛰 3 月 6 日 10:5　春分 3 月 21 日 11:6

月将:亥　　甲申旬午未空

```
朱  蛇  贵  后
亥  子  丑  寅
合戌          卯阴
勾酉          辰玄
申  未  午  巳
青  空  虎  常


后  青  青  后
寅  申  申  寅
申  寅  寅  庚


妻财  庚寅  后
兄弟  甲申  青
妻财  庚寅  后
```

分析:日上天后,且三传反吟,人生中女人多、桃花多。日上财星得月令助,辰上见禄星、岁马、日马、天马,为富贵之命,生于巳时,为长生学堂,且临太常,卯月生旺,式盘中贵人又为本命太岁贵人,所以生于富贵之家。论其六亲,需要注意普通类神和特定类神,普通类神中以父母、长生、太常为父母,父为日德,母为天后。如以日干而论,则辰为父,未为母。或取藏干中戊为父,己为母。

此命三传金木交战,又是反吟,天后妻星临日为母亲的一般类象星入课,因此早年克母。参未土,见其临天空,为佐证。日干长生在巳,寅巳申三刑也是刑克父母。虚岁 25 岁壬戌年,命主丧母,此年行年庚寅,发用庚寅与行年同,大凶,且戌年寅为太岁驿马,因此其母死于车祸。按另一法,大运甲寅,小运庚申,大小运反吟且入传,必有大凶。

河洛理数解析：

公历：1958 年 3 月 14 日 10：50　星期五

农历：戊戌（狗）年一月大廿五　惊蛰

乾造：戊戌　乙卯　庚寅　辛巳

旬空：辰巳　子丑　午未　申酉

天数：22　地数：34

先天卦：地风升　正对：天雷无妄　反对：泽地萃

后天卦：风雷益　正对：雷风恒　反对：山泽损

天元气：坎　地元气：乾　反元气：离坤

化工：坎　反化工：离

辟卦：雷天大壮

大运	六神	伏神	地风升[震宫四世卦]
13—18 岁	螣蛇		官鬼癸酉金
07—12 岁	勾陈		父母癸亥水
01—06 岁	朱雀	子孙庚午火	妻财癸丑土世元
34—42 岁	青龙		官鬼辛酉金
25—33 岁	玄武	兄弟庚寅木	父母辛亥水
19—24 岁	白虎		妻财辛丑土应

［先天卦］

大运	六神	伏神	风雷益[巽宫三世卦]
79—87 岁	螣蛇		兄弟辛卯木应
70—78 岁	勾陈		子孙辛巳火
64—69 岁	朱雀		妻财辛未土
58—63 岁	青龙	官鬼辛酉金	妻财庚辰壬世
52—57 岁	玄武		兄弟庚寅木
43—51 岁	白虎		父母庚子水元

［后天卦］

河洛理数的先天卦中，元堂爻位于四爻，《河洛理数》中有关地风升卦，总诀：元亨，用见大人，勿恤。南征吉。象曰：地中生木，升。君子以顺德，积小以高大。积大先须小，求升好在卑。园中双李绽，明月满天辉。攸往利东南,清天日正长。命荣灾自去,名利得成双。

元堂爻的断语"四爻诀:王用亨于歧山,吉,无咎。象曰:王用亨于歧山,顺事也。建国当门大吉亨,金人忧患不须更。将来别立安家计,禁在雷轰信始兴。顺下廉亲上,谦恭德有荣。所为无过咎,吉庆每相从。曲须直,顺不逆。改旧从新,鹊传消息。"

卦辞以及元堂爻相关断语可以看出在表述此命富贵之征。

后天卦的卦辞总诀:"利有攸往,利涉大川。象曰:风雷,益。君子以见善则迁,有过则改。贵人暗相助,行藏且待时。莫爱花开早,须知结实迟。损益之三爻,见善则改迁。林鹿自春来,成荣多感慨。平地起雷声,云开月渐明。小人宜有恨,终又不相刑。"

其元堂爻辞为"初爻诀:利用为大作,元吉,无咎。象曰:元吉无咎,下不厚事也。乘时宜进用,大作可施为。得志亨衢上,功成自有期。大事可成荣,有益为无咎。云内执鞭人,富在三秋后。风急上云高,鹏程六秋。尺书天外至,名姓上鳌头。"

先后天的卦辞、元堂爻断语均表达了此命富贵的特质。

六神	伏神	地风升[震宫四世卦]		山地剥[乾宫五世卦]
螣蛇		▇▇ ▇▇官鬼癸酉金	X→	▇▇▇▇▇兄弟丙寅木
勾陈		▇▇ ▇▇父母癸亥水		▇▇▇▇父母丙子水世
朱雀	子孙庚午火	▇▇ ▇▇妻财癸丑土世		▇▇▇▇妻财丙戌土
青龙		▇▇▇▇▇官鬼辛酉金	O→	▇▇ ▇▇兄弟乙卯木
玄武	兄弟庚寅木	▇▇▇▇▇父母辛亥水	O→	▇▇ ▇▇子孙乙巳火应
白虎		▇▇ ▇▇妻财辛丑土应		▇▇▇▇妻财乙未土
		[本卦]		[变卦]

1982 年,命主的母亲死于车祸。此时命主虚岁 25 岁,先天卦大限

入二爻,父母辛亥临之,被世应两丑土克之,为父母凶祸之兆,亥于巽卦中,应其母。此年太岁壬戌,土旺更应。此年流年卦为地风升卦,元堂于二爻,元堂爻为此年之关键,被世应两土克之,为克母之兆,且流年卦内卦反吟,内卦卯酉相冲,巳亥相冲,为车祸之兆。

2005 年,命主年卦为巽为风卦,元堂爻于四爻,变卦风天小畜。

六神	伏神	巽为风[巽宫六世卦]	风天小畜[巽宫一世卦]
螣蛇		▉▉▉▉▉▉ 兄弟辛卯木世	▉▉▉▉▉▉ 兄弟辛卯木
勾陈		▉▉▉▉▉▉ 子孙辛巳火	▉▉▉▉▉▉ 子孙辛巳火
朱雀		▉▉　▉▉ 妻财辛未土	▉▉　▉▉ 妻财辛未土应
青龙		▉▉▉▉▉▉ 官鬼辛酉金应	▉▉▉▉▉▉ 妻财甲辰土
玄武		▉▉▉▉▉▉ 父母辛亥水	▉▉▉▉▉▉ 兄弟甲寅木
白虎		▉▉　▉▉ 妻财辛丑土　X→	▉▉▉▉▉▉ 父母甲子水世
		[本卦]	[变卦]

元堂爻为四爻妻财未土,初爻财化父母,代表父母有凶。此年流年卦辞有云:"巽为风卦总诀:小亨,利有攸往,利见大人。象曰:随风,巽。君子以申命行事。山头顾我无青眼,水畔相亲始有依。物小在初终大获,到头遇主得荣归。忧极乐还来,春阳一旦回。满园桃李大,丹桂一枝开。秘策勿轻传,经成众里权。一朝风雨顺,功业至掀天。"

元堂爻的断语:"四爻诀:悔亡,田获三品。象曰:田获三品,有功也。禀令谏强暴,将相奏凯还。好风今借便,功业便掀天。遇如水中善,田获三品功。一阴始升后,雁侣各西东。江海鱼悠悠,烟波下钓钩。六鳌连得获,歌笑向中流。"此年命主父亲去世,命主登上王位。

例 18　意大利总统乔治·纳波利塔诺

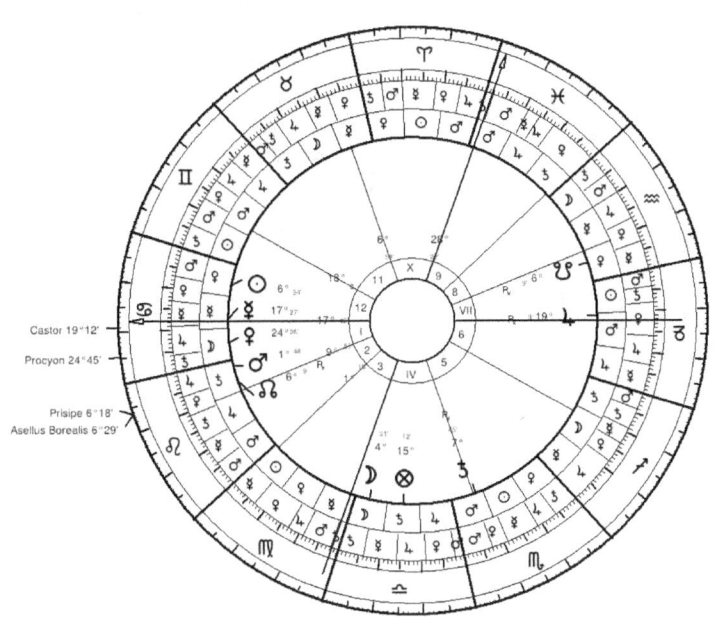

乔治·纳波利塔诺（Giorgio Napolitano），意大利政治家。1925 年 6 月 29 日凌晨 5 点 30 分出生于意大利那不勒斯，二战期间参加过反法西斯运动，打击德国占领军和意大利法西斯党徒。1945 年战争结束之际，纳波利塔诺加入意大利共产党，1953 年当选议员，他是意大利共产党 1991 年改名意大利左翼民主党的主要支持者之一。1992 年至 1994 年担任众议院议长，1996 年至 1998 年担任内政部长。2005 年被任命为终身参议员，2006 年 5 月 10 日，他以 543 票当选总统。2013 年 4 月 20 日，87 岁的他再次当选总统，任期七年。成为意大利史上首位获得连任的总统，也是欧洲最年长的总统。2015 年 1 月 14 日，乔治·纳波利塔诺在总统府签署辞职信，纳波利塔诺宣布辞职，提前结束第二个任期。

分析：此命有辅星格，金星、水星位于上升角轴内，月亮位于天底，太阳虽然不在角内，位于果宫，但是却位于上升星座，并且与月亮紧密相刑，对格局也有较强的助力。昼生人,木星符合星宗,位于第 7 宫轴。金星与月亮互相接纳,且金星为福点定位星。如以福点为命宫,则太阳、水星、金星位于其第 10 宫,火星位于福点第 11 宫,也是上等格局,所以此命大贵,但是以上星格存在瑕疵,木星逆行并且落陷,月亮于天底则发迹迟缓,并且昼生人,日月稍嫌反背,所以有阴差阳错的弊病。正因为如此,此命老年才富贵突显,成为总统,后来任期未满就提前辞职。

例 19　德国总理 Heinrich Brüning

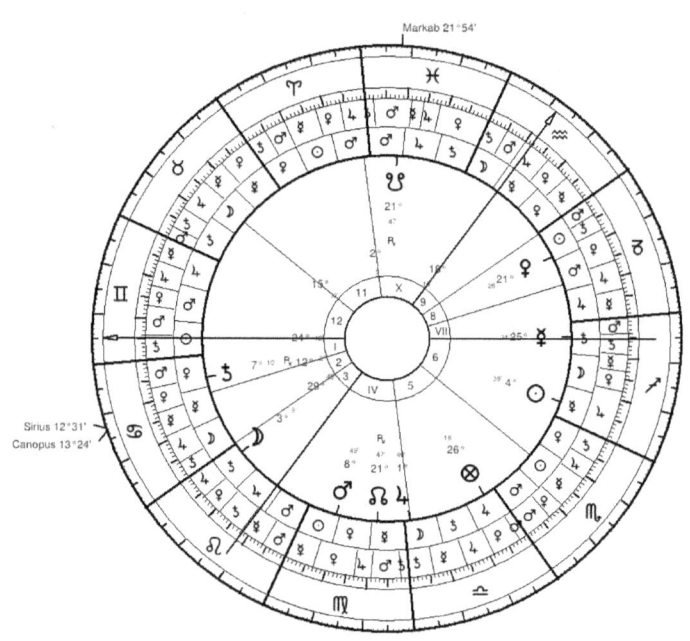

Heinrich Brüning,海因里希·布吕宁,德裔美国教育家、政治家。1885 年 11 月 26 日当地标准时间 17 点出生于德国 Münster。第一次世界大战结束后,开始从事天主教工会的工作。1924 年起,任德国天主教中央党国会代表团成员,曾以国会中的金融专家而闻名。1929 年成为德国天主教中央党的领袖。1930 年 3 月 29 日,被任命为德国总理。

1931 年 10 月 9 日起兼任德国外交部部长。1932 年 5 月 30 日在德国总统兴登堡的压力下被迫辞职。1934 年希特勒上台之后,布吕宁逃到美国,1935 年成为哈佛大学教授。1952～1955 年,他回到祖国,1952 年在科隆大学任教。1970 年 3 月 31 日在佛蒙特州诺里奇去世。

分析：天顶定位星土星落入上升宫,这是事业显达的标志,但是命主为夜生人,土星凶性增强,土星陷落于巨蟹座且逆行,这是事业巅峰不久的标志。月亮喜乐于第 3 宫,且位于狮子座得力,以精确相位映射太阳,得太阳之力,这是富贵的重要标志,作为辅星的木星东出位于天底,这是暂时富贵的标志,因为月亮离相位木星,入相位太阳,木星在天底不利,四轴中,以天底力量居于最末,且天底本身有一些不利的意义。木星位于土星升、土星界,土星为天顶定位星,因此可以暂时获得高位而不久。上升宫的土星,为第 4 宫轴的升主星,落陷代表难以在出生地停留,且上升定位星水星位于第 7 宫,主居客位,因此会逃离德国,水星西入于太阳,且位于下降轴,代表中晚年从事教育。天底轴代表晚年,木星位于水星三方主星座,水星为命主星,代表命主晚年能够回归祖国。

例 20 凤凰城市长

Terry Goddard,特里·戈达德,1947 年 1 月 29 日 14 时 26 分出生于亚利桑那州的图森(32n13,110w56)美国律师和民主党政治家,曾任凤凰城市长(1984～1990 年)、中亚利桑那州水源保护区市长(2001～2003 年)和亚利桑那州第 24 任司法部长(2003～2011 年)。

1990 年和 2010 年,他两次被民主党提名为亚利桑那州州长候选人。卸任亚利桑那州司法部长后,他创办了自己的律师事务所 Goddard Law Office,PLC。他拒绝在 2014 年第三次竞选州长,而是在 2014 年的选举中被民主党提名为亚利桑那州国务卿,输给了共和党州

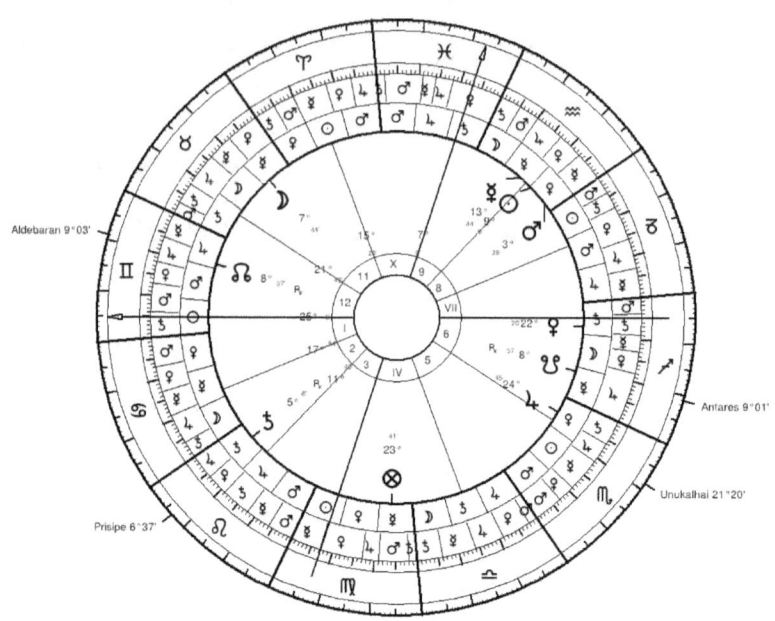

参议员米歇尔·里根。戈达德是2018年州长的潜在候选人，并选择不参加竞选。

分析：上升定位星位于第6宫，但是得日月会照，且上升定位星、福点定位星水星参与，月亮入舍星座，夜星金星位于下降轴，命主会获得一时富贵，但是太阳落陷，且诸星果宫，因此富贵持续力不够。

四柱八字分析：
阴历：丁亥年　正月　初八日　未时（昼）
生于：大寒中

	墓	养	病	衰	
	偏印	伤官	日主	劫财	
	屋上土	壁上土	大驿土	天上火	
乾造：	丙戌年	辛丑月	戊申日	己未时	［寅卯空］
	辛伤官	癸正财	庚食神	乙正官	

丁正印　辛伤官　壬偏财　己劫财

戊比肩　己劫财　戊比肩　丁正印

古命理分析：丙戌年生人，纳音为福壮禄厚之土，火盛则主贵。丙人见辛为天财合，日柱干逢食神，支逢驿马，年月时三刑，丙戌与辛丑为同类相刑，虽然不吉，但是时纳音火生太岁纳音，相生之刑得其力，刑入福聚之地，其纳音格局一下生三上，可以成贵命，但是时落空亡，富贵不久。戊申日为伏神，值伏神则所作滞留。

说明：以上政治人物的星盘很多有月亮入相位太阳，产生紧密相位格局，月亮的入相位对职业方向有着重要参考价值。除了月亮入相位之外，还需要重视出生后第3天和出生前新月或满月的入相位。Anubio强调，非常有必要看月亮，新月或满月时，看其入相位于什么行星，该行星的特性主导职业方向的性质。

第十四门　说婚姻

凡论人婚姻，男看第七宫并宫主星。又看金星，又看婚姻箭，并箭主星。女亦看第七宫，并宫主星。又看太阳，又看婚姻箭，并箭主星。

以上各星，看何星强旺有力。与命宫并命宫主星相照，主婚姻事成，夫妇和睦。若以上各星与命宫，并命宫主星恶照者，婚姻亦成，但夫妇不和。

若以上各星与命宫，并命宫主星不相照者，婚姻事难成。

若以上星有力,在四正柱上,则与有名望之家结婚;若以上星有力,又有吉星相助者,则与豪富之家结婚;若凶星相助,则与下等贫贱之家为婚。

若以上各星自相照,则多婚又吉。若以上各星有力,在二体宫分,又有一二吉星相照,则重婚。若命宫内在太阴生光时,则其人早婚。若在太阴减光时,则婚迟,或娶年长者为妻。女命昼生者,婚早。若迟时,则嫁年幼者;若女命夜生者,婚迟,或嫁年长者。若女安命宫与夫命第七宫同时,主夫妇和睦又久远。

注:《天文书》以第 7 宫、第 7 宫定位星、金星、婚姻点,婚姻点定位星论断婚姻,女命同时分析太阳。

婚姻方面,前贤讨论较多,因为婚姻本身具有一定的复杂性。我们介绍不同占星师的组合经验,详细论述这个主题。在此,笔者特别申明,以下婚姻论断内容,出自古籍以及古代的婚姻观和世界观,其中一些词语带有贬义,譬如"通奸"、"鸡奸"。但是现代社会更为开放,更为文明,人类恋爱自由,婚姻自由,人类的婚姻观也发生了变化,而以下断语都本于事情的本质特性,读者学习中,学习其论断即可,请客观看待古代的断语。为防止理解出现问题,在此解释本节内容的一些特殊用词。所谓通奸,指婚内出轨,与异性发生情感以及性关系。所谓鸡奸,指男子之间、女子之间或男女之间以肛门进行性行为,也可以引申为不正常的性行为。所谓阴阳人,指身体性征带有雌雄同体,也可以引申为人妖或双性性征者。

Ptolemy 在论断婚姻时,男命以月亮为妻子,月亮位于日光下,被土星映射,除非命主特别努力,否则很难有婚姻。月亮和吉星连结,会娶到得体的女人。月亮和凶星连结,会娶到低阶层女性。根据和月亮相连结的行星特性论断,土星代表年纪大、不听话的女人;木星代表善良、有德性的女性;火星代表大胆、不听话的女性;金星代表漂亮的女性;水星代表有作为、伶俐的女性。当月亮位于双体星座时候,代表有多个妻子。

女命以太阳为丈夫的类象星,太阳位于第 1、3 两个东象限,则早年结婚,容易嫁给年轻的男子。太阳位于 2、4 两个西象限,则婚姻晚,或嫁给年纪大的人(男命以同样的方法分析月亮)。当太阳位于双体星座时,代表有多个丈夫。

Valens 认为,论断婚姻,一般看第 7 宫、金星、位于金星星座的行星,以及它们的定位星。同时,男性婚姻看精神点,女性婚姻看福点,并结合婚姻点,其公式为 Asc＋金星－木星(昼生)、Asc＋木星－金星(夜生)、通奸点,其公式为 Asc＋木星－金星(昼生)、Asc＋金星－木星(夜生),男性婚姻点 Asc＋金星－太阳(昼夜同),女性婚姻点 Asc＋火星－月亮(昼夜同)。

金星位于启动星座或双体星座,并且状态佳,尤其夜间生人,易婚、易乱情,水星参与更确,火星参与映射更重,甚至会男女通吃。星座为阳性星座,命主能成功获得其所爱的对象。金星有力,其定位星西入或位于 12 宫,或为凶星,或损害金星,或位于凶位,婚姻关系不幸。如果凶星抵消了金星之力,或其定位星映射金星,主配偶死亡、疾病、灾害、或其他问题。如位置佳,会带来遗产收入,位置凶,主疾病痛苦。

土星映射西入金星,尤其主晚婚、或不与异性亲近之人。金星位于土星星座或土星界,金星冲土星,没有火星、木星映射,也没有水星和金星参与,命主为寡妇或处女。

在土星参与的所有情况中,土星冲金星,主妻子疾病或不育,或者丈夫体弱,不能生育。土星位于天顶轴冲金星,主妻子社会地位低下。金星位于土星星座,有木星映射,或金星离相位木星,入相位土星,或接近土星,被火星映射,这些格局,命主会和保姆、老师的配偶、继母,或和叔叔阿姨交往。太阳或月亮参与以上映射,命主会更变态,尤其月亮合相或参与映射。

金星合相土星于下降轴或天底轴,配偶地位、出身低于自己,并且婚姻生活痛苦。一般而言,如果金星合土星,或位于土星星座,或上位映射土星,木星同时参与映射,会与杰出、年长女性结婚,女命则与年纪大的男子结合。月金同轴,命主会与兄弟姐妹结婚,尤其是木星、火星也参与映射。

月亮和金星同轴,命主会与兄弟姐妹结婚,尤其是木星、火星也参与映射。月亮和金星刑冲,主妒忌猜忌,火星参与映射,会加剧嫉妒。月亮、金星位于舍位三合,尤其位于轴宫,会和亲戚结婚。太阳位于舍、升星座与金星和木星连结,会和父系亲戚结婚。金星于舍升星座或金星界,连结水星和月亮,会和母系亲属结婚。金星位于天底轴,伴随月亮,或金月对冲,其中一个位于天顶,另外一个位于天底,会和兄弟姐妹或亲戚结婚。所有格局中,如果土星位于上位映射,或冲,合相金星,或为金星的定位星,主污浊婚姻,尤其水星参与映射,尤应。

土星映射金星,位于角、续宫,主可耻的、反叛的婚姻,以及出身低贱的婚姻,会使命主被淹没于麻烦之中,除非别的行星拦截或吉星抵消其不良影响,则命主会和杰出的女人在一起,和地位高的女人在一起,但是不会有太多孩子,伴侣将不生育或难以怀孕,怀孕易流产。这些同样适用于女命。

土星映射金星,或位于金星界,金星和木星、火星组合,命主会在子女或女性的帮助下走向成功,但是最后会彻底失败,除非相关行星正好位于舍升星座。月亮被木星投射映射,或者它与木星合相,土星和木星映射,命主会和一个身份低下的女性,或与交易得来的女性一起生活。

在这类婚姻格局中,如果金星位于升星座,木星映射,命主会成功而繁荣,由于金星的缘故,命主会被贵人所赏识。如果水星同时参与,则命主精力充沛、精明、聪明且富有魅力,但是在婚姻中也会滥交、不稳定。一般而言,木星右相位映射金星、金木合相、金木合度,会使命主善于交际,能得到异性帮助(男女命通用)。即使金星受损,在木星格局的影响下,命主的相关运也不会完全损毁。

金星位于轴,尤其是上升与天顶,未受到土星损害,主婚姻幸福;金星被木星映射,会遏制任何凶性影响,没有灾害发生,这种组合主亲缘和婚姻;金星位于 12 宫,位于舍升星座,木星于上位映射,或被木星三合映射,婚姻吉利,但是良妻会痛苦的死亡;金土位于 12 宫,木星反厌,命主会成为寡妇或不婚,或因为死亡、遗弃而痛苦。如果这种格局,火星参与映射,命主会成为奸夫或成为通奸的受害者,为肮脏之人,并因此陷入困境。在以上所有情况下,合相金星或冲金星,会导致分离、死亡或悲伤的婚姻,如果同时月亮受到损伤,情况会更糟糕。

月亮于日光下,不利于婚姻。火星和水星合相主通奸、嫖娼、淫乱,如果其所在星座为启动星座或双体星座,结果更甚,命主会经常四处猎艳,但是都满足不了自己的欲望。有时候会对他人撒谎,并且会将带给他人的遭遇在自己身上发生,水星参与映射则更差(女命也一样)。如果土星参与映射,会有更多情况发生,命主会被人无情的对待,他对女性很好,以至于命主会谋划反抗这种不公正的对待,作为女性,妻子也会在与丈夫的生活中遭遇同样的痛苦。

火星和金星位于日光下,主暗中通奸或秘密犯罪。它们东升或位于轴,则这些事会公诸于众或公开化。水星参与连结并且东升,其通奸与公众抗议是非常危险的,木星参与映射,命主能逃脱此类麻烦。木星未参与,命主会被抓住或被杀死,命盘中有因此死亡的信息则更应,如果没有,则主花费大量金钱避免死亡。金星与火星一起位于 12 宫,并且都有力量,不合昼夜星宗,或位于下降轴,位于同昼夜星宗的星座内,通奸会更危险,结局会死亡。如果火金对冲,依然会有上述的影响,但是它们会加剧离婚、不愉快、嫉妒和愤怒的影响,而且它们会接连带来更多的阴谋和危险。这种格局被水星映射,会伴随悖逆之祸,命主会和奴仆,地位低下之人结合,或滥交,或纠缠妓女,声名狼藉。被朋友、奴隶和敌人引诱,并卷入骚乱和毒药谋杀。当木星通过合相或映射金星,参与到以上格局,主相关事项是秘密的,命主有较大的财富,尤其木星东升或位于轴。

当火星通过和谐相位映射金星时,命主会通奸后和人结合。如果水星映射,金星东升,土星与它们或它们的定位星没有任何关联,则命主会娶一个处女或年轻女子。如果火星映射,更确,如木星映射,则一定发生。一般而言,以上组合如果水星映射金星,命主会和年轻而社会地位低下的人结婚,无论男女命皆应;火星合相金星或刑金星,代表奸夫、相关是非、遇到出身卑微之人、离异、死亡等等;最差的是土星冲金星,命主与年长或不育的女子结婚;如果木星冲金星,代表与位高权重的女性结合;如果土星与木星搭配,木星与金星合相,命主会和杰出的女性或贵族结合(同样的结论也适用于女命,但除此之外,当火星和水星与金星疏远时,女命为老处女、晚婚、节欲、贞洁);如果土木合相,三合金星，以上结果一定发生。

男命，金星东升，代表男方主导女方。金星位于日光下，会被女性主导（妻管严），女命这种论断正好相反。

注意分析婚姻点与通奸点，婚姻点公式为 Asc＋金星－木星（昼生）、Asc＋木星－金星（夜生）、通奸点公式为 Asc＋木星－金星（昼生）、Asc＋金星－木星（夜生）

婚姻点定位星与婚姻点对冲，通奸点定位星与婚姻点合相，命主会经常出轨，然后和好，和好后又分开，反反复复，在出轨后再次与其配偶团聚和好。如婚姻点定位星晨升，命主早婚。夕升，则晚婚。如果定位星有力量，但是晨夕降（东出西入 15°内），主嫉妒或非法婚姻。婚姻点定位星会产生第一次婚姻，当吉星与婚姻点或其定位星关联，会产生婚姻，尤其映射的行星或男女婚姻点位于双体星座。

男性婚姻点 Asc＋金星－太阳（昼夜同），女婚姻点 Asc＋火星－月亮（昼夜同）。男命婚姻需要结合精神点论断，女命婚姻需要结合福点论断。

原理上，金星和火星都是发光体行星"压抑"的星座，因为太阳在白羊座升星座，而在天秤座为降，太阳在此，白天会变短。月亮在金牛座为升星座，在天蝎座则为降，月亮在此褪光。所以，一般而言，金星会给男性带来婚姻，火星会给女性带来婚姻。

男、女婚姻点，位于吉利有力的宫位，则婚姻和谐而合法。多星与男女婚姻点映射或连结，代表多次婚姻。男女婚姻点与月亮和木星映射，代表合法婚姻，与土星映射，婚姻会以一方死亡结束。水星映射，没有木星参与时，代表婚配对象地位低下。木星和土星映射，代表合法婚姻，有时候甚至因婚而贵。如果这些行星和金星产生某些连接关系，就会使婚姻源自诱惑，如果木星参与映射，婚姻将是合法的、有益的、和谐的，木星不参与，但土星、水星、火星参与进来，婚姻将涉及妓女、不育、堕落女、残疾女。月亮和金星的组合，会因为淫荡好色，而使婚姻充斥嫉妒和争吵，这种婚姻充满了虚伪。

太阳为男女婚姻点定位星，并且吉利，与木星和月亮组合，代表婚姻合法、安全、受人尊重；月亮被土星映射，会和孤儿结合，或在监护人的指导下结婚；金火合相或与月亮组合，会和被自己强奸或诱奸的女子结婚；月金木日组合，没有其他行星映射，代表命主一次婚姻。

男性与女性的婚姻，有必要检查福点和精神点，检查其所刑、所冲，以及点的定位星是吉星还是凶星。合昼夜星宗，则婚姻和谐。如果相关婚姻点被定位星被冲，并且被凶星映射，在婚姻中会有挫折，争吵和敌意，偶尔会受到法律的惩罚。如果其他行星俱佳，土星映射，婚姻会以一方死亡的形式而结束。

水星为精神点定位星，月亮为男性婚姻点定位星，彼此连结或互相映射，会娶有钱、有地位的妻子。木星也参与映射，这种结合会和谐有益。如土星或火星参与映射，主沮丧、仇恨、分离、破坏性的指责。

木星作为精神点定位星和月亮组合，土星参与映射，会与母亲或继母结婚，如果月亮和母亲点没有关系，代表和老年女性结婚。如木星为精神点定位星，金星为男性婚姻点定位星，命主会与姐妹或亲戚结婚，土星映射，代表这一切都会悄悄发生，水星和火星映射主离婚、公开曝光。

太阳和土星映射，代表合法、有益的婚姻。太阳作为精神点定位星，月亮为男性婚姻点定位星与太阳组合，并且木星参与映射，主婚姻和谐、双方平等、合法而获得尊重、配偶杰出。太阳是精神点定位星，金星是男性婚姻点定位星,土星参与映射,本命会因为娶了女儿而被人谴责。

男性婚姻点与土星合相,或土星、火星是精神点定位星,命主会保持不婚。金星为男性婚姻点定位星,与水星合相,被火星映射,命主会娶不育之女或名声不好的女子。当男性婚姻点,未映射上升轴,或未映射精神点,命主会和外国人结婚,配偶特性根据行星和星座特性论断。

以同样的方式,在论断女命的时候,检查福点和女性婚姻点,解释其产生的影响。

月亮为福点定位星,水星为女性婚姻点定位星,与月亮合相或被月亮映射,会嫁给地位低下之人,木星参与映射,婚姻合法。在这种组合中,木星位于第 5 宫,土星参与映射,代表命主嫁给子女或嫁给年纪和自己孩子差不多的人。第 5 宫定位星为土星,或土星在第 5 宫,月亮和土星合相,命主会保持不婚。

月亮为福点定位星,土星为女性婚姻定位星,合相或映射月亮,命主会结婚,但是会怨恨丈夫,过着混乱的婚姻生活。

月亮为福点定位星,火星为女性婚姻点定位星,彼此映射,代表婚姻通过绑架、暴力、战争、囚禁而实现。如木星参与映射,晚一些婚姻会合法化。如果火星冲月亮,伴随土星和太阳映射,主丈夫为众所周知的同性恋。

女命,金星为福点定位星,与太阳合相,并且太阳为女性婚姻点和父亲点定位星,被土星映射,命主会嫁给父亲。如果只是太阳为父亲点定位星,代表嫁给一个和父亲一样的老男人。

金星为福点定位星,水星为女性婚姻点定位星,土星映射它们,命主淫乱,可能为妓女。木星映射,她会被赎出,而成为良妻。木星反厌,则生活在耻辱和痛苦中。这种格局中，金星位于双鱼座或摩羯座时，则代表命主堕落。

火星为精神点定位星，月亮为婚姻点定位星，婚姻通过强奸实现。如果两者对冲，土星和太阳参与映射，罪犯会被抓住并认出。如果金星为婚姻点定位星，火星为福点定位星，婚姻源自诱惑，土星和水星参与映射，木星未援助，命主会有通奸罪。

以上论述，涉及男命的论述，都一样适用于女命。

Māshā'allāh 认为，论断婚姻时，观察上升定位星和第7宫定位星，如果两者互相映射连结，则命主不会一直没有婚姻。此时观察它们接受管理的一方，如果接受者是上升定位星，位于轴或位于舍升星座，代表女性对其渴望，命主将因为她们而获得地位。如果接受管理的是第7宫定位星，位于轴或位于舍升星座，则命主恋慕女性，会从女性处获得好处，甚至当它落入果宫，或落入陷降星座，命主还是对异性热切的，只是会因为她们而毁灭，带来苦难。当彼此没有任何连结时，观察第7宫定位星，当它与3宫或任何轴连结时，会娶自己的一个亲戚为妻，落入11宫时，先恋爱相处，后结婚。之后观察与第7宫定位星产生映射关系的吉凶星，这些吉凶星的位置体现了异性是正当还是堕落。当第7宫定位星位于轴，凶星刑冲，则代表异性放荡，如果它们都位于启动星座，则对方不止一个男人。如位于第7宫，反厌上升（此处存疑，有可能是第7宫定位星反厌上升），则是不幸的，代表事体被隐藏。当第7宫定位星反厌上升定位星时，隐藏的更厉害。凶星三合或六合第7宫定位星，则女方孩子少，宗教信仰上也有问题。如吉星刑冲第7宫定位星，第7宫定位星位于轴，则女子贞洁而正直，并以此闻名。如果映射它，而它位于果宫反厌上升，则其状况不确定。如吉星三合或六合第7宫定位星，则女方子女多且宗教虔诚。凶星映射第7宫定位星，且凶星为第8、2宫定位星，代表妻子死亡。第7宫定位星，在日光下被焦灼，代表隐婚。

第7宫定位星位于轴或舍升星座，则娶富贵女子为妻。位于果宫，位于降星座，则与轻贱、卑微妇人结婚。第7宫定位星被土星干扰不吉时，代表婚姻困难或延迟，与老妇人结婚。当金星、水星、月亮这样的快速行星位于第7宫，代表一个失踪的妇人，将与许多女人发生性关系。如行星在其位置上被接纳，将与适合自己的女人交往并受到赞扬。如提及的行星与上升定位星相冲，则命主父亲娶女奴为妻，有缺陷且对其不良善。如为土星，则对他更凶，会娶老年人。如为火星，则娶妓女为妻。11宫定位星与7宫有关联时，代表娶所爱之人为妻（原文意思不清晰）。位于固定星座，代表和异性关系稳定，位于启动星座，则关系不稳定。

我们要观察第7宫内的行星或对冲第7宫定位星的行星。当为上升定位星时，代表命主天生温柔，不渴望婚姻；为第2宫定位星，代表与奴隶或没有社会地位的人交往；第3宫定位星，代表与亲属或姐妹同辈份的人交往；第4宫定位星代表与亲属或同辈份人交往；第5宫定位星代表与年轻女人交往，如果位于启动星座，代表和许多女人交往；第6宫定位星代表与卑下或残疾妇女交往；第7宫定位星代表与母亲亲戚一辈的女子交往；第8宫定位星代表克损之象，从妻子处承受产业；第9宫定位星代表与外邦妇女交往；第10宫定位星代表与官贵名流交往；第11宫定位星，与所爱女子结婚生子；第12宫定位星代表与没有社会地位也没有意义的女子交往结婚，她们会对他渴望，她们会有缺陷。当对冲的是上升宫定位星时，也同此断。上升定位星与第7宫定位星合相罗计,对冲太阳,命主没有婚姻。

Māshā'allāh 的系统方法中,还强调了观察月亮位置及其定位星位置,观察婚姻点及金星,这些内容可以参考本节有关内容。他认为,月亮和月亮定位星不吉,则命主难以从妻子处获得子女之福。

Umar Al—Tabarī 在论断婚姻时,从七个角度取用,即第 7 宫、第 7 宫定位星、位于第 7 宫的行星、月亮、金星、婚姻点、婚姻点定位星。在以上类象中寻找最强类象星与次强类象星进行论断。比较这种类象星与上升最强类象星所产生的关联。

1、婚后关系以及婚姻合盘

在论及婚后关系的时,Dorotheus 认为需要检查星盘中代表和谐和爱情的类象。如果男方和女方命盘有吉星位于同一个星座,代表彼此相爱。同理,两个男性或两个女性,如果其本命盘有吉星在同一个星座,代表彼此关系和谐友爱。

论男女之间的仇恨以及两者谁居于主导,听命于谁,可以观察其中一人本命盘中 12 宫的星座,之后检查第二个人的本命盘,如果第二个盘的月亮星座为第一个人的 12 宫星座,则第二人较为强势,凌驾于伴侣之上,伴侣必须听命于他。女方本命月亮与伴侣的月亮相冲,两者之间会产生隔阂和嫌隙(Dorotheus 举例白羊座与天秤座相冲)。两人太阳和月亮对冲,也代表双方有敌意,两人本命盘的月亮都位于地平线上,双方会在分开后尝试复合,关系中存在的爱意,让双方互相妥协(有本作月亮在地平线上方者会想要复合)。

男女双方,观察彼此的上升是否落在对方的轴宫,或相同星座,则主和谐;日月、或其中之一,位于对方的上升或天顶,则双方适合彼此;金星所在的星座为对方的月亮所在星座,或月亮所在星座为对方金星所在星座,则适合,尤其双方月亮彼此三合则更应;如日月映射对方的日月,但有凶星位于同一个星座内,则代表损坏、不和;如日月彼此映射,且有吉星在同一星座,或吉星位于对方轴宫,或双方精神点在同一个星座,则婚姻关系和谐稳定。

所有的婚姻关系,都有必要检查双方月亮所在星座,双方月亮都受到损害,则争吵不断,无法妥协,最后离婚分手,普通同性关系也可以如此分析。Sahl B. Bishr 认为,白羊座与巨蟹座不和谐,金牛座与狮子座不和谐,双子座与室女座不和谐,当轴或行星位于这类星座的时候,彼此有敌意,不会长久和谐。

在婚姻合盘方面,Al－Andarzaghar 列出六条规则,第一、观察双方上升星座;第二、观察双方的太阳、月亮所在星座;第三、观察双方月亮、金星及其三方主,是否互相映射或映射其三方主;第四、观察日月和吉星,位于什么宫位;第五、观察婚姻点所落星座;第六、观察日月和凶星所在宫位。

2、同性恋

Firmicus 认为,火星和金星晨升,并且都位于阳性星座,女子为悍妇,并且不育。男命,如果火星和金星位于阴性星座并西入,又被土星映射,为同性恋。如果火金合相于白羊座或摩羯座,为同性恋。另外金星被火星冲、刑,结果一样,木星没有救助,也一样,女命为妓,男命为鸡奸者。

月亮冲土星,火星刑之,金星冲之,并且四个行星彼此交换星座,女子不育,男子鸡奸;土星、月亮位于同一个星座并且同度,也为鸡奸者;月金同度,为鸡奸者;金星合相太阳位于第 8 宫,为鸡奸者;水星和金星位于凶星星座,火土位于金星星座,也一样。

有一种检验的方法,Asc+金星-月亮(昼夜同),如果此点位于阴性星座,月亮位于一个阴性星座的 25°～30°,男子为鸡奸者,女子为妓女。

还可以计算 Asc+月亮-金星(昼夜同),落于阴性星座,则男命在性爱上有问题。女命也一样。以上两个数据如上文所说,月亮和金星位于阴性星座的 25°～30°,这些耻辱的事情就会被众所周知。

金星没有和月亮在一起,金星西入,位于阴性星座的 25°～30°,男子为鸡奸者,女子为妓,有秘密私欲。如土星位于阴性星座,映射金星和月亮,则为畸形、贫穷的鸡奸者。如果以上格局条件下,火星和土星合相,为被阉割的祭司(可理解为变性人),如前文的阿拉伯点的计算都确认了,金星位于阴性星座的 25°～30°,映射火星和土星,为幸运的鸡奸者,或者贵族妇女卷入卖淫。

火星、水星、金星、月亮位于启动星座,彼此相刑,为妓女。具体根据星座特性而定。阴性星座,为妓女。阳性星座,为泼妇。

月亮和火星、金星位于上升,太阳位于 12 宫,土星刑冲上升,代表被阉割的祭司成为鸡奸者,尤其木星未参与,则应之;如果金星和土星合相,或互相刑冲,在日光下,月亮以及上升轴都位于阴性星座,代表秘密鸡奸;如果土星和金星东升,则这种耻辱被人所知,如果火星西入,则鸡奸公开化;如果格局同上,火星位于角宫,则为被阉割的祭司;女命,所有这些行星位于阳性星座,则为好色的悍妇。

土星和金星位于第 7 宫,刑月亮,为鸡奸者。火星以任何映射形式参与此格,为公开鸡奸。火土映射金牛座的金星,为鸡奸者。

夜间生人,月亮位于 12 宫或 6 宫,白天生人,太阳位于 12 宫或 6 宫。夜间生人,月亮位于金星界。白天生人,太阳位于金星界,金星位于第 7 宫，或于天底轴位于自己的界内，为鸡奸者。当火星参与刑冲，则为阉割者。

以上格局都要注意木星，如果木星参与，或减轻或隐藏。

同性恋，在于性爱的方式不同，为了确认发现同性恋，Firmicus 使用了性欲点，公式＝Asc＋土星－月亮（昼夜同），根据此点所在星座，可以观察人的性欲以及相关的缺陷。如果性欲点落于阴性星座，被凶星刑冲，金星位于轴，为同性恋，但是比较隐秘。性欲点落于 2、6、8、12 宫，位于阴性星座，为耻辱下流之象，同时月亮位于双鱼、摩羯或狮子座的 1°、金牛座的 30°，为性欲障碍。

性欲点位于 2、6、8、12 宫，被凶星映射，太阳和月亮也位于以上宫或位于凶星星座，或位于无力星座，为公开的鸡奸者，性欲点位于摩羯、白羊、金牛时，此类象更强。

Firmicus 以月亮星座的下个星座定位星为本命主星，但是不包括狮子座和巨蟹座，譬如月亮位于双子座，则下一个星座为室女座，水星为本命主星，本命主星能够代表命主的性格特性，当金星为本命主星时，如果火星位于金星星座，或火金合相，位于阴性星座，位于 2、6、8、12 宫，而土星位于阳性星座，土星三合或刑金星，并且土星有力，月亮位于 2、6、8、12 宫，则命主为同性恋。如果月、金、火、土位于阳性星座，同时位于 2、6、8、12 宫，合相或彼此相刑，为公开的同性恋。其中一个位于吉位，则代表暗中有这些恶习。

金星和土星位于阴性星座，并且位于第 7 宫，太阳、木星、月亮、火星位于 2、6、8、12 宫，必然为同性恋。如果其他行星如此，唯独木星却单独位于角宫，命主虽然为同性恋，但却是富贵荣耀之人。其他行星都如此配置，而月亮单独位于角宫，命主会有大量的鸡奸行为。

金星和火星位于启动星座,彼此刑冲,位于阴性星座,则为鸡奸者。如果木星没有参与映射,则女子为妓,男子为鸭。

通过以上论述,笔者认为,Firmicus 的方法主要有效利用了反厌宫、淫色星座的原理。

关于同性恋的论断,Al－Andarzaghar 汇总前人的断法,列出相关的规则,第一,看金星在命盘中的位置,以及是否位于凶位;第二看婚姻点位于水星星座;第三看水星和火星是否交换星座或彼此刑冲;第四看金星和月亮,凶星位于轴,日月位于阴性星座;第五,女命看金星与日月,看是否位于阳性星座,凶星位于轴。

根据这五条法则,金星位于水星星座,位于凶位,为鸡奸者;婚姻点位于水星星座,水星位于阳性星座,位于轴,为鸡奸者;火星和水星交换星座,或水星刑冲火星,为鸡奸者;金星位于情欲星座,即摩羯座、双鱼座、白羊座、金牛座,被一颗凶星映射,尤其金星位于日光下,命主为鸡奸者;金星在上述星座,被火星或土星映射,月从第 7 宫或第 4 宫、第 6 宫映射它们,命主为鸡奸者;金星位于第 12 宫也类似;金星位于水星星座或水星界,月亮位于火星界,命主会成为鸡奸者的恋人;金星位于第 7 宫,冲月亮,代表命主渴望男性,尤其金星位于狮子座和室女座或位于凶星星座,凶星映射则更差,金星被焦灼,更甚;如果水星在上升有佐证并且不吉,位于轴则更差,喜欢幼小;如果第 7 宫定位星位于上升并不吉,命主女人气,沉溺与幼男女性行为;金星位于 6 宫,月亮位于 12 宫,命主女人气,尤其火星和土星映射金星;金星位于 6、12 宫,土星和火星位于阴性星座并位于轴,命主女人气,尤其日和月位于一个阳性星座,如果金星位于阴性星座,则命主道德;女命日月位于一个阳性星座,火星和土星映射它们,位于轴或其中一个映射来自于轴,或刑或冲,命主是女同性恋,男命如以上条件落于阴性星座,则女人气;金星位于土星星座,土星位于金星星座,位于7、4、6、12宫,命主女人气,纵欲;金星落于果宫或落于凶位,凶星位于阴性星座位于轴,命主女人气,日月位于阴性星座尤甚;金星位于凶星星座或凶星界,位于第7宫,命主会做女人之事。土星位于金星星座,位于下降轴,映射金星,也一样;金星和土星位于水星星座,火星映射它们,命主女人气,纵欲堕落;金星位于土星星座,土星位于金星星座,位于7、4、6、12宫,代表异常。金星落于果宫或凶位,一颗凶星位于轴时,也一样,如果日月或其中一个位于阴性星座,被凶星映射,尤甚。

金星位于轴,且位于阴性星座,映射火星,火星合相水星,命主为男同性恋;金星位于情色星座,即白羊座、金牛座、摩羯座,合相一颗凶星、焦灼,代表丑闻,被其他凶星上位映射则更凶;当金星被焦灼,有凶星上位映射,也一样;金星位于下降轴,冲月,尤其位于狮子座、室女座或位于凶星轴,凶星映射或金星被焦灼则更凶;太阳和月亮、婚姻点位于宝瓶座、双鱼座、摩羯座、金牛座或白羊座,主丑闻;金星位于以上星座不吉时,也类似,水星和金星一起,则更凶,如果木星映射,则能化解。

Abū Bakr 认为第6星座内有火星合相金星,木星反厌,命主为鸡奸者;金星不吉,位于水星星座,并且位于果宫,命主为鸡奸者;水星为福点定位星,命主为鸡奸者;福点与水星位于轴,并且位于阳性星座,映射第7宫,命主为鸡奸者;月亮位于阳性星座,太阳、金星从阳性星座对其映射,命主为鸡奸者;水星合相金星位于第7宫,命主吃软饭或为鸡奸者;水星位于第7宫,金星位于其果宫,并且金星为上升定位星,命主为鸡奸者;水星合相火星位于第7宫,金星游隼于阳性星座刑冲它们,命主为鸡奸者;金星位于火星星座、火星界,位于凶宫,命主为鸡奸者;

婚姻点位于双子座,位于轴,命主为鸡奸者;女命,金星和月亮位于第 4 宫,为鸡奸者;金星位于第 7 宫,并且位于阳性星座,月亮位于上升宫,女命为鸡奸者;阴性行星位于阳性星座、阳性度数、阳性宫位,女命会在通奸中受孕,会有和女性发生性关系的欲望。

3、太监与雌雄同体的阴阳人。

如太阳和月亮位于阴性星座,在一起或位于不同星座,金星于角宫位于阴性星座,月亮和火星通过紧密度数位于任何轴,为太监或阴阳人。如果太阳和月亮位于阳性星座,条件同上,金星位于阳性星座,命主如为女性,则如男子一般,有与女性性交的性倾向。

金星位于水星星座,水星位于金星星座,或金星位于水星界,水星位于金星界,月亮位于室女座、摩羯座、金牛座、狮子座,其他阳性行星位于阴性星座,阴性行星位于阳性星座,为阴阳人。月亮位于不育星座,土星与其紧密合相,金星映射它们,并且土星位于金星界,金星位于土星界,木星反厌月亮,为太监。

土星上位映射金星或月亮,使其不吉,不合星宗,或位于 6、12 宫,则为太监,如果是女命,代表不育、不恋慕男人,无夫无子。如果火星也参与映射,代表铁器割除生殖器,女命代表不育,无子女,如果位于 6、12 宫,尤差。如木星映射,成为侍奉神的奴仆,一生受苦,过着悲惨的生活。如果土星和火星损害了金星,月亮也不吉,为太监,女命主不孕,尤其它们都没有力量时。木星位于金星星座或水星星座,或水星与木星位于金星星座(或金星界,金星三方主),位于双体星座,被代表慢性疾病的行星映射,位于凶位,则命主女性化或邪恶。

Sahl 认为,上升定位星为土星,位于轴,金星与土星合相,或位于土星四轴星座,木星、水星、月亮反厌它们,命主柔弱,像女性一样。如果金星于轴映射木星,木星位于土星四轴星座,则命主性倾向正常,不会女性化,这些就会隐藏起来。火星为上升定位星,位于轴,合相金星,或金星位于火星四轴星座,土星、木星、水星反厌它们,命主个性突出,放荡、花天酒地。此时,如水星和金星一起会合火星或位于火星的一个四轴,木星反厌,命主为双性恋,喜欢男人和喜欢女人同等倾向,水星逆行、落陷、位于日光下,则命主的同性恋倾向会隐匿淡出,而倾向喜欢女人,金星逆行、落陷、位于日光下,则对女性的喜好会隐匿淡出,而更倾向喜欢男人。

4、好色之徒、酒鬼与同性恋者(Rhetorius 著作 66～76 节)。

金星位于水星星座,水星位于凶位,为鸡奸者。婚姻点位于水星星座,水星位于轴且位于阳性星座也一样;火星和水星位于彼此星座,或互相刑冲,为鸡奸者;金星位于摩羯座、双鱼座、天蝎座或金牛座,被土星或火星映射,为好色之徒,位于日光下尤甚;金星位于土星或火星星座,并被它们映射,为好色之徒;金星、水星、火星互相映射,为好色之徒;金星和月亮位于下降轴,为女色鬼,男则如女子气质一般柔弱,被火星或土星映射尤甚。

太阳和月亮三合,在性生活上男命非常大胆,女命也是如此。金星在第 4 宫轴,位于阳性星座,女命声名狼藉。如金星停驻,男人软弱无力。火星于启动星座紧密三合、刑冲金星,接纳或映射彼此的 12 分部,为酒鬼、女人气、双性人,如果土星映射,则为娈童者或色鬼,尤其位于阴性星座。金星位于 6 宫,为男同性恋者。金星在 9 宫,对于男性婚姻而言,是最差的,对于女命则吉。火星位于 9 宫,主凶。月亮位于上升,金星位于四足星座,主女人鸡奸、男子好色、以及受相关谴责之人。

上升轴位于白羊座 13°、14°、22°、24°、27°、28°、30°,为同性恋或色

狼。上升轴位于金牛座毕宿星团，即12°～17°，在狮子座25°～30°，摩羯座11°～12°，在这些度数上，注意是否上升轴、下降轴，或月亮、金星、福点、婚姻点、欲望点位于此处。女性化的度数为白羊座、狮子座、射手座的末度，如果上升轴位于此度，代表女人气或娈童。

当金星位于白羊座第1旬，主好色、吃非法肉食、非法婚姻、实施不可言喻的恶习、性虐待、鸡奸、施暴女性等等。如果吉利，则不会如此堕落；金星位于双子座第1旬，昼生或位于果宫，主鸡奸、淫荡、可耻、变态、通奸、为性快感而疯狂；金星位于狮子座第1旬，于凶宫，代表多情，婚姻糟糕，有难以启齿的恶习，从行为不端、滥交的女人处得到好处；金星位于狮子座第3旬，位于凶位，代表为奸夫，强暴妇女，会因为女人而遭遇损失和不幸。

金星位于天秤座第1旬，为好色之徒或可耻之人，在欲望中疯狂；金星在天蝎座第1旬，位于凶位，在果宫，代表被行为可耻的人伤害，因为女性而逃离。金星位于射手座第3旬，位于凶位，代表行为可耻的人，因为女人而遭遇不幸的人，因为女人而去荒无人烟的地方或因此航海出行，命主是可耻的；金星位于摩羯座第1旬，且位于凶位，为好色之徒、可耻之人或变态之人。金星位于摩羯座第2旬，为通奸者，或者因为女人而在国外，或和女人在国外，或在海外等候某女；金星位于摩羯座第3旬，受损害，则为混乱，肮脏之人；金星位于双鱼座第3旬，受损害，则为滥交之人、奸夫、疯狂性交。

太阳位于白羊座的1、2、3旬，在天蝎座的第1旬，在双鱼座第1、3旬，为色鬼或女人气之人；月亮位于白羊座第3旬、狮子座第3旬、摩羯座第3旬、天秤座第3旬、宝瓶座第3旬、双鱼座第1旬，主好色、女人气、激情；土星或木星位于白羊座第3旬、天秤座第1、3旬，为好色纵欲之徒；火星位于白羊座第 3 旬、天秤座第 1、3 旬，为好色纵欲之徒；水星位于天秤座第 1 旬、摩羯座第 1 旬，为好色之徒；上升轴位于白羊座第 3 旬，天秤座第 1、3 旬、摩羯座第 1 旬，为好色之徒，生活奢靡；福点和精神点及其它们的定位星，位于淫色星座，则女人气或好色。淫色星座为白羊座、金牛座、狮子座、摩羯座的部分、双鱼座、天秤座。

5、Al－Andarzaghar 总结婚姻的论断方法，内容如下：

男女命的婚姻，都要分析金星，女命要另外分析火星，火星为丈夫，分析方法与金星论断方法相同。

分析金星的三方主星，看它们所在的位置状态。看与金星合相或产生其他相位的行星；

看金星三分主星，如果位于果宫、凶、焦灼则不吉。看金星的吉凶状态，西入还是东出，尤其注意金星位于阳性星座，有凶星映射；看金星三分主的第一、第二主星，看哪一个位置更佳，位于其舍升星座或界；看婚姻点（男性婚姻点公式 Asc ＋金－土）及其定位星的状态，看什么行星与其合相，是否被焦灼；看女性婚姻点（Asc＋土－金）及其定位星，方法同上；看第 7 宫与第 7 宫定位星，看是否有吉凶星映射，看第 7 宫定位星的状态；注意金星与土星所在的位置以及界；看不道德点与其定位星，同时看金星是否不吉（即 Eros, Asc＋精神点－福点，夜生人反之）；最后看结婚点（Asc＋Dsc－金星）及其定位星，看吉凶星是否映射。

金星及其三分主星的分析方法：

1、从金星的三方主开始分析，如果它与金星位于角宫或续宫，未焦灼，未逆行，则命主会结婚，找到合适的女人。Dorotheus 认为金星能够充分的代表婚姻事项，因此论断婚姻，先看金星与金星的三方主星，看第一、第二、第三主星分别如何。如果三方主星和金星会合，在轴或在金星的三合相位,则为吉兆。

2、金星的三方主落于果宫,被凶星干扰,位于日光下,反厌天顶或金星,金星也不吉,尤其金星又位于阳性星座,同时又东出,婚姻点位于6、12宫,主命主永远不会有婚姻。Dorotheus 认为婚姻点与金星或上升轴相冲,或在凶宫,同时金星在阳性星座,东出,命主一生难与女性交往(昼星喜东出,夜星喜西入)。

3、金星的两个三方主如果都反厌金星、反厌天顶,代表永远没有婚姻。当金星与上升轴对冲或与婚姻点对冲或位于凶位,在阳性星座,且东出,也一样。金星与月亮位于 6、12宫,土星与其合相或冲相位,木星未映射金星,会冷却男女之间的恋爱激情,会斩断所有的婚恋激情快乐,无论男女,从生至死如此。

4、金星三方主位于凶宫不吉,而金星与木星位于佳位,则命主会结婚,但是受三方主星的影响,婚姻中会有损害,或因为妇人而损害;金星位于果宫,受昼盘火星映射,且木星以及金星的三方主星位于天顶,命主的婚恋对象为妓女且被人嫌恶,因为木星代表名声,而金星不吉,因此蒙羞;金星位于凶宫,但被木星映射,而火星以及金星的三方主星位于天顶,此时火星的这种相位映射,代表性欲强的女子。

5、金星位于果宫,位于木星轴,木星为其三方主,木星位于四轴,会娶到一个美丽,高尚的妻子。

6、金星、木星(木星为金星三方主)皆落陷,位于果宫,由于两个吉星都无力,主娶一丑妇。

7、金星第一个三方主位于吉位,第二个位于凶位、果宫,金星位佳力强,主早年结婚,但是最终婚姻不吉。

8、金星三方主位于一个星座最后一度的时候,位于第 4 宫,位于游隼星座，并且凶星映射，至死无婚。类似，如果它位于它的三方主，代表一直延误其婚姻至死。Dorotheus 认为金星的三方主位于星座末度或凶星界，或位于天底轴，不在舍星座，被凶星映射，命主终身没有婚姻，但是当金星的三方主星位于自己的舍星座时，命主会有婚姻。金星的三方主星反厌天顶和金星，男命无法获得幸福的婚姻，婚姻点的三方主星反厌婚姻点、天顶、金星，命主终身无婚姻。

金星所在位置的论断

1、夜生人，金星位于上升，并位于舍、升、界内，未被焦灼，被木星映射，主因女人获益，因婚姻获益，婚姻幸福。如果金星东出则更确。

2、金星代表男女之间的情感和热度，因此它主宰情感上的开心愉悦。Dorotheus 认为，无论男女，如果金星位于凶宫，代表不名誉的婚姻。金星在游隼星座或启动星座，或都符合，且受月亮映射，或与月亮合相，女性会有很强的性欲，会为性爱付钱给男人，如果土星映射则更甚。

3、金星位于木星的舍升星座，会娶一个东方女子。Dorotheus 认为木星无论以任何形式映射金星，都代表能因为异性获益（男女通用），并且木星映射金星，可以弱化凶星映射金星的影响力。

4、金星位于火星星座，娶一个声名狼藉的女子。如果火星又映射金星，火星使金星不吉时，更确；当火金合相，或金星位于火星界，主有强烈结婚欲望，婚姻耻辱，不利子女，尤其火金相冲更确；金星和火星合相，主娶无耻、通奸、无知无识之妻，命主不想娶她，之后会与之分开。Dorotheus 认为火星位于金星星座，金星位于火星星座，主婚姻情感，耻辱、堕落、毁灭，火金合相、刑冲，也一样。金星和火星合相，或在火星界，且被火星对冲，命主为女性，则会和他人通奸，或因为子女而悲伤。

命主为男性，也可以如此论断。

5、金星位于土星星座，娶比自己大的女人为妻。金星和土星合相，或在土星界，会娶寡妇、老妇、低阶级或一个有缺陷的人为妻。

6、金星位于水星星座，娶下层阶级的女子，或者门不当户不对。

7、金星位于月亮星座，娶亲友为妻。Dorotheus 认为，月亮在舍升星座，与金星会合且被木星映射，命主会和自家的女性结婚；金星和月亮刑冲或合相于同一星座（凶宫），代表婚姻损坏。如果它们都位于轴，命主会和自己的姊妹或有亲戚关系的女性结婚；月亮会合金星于天底轴，被木星映射，会和亲戚结婚，一定在晚年喜获麟儿；婚姻点的定位星合相婚姻点，或映射婚姻点、月亮，会与兄弟姊妹的女儿结婚。

8、金星位于太阳星座，娶到不相配、不合适的女子为妻，尤其金星位于果宫或与计都合相的时候；罗睺、土星、水星、金星组合位于第 7 宫，命主与非处女结婚；金星合相火星，娶盲人或老妇为妻；木星、水星和金星组合，娶贵女，会毁了第一个妻子，利于最后一个妻子；计都合相凶星位于第 7 宫，或一颗凶星刑冲，娶劳作卑下之妻，如果金星连结，则会娶自己所爱的女人为妻；太阳连结金星，娶外国女子为妻，并受祝福。但金星在日光下则婚姻不好，尤其位于不育星座。

9、夜生人，金星位于第 5 宫，主婚姻幸福快乐。如果位于天底，没有被凶星映射，也主婚姻幸福。也有说法，认为金星位于天底，主丧妻，星座为启动星座时，尤其是巨蟹座，主娶耻辱之妻，并会因妻得病。Dorotheus 认为，金星位于天底轴，命主有丧妻及丧子之痛，天底轴位于启动星座，尤其是巨蟹座或摩羯座，则更加淫荡，命主会不断与社会地位低下的女子或妓女发生关系，并因此招致债务。

10、金星位于第 3 宫，会找到得体的女子为妻；金星位于第 8 宫，随着婚姻的缓慢和延期而得到好处,在与女人相关方面不开心,金星和土星合相则更确;金星位于第6宫,娶一个低阶层女子或病妻,会因为女人的灾祸和悲伤而影响自己,尤其金星落陷又被凶星映射;金星位于7宫,利于婚姻,尤其位于启动星座或多育星座,位于双体星座则不吉。Dorotheus 认为,金星位于第7宫,代表因为女性而引起伤害、麻烦和灾害,命主婚姻不稳定,会与社会阶层低下的女性或外域女性发生性关系。金星代表婚姻,在第7宫轴,代表会有婚姻,但是由于和上升轴对冲,也代表因为女性而受到伤害。

11、金星位于第9宫,不利于与妇人相关的事体,婚恋上少有稳定性,并且主婚姻迟缓拖延(女命,火星位于第9宫也不吉,主丈夫不会迷恋她)。金星位于上升宫,和木星合相,或者被木星映射,命主会有很多女人,尤其位于启动星座、双体星座时。

12、金星位于天顶,主婚姻幸福,与女子开心生活。如同时火星或土星反厌金星,并且又被木星映射,会因为女人而获益。

13、金星与水星合相,会因为女子而有钱,并且在一些事物上有技巧,有手艺,有很多奴仆。尤其金星位于水星星座或位于自己的星座时。Dorotheus 认为,金星、水星、火星合相,代表不会有稳定的婚姻和感情,见异思迁,三者会合于天顶,或者金星位于天顶,受火星和水星映射,会出轨和别的女性建立关系。映射金星的行星东出(出日光下),代表关系是公开的。木星映射其中一颗行星,则有所改善。金星的三方主星位于天顶,则代表她的淫乱行为众所周知,让命主蒙羞。木星在凶宫与金星会合,位于角或续宫,并且映射金星的三方主星,婚姻不至于一塌糊涂。

14、金星与火星、水星连结时,主矛盾、羞耻、恶劣婚姻,尤其月亮和金星一起时,这会给身体带来损害,如果金星位于 Dsc 轴,这种情况更为严厉,金星位于阳性星座,位于凶宫则更差。

15、金星位于 11 宫,主娶了得体的妻子。金星位于 12 宫,会娶社会阶层低的女子为妻,或因为妻子而遭遇耻辱、重耗、折磨。

16、金星落陷,木星未映射,代表在婚姻、子女上没有快乐,木星又反厌金星的三方主时尤甚。金星逆行主无婚,金星焦灼,主娶病妇或秘密结婚。Dorotheus 认为木星和金星位于日光下,代表不为人知的婚姻,尤其位于不育星座时,命主会娶寡妇或无法生育的女子为妻。

17、金星三方主位于四轴,或位于第 9 宫、第 5 宫,东出,位于舍星座,主婚姻幸福。如果三方主符合昼夜宗派,主易婚。三方主位于 6 和12 宫,最差。三方主位于 2、8、7 宫,没有凶星映射,正向运行,主婚姻一般。位于第 3 宫,主情感相爱,尤其是三方主为月亮则更确,因为月亮喜乐于 3 宫。

18、火星位于第 7 宫,婚姻不稳定、耻辱、死于分娩。水星位于第 7宫映射火星,主斗争是非。土星位于第 7 宫,主冷淡的婚姻,缺乏女性,或死或土星类的痛苦。木星于第 7 宫,主被称赞的妻子。月亮在第 7宫,娶亲戚为妻。太阳在第 7 宫,娶不适配的妻子。计都在第 7 宫,婚姻不协调。

女命婚姻论法:

女命看婚姻,一般以火星为丈夫(男命以金星为妻子)。

1、火星位于土星星座或位于土星三方星座,主嫁给老夫,或怠慢的婚姻、有缺陷的婚姻。火星位于舍、升星座,会嫁给亲戚。

2、火星位于木星星座,会嫁给值得称赞的丈夫;火星位于水星星座,代表丈夫为作家、工匠或明智之人,或者其工作属于水星性质;火星位于金星星座,代表丈夫是一个年轻的人,或喜欢娱乐的人;火星位于狮子座,嫁给名人;火星位于月亮舍、升星座,嫁给一个病人、法官,或这一类的。木星映射,并位于轴,则更应。

3、看火星的三方主,位于固定星座,代表一次婚姻。位于双体星座,代表婚姻不止一次。如果火星位于启动星座,其三分主星也是如此,主承受不住丈夫和婚姻。火星与火星三方主位于同一个星座,或位于金星升星座,主女子渴望男性。火星映射金星,则程度加深,为思春之格。

4、火星的三方主代表丈夫的条件,如果位于吉位,快乐而善良的品性。木星映射火星,因丈夫获益。金火位于彼此的界内,互相映射,女子主在婚姻中失去童贞。类似的格局还有,月亮位于阳性星座,三合太阳,主其对此事愚昧无知。

5、金星刑月亮,主喜欢、渴望男性。土金同宫,或土金刑冲,女性主病、不育,尤其是月亮合土星,木星反厌月亮,或金星位于土星星座。土星合相金星,在金星或土星的星座,且位于上升,命主会和女儿或姊妹发生关系,月亮同时和土星、金星相刑,会和母亲的妹妹发生关系。金星未受月亮映射,但受火星所刑,命主会娶自己喜爱的女子为妻,但是会以各种方式因为女人而破败耗损(女命则为同性恋)。

6、分析第7宫与第7宫定位星,及其所在宫,映射它的行星,论断婚姻与丈夫。如果婚姻宫的定位星是水星,水星位于6、12宫,西入或位于四足星座,且婚姻宫的星座也不吉(四足星座),代表命主年轻时候难以成婚,即使结婚,婚姻的存在时间也很短暂,因为这种格局,会因为生活困顿而难以结婚。水星位于吉宫,命主会与不孕或外域单身女性发生性关系,且难以与女性保持稳定的关系,或因为女性而过着动荡不安的生活。

7、分析女性婚姻点，即 Asc＋土星－金星（男性婚姻点为 Asc＋金－土）。看婚姻点位于什么星座，婚姻点定位星如何，位于吉宫，又被吉星映射则最佳。婚姻点定位星合相婚姻点，并且月亮映射，会嫁给亲戚。

8、火星刑冲婚姻点，主秘密婚姻、接连的嫁给男人、或做邪恶污秽的工作，和男人鬼混；金星与婚姻点一起，主婚姻快乐幸福；婚姻点与土星一起，或土星映射，主婚姻困难；婚姻点位于第 7 宫，婚姻点定位星是土星，主嫁给老夫。土星位于舍星座，会嫁给爷爷，舅舅，叔叔等一类的亲属；婚姻点落于木星宫，主丈夫正直、诚实，好的名声；不止一颗行星位于第 7 宫，星座为启动星座，其中一颗行星，尤其是火星时，会有许多老公，会和不止一个男人发生性关系；火星和金星位于天顶，位于游隼星座，主其为娼妓，金星位于不吉星座更确；金星的三方主星与火星位于天顶，或刑冲火星，主丑闻和不名誉；水星、火星一起位于火星星座，天顶为摩羯，火星映射天顶，主女子不良，性丑闻。金月位于第 7 宫或天顶，都映射火星，主性饥渴，同上。尤其火星映射它们，或水星位于火星界映射它们，刑或冲相位。

9、金星位于阳性星座，与月相冲，为女同性恋。月、金刑上升，女性激情。女性不孕不育，没有子女，最差的情况是土星位于金星之位，金星位于土星之位，同时位于天顶，或土金相刑，月亮同时映射它们，则更差，加上木星又未映射。

10、金星位于狮子座、摩羯座、宝瓶座，不利女性，无夫无子女。男命如此，无妻无子女，其工作性质类似女性；金土位于上升或天顶，或火星与它们一起，主为鸨母。金星和月亮位于第 7 宫或天顶，都映射火星,位于白羊座、摩羯座,代表女性渴望男人,渴望男女感情,尤其火星映射它们,或水星从火星界刑冲它们,会不停发生一些不良的男女关系。

11、分析女命应观察上升宫,上升星座是一个吉星座,或被吉星映射,则吉利。为凶星星座,或被凶星映射,则不吉。火星有来自金星相位的佐证,婚姻佳,尤其金星和木星有力量,被土星映射。

12、分析女性的婚姻点的合相和刑相位,火星刑女性婚姻点,女性会出轨,与仆人或声名狼藉之人发生性关系,如婚姻点定位星为土星,位于舍星座,是母系的舅舅或父系的叔伯,或老人、或自己的亲属。如命主年轻,就会和前任苟合;火星为女性婚姻点定位星,会和陌生人发生性关系;定位星为木星,会和贵族发生性关系;定位星是金星,酒色乱性;定位星是水星,和欺骗她的人发生关系,之后见官诉讼,尤其火星映射水星。

13、金星位于天顶,水星和火星映射,命主会和女人做爱。金星与火星合相或位于火星界,或火星冲之,荒淫激情、渴望男人、破处、妓女,男命如此则更差,因为他的女人会如此。火星和金星位于对方的星座或界,女性对男人有强烈激情,都东出,则激情和不道德更加公开化,西入则秘密隐藏,太阳映射,则淫乱众所周知。火星三合、刑冲月亮,代表强激情和不道德。

14、金星位于激情星座,或启动星座,和月亮合相,对男人有激情,会发展至以性爱为业,土星参与尤甚。月亮位于金牛座、双鱼座、摩羯座、白羊座,水星合相火星,命主为妓女,臭名昭著,尤其金星和日月位于轴。位于星座歧度时,为女同性恋。

15、日月彼此三合,男女性爱多,女性有多个男性伙伴。金星和木星、水星组合,命主温和而纯洁。金水组合没有土星时,代表女性优雅,但是对于男人而言,她是淫荡而多情的。火星映射金星,则为妓女。金星和火星位于阴性星座,会与未婚男士讲荤段子,位于阳性星座,会给男人讲荤段子,土星参与映射并且都位于阴性星座,尤其不吉,不利于婚姻,如果东出,位于阳性星座,男友很多。木星映射,则隐藏。水星映射,则公开,并且会有法律问题,命主像一个男人一样。

16、女命金星位于第 7 宫,冲映射月亮,命主为女同性恋。命主为男性,则渴望男性,尤其金星位于狮子座、室女座,或位于凶星星座,如凶星映射,更差。金星在日光下,更甚。金星位于阳性星座冲映射月亮,命主为女同性恋,并和女性结婚。月亮和金星刑上升,驱使女性激情。

17、女性不孕不育,或者多次流产、早产、堕胎,最差的情形是土星位于金星星座,金星位于土星星座,如果合相于天顶,或土金相刑,月亮参与映射,木星反厌时尤其差,如果是不孕不育命的女性,则不会有子女。金星位于狮子座、摩羯座、宝瓶座不利于女性,代表没有丈夫,没有孩子。男命遇到这种情形,也代表没有老婆和孩子,有老婆也会死。

18、木星位于第 7 宫,兄弟会娶她。金星和木星位于第 7 宫,和丈夫生活的美好。火星和它一起,则不吉利,代表损失,争斗和邪恶。金星和水星位于摩羯座和天秤座,会嫁给亲戚,如果都位于上升或天顶轴,或月亮与之合相,自己的父亲或叔伯、母亲的丈夫会娶她。金星和土星位于上升或天顶,火星与之合相,命主为女皮条客。火星于舍、升星座,命主会嫁给亲戚。婚姻点、点定位星被月亮映射,会嫁给亲戚。

6、婚恋次数

观察金星,金星位于吉位,启动星座,辅助行星映射它,并且都位于吉位,代表命主女人多。金星位于双体星座,代表婚姻两次。妻子的数目从天顶数到金星,看有多少个星座,一个星座一个女人,如果星座内有行星,一颗行星一个女人。观察两颗凶星,凶星位于有力位置,吉星反厌,土星主情感不活跃,火星映射,主克死。金星反厌天顶,和女性关系不稳定,女命火星反厌天顶,和男性关系不稳定。女命从天顶数到火星,计数方法同上,如果火星位于天顶,则从天顶数到木星。

7、第七宫的论断方法

木星位于第 7 宫,利于老年,摆脱辛苦劳碌与麻烦,代表意外收获、海外遗产、工作状态活跃,但是早年会有些麻烦,婚姻不幸福,当星座为启动星座尤甚,昼生人,在子女方面不幸,或者子女稀少、没有子女,长寿,晚年富有,昼生人中年即可成功;金星位于第 7 宫,代表快乐,老年时活的快乐而年轻,享受美好的老年时光,也主婚姻中的混乱和不稳定,没有凶星映射时,为明智之人,娶妻年轻。金星落陷,代表年轻时候很不稳定,和女奴,妓女发生关系;水星位于第 7 宫,主富有、有教养、为人谨慎,容易卷入严重过失,代表妻子喜欢管闲事、恶习、放荡,也代表命主成为他人的情人,照顾、保护不体面的男人,如果位于水星不喜的星座,譬如火星、土星星座,代表为老鸨、皮条客。水星和火星位于同一宫位,或火星与其相冲,或火星位于第 10 宫,则命主短命,会成为瘾君子、逃亡者、死囚等等,以上昼生人尤应。夜生人,则代表为照顾富有的女人、从恋爱与性爱中获得最大好运,代表数学、音乐、文学、晦涩文字方面,也代表杂耍。

土星位于第 7 宫,代表不利于婚姻,寡妇为妻,手脚疾病或流血,总是伤害身体,身体隐私部位易伤害,有不好的子女出生,夜间生人尤应。昼生人,土星在第 7 宫,代表长寿,老年富裕,但是青年时候痛苦、忧虑、贫困；火星位于第 7 宫，代表娶通奸者，损坏眼睛、手足，诸如手足颤抖之类，不利祖产，尤其昼生人，火星不合星宗，位于其他行星星座，尤应，老年也行坏运。夜生人，则以上凶性有所缓和；月亮位于第 7 宫，代表热情友好，如果位于阴性星座，与土星、金星合相、冲相位，代表命主为同性恋中的柔弱一方，会与两姐妹发生性关系。如果不是女命，月亮位于阳性星座，金星位于阳性星座映射月亮，代表命主为同性恋中阳刚的一方；月亮位于第 7 宫，昼生人，代表出国旅行，危险来自潮湿的地方，或来自强盗，来自奴仆和病人的虐待，月亮合相凶星尤应，夜生人，代表改换地方、出国旅行，并且会随着行运会增多这类运；太阳位于第 7 宫，婚姻、子女上主坏运，但是利于财。也代表巨大的痛苦和疾病，尤其火星、土星和太阳一起或映射太阳，具体疾病灾害根据与太阳合相或映射太阳的行星特性论断。

第 7 宫定位星位于 12 宫，或 12 宫定位星位于第 7 宫，婚姻运差，取卑下者为妻；第 7 宫定位被第 8 宫定位星映射，娶寡妇或离异者，在固定星座代表一次，双体星座两次，启动星座代表多次；第 7 宫定位星位于 Mc 和 12 宫定位星位于 4 宫，代表娶卑下者为妻或买妻；第 7 宫定位星位于第 9 宫代表妻子为外国人或宗教信仰者；第 7 宫定位星被焦灼或位于第 4 宫，或被凶星投射映射，代表与妓女或卑下者性交；罗睺在第 7 宫，与土星、金星、水星合相，代表妻子两次婚姻，如果金星和火星正好位于第 7 宫或映射第 7 宫，会娶年老富婆或视力受损的人，木星和水星位于第 7 宫，会娶出身高贵的女子，并且从中受益，但是会埋葬自己的妻子；计都位于第 7 宫，会克妻，娶朴素、节俭之妻，或娶寡妇为妻；金星和木星位于第 7 宫，或映射第 7 宫，和女人的关系不稳定。

Abraham Ibn Ezra 在著作中指出，Māshā'allāh 认为女性论断丈

夫要观察太阳的位置，男命以月亮为妻子，如果太阳与土星连结或凶映射，金星焦灼或逆行，金星位于 6 或 12 宫，则命主不会结婚。Al－Kindī 认为，女性的婚姻，观察太阳、火星、第 7 宫、第 7 宫定位星、男人点，Abraham Ibn Ezra 的著作中的男人点为 Asc＋金－日（昼夜同），他又说 Enoch 认为，男人点是 Asc＋太阳－火星（昼夜同）。笔者认为，Abraham Ibn Ezra 倾向于第一个点，然后确定哪些是它们的主宰行星，根据力量论断。Abraham Ibn Ezra 认为，无论男命还是女命，都忌讳火星位于第 7 宫，代表离婚，如果火星为寿主星或第 7 宫定位星，尤甚。男命，金星位于第 9 宫，会离开妻子，当金星为寿主星时，尤应。

在第 7 宫的其他意义上，Abraham Ibn Ezra 认为，如果第 7 宫定位星和上升星座或上升定位星产生凶映射时，代表命主会和人发生各种矛盾斗争，其性质根据第 7 宫定位星论断。如果第 7 宫定位星为土星，代表和老年人、地位低下的人、奴仆发生斗争；木星代表和法官、祭司发生矛盾；火星代表和强盗土匪发生矛盾；太阳代表和政府、官员、王者发生矛盾，金星代表和女性发生矛盾；水星代表和学者、文人发生矛盾；月亮代表和所有人发生矛盾。

8、出轨、通奸的相关经验

Abū Bakr 认为，金星位于下降轴或天顶，水星合相金星位于火星界，命主是一个通奸者，并因此而有子女；金星和火星位于天顶或下降轴，木星反厌，命主通奸并有不良名声；土星、金星、水星位于金星的舍升星座，木星反厌，命主为通奸者，这将显示其通奸中所拥有、发生的一切；火星合相金星位于天顶或天底轴，木星反厌，命主为通奸者并乐于其中；金星位于天顶，月亮映射土星，土金组合，命主为皮条客、男妓或偏爱妓女；土星和火星位于第 6 宫，金星吉映射它们，木星反厌，命主追求妓女；昼生人，金星位于舍星座，火星于舍星座通过吉映射投射金星，命主频繁嫖妓；金星位于火星星座，火星位于金星星座，命主公开通奸，没有羞耻；金星合相火星，或刑冲火星，命主有肮脏的通奸行为；火星合相金星位于阳性星座，命主通奸。如果金星象意表现很娘，命主也会非常女性化，会发生超越性别的鸡奸行为；金星位于凶位，木星与火星映射，金星的三方主星位于天顶，女命为妓女，并会因为卖淫而出名，同时其卖淫之事会被人曝光。

Dorotheus 认为，论断婚姻需要注意婚姻点开始的第 7 星座，其定位星位于婚姻点所在星座时，命主的婚姻是不合法的，先秘密与女子发生关系，再结婚，之后女子怀孕生子。此处的男性婚姻点公式（Asc＋金－土），女性婚姻点（Asc＋土－金）。月亮位于双鱼座、金牛座或摩羯座，水星与火星会合，女性会因为通奸而丑名远扬，尤其金星位于上升或天顶（Sahl 在其著作中增加了白羊座）。

9、夫妻谁先死亡？

在论断夫妻谁先死亡时，看结婚点（出自 Dorotheus 著作的《占星诗集》第二册第六条），结婚点公式＝金星＋月亮－太阳（昼）金星＋太阳－月亮（夜），这个点的算法也有昼夜一致的算法。看该点在什么星座，是否被吉星或凶星映射。尤其是结婚点位于下降轴或天底轴，同时被凶星映射，又未被吉星映射；其次男命看金星的三方主，女命看火星的三方主，论法方法同上文方法。譬如男命金星的三分主落于下降轴或天底轴，则代表妻子死亡；男命看金星，女命看火星，方法同上文；当金星西入，被火星映射，也主妻子死亡；如果木星在金星的第 10 宫或通过三合相位映射金星，且金星位于 6 或 12 宫，虽然有合适的婚姻，但妻子会先死亡。

Al－Andarzaghar 认为,需要观察婚姻点所在星座,是否被吉凶星映射(此处婚姻点在 Dorotheus 著作中,公式＝金星＋月亮－太阳)。男命观察金星和其三方主,女命观察火星和其三方主是否位于轴并被凶星影响。男命看金星的东出西入状态,女命看火星的东出西入状态。婚姻点(公式＝金星＋月亮－太阳)位于第 7 宫或天底轴,凶星映射,吉星反厌,代表配偶死亡。男命看金星三方主,女命看火星三方主,如出现以上情形,都主配偶死亡;金星位于下降轴或天底轴,吉星反厌,主妻子死亡,火星如此,代表丈夫死亡;金星西入,凶星映射,妻子死亡;金星位于 12 宫或 6 宫,有适配妻子,但妻子将死亡;第 7 宫定位星佐证于第 8 宫定位星,代表丈夫或死或离婚;第 7 宫定位星位于第 8 宫,代表妻子死亡,继承产业。如果一颗凶星映射它,凶星为第 2 或第 8 宫定位星,代表妻子死亡;第 7 宫定位星位于日光下,或焦灼,代表妻子死亡,土星在此,代表死于土星痛苦,火星在此,代表死于分娩或窒息;凶星和金星合相或相刑,男女离异,火星使月亮不吉,则更凶;婚姻点或金星、金星三方主位于下降轴或天底轴,被凶星映射,代表妻子死亡,火星如此,代表丈夫死亡。

10、多夫多妻的经验理论

命盘中,土星与金星合相时,土星度数大于金星,代表有多妻或多夫;金星位于第 7 宫,代表会有一个与他人放荡交欢的妻子,或者与人同居而没有结婚证;金星被火星映射,妻子出轨,这种配置下,金星位于金牛座或天秤座,代表出身尚可,如果在其它星座,代表妻子出身低。

金星位于双体星座或启动星座,其定位星也位于双体星座或启动星座,代表多妻多夫;月亮映射金星,金星不在启动星座也不在双体星座,代表一夫一妻;金星位于启动星座或双体星座映射月亮,代表多夫多妻。

例 1　男子婚姻

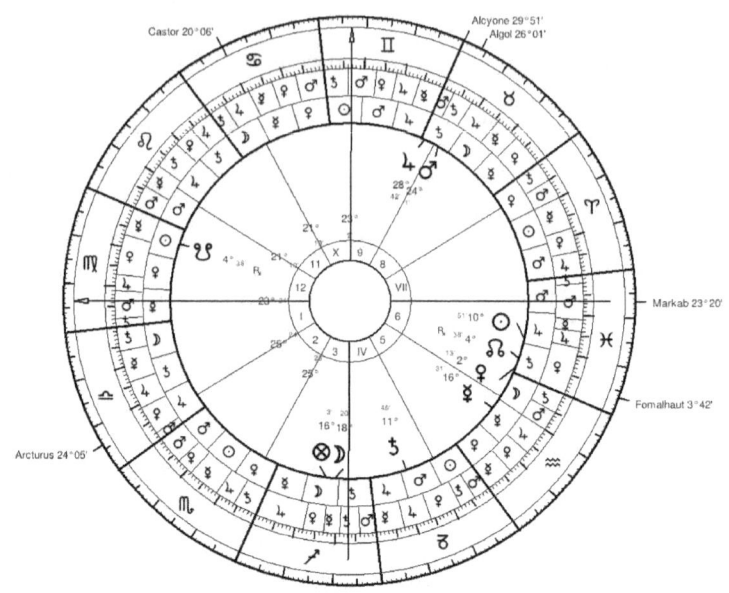

　　男命,生于 1989 年 3 月 1 日。Ptolemy 论婚姻,男命以月亮为妻子,女命以太阳为丈夫。金星、第 7 宫主婚姻。月亮位于第 3 宫,与福点合相,吉利。其定位星木星位于第 9 宫,主外地、或差异大的女性为妻。金星为婚姻类象星,位于第 6 宫,与罗睺、太阳同星座,罗睺代表大的差异性。一般而言,罗睺、计都与日月组合的变化性最大。其定位星木星位于第 9 宫,木火合相,火星为第 3 宫定位星,因此主双方距离,此为主授客星,且金星和木星主客互传、互相接纳,金星和木星在盘中的格局和意义,代表双方民族差异大,妻子为少数民族。

例2 女性婚姻

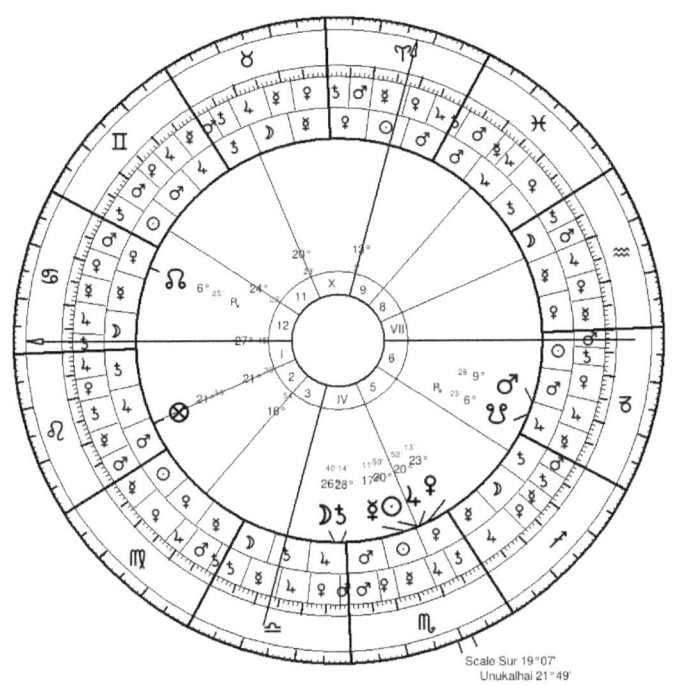

Scale Sur 19°07'
Unukalhai 21°49'

女命,生于1982年11月13日。老公为二婚,目前夫妻已经离异。女性婚姻,关注太阳、火星和金星,火星作为太阳的定位星、第7宫升主星,与计都在3°内紧密合相,计都带有极大的差异性、特殊性,是老公二婚标志的关键。同时,太阳为丈夫,水、金在3°内焦灼,水星、金星都和婚恋有关,也代表了老公的二婚状态。由于木星和金星的合相,命主和老公走进婚姻殿堂,并且金木合相于第5宫宫轴,代表婚后育有子女。木星位于日核,代表老公带有一个子女。火星位于启动星座,第7宫定位星土星与月亮合相于启动星座,都代表命主不止一次婚姻。

金星的三方主,第一主为火星,火星和计都合相,代表第一次婚姻,老公为二婚。火星的三方主,第一个主星为土星,月土格局,代表婚姻有障碍,为离婚标志。

例 3 帝后合婚

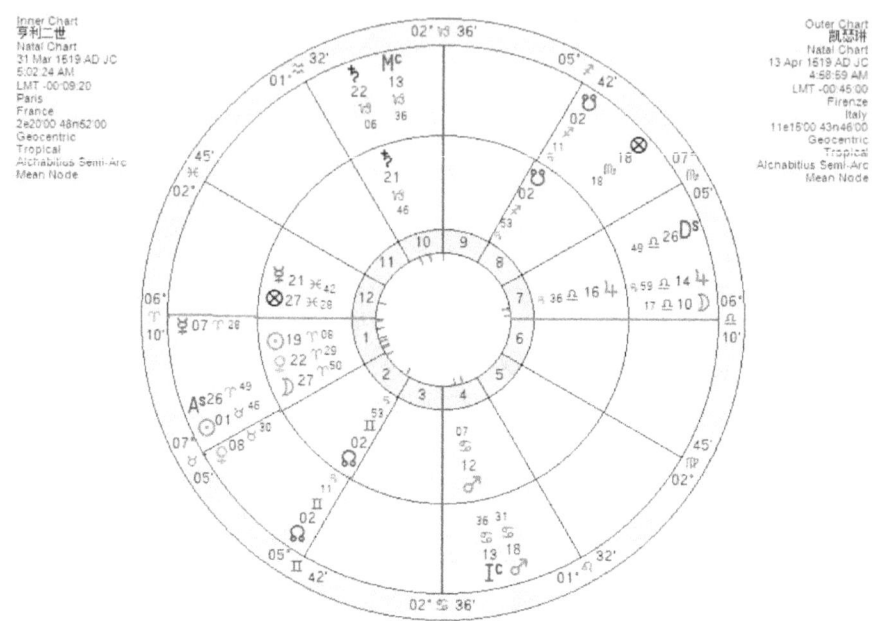

此案例选自《天步真原》，内盘为法兰西国王亨利二世，外盘为法国皇后凯瑟琳·德·美第奇。

亨利二世（Henri II，1519 年 3 月 31 日—1559 年 7 月 10 日）法国瓦卢瓦王朝国王（1547 年—1559 年在位）。弗朗索瓦一世次子，母亲是法兰西的克洛德·德·瓦卢瓦。生于巴黎西郊的圣日尔曼—昂—莱伊（Saint—Germain—en—laye）。1526 年，作为释放被俘的弗朗索瓦一世的条件之一（帕维亚战役），他曾与长兄弗朗索瓦太子一起被送往西班牙当人质。1547 年，加冕为法国国王。1533 年 10 月 28 日，凯瑟琳和亨利举行了一场盛大的婚礼。

凯瑟琳·德·美第奇，1519 年 4 月 13 日出生于佛罗伦萨，是意大利美第奇家族的洛伦佐二世·德·美第奇的女儿。14 岁来法国，70 岁去世，在法国这漫长的五十多年间，她历经弗朗索瓦一世、亨利二世、弗朗索瓦二世、查理九世、亨利三世这五个朝代,经历了意大利战争的后半期和宗教战争的全过程,亲眼看到瓦卢亚王朝由盛而衰。

凯瑟琳·德·美第奇是幸运的,她身为一个"商人的女儿",没有领地的女公爵,一跃成为法国的王妃、太子妃、王后、王太后、摄政王,她的三个儿子都当上国王,两个女儿成为王后,在她生命的后二十多年里,对法国的政治产生重大的影响。她又是不幸的,自幼父母双亡,丈夫把爱情给了别人,又在盛年去世,她的儿女们互相争斗,让她烦忧,她的十个孩子,有八个死在她之前,另两个或是被暗杀,或是被丈夫休弃,都遭遇不幸。她为民众所憎恨,在悲伤中去世。

《天步真原》对于婚姻合婚,认为男命盘的太阳与女命盘的太阳或月亮吉映射,则吉。男命盘的月亮与女命盘的太阳,也一样。月亮与金星接纳,譬如金星合月亮于金牛座,月亮接纳金星,月亮升于金牛座,金星舍于金牛座,互相容纳。如果日月吉映射,凶星高强,或日月凶映射,而吉星高强,则夫妇相争,但是不至于离异。水星遇到凶星,主夫妇争吵不合。金星遇到凶星,主因为出轨邪淫等不合。

凯瑟琳的命盘中,金星和太阳合相,又有土星刑相位映射,金星合,主长相漂亮。土星映射,代表地位低下,不是帝王之女。月亮与木星合相,太阳位于月亮升星座金牛,又位于月亮的三方主星座,富贵之象,定为皇后。

两人相爱是因为上升同星座,都是白羊座,并且两人太阳与金星都位于上升星座。木星都在天秤座内,其爱不能断,虽然有谗言离间,但是不会离婚。两人上升都被土星90°刑映射,所以少年时候都艰苦。月亮合相木星,对女子而言,代表爱丈夫,爱子女。

亨利二世的上升星座,吉星映射较多,木星在对宫冲映射,为君王之命。40 岁的时候死亡是因为寿星是月亮，位于上升星座，又位于太阳升星座，40 岁时，主向限月亮抵达火星，火星在第 4 宫，冲第 10 宫，主死于非命。

1559 年 7 月 10 日，他在为庆祝女儿和妹妹的结婚庆典而举行的比武中，被苏格兰卫队长蒙哥马利的短矛刺穿头部，十天后去世。终年 40 岁。转过一年，继承人弗朗索瓦二世也离开了人世。按正常排序，应当由查理继位，不过，当时查理才 10 岁，凯瑟琳因而成了摄政王。

实际上，亨利二世和凯瑟琳的命盘都属于富贵的辅星格，读者如有兴趣，可以研读本书前文的相关知识。

例 4　男同性恋

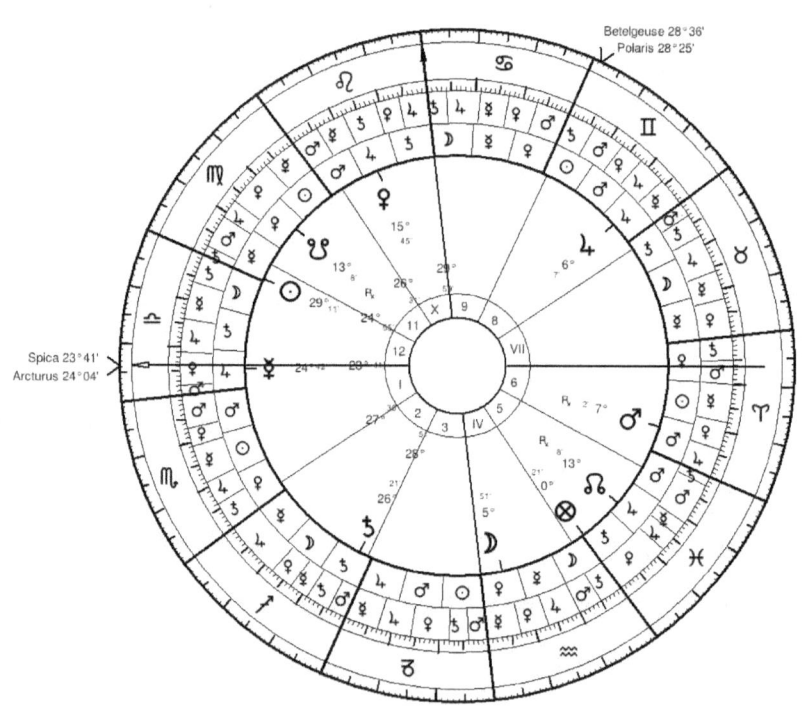

男命,生于 1988 年 9 月 22 日。此命按照 Firmicus 的方法,其性欲点位于室女座 14°14′,位于阴性星座,和计都紧密合相,一般罗、计带有重大业力与特殊意象。并且性欲点定位星水星紧密合于上升轴。性欲点与土星相刑,金星、月亮位于轴,为同性恋标志。

Asc+金星一月亮位于金牛座 3°28′,Asc+月亮一金星位于白羊座 13°51′,皆为淫色星座。

此命为昼生人,太阳歧度,影响其阳性特质,太阳歧度携带有金星和水星的特性,具体度数上,太阳定位星为水星。另外,与恒星角宿一合相上升轴与水星有关。角宿也是金水特性,并且水星入轴,位于金星星座和金星界,为人女人气,也更代表情感问题,同时也是同性恋格局中的重要标志。金星于天顶与水星六合,更强化了感情问题,促进了金水格局的意义。金星位于狮子座,上升轴位于阳性星座,月亮位于阳性星座,代表命主在同性恋中为男性角色。

例 5　小三婚姻

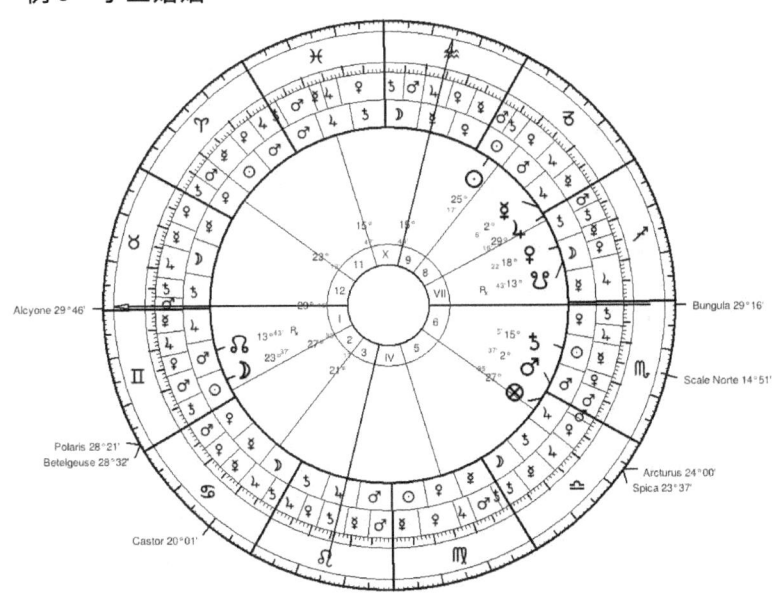

　　此命生于 1984 年 1 月 16 日，为小三。女性婚姻点位于白羊座 26°11′，婚姻点定位星为火星。火星六合水星，并且同度，这属于不正常婚姻的标志。婚姻点所在星座的第 7 个星座，与非法婚姻有关，此命该星座为天秤座，金星为其定位星，位于命盘第 7 宫，代表非法婚姻。并且金星本身代表婚姻，与计都合相，对冲月亮，同时，月亮合相罗睺，也是非法婚姻的标志。

　　Valens 认为，论断婚姻，一般看第 7 宫、金星、位于金星星座的行星，以及它们的定位星。同时，男性婚姻看精神点，女性婚姻看福点，并结合婚姻点，其公式为 Asc＋金星－木星（昼生）、Asc＋木星－金星（夜生）、通奸点，其公式为 Asc＋木星－金星（昼生）、Asc＋金星－木星（夜生），男性婚姻点 Asc＋金星－太阳（昼夜同），女婚姻点 Asc＋火星－月亮（昼夜同）。

　　我们以 Valens 的方法分析其阿拉伯点，婚姻点位于金牛座 18°33′，通奸点位于双子座 10°23′，女性婚姻点位于天秤座 8°28′，福点位于天秤座。第 7 宫定位星火星与通奸点定位星同度六合，上升星座也位于通奸点星座。婚姻点、女性婚姻点，福点定位星都是金星，金星完全代表此命的婚姻状况，金星作为本命 6 宫的定位星，代表着婚姻的不良状态，金星与计都的合相，也代表了婚姻的不合法。

　　南门二与第 7 宫轴合轴，其行星性质为金星、木星，金星已经如上分析，木星作为第 7 宫定位星之一，位于射手座与摩羯座之间的歧度，属于弱态、夹缝状态，也代表着婚姻的夹缝状态。

例 6 海王

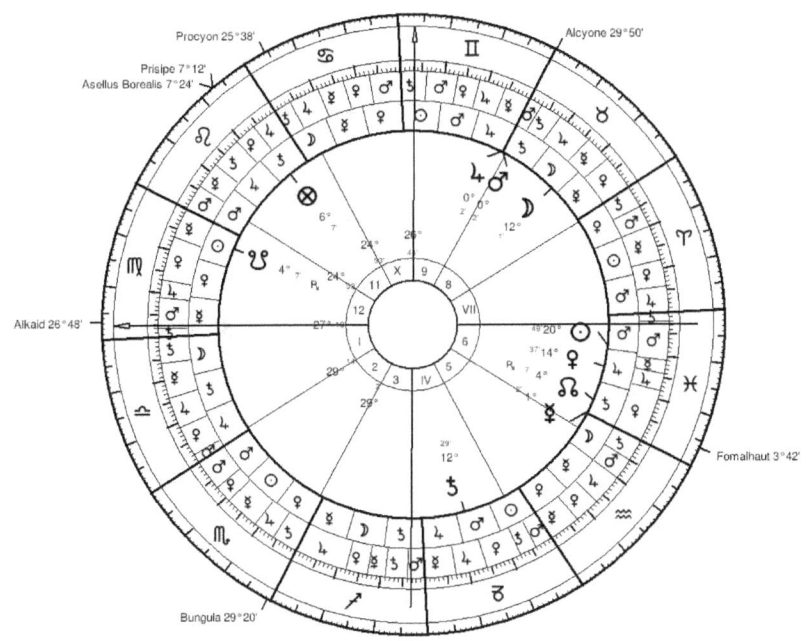

男命,生于 1989 年 3 月 11 日。此命女友众多,因为金星和水星都位于双鱼座,双鱼座为双体星座,且金星升于双鱼座。水星为上升定位星、天顶定位星,为强佐证,说明命主的行为公开化,水星和罗睺属于紧密度数,放大了数量。同时月亮于金牛座紧密度数六合双鱼座金星,且都位于阴性星座,强化了女缘,这种格局,金星和月亮都把自身的能量传递给对方。火星和木星歧度,火星代表男性以及性,木星代表财富,并且歧度位置带有金星和水星的意义,所以此命会于女性关系中欺骗获利。

根据阿拉伯点,男性对女性的欺诈点为 Asc+金星-太阳(昼夜同),命盘中此点位于室女座 21°7′,位于 12 宫,属于阴谋诡计宫位。一般而言,忽悠、能侃、说谎星座为双子座、室女座、天秤座、天蝎座、射手座、双鱼座。此命的欺诈点位于忽悠星座,其定位星位于双鱼座也是忽悠星座,并且水星又是命主的上升定位星,为强烈佐证。

例 7　海后

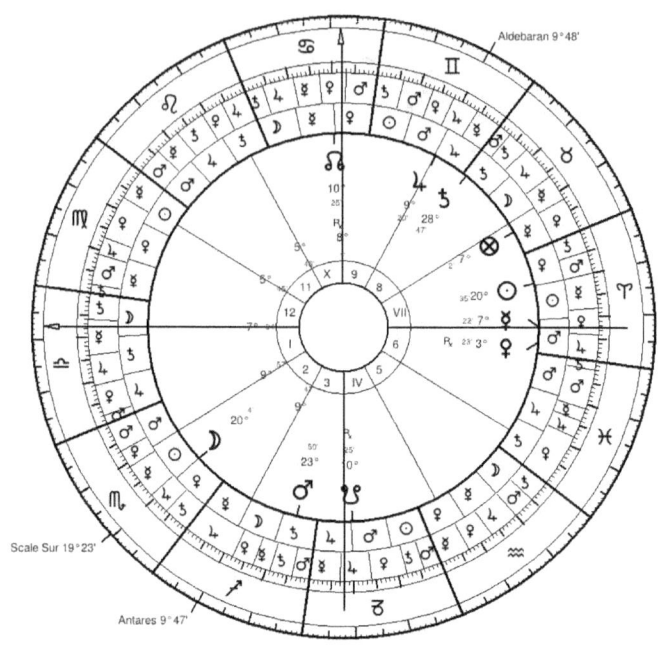

女命,生于 2001 年 4 月 10 日,在 2020 年处了十多个男友。此命金星作为上升定位星落于第 7 宫,金星、水星、太阳会和于白羊座,金星落陷,金水混合,水日混合,水星是交友,金星为情感,太阳为男性或配偶,太阳紧密三合火星,火星也是重要的男性以及配偶类象星,此盘金水日通过主授客星的形式得到火星力量,代表了多个男友,并且白羊座为启动星座,更代表数量众多。女性对男性的欺诈点位于天蝎座 11°,定位星为火星,位于射手座,都是忽悠星座,并且火星参与到第 7 宫的格局中,这种容易得到男性的感情。

以上两则案例,属于滥情的论断规则和方法,十分准确。研究此类命可以参考这两则案例。

例8　因妻发财

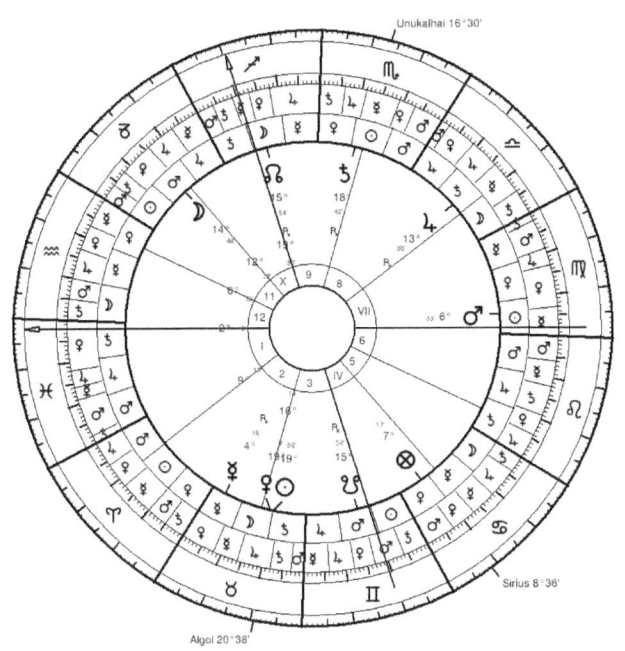

William Lilly,著名占星师威廉·李利,于儒略历 1602 年 5 月 1 日
(公历 5 月 11 日)上午 2 点出生于英国迪斯沃思。1687 年出版的《The
Marrow of the Astrology》一书中,作者根据威廉·李利的死亡年月,认
为他出生于上午 1:36 分。上午 2 点的出生时间是威廉·李利自己校
订所得。

威廉·李利出生于自耕农家庭。4 岁时得过麻疹;17 岁时母亲去
世;18 岁的时候,由于贫困,他被迫离开学校,在父亲家里度过一年;
1620 年 4 月 1 日,他离开迪斯沃思,在 4 月 4 日告别了因欠债而被关在
莱斯特监狱的父亲,4 月 9 日下午到达伦敦,开始做仆人谋生;1627 年 5
月,其主人去世,1627 年 9 月 8 日,在南华克的圣乔治教堂,威廉·李利

和主人的第二任妻子结婚了,由于双方条件差距大,婚后两年都秘而不宣,她的妻子皮肤黝黑,肥胖,身材矮小,相貌平平,没有受过教育,但是为人精明,已经嫁过两任丈夫,且都是大龄男。妻子每年给威廉·李利20英镑。结婚后的第三年和第四年,他们与妻子第一任丈夫的亲属进行了激烈的法律诉讼,但最终都获胜了。直到1633年10月,两人过着非常恩爱、舒适的生活;1632年,威廉·李利开始接触并学习占星术;1633年10月,他的第一任妻子去世,给他留下了近一千英磅的资产;1634年,威廉·李利购房,并且在11月18日娶了第二任妻子,这一年,威廉·李利参与寻宝,结果挖出棺材,并且出现诡异现象;1634～1635年期间,威廉·李利得了抑郁症,身体虚弱,于1635年搬到乡下休养,一直到1641年康复后,于该年9月搬到伦敦。1637、1638两年遇到了诉讼,但是都以获胜结束;从1644年开始,威廉·李利陆续出版了各种占星预言类书籍,一直到1647年,出版了他的代表作——《基督占星》;1655年2月16日,其第二任妻子去世,他于1654年10月娶了第三任妻子;1666年伦敦发生大火灾,因为威廉·李利在之前出版的书内有相关预言,被当局怀疑纵火而被调查;1665年,他离开伦敦,开始研究医学,并获得执业医师执照,在他退休后,住在赫舍姆,直到他去世;1681年6月9日,威廉·李利死于中风。

以上威廉·李利的经历对于研究他的生平的流年有着一定的意义。

分析:月亮、金星、天顶、天顶定位星为母亲,月亮落陷,土星与金星相冲,并且天顶定位星木星落入第8星座,是母亲早死的标志。太阳、土星为父亲,太阳与土星以紧密相位相冲,也不利于父亲。星盘中,第2宫的金星位于金牛座为其舍星座,又被太阳焦灼,同时被火星、土星映射,这代表威廉·李利会娶寡妇为妻、因妻得财、多次婚姻,尤其金星被焦灼代表其秘密结婚。火星位于第 7 宫冲上升,不利于其婚姻,也代表命主会离开出生地离乡背井寻求生计。

威廉·李利的命盘中,月亮离相位木星,入相位土星、金星、太阳,月亮位于金星界,又入相位金星,并且为亏月状态,月亮的趋离相位,将木星、金星、土星、太阳的关系连接起来,其中金木的影响,可以让威廉·李利因为女性、婚姻而获得财富,夜间生人,土星凶星较大,土星冲金星,代表配老妻、丧偶和多婚等现象,亏月状态也强化了这一现象。月亮离相位木星,入相位土星,是早年出身卑微,为奴之象,并且火星位于下降轴,早年背井离乡在外为奴。月亮先入相位土星,后入相位金星,并且月亮位于 11 宫,金星舍于金牛座,所以会遇到年纪大的、有钱的配偶,配偶无法生育等等。命盘中月亮距离太阳 235°,为渐亏凸月,代表出国旅游、重大活动、繁荣、成功。它的影响和第 9 宫一样。木星为其主宰,一直影响到月亮周期第 25 天。这意味着威廉·李利的第 9 宫和木星比较活跃,需要注意分析,第 9 宫代表术数、宗教,其第 9 宫定位星为火星,位于下降轴,颇有影响力,水星与火星呈紧密三合相位,且火星位于水星星座、水星界,被水星接纳,水星代表占星术,水星位于第 3 星座也代表占星术。

关于水星与火星相刑,Firmicus 认为,水星和火星彼此相刑,火星上位映射水星,则代表各种凶性的可怕。总是有一连串的有害的痛苦来削弱一个人。被人以各种矛盾态度反对其行为,并且会招致恶毒的谣言诋毁,受到严厉指控,甚至被拘留,或关进监狱,昼生人,这些凶星尤强,夜生人则弱化。威廉·李利的命盘中,水星居于上位,且水星接纳火星,水星局主导,因此主占星,同时也代表会因为占星、预测被人反对,会被人诋毁,甚至被拘留,这些事也确实发生在他的生涯当中,他曾被短暂拘留关押,由于威廉·李利是夜间出生,因此这一凶性格局被弱化。

```
012d 53m 58s    012y 10m 25d    25 Mar 1615    ♄
014d 10m 41s    014y 02m 05d    04 Jul 1616    ♃ ♈
018d 01m 05s    018y 00m 07d    06 May 1620    ♀

021d 53m 08s    021y 10m 19d    19 Mar 1624    ☿
022d 52m 26s    022y 10m 15d    15 Mar 1625    ☿              ☌ ♃
027d 07m 55s    027y 01m 18d    17 Jun 1629    ♂
030d 29m 24s    030y 05m 27d    26 Oct 1632    ♄
```

1616 年,界向行运进入白羊座木星界,命盘中木星与月亮精确相刑,且木星位于第 8 宫,命主母亲于此运中死亡。1620 年,命主界向行运进入白羊座金星界,金星于 3 宫与 9 宫内的土星相冲,是命主开始离乡谋生的标志。1624 年,界向行运的上升轴进入水星界,1625 年在水星界中冲木星,客配星木星的参与促进了命主婚姻的开启,木星作为上升定位星,水星为第 7 宫定位星,这种冲相位时是不和谐的,因此命主1627 年结婚。1629 年开始,界向行运中上升轴进入火星界,火星位于命主的下降轴,并且火星与第 7 宫主星水星有密切相位,这是短暂婚姻的标志,并且也代表这一行运中有官司是非。1632 年界向行运进入土星界,本命盘中土星与金星相冲,克妻之象,命主的第一任妻子于 1633年去世。1634～1635 年期间,威廉·李利得了抑郁症,身体虚弱,也与土星有关。1675 年命盘界向运行入双子座火星界,火星在其下降轴,尤应中晚年火星之凶,水星与火星的密切相位,导致产生大凶,命主于此运中的 1681 年去世。

```
Z P          ♀  0L D => dex □ ⊗  0L    24°59'35"   Pto 28 Apr 1627 13:38
Z P          ♄  0L D => dex ⚹ MC 0L    25°00'57"   Pto  6 May 1627 22:60
Z P          ♀  0L D => sin △ MC 0L    25°01'46"   Pto 11 May 1627 22:17
Z P sin △ MC 0L D =>           As 0L    25°07'10"   Pto 13 Jun 1627 18:10
Z P dex □ ⊗  0L D =>           As 0L    25°09'19"   Pto 26 Jun 1627 21:22
Z P dex ⚹ ♃  0L D =>              ⊗ 0L    25°31'34"   Pto  9 Nov 1627 06:41
```

在主向限中,1627 年天顶三合金星、六合土星,福点六合木星,是与大龄女子结婚、得财的标志。

例 9　多次婚姻

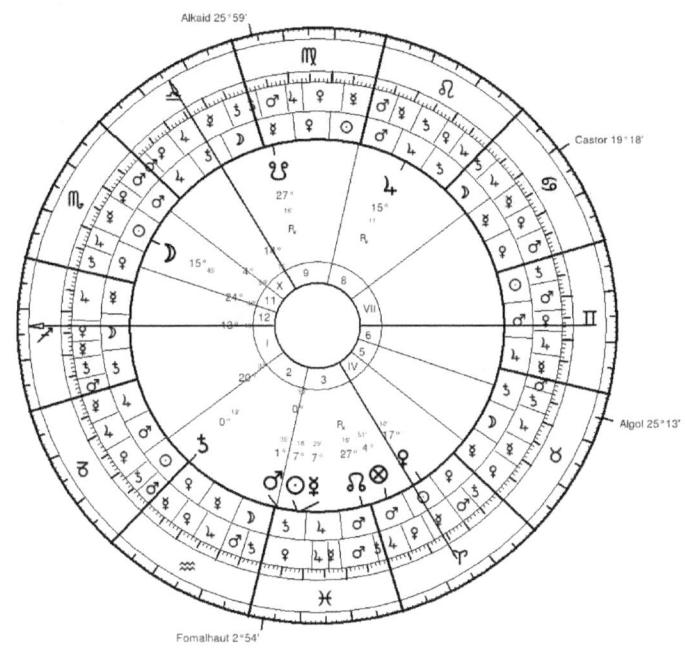

Elizabeth Taylor,英裔美国女演员,1932 年 2 月 27 日 2 点 30 分出生于英国伦敦(51n30,0w10)。父母是居住在英国的美国人。她在学会走路后不久就学习了芭蕾,并且曾经在女王面前表演过。

1939 年,泰勒一家移民回洛杉矶地区。她于 1942 年首次亮相,与环球电影公司合作拍摄了一部电影,然后与米高梅公司签订了一份长期合同,这份合同一直持续到 60 年代初。

她凭借《巴特菲尔德 8 号》赢得了她的第一个奥斯卡奖,并获得了多项奥斯卡提名。作为收入最高的演员之一,1966 年她凭借《谁害怕弗吉尼亚·沃尔夫》获得了第二个奥斯卡奖。尽管饱受酒精、食物和体重增加的困扰,泰勒仍然是世界上上镜率和曝光率最高的名人之一。2000 年 5 月 16 日,在白金汉宫举行的仪式上,泰勒被授予大英帝国爵士勋章。

到 1997 年为止,她已经有了 8 任丈夫,4 个孩子和 9 个孙子。1950 年 6 月 6 日,年仅 18 岁的她嫁给了 23 岁的酒店财产继承人妮基·希尔顿,希尔顿是一个严重的赌徒和酒鬼,这段婚姻没有持续一年。接着遇到了离婚的英国演员迈克尔·威尔丁,她比利兹大 19 岁。五年后他们分手了,有了两个儿子。他们分手一天后,制片人迈克·托德闯入了利兹的生活。她怀上了他们的女儿丽莎,他们于 1957 年 2 月 2 日在墨西哥结婚。具有讽刺意味的是,成为莉兹第四任丈夫的歌手艾迪·费舍是他们的伴郎。托德于 1958 年 3 月 23 日在一次飞机失事中丧生。艾迪·费舍安慰利兹,然后在 1959 年 5 月 12 日突然离开妻子并与她结婚。他们一起领养了一个女儿,但当她遇到并爱上了与她联袂主演《埃及艳后》的理查德·伯顿时,他们的婚姻破裂了。她和伯顿结过两次婚,又离过两次婚,这是她一生中最不幸、最有活力的关系。第一次是 1964 年 3 月 14 日在加拿大结婚,后来他们于 1974 年离婚,1975 年 10 月 10 日在非洲博茨瓦纳复婚。1976 年 12 月 4 日,莉兹嫁给了弗吉尼亚州参议员约翰·华纳。与华纳离婚后,利兹住进了贝蒂·福特诊所,在那里她遇到了比她年轻 20 岁的蓝领工人拉里·福藤斯基。1991 年 10 月结婚,这段婚姻于 1996 年破裂。

就她个人而言,她经历了丈夫死亡的悲剧和一些医疗问题;两次髋关节置换手术,一次几乎致命的肺炎、体重波动、食道撕裂、紧急眼科手术、心律不齐、结肠炎、溃疡。1997 年 2 月 20 日她经历了大脑左额叶切除良性肿瘤的严重手术。1999 年 8 月 19 日,她在家中跌倒,脊椎压缩性骨折住院。从 1944 年拍摄《国家天鹅绒》时从马背上摔下来开始,她就一直无法摆脱背部问题。2002 年 6 月,70 岁的她接受了皮肤癌的放射治疗。2011 年 3 月 23 日当地时间凌晨 1:28,她在加州洛杉矶死于充血性心力衰竭。

分析:女命太阳、火星为丈夫类象,命盘太阳火星皆位于第 3 宫,果宫无力,又位于双体星座,且第 7 宫定位星水星入内,太阳被水星、火星前后夹拱,金星与木星、天顶皆反厌之,婚姻极为不幸,水火之格是丈夫凶死的标志。第 7 宫位于双体星座,金星位于启动星座,且位于火星星座,因此多婚而不匮乏。上升定位星木星与天顶定位星紧密相位三合,且都位于太阳舍升星座,为成名之象。

印度占星分析:

分析：篇幅有限,此处只就婚姻做简要分析,女性婚姻一般要使用本命盘、九分盘和三十分盘,由于三十分盘对出生时间的准确度要求较高,这里不采纳。本命盘中女性婚姻分析金星、第7宫、第8宫、月亮第7宫等处。本命第7宫为空宫,分析其定位星,金星作为定位星与罗睺同宫对冲计都,罗计锁定金星,则婚姻不顺,往往出现多婚现象。土星在第3宫映射金星,强化了这种不顺。以月亮所在宫为命宫分析,第7宫定位星为火星,火星、水星、太阳的组合代表多次婚姻。我们接着分析九分盘,九分盘中第7宫空宫,木星在命宫逆行,不利于婚姻的吉顺,第7宫定位星月亮没有明显的重要格局,第8宫罗睺入内,罗计轴上出现太阳、金星、水星、计都,这是多次婚姻的反应。

Body	Longitude	Nakshatra	Pa...	Rasi	Na...
Lagna	20 Sc 32' 10.52"	Jye	2	Sc	Cp
Sun - PK	14 Aq 24' 26.08"	Sata	3	Aq	Aq
Moon - AmK	22 Li 51' 19.31"	Visa	1	Li	Ar
Mars - GK	8 Aq 41' 31.36"	Sata	1	Aq	Sg
Mercury - MK	14 Aq 35' 55.22"	Sata	3	Aq	Aq
Jupiter (R) - BK	22 Cn 16' 47.17"	Asre	2	Cn	Cp
Venus - AK	24 Pi 16' 47.19"	Reva	3	Pi	Aq
Saturn - DK	7 Cp 25' 19.62"	USha	4	Cp	Pi
Rahu	4 Pi 21' 58.23"	UBha	1	Pi	Le
Ketu	4 Vi 21' 58.23"	UPha	3	Vi	Aq

在 Jaimini 占星中,常用的自然吉星为木、水、月、金、计,常用自然凶星为罗睺、土星、火星、太阳。在常用固定类象和活动类象的使用技法上,太阳和 BK 用来分析父亲。月亮和 MK 用来分析母亲,火星和 BK 用来分析弟弟妹妹,木星和 BK 用来分析兄长姐姐,金星和 DK 用来分析配偶,爱与被爱,木星和 PK 用来分析子女。

印度 Jaimini 占星经常使用活动类神,这种活动类神主要使用七大行星。在从出生星盘的太阳到土星等七个行星中,或者加入罗睺星根据度数从大到小排列七位或八位,最高度数的行星叫 Atma karaka,简称 Ak。在 Jaimini 占星术中,Ak 星在九分盘中的宫位十分重要。如果有两个或以上行星的度数相同最高,这个时候考虑罗睺作为 Ak 星,但是罗睺的度数计算在黄道十二宫中是按反序的。也有占星师认为三个行星或更多在同一个位置的时候,我们需要考虑自然类象,譬如太阳代表Ak,水星代表Amk,火星代表Bk,月亮代表Mk,木星代表Pk,火星代表Gk,金星代表Dk。Ak星的吉凶结果,取择于其庙陷状态以及相连结、相映射行星的吉凶性质。笔者认为不能够直接以Ak星的吉凶来定性。

度数仅低于Ak星的行星叫Amatya kraka,简称Amk,代表智能、智慧。度数仅低于Amk星的行星为兄弟姐妹类神星,叫Bhratru karaka,我们简称Bk。度数仅低于Bk星的行星为母亲类神星,叫Matry karaka,简称Mk。度数仅低于Mk星的行星为Putra karaka,主子女,简称Pk,低于PK的行星为Jnati karaka,简称GK,主旁系亲属,类似表兄弟堂兄弟之类。最低度数的行星,主丈夫、妻子,为Dara karaka,简称Dk。

我们以Jaimini占星分析,此命盘中的DK是土星,根据星座映射关系,启动星座与固定星座之间互相映射,其本命盘中土星被火星、水星、太阳映射,火星属于GK,GK是灾难性行星,所以有多婚、寡居的现象。

最后我们分析她的一个流年事件,2000年5月16日,在白金汉宫举行的仪式上,泰勒被授予大英帝国爵士勋章。在印度占星中有多种大运,并且需要组合分析,这里笔者只使用百二十大运结合九分盘、十分盘进行相关分析。

相关图表如下：

BB	SL Ma	Mo	Me Gk Su Ke
A7　A6	A8	A3　A2	
PP HL	Natal Chart		Ve
GL As	**Dasamsa** D-10 (Trd)		Md
A10　A4			UL
Ra	Sa	(Ju) AL	
A9			A5

Vimsottari Dasa:

Ven MD:	1987-09-28 (5:15:16)	–	2007-09-28 (8:20:03)
Jup AD:	1997-11-26 (22:12:13)	–	2000-07-27 (11:32:27)

Pratyantardasas in this AD:

Jup:	1997-11-26 (22:12:13)	–	1998-04-02 (15:44:02)
Sat:	1998-04-02 (15:44:02)	–	1998-09-07 (12:58:28)
Merc:	1998-09-07 (12:58:28)	–	1999-01-21 (5:21:44)
Ket:	1999-01-21 (5:21:44)	–	1999-03-17 (18:25:54)
Ven:	1999-03-17 (18:25:54)	–	1999-08-30 (12:57:50)
Sun:	1999-08-30 (12:57:50)	–	1999-10-18 (13:21:37)
Moon:	1999-10-18 (13:21:37)	–	2000-01-05 (18:28:18)
Mars:	2000-01-05 (18:28:18)	–	2000-03-01 (0:23:35)
Rah:	2000-03-01 (0:23:35)	–	2000-07-27 (11:32:27)

2000 年，命主行金星主运的木星次运。分析时主要以次运进行吉凶论断。本命盘中金星位于第 5 宫吉宫，并且入升星座，木星位于第 9 宫，升于巨蟹座，主运、次运主星都十分吉利，会因为演艺而获得荣誉，在九分盘中我们注意到，木星位于上升星座，这是锁定木星吉利特性一定会产生具体事件的关键。在十分盘中，金星在第 7 宫映射上升星座，

木星位于第 10 宫，代表事业、荣誉，且火星升于白羊座，在第 4 宫映射木星，代表得到官方的荣誉。

四柱八字解析：

阴历：壬申年　正月　二十二日　丑时　（夜）

生于：雨水中

病	长生	帝旺	养
偏财	偏财	日主	正财
剑锋金	金箔金	天上火	桑柘木

坤造：壬申年　壬寅月　戊午日　癸丑时　［子丑空］
　　　　　　　　　　　　　　　　　　空亡

庚食神	甲七杀	丁正印	癸正财
壬偏财	丙偏印	己劫财	辛伤官
戊比肩	戊比肩		己劫财

养	胎	绝	墓	死	病	衰	帝旺
伤官	食神	劫财	比肩	正印	偏印	正官	七杀
璧上土	璧上土	平地木	平地木	山下火	山下火	沙中金	沙中金

大运：	辛丑	庚子	己亥	戊戌	丁酉	丙申	乙未	甲午
	8 岁	18 岁	28 岁	38 岁	48 岁	58 岁	68 岁	78 岁
始于：	1939	1949	1959	1969	1979	1989	1999	2009
流年：	己卯	己丑	己亥	己酉	己未	己巳	己卯	己丑
	庚辰	庚寅	庚子	庚戌	庚申	庚午	庚辰	庚寅
	辛巳	辛卯	辛丑	辛亥	辛酉	辛未	辛巳	辛卯
	壬午	壬辰	壬寅	壬子	壬戌	壬申	壬午	壬辰
	癸未	癸巳	癸卯	癸丑	癸亥	癸酉	癸未	癸巳
	甲申	甲午	甲辰	甲寅	甲子	甲戌	甲申	甲午
	乙酉	乙未	乙巳	乙卯	乙丑	乙亥	乙酉	乙未
	丙戌	丙申	丙午	丙辰	丙寅	丙子	丙戌	丙申
	丁亥	丁酉	丁未	丁巳	丁卯	丁丑	丁亥	丁酉
	戊子	戊戌	戊申	戊午	戊辰	戊寅	戊子	戊戌
止于：	1948	1958	1968	1978	1988	1998	2008	2018

古命理分析：岁支驿马在月，月日驿马在年，且日时戊癸相合，地支寅午火局，本命干为壬水，火为财星，命中财星旺，且驿马交互，为富命。女命以克纳音者为丈夫，此命本命纳音为金，火局炽烈，为多婚之象，且日柱为夫位，日下阳刃，日时相害，俱为损婚之象。戊癸合为无情之合，代表老少配。壬申剑锋金不喜见戊午天上火，干头见七杀之鬼，且日下阳刃，为克夫之象，因此丈夫凶死。

如以子平命理而言，日刃、六害均不利婚姻，且天干一片财星，月下七杀，多财滋杀，劫财阳刃旺也是多婚克夫之命。命主生于戊午人，犯孤鸾煞，阳日尤其不吉，为克夫之命，如子平命理中四柱有官杀可以依靠，则不忌孤鸾日。

梅花易数命卦分析：

公历：1932 年 2 月 27 日 2:50　星期六

农历：壬申（猴）年一月大廿二　雨水

干支：壬申　壬寅　戊午　癸丑

旬空：戌亥　辰巳　子丑　寅卯

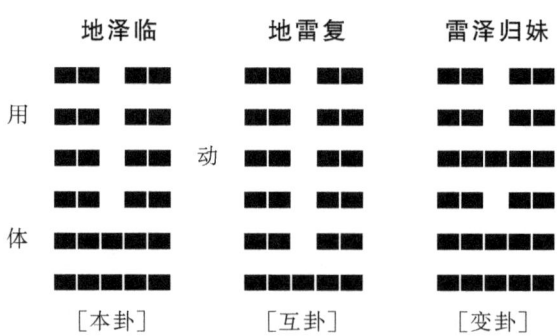

	地泽临	地雷复	雷泽归妹
用			
体			
	［本卦］	［互卦］	［变卦］

分析：壬申年出生，岁支天姚（即桃花煞）在酉，体卦兑金带天姚，兑卦为音乐、演艺，因此命主貌美并从事演艺。女命体卦为丈夫，因此

代表婚姻不佳，命卦坤土生兑金，且变卦上震下兑，卯酉相冲，归妹卦又为婚卦，代表婚姻多次不得安定，本卦四阴二阳，互卦五阴一阳，均失去平衡，因此坤八代表八任丈夫。其先天策数8246，化卦为巽、离、兑、坎，会数4为兑卦，与体卦相同，为天姚，且46为进数，代表婚姻数量激增。变卦策数8110，化卦巽、坎、坎、零，为折足格，女子论婚姻以变卦策数为夫，此格代表婚姻刑克、没有结果。且先天策数的运数为兑，后天策数的运数为坎，金生水耗泄，金水相生，桃花旺。

变卦震兑相克，代表伤腿足，震为上卦代表脊椎，因此相关部位会有伤灾疾病。2011年太岁辛卯，为甲申旬，甲申旬中午未空，命卦坤空，辛卯年，震兑相冲，正应变卦，且数中会数也被冲倒，命主倒限。

第十五门　说男女（子女）

凡论男女，看第五宫并宫主星，又看木星，又看男女箭并箭主星。以上各星若强旺有力，与命宫并命宫主星吉照，主有男女，父慈子孝。

若以上各星，与命宫并命宫主星，恶照，则子不孝、父不慈。若以上各星，与命宫并命宫主星，不相照者，则男女稀少或无。

若以上各星有力，又有吉星相助者，主有贵子，其子又孝。若以上各星无力，又凶星相照者，则子不孝，又贫贱。

若以上各星，互相吉照者，主男女多，又相和顺。若互相恶照者，有男女，不和。

若以上各星，在二体宫，或在十二宫象内子多宫分，则男女多。如天蝎、双鱼宫是也。

若以上各星陷弱无力，又有火、土二星强盛相照，又各星在子少宫分，则无子或稀少。纵有子，亦不孝，不得力。子少宫分，狮子、双女宫是也。

若以上各星，主子嗣星多者，则子多。若主子嗣星先太阳东出者，比上文所云子嗣更多。主子嗣星，太阴、木星、金星、水星是也。

若以上各星，不系子嗣星者，则无子，或子少。又比太阳后西入者，则全无。不系子嗣者，太阳、土星、火星、水星是也。

若以上各星在阳宫，或比太阳先东出者，多生男。若以上各星在阴宫，或比太阳后西入者，多生女。

注：《天文书》以第5宫、第5宫定位星、木星、子女点、子女点定位星，多类神中看其强旺有力，且与上升、上升主星产生映射者。

对于子女论断，需要注意不孕不育的断法，下面我们列举古人相关经验。

一个命造是否不育，主要和土星有关。如果土星与子女点合相，吉星反厌，则主不育。进一步需观察子女点所在星座，是否显示不育。

一般月亮合相土星，位于不育星座，代表不育，夜生人尤其重。如果上升、月亮、金星被土星影响，更差，主不育或子女稀少。火星位于双体星座，或位于多育星座，火星位于舍或任何自身力量的位置，或为木星的三方主，命主夜生，在子女上是有安全保障的，如果火星位于阴性星座，更佳。木星和水星位于不育星座，则无子女。金星被土星冲，没有木星映射，不育或子女稀少，如果同时土星映射月亮，则更差。

Māshā'allāh 认为，第5宫定位星焦灼，11宫定位星也焦灼，无子女;子女点位于少育星座,则子女稀少;太阳位于不育星座,则不育或子女稀少;如果第 5 宫定位星,位于果宫,吉星反厌,又被凶星映射,则命主至死无子女,如果有子女,则子女寿短,死的很快。有吉星映射,则会留有一个子女。

Abū Bakr 指出,当土星位于上升轴,逆行金星于下降轴映射土星,命主无子女;月亮、金星位于不育星座(双子座、狮子座、室女座),被火星、土星刑冲,男命无法生育子女,甚至女命亦然;游隼并逆行的土星位于下降轴或天顶,被凶性木星和亏月映射,并位于日光下,男女命都不生育;金星于第 2 宫逆行(代表女性子宫),位于不育星座,被土星刑冲,命主不育;土星上位映射金星,月亮位于 6 或 12 宫,男命无后,女命不孕;火星、土星位于第 6 宫逆行,并位于启动星座,吉星反厌,同时刑冲金星,男命不育,精子有问题,女命遇到同理论断;金星在土星星座内焦灼,吉星反厌,火星刑冲,男命无后,女命不育。

Abraham Ibn Ezra 在其著作中描述,Enoch 认为论断子女的时候,要关注是否能生育子女。如果金星在狮子座,被太阳焦灼,太阳为寿星,命主将永远不会有孩子,因为生殖器畸形。金星在天蝎座也一样,因为金星代表精液,所以要根据金星的强弱力量论断。Abraham Ibn Ezra 认为,Ptolemy 认为论断子女,看第 10 宫和第 11 宫,但是后来的占星家,包括 Māshā'allāh,都不认同这个说法。

Firmicus 认为,太阳和月亮位于阳性星座,位于 Asc,土星位于 Dsc 或位于 Ic,女命将无法生育孩子,尤其 Asc 位于狮子座、室女座、摩羯座、双鱼座、天蝎座、巨蟹座、金牛座,如果这种格局下,有一颗吉星位于轴,可以有一两个子女抚育成人;月亮位于阳性星座,或者位于狮子座、室女座、摩羯座,太阳位于阳性星座或位于以上星座,土星位于轴或 12

宫,无儿女,如木星位于轴或映射它们,则有一个子女;太阳和月亮位于阴性星座,Asc 位于阴性星座,土星位于第 7 宫或位于天顶,吉星不在轴,没有子女;土星和月亮位于轴,且度数相同,彼此相刑,它们同时位于双体星座,木星反厌,且木星不在轴,没有子女;如木星和月亮一起位于第 7 宫或天底,土星位于其他轴,彼此刑冲,也代表没有子女。

金星合相月亮,土星位于土星界刑冲它们,太阳佐证,昼生人,土星晨升,金星位于轴,并位于阳性星座,或者夜生人,金星夕升,命主没有妻子。这种格局中,如果土星和月亮、金星位于狮子座或室女座,不会与女人性爱。如果没有行星映射位于土星界的金星,月亮位于狮子座、室女座、摩羯座,并且位于土星界,命主永远不会和女人性爱。

下面我们看其他占星师的一些经验论法。

Valens 认为,在论断子女时,必须检查水星与金星,如果它们被土星、火星所损伤,则无子女或损子女,如果得木星之助,则有好子女。进一步检查子女点定位星,Valens 的子女点公式:男命 Asc＋水星－木星,女命 Asc＋金星－木星。子女点有凶星映射,则损伤子女。有代表诞生子女的行星映射,会有好子女。接着,Valens 引用 Petosiris 的说法,认为木星、金星、水星没有被损害,则代表有好子女。如果都被损害,则克损子女。看映射诞生子女行星的行星,位于双体星座,则数目加倍。阴性行星映射子女相关行星,代表有女儿,阳性行星映射,会有儿子。

男命,如木星合相火星,木星为火星定位星,或火星是木星定位星,土星合金星或映射金星,或土星位于金星星座,无子女或克损子女。

女命,月亮位于金星星座,金星位于阳性星座,被土星映射,或为土星定位星,无子女,或克损子女。如果木星映射月亮、金星,月亮位于水星星座,土星冲天顶或位于天顶,火星映射土星,代表只有一个子女或不育。金木被土星映射,代表有一个孩子难产。如果月亮也被损害,则无子女。火土位于天顶,或其中一个位于天顶,另外一个位于天底,无子女,除非有一颗吉星参与映射。

Umar Al-Tabarī 在论断子女时,主要从五个方面考虑,分别是第5宫、第5宫定位星、金星和木星、子女点(公式=Asc+土星-木星 昼,Asc+木星-土星 夜)、子女点定位星。观察这五个类象中其所在位置的最强类象星和较强类象星。如果这种类象星与上升宫、第5宫、月亮有某种结合关系,则命主有子女。如果没有任何关联,且木星被焦灼,金星被损害,则命主无子女。观察第5宫星座、强类象星座、上升星座,如为多育星座,则子女多。

Al-Andarzaghar 指出,在论断子女是否有出息时,分析儿子点和女儿点,及其定位星,根据其性质以及映射的行星吉凶进行判断。Māshā'allāh 认为,第5宫定位星落于第2宫,代表子女为官贵,有职权。第5宫定位星和第2宫定位星合相,也一样,接纳则地位更高,不接纳,则稍弱。第5宫定位星位于舍、升星座,也代表子女有职位,位于轴、续宫一样。上升定位星与第5宫定位星产生连结,接纳者位于轴,命主会因为子女受益或得到地位,当第5宫定位星入舍升星座,则更强。第5宫定位星损坏,则命主因为子女败财,第5宫定位星落降星座则尤其差,此时当上升定位星位于轴或位于舍升星座与第5宫定位星连结,代表命主会因为子女大败家财。第5宫定位星与上升定位星连结时,接纳者位于轴,则命主有名望,孩子因为命主而获得生计,它们一起落于果宫,则无名望,子女也不会因为命主获益。上升定位星落降星座或位于日光下、焦灼,第5宫定位星与其连结,代表命主有灾害,子女也因他而遇到灾害。第 5 宫定位星位于第 2 宫,子女与其相宜,且孝顺,位于第 8 宫,则破耗财产、不利子女且声名狼藉。

Dorotheus 认为,婚姻应当检查男女双方的本命盘,如果双方本命盘的第 10 宫,都有一颗吉星在内,双方会在发生性关系的同一年中生儿育女。如果他们的第 10 宫为多育星座,女方将在第一次发生性关系时怀孕。

Rhetorius 认为,12 宫定位星位于 5 宫或 8 宫,后第 5 宫定位星位于 12 宫,命主为继父或养父;第 5 宫定位星或子女点定位星位于第 8 宫,没有子女,或白发人送黑发人;如第 7 宫定位星或婚姻点定位星位于第 5 宫,婚姻幸福,寡妇带一儿子嫁给命主;罗睺与木星、金星或水星,位于第 5 宫或映射第 5 宫,命主子女上吉利,会有贵子;火星或土星位于第 5 宫,头胎子女毁灭或有一个子女夭折;计都与土星、火星或水星,位于第 5 宫,头胎子女夭折,在女人方面有好运,如果木星或金星参与映射,代表子女远行海外不再回来;太阳在第 5 宫,代表没有子女,或子女不幸;夜生人,月亮位于第 5 宫,主优雅,命主成为领导、幸运者、杰出之人,从父母那里得到好处,前提是月亮没有受火星或土星映射;昼生人,月亮位于第 5 宫,代表命主出国远行、疏离父母或为孤儿,但是随着时间的流逝,逐步转为好运。

在论断子女点时,Māshā'allāh 认为,子女点位于上升宫,命主很爱自己的子女,子女们将远离出生地,如果子女点定位星位于吉位,凶星未干涉,则子女们在宗教信仰上虔诚,如凶,则主宗教信仰上不吉;子女点位于第 2 宫,子女会追随权贵,如其定位星没有凶星干涉,不在日光下,主子女有权威地位,挣到资产,并继承父母,如子女点与定位星不吉,代表能继承父母,却不能增加资产;子女点位于第 3 宫,会有很多子女,儿女的福益也会加倍,子女事业也获益;子女点位于第4宫,子女会有很多敌人,因为第4宫为子女宫的第12宫,代表子女的敌人,也代表子女会在祖父母或叔伯的名下命名,如其定位星没有凶星干涉,子女会得到外祖父母的遗产,如不吉,则子女会被监禁,遇到磨难,当子女点定位星被火星干涉时候,子女会面临更多的困扰,甚至坐牢;子女点位于第5宫,子女出名,结果根据定位星分析,因为其为进一步论断的佐证;子女点位于第6宫,其定位星未被凶星干涉,不在日光下,子女会从动物或奴仆的收益中获利,有子女从医,当第5宫定位星参与其中,则同参。格局不吉,则子女贫穷;子女点定位星位于第7宫,儿女与命主敌对相争,命主会娶本家人为妻,如第5宫定位星佐证,则娶子女或娶自己女人的子女、家人为妻;子女点位于第8宫,其定位星未被凶星干涉,不在日光下,儿女能继承命主家业,如不吉,代表子女稀少,子女会因为财产与命主争吵,并与命主诉讼;子女点位于第9宫,定位星未被凶星干涉,不在日光下,子女虔诚,以善闻名,子女吉利,不吉时,代表子女不孝、辛苦工作;子女点位于第10宫,其定位星未被凶星干涉,不在日光下,子女有缺陷,工作不佳,因为此宫为子女宫的第6宫,代表疾病辛劳。如不吉,则更差;子女点位于11宫,子女互相争竞不和,道德败坏,定位星不吉时,更差,子女说谎,不道德,甚至私通;子女点位于12宫,子女稀少,如果子女点定位星未被凶星干涉,不在日光下,第5宫定位星也有佐证,则子女仇视命主,如不吉,并且第5宫定位星也不吉,命主没有子女。论断子女点时,当凶星映射子女点时,代表有子女有灾祸,甚至毁灭。

子女的数量论断经验

Dorotheus认为,分析木星的三方主星的第一和第二主星,其中一个在有力宫位并有更强佐证，倘若位于地平线上，则计算它到上升轴之间有多少星座，计算其数目。如果有星座是双体星座，则为两个。木星或金星出现在两者之间，则代表额外的子女数目。如果木星的三方主，落于多育星座，则子女多。火星和土星出现在两者之间，代表子女死亡，火星和土星位于凶宫，尤应，如果它们同星宗或有力量，也代表子女数目增加，但是不利于子女或子女被抛弃，尤其是位于下降轴和天底轴。如果三方主星位于地平线下，从上升轴开始计算到三分主星之间的星座数目。

木星的三方主位于天顶，代表有 4 个或 1 个子女，或无子女；位于下降轴和天底轴，代表有 7 个子女或 1 个子女，第 7 宫为白羊座，尤应。

木星的三方主，反厌天顶或天底轴，则看它与上升轴之间的星座，之间出现行星，则数量增加，凶星映射其间，代表死亡。木星的三方主落于多育星座，则数目更多。

Dorotheus 指出，月亮、金星、火星位于金牛座、室女座、摩羯座，或位于巨蟹座、双鱼座、天蝎座，看这三颗行星，谁更强，则代表子女，因为比木星三方主要强。它们不在这些位置，则看木星三方主。

Dorotheus 认为，观察子女点和子女点定位星之间的星座数目论断子女数目，有凶星在其区间，则有子女死亡。太阳、月亮或它们一起刑冲子女点，太阳则代表增加一个儿子，月亮代表增加一个女儿。没有行星映射子女点，对第一个子女不利，可能流产或夭折。子女点位于轴或吉宫，利于子女，位于 6、12 宫，无儿女，或为此焦虑哀伤，有子女也无法在身边，而远在他乡。无论子女点位于任何宫，若无行星刑冲，则命主会渴求子女，有行星刑冲，则会生育多个子女。子女点在不育星座，则子女少，与土星合相，则不孕或子女少，或因为子女而受苦。木星、水星位于吉宫,可以享子女之福,在不育星座,则难有子女,在宝瓶座则中等,在多育星座,则子女多,在天蝎座,子女也多,但是也会毁灭子女。

Al－Andarzaghar 指出,论断子女的多少时,首先注意分析木星、木星的三方主。看它们位于上升的什么宫位,是否吉利,是否位于日光下,注意木星和其三方主所在星座的特性,是多育还是不育星座;其次,看子女点,看它落于什么星座,和什么行星在一起,并注意子女点定位星。子女点的公式＝Asc＋土星－木星(昼),Asc＋木星－土星(夜);接着分析天顶和天顶定位星,注意其星座和映射行星;分析第5宫,注意落于第5宫的吉凶星以及映射第5宫的行星;最后我们必须知道木星、金星、月亮代表子女,而太阳、土星、火星代表缺乏子女。水星东出则主子女,西入则损子女。双子座、狮子座、射手座、白羊座、摩羯座、室女座、金牛座开端、天秤座中部为不育星座,多育星座为巨蟹座、双鱼座、天蝎座(注意天蝎座代表多育,也带有死亡性质),其它星座为中等生育星座(有关星座生产多育的特性,说法不一,此处讲的明白,学者可以之作为主要经验)。

在论断儿子和女儿方面,看太阳、月亮、第5宫和它们的定位星;看儿子点和女儿点以及它们的定位星。儿子点,Asc＋木星－月亮(昼夜同),女儿点,Asc＋金星－月亮(昼夜同);看第5宫和第5宫定位星,位于阳性星座,则为儿子,位于阴性星座,则为女儿。如果第5宫与其定位星一个在阳性星座,另外一个在阴性星座,则儿女都有,定位星所在星座的性质在数量上要更多,譬如第5宫为阳性性质,定位星位于阴性星座,则女儿数量更多。

在分析儿子点和女儿点定位星的时候,哪个更强,哪个更多。子女点也可以论断,子女点公式＝Asc＋土星－木星(昼)Asc＋木星－土星

（夜）看其所在星座性质论断，吉星映射，则数量增多，凶星映射，则数量减少，尤其是非星宗凶星冲子女点。

在论断数量的时候，要注意星座特性，如果星座为双体星座，则代表双胞胎，或者数目更多，尤其双子座和双鱼座。在论断男女的时候，行星阴阳也要考虑，阳星位于阳性星座，尤应儿子。

当木星很强的时候，尤主儿子，代表儿子数量比女儿多。尤其是昼生人，木星位于舍、升、三方。

Paul 认为，论断子女时，有必要分析第 5 宫、第 11 宫、第 10 宫、第 4 宫、子女点、木星、木星的三方主星以及金星和水星。以上一两个位置或更多位置，没有被火星、土星、太阳、罗睺、计都所映射，则子女相关大多吉利，这些定位星或相关的子女类象行星未落于 6、8、12 宫，也一样，尤其是木星及其三方主星、金星、水星。如果吉星，其中一个位于多育星座，月亮或上升轴也位于多育星座，并且没有受到任何凶星映射，则子女多。木星位于 12 宫或 6 宫，一颗凶星位于轴合相金星，则无子嗣；木星为三方主星，子女类象星被位于果宫的凶星影响，则子女较少；金星合相水星位于摩羯座或宝瓶座，并位于第 5 宫，木星反厌，会导致无子嗣，妨碍受孕；夜生人，火星位于 Mc，并位于阴性星座，子女少。白天生人，没有子嗣，尤其没有儿子；凶星位于 11 宫，太阳合相木星位于果宫，无子嗣；当一颗凶星位于第 5 宫时，另外一颗凶星和木星、金星位于凶位，则无子嗣；太阳位于 Mc，火星或土星位于第 5 宫，木星和金星位于凶位，也主无子嗣；当木星和水星，位于天底轴，或其中一颗位于下降轴，另外一颗位于上升轴，则失去儿子；月亮位于水星星座或水星界，金星位于土星星座或土星界，只有一个子女或无子嗣；当土星和水星位于轴，则不利于子女；金星和月亮如果位于土星星座或土星界，代表没有子女,金星或月亮被土星或火星映射则更甚。当以上格局没有被凶星映射时,主子女少,具体还要结合星座特性进行判断。

子女死亡论断经验

注意分析土星和火星所冲,尤其位于轴。注意分析子女点,看其合相、映射什么行星。注意观察太阳、土星、火星和月亮,它们位于命盘的什么位置,被什么行星映射。

土星和水星对冲,水星位于轴,主子女夭折;两颗凶星位于第5宫,或刑冲第5宫,主子女夭折;子女点位于6宫或12宫,且被土星映射,主子女夭折;太阳或土星位于一个凶星宫,主为子女悲伤,子女出生时候遭遇不测(也有作:位于同一星座或位于阳性星座);月亮位于天蝎座初段火星界,主子女夭折;第5宫定位星为凶星,刑冲第5宫,主子女不停生病;如果凶星位于第5宫,无力并非星宗,主子女夭折,如为昼盘,火星于此,为死亡、流产之象;土星位于轴(有本作7宫)或第5宫,代表子女毁灭,水星被土星冲,尤应;土星刑冲或合相儿子点、女儿点,也主子女夭折;木星位于第7宫轴或第4宫轴,合相凶星,或被凶星刑冲,或木星位于日光下,主子女夭折;木星位于6宫、12宫,被凶星映射,也一样;土星损害金星,金星反厌恶,当映射月亮时,尤凶。另外,Al-Andarzaghar认为,土星和火星位于轴上映射月亮,父母会将子女赶出家门。

当太阳合相土星位于阳性星座,代表子女出生时有灾;土星损坏金星,没有木星救助,此时再映射月亮则更差;第5宫定位星落于果宫,第5宫不吉,代表缺乏子女或子女死亡,有一个吉星映射,则有减轻;子女的类象行星和木星都位于凶位,位于日光下,则不利于子女;第5宫定位星位于地平线下,或位于2、6、8、12宫,代表子女死亡。

Abū Bakr 在其著作列出子女死亡的相关格局,我们参考如下:

土星和火星位于第 5 宫,或刑冲第 5 宫,代表子女凶死;11 宫定位星位于第 5 宫,福点定位星位于第 8 宫,所有子女死亡;太阳合相凶星,命主子女皆死于自己之前;太阳、土星、水星在天顶之外的位置映射月亮,主子女死亡;火星冲木星,子女凶死;土星冲木星,大部分子女死亡;水星位于上升轴,土星位于下降轴,活着的子女稀少;土星和火星位于上升或位于第 4 宫,子女无存;第 5 宫定位星和子女点位于第 8 宫,子女死于自己之前;火星和水星位于下降轴或天顶,见证子女死亡;木星位于 4、7 宫,通过合相或凶映射趋于凶星,尤其木星焦灼或落陷降,主子女死亡;凶星合相或刑冲映射子女点定位星,主子女死亡,并失去声望;子女点定位星为第 8 宫定位星,子女死亡;木星的三方主星焦灼或落陷降,或合凶星,刑冲凶星,主子女死亡;吉星反厌金星,凶星映射金星,主子女死亡;子女点位于土星星座,被凶星映射,大多子女死亡。

《天步真原》的子女论断方法

《天步真原》中看子女,主要看日、月、上升宫三处,吉星相会,或映射,则主有子女。若日月与命宫三处皆属阳,或两处属阳,男多。属阴,女多。阴阳有五说,其一本性热盛阳,如火、木、土、日,湿盛阴,如金、水;其二黄道宫中阴阳;其三,第 1、3 象限为阳,2、4 象限为阴;其四,东出为阳,西入为阴;其五,在天经星之性,属阳者多为阳,阴者多为阴。

木星、金星和月亮赋予子女(送子星),水星东出送子,西入不送子。太阳、土星和火星不赋予子女。一般送子星要在代表有子女的后天宫(送子宫),送子宫为第 10 宫,其次 11 宫、1 宫、2 宫、7 宫、8 宫、5 宫、4 宫,内有子女星都代表有子女,并且书中指出,波斯占星论子女只看第 5 宫。

月与木星送子,月在 10 宫送女,月力强在 10 宫,木星金星软,子女不多。月力软,10 宫强(有吉星在内或吉星映射则强),木星金星软,女多子少,木星金星比 10 宫强,儿多女少。水星送子,大抵有好子命不长,在日光内更甚,若水星强或与五星或在天经星相合吉照,命即长。送子止一星,不与它星相合相照,止一子。阴阳、双女、人马、双鱼与送子星在阳宫内,子多。巨蟹、摩羯、双鱼子多,阳星送子,阴星送女。凡星在阳宫为阳;在阴宫为阴;在日东为阳;在日西为阴。狮子、阴阳、双女有火土凶星即无子。有二三许星或在巨蟹、摩羯、双鱼,子多。若在狮子、白羊、双女即子少。吉星在有子宫,凶星为其宫主星,子命不长,或凶星为有子宫主星,但有吉星吉照,亦有子命不长。送子宫内有送子星,有吉星为主星,其许子星在阴阳、狮子、双女,止一子;在双鱼、人马二子;巨蟹、摩羯、双鱼,有多子;日、火、土在许子宫,无子。送子星在送子宫,其宫凶(如日、火、土)。如阴阳、狮子有吉星吉照,子有病。许子星比凶星弱,子小即死。子富贵贫贱,看许子星在日东又在本宫,富贵。在日西、在外处,贫贱。

《天步真原》指出,父子相爱,子父命宫与福星宫或同在一宫,或有吉照,如父子宫皆天秤,福宫皆宝瓶之类,或在天秤、天蝎、人马、摩羯、宝瓶、双鱼,父子相爱,子能承父业。在不相和宫,或对冲宫,子不甚孝,不甚得父业。相冲有争嚷,不相和,不能承父业,如一在天秤,一在白羊之类。

白羊与金牛、天蝎俱不相和;金牛与白羊、阴阳、天秤、人马俱不相和;阴阳与白羊、天蝎不相和;巨蟹与狮子、宝瓶不相和;狮子与巨蟹、双女、摩羯、双鱼不相和;双女与狮子、宝瓶不相和;天秤与天蝎、金牛不相和;天蝎与人马、天秤、白羊、阴阳不相和;人马与天蝎、金牛不相和;摩羯与狮子、宝瓶不相和；宝瓶与摩羯、双鱼、巨蟹、双女不相和；双鱼与狮子、天秤不相和；相恨宫为金牛、狮子、天蝎、宝瓶。

人如 10 宫有木星在摩羯内，与土星将相合，月在巨蟹相冲，即有子女，因有吉星，女多；因巨蟹、摩羯皆阴宫，子女不能养；因土星相近，木在日东，有一子。有两许子星在相和宫，其子兄弟相爱。许星宫主星与别许星宫主星在相和宫，兄弟更相爱。两星相和有二，一为两星性相和（如日与火星），二为两星得别位星位，或在别星宫，或有吉照亦是相和（譬如金在人马，木在金牛，即相和）。许子宫或许子宫主星不相和，或对日，在角内亦有凶星相会，与有太阳之性经星相会，或许子宫，火与月会，或与有太阳之性经星会，要相杀（经星，为恒星）。细求子女吉凶，将送子星之宫作命宫，排 12 宫，取子女各事用上法。送子星止四，若在阴阳、双女、人马、双鱼，一星作两子。生子之期，取 10 宫到许星之时，或到许星照之时，若 10 宫与送子星照，无凶星相照，大抵一年一次生（照星所在有五星或五星映射，就是许星，子女照星是 Mc）。

日月与命宫若有二位、三位在阴阳、人马、双女、双鱼四宫内，主双生；日月宫与命宫主星，在此四宫内，亦主双生；又 10 宫及 10 宫主星在上四宫内，亦主双生；若日月与命宫有二位三位在上言四宫内，又有它星逐之，有生三者；若日月命宫在上言四宫内，有木、火、土三六合冲弦照，能生三男；若金水月如上言，生三女（热多湿多，不能相合，遂各相成）；若土金木，二男一女；火金月，二女一男。凡三生者，多死。

日月在下去宫，如 12 宫、8 宫、3 宫、6 宫，其四角、命宫、10 宫并无三六合冲弦照，主生怪异，不然则生极下贱之人，子或生而死，或死而生，或几月死。日月在四角内，与凶星相会冲弦，纬俱南俱北，相掩或弦冲，纬度一在南，一在北，相对无吉星与日月吉照，日月主星又落凶星宫内,不能养或死而得生。相会时,火星坏日紧,土星坏月紧;相对时,土星坏日紧,火星坏月紧。若日月在四角内,凶星一星相对,一星相会,纬又同,即死。

案例:女命

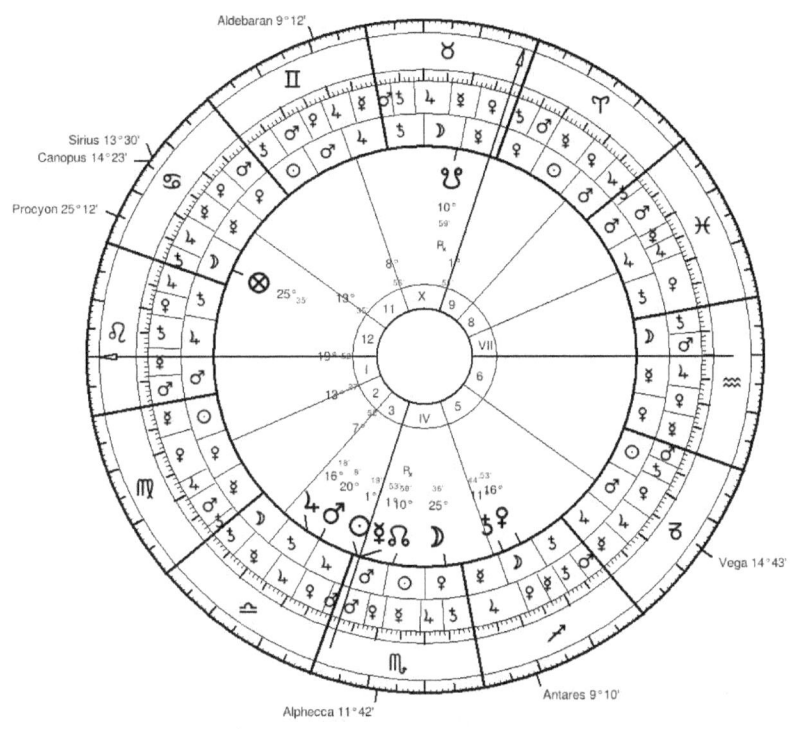

女命,生于 1957 年 10 月 25 日,上午 0:03 分,苏格兰 New Cumnock。上升星座狮子座为不育星座,土星和金星度数较为紧密,位于第 5 宫子女宫,火星又六合土星、金星,尤其凶。土金组合本身有不育或克损子女的意义,位于第 5 宫,更确。并且土星和金星的组合,不利于婚姻,代表孤独、晚婚、老少配、门户不对等之类,计都位于金牛座,也损坏了金星的特性。

木星代表子女,同时木星又是第 5 宫定位星,更代表子女,但是木星落于果宫,并且与落陷的火星紧密合相,不利于子女,天秤座中部为不育星座,并且位于燃烧之径。木星三方主为水星和土星,均不吉,尤其土星构成土金格位于第5宫,为子女之位,射手座也是不育星座。11宫定位星水星与太阳同度,被其焦灼,也不利于子女方面。

太阳、月亮和水星罗睺位于第4宫,第4宫和神鬼有关,罗睺和日月的参与,主神魔、附体、占卜、命理。同时,火星为第9宫定位星落于第3宫,也主此类。

此命为一女巫,幼年被男亲属长期猥亵,目前独居于墓园外。年轻时候被人性控制,老年独居无子女。

第十六门 说朋友,并仇人

凡论朋友,看第十一位,并第十一位宫主星。又看朋友箭,并箭主星。

若以上各星,与命宫,及命宫主星吉照者,则交好朋友,又相契合。若恶照者,虽有朋友,心不相孚。若以上各星,与命宫,及命宫主星不相照者,则朋友少。

若以上各星强旺,又有吉星相照,则与上等人为友。若以上各星陷弱无力,又有凶星恶照者,则与低微人为友。若以上各星互相照者,广有朋友。

若命宫主星在第十一位。又顺受,或第十一位宫主星,在命宫,亦顺受。或朋友箭主星与命宫主星相照;或命宫主星,与第十一位宫主星相照;或朋友箭在四正柱上与命宫主星同度。以上各星,但一处应者,主多有朋友,皆相契合。

若二人命内,太阳、太阴,皆同宫,或二人命内,太阳皆在午,太阴皆在酉,则结交至密,如同气亲。又二人命内,太阴、太阳,或三合照,或六合照,其应与上文同。若二人安命宫,在三合六合者,主朋友酒食之交。若二人命内,福德箭皆同宫者,朋友上互相希望。若吉照者,希望稍轻。

凡论仇人,看第十二位,并十二位宫主星。又看仇人箭,并箭主星。

以上各星,看何一星强旺有力,或在命宫,或与命宫主星相照,则多有仇人。若吉照者,其仇轻不能为害。若恶照者,其仇重。

若以上各星,与命宫或命宫主星不相照者,则仇人少。

若以上星皆强旺,则仇人多。强盛,能为害。若以上各星陷弱无力,则仇人力弱,不能侵害。若以上各星互相照者,则多有仇人。

若命宫主星,在第十二位顺受,或第十二位宫主星,在命宫顺受;或仇人箭与命宫主星相照;或仇人箭与命宫主星同度在正四柱上,又顺受。以上但有一星在命内者,虽有仇人,其仇人力弱,渐亦消也。

若二人命内,太阳、太阴皆相冲者,则仇恨重结;若太阳、太阴皆在四正照者,仇恨比上稍轻;若安命宫各相冲者,则仇恨亦重;若在四正照者,则仇恨比上亦稍轻。

注:《天文书》的朋友箭公式:Asc ＋第 11 宫轴－第 11 宫定位星。Māshā'allāh 使用的朋友点公式:Asc ＋水星－月亮(昼生人)Asc ＋月亮－水星(夜生人),一般朋友点位于 3、5、9、11 宫吉利,位于 2、8、6、12 则不吉,具体参考映射以及朋友点的定位星论断。Al－Andarzaghar 提出五个点,分别是朋友点、福点、精神点、金星点、水星点

当给两个人合盘论友谊或男女合盘论关系时，以下为吉利之象，代表友谊持久，至死不渝。

1、两盘月亮位于同一个星座。

2、其中一盘月亮位于对方命盘的福点。

3、两盘福点互相三合相位映射。

4、两盘福点位于同一个星座。

5、其中 A 盘福点位于 B 盘的月亮所在星座，或 B 盘月亮位于 A 盘的福点所在星座。

6、两盘的福点和月亮互相三合映射。

7、两盘太阳位于同一个星座。

8、两盘的发光体行星（即太阳和月亮）彼此交换星座。

9、两盘月亮位于天顶。

10、两盘月亮位于 6、12 宫，或其中一盘月亮位于 6 宫，另外一盘位于 12 宫。

11、出生盘满月位于同一位置。

12、两盘发光体行星（太阳和月亮）彼此位于命令－服从星座。即宝瓶座命令射手座，双鱼座命令天蝎座，白羊座命令天秤座，金牛座命令室女座，天秤座命令狮子座。

Ptolemy 认为合盘时候，双方上升一致、太阳一致、月亮一致，则双方可以交往。观察双方关系，分析太阳、月亮、上升、福点。如果彼此反厌，譬如 A 盘的太阳反厌 B 盘的太阳，则会有敌意。一般三合、六合相位，敌对会减少。如果敌意来自彼此的福点，则其中一人会对另外一人产生不利。敌意来自上升，则代表双方的喜憎。具体结合宫位、力量、相位、星座特性进行分析。

Al－Andarzaghar 提供了友谊关系发生变化的论断方法。两人一个昼生一个夜生,则友谊不稳定。观察两人命盘的金星点,如果火星或土星合相、刑冲此点,则表面交好,背后为敌。太阳映射火星,土星映射月亮,它们和五个点之一合相,则朋友当面交好,后背中伤。两个命一个昼生,一个夜生,吉星和凶星都映射太阳、月亮,则两人时而为友,时而为敌。观察朋友点和小人点,如果它们位于同一个星座内,则两人时友时敌。火星上位映射水星,则朋友会给自己带来苦难,永远不会因为彼此而高兴。如果水星上位映射另一人的火星,其中一个位于天顶,另外一个位于上升轴,则两人其中一个会毁坏另一人的房子、资产,冲突和仇恨会没完没了。两人的日月在不同星座,彼此三合、六合、刑冲,并且不在服从星座,则两人会成为朋友,但是友谊不会长久。

Al－Andarzaghar 认为,分析父子关系、夫妻关系、伙伴关系时,分析双方的必要点(即水星点),公式位 Asc＋福点－精神点(昼) Asc＋精神点－福点(夜),如果位于同一个星座内,或两个点位于彼此的宫位,则两人会互相敌对,互相伤害。如果不在同一个星座内,各自位于某同一颗行星的星座内,也一样。

看父子关系的时候,观察父亲点,如果父亲点位于一个星座,该星座是孩子的上升星座,则孩子爱父亲。如果不是孩子的上升星座,父亲命盘中的子女点与子女命盘的父亲点位于同一个星座,则孩子爱父亲。如果没有以上关系,则孩子不爱父亲,父亲也会因为孩子而受患难。分析母子关系,使用月亮和母亲点进行分析。

分析夫妻关系时,观察女性婚姻点和男性婚姻点,如果都位于服从星座,则夫妻互相恩爱。凶星合相这两个点,夫妻多争执不吉,或这两点合相计都、凶星刑冲,都主夫妻分离。当凶星三合、六合时候,敌意会小一些。如果凶星是太阳的定位星,且它们都位于凶位,则主分离。男命的婚姻点位于金牛座,女命的婚姻点位于室女座,则男性服从女性。女命的婚姻点位于金牛座,男命婚姻点位于室女座,则女命服从丈夫,爱丈夫。

Abraham Ibn Ezra 认为,木星位于 11 宫,未逆行、焦灼,代表事业中取得成功。如果第 2 宫定位星主传客星于 11 宫,将从贸易或从事的任何行业中获利。金星位于 11 宫,获利较少,每个获利都会让命主产生巨大担忧。月亮在 11 宫,会招大家所爱,如果 11 宫定位星强力与上升或上升定位星映射,结果也一样,刑冲则不吉。土星在 11 宫并有一定力量,代表被大龄或卑微或卑劣之人所喜,除非土星位于升星座或东出于日。木星在 11 宫,招法官、宗教、财政职员所爱。火星位于 11 宫,入升星座,被贵族和勇士所爱,如果落陷,被贼和强盗所爱。太阳位于 11 宫,招王者、祭司所喜,金星位于 11 宫,招女性和太监所爱,水星位于 11 宫,招学者、文人之爱,11 宫定位星位于第 8 宫,爱他的人都会在他的有生之年死去。

Abraham Ibn Ezra 认为,上升星座或位于上升星座的行星传递力量给土星(主传客星),土星位于第 4 宫,命主会被关进监狱囚禁多年。第 9 宫定位星位于轴,被太阳焦灼,命主会在旅行中被捕并囚禁。寿主星位于 6、12 宫,敌人会绑架命主。Ptolemy 提出,当吉星如果是凶宫定位星的时候,不会代表好运,譬如木星如果是 12 宫定位星,代表法官会因为命主品行不端而审判命主。如果凶星为其定位星,命主将会被掠夺。Abu'Alī 认为,狮子座为上升星座的人,会被很多人憎恨,因为此时 12 宫定位星是月亮,月亮代表大众。同理推导,室女座为上升星座,会与上位者以及地位比自己高的人发生矛盾;天秤座上升的人,会与学者发生争吵是非;天蝎座上升的人会与女人发生争端矛盾;射手座上升星座,会与勇士发生争吵,或者因为是非而卷入争端;摩羯座、白羊座上升星座,都会与宗教领域的人发生争端;宝瓶座会无缘无故和自己争执;双鱼座上升星座,会和爱自己的人发生争端;金牛座上升星座,会因为诽谤的原因和人争端;双子座上升星座的人,人们会因为其错误行为而与之产生争执。如果 12 宫又诸多行星,则有诸多敌人,具体根据行星特性分析。

论断小人,主要以 12 宫定位星分析,当 12 宫定位星与上升定位星彼此映射,则不幸,多招小人。根据 12 宫定位星的性质和力量论断小人特性。

参考赫尔墨斯敌人点即《天文书》的仇恨点公式:Asc ＋第 12 宫轴－第 12 宫定位星。Māshā'allāh 认为,水星和小人有一定的佐证,因此他使用另外一种敌人点,公式:Asc ＋福点－水星(昼),Asc ＋水星－福点(夜),并且认为敌人点位于 2、6、8、12 宫,小人很少,对命主损坏少,如果此时敌人点定位星为凶星,使上升定位星损害,或映射敌人点,则根据敌人点所在的位置论断,譬如在第 2 宫,代表因为钱财而敌意,在 8 宫,因为死亡,在 6 宫因为奴仆,在 12 宫代表一个已知的仇敌。

敌人点位于轴,没有被凶星影响,代表有名望地位的人与其为敌,因此遭受困苦,如果被凶星影响,则更难受,这相当于一个人公开为敌,并且与之斗争,如上升定位星因此受损不吉,代表死于敌手。此点位于3、9 宫,没有凶星干涉,敌人有理性,虔诚。如果被凶星影响,巫师以及懂法术的人会对其怀有敌意。此点位于 11 宫,并且不吉,朋友对其有敌意,在 5 宫,则代表子女对自己有敌意。

Manilius 论述了星座之间的关系,可以将之用于论断与合盘,有些内容参考本书前文。Manilius 认为,白羊座在其三方星座中是一个单纯而温和星座,而其他两个星座狮子座、射手座,一个属于猛兽,一个属于猎手,其贪婪都足以打破彼此的和谐关系,所以白羊座对狮子座、射手座单纯付出,但是狮子座、射手座对白羊座则会因贪婪而难以维系长久的善意和感激,射手座带有半人特质,其能量要胜于狮子座。当白羊座受到这两个星座侵袭的时候,白羊座会奋力抵抗,不再忍受,对于这种矛盾爆发,原罪是射手座和狮子座,所以这三个星座关系,即乐享和平,又有斗争;金牛座、摩羯座、室女座三方星座,属于同一联盟,但是它们之间也容易陷入争执;双子座、宝瓶座、天秤座,共怀一心,有着牢不可破的忠诚友谊;天蝎座、巨蟹座、双鱼座是一个联盟,天蝎座和巨蟹座关系较近,而双鱼座则变化多端,从来不会保持固定的情感,时而背叛,时而重新修好。但是它们之间也存在虚而不实的表现,天蝎座会借助朋友之名作不良之事。Manilius 强调,不能只以星座论断关系,还需要结合行星的位置、力量。

Manilius 认为,太阳在白羊座进入春季,在巨蟹座进入夏季,在天秤座进入秋季,在摩羯座进冬季,四个启动星座彼此关系带有和谐性。双体星座双子座、室女座、射手座、双鱼座也居于和谐特性。同样,狮子座、天蝎座、宝瓶座、金牛座也有着联盟的关系。

动物骑行类经验

骑动物,牲畜之类,看第 12 宫、火星,看火星位于什么星座。火星在上升宫,星座为四足星座利于骑动物,尤其是王者星座或位于天顶轴、11 宫等。这种情况下,如果木星和太阳映射,代表命主会有很多骑行动物,很多牲畜,尤其火星位于自己的界内。如果火星和福点在一起,代表命主喜欢、渴望骑马、武器类,喜欢骑马的场地。如果月亮合火星，或火星是上升定位星，或者火星是新月点的定位星，宫位吉利，吉星映射，代表命主有很多马和骑行动物，并且喜欢此类。

12 宫定位星位于四足星座，伴随吉星，则因为骑行动物而获益，如果是固定星座，土星在内，会因为骑行动物发生灾害，尤其星座不是火星或木星星座时更应。火星位于吉位，位于白羊座或其三方星座，代表骑各种类型的动物，诸如马、骆驼，强力的大型动物，尤其木星映射更应。

火星位于金牛座或其三方星座，代表骑着混合类动物，诸如牛、马、羊之类。其它星座，都根据其特性而论。

上升是射手座，或其它适合骑行动物的星座，其定位星合相火星，或映射火星，命主会喜欢骑行。月亮在此也意义相同。Māshāʾallāh 使用一种骑行动物点，公式为 Asc＋土星－太阳（昼夜同）

以上骑行动物内容，类似于现代的车辆驾驶或马术之类。论断时可以参考相关论法。

第十七门　说迁徙（出国、变动）

凡论迁徙。看第九位，并第九位宫主星。又看火星、又看迁徙箭、并箭主星。

以上各星与命宫或命宫主星相照者。其人多出外。若吉照者宜出外，凡事皆顺。若恶照者，不宜出外，凡事不吉。若以上各星与命宫及命宫主星不相照者，则出外少；若以上各星强旺有力者，其人出外，诸事遂意,又得财、身安还家;若以上各星陷弱无力,则其人出外,凡事艰难,不遂意;若以上各星互相照者,则其人久远在外;若以上各星在四正柱上,命主星又在四弱柱上,则其人多出外。若太阴在四弱柱上,亦多外出。若火星在四正柱上,所主与上文同。

若福德箭或箭主星,在第九宫者,多出外,有福禄;若迁徙箭并箭主星有吉星照者,亦多出外,有福禄。

注:除了《天文书》中的方法,这里我们可以参考其他论法。

一、出国、远行的论断方法

《天步真原》中以太阳和月亮作为远行的类象星,月亮在1、7、3、6、9、12宫主远行。火星在7、9宫或与太阳和月亮相刑,也主远行,火星代表出行,要日月刑或冲。火星与月亮在第7宫,或主早死或远出,主其人不在家中。月亮、火星在其他果宫虽远行,不长久,第7宫主长久在外,第9宫主远行,3宫不主远行。福点在远行宫和月亮、火星一起,或位于第9宫,出行有利。吉星与出行类神星映射,主远行有功名,有利,回速。凶星映射,则主远行艰苦难回。日月在东,则东南出行,在西,则西北出行,四象限中,1、3象限为东,2、4象限为西。月亮火星,北纬则北行,南纬则南行。上升则北行,下降则南行。太阳、月亮、福点、火星位于双子、室女、射手、双鱼,则长远出外,其他星座则次之。木星金星为太阳、月亮星座主星,或出行宫主星,则出外佳,水星吉映射,则大利。如土星、火星为出行主星则出外艰难无利。

巨蟹,天蝎,双鱼主水路,土星、火星在以上湿性星座,水路有艰苦或死于海;金牛、狮子、天蝎、宝瓶主大风浪;双子、天秤、巨蟹、摩羯主有病无粮;双子、室女、宝瓶、射手主半路有贼;金牛、室女、摩羯主动物伤人,如果有水星凶映射,主有恶兽。

论断远行运的时候,太阳主名,月亮代表学习外国事务或婚姻,福点为利益钱财,火星为地方或争斗之事,第10宫定位星为学问知识。

以上观念主要源出 Ptolemy 的论断方法。

Valens 在其著作中指出,Nechepsō and Petosiris 的著作中关于旅行论断极少,仅仅提及凶星在主宰时运中,会导致命主旅行或遇到烦恼。Abraham 则提及其他占星家和他自己的经验,尤其应于移民,当火星映射下降轴的日月或福点,尤其福点位于第9宫。或者火星映射月亮,多星位于天底轴,都会导致命主远行。福点定位星位于第3、9宫,福点位于旅行点所在宫,火星合相或通过相位映射旅行点,火星映射福点、精神点,都主旅行。其旅行点的公式为 Asc+火星-土星。Valens指出,以 Abraham 的方法可以很明显的论断旅行变动的时间,具体使用类似后文黄道释放行运法的方法,以精神点星座为起点,首先确定其最短周期,再除以12,分配给12个子星座,按次序计数,周期完成时,看精神点星座的下一个星座开始计时,当主宰时运的星座内有旅行点,或刑冲旅行点时就会旅行。当不在角轴的凶星位于相关子星座或刑其星座时,也代表旅行,星座的定位星也用于相关分析。整体方法比较繁复,本书中不再论述。

Al-Andarzaghar 在其论断系统中,关于远行的问题,提出了八条论断法则,分别是三日宫第3天的月亮;上升定位星与月亮;日月的三方定位星;第9宫、第9宫定位星以及位于第9宫的行星;福点、福点所刑、所冲;昼火夜土;旅行点;命盘中最强行星。以上各有主宰,具体我们解析如下:

1、三日宫第3天月亮状态。

Al－Andarzaghar 首先强调了三日宫中第 3 天的用法,这属于早期的古法。在命主出生后第 3 天,如果此时月亮和火星连结,通过合相,或刑、冲相位,或者月亮位于火星星座,则命主为外国人、旅游、远行、在本国被流放,不会安居在一个地区,并因此而面临艰难恐惧。命主为白天生人,火星非星宗,则更凶,火星逆行尤应。如果火星位于舍、升、界,东出,木星映射,则旅行中获得尊重、财富,非常吉利。如果火星位于凶宫,降陷或游军,位于轴,则长期的苦难和困难将会在旅行中影响命主。根据火星所在的星座特性,论断是哪一类的困难和麻烦。如果火星如此,土星映射月亮,则将会在自己出生地或所在的消散,没有留下任何痕迹和踪影。

2、上升定位星和月亮

月亮落入陷星座,上升定位星对冲上升星座,或对冲自己其他力量星座,命主会离开父母所在国家而谋生。如上格局,当它们位于自己的降星座,结果也类似。如果月亮的定位星冲月亮,命主会旅行或流放,如果其星为凶星,则情况糟糕。

命主生日后第 3 天的月亮与水星连接,水星被火星损害,其情况如同上面所述。月亮和月亮定位星位于第 7 宫轴,命主热爱旅行。上升定位星,位于第 9 宫,或第 9 宫定位星位于上升星座,命主会远行离开自己国家。出生后第 3 天,月亮和吉星连接,并且东出,则从旅行获益。如果为凶星,但是位于自己的界或符合星宗,或被吉星映射,也主旅行获益。如果火星位于上升第 3 宫、第 9 宫,主早年旅行变动。

3、日、月的三方主星。

分析昼日夜月的三方主星,它们位于自己的三方星座,或都映射相应的昼日、夜月,命主在自己本国,不会出行。如果都游军,映射昼日夜月,则缓慢旅行,然后返家。如果第一主游隼,第二主位于自己的三方星座,都不映射日月,则命主不断旅行,伴随着辛苦和艰难。

昼日夜月位于轴,或位于 11 宫、5 宫或本星座,则旅行不会不愉快。如果落于果宫,或反厌上升,则旅行中卑微。如果太阳的定位星未映射太阳,月亮的定位星未映射月亮,上升定位星未映射上升轴,命主是一个旅行者,会遇到麻烦和困难。日、月、上升轴的定位星与它们相冲,代表出行、辛苦、麻烦,逃离本地,尤其定位星为凶星或不吉时。

4、第 9 宫和第 9 宫定位星

第 9 宫和第 9 宫定位星,主远行和变动。第 9 宫吉利,则旅行中快乐,第 9 宫定位星与吉星位于吉位尤甚。第 9 宫定位星位于轴,命主于远行中掌权得力,如该行星为金星,代表在远行中结婚,得财富、幸福;如为木星,代表善行、名誉;如为太阳,得领导职位;如为水星,代表成为著名学者;如为土星并且位于吉位被木星映射,将从水和土地获益;如为火星,会被骑兵、贵族所接纳,从中获益。

第 9 宫定位星游隼,位于吉位,吉星映射,未焦灼,位于人形星座,代表旅行中获得尊重、利益和良好的状态,结识贵胄,被人称赞;如果第 9 宫星座为兽类星座,或其定位星位于兽类星座,未焦灼,则远行伴随苦难;第 9 宫定位星落于果宫,凶星映射,吉星反厌,远行中有大的灾害,位于第 9 宫,则更甚,代表不断负荷旅行;金星映射木星或者它们位于第 9 宫,凶星反厌,则旅行获益;月亮位于第 9 宫,合相火星或被火星刑冲,会远行,并且大多数此类命至死不会返回。如果月亮位于第 7 宫或第 4 宫,也一样;星座为湿性星座,会有水相关的灾害。人形星座,则会来自人的伤害,尤其吉星反厌。月亮位于天顶,尤其是射手座,与上文一样不吉,尤其吉星反厌;月亮位于第 4 宫,月亮定位星冲月亮,命主会远行；月亮和太阳一起位于启动星座，或位于轴，凶星映射，吉星反厌，则会远行。

5、福点

观察福点，福点被昼火夜土冲刑，或福点第 2 宫被它们冲刑。

6、火星、土星

夜生人，土星游隼，位于第 4 宫或第 7 宫，吉星反厌，则会出行。昼生人，火星如此同断。如果吉星映射，会返回故土。火星位于第 2 宫，代表毁灭，逃离自己所在地，尤其昼生人火星落于降星座。

7、旅行点

Al—Andarzaghar 指出，他发现 Antiochus 使用一种迁移点（即旅行点），公式＝Asc＋第 9 宫－第 9 宫定位星，即《天文书》的迁徙箭。

8、出行方向

哪颗行星在命盘上最旺，最有力，朝该行星所在的方向旅行，会受益。也有人认为，看发光体行星，即日和月，如果位于东象限，则远行东方和南方。位于西象限，则朝西方和北方远行。

Abu′Ali 在其著作中指出，火星的三方主也能反应一个人在旅行中的运气，尤其是火星第一三方主更为重要。这一观念，符合 Dorotheus 的说法，即所有事体都可以看三方主。

二、宗教信仰

Abraham Ibn Ezra 著作中说，Enoch 认为，人的信仰，主要观察第 9 宫定位星，信仰强度取决于它的力量强弱。当水星位于第 9 宫，意味着其智慧大于信仰；月亮在第 3 宫的人，无论昼夜生人，命主倾心于宗教教义；土星在第 9 宫，代表有巨大的悲痛降临在命主身上，源出于江海河流，在水元素星座尤应；火星在第 9 宫，代表陆地上的盗匪给命主带来痛苦和伤害,具体看第 9 宫定位星的强弱;逆行行星位于第 9 宫,代表信仰不稳定,在启动星座尤甚。第 9 宫也和科学有关,土星代表几何学,木星代表宗教教义,火星代表医学,太阳代表法学,金星代表音乐艺术,水星代表语法、逻辑、哲学、数学,月亮代表修辞和历史。

Sahl B.Bishr 在其著作中指出,第 3 宫与第 9 宫代表宗教信仰之类。看其星座特性,以及与它们产生三合、六合、刑冲关系的行星,并分析其定位星、升主星、界主星所在的位置,综合论断。同时分析宗教点,公式为 Asc+水星-月亮(昼) Asc+月亮-水星(夜),Māshā'allāh 使用精神点论断此类。

1、以水星分析宗教类精神信仰,根据水星与其他行星产生的关联论断。

水星位于木星星座,被木星映射,命主会被喜爱、被赞扬,有宗教和信仰立场,将自己限制在其中。水星位于土星星座,并被土星映射,命主会有助理、生计。对财富和物质世俗事物有影响力,讨厌娱乐,为人谦卑,有持久的限制和困难,尤其木星和金星落于果宫,位于土星界,都反厌水星,尤应。火星映射水星,代表擅长说谎,没有价值、骗子、罪犯、意图毁灭事物、不开心等等。

水星位于火星星座或火星界,被火星刑冲映射,会把虚荣和虚伪的东西看成好的,喜好血光、谎言、愤怒。

水星位于金星星座或金星界,代表恳求、喜悦、慷慨、娱乐、女人,火星映射会让其善变而愚蠢。

水星位于水星星座,代表从书中学习,详细叙述,对书充满热情。木星映射,则会在知识方面享有盛名。

水星位于狮子座,虔诚而敬畏上帝,将自己看的很轻微。水星位于巨蟹座,明智而热爱知识,知识渊博,积极信仰宗教,喜欢书籍。月亮不凶时,尤应。

2、以第 3 宫、第 9 宫分析。

行星位于第 3 宫、第 9 宫代表宗教和精神信仰,尤其水星和月亮或水星和木星落于这两宫内。如果土星和水星,落于这两宫之一,命主不是真的对宗教、精神类有兴趣,位于第 3 宫,代表梦和神秘事物启示。火星映射,命主在宗教上是一个说谎者,金星映射,则灵魂纯洁,木星映射,则真诚而忠诚,太阳映射,会真正成为一个崇拜者。

如果福点位于吉星界,命主天生纯洁明智,特别是福点位于阴性星座,没有凶星影响(尤其是土星)。

第 9 宫和第 9 宫定位星位于双体星座,命主并没有固定的宗教信仰,他会活动于各种宗教中。根据位于第 9 宫内的行星论断命主宗教信仰的情况,譬如火星位于第 9 宫,会抛弃父母抚养他时所信仰的宗教,而转变到最坏的情况,其余行星根据其吉凶特性论断。如果星座是启动星座,定位星位于启动星座,则命主保持怀疑多变,他的观点在思想、行动、宗教上并不坚定;星座是固定星座,其宗教信仰是坚定的,尤其第 9 宫,不能被火星影响,尤其是昼生人;当星座为启动星座,定位星位于固定星座,命主在人生初期对宗教怀疑,在人生终结时对宗教虔诚,这基于定位星所在的位置。

第 9 宫和第 3 宫定位星,位于上升轴或天顶轴时,没有变凶时,代表领袖、知识渊博、热爱宗教、有所追求,合相太阳、木星时尤应,东出则公开信仰宗教,西入则秘密信仰宗教;夜生人罗睺位于第 3 宫,木星与水星映射罗睺,会在宗教上有声望;第 9 宫定位星位于升星座或位于三方主星座,并且是昼日夜月的第一三方主,同时位于轴,尤其位于天顶,命主会成为宗教领袖,或者被当地人所敬仰,成为他们的领袖;水星和月亮位于第9宫,位于水星或月亮的舍星座,宗教点位于其中,命主是一个有灵感的人,有洞察力和知识,能解梦通灵,当木星合相或映射时,他将是诚实的,并且因为此类事被大家接纳,成为权势者的顾问;月亮位于第9宫木星星座内,夜生人,命主为占星家,博学而敬畏神灵;水星为第9宫定位星,并且在第9宫有具有水星力量的行星或恒星,命主为神学家、法官,背诵经书、精神奉献,上升星座为水星星座或土星星座,则类似。

月亮位于上升,位于人民阶层星座(双子座、室女座、天秤座、宝瓶座、射手座的前半部),命主是一个有道德、有人性的人。吉星位于人民阶层星座也一样,尤其位于天顶。如果火星在这种位置是致命的,会做人所被禁止做的事情,月亮与之组合尤差。与此类似,当土星位于上升星座,会被大众和普通观念所憎恨,尤其位于人民阶层星座。

宗教点合相火星,在宗教类方面最差;合相木星,则利于宗教信仰、语言、利益;合相土星,命主是研究古代事物的学者;合相水星,命主在商业、知识上博学;合相月亮,熟练的信奉宗教;合相金星,性格随和;合相太阳,而不在日光下,爱名而博学多识。第9宫是木星、太阳、金星升星座,并且升主星为昼日夜月的三方主星,位置又吉利,命主以宗教为生计,因其获得财利,被人们所称赞、崇敬。第9宫定位星是火星并且映射第9宫,不利于宗教信仰。第9宫定位星是木星,则命主会受到赞扬,尤其是木星位于吉利位置,未于日光下、未逆行,当行星逆行时,代表谎言,位于日光下代表虚伪、欺骗、失败。当吉星位于第3、9宫,代表因为宗教、旅行、拜神、占星、解梦获得巨大的资产,尤其吉星位于喜乐之地,当第3、9宫定位星位于吉位也类似。除非水星合相木星,或映射木星,或产生某种联系,否则不会因为文字、写作获益,并被称赞。

土星位于第 9 宫,或为其定位星,位置吉利,命主掌握很深的知识,如果和水星结合,或彼此具有力量(舍、升、界、旬),命主会在文学、写作上有知识,但随后会因为知识和文学而遭受苦难,火星映射,则更差,代表屈辱和毁灭折磨命主。土星位于第 9 宫,没有凶星,代表拜神、解梦、秘密知识,昼生人,会在学者中成为领导,夜生人,代表拜神、解梦、占卜、预言,尤其位于木星星座,在任何情况下,其宗教意图都是邪恶的,不相信宗教,累积不义之财。

昼生人,木星位于第 9 宫,代表虔诚、知识、秘密和赞美,夜生人代表不相信、谎梦。木星位于第 9 宫被焦灼,并合相水星代表拜神、智慧、书籍、医药以及对非凡事物的创新,如合相水星并脱离日光下,代表预测、鸟卜、医药、礼拜;木星位于第 9 宫,合相太阳,并脱离日光下,命主为辩护、智语之人;木星合相土星于日光下,命主会因为宗教或知识聚敛许多资产,会有许多旅行;昼生人,金星位于第 9 宫,位于阴性星座,代表不信仰、伪虔诚,与知识和神秘类相敌对,尤其土星映射。夜生人,则主崇拜、优雅的知识、建造清真寺之类;水星东出,位于第 9 宫,映射木星,代表占星术并以之为生计,代表知识渊博,如西入,木星反厌,则命主知识渊博却不幸;水星合相土星,代表在宗教信仰上有争议,如位于启动星座,则宗教上不坚定,夜生人会与人在宗教上争辩,是一个和真理相抵触的坏人。合相太阳,代表权威的神学家,口才佳,并因此聚敛财富,会有许多旅行,从外地人那里获益。

上升定位星与第 9 宫定位星连结,位于吉位,命主会远离家乡,并因为知识、宗教而提升社会地位,如位于类似 12 宫这样的凶位,代表离家,遇敌人、疾病、艰难。如行星为吉星,代表在宗教信仰上是好的,但是不会因此提升地位,会和外地人生活在一起,成为探索知识之人。第 9 宫定位星位于

11宫,命主会知名,被人提及,成为政府资产的保证人、解梦者。

观察宗教点,木星映射此点,代表拜神、真诚,命主会有梦的感应而预言未来,会以先知或贤者的姿态说话。水星位于上升轴六合宗教点,命主欺骗众人,制造神奇,通过欺诈而捞取钱财,人很聪明、敏感,有自己的想法。福点位于3、9宫连结宗教点,并合相一颗吉星,代表宗教雄辩。宗教点焦灼,则宗教信仰不吉。宗教点位位于轴,则十分吉利。宗教点位于白羊座、金牛座、狮子座、天蝎座,则固执。

Māshā'allāh以精神点论断,他认为,精神点和其定位星,未被凶星影响,则对于内心精神状态和外在的宗教实践都是吉利的。精神点和其定位星,被凶星影响,并被接纳,命主虔诚,内心优雅,被人们所称赞。精神点没有被凶星影响,定位星变凶,外在善良,内心邪恶。福点凶,而其定位星未被凶星影响,内心比外在表现好。精神点位于轴,命主坚定信仰,没有怀疑,也没有不确定,另外精神点定位星被接纳并映射精神点,命主理性,信仰纯真的宗教。如定位星未被接纳,尤其吉星映射,凶星未参与,就会做好的工作、理性的工作,而不会做其它。精神点定位星逆行,命主会转信别教。精神点定位星落陷落,代表愚昧、馋谤。

精神点位于第9宫,在宗教信仰上是虔诚的,如其定位星被接纳,映射精神点,为隐居遁世之象。如不吉,未被接纳,则代表怀疑、堕落。第3宫也做类似推断,但稍弱,代表兄弟姐妹也会虔诚于宗教。精神点位于第11宫,生命终结时,信仰上善良,充斥爱和优越感。定位星未被凶星干扰,并映射精神点,则更吉利。如被接纳,代表相关倾向符合真理和理性。如不吉利,就会损坏道德心。精神点位于第5宫,代表自己的儿女也会宗教上虔诚。精神点位于2、6、8、12宫,不利于信仰的外在,如定位星也凶,则主堕落、内心邪恶。如不凶,外在因为道德心而吉利，如被接纳，则道德心也会因为敬畏而增强。

例1 出国读书、工作

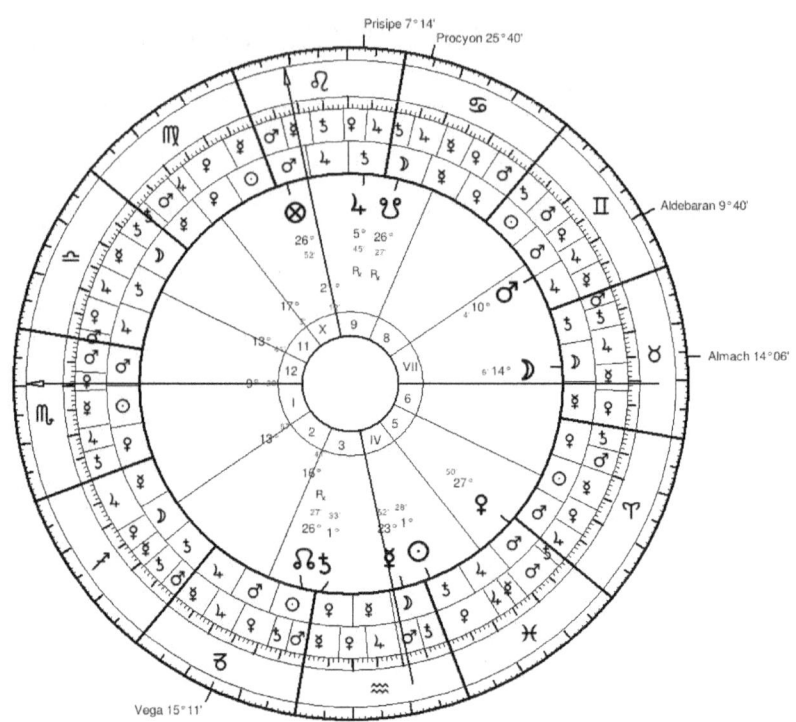

此命为女性，生于 1991 年 2 月 20 日 22：53 分。月亮入第 7 宫轴，且月亮为第 9 宫定位星。于 2017 年 1 月 14 日出国读书，2018 年 10 月 1 日正式在国外工作，2020 年 6 月正式回国。

根据三日宫算法，此命出生后第 3 天，月亮位于双子座 14°，与月亮合相位于双子座，主远行。

主向限 2017 年金星刑月，远行之象，2020 年水星三合月亮，水星位于在第 4 宫轴，代表回国（Mundane aspect）。

此命幼年 3 岁时父母离异，初中后去南方随母生活，有一继父。命运较为特殊，其他相关分类占也可以研究此命。

例 2　移民国外

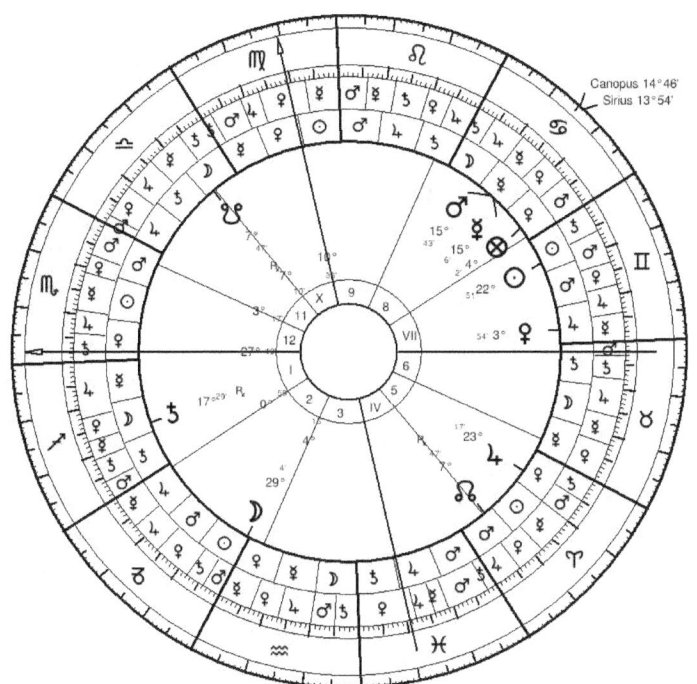

　　女命,生于 1987 年 6 月 14 日(有夏令时)。月亮位于后天宫的第 3 宫,主远行。火星位于第九星座,主远行,冲月亮,也主远行,并且火星为上升定位星。第 7 宫也是远行与海外宫,太阳和金星于内,太阳是丈夫,金星主婚姻,并且太阳是后天第 9 宫的定位星,命主后来移居国外,丈夫是外国人。其旅行点位于摩羯座 6°,旅行点定位星为土星,土星入上升宫,与太阳冲,太阳是第 9 宫定位星,远行出国之象。

　　婚前恋爱不顺,多变,因为火星和水星同度,火星为女性的丈夫或男友,并且位于启动星座。而太阳和金星也位于双体星座。

例 3　出国读书

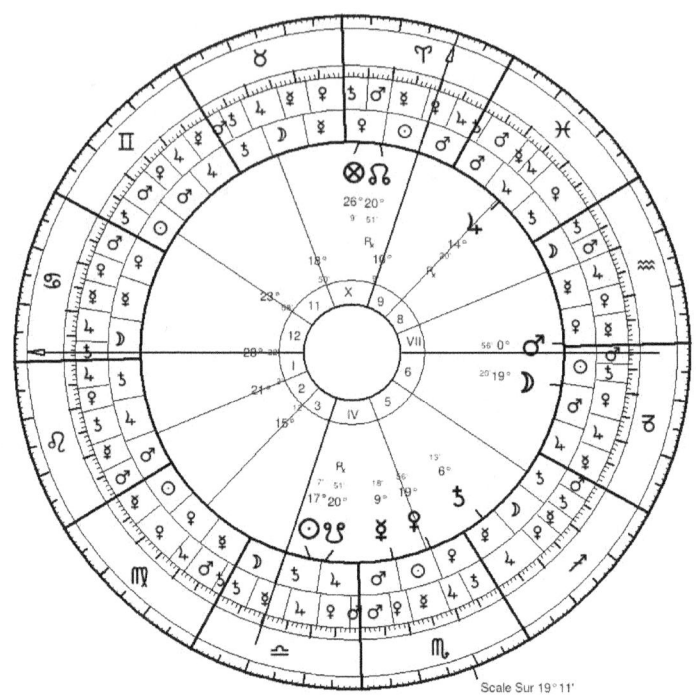

Scale Sur 19°11'

　　女命,生于 1983 年 10 月 11 日。此命上升轴位于巨蟹座 28°,旅行点位于巨蟹座 28°40′,旅行点与上升轴完全合轴,远行之命,并且火星为第 10 宫定位星位于下降轴,水星位于天蝎座被火星接纳,为出国读书之象。

第十八门　说人寿终缘故（死因）

凡论人寿命终时,看第八宫并宫主星。又看凶恶星,又看杂星内凶恶星。

若第八位宫主星,是土星,则病疲怯、羸瘦、久远之症。或水蛊之症、妇人胎气、及一切冷症,因此等症丧命。

若第八位宫主星,是木星,则得喉肺之症,及麻风、筋缩、头疼、心气,并一切风气病症,因此等症丧命。

若是火星,则病发热,并肝经疼痛,吐血之症,及刀斧所伤,一切热症,并血脘伤败,妇人损胎之症,因此等症丧命。

若是金星,则病内肾,并走气痛,及患痔漏、肛门,一切湿气之症,因此等症服药差误丧命。

若是水星,则病风魔、恍惚、惊惧、咳嗽、吐血,一切干燥之症,因此等症丧命。

若是太阳,与火星同断。

若是太阴,与金星同断。

若以上各星,有恶星照、或杂星内凶星照,或第八宫、第八宫度上,有一杂凶星照,又有凶星相助者,其人不能善终。以上所说,各因恶星相照得病症而丧命。

又一等无病症而丧者,因年老,血脉不通、饮食不进、自然而终。

又一说,看死亡箭在何宫位,因此宫位所主之事丧命。若此箭在迁徙宫,则因出外丧命,余依此例推之。

　　注:《天文书》论断寿命,以第 8 宫、第 8 宫定位星、凶星与恒星结合而断。

　　一般认为,生于新月的人会死于满月附近,生于满月的人会死于新月附近。在分析死亡时,需要分析第 8 宫和第 8 宫定位星,以及在第 8 宫内的行星,并分析其星座特性;分析天底轴第一三方主、下降轴的界主星、死亡点、死亡点定位星。死亡点公式＝土星＋第 8 宫轴－月亮(昼夜同)。

　　Umar Al－Tabarī 在其著作中提及死亡论断时,还提及恒星星座,认为代表死亡的类象星或月亮损害于蛇夫座、天龙星座,或位于天蝎座和罗睺星合相,代表蛇咬,被人投毒毒死;如果位于秃鹫座或乌鸦座之类,死而未埋,被鸟类食尸;位于白羊座、金牛座、摩羯座,射手座,代表被马或动物伤害而死。位于大陵五或英仙座(美杜莎有头无身体),代表头被砍掉;如果凶星合相日月或木星,位于第 8 宫,死的最惨,被凶星冲,代表被富贵人杀死;月合日于一个星座,或被火星所刑,或合火星于同星座,被火所烧;如果死亡类象星,被损害,位于土元素星座,代表从高处落下之物砸死或死在地上、山上;位于火元素星座,死于火或狼;位于风元素星座,死于绞刑架,死于人手,死于动物背上;位于水元素星座,死于水中,或死于凶猛的匍匐动物,成为水生动物的食物。

　　Rhetorius 在其著作 77 节,论及凶死暴毙的论断方法,首先他列出残杀点,公式为 Asc＋月亮－上升轴定位星(昼) Asc＋上升轴定位星－月亮(夜),月亮映射残杀点,代表暴毙,如果月亮位于截肢星座,更凶。如果出生前新月或满月的定位星反厌新月、满月点,被凶星映射;上升定位星或福点被凶星映射;Ic的第一三方主落于凶位被凶星映射,没有金木映射救援,都主暴毙。还可以根据死亡点论断,其公式为土星＋第8宫轴－月亮(昼夜同),注意什么行星映射该点,如果只有凶星映射该点,代表暴毙。

根据Critodemus所说,下降轴的界主星,如果为凶星,位于日光下,位于太阳界,代表被死于背叛或伏击,当不在日光下时,代表在他人面前公开被杀。下降轴的界主星为凶星,停驻或逆行,代表被伤害死亡或毒死。下降轴的界主星为凶星,位于人形星座,被凶星映射,代表被人杀死,位于水元素星座,代表死于水中,位于野蛮星座,代表死于野生动物或高处跌落死亡(这一段源出于Critodemus,该系统使用带有太阳的界)。

月亮连结土星和火星位于同一个星座,位于角或续宫,代表暴毙。土星是第8宫定位星,映射第8宫,没有吉星参与,代表死于水,尤其土星位于潮湿星座,诸如死于干土地、山区、荒芜之地等等,根据星座特性进行论断。水星距离太阳24°(有版本作29°,实际水星距日最大28°),代表暴毙,金星距离太阳47°(金星最大距日48°,此处当为48°)也一样;太阳为第8宫定位星,位于其他行星的星座时,如果太阳和第8宫都受到损害,代表从高处跌落死亡;火星为第8宫定位星,第8宫被损害,没有金星和木星救援,代表强盗抢劫致死,或野兽咬死、敌人杀死,当火星被太阳映射的时候,代表被王者将其钉死在十字架上或被砍头,或在与野兽抗争中被杀死;金星为第8宫定位星,如果它与第8宫都受到损害,没有木星映射,死于女性之手,或死于酒、毒;水星为第8宫定位星,如果它与第8宫都受到损害,代表被奴隶杀死或被抄写员杀死;木星为第8宫定位星,它与第8宫都受到损,被官贵杀死。如果第8宫定位星,没有映射第 8 宫,但是受到损害,位于其他星座,代表以上论断结果发生在外国或外地,如果映射第 8 宫,如舍、升、三方,代表发生在本土。

第 8 宫和其定位星位于凶位,如吉星映射第 8 宫或其定位星,代表虽然凶事发生,但是并未公开。还要看月亮第 3、7、40 天的位置,如果第 40 天,月亮遇到凶星,代表凶死暴毙。新月、月食也要注意。如果罗睺位于第 8 宫,被火星、土星、水星映射,代表暴毙,不是被砍头就是被钉在十字架上,如果太阳也参与映射,损害视力与脚。如果只有木星映射第 8 宫,没有土星和火星映射,会平静的死去。如果罗睺位于第 8 宫,木星、金星和火星也在内,代表凶死或斩首。

还有其他暴毙的配置,但是没有这么简单的构造,多星参与其中。譬如满月位于天顶,火星和太阳于 Ic 冲之,木金反厌,代表凶死暴毙或活活烧死。这些格局都是从不同结构产生的,我们没必要在此一一列出。

福点定位星和第 8 宫定位星互冲,代表暴毙;土星位于上升轴,火星位于下降轴,代表狩猎,这代表与野生动物搏斗,或被狗吃掉;土星在天底轴,火星位于天顶轴,夜生人,代表被鸟所吞食;时主星的界主星位于 12 宫,被野兽所吞噬;火星和土星位于狮子座或巨蟹座,代表短命、暴毙;上升定位星和月亮定位星相冲,代表死于异地海外,如果它们都被凶星映射,代表暴毙;福点定位星位于日光下,没有金木映射,为凶死之象,具体根据星座论断;月亮在第 40 天遇到土星、水星、火星,代表暴毙;满月被截肢星座的火星映射,没有金木映射,代表暴毙;凶星比日月占优势,没有金木映射,代表暴毙;月亮位于第 4 宫,位于火星星座,没有金星和木星映射,代表暴毙;水星冲满月,被凶星映射,代表暴毙。

以上 Rhetorius 论述的内容,原著部分地方混乱,其他著作有论及

类似内容,笔者在此补充如下:

　　下降轴的界主星,位于凶宫,被凶星映射界和界主星,初次缓行、逆行,命主将死于十分憔悴的疾病,大量的医生和治疗措施导致其死亡,根据界主星所在的星座特性论断,如果位于人形星座,代表忧患来自医生或其他人。如果为潮湿星座,代表死于痰,在四足星座,代表被动物所吞噬或从高处摔死。月亮和火星位于第8宫,水星位于第2宫,代表命主死于敌人之手,或被盗抢者杀死。福点伴随火星,代表战斗流血,尤其位于第8宫或天顶,命主会死于战争,如果火星于上位映射月亮,尤凶。如果土星和火星为第7宫定位星,使上升不吉,吉星未映射上升,代表命主会用铁器自杀或令自己窒息,或从高处摔死。如果第7宫定位星位于6、12宫,或3、9宫,代表命主从高处摔死,月亮不吉尤应。太阳在第7宫日蚀,死于火灾或水灾,或和许多人一起死,具体根据所在星座特性论断,如果位于潮湿星座,代表死于水。月亮合相火星,上升定位星合相太阳,命主被截断肢体。

　　金星位于第7宫,月亮游隼,且凶星会和月亮,命主的死亡和一个有多个丈夫的女子有关,并且她的丈夫都已经死了;如果是木星位于第7宫,其他同上,代表死亡与子女有关,或因为名誉名声,被人嫉妒而死;如果火星位于第7宫,其他同上,代表死亡与兄弟姐妹有关;如果太阳位于第7宫,其他同上,代表死亡和父亲有关;如果月亮位于第7宫,其他同上,代表死亡和母亲有关或和父亲的女人有关。

　　Dorotheus认为,许多学者都认为死亡应该分析命宫开始的第8个星座,根据其特性进行论断,分析星座特性、定位星、何星映射此宫等等。第4宫的第一三方主代表死亡,第二三方主代表慢性疾病,如果都位于凶位,代表暴毙或死的艰难。如果天底轴的第一三方主,位于第4、

7宫,死亡时没人知道,也没人知道命主怎么死的。如果第二三方主位于第7宫,代表长期患病痛苦,如果映射上升轴,则更差。

Dorotheus 认为,也有人认为应检查第7宫和第7宫的三方主论断死亡。如果火星为其定位星并位于第7宫,命主会被砍头,火星位于日光下,代表痛苦来自身体其他肢体部位。月亮位于第7宫,命主死于火灾(此句疑有脱漏,当有火星凶映射)。第7宫与其定位星皆凶,定位星与月亮同时映射上升,代表自杀。火星在第10星座,但是不在轴上,月亮在下降轴上,被凶星映射,代表被敌人或强盗所杀。

Abraham Ibn Ezra 认为,第8宫定位星位于天蝎座,并被一颗行星映射时,命主被狗咬死。第8宫定位星位于性质相似的狮子座时,代表命主被野兽吞吃。如果吉星位于第8宫,则免于非正常死亡。他指出,Ptolemy 曾经说,一些上升位于白羊座或天秤座的人容易导致自己死亡或自杀,因为上升星座和第8个星座都是同一个定位星。并提到 Sahl B. Bishr 曾说,他看过 Enoch 的秘密之书,书内认为出生在双鱼座末度的人会死于火,如果土星位于第8宫,并且为水元素星座,则死于水,如为土元素星座,会死于建筑物倒塌。Al－KindĪ 说,观察第8宫、第8宫星座,其中的行星或与之映射的行星,以及死亡点,和它们的定位星,如果定位星位于升星座,并且没有凶星映射,但是被焦灼,代表突然死亡,命主自己不知,毫无征兆。

al－Andarzaghar 在其著作中提出有关第8宫主题论断死亡的十四个要点,列出如下:

1、观察第8宫、第8宫星座特性、第8宫定位星,观察第8宫定位星在星盘中经过的星座及凶星是否映射第8宫、第8宫定位星。

2、观察第8宫定位星是否映射第8宫,观察是否有更多吉星映射第 8 宫及其定位星,由此可以判定命主死于家中还是客死他乡,死因是否明确。

3、观察第 4 宫的三方主及其所在的星座,有什么行星与之映射。

4、死亡点,公式=公式=土星+第 8 宫轴-月亮(昼夜同)。

5、第 8 宫及其定位星,注意与其映射的吉凶星。

6、第 7 宫、第 7 宫界主星,观察它们所在的星座位置,有什么行星在内,什么阿拉伯点在内,这些都能显示死因。

7、观察月亮趋离的吉凶星,以及月亮经过的星座特性。

8、观察出生前最近的新月或满月,是否有凶星映射。

9、残杀点,公式为 Asc+月亮-上升轴定位星(昼)Asc+上升轴定位星-月亮(夜)

10、观察福点、第 8 宫在星盘中的位置,是否映射。

11、是否有凶星映射月亮、上升定位星。

12、观察福点、福点定位星,及它们所在的星座特性。

13、观察三日宫的出生后 40 天的月亮,是否被凶星映射。

14、观察昼火夜土是否位于轴,以及金星、水星与太阳的距离。

实际上,Al—Andarzaghar 这 14 条比较琐碎,并非系统的给出一个结构断法,而是汇总了诸家论断思路,判断方法在本节上下文中都有。在这里起到一种索引的作用。

Valens 在其著作内,专门论述了各种暴病、灾祸和凶死格局,有着重要的参考价值,我们论述如下:

首先,他提到了日月对冲,日月对冲并非总是凶象,只有凶星近度数接近此格或凶星投射参与,由于凶星与其关联,而导致日月冲相位变凶。甚至是好的命造遇到这种格局也不会始终吉顺。

如果寿星、寿主星之类位于凶位,则主凶灾疾病。Petosiris 认为,每一个生命从开始到结束,都有一颗主宰的行星,这颗行星,主宰命主将成为什么样的人,他将拥有什么样的谋生基础,他将拥有什么样的性格,他将拥有什么样的身体、健康和外貌,他将拥有的,以及所有陪伴他一生的东西。没有这颗星,任何人都将一无所有,无论是职业还是地位。但是,怎么可能仅仅依靠一颗行星,就在所有事情上都成功。或者,在所有事情上都失败。通常在生命出生时候,就有一颗行星主宰着生命的基础(或者它能够影响或激发其他行星的影响)。而同时,有另一颗行星,主宰其余的因素。所以可能命主有一颗高能量的主星,富贵显耀,但是六亲子女却灾祸连连,或有人富贵却早夭,有些人,他们的妻儿吉顺,但生计却很拮据。也有一些人财产富裕,但地位低下,身体多病。还有一些人,长命百岁,但却饱受劳作的折磨,因此一颗主星并不能让人事事如意,这种种都是因为这种主次星共同的主宰作用的结果。

一颗行星赋予生命基础,另外一颗星赋予钱财富贵与死亡。在实际论断的时候,都要考虑吉凶星对它们的影响,以及出生前新月或满月点所产生的格局,在论断死亡的时候还需要注意 6、7、8 三个宫的影响力,总之以生死二星为体,其他行星和各种力量为用,综合分析得出终身变化和生死之运。

这一观念非常重要,根据古人说法和笔者经验认知,我们排盘出来的命盘,其实是地球某地的宇宙时空盘,它是一种时空占卜命运的形式。简单说,星盘并非就是针对某一个人,而是针对某时间和某空间内的万事万物的信息,所以命盘是一个共性盘,人是阴阳交媾的产物,命运盘的分析其实基于阴阳角度的计算,需要找出多个主宰行星推导人生轨迹。

有了这个概念就很好解析多胞胎问题,多胞胎生于同一时间,所以他们出生时候的命盘,具有相关信息,这种信息主要反应在多生命出生,命盘一定会有相关体现,在技术上的表征就是上升轴、月亮、木星、罗睺和火星、金星、水星,它们会有多生命信息表现,譬如木星和罗睺合相位,代表多生命体;金星与水星3°内合相于上升轴,可能代表双胞胎姐妹;火星紧密合相木星等等,简单说,就是多生命特性会出现,在宫位上很容易体现在上四轴宫、第3宫、11宫。多胞胎命运会一样吗?答案肯定是否定的。多胞胎命运一定具有共性和差异性,因为命盘上升、月亮、太阳一样,但是他们也有巨大差别,因为每一个命运都有双星或多星主宰,行运差别极大,所以多胞胎虽然生于同时,却主宰行星不同,主宰星不同,运行的轨道完全不同。

关于疾病暴毙和凶祸的注意要点:

出生前新月或满月的定位星,如果反厌新月或满月点,或位于不吉之位,被凶星映射,主凶死。如果水星冲满月,凶星参与映射,主凶死。土星、火星或水星位于出生后第四十天月亮之位,主凶死暴毙。凶星位于第7宫或第6宫,主暴力死亡、疾病发作或悲惨死亡。上升第8宫和福点的第8宫,具有同样的主导死亡的影响力。有必要注意福点和福点定位星所在星座,死因也会从中得知。日月合相位于白羊座,天蝎座为其第8宫,为混沌之位,主日月无光,天蝎座为其凶象。

星座和行星伤损组合:

白羊座被天蝎座损毁,因为它们的定位星都是火星,火星自毁,因此白羊座主自杀之人、从高处摔下、准备死亡之人;也代表犯罪帮凶、土匪和杀人犯,以及因动物袭击、火灾或建筑物倒塌而死亡的人;也主流血,遭受攻击而死亡。

金牛座被射手座损毁,即金星被木星摧毁。这种组合下,死的安详、死于奢靡、死于食物、酒或性放纵,死于睡觉或放松时的中风。不会出现令人痛苦死因,除非有凶星合相或映射,则根据其凶性论断死因。

双子座被摩羯座损毁,水星被土星摧毁,有些人死于黑胆汁的折磨,遭受痛苦的痉挛,或在潮湿的地方被野兽或爬行的东西伤害;有些人被判死刑、监禁或窒息而死;有的被土匪或敌人袭击;也有的被毒死,因为星座有湿的特性。

巨蟹座被宝瓶座损毁,月亮被土星毁灭,死于湿气或内脏疾病、脾胃疼痛或呕吐液体;死于大海,死于河流,死于寒冷,死于野兽或爬行动物的袭击;死于象皮病、黄疸、精神错乱、中毒、长期监禁和其他慢性发烧;妇女容易死于乳房疼痛、癌症、生殖器或子宫疾病、窒息或堕胎。

狮子座被双鱼座损毁,即太阳被木星损毁,死于心脏病发作或肝脏疾病,在潮湿的地方有危险或疾病,主跌倒、疟疾,洗澡事故、女人的背叛。

室女座被白羊座损毁,水星被火星毁灭。会死于背叛和犯罪,被敌人或强盗攻击;死于烧伤、倒塌的建筑物、失明、监禁、贵族的愤怒,或囚禁、从动物或高处坠落、四肢被压碎、或动物攻击;女性死于子宫疾病、流产、出血或肺痨。

天秤座被金牛座损毁,金星自毁,会通过毒酒、蛇咬和饥饿来自杀;死于过度性交、小舌切除、溺水或致残、失明或瘫痪;被女性攻击或从高处、从动物身上坠落。

天蝎座被双子座损毁,火星被水星摧毁,死于刀割生殖器或臀部,或怪病、疮溃烂、窒息、爬行的东西、暴力、战争、强盗袭击、海盗袭击;或因官方、火、刺穿、野兽或爬行动物攻击而死亡。

射手座被巨蟹座损毁,木星被月亮所损毁,主死于脾、肝、胃疾病、呕吐液体或血液、从动物身上摔下来、被饥饿的野兽袭击、倒塌的建筑物、沉船、潮湿的地方。或死于精神错乱、失明、虚弱。

摩羯座被狮子座损毁，土星被太阳摧毁，死于心脏病发作、骨折；死于浴场事故；死于烧伤；死于上位者的愤怒；死于刺穿、死于野兽的伤害、死于高处坠落。

宝瓶座被室女座损毁，土星被水星摧毁，死于生命衰竭、水肿、象皮病、黄疸、发烧、刀伤、痢疾和女人的背叛。

双鱼座被天秤座损毁，木星被金星摧毁，主湿气、中毒、疼痛流脓或痉挛、生殖器或肝脏不适、坐骨神经痛、野兽和爬行物攻击。

凶死暴毙的原理论述至此，我们可以发现，以上星座原理基于第 8 个星座代表死亡的意义，后一个星座都是前一个星座的第 8 个星座。

在论断的时候，还必须考虑到每一个星座对受伤和疾病的影响（参考前面章节 Valens 的星座疾病类象），以便明确死亡类型。每一颗参与合相或映射的行星，对死因都会赋予其特性，有必要检查它们的位置和它们的定位星，以及它们的映射相位（即相关的或无关的行星），从而作出最后的论断。当凶星与寿星、寿主星产生合相或映射关系，就会带来暴毙。而吉星，则只会带来伤病之类。

例如：双子座被摩羯座所损坏，宝瓶座被室女座所损坏，也就是说，水星被土星破坏，土星被水星破坏。如果这两颗行星在一个命盘中呈冲相位或刑相位，并且这两颗行星正好一颗是寿星，另一颗是寿主星，就会导致命主寿命很短或不幸死亡，如果并无关联，它们在自己舍星座之外的地方互相映射，主挫折、流放等其他短期的灾祸。

关于对冲的相位，正如我们所学习过的，其凶性并不是对所有的命主都是有害的，偶尔它们甚至是有益的，尤其贵命遇到这种格局代表陷入困境。这类人都是暴力的,生活在斗争中,参与邪恶的、不法的活动,他们有非法行为,通过抢夺掠夺,想为短暂的名望带来好处,他们变得贪婪、疯狂、傲慢,他们把自己的错误归咎于他人。此外,他们鄙视上帝和死亡,因为他们自己就是生与死的主宰,并且,这类人的一生并不会好运常伴,有些人因为这种冲相位的配置,会从荣誉与高地位中堕落到卑微的生活,甚至还有的暴毙凶死,有些命承受着之前他强加于他人身上的痛苦,经历着过去的行为所招致的报复和惩罚,风光不再,心怀过去的虚荣,多年劳动、暴力经营的财产,顷刻间就被剥夺了,不情愿的落入他人之手,不稳定的生活接踵而来,背叛、欺骗、阴谋、悲伤、身体疲惫,他们渴望人生能够平均一些,却无能为力,必须面对命运的无情打击。在实践中,行星相冲时不吉的论断有两种形式,第一种是当一颗行星位于上升和另外一颗行星对冲,第二是行星和自己的舍、升、三方星座冲,三方主星、昼夜星宗行星是特别凶的,尤其它们相冲时,严重影响生活、生计。

例 1　溺死

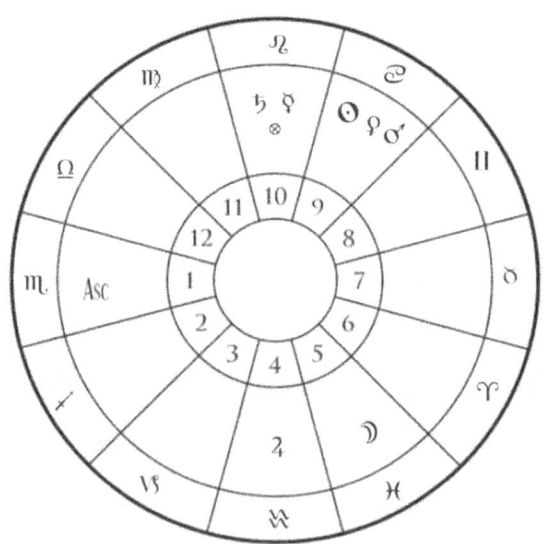

福点第 8 宫为双鱼座,为水元素星座,月亮位于此星座。土星合相福点,福点定位星太阳合相火星于巨蟹座,为水元素星座。此命在浴缸中溺水而亡。命主出生前满月位于摩羯座,被巨蟹座火星所冲。土星作为满月点定位星,反厌满月点星座,主凶。

例 2　烧死

火星位于狮子座,为火元素星座,对冲上升星座。土星合相水星,并上位映射福点第 8 宫双鱼座,命主被烧死。

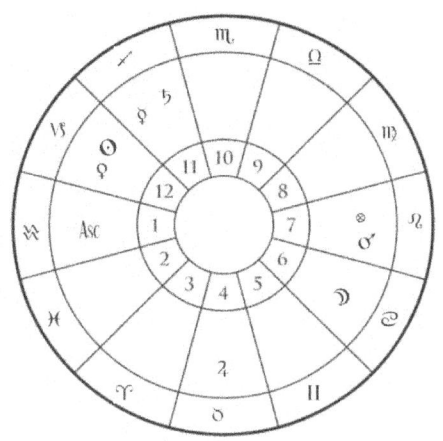

Valens 的案例其实难以体现出他对星座损毁的应用,在后面章节中笔者会以实例演示其中关键。

例 3　恐怖分子

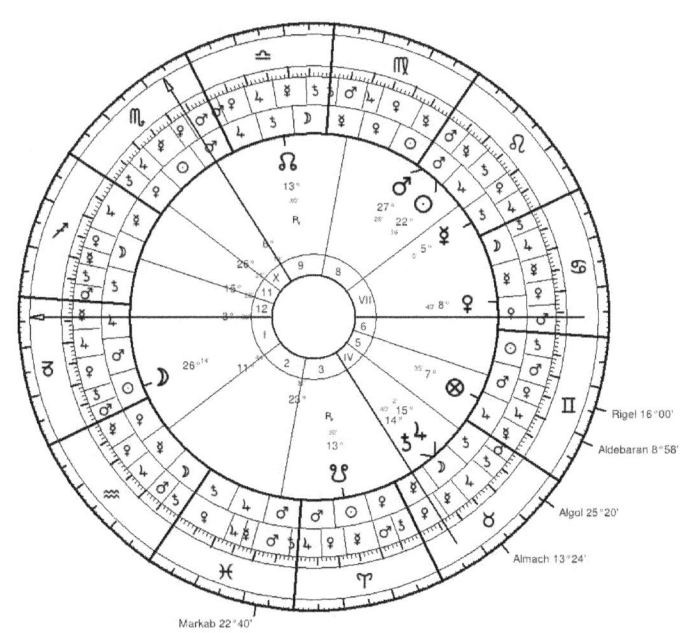

Rigel 16°00'

Aldebaran 8°58'

Algol 25°20'

Almach 13°24'

Markab 22°40'

Gudrun Ensslin,古德龙·恩斯林,1940 年 8 月 15 日夏令时 18 时出生于德国巴塞洛姆(Bartholomä 48n45,9e59)

德国共产主义者,牧师的女儿。当她 18 岁通过一个交流项目在美国上学的时候,她已经参与了政治活动。第二年,她在德国一所大学遇到了左翼作家伯纳德·维斯帕,影响了她的思想。同年,她遇到了安德列亚斯·巴德并坠入爱河,随他去了法兰克福。他们开始进行恐怖爆炸和杀戮的"人民战争"。她于 1972 年 7 月 6 日被捕,受到审判,被判有罪并被判终身监禁。1977 年 10 月 19 日在牢房上吊自杀。

分析:木星、土星在天底位于太阳、火星、水星的第十星座,上位映射之,且火星为天顶定位星,昼盘火星尤其凶,代表命主会参与反政府武装,并被镇压,命主为昼生人,木土位于地平线下,行星失域,失其力量,为凶象。太阳合相火星,太阳为政府,火星为天顶定位星,为第 4 宫定位星,太阳合相火星刑第 10 宫,木星合相土星冲第 10 宫,这都是对抗政府的标志。月亮位于摩羯座落陷,并且精确合相土星点,土星点位于摩羯座 26°54′,这是坐牢并凶死的标志。上升星座升主星火星合相太阳于第 8 宫,为凶死之象。上升定位星土星合相木星于天底,且木星为第 12 宫定位星,土星为上升与第 2 宫定位星,木土又被第 8 宫的火星、太阳所刑,福点第 8 宫为摩羯座,其定位星土星与木合相于天底,都为犯法坐牢并死于狱中之象,且第 8 宫日火水的组合,为暴毙之象。

第 7 宫代表婚姻,金星代表婚姻生活,金星位于第 7 宫轴,说明金星在此命盘中一定代表婚姻。命主星土星与木星紧密合相位于金星星座,又被金星六合映射,通过主授客星,土星与木星被赋予金星能量,因此木星和土星的结合,代表婚姻生活,木土冲天顶,夫妻一起反政府。而金月对冲,月亮落陷,则说明婚姻生活的短暂和不幸。

四柱八字解析:

阴历:庚辰年 七月 十二日 酉时 (昼)

生于:立秋中

	养	临官	绝	帝旺
	比肩	偏财	日主	正财
	白腊金	泉中水	松柏木	泉中水
坤造:	庚辰年	甲申月	庚寅日	乙酉时
	戊偏印	庚比肩	甲偏财	辛劫财
	乙正财	壬食神	丙七杀	
	癸伤官	戊偏印	戊偏印	

大运:	癸未	壬午	辛巳	庚辰	己卯	戊寅	丁丑	丙子
	4 岁	14 岁	24 岁	34 岁	44 岁	54 岁	64 岁	74 岁
始于:	1943	1953	1963	1973	1983	1993	2003	2013

分析:庚日生于七月,身旺,比肩劫财为忌,为阳刃格,庚年庚日阳刃在酉,且为真阳刃,极凶。经云:"阳刃冲合岁君,勃然祸至。"又云:"时逢阳刃喜偏官,若见财星祸百端,岁运相冲并相合,勃然与祸至门阑。"此命运走东方,则财必遭分夺而见凶,因此大运从 34 岁开始进入木运则极凶。

就神煞而言,此命犯咸池煞,庚辰生人,见酉是羊刃咸池,更添其凶,经云:"时日咸池一两重,名为岁煞反招凶,暴亡水火离乡死,诅咒瘟黄不善终"。具体根据五行与格局论断,此命日时乙庚合,地支寅酉绝,又岁支辰酉合,年与时合,日与月冲,为绳索吊死之象。

本命生于立秋后第 8 天,壬水、庚金当值,因此其八字中,水的力量不可忽视,且会起到关键作用,1972 年壬子年,申子辰三会水局生财,财旺被劫,必然见凶。1977 年,命主行庚辰大运,庚金比肩劫财,且运支辰土合刃,并且庚辰为本命太岁入运,运犯太岁,会触犯上级或官方,太岁丁巳,又合酉金阳刃,命主凶死。

《三命通会》中认为:"庚寅日乙酉时,刑,寅午戌吉,申子凶暴。"正好符合此命。庚以乙为财,辛为刃,酉上财绝刃旺,生在申月,身、刃旺极。

奇门遁甲命局解析:

公历:1940年8月15日17:00　星期四

农历:庚辰(龙)年七月小十二　立秋

干支:庚辰　甲申　庚寅　乙酉

旬空:申酉　午未　午未　午未

立秋8月8日0:52　处暑8月23日15:29

拆补　立秋下元阴遁8局　乙酉时旬首庚

转盘　直符天心落9宫　直使开门落5宫

螣蛇 天柱　己 丙　死门　壬 白虎	直符 天心　庚 庚　惊门　乙 六合	九天 天蓬　丙 戊　开门　丁 太阴
禽　太阴 辛　天芮　丁 丁　景门　癸 玄武	乙　　　　辛	九地 天任　戊 壬　休门　己 螣蛇
六合 天英　乙 辛　杜门　戊 九地	白虎 天辅　壬 己　伤门　丙 九天	玄武 天冲　癸 甲　生门　庚 直符

分析:命主生于庚年,四柱乙庚合化成金,这是非常值得注意的地方。奇门局直符乙庚合金于离宫,且为直符宫,该宫作用重大。直符位于离宫,月日时空,卦成天火同人,格局金遭火练,不利头部,乙庚逢六合,为绳索,天心、离卦为头部,吊死之象。庚辰年生人,为甲戌旬,本命

直符为天柱,庚辰飞入坎宫,天辅、杜门为武装,白虎加九天刚暴之象,因此命主作乱,且壬加丙水蛇入火,官灾刑禁之象。

1972年命主33岁,壬子年,岁旬甲辰,奇门局中壬乘死门,且己加壬辰戌相冲,刑网高张,且地盘六仪击刑,将乘蛇虎,大凶之运,壬子年飞入中宫逢辛被囚,命主被逮捕,且奇宫丙丁逢开门,为政府部门,此年游年在乾,地盘逢庚被格,天冲被乾所制,也是被逮捕之象。1977年,太岁丁巳,岁旬甲寅,流年丁巳飞入离宫,乙庚合空,符空应死,命主绝命于此,游年此年位于震宫贼宫,丁癸相加,朱雀投江,且地将朱玄,也是吊死之象。另外要注意奇门局元符与直符的关系,此盘元符戊位于艮宫,直符天心位于乾宫,元符宫为直符之墓,且杜门克生门,木入土中为牢狱,是死于牢狱之象。

在奇门遁甲中,阴阳十八局是其基本模型,八门类八卦,九星类北斗七星(加左辅右弼),其最基本的原理为门转星飞,而其他排布法则是在一定原理上的其他转换,在论断中真正具体起作用的是六十甲子,其核心为"八卦甲子,神机鬼藏。"八个字。在此盘中,命主日柱庚寅,飞干支庚寅落入离宫,又见明干庚乙相合,且生于七月,金气旺盛,火金交战,又落入月日时空亡之宫,因此命主好战而死于非命,这是关键。年命庚辰,飞入坎宫,壬丙格局上文已经论述,这里不做重复说明。在奇门格局论命时,时柱代表晚年直至死亡,此命时柱乙酉,飞入中宫,步五为奇门格局之大忌,且中宫逢辛,为罪人遭囚,死于牢狱之象。

六爻命卦分析:

公历:2022年4月23日8:43 星期六

农历:壬寅(虎)年三月大廿三 谷雨

干支:壬寅 甲辰 丙午 壬辰

旬空：辰巳　寅卯　寅卯　午未

谷雨 4 月 20 日 10：25　立夏 5 月 5 日 20：27

六神	火山旅 [离宫一世卦]		火地晋 [乾宫游魂卦]
青龙	官鬼戊子水 ■■■■■ 兄弟己巳火		■■■■■ 兄弟己巳火
玄武	子孙戊戌土 ■■ ■■ 子孙己未土		■■ ■■ 子孙己未土
白虎	妻财戊申金 ■■■■■ 妻财己酉金 应		■■ ■■ 妻财己酉金 世
螣蛇	官鬼己亥水 ■■ ■■ 妻财丙申金	O→	■■ ■■ 父母乙卯木
勾陈	子孙己丑土 ■■ ■■ 兄弟丙午火		■■ ■■ 兄弟乙巳火
朱雀	父母己卯木 ■■ ■■ 子孙丙辰土 世		■■ ■■ 子孙乙未土 应
	［本卦］		［变卦］

分析：此卦摇卦而得。命主生于庚辰年，纳音金命，命爻辰土持世，本命纳音为金，卦中申金独发化绝，且化出卯木与命爻辰土相害，不利于寿，凶死之象。本卦父母伏藏且空亡，父母主寿元，申金发动绝卯，变卦酉金冲卯，夭折无寿之命。内卦反吟，也不利于命运。命主 7 岁开始行运，7～11 岁大限位于本卦初爻，12～16 岁大限于二爻，依次类推，37～41 岁大限于变卦己酉，大限酉金助申伐卯，倒限。

独发之爻，无论命卦还是普通占卜，都要高度重视该爻。此卦申金独动，化出卯木，伏亥水，六神螣蛇，申金为岁破、飞廉、大煞，是凶死、吊死之象。命宫为亥，位于互卦之四爻酉金，酉自刑且六神为白虎，自作自刑，也为自杀的标志。

无论是梅花易还是六爻，卦辞、爻辞不可忽略，在吉凶论断的基础上，它们有着重要的参考价值，此卦旅本身就是牢狱之卦，旅卦之象曰：山上有火，旅；君子以明慎用刑，而不留狱。三爻爻辞九三：旅焚其次，丧其童仆，贞厉。象曰：旅焚其次，亦以伤矣。以旅与下，其义丧也。明显指向了夭折、死亡、灾难之象。

例4 被枪杀

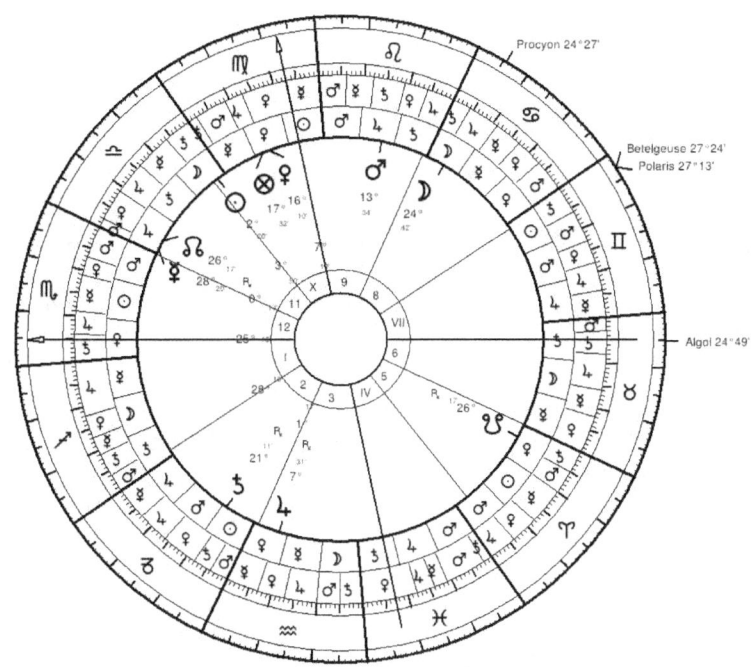

艾伯特·阿纳斯塔西娅,男,1902 年 9 月 26 日 10 时 15 分出生于意大利 Tropea(38n41,15e54)。

意大利科萨·诺斯特拉黑手党首领和暴徒,美国历史上最残忍、最令人恐惧的有组织犯罪人物之一。作为美国黑手党和谋杀公司的创始人,安娜斯塔西娅是现代甘比诺犯罪家族的老大。

阿纳斯塔西娅可能是科萨·诺斯特拉黄金时代最可怕的杀手,赢得了"疯帽匠"和"刽子手大人"的恶名。在他犯罪生涯的大部分时间里,阿纳斯塔西娅还控制着纽约海滨,包括码头工人工会。1957 年 10 月 25 日早晨,阿纳斯塔西娅在理发店被两名枪手击毙。

分析:上升天蝎座为第一毒星座,上升定位星火星落入狮子座,为凶猛星座,代表其人生性恶毒,代表心性的月亮位于巨蟹座对冲土星,两者皆位于舍星座,互相相冲,彼此传递力量,更说明其生性恶毒、贪婪。天顶定位星水星落入 12 宫轴,水星合相罗睺,代表仇敌众多,公开树敌。

此命月亮合相南河三。南河三,白天出生,主爱发火、没有怜悯心、性情急躁、没有朋友,代表欺骗、懒惰、小偷、伪造者、疯子、巫师、杀人犯,但是却能获得一些赞誉,代表弄虚作假、引诱童女、愚弄骗色、掌控情欲、下流愚弄他人、喜欢杀戮,但是他们的结局都不好,尤其昼生人。命主为昼生人,南河三的恒星特性非常明显,南河三具有水星、火星的行星特质,火星与木星相冲,木星为第 2 宫定位星,代表命主掠夺财富与生命,福点定位星水星落入 12 宫,也是仇恨与非法财富的标志。月土于续宫相冲、木火于果宫相冲的格局,也对此命造成很大的影响。木星和火星相冲,Firmicus 认为,代表生活不平衡,财富反复损失,由于鲁莽或喧闹而引起危险,被朋友仇恨而群起攻之。

例5　犯罪自杀

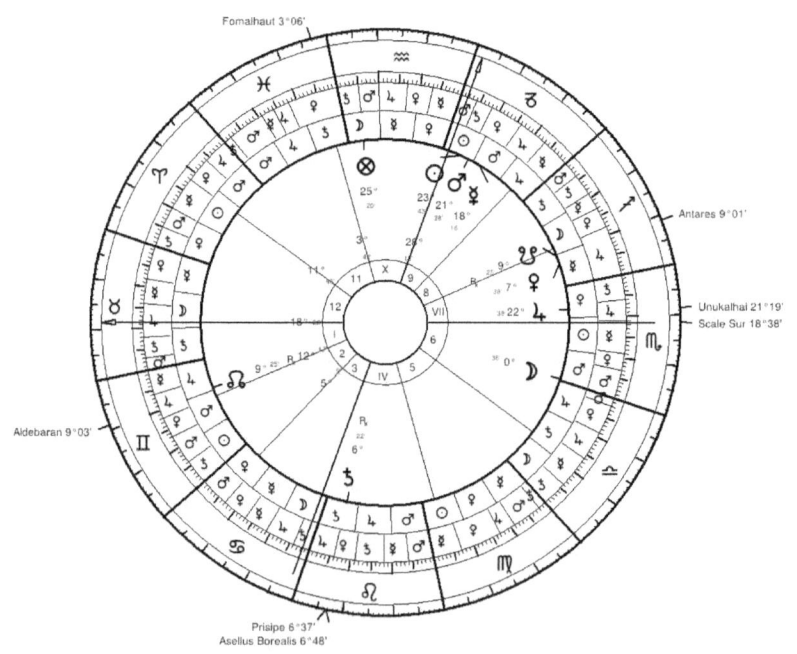

944

尼古拉斯·比塞尔,1947 年 1 月 14 日中午 12 点 25 分出生于新泽西州的纽瓦克(40n44,74w10)比塞尔身高 5 英尺 9 英寸,体重 200 磅,精力充沛,非常自负,渴望得到关注。他热爱运动和赌博,喜欢冒险。1937 年毕业,他获得了法律学位,在接下来的十年里,他从私人律师变成了县检察官。他结过两次婚,第一次婚姻有三个孩子。他和他的第二任妻子芭芭拉共同拥有一些投资。

一名美国律师发现他从一个加油站卷走了 20 多万美元,1995 年 9 月 28 日被起诉,涉及一系列其他指控,包括联邦挪用公款、欺诈和逃税、勒索和伪造。并于 1996 年 5 月 31 日被判犯有 30 项罪行。在等待判决期间,比斯尔被软禁在家。留下遗书后,他于 1996 年 11 月 18 日失踪。当联邦法警包围他时,他于 1996 年 11 月 26 日早上 7:24 在内华达州拉夫林的一家酒店房间里开枪自杀。

分析:太阳紧密合相天顶,太阳、水星、火星产生合相。Sahl 认为,火星和水星位于上升或天顶,命主很勇敢,喜欢武器、喜欢流血。Firmicus 认为水星合相火星,代表命主聪明,在高等教育机构受过教育,但是总想行使各种欺骗,或通过欺诈进行争论。当太阳合相水星、火星位于轴时,月亮于轴映射它们,代表邪恶心理,会用于犯罪,其所有语言都是一种虚假的演讲。当木星位于吉宫时,或位于舍升星座,则会掩盖以上凶象,土星映射,则其恶行会被公开,得到惩罚。这些古人经典的描述非常符合命主。水星火星合相代表伪造、欺诈,水星为第 2 宫定位星,更锁定了经济犯罪,而太阳合相天顶代表被政府机构审判惩罚并公之于众,位于天顶的太阳合相位于果宫的水星、火星,也是凶性的表现。

金星为上升定位星,落入第 8 星座且合相计都,木星作为第 8 宫定位星位于下降轴冲上升星座,且福点对宫土星与之相冲,月亮为上升轴

	Longitude	Latitude	Rectascension	Declination
Asc	18°27'35" ♉	0°00'00"	45°59'57"	17°19'37"
MC	28°18'18" ♑	0°00'00"	300°24'51"	-20°30'25"

	Longitude	Latitude	Rectascension	Declination
☉	23°42'54" ♑	0°00'00"	295°35'09"	-21°21'51"
☽	0°35'46" ♏	3°21'41"	209°40'02"	- 8°31'59"
☿	18°15'31" ♑	- 1°41'48"	290°01'44"	-23°52'57"
♀	7°37'47" ♐	4°04'30"	246°32'04"	-17°34'03"
♂	21°38'04" ♑	- 0°57'21"	293°32'36"	-22°39'05"
♃	22°38'25" ♏	1°00'46"	230°30'17"	-17°27'27"
♄R	6°22'23" ♌	0°34'12"	128°54'32"	19°14'16"
☊R	9°25'10" ♊	0°00'00"	67°44'30"	21°52'13"

升主星,歧度且位于第 6 宫,并且落陷于天蝎座,月亮入相位天底轴的土星,这些都是暴毙凶死的征兆。木星与火星有精确六合相位,且木星被火星接纳,受到火星的影响,水火格损害了木星,为凶死自杀之象。笔者认为,其金星距日过远也是凶死的原因之一,因为金星距日最大为 48°,古籍有距日 47°凶死之论。

通过图表,其命盘中金星与木星产生赤纬同向映射,因为金钱而死亡的标志十分明显,水火格损害木星的同时,金星通过赤纬映射也有影响,强化了自杀死亡的信息。

此命出生前满月点位于巨蟹座,被太阳、火星、水星所冲,并且三者为密切相位,而水星又是福点第 8 星座室女座定位星,水火的格局同时能映射到室女座和白羊座,室女座被白羊座损毁,水星被火星毁灭。会死于背叛和犯罪、囚禁等原因。

例 6　被书架砸死

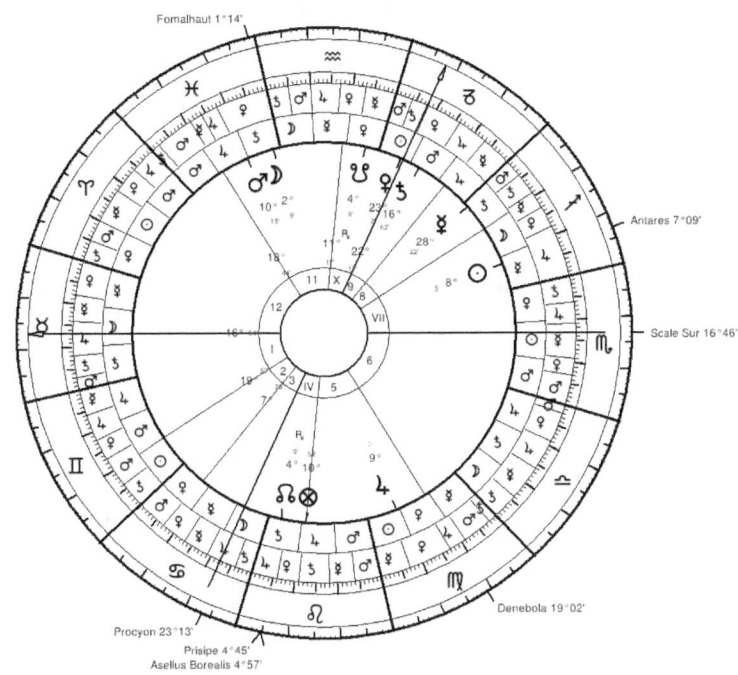

Charles Valentin Alkan,查尔斯·瓦伦丁·阿尔坎,1813 年 11 月 30 日当地标准时间 15 点出生于法国巴黎,阿尔坎出生在犹太人家庭,父亲经营一个音乐学校。他是一名音乐天才,6 岁就进入巴黎音乐学院;8 岁得"视唱"第一奖;9 岁时凯鲁比尼(Cherubini)曾经赞誉其为同龄孩子中最闪亮的一位;10 岁得"钢琴"第一奖;12 岁得"和声"第一奖;20 岁得"管风琴"第一奖;16 岁毕业后至 23 岁留校教授视唱练耳。阿尔坎的姊姊赛莉丝特 11 岁时也得到视唱第一奖,阿尔坎的三位弟弟共拿下八项音乐院的第一奖和一个罗马大赛的第二奖。第三个弟弟拿破仑·阿尔坎终生任教於巴黎音乐院。

阿尔坎在孩童时期即享有声誉,时常受邀在莫丝科瓦公主(The Princesse de la Moskova)的宫中演奏。不久后他结识了肖邦,1838 年与肖邦合开音乐会,一举成名,但次年由于个人原因又退出舞台,1844年才复出。1853年后又退隐,独自作曲并研究宗教。1873年再次复出,并指导了一些学生。1888年3月29日,阿尔坎在家中在寻找一本犹太教著作时被倒塌的书堆砸死,但目前有新证据显示,他很可能是被一个衣帽架砸死。阿尔坎一生未婚,却有一位私生子名叫艾力－米利恩·狄拉伯(Elie－Miriam Delaborde),生平深居简出,不喜欢与人交际,害怕出现在众人面前,常疑虑自己的健康有问题,他除了作曲,并专研圣经和犹太教经典。后人对他的生平和思想了解甚少,这使他在人们心目中成为一个神秘人物。

死亡一般与第8宫、第4宫、第7宫相关,此命第8宫为射手座,射手座有高处摔伤、高空跌落之象。其定位星木星,如果木星没有被凶星干涉,则无碍,命盘中木星与月亮、火星相冲,并且木星和火星为紧密相位,同时木星与太阳相刑,月亮火星也与太阳相刑,火日之间为紧密相位,这些都是凶死标志,从火日象意看,会导致头部受损出血,另外其死亡点位于天蝎座4°39′,火星为死亡点定位星,所以火星是导致死亡的关键。

其第8宫为射手座,内有太阳,定位星木星与月亮火星相冲,月亮为巨蟹座定位星,因此第8星座射手座被巨蟹座损毁,太阳又居于上位刑火星与月亮,这是命主被倒塌物件砸死的关键。木星和太阳之间有密切相位,并且木星为福点第8宫定位星,太阳与木星各自映射到自己的星座,所以狮子座与双鱼座也存在损毁关系。

第十九门 说人生每一星主几年（托勒密行星运限）

凡人命，自始生至四岁，是太阴主养之。为初生下时，嫩小湿润，故所食者，亦湿润之物。

得快长自四岁以后至十四岁，乃水星主养之，渐通世事，智量日增，生性格，诸事向学。

十五岁至二十二岁，八年，金星主养之，精气长盛，阴阳配合。

二十三岁至四十一岁，一十九年，太阳主养之，诸事通晓，立志敢为，幼年戏谑之事，皆弃去，历练老成。

四十二岁至五十六岁，一十五年，火星主养之，其人思虑多，贪心盛，常忧寿终之事。

五十七岁至六十八岁，一十二年，木星主养之，凡善事肯为，欲留名于后，但劳力之事不作。

六十九岁至寿终时，土星主养之，其人身体困倦，精神衰减，色欲绝少。

凡人命内，先看何星强旺。行限至其星所主之时，则其事亦兴旺。若命内星弱，行限至此时，则其事亦弱也。

注：此篇为托勒密限主星法，虚岁1～4岁时，行运归月亮主宰；5～14岁，行运归水星主宰；15～22岁，行运归金星主宰；23～41岁，行运归太阳主宰；42～56岁，行运归火星主宰；57～68岁，行运归木星主宰；69～98岁，行运归土星主宰。这种行运，以行星搭配人的生理、心理成长而形成。在太阳返照盘的用法中，有具体的应用，也可以单独作为运限使用。

第二十门　说流年并小限（小限、太阳返照、主向限及案例）

　　凡论流年之法，看当生安命太阳，在何宫几度几分几秒上。却看流年太阳，到此宫几度几分几秒时。看此时东方，是何宫度出地平环上，以此宫度分秒，为流年安命宫也。

　　注：从本篇开始，开始介绍古典命理占星中最重要的运限法。下面先从太阳返照盘开始介绍。

　　《天文书》在本篇中所谓的流年为太阳公转法。英文叫做 Solar Revolution，也译为太阳回归盘或太阳返照盘。根据每年太阳回归到本命太阳的位置时所起的星盘论断流年，一般不会单独使用，在古典占星中会配合界向行运法、小限、主向限等等综合论断。

　　太阳返照在早期 Dorotheus 的《占星五经》中有相关内容。公元 2 世纪的 Valens 也曾在其作品中提及。但是 Valens 的太阳返照盘，在计算上升的时候，他会在太阳返回本命盘的太阳回归时间段内，让月亮也返回本命盘的月亮位置，并且根据这一时间点，确定上升轴度数。Valens 的太阳返照很独特，与我们今天所知道的太阳返照并不相同。有些现代占星家认为，Valens 的这种方法可能基于很难确定太阳回归的具体时间，难以得到准确的上升和相关数据。但是笔者认为这只是臆测。

　　后来波斯占星家开始尝试以精确定义太阳年的持续时间来解决这个问题，以天和分数为单位的持续时间作为一个常数，这样计算一次太阳公转的确切时间就很简单。只需要用该常数乘以出生后的年数。但是事实上,情况是复杂的,因为太阳年的真正长度相对于太阳年的平均长度,每年略有变化,这源于地球轨道上其他物体的引力所引起的摄动现象,在牛顿之前是不为人知的,因此使用太阳年常数来计算太阳返照,在许多世纪里都是标准方法。

大约 7 世纪的波斯占星师 Al—Andarzaghar 给出的太阳年数值为 365.25833 天,这体现了一个关于太阳返照需要考虑的技术问题,即春分点与固定恒星的持续移动,也称之为岁差。这就意味着恒星制太阳年比回归制太阳年长 20 分钟左右。Al—Andarzaghar 所用的太阳年为恒星年数值,与一千年之后的印度阿拉伯占星术使用的恒星年数值相比,只差了半分钟(365.25875 天),与现代恒星年的平均值相差不到三分钟(365.256363 天)

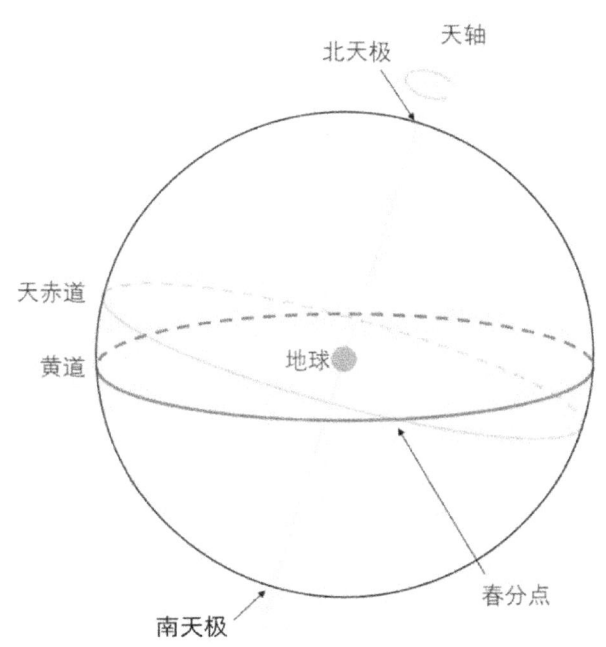

我们普及一下恒星年和回归年的区别。恒星年与回归年的区别是,恒星年是以天球上固定的点(恒星)为参照物的运动周期,是地球公转的平均周期。而回归年是太阳中心在黄道上连续两次经过春分点(或秋分点、冬至点或夏至点)的时间间隔,即太阳连续两次直射于北回归线(或南回归线)的时间间隔。因此,回归年又称"太阳年"、"季节年"。回归年稍短于恒星年约 20 分 24 秒(这是地球公转轨道上的时间,不是岁差时间),其周期约为 365 日 5 小时 48 分 46 秒。

但是我们需要知道,可观测到的太阳回归出生命盘的位置,并不总是与太阳年常数计算出来的时间完全一致,这可能是上文提到的摄动现象所导致,但是对于这一天文现象,占星家的看法和意见并不一致。在使用恒星年根据岁差调校后,会与本命盘的太阳度数不同,因为太阳会每年会以 50″ 的弧度推进,所以使用恒星年和使用回归年时,有可能出现上升轴度不同。关于这个问题,笔者认为,占星绝非科学,因为天文是占星的手段,但是天文不会束缚占星,毕竟占星是带有人为性质的天人思想的学术,过度的天文科技矫正,可能会扭曲了占星的本相,甚至破坏了占星本源。

根据古代占星师考证,马沙阿拉(Māshā'allāh)、阿布马沙(Abū Ma'shar)使用相同的波斯恒星年,但是 Māshā'allāh 的太阳返照著作已经不复存在,而现存的 Abū Ma'shar 的作品中,两次采纳 Ptolemy 的回归年数值,但是却在别的地方使用恒星年数值,所以 Abū Ma'shar 是前后矛盾的,这也是他的作品遭人诟病的地方。

后期欧洲占星术的太阳返照盘,几乎都使用回归年常数。

太阳返照盘,分析时需要结合本命盘。和本命盘组合分析的时候,Abū Ma'shar 认为不计算阿拉伯点,大约有 154 个论断要点。我们列表如下:

类象	本命盘	太阳返照盘	总和
7大行星	7	7	14
行星映射	49	49	98
罗睺	1	1	2
计都	1	1	2
12宫12分部	12	12	24
行星12分部	7	7	14
阿拉伯点	多种自选	多种自选	多种自选

Abū Ma′shar 根据理论结构列出以上分析点，分析的时候，根据实际情况进行。他所罗列的分析要点，都是理论上的组合。实际在分析返照盘时候，要分主客，所谓主就是能够代表求测者的类象，其中比较重要的就是上升，Abū Ma′shar 提出一些论断要点，我们列出如下：

1、返照盘上升，位于本命盘什么宫位（注意相应的角、续宫）。

2、什么行星位于本命盘和返照盘的上升宫（包括行星、映射、阿拉伯点和12分部），以及它们的映射。在这里，谁有力量，彼此之间的位置，彼此之间有力量或没有力量。

3、看以上行星主宰一个宫还是两个宫。是否和主宰的宫产生映射，分析它们之间的关系。

4、分析这些行星的顺行、逆行、强或弱、东升还是西入，以及彼此是否反厌，是否汇集同一星座，是否互相映射。是否投掷映射，以及趋离相位、接纳与否、互助或互损。

5、注意其昼夜星特性，以及行星是否入舍星座。以上同样方法，分析它们的12分部。

6、注意分析返照盘中的每一颗行星到达本命盘自己的位置或到达其他行星位置（即产生合相），注意行星在星座中的进程，注意过运盘的阿拉伯点。

7、注意分析它们和轴点之间的关系，以及和太阳的关系（东出、西入，焦灼等等）。

8、分析本命盘和返照盘中每一颗行星的力量和状态。譬如有一颗行星在本命盘中处于某一种状态，正在映射某一个位置或某一颗行星，但是它在返照盘中的状态，映射关系与之相反，需要同时考虑两者，综合考量进行分析。

Abū Ma'shar 在其著作中罗列出 19 个太阳返照盘中的类象，具体包括：1、小限星座、小限星座定位星；2、界向行运法的主配星；3、客配星；4、法达运限的主运星、次运星；5、Lord of orb，即巴比伦时主星；6、太阳公转盘的上升星座及其定位星；7、月亮、月亮连结的行星，如果月亮空亡，则观察月亮定位星；8、行星过运到本位，行星过运中与其他行星合相；9、岁主星，观察岁主星在本命盘与公转盘中落入的宫位；10、观察行星位置与其本身所在宫、行星所在宫与行星的关系；11、行星和 12 宫的变化；12、小限星座、太阳公转上升星座与本命盘 12 宫的关联；13、小限星座、太阳公转上升星座与本命盘行星位置的关联；14、行星于本命盘某宫进入太阳公转盘某宫；15、宫定位星之间的连结；16、每一颗行星在一整年中的变化宫位的周期轨迹或其行星过运，位于某界，在本命盘、公转盘中的映射、12 分部、阿拉伯点等等；17、行星彼此的连结于同一个星座；18、行星落入舍星座或其他行星星座，落于自己界内或其他行星界内；19、罗睺、计都。

Abū Ma'shar 指出这些类象的次序编排是由强及弱的，也就是越靠前的比靠后的重要。但是有时候，有些象意会强化，不按此次序。这种排列次序对于初学者而言肯定会觉得非常复杂，我们在看待这种次序的时候，首先不要以为论断太阳返照盘转必须按这种综合方式论断，可以一个一个去在实践中体会，实践中会逐步体会到这是一种论断显象、重象的方法。从排序我们可以看出，小限在太阳返照中非常重要，因此初学者首先要将用法重心放在小限，有了深刻体会，再加入界向行运、法达运限，对重象梳理有一定的认知，此时才能真正入门。我们必须知道，单纯的太阳返照盘，只是表达一整年中所有行星的吉凶、力量表现方面，这些肯定要受到本命行运力量的约束，所以只有多重重要力量指向某类吉凶，才会真正形成具体的吉凶事项。

除了以上要点，Abū Ma'shar在论断太阳返照盘时，也十分注重主客用法，主代表求测者的主象，他专门将人从行运主体分为身与心，所谓身，即求测者本人，所谓心，即求测者的精神、思想、情感等等。根据身心的状态可以抓住论断的关键。下面我们列出他的五身八心的论法：

五身

1、小限星座。

2、使用界向行运法，观察上升轴到达的界。

3、使用主向限或界向行运法，观察寿星到达的界。

4、月亮。

5、太阳返照盘的上升。

八心

1、岁主星，即小限星座的定位星。

2、上升轴到达的界主星。譬如在木星界，木星就是界主星，观察木星。

3、寿星到达的界主星。

4、客配星,即上述界、界主产生映射的行星(本书后文有客配星概念介绍)。

5、法达行运行星。

6、Lord of orb,与出生时的时主星有关(具体下文注解介绍)。

7、与月亮、月亮定位星产生连结、映射的行星。

8、太阳返照盘上升定位星。

这五身八心的方法,是太阳返照结合其他运限法进行综合论断的技术。

我们在实际分析太阳返照盘的时候,务必要结合小限,因为我们要使用小限确定岁主星,我们也称之为限主星,所谓岁主星,就是小限星座的定位星。确定方法非常简单,以本命盘上升星座为虚岁 1 岁,第二个星座为 2 岁,依次顺数,按规律,虚岁 1 岁、13 岁、25 岁、37 岁、49 岁、61 岁都位于上升星座,此时,上升星座的定位星就是岁主星,根据这个规律我们可以快速推导任何一个年龄的小限星座和岁主星。

Abū Ma′shar 在其著作中还论述了行星过运,我们知道每时每刻行星都在运动,即时盘就是当前的行星过运。行星过运本身基于太阳返照盘,需要结合本命盘、返照盘、小限宫进行分析。当论断行星过运的时候,以本命盘上升宫、小限星座、返照盘上升宫,以这三个宫为参照命宫,分析过运行星的所在宫的信息,以后天宫位制确定宫位。过运行星所在的星座、界、行星陷度都可以分析。使用这种分析模式,意味着可以观察任何时期的行运,

下面我们针对太阳返照和小限结合的方法,摘选一些相关论断的技术方法供大家参考学习。

在太阳返照盘中,首先分析小限星座和其定位星,在 19 个类象中,

它的重要性居于首位,其次为界向行运的主配星,但是这里必须强调,在论断小限星座之后,要注意返照盘的上升星座,因为返照盘的上升星座和上升定位星属于小限星座的重要合参象,很多事情的论断上都集中在这一对组合。所以我们有必要注意观察返照盘的上升,以及其定位星的落宫,其他行星落宫的意义都和返照上升星座有关,分析也由此展开。当返照盘的上升定位星落入安适的位置,没有被凶星干涉,不在日光下,被接纳,则年运吉利。

如果有凶星位于本命盘某处,小限行至该处,或者凶星所在星座为太阳返照盘的上升星座,并且该凶星于太阳返照盘中凶映射之,而其他行星都安适,由于凶星的凶性特质,命主在当年会有疾病的折磨。由于其他行星安适,命主在生活的其他领域都是吉利的。如果其他行星不安适,并且返照盘的上升定位星或小限定位星被一颗凶星干扰,主死亡、灾祸,如凶星位于轴,则这种凶性更被证实了。如果以上凶星被吉星替代,则代表健康、快乐、安全、吉运。当火星和土星位于返照盘的天顶时,主工作运怠惰,财运差,多破耗无益。在这一年,有任何行星预示有好的事情发生,命主会很快去追求其事,但是往往关键时候掉链子或很少有毅力。当太阳和月亮在太阳返照盘中合土星位于天底轴,代表父母死亡。

如果小限位于吉位,小限定位星位于凶位,或者小限位于凶位,其定位星位于吉位,代表年运吉凶中等。当小限位于凶星宫,返照盘中凶星于其内,则有害。小限位于本命盘的天顶,位于凶星宫内,则不利于工作。小限星座位于2宫,本命盘中凶星于内,代表钱财上的损耗,如果这些凶星在返照盘中位于角轴或续宫,破耗会变的更有损害性,位于果宫则轻微。当小限位于本命盘11宫,土星于宫内,返照盘的土星于凶位映射它，并且土星同时刑月亮，返照盘火星位于本命盘的上升星座，木星位于返照盘的上升星座。此时，木星位于返照盘上升，代表提升、领导、权力，这些对命主而言是可憎的，不吉的，因为土星和火星的状态代表伤害、监禁、惩罚、敌对、哭泣、强盗等等信息。

当小限位于返照盘疾病宫，被凶星映射，没有吉星援救，则主重疾。小限星座位于6、12、4、7、8宫时，没有吉星在内，尤其返照盘中它们的定位星游隼、逆行、焦灼或合凶星。

小限位于本命盘疾病宫，金星为小限定位星，金星合相土星于返照盘第4宫，返照上升位于本命第8宫，代表强厄运或逆境。

小限位于本命第12星座，其定位星为木星，合相土星于返照盘第7宫，土星逆行，火星位于返照盘天底，为强大灾害。

小限位于本命第7宫，返照盘中，岁主星和月亮落陷降星座，则命主会憎恶所在地，而远赴他乡。

小限位于返照盘的7、8、9宫，并且不吉，代表逃离本土，重大灾害。

小限位于第4宫，小限定位星进入到本命盘第3宫定位星的星座，则命主有兄弟姐妹出生。

小限或返照上升同时是本命盘上升星座，日或月为岁主星，发生日月蚀或合相计都，土星映射，会有大量灾害。

本命盘射手座为第5宫，射手座成为返照盘上升星座，土星落入其中，木星、火星、金星、水星落入狮子座（本命盘上升星座），火星以精确相位冲月亮，其他行星则宽泛度数冲之，土星和月亮的这种情形，代表恐惧、限制，以及和子女相关的不好的运气，而这些吉星则代表从厄运中脱离出来。

本命盘第5宫为土星星座，返照盘中位于第4宫轴，返照盘中不

（本命盘有土星或火星的星座，返照盘中这些行星回归本

吉,代表子女灾害。

小限位于本命盘有土星或火星的星座,返照盘中这些行星回归本位,或居于刑相位,并且两者其中一个位于轴或续宫,代表此年灾害不顺。

注:Lord of orb,时主星,Hermes 认为这种方法源出巴比伦占星系统。这种方法根据实际的日出日落时间将每天划分为 24 小时(并非我们正常计时的小时),软件中都有相关配置。周天第一个小时为太阳时,周一第 1 个小时为月亮时,周三第 1 个小时为水星时,周四第 1 个小时为木星时,周五第 1 个小时为金星时,周六第 1 个小时为土星时。每天时间按土星、木星、火星、太阳、金星、水星、月亮的次序行进即可,譬如周四第 1 个小时是木星时,则第 2 个小时为火星时,第 3 个小时是太阳时,依此类推。如何使用呢? 譬如命主出生于周一第 2 个小时,为土星时,则土星代表命主虚岁 1 岁行运,也可以类似命盘上升宫一样论断。下一个小时是木星时,以木星分析 2 岁行运,也可以当做命盘第 2 宫一样去分析命主的财运,其余类推,循环分配流年即可,即可以象常规一样类比 12 宫进行分析,也可以分析流年行运。在太阳返照盘中,也可以命盘的时主星,进行年运分析,譬如太阳返照盘中,本命盘上升星座、天顶、第 11 宫的对应时主星吉利,则该年吉利。小限星座对应的时主星,小限第 10 宫、11 宫对应的时主星吉利,也一样。

例1 乔丹父亲遇害

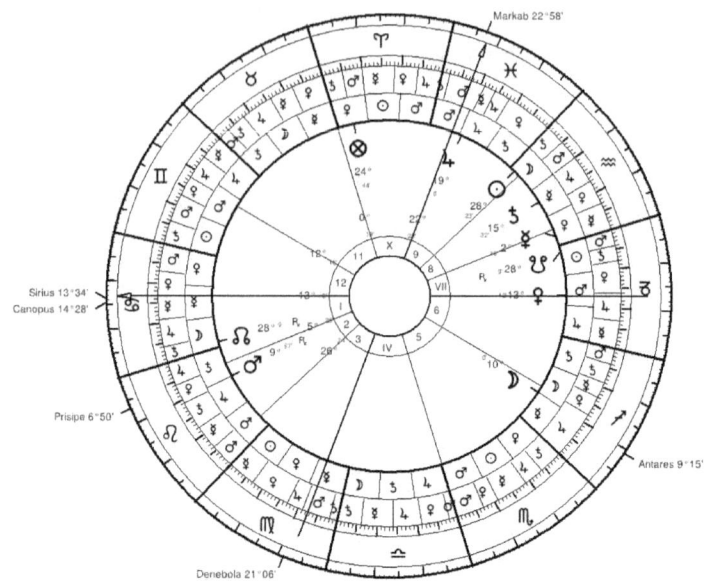

乔丹本命盘

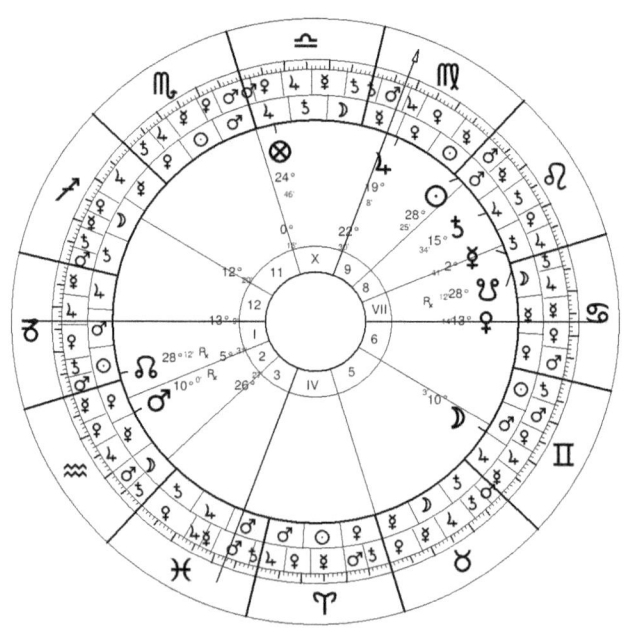

1993 年小限盘

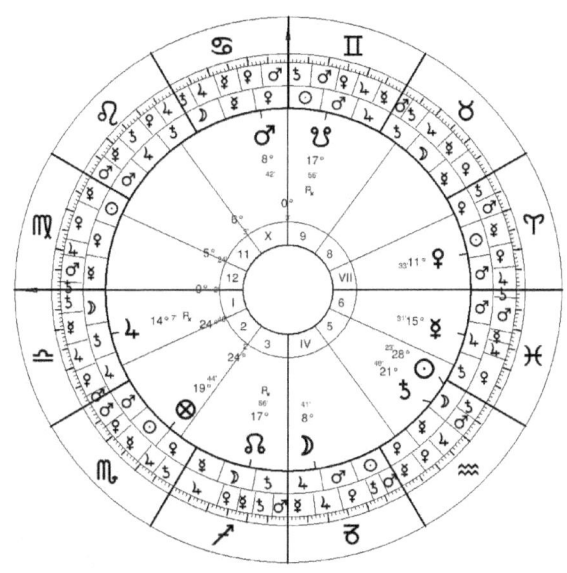

1993 年太阳返照盘

分析：乔丹，1993 年时虚岁 31 岁，小限星座为摩羯座，土星为小限定位星，即岁主星。乔丹的本命盘中土星和太阳合相于宝瓶座，且位于第 8 宫死亡宫，被火星所冲，有父亲凶死的标志。同时月亮和火星精确三合相位也是值得注意的。

1993 年乔丹的小限盘，土星落入狮子座，土星落陷，太阳舍于狮子座，土星的损害性体现出来。返照盘土星回归本命盘土星星座，并且与太阳合相，土日合相在本命与返照盘同时出现，为重象，为父亲凶死的标志。火星与月亮精确相位相冲且都落陷，返照盘的天底受到严重损害，损失家人，且金星与木星相冲，第 7 宫与死亡相关，并且金星为太阳返照上升主星，落陷于白羊座，皆为凶相，因此父亲大凶。火星通过映射与土星夹日，同时火星冲月，是其父被打劫杀死的关键。

Dorotheus 认为，火星在第 10 星座，但是不在轴上，月亮在下降轴上，被凶星映射，代表被敌人或强盗所杀。在此案例中可以参考这条论述。

事实:詹姆斯·乔丹于 1993 年 7 月 23 日在前往北卡罗来纳州的高速公路附近停车休息时,被两位犯罪前科累累的罪犯抢劫并枪杀。

例 2 太阳返照流年综合运

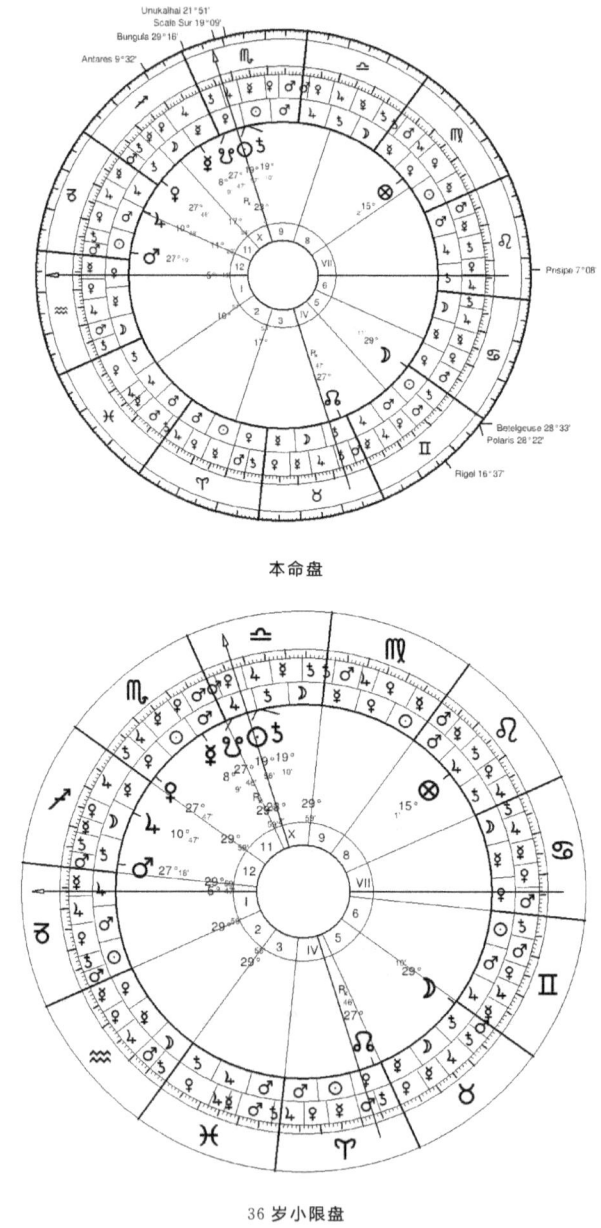

本命盘

36 岁小限盘

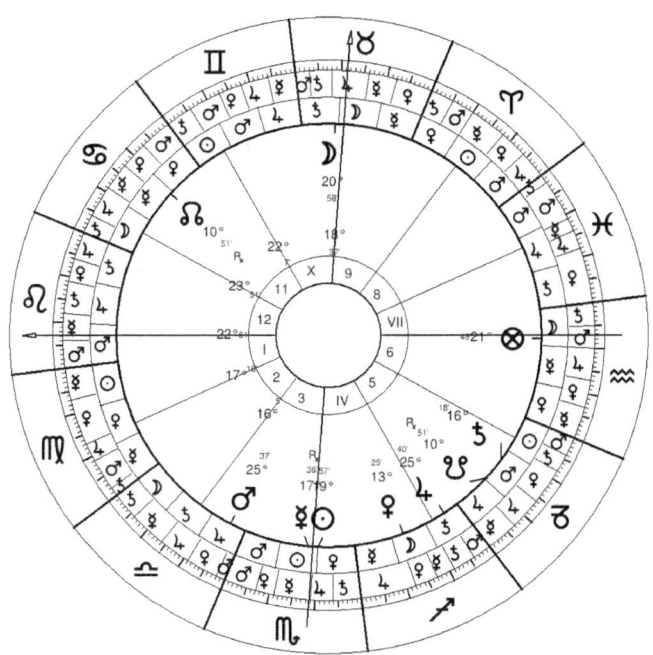

2019 年太阳返照盘

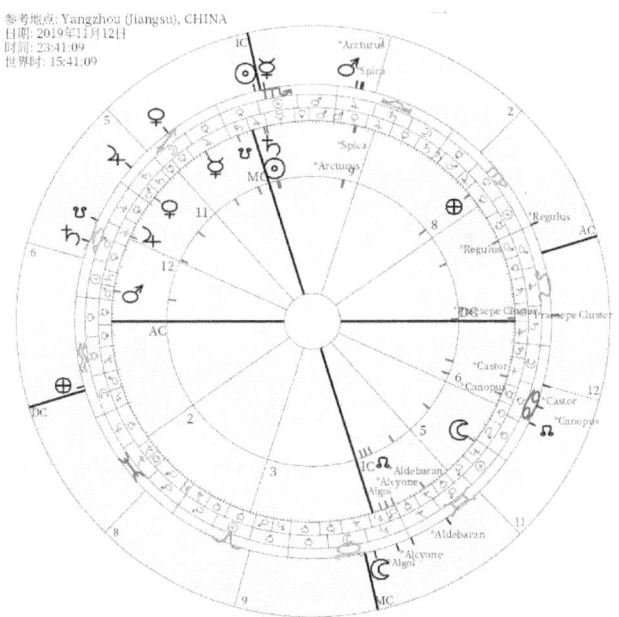

本命盘和太阳返照盘

男命，生于 1984 年 11 月 12 日，图一为本命盘。古典占星在分析太阳返照盘时，需要结合小限确定岁主星。我们分析 2019 年 11 月 12 日生日后—2020 年 11 月期间，命主的太阳返照盘行运，此年生日后，命主虚岁 36 岁，图二为 36 岁的小限盘，为方便论断，小限选择整宫制，小限上升轴位于摩羯座，因此土星为 36 岁的岁主星，在论断太阳返照盘的时候，我们需要重点关注岁主星土星以及小限星座摩羯座的情况。图三为 2019 年的太阳返照盘。

图四，内盘为本命盘，外盘为 2019 年 11 月 12 日的太阳返照盘，实际预测时，这种形式的图方便分析。分析一个人的年运，我们首先要找出能够代表当事人的主要类象。首先，我们需要注意本命盘上升星座宝瓶座，及其定位星土星；其次我们需要注意小限星座摩羯座和其定位星土星；再次我们需要注意太阳返照盘，即外盘的上升星座狮子座和其定位星太阳。另外，我们需要注意月亮，因为月亮为身星，代表当事人的状态。

根据之前强调，土星非常重要。我们注意到太阳返照的上升轴，落于本命盘的第 7 宫内，第 7 宫关系婚姻、合作之类。进一步我们需要注意定位星太阳的状态，太阳位于太阳返照盘的天底轴，同时也接近本命盘的天顶轴，这说明家庭成为一个活跃因素。众所周知，太阳在每年的太阳返照盘中位置都不变，所以分析太阳的时候，我们需要注意与太阳产生合相和各种映射关系的行星，并且要侧重分析太阳的定位星。

为了分析太阳的意义，我们注意到返照盘中太阳合相水星，水星是本命盘的第 5 宫定位星，第 5 宫为子女宫，水星位于本命盘的第 10 宫，也是和子女有关的重要位置，本命盘水星是一个子女的强类神星，水星与岁主星土星呈紧密六合相位，所以子女会成为该年突出的主题。接着我们分析太阳的定位星火星,火星位于天秤座 25°37′,火星位于本命盘第 12 宫,返照盘第 3 宫,都不是太活跃,代表事情影响力迟缓或不明确。我们进一步需要分析火星受到的紧密映射,木星位于返照盘射手座 25°40′,木火呈六合相位,同度紧密相位,这种关系是必然发生事情的,木星舍于射手,将木星吉利赋予火星,这是一个强烈表达子女的组合,代表命主这一年有喜事发生。

在我们分析木星的时候,我们注意到返照盘的木星和本命盘金星度数极为接近,为紧密合相位,返照盘的吉星到达本命盘的吉星位,本命盘金星位于射手座 27°47′,这意味着金木组合的婚喜象,并且返照盘火星也与金星产生密切六合相位,且火星在金星星座被金星接纳,火金也是婚姻喜象(尤其得到木星的肯定)。

接着我们分析岁主星土星,土星位于小限星座摩羯座,土星入舍星座,强调了本年年运的吉利性质,但是土星也主迟晚。土星与木星都出现在太阳返照盘第 5 宫,代表子女。我们注意到本命盘土星与太阳同度,太阳是第 7 宫定位星,与太阳紧密相合的土星,明显与婚姻主题有着强烈关系。摩羯座是小限星座,本命盘木星位于该星座内,并与太阳返照盘土星产生紧密合相位,也是重要吉象。

我们分析月亮,月亮位于返照盘的 Mc,天顶是一年中最为突显的主题和行为,月亮位于金牛座升星座,月亮和其定位星金星都强烈表达了爱情、女性、婚姻,同时月亮位于天顶也代表了工作环境人事上的变动,因为月亮主变动。返照盘月亮位于金牛座 20°58′ 与本命盘的天蝎座的太阳和土星相冲(太阳位于天蝎座 19°57′,土星位于天蝎座 19°10′),土星代表命主,太阳代表命主的领导,说明命主的领导会在该年会发生工作变动。同时,本命盘中,月亮位于第 5 宫,所以返照盘中金牛座的月亮冲岁主星也意味着子女运。

最后笔者强调一下阿拉伯点的重要性,此命的子女点,位于射手座14°27′,木星作为子女点定位星,在以上分析中已经体现出木星的作用,作为子女点定位星更能强化该类信息。同时我们注意返照盘金星位于射手座13°25′,与子女点紧密合相位,这是一个非常强的信息。但是我们需要注意,这属于更专业层面的分析,必须通过基本分析,锁定该年有子女相关信息,才能拓展到这一层面。

综合以上得出结论,命主会在该年运结婚、怀孕,并且工作上的领导会发生人事调动。

结果:2020年8月领证,10月发现妻子怀孕,当月举办婚礼。11月9号得到直属领导要变动的消息。

若论小限,从当生安命宫,生日后数起。一岁命宫、二岁财帛宫、三岁兄弟宫之类是也。小限,主一年之事。若其位有吉星,或有吉星相照,则一年身安,凡事遂意。若遇凶星,或凶星相照,则一年不顺,凡事蹭蹬。

又一论,排限之法,将当生命宫,对黄道的赤道度数为主,至何吉凶星几度,每一度准一年,从安命宫赤道度数上数之,则知几年至其星处也。

假如第二位是财帛宫,以此宫赤道度数为主,看至吉星几度,至凶星几度。至吉星时,则财帛增添。至凶星时,则财帛减损。其余宫分,依此例推之。

又排定度数,行限至何宫度,其度属何星,以其星为主。吉凶祸福,以此星断之。假如安命在巨蟹宫第十度,流年排至第十八度,系水星为主,水星再有一度至二十度,则交木星为主。

又看小限到何宫,其宫主星属何星。若宫主星强旺,则一年顺利。若宫主星陷弱,则一年不顺。

注:以上论及小限法、主向限法与界向行运法。从来没有任何命理只使用一种单独的运限系统,因为命运具有一定的复杂性。古典占星也一样,它在流传中有多种运限系统。譬如黄道释放行运、太阳公转盘(英文称之为 Solar Revolutions,也可以译为太阳返照盘)、主向限(Primany Direction)、小限(Profection)、法达运限(Firdariyyat)、界向行运法(Distributions)等等。

1、界向行运法

首先我们简述一下 Distributions,即界向行运法。这种行运法可以和主向限组合分析,其论断的技术角度、原理也一样。它是通过上升轴或其他类神星的度数(有称之为释放星,笔者将之译为源点,通常为太阳、月亮、上升轴、福点、出生前的新月或满月),不断前进,推进经过不同的界(上升轴和下一个界之间的黄道度数的弧度距离被转换为赤经上升,每 1°赤经上升等于人生中的一年),界主星就成为相关行运的类神意义的行星,波斯占星术语中称之为 Jārbakhtār,这里笔者称之为主配星。源点,也就是前进的上升轴,在经历各种星座的精确度数时,一旦遇到其他行星或被其他行星精确映射,则该行星被称之为客配星。主配星与客配星共同主宰相关事件和行运的运程(我国的译作《天步真原》中,将前者译为照星,后者译为许星,照星主宰事体,许星取该事体的吉凶象)。Abū Ma'shar 在使用界向行运法时,推进上升轴使用斜升赤经时间,天顶轴使用赤经上升时间,其他以半弧比例推进。

在《天步真原》中举例，譬如上升轴前进中位于金牛座 7°，该度数既无行星，也没有其他行星映射，观察命盘，发现木星位于金牛座 4°，月亮通过 60°六合相位映射于金牛座 12°，在上升轴行进金牛座 4°～12°期间的行运，木星为该期间的客配星。在上升轴进入金牛座 12°之后，月亮为该行运期间的客配星。当上升轴前进中同时遇到两颗行星，或两颗行星同时映射的时候，以近者为先的原则取之，并且一般前进遇到同星座的行星比映射行星的影响力大。如果上升轴前进中，没有遇到行星，也没有遇到映射，则观察其界主星，譬如，上升轴或主向限中的其他关键类象之一（Mc、太阳、月亮）位于白羊座 6°，没有其他任何行星位于该度，也没有行星映射该度，此时取其界主星，白羊座 6°界主星为木星，木星就会成为主配星。

总结一下，就是命盘的上升轴在前进中，每进入一个新界，该界主星（即主配星）会负责该时间段内的行运，一直到进入下一个界，行运权交给下一个界主星为止，这样不断交替行运。上升轴前进中遇到的行星，或映射到其所在界的行星，作为客配星也一样参与行运的管理，交替变化。同时，在行运中，也要注意行进中星座内的阿拉伯点、12 分部，主配星、客配星也会对其管理，产生行运的相关影响力，细节论断时候需要注意这一点。

下面我们列举《天步真原》书内有关界向行运使用经验：

定何星为照星？何星为许星？照星多，今止取五件。科目、升迁、功名、官禄，日作照星；人性善恶愚智及妻妾，月作照星；人身体强弱及与身相关联，情欲及父母及远行近出，一宫作照星；财帛福禄，福作照星；男女兄弟朋友仇雠伎艺，十宫作照星。凡身与火星相近，或与如云气星近，主失目，若月为照星，算几时到火星与云气星，即几时失目。以上六件可定人生时,其余繁琐不能定者尚多不取。凡定许星,其照星所在有五星或五星照,即是许星,看其是何照星管,即何照星之许星,吉则吉,凶则凶。如福离土 180 照在何度,至其年其月其日,当失财帛。设无星与照之处,寻相近者,如一宫在金牛 7°,星与照俱不在内,木星在金牛 4°,月 60°照在金牛十二度,12°以后月主之。若照星之前无星亦无照,看照星所在何星界,其界星即为许星,如十宫在白羊 6°,无星无照,以前亦无星无照,白羊 6°乃木星界,即木为十宫许星,算木星到何度,用下法。

有两星两照或一星一照同在一处,即取近者,若同在一度内,即并取,但本星为第一,星之照星为第二。许星在前后远近不同取用之法。如一宫金牛 7°,金牛 12°有月 60°照,阴阳 12°有火星,阴阳 11°亦有月 90°照其度,亦太阳 120°照,行到阴阳 11°,月为主,其下即日为主,其下即火星为主,本星在度所主多,月与日亦有所主,比火星分数少。

定许星又要算照星界星,名为傍许星之星。假令从金牛 12°到阴阳 11°,前说属月为主,亦有不同,从金牛 12°到 24°是月界,若月在满时,月比星力大,从金牛 24°到金牛 30°,若月不在满时,月力与界上星之力相去不远,从阴阳 1°到 11°,因 60°力弱,界上星力大。

若许星在照星前,算时要从照星起,不从许星起,如照星金牛 6°10′,为人命一宫,木星在金牛 3°26′,在十二宫内,属命宫前,算时第一年起金牛 7°,不起金牛 3°。定照星许星,行时一年一度,太阳年 365 日 5时 45 分,一月 5 分,一分 6 日。照分左右,右照能力大,左照次之,右照退行,左照逆行。

2、法达运限

接着我们介绍法达运限法,法达运限(Firdariyyat),是波斯时期的一种运限法,这种运限在用于命理时,以 7 颗行星和罗睺、计都各自主宰一定年限,太阳 10 年、金星 8 年、水星 13 年、月亮 9 年、土星 11 年、木星 12 年、火星 7 年、罗睺 3 年、计都 2 年,总共 75 年。白天生人,从太阳开始起运,夜间生人,从月亮开始起运,行运周而复始。主运可以细分次运,每个次运时值是主运的七分之一时段,譬如太阳主运 10 年,则七分之一为 1 年 5 个月 4 天 6 小时,每一个次运分配这一时值,其他类推,根据它们在本命盘、太阳返照中的吉凶状态进行论断即可。

白天盘,按太阳 10 年、金星 8 年、水星 13 年、月亮 9 年、土星 11 年、木星 12 年、火星 7 年、罗睺 3 年、计都 2 年。夜间盘,按月亮 9 年、土星 11 年、木星 12 年、火星 7 年、太阳 10 年、金星 8 年、水星 13 年、罗睺 3 年、计都 2 年。

Al—Andarzaghar、Abū Ma'shar 就使用上述的次序,后世的 Bonatti、Al—Biruni 以及 16 世纪的 Antonio de Montulmo 等人提出了不同的观念,Bonatti 以罗睺、计都在火星之后主宰运限,也就是月亮、土星、木星、火星、罗睺、计都、太阳、金星、水星。Montulmo 以罗睺、计都在水星之后主宰运限,也就是月亮、土星、木星、火星、太阳、金星、水星、罗睺、计都。也有人认为,昼夜生人,罗睺主 70～73 岁、计都主 73～75 岁。

3、主向限

最后我们介绍最重要的主向限行运法。主向限,是一种非常古老而精确的行运法,并用于计算寿命。在希腊占星术语中主向限被称为 Aphesis,拉丁文称之为 Athazir 或 Directio。Primany Direction 这个名称是在普拉西多斯(Placidus)发明了次限法(即 Secondary directions)之后开始使用的英文术语名称。

　　主向限是用于预测定数行限的重要技术。西方很多著名占星家使用或主张使用主向限,譬如托勒密(Ptolemy)、都勒斯(Dorotheus)、马沙阿拉(Māshā'allāh)、阿布马沙(Abū Ma'shar)、雷格蒙塔努斯(Regiomontanus)、普拉西多斯(Placidus)、莫林(Morin de Villefranche)、威廉·李利(William Lilly)等等。我们能够见到最早的有关主向限中的界向行运案例出现在 Dorotheus 的《占星五经》中。

　　主向限最早在公元前一世纪已经开始应用,出现相关案例数据是公元一世纪。公元二世纪的时候,Ptolemy 提出了系统的方法,使用上升、天顶、日、月与福点诠释主向限行运,这一模式保存直至文艺复兴时期,在 15 世纪的时候,雷格蒙塔努斯对托勒密的理论提出了一个新的解释,这个解释在欧洲赢得了广泛的支持,莫林与威廉·李利都使用这种方法(近代有人指出是错误的)。在 17 世纪,普拉西多斯,开始回归托勒密的方法,并且在此基础上混入了自己的思想,后来被简化,在 19 世纪形成了现代主向限的标准。

　　主向限的使用效果如何呢? 我们看 Morin de Villefranche 在其著作中记录的一件事,人文主义哲学家 Giovanni Pico della Mirandola,乔瓦尼·皮科·德拉·米兰多拉,1463 年 2 月 24 日夜间生于费拉拉公国米兰多拉[意大利],1494 年 11 月 17 日死于佛罗伦萨。他曾著书攻击占星术,尤其猛喷主向限,他认为占星术是多么的荒谬。在他写完他的第 12 本书时,忽然身故,此年 31 岁。最讽刺的是,Lucio Bellantio、Antonio Syrigato、Angele de Catastini 等人预测他会在 31 岁死亡,因为这一年他的命盘根据主向限行运,上升轴到达第 2 宫的火星,冲第 8 宫死亡宫的月亮,并且刑土星和水星,必死无疑,最后他的死亡变成了一个笑话,也反衬出占星术的意义。

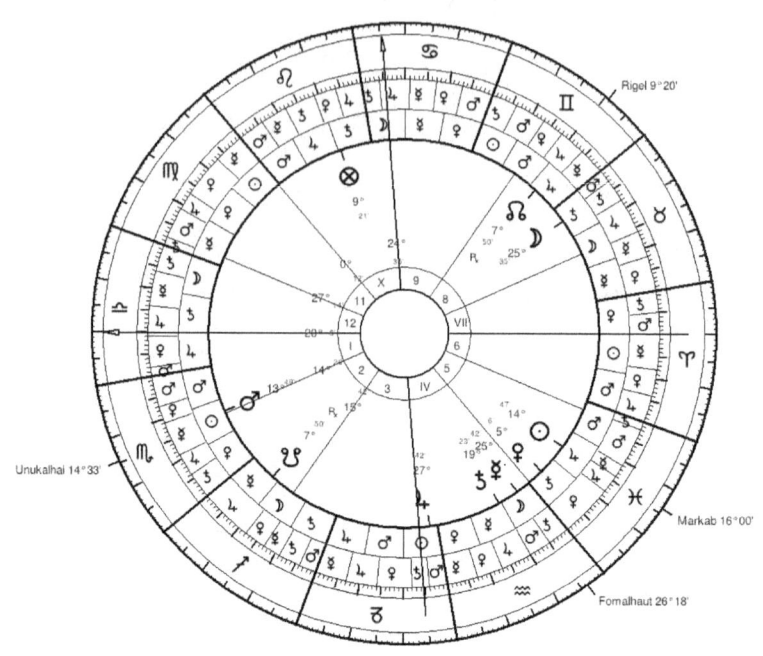

Giovanni Pico della Mirandola **本命盘**

　　乔瓦尼·皮科·德拉·米兰多拉曾在帕多瓦学习亚里士多德哲学。结识马斯里奥·菲奇诺后成为新柏拉图主义者,并对希伯来神秘哲学和波斯教产生兴趣,成为以神秘哲学的理论拥护基督教神学的第一位基督教学者。毕业后他周游各地,并参加了佛罗伦萨柏拉图学园,皮科精通希腊语、拉丁语、多种欧洲语言和东方语言,熟悉古代文献和各种哲学学说,曾有"神童"之誉。他企图调和柏拉图主义和亚里士多德主义的对立,建立一个全人类的世界宗教,把希腊文化、犹太文化和基督教文化统一起来。

　　主向限原理基于地球每 24 小时都在围绕地轴自转的运动规律,从人类的可视化角度,日月这些行星以及恒星都从东方升起,在子午线到达天顶,然后在西方落下,最后到天底,在整个周期之中,每颗行星都在运动,可以和其他行星、恒星和阿拉伯点产生任何可能的相位。

　　主向限的应用就基于这个原理,在人出生后,时间依然前进,在地球自转的规律下,行星在前进中和其他位置相遇或产生角度映射,就形成了相关的人生意义类象。再根据天球赤道的实际距离将这些度数转换为人生的年份,最后得出具体事件的发生时间。

　　一天 24 小时,也就是 1440 分钟,一周天是 360°,1440 除以 360,结果是 4,因此每一度的移动等于 4 分钟。1°代表人生的一年。人出生后一小时相等于一个人 15 年的行运,6 小时就相当于一个人活到 90 岁的行运。在主向限的计算中,需要使用到出生地的纬度、行星以及相关类象的黄经、黄纬、赤经、赤纬、赤经斜上升等等,需要应用三角函数进行相关计算。

　　在计算中,我们需要追求精确的数值,地球自转一周的时间实际不是 24 小时,而是 23 小时 56 分钟,也就是众所周知的恒星日,所以正确的说,1°赤经对应的其实不是 4 分钟时间,而是 23 小时 56 分钟除以 360°得出的结果,答案是 3 分钟 59.333 秒。更重要的是,很多占星家认为 1°等于 1 年是一个近似值,因此提出了各种更为精确的定义赤经时值的方法。

　　数值中有名的有 Ptolemy 数值、Naibod 数值、Brahe 数值、Placidus 数值。在古代应用最多的是 Ptolemy 数值,该数值认为赤经 1°是一个太阳年,5′为 1 个月,10″为 1 日,这个数值其实并不完全正确,因为并非一年 12 个月每个月都是 30 天,但是这个方法足够接近,也便于心算。Naibod 数值是以 Valentin Naibod(1527 年～1593 年)瓦伦丁·纳博德的名字命名的,但是这个数值可能在他之前就已经在使用了,该方法主要基于太阳的周期来定义一天和一年,该数值用 360°除以 365.25,结果是 0°59′08″为 1 年,其他很多的数值都是这种方法的变种。Brahe 数值在之前的方法上做了更改,但是 Brahe 数值被著名占星师莫林和威廉

• 李利拒绝使用（他们倾向于使用 Naibod 数值），Placidus 数值要更为复杂，他想要在太阳在出生后第一天经过的弧度代表人生第一年，第二天的行进弧度代表第二年。

和所有行运法一样，主向限基于本命盘进行考量，本命盘的分析至关重要。譬如当本命盘显示没有婚姻，我们在主向限中论断何时有婚姻是没有任何意义的，因此主向限仅仅显示命盘注定的事件何时发生，其本身并不能脱离本命盘而单独制造事件发生。

在主向限行运法中，当一个阿拉伯点或一颗行星，被推进到另一个阿拉伯点或另一颗行星，保持静止的那个阿拉伯点或行星，是被动的，我们称之为类象星，保持运动的那个阿拉伯点或行星，我们称之为允星。一动一静，一阴一阳，阴阳类像相辅相成，而形成具体的事件意义（《天步真原》将类神星称为照星，允星称之为许星）。

Ptolemy 强调使用五个类象星，分别是上升轴、天顶、太阳、月亮、福点。而里加尔（Al－Rijāl）、莫林、威廉·李利使用七大行星作为类象星。在五个类象中，上升轴代表健康与旅行变动，福点为财运，月亮为精神状态与社交，太阳为声誉与名望，天顶为职业，行动与生育子女。也有人认为太阳代表父亲，月亮代表母亲与妻子。

在《天步真原》中针对这种取法有拓展性论述，书中认为科目、升迁、功名、官禄取太阳；人性善恶愚智及妻妾取月亮；人身体强弱以及与身相关的情欲、父母及远行近出，取上升；财帛、福禄取福点；儿女、兄弟、朋友、小人、技艺取天顶，总之一切主题，都在这五个类神当中选取。在看类神的时候，如果太阳是寿星，则以太阳代表自己和父亲的吉凶，如果太阳不是寿星，则以它代表父亲和祖父，太阳代表其早年，太阳定位星和其三方主代表晚年。

在主向限的运动模型中,Ptolemy 在预测寿命的时候定义了两种主向限的行进方向,一种称之为为 Direct,即正向。一种称之为 Converse,即逆向。

所谓正向,指的是允星自东向西顺时针朝静止的类象星推进。但是因为理论上想象类象星逆时针运动移动,朝向允星,这样更容易理解。所以 Ptolemy 称其为朝后一个星座运动(即顺着黄道十二宫次序),因此被称之为正向运动。

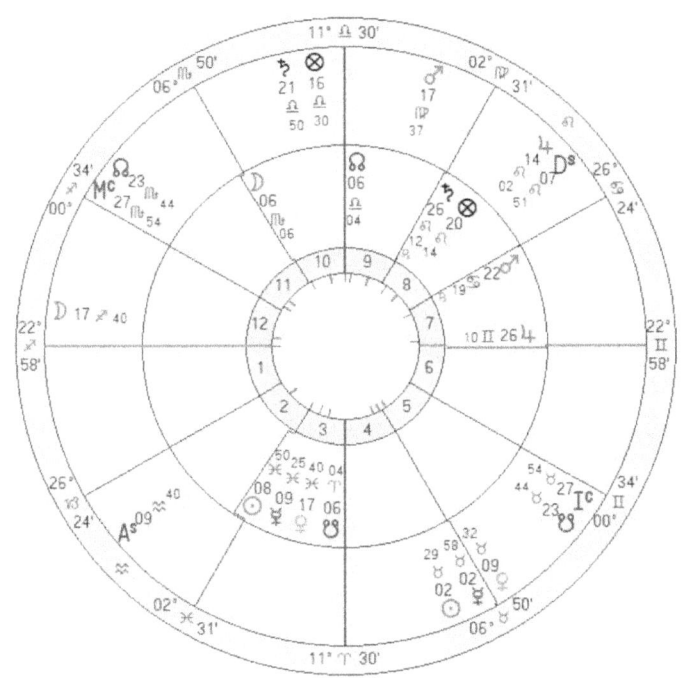

主向限正向行运盘

内盘为本命盘,外盘为主向限盘正向行运盘,2023 年 3 月 27 日,主向限盘中的月亮到达射手座 17°40′,与本命盘中位于双鱼座 17°40 分的金星形成完全的刑相位,月亮为类象星,金星为允星。我们看此图可能会认为是太阳通过黄道十二宫次序行进到射手座 9°25′ 与本命盘金相刑,但真相其实是金星通过主向限运动被顺时针推进到与月亮相刑的位置。

所谓逆向,指的是类象星自东向西顺时针朝允星推进。

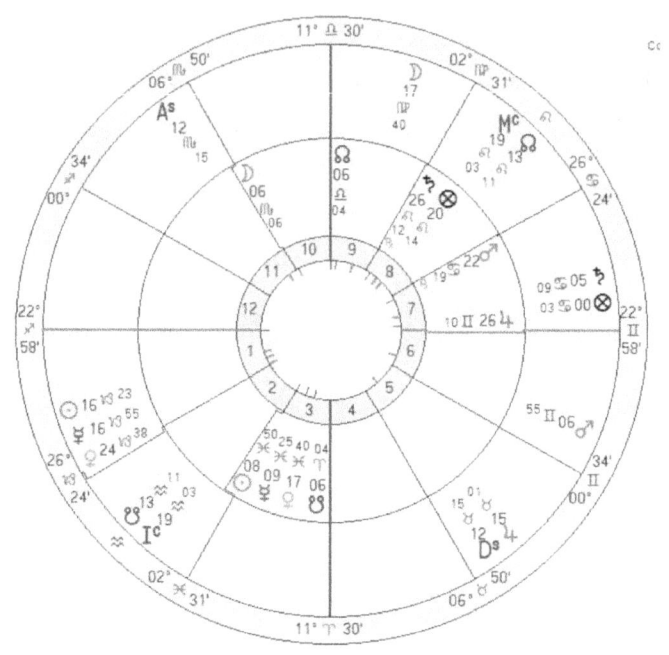

主向限逆向行运盘

如图,内层为本命盘,外层为主向限逆向行运盘,2027 年 4 月 2 日,类象星月亮以顺时针行进状态进入室女座 17°40′,本命盘允星金星位于双鱼座 17°40′,两者形成精确相冲相位。表面看是类象星按黄道十二星座的逆序行进,因此称之为逆向盘。

这两种运行方式,以第一种为主,因为 Ptolemy 提及反向行运主要用于一些测算寿命的方法,后来的占星家才广泛使用了反向行运法。反向模式比正向模式的力量影响上要弱一些。

在论断中需要注意,一般类象星指定特定的生活领域,允星代表在该领域中的吉凶变化。在主向限中,我们需要注意类象之间的合相、六合、三合、刑、冲相位,这些都基于黄道经度,早期的占星家也意识到了纬度在解释吉凶程度时的重要性。在十五世纪的时候，一些占星家认为各种相位应该被赋予纬度，并提出了几种将纬度纳入的方法，即 Mundane directions，软件 Morinus 的主向限选项中有行星纬度设置，在主向限结果数据表格中第一列中标记为 M 字母，而常用的黄道向限标记为 Z（需要注意这种黄道纬度的说法不同于 Placidus 的 Mundane aspects，Placidus 本人对黄道纬度的这种相位不感兴趣。）

中世纪开始，一些占星师的著作内零星出现主向限类神前进合相其他宫轴的论断方法，譬如本书后文中 John Gadbury 的案例就有这种用法。

占星软件主向限设置

在使用主向限时，笔者经常使用软件 Morinus 和 Janus。Janus 的主向限数据更为精准，并且设置、使用都非常方便，但是其设置不便于演示，因此本书中只提供 Morinus 的设置方案。

打开 Morinus，选择 Options，点击进入，选择 Primary Directions，进入界面后，设置主向限正向行运，配置如下：

主向限正向行运设置表

如果要使用主向限逆向行运，则需要重新设置为下图样式：

Placidus(semiarc)

Placidus(underthepole)

Regiomontanus

Campanus

Promissors

☑ Sun

☑ Moon

☐ Sec. Motion

3.iteration

☐ Mercury

☐ Venus

☐ Mars

☐ Jupiter

☐ Saturn

☐ Uranus

☐ Neptune

☐ Pluto

☐ Asc.Node

☐ Desc.Node

☐ Antiscia

☐ MidPoints

☐ LoF

☐ Terms

☐ FixedStars

☑ Conjunctio

☐ Semisextil

☐ Semiquadrat

☑ Sextil

☐ Quintile

☑ Quadrat

☑ Trigon

☐ Sesquiquadrat

☐ Biquintile

☐ Quinqunx

☑ Oppositio

☐ Parallel

☐ Rapt Parallel

Promissors

☐ UserP

Significators

☐ UserS

Significators

☑ Asc

☑ MC

☐ House cusps

☑ Sun

☑ Moon

☐ Mercury

☐ Venus

☐ Mars

☐ Jupiter

☐ Saturn

☐ Uranus

☐ Neptune

☐ Pluto

☐ Asc.Node

☐ Desc.Node

☐ LoF

☐ Syzygy

Mundane

Zodiacal

Use latitude of:

Neither

● Promissor

Significator

Both

☐ Bianchini

● Both

Zodiacal Options

☐ Aspects of Promissors
  to Significators

☑ Promissors to
  Aspects of Significators

☑ Asc, MC as promissors

Deselect All

Select All

Deselect All

Select All

Deselect All

Select All

Ok   Cancel

主向限逆向行运设置表

配置后，在软件主界面选择 Tables，点击 Primary Directions，出现如下图式：

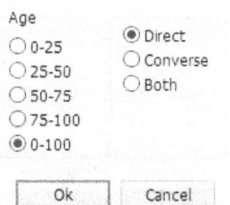

手动选择正向或逆向即可，需要注意，前面设置正向，这里就选 Direct，前面设置逆向，这里就选 Converse。如果主向限正向行运分析结束，想分析主向限逆向行运，需要重新设置之前相关选项。以上正向或逆向设置中都包括了行星纬度，也就是包含有 Mundane directions。

978

　　以上只是基本设置,实际情况比基本设置要复杂,因为不同时期的占星家有不同的经验论述,所以我们要以自己实战需求进行相关设置,具体可以结合本书中的相关案例,需要注意,主向限的应用对出生时间的精确度有较高的要求,同时,我们也可以通过过去的重大事件,使用主向限技术辅助校订生时,但是牢记一点,主向限的时间点并非事件精确的发生时间。

4、综合案例

例 1　疾病灾害

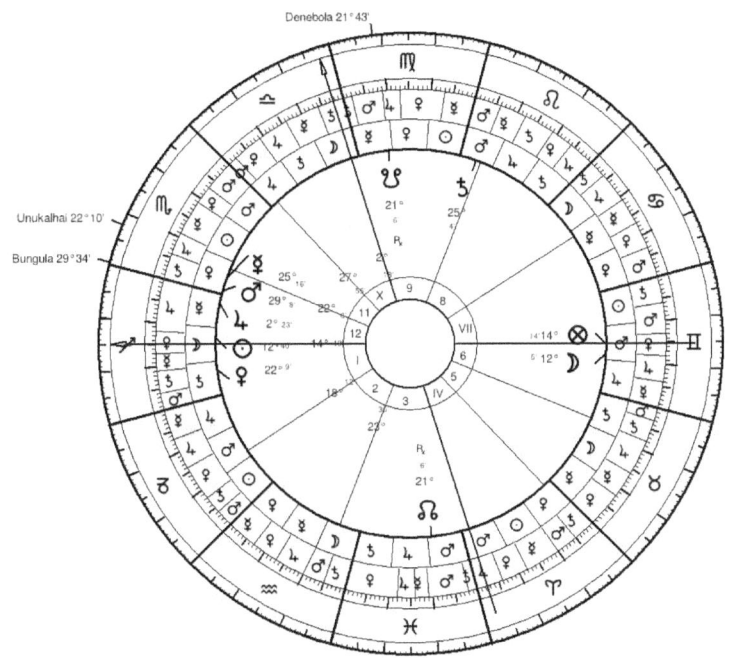

　　此为本命盘,本书前文案例中已经解读,下面为主向限数据、界向行运数据、主向限排盘:

Z	△ ♄	D ➡	Asc	11.836	2018.10.06
Z	✳ ♄	D ➡	⊗	12.532	2019.06.17
Z	✶ ♂	D ➡	Asc	12.879	2019.10.22
Z	△ ♄	D ➡	☉	14.36	2021.04.14

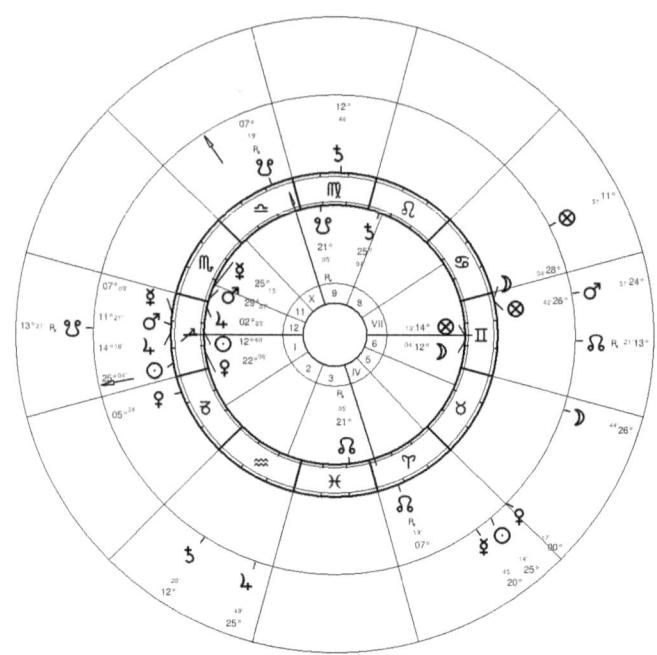

2021 年主向限正向行运盘（中层）

女命，生于 2006 年 12 月 5 日。在主向限数据表中我们看到，2021年 4 月，允星土星与类象星太阳形成三合相位，在上图中，中层为主向限正向图，太阳位于射手座 25°04′，与内层本命盘狮子座的土星形成三合相位。太阳作为类神星，代表脑部。土星在本命盘中与天蝎座的火星和水星紧密相位相刑，并且位于火星和水星的第十个星座，为上位映射，尤其主凶（星盘外层为行星过运，可以略过）。

在界向行运表中，2019 年 10 月，上升轴进入射手座的火星界，主配星火星主宰 2019 年 10 月～2024 年 3 月期间的行运，本命盘中，水星与火星合相于 12 宫，为血液疾病住院之象。并且，在界向行运表中，2018年 10 月，上升轴位于射手座土星界内时，移动的上升轴三合本命盘狮子座的土星，此时土星为客配星，客配星从该时间起参与管理行运。进入 2021 年，土星依然参与影响。在 2021 年 4 月允星土星与太阳三合，灾难爆发。

此命于 2021 年 4 月 24 日因为头疼住院,发现为脑出血,病因不明,稳定后转院。在以上分析中,我们详细解析了关于主向限、界向行运的论断规则,读者可以参照此案例掌握主向限的相关概念和使用方法。下面笔者通过太阳返照盘分析此年的行运。

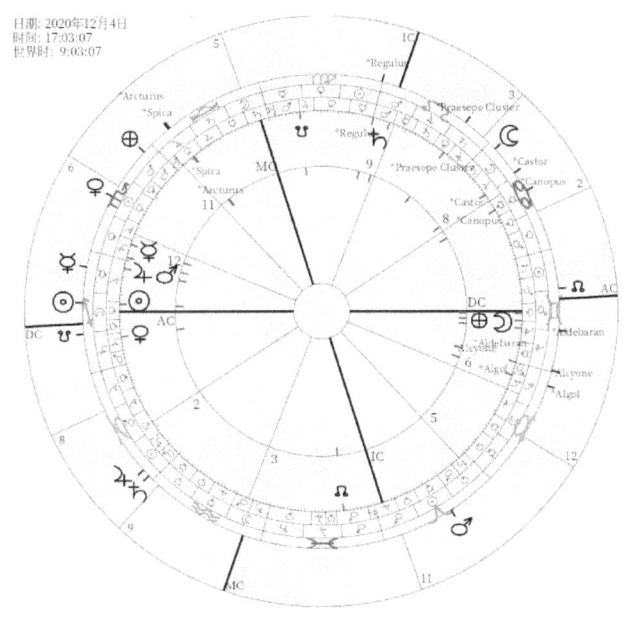

2020 年太阳返照盘(外层)

内盘为本命盘,外盘为此命在 2020 年 12 月—2021 年 12 月期间的太阳返照盘。太阳返照是结合小限进行具体分析的,还可以结合主向限、界向行运以及其他行运法进行综合分析。在分析太阳返照的时候,能够代表主要行运的分别有本命盘的上升星座、小限星座、返照盘上升星座,以及它们的定位星。

我们先罗列出以上关键信息,本命盘上升星座为射手座,内有太阳、金星和木星。定位星为木星,木星能够代表命主的行运。命主虚岁

15岁,小限星座位于宝瓶座,土星为小限星座的定位星,即岁主星,能够代表当年的行运。返照盘上升星座为双子座,其定位星水星代表命主当年的行运。

小限星座定位星,也称之为岁主星或限主星,是一个关键行星,能够代表当年的主要行运。本命盘中,昼生人,土星为凶星,土星位于天顶并且落入落陷星座,火星与水星上位刑土星,土星位于狮子座三合太阳,太阳位于上升轴,土星将太阳力量推向自己,产生对上升星座的影响,这属于强力佐证,该年有凶性事件发生。并且本命盘中,第6宫定位星金星以紧密度数三合趋于土星,也主疾病。

在外盘的返照盘中,水星位于本命盘的上升星座,更指向命主,位于返照盘第6宫、本命盘第12宫,皆为凶宫,代表有疾病、住院的事情发生。并且本命盘第6宫定位星金星,也进入返照盘第6宫,更指向疾病。同时,木星作为本命盘上升定位星,和岁主星土星合相位于返照第8宫,说明有重大疾病。

同时,在分析太阳返照盘的时候,需要注意月亮,月亮可以代表身,为命主切身之运的一个通用类神,月亮位于巨蟹座,被对宫的木土所冲。月亮位于巨蟹座27°58′,土星位于摩羯座28°43′,木星位于摩羯座26°49′,为紧密度数冲相位,所以一定有灾害、事故发生,月亮和木星彼此主客互传,代表得到治疗。同时,月亮与火星相刑,彼此都有力量,通过主客互传,将月亮和火星的力量推向对方,这些都是论断疾病的关键。

需要注意罗睺和计都,这两个虚点,在分析事故,突发事件以及特殊事件的时候,常有明显表征。在此盘中,罗睺影响了本命月亮,计都合相返照盘太阳,日月受损,因此头部遭灾。如果结合主向限、界向行运,我们需要注意观察界向行运的主配星火星,火星与月亮相刑,与水星、太阳三合,并且火星位于白羊座,在格局构成中为主星,引发了火星类的灾害,白羊座、日月都为人体的头部,客配星土星也参与到太阳返照盘中的重要格局中。2021年4月主向限土星三合太阳,在太阳返照盘中也有此格,属于<u>重象必应</u>。

值得注意的一点,在2020年11月30日发生月食,月蚀点位于双子座8°38′,这次月食对本命的太阳返照盘的行运是有影响力的。

本案例演示了太阳返照盘的分析思路方法和结合界向行运法、主向限法的论断方法。

例2 出国学习

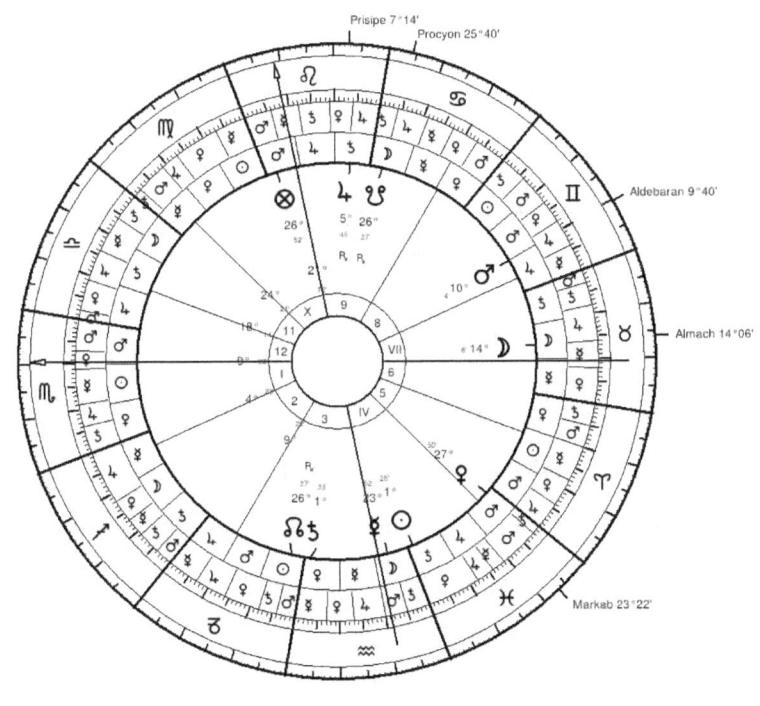

本命盘

此命生于 1991 年 2 月 20 日 22:53 分,于 2017 年 1 月 14 日出国读书。本命盘月亮位于第 7 宫轴,月亮同时是第 9 宫定位星,代表出国。我们排出 2016 年生日后的小限盘与太阳返照盘。

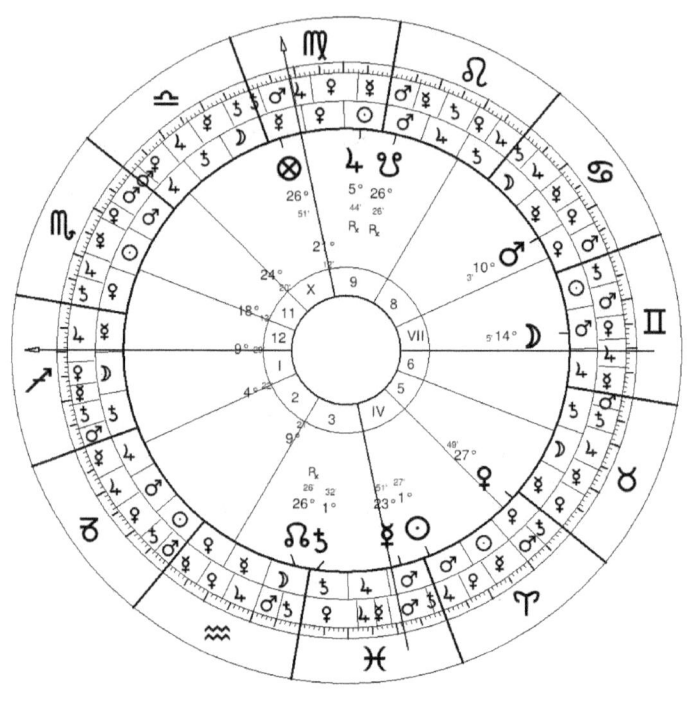

2016 年小限盘

小限星座为射手座,小限定位星木星在小限盘中位于第 9 宫,这是远行的标志,木星落入水星星座,水星主读书、学习,福点定位星也是水星。水星落入木星星座,木星落入水星星座,彼此存在互相接纳,同时月亮落入水星星座,都指向相关事宜。

2016年太阳返照盘

　　命主虚岁 26 岁,小限星座位于射手座,小限定位星为木星。返照盘中,土星落入返照盘的小限星座,土星是本命盘天底轴定位星,代表住居、家宅,在返照盘中月亮三合入相位土星,月亮位于返照盘第9宫,土星位于返照盘上升宫,是迁移、远行、变动的特征。月亮和土星的映射关系中,月亮位于上位,更代表远行,鉴于土星入命宫的特质,代表发生时间迟缓。

　　小限定位星木星位于返照盘天顶,并且紧密合相 Mc 与罗睺,罗睺为重大分离性行星,位于天顶,标志工作、学习的变化,木星位于本命盘第9宫,代表远行,因此命主有远行出国学习之运。木星和土星产生刑相位映射,代表出国的事情迟缓,木星居于上位,更代表远行。

　　返照盘上升轴落于天蝎座 27°,火星紧密合相上升轴,在论断远行时,月亮、火星和远行有关,因此火星的状态主远行,并且火星为返照盘上升定位星,位于轴,主导全年重要事情,木星与之六合,也诠释了相关信息。

　　在以上分析的基础上,可以有效结合界向行运、法达运限进行分析,以达到运算年运各种主宰事件的重心与细节。

♃	2011.02.20 - 2023.02.19 (12 Years)
♃	2011.02.20
♂	2012.11.07
☉	2014.07.26
♀	2016.04.12
☿	2017.12.29
☽	2019.09.16
♄	2021.06.03

　　上图为法达运限图,2016 年 4 月 12 日,命主的法达运限中,主运为木星,次运为金星。木星在本命盘第 9 宫,代表远行、变动,金星位于本命盘第 5 宫,代表与教育相关。金星、木星在本命盘中位于落陷星座,足以说明这种出国读书肯定是花钱镀金。而在返照盘中,金星紧密合相水星于第 3 宫,被第 9 宫的月亮以紧密度数相冲,代表远行变动读书,结合之前分析,在这里以重现重象的形式展现出来。

Arc	Age	Date	Distributor	Partner
000d 00m 00s	000y 00m 00d	20 Feb 1991	♀	
001d 51m 45s	001y 10m 11d	31 Dec 1992	☿	
006d 05m 45s	006y 01m 05d	27 Mar 1997	☿	♂ □ ☽
012d 45m 05s	012y 09m 02d	22 Nov 2003	♃	
019d 19m 48s	019y 03m 30d	20 Jun 2010	♃	dex □ ☿
019d 30m 34s	019y 06m 04d	25 Aug 2010	♄	
024d 38m 50s	024y 07m 24d	14 Oct 2015	♄	dex △ ♀
027d 31m 48s	027y 06m 12d	01 Sep 2018	♃ ♐	
029d 28m 17s	029y 05m 20d	10 Aug 2020	♃	dex □ ☉
029d 35m 05s	029y 07m 00d	21 Sep 2020	♃	dex ✳ ♄
035d 05m 03s	035y 01m 01d	22 Mar 2026	♃	sin △ ♃
040d 37m 28s	040y 07m 15d	06 Oct 2031	♃	♂ ♂

上图为界向行运界面,命主于 2015 年 10 月后上升轴到达天蝎座土星界,行运的主配星为土星,客配星为金星。在太阳返照盘中,土星和金星需要侧重分析,月亮趋于土星的远行信息与金水合相的远行读书信息上文已经分析,并且本命盘中土星冲第 9 宫的木星,参与到远行的信息中,界向行运突显了以上信息的重要性。

课题练习:命主于 2019 年 6 月(虚岁 29 岁)出国工作,读者可以就此事件使用古典占星做出相关分析。2019 年的小限、太阳返照盘如下:

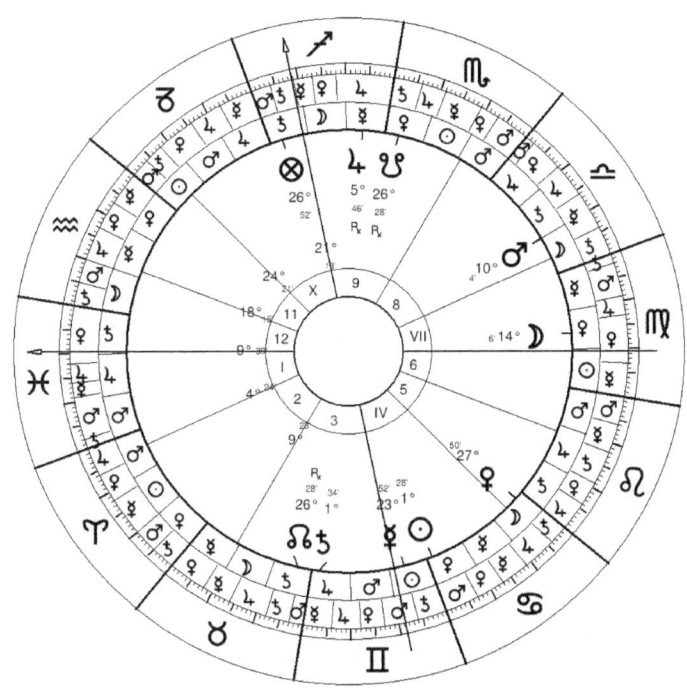

2019 年小限盘

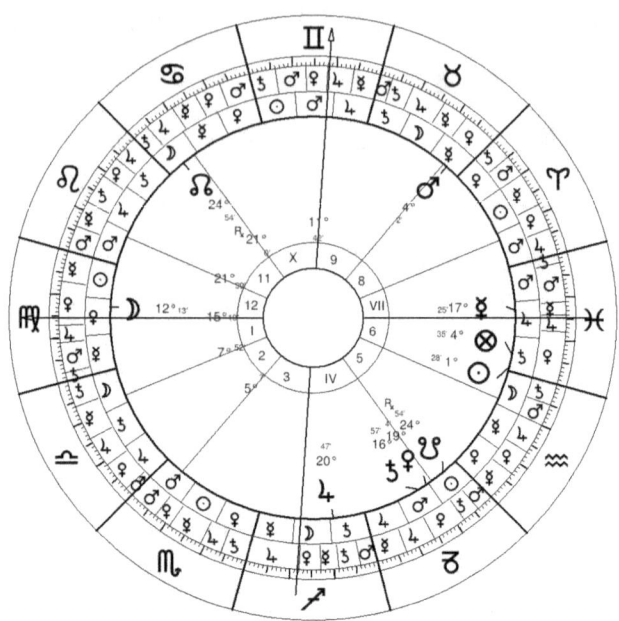

2019 年太阳返照盘

例 3 2015 年复合型年运

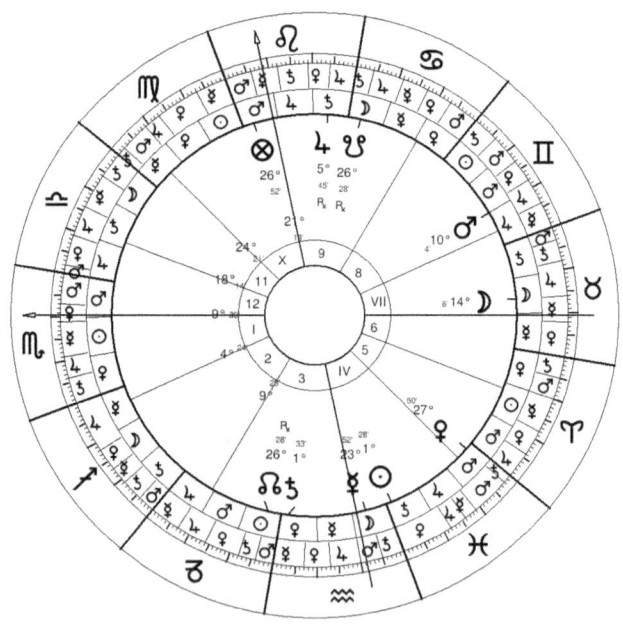

2015 年小限盘

　　2015 年,命主的小限盘与本命盘完全一致。这里既可以当作本命盘分析,也可以作为小限分析。此盘中,罗睺与金星有紧密的六合相位,罗睺的定位星为土星,并且土星距离金星大约 56°,存在六合相位的度数关系,所以命主会和年纪大自己的很多的男性产生畸形关系的恋爱。

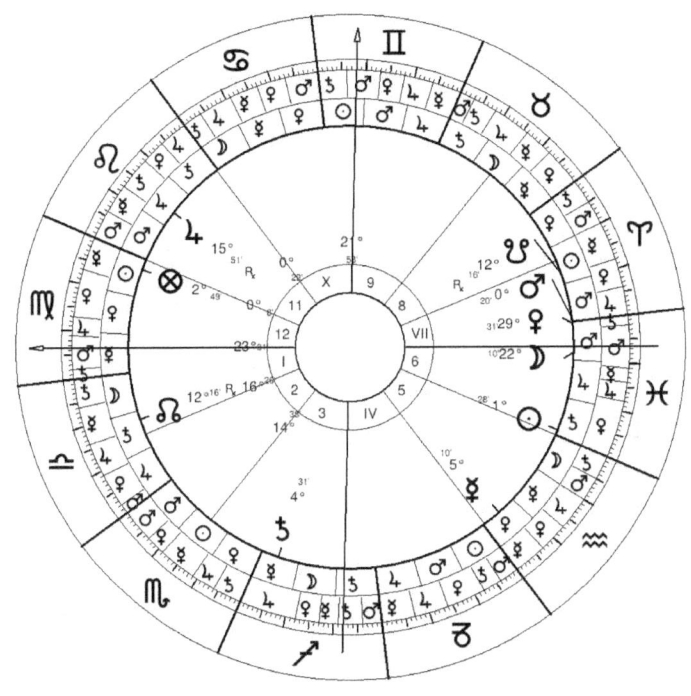

2015 年太阳返照盘

　　2015 年,此命的小限星座为天蝎座,按中国说法为本命年,火星为小限定位星,在太阳返照盘中,火星合相金星,且火星、金星都位于歧度,并且位于第 7 宫,应验婚恋,由于金火歧度极其不稳定,这种格局预示了畸形恋爱,会与有夫之妇恋爱。因为金星、月亮位于双体星座。火星位于白羊座,金星入相位火星,代表通奸,计都与火星同星座更锁定了情感的不正常特性,并且计都本身就带有凶性,行运尤其忌讳。返照盘金星回归于本命盘金星位,被火星激活。2015 年其界向行运的主配星为土星,土星上位映射太阳,太阳位于第 6 宫,代表父亲有疾病灾害。

♃	2011.02.20 - 2023.02.19 (12 Years)
♃	2011.02.20
♂	2012.11.07
☉	2014.07.26
♀	2016.04.12
☿	2017.12.29
☽	2019.09.16
♄	2021.06.03

在法达运限中,2014 年 7 月 26 开始,命主行木星大运,太阳次运,木星位于狮子座,其定位星为太阳,太阳次运强化了这个信息,太阳为父亲,太阳位于第 6 宫,不利于父亲健康。返照盘中,太阳入相位土星,土星居于上位,并且土星为第 6 宫定位星,突显了父亲有灾病的信息。

事实:命主于 2015 年 8 月遇到有妇之夫,2015 年 10 月其父亲中风,后来经过治疗休养后痊愈。

太阳返照月限

最后我们介绍太阳返照流月的断法,根据 Abū Maʿshar 的方法,先定出第一个月限,第一、小限盘的上升星座为第 1 月;第二、根据小限星座九分部取月限,譬如小限星座是巨蟹座,巨蟹第一个九分部是月亮,月亮是岁主星,月亮是第 1 月主星,第二个星座是狮子座,狮子座第一个九分部是火星,则火星为 2 月主星,依次类推;第三、以本命盘福点所在星座为第一个月限,一个月一个星座;第四、以返照盘上升星座为第 1 月限;第五、以返照盘的福点星座为第 1 月限。第六、观察返照盘太阳位置,当太阳进入下一星座同度数位置时,就是第 2 月,依次类推(注意:小限星座的上升轴与命盘的上升轴度数相同)。

实战中使用第1、三、四、五法。当第1月限位于固定星座时,则按12黄道星座次序行限,譬如1月位于狮子座,则2月位于室女座,依次类推。当第1月限位于启动星座时,则逆行12黄道星座次序,譬如1月位于摩羯座,则2月位于射手座,依次类推。当第1月限位于双体星座时,在星座15°前,则顺行12黄道星座,在星座15°后,则逆行12黄道星座。譬如本命盘福点位于双鱼座20°,则1月位于双鱼座,2月位于宝瓶座。

通过以上方法,如果既出现了固定星座,也出现了启动星座、双体星座,则各自分析。确定月限星座,则可以知道每个月的12衍生宫的情况,譬如1月月限位于宝瓶座,2月月限位于双鱼座,则2月月限命宫为双鱼座,想知道兄弟情形,论断其第三星座金牛座即可,其余类推。

这些因素都考虑进去,是一件非常复杂事情。如果我们只想从中论断部分的显象,有三种方式。第一种,分析月限星座定位星的吉凶。观察该定位星在本命盘、返照盘中的吉凶状态。第二种方式,根据小限星座、福点星座定为该年第一个月份,依次看12月限星座。这时候有三个论断要素,第一是本命上升定位星;第二是小限星座的月限;第三是福点星座的月限。此时论宫的时候,考虑本命12宫、月限12宫。第三种方式,观察太阳返照盘的上升宫、福点,以其作为该年第一个月份,依次观察12月限星座。此时论断有三个要点,第一是本命上升定位星;第二是返照盘小限星座的月限;第三是返照盘福点星座的月限。三种方式中,以福点进行计算月限的方法没有其他重要,这三种方式没有一种能全面反映当月的月运。

凡小限,一年一宫。若细分之,每一宫三十度,每一度管十二日零

六分之一。逐度排去,遇吉星则吉,遇凶星则凶。若行限不遇吉凶星,看宫主星是何星,其星吉则吉,凶则凶。

假如安命在巨蟹宫第十度,十一岁小限到金牛宫第十度。金牛宫第十六度,有木星相照。自金牛宫第十度,至第十六度属金星管,该七十三日,祸福依金星推断。至第十六度,却以木星主断,逐度排去,看遇何星相照,则以其星断之。

注:在希腊占星中,最广泛使用的论断行运时间的技术,就是小限。在希腊占星家中,Manilius、Dorotheus、Ptolemy、Valens、Firmicus、Paulus、Hepaestio 在他们的著作中都提及了小限。现存古籍中,Valens 对于小限的描述最为详尽,在他的著作《Anthology》的 4、5、6 册中,介绍了一种比其他作者更复杂的方法,他认为更行之有效,Valens 在其著作中似乎吸收了部分 Critodemus 著作中创作的小限理论,还引用了 Hermes 和 Nechepso 的著作内容,由此可见,小限技术在早期就已经被广泛使用。

小限从出生年的生日到下一年生日为 1 年进行计算。在星盘中的计算是非常简单的,从上升星座开始为 1 岁,下一个星座为 2 岁,这样周而复始,与之相应的还有月限和日限。譬如某人今年 26 岁,上升星座为室女座,则 1 岁小限为室女座,其定位星水星是 1 岁的岁主星;2 岁小限为天秤座,其定位星金星为 2 岁的岁主星;依次类推,可以得出所有小限流年。25 岁时候小限再次进入上升星座室女座,26 岁依次进入天秤座,其定位星金星为虚岁 26 岁的岁主星,此年的小限星座为天秤座。以天秤座为小限的上升星座,其定位星为金星,注意观察本命盘中的天秤座、金星和太阳返照盘中的天秤座、金星,做出相关的判断。

月限如何计算呢？从小限星座开始代表当年生日后的第 1 个月，下一个星座代表第 2 个月，依次类推。譬如 26 岁小限星座为天秤座，则天秤座为第 1 个月，天蝎座为第 2 个月，依次类推。日限推法类似，以月限星座为第 1 天，一个星座一天进行轮转推导即可。

《天文书》中的小限取法，以上升轴度数为标准，每 30°代表一年，譬如上升轴位于巨蟹座 10°，则巨蟹 10°～狮子座 10°为 1 岁小限。狮子座 10°～室女座 10°为 2 岁小限，依次类推。这是根据上升轴进行计算的主体方法，其实在实战中，太阳、月亮、福点以及其它行星都可以类似推导使用。

Umar Al－Tabarī 使用这种小限计算的方法。他指出在太阳返照盘中使用小限法时，根据小限上升的度数开始计算，每 30°为一年，看其于 30°范围内遇到吉凶星合相或其他映射关系，以间距的度数乘以 12 又 1/6（即 12.16666）得到具体日期。按 30°一年，一年 365 天，365 除以 30＝12 1/6，Umar Al－Tabarī 在其著作中，又给出另一个更精确的数值，用 1°乘以 12，再除以太阳平均速度 59′08″，结果是 12.17587 天，这个数值更接近实际值，因为更为精确的年份是 365.2425 天除以 30°，结果是 12.17475 天，小限上升轴在其范围内，遇吉则吉应，遇凶则凶应，每一度代表 12.17475 天，进行分配即可。

《天文书》中列举小限计算的案例，假设上升轴位于巨蟹座 10°，某年小限上升位于金牛座 10°，在金牛座 16°有木星映射，在金牛座 10°～16°区间，为金牛座定位星金星主宰行运。1°＝12.16666 天，乘以 6°，结果等于 72.9999，大约为 73 天，在命主生日开始的 73 天内，金星主宰其行运，从第 74 天开始，木星主宰行运。

《天步真原》中将小限译为流年，对小限的排法与相关计算我们介绍如下：

流年，一年一宫，论黄道。如今年生日，日在天秤 16°，明年即在天蝎 16°，十三年又在天秤 16°。一年一宫，三十度行 360 日，一度 12 日。各照星一月行 2.5°，12 月行 30°。如算一命，其日、月、福、一宫、十宫，土木火金水俱一年移一宫，不拘何照星许星皆用此法。

求流年照星几时到某星，如月在摩羯座 23°30′，火星在双鱼 7°16′，差 43°46′，三十度除一年外有 13°46′，每一度十二日，13°得 156 日，每一度 60′，46′加 9 日 2 分，共一百六十五日二分，该二年内 5 月 15 日，月到火星。

流月，起流年宫，一月一宫，如第一年流年在白羊 6°，其年流月亦起白羊 6°，第二年流年金牛 6°，其年流月亦起金牛 6°，第二月阴阳 6°，第三月巨蟹 6°。流月一日 1°4′4″，365 日行一圈过 30°。如日在金牛 2°16′，木在狮子 16°27′求流月几时到木星，差 104°8′，该 98 日（数值为 97 日 37 分 30 秒）。

流日，2 日 3 小时 52 分 8 秒算一宫，一日行 13°52′，第一流日接流月度分起，如流年在金牛 6°，流月亦起金牛 6°，流日亦起金牛 6°，流月一年分 13 月，一月得 28 日 2 小时 17 分 37 秒。

Valens 针对小限有大量的讨论，在著作中大篇幅描述了他因为对论断流年技术的强烈不满，去埃及寻找相关技术，遇到不少骗子，花费了大量金钱，最后找到了一位教他这种技术的老师，他发现这个技术很可能来自 Critodemus 已经遗失的著作。Valens 认为，小限星座中的行星，在该年被激活并被强调，在论断中要注意。并且他强调，小限计数，并非只从上升星座开始，可以从任何行星、任何位置、任何阿拉伯点作为起算点轮转。譬如我们想了解一个特定主题，就可以使用这种方法，我们想研究婚姻,就可以从第 7 宫开始作为 1 岁开始轮转小限,找到当前小限位置。在论断小限的时候,有三个小限起算点是非常重要的,分别是昼日夜月、上升星座、昼月夜日。

凶运年与关键月份断法

Valens 提到了主要凶运年的论断技巧。他指出,从上升星座开始计数小限星座,当小限星座位于新月或满月星座,或刑冲新月、满月星座时,而土星正好经过四轴的果宫,如本命盘的信息一致,则会发生死亡、疾病、隐患,生计起伏,突来危险等等。另外,可以计算本命盘中土星与新月、满月定位星之间的距离,然后从上升轴开始计算等距位置,当土星在行运中经过或刑冲此位时,会发生死亡、疾病、事业危机等等。流年中,土星经过罗计,或刑冲罗计,或日月经过罗计,刑冲罗计,又被凶星映射,皆为凶。还要注意关键星座:白羊座、金牛座、巨蟹座、狮子座、天秤座、天蝎座、摩羯座、宝瓶座。当流年位于这些星座时,它们是具有危险性的,当太阳在这种星座时,该月为危险性明显的时段。

在论及月运的论断方面,Valens 指出,法老王提供了一种方法,计算当前行运太阳度数到本命盘月亮度数之间的距离,然后从上升轴开始数到等距位置,观察该星座、星座定位星,定位星所在星座,以及和它们发生映射的行星吉凶性质进行论断(昼生人计算当前行运的月亮度数到本命盘太阳度数的距离,然后从上升轴开始数到等距位置)。有些占星师会根据新月或满月度数配置法论断有效月份,譬如太阳位于狮子座 5°,月亮位于天秤座 26°,它们之间距离 81°,当任何一年的行星过运,太阳和月亮距离 81°时,就是有效月份。Valens 认为,当太阳经过或刑冲以上位置的时候,就是有效时间段,火星、金星、水星、月亮经过这些位置时,也一样。

凡论小限，排定年月日时甚为详细，具见于图。

每月三十日	一月	二月	三月	四月	五月	六月	七月	八月	九月	十月	十一月	十二月	再加五日有零
排年当生度数	初宫二度二十八分	四度五十六分	七度二十分	九度五十二分	十二度一十九分	十四度四十七分	十七度一十五分	十九度四十三分	二十二度一十一分	二十四度三十九分	二十七度七分	二十九度三十五分	一宫
排月小限度数	一宫二度二分	二宫四度四分	三宫六度六分	四宫八度八分	五宫十度十分	六宫十二度十二分	七宫十四度十四分	八宫十六度十六分	九宫十八度十八分	十宫二十度二十分	十一宫二十二度二十二分	十二宫二十四度二十四分	一宫
排日度数	一宫二十六度二十五分	三宫二十二度五十一分	五宫十九度十六分	七宫一十五度四十二分	九宫一十二度八分	十一宫八度三十三分	一宫四度五十九分	三宫一度二十五分	四宫二十七度五十分	六宫二十四度一十六分	八宫二十四度四十一分	十宫一十七度六分	一宫
排流年度数	初宫二十九度二十四分	一宫二十九度八分	二宫二十八度四十三分	三宫二十八度一十七分	四宫二十七度五十一分	五宫二十七度二十五分	六宫二十六度五十九分	七宫二十六度三十三分	八宫二十六度八分	九宫二十五度四十二分	十宫二十五度一十六分	十一宫二十四度五十分	初初

论小限缘故。为当年身体之事，并财帛等事。又福德箭亦每年交一宫，看排到何宫，以此福德箭，并箭主星强弱，断其吉凶。

若论贵福，看太阳，亦一年排一宫，看排到何宫遇何星，以其星之吉凶为断。

若人当生有一吉星，欲知应在何时，看小限行到其星之处，又在四正柱上，则吉应发福。若当生有一凶星，欲知应在何时，亦看小限行到其星之处，又在四正柱上，则凶应有祸。

若当生命内有凶星，该几年内合显，及小限行至其处，小限主星有力，又当年流年命宫主星亦有力，则以上凶星所主之事减轻。若当生命内有吉星，该几年内合显，及小限行至其处，小限主星无力，又当年流年主星亦无力，则以上吉星所主之事，亦减轻。

若当生有凶星，或流年有凶星，但遇金木星相照，则凶事解轻。若吉星弱，凶星旺，则凶事不能解。

若详细论之，将太阳所到宫度，每月安一命宫。每宫管二日余三分之一，则祸福可见也。今将当生安命宫，并小限，并流年安命宫，具列星盘图于后。

当生流年小限图

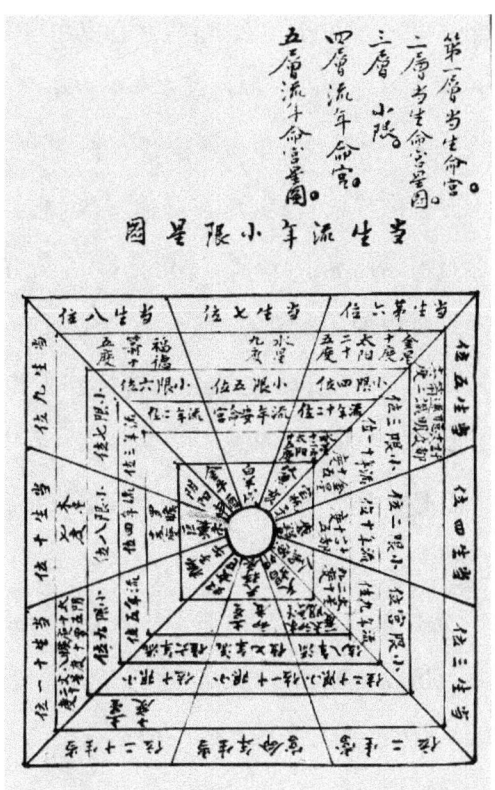

注：小限论断时，太阳、月亮、上升星座、福点以及其它行星都可以作为小限起点，循环计数，找到相关年限做出论断。

我们列出 Al－Andarzaghar 有关论断太阳公转结合小限和其他运限的系统方法，供学者参考。

1、首先找到小限星座，譬如本命盘上升星座为宝瓶座，则虚岁 2 岁时，小限星座为双鱼座；虚岁 3 岁时，小限星座为白羊座，依次类推。

2、看小限星座落在太阳返照盘什么宫位，什么行星在内，对本命盘是利还是弊，宫是吉还是凶，宫内的行星，在流年中主导的时间周期。如果星座内空而无星，注意是否被某星六合、三合或刑冲。

3、小限星座定位星(即岁主星)在本命盘什么宫位,性质与力量如何。在太阳返照盘中,岁主星位于什么宫位,注意岁主星东出或西入的状态,是否在日光下,顺行还是逆行。通过观察映射岁主星的行星,分析它和其他行星产生的关联。注意岁主星所在位置的舍、升、三方力量。

4、注意上升轴的界向行运,所在星座与界(此推进的界主星,即主配星),在本命盘与返照盘中分析。注意分析,主配星的位置,是吉还是凶。看它在本命盘中的主宰意义,性质与力量如何,是否焦灼,是否通过映射增吉或增凶,最后分析其综合的特性和吉凶意义,注意它所在舍、升、界,以及定位星的星宗等等。

5、分析太阳返照盘的上升轴。观察上升定位星所在的宫位,分析它们在本命盘中的吉凶。通过本命盘和太阳返照盘,分析它们被什么行星所映射,看上升定位星是吉还是凶,位于什么星座,被什么行星映射。

6、分析月亮所在星座和月亮定位星。分析它们的合相以及各种映射关系,分析其吉凶意义。分析其位于什么行星的舍、升、三方,是否游隼,是否位于友好的星座。

7、分析本命盘的阿拉伯点,以及谁与它们产生吉凶映射,位于太阳返照盘的什么宫位,分析其定位星的吉凶。

8、分析寿星的界向行运,进入吉界还是凶界。分析其界的变化,是否从吉界入凶界,从凶界入吉界等等。譬如在本命盘中,月亮为寿星,月亮位于宝瓶座1°,此时0°~7°都属于水星界,水星为界主星,观察在本命盘、太阳返照盘中寿星所进入的界。

9、分析法达运限。在法达运限中,七颗行星和罗睺、计都各自主宰一定年限,太阳10年、金星8年、水星13年、月亮9年、土星11年、木星12年、火星7年、罗睺3年、计都2年,总共75年。白天生人,从太阳开始起运,夜间生人,从月亮开始起运,行运周而复始。主运可以细分次运,每个次运时值是主运的 7 分之 1 时段,譬如太阳主运 10 年,则七分之一为 1 年 5 个月 4 天 6 小时,每一个次运分配这一时值,其他类推,根据它们在本命盘、太阳返照中的吉凶状态进行论断即可。

以上的综合论断方法可以看出,这种系统分析就是为了产生更大的共性,得出确定的答案。Al－Andarzaghar 在最后指出,注意比较岁主星和寿星在太阳返照盘中,谁的力量能获得最大功效。

最后笔者列举几个古代综合案例,供读者参考学习。案例 2～9 等选自薛凤祚的《天步真原》,案例中有些断法为《天步真原》中的论断方式,即意大利占星师吉罗拉莫·卡尔达诺的论断系统。

例 1　诗人潘普雷乌斯。

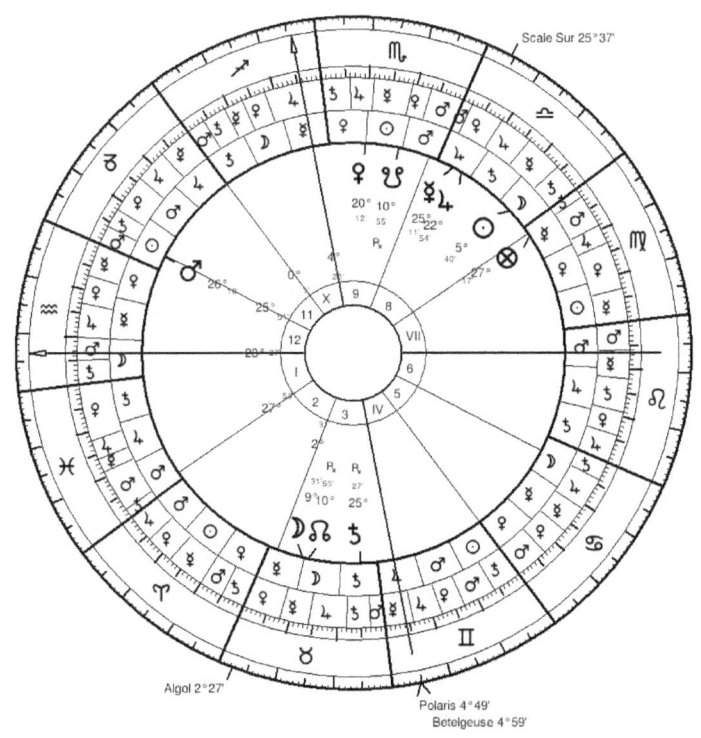

此案例选自 Rhetorius 的著作。Pamprepius（希腊语：Παμπρέπιος，Pamprépios；拉丁语：Pamprepius；440 年 9 月 29 日～484 年 11 月），潘普雷乌斯，440 年 9 月 29 日，潘普雷乌斯出生于埃及底比斯附近的帕诺波利斯（Panopolis）。他长得很丑，但相当聪明。生平致力于文学，尤其是诗歌。

公元 473 年，他 33 岁，移居希腊，在雅典度过了很长时间，娶了一位富有的女人，并成为了一名语法（语言学）教授。与此同时，他在新柏拉图哲学家普罗克卢斯的指导下学习哲学，他的学生中有罗马将军马塞利努斯，西方罗马帝国皇帝安提米乌斯和领事伊斯特里斯·普萨斯和梅西斯·菲比斯·塞文斯。

他是一位异教学者，曾在伊拉斯和莱昂提乌斯统治下获得了很高的地位。在 481 年末或 482 年初，Pamprepius 前往埃及，在亚历山大会见异教徒社区的代表。他试图说服他们帮助他反抗芝诺，向他们展示预言基督教即将崩溃的神谕和预言。然而，他没有得到他们的支持。他还参加了各种基督教教派之间的纷争。后来参加了伊拉斯对伊萨里奥皇帝芝诺的叛乱，叛乱失败后，被伊拉斯处死。

他生于公元 440 年 9 月 29 日，下午 15：48 分。在 Rhetorius 著作中说他 32 岁成为一个语法家，33 岁结婚。之后逃到拜占庭，依附于一个显贵，并自称是巫师、牧师，后来成为财政大臣，又晋升为执政官，成为贵族，最后成为叛徒，在一个军事要塞中被杀，死时 44 岁又 1/6 月，为人好色淫荡。

原著中的星盘数据：上升位于宝瓶座 23°30′，天顶轴位于射手座 5°03′，土星位于金牛座 25°，木星位于天秤座 23°08′，火星位于摩羯座 26°08′，太阳位于天秤座 5°08′，金星位于天蝎座 26°，水星位于天秤座 23°，月亮位于金牛座 8°04′,出生前满月位于白羊座 2°42′,福点位于室女座 26°34′,精神点位于巨蟹座 20°34′,贵命点位于室女座,毁灭点位于宝瓶座。

Rhetorius 分析认为,月亮、土星、金星、火星在度数上位于果宫,但是在星座上,月亮、土星、金星位于角宫,太阳、水星、木星在星座上,位于果宫,但是在度数上,太阳位于下降轴的续宫。

土星作为上升定位星,上升轴三方定位星第一主星,又是昼日的三方主第一主星,代表人生第一阶段,尤为重要。土星位于天底轴的果宫,逆行,且被火星于上位三合映射、同时,金星作为土星、月亮的定位星冲月亮,所以在人生第一阶段,有些时间段会有麻烦,会在许多地方产生争斗,因为月亮被自己的定位星所冲。正如古人所言,月亮被定位星所冲,主逃亡、隐秘、漂流。

这些事情发生在他的人生第一阶段,一直到他 25 岁或者 30 岁为止。即一直到金牛座升起,或者说月亮、土星时期。之后,第二三方主开始主宰行运,即水星和木星,主宰 32 年(水星主 20 年,木星主 12 年,加起来 32 年),此时他运气好转,因为水星正好是福点的定位星,水木紧密合相,并且夕升,代表运气于此时提升进步。

为何他能成为语法学家?因为福点落入水星星座,水星是福点定位星,落入人形星座,同时因为水星是三方第二主星,紧密合木星,位于木星旬、水星界(原书有误,应为金星界),这些集中体现了相关信息。尤其水星紧密合木星,此格使他成为财务官。

为何他是叛徒?因为古代智者说,如果在刑相位中,水星强,且居于上位,最差的火星位于低位,代表危险来自恶棍、强盗、掠夺者,代表四处漂泊、反复无常,仇敌会用诡计剥夺其财产。

为何他好色淫荡?因为上升定位星、福点、精神点都落于淫色星座。土星位于金星星座冲位于火星星座的金星,也代表好色。

从 32 岁开始,他财富上升,是因为水星和木星。35 岁再次上升,是因为天蝎座上升。36 岁他逃到了拜占庭,金牛座上升是 25,月亮主运是 25,土星主运 57,加起来 107,以 3 除之,大约是 35.40。金牛座作为果宫,代表生活在国外,土星和月亮位于果宫,代表战斗。在 38 岁又 1/3 时,他的好运再次来临,此时是室女座和天秤座上升,室女座内有福点,天秤座内有福点定位星水星、太阳和木星,此时他成为财务官、执政官、贵族。41 岁时,他带着武装部队,傲慢的来到自己的国家,因为水星和木星此时上升,水星 76 年,木星 12 年,加起来 88,以 2 除之为 44 岁,正好进入自己的三方星座,他进入到自己的国家,恰好也是出生后月亮第 7 天的位置,月亮趋于金星。在 44 岁第二个月份,命主被杀死。

例 2　爱德华六世。

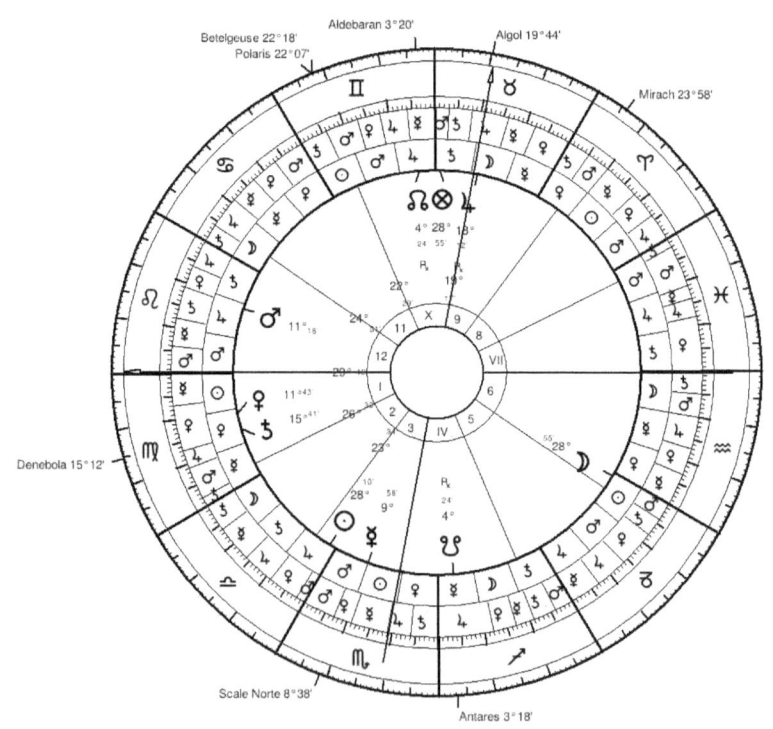

爱德华六世(Edward VI,儒略日 1537 年 10 月 12 日—1553 年 7 月 6 日),名叫爱德华·都铎,是都铎王朝的第三位英格兰国王及第二位爱尔兰国王(1547 年 1 月 28 日—1553 年 7 月 6 日在位)。他是亨利八世和第三个妻子珍·西摩的儿子,其母在生下爱德华六世之后的第 12 天过世。他也是英格兰首位信奉新教的统治者。

爱德华六世于 1547 年 1 月 28 日即位,同年 2 月 20 日加冕时,年仅九岁,由舅父萨默塞特公爵爱德华·西摩摄政。

爱德华六世坚持其父亲的英国国教政策。1549 年萨默塞特公爵在宫廷斗争中失势,诺森伯兰公爵约翰·达德利摄政。由于国王年轻病弱,在位六年便去世。由于爱德华并无任何子嗣,便由他祖父亨利七世的外曾孙女简·格雷继承王位。

《天步真原》书中排盘,其出生时间为儒略日 1537 年 10 月 12 日 1:08(公历日为 10 月 22 日)。儒略日 10 月 24 日其母去世。以下分析比较繁琐,主要使用主传客星、主授客星、主客互传、主管客星、接纳、元素特性等进行相关的力量解析。

原书行星数据:上升位于狮子座 29°,天顶位于金牛座 17°,罗睺位于双子座 4°32′,福点位于天蝎座 29°38′。土星位于室女座 16°49′,木星位于金牛座 18°41′,火星位于狮子座 10°29′,太阳位于天秤座 28°6′,金星位于室女座 11°36′,水星位于天蝎座 5°36′,月亮位于摩羯座 28°44′。

此命盘中,最有力量的是土星,土星东出于角宫,夜间生人,并北纬上行。月亮在摩羯座,为土星舍星座,太阳位于天秤座,为土星升星座。日月为人命之根本,土星在其内都有力量。土星所在星座室女座,为冷性,与土星元素特性一样。室女座为水星升星座,月亮为其第一三方主星,土星所在界属湿性,与土星性相近,土星有木星三合映射,土星和金星合相,但是室女座属于阴性星座,又是夜间生人,夜间土星为凶性,而且室女为金星降星座,木星落陷星座,金木二吉星于此无力相助(土星、月亮互相接纳)。

木星很弱,且逆行,在太阳之西,其星座金牛座,金牛座特性为热燥,又为阴性星座、夜间星座,为金星舍星座,月亮升星座,于木星界内,南纬下行,火星刑木星,月亮三合木星,昴星位于第 10 宫,有火星特性,会在从政期间,多有谋反作乱之事。

福点位于天蝎座,福点定位星为火星,水星也在天蝎座,水星入相位冲木星,在太阳之东,在太阳大权内,木星三方主内,水星界内。

上升星座为阳性星座,属于热燥特性,在北纬上行。太阳为火星定位星,力量太弱,未映射上升,在阳性星座,且又位于果宫,又是夜间出生,位于金星星座,为土星升星座,在土星大权之下,位于水星三方主、火星界,位于自己的落陷星座。

金星为太阳定位星,为第 10 宫定位星,位于水星升星座,月亮三方主星座(月为室女座第一三方主),在日西行而速,于南纬上行;上升轴在狮子座轩辕大星内,位于土星和轩辕的中间;金星位于自己的陷落星座。

水星在东行速,所在星座、三方、界均为火星,水星追火星,入相位刑火星,月亮刑映射其宫,天蝎座属于阴性、夜间、冷湿特性,为凶星管上升宫,土金都位于其内,在南纬上行。

月亮在第 5 宫,与太阳刑映射,火星冲月,月亮位于降星座摩羯,星座与界,都是土星,为火星升星座。

第 10 宫与木星都在月升星座金牛座,其性阴性,属燥热星座、夜间星座,在南纬下行,第 10 宫特别吉利,利于事业地位(主授客星,木星位于巨蟹映射月亮,同时月亮接纳木星)。

上升宫,包含了狮子座和室女座(狮子座 29°为上升轴,其前五度亦是上升宫内),上升轴位于火星界,其范围又包含水星星座,水星六合映射土金,木星三合映射土金。

校订本命生时的时候,取日月相会的星座,日月相会于摩羯(此处错误,应该是天秤座),定位星是土星,土星位于 16°49′,根据相近度数,天顶 17°即为第 10 宫(此处校订生时,使用朔望盘确定行星,然后在本命盘中寻找该星度数)。

父亲类神太阳和土星,土星很强,且金木吉映射,代表父亲很强,运吉。次类神为太阳,太弱,所以太阳在主向限走到火星刑处,父亲死亡(土星虽然很强,但是位于上升损害,因此取弱用神太阳)。太阳与金星六合,金星在降星座无力,其映射很弱,金星性湿,主死时又鼓胀水肿之病。太阳太弱,与月亮刑相位,代表父不爱母。火星尤其凶,刑水星,刑日冲月,位于狮子座内,极凶。父母皆损。

母亲类神月亮和金星都很弱,月亮和金星都入降星座,月亮又在地平线下,被太阳刑映射,太阳又极弱,因此映射也凶。月亮即将进入宝瓶,火星冲处,月亮即将入,母亲死亡之象。火星主血症,月亮全无吉星相助,且金星不但本身力弱,还入相位土星,其母产后 12 天身故。

兄弟看月亮和第 10 宫,月太弱,10 宫有土星刑映射,土星在室女座,室女座为不育星座,因此没有兄弟姐妹,土星为父亲,代表父亲不生兄弟姐妹。

日月都落入降星座,且彼此相刑,不吉。二个吉星,金星入降星座,木星一点力量也没有,1、10 宫都在凶星内,凶星都高于吉星,木星三合稍解土星之凶。日月和二吉星以及福点,或在降星座或在凶位,此命全不得吉,凶星都在日月东,金星在上升宫,所以长相漂亮。福点在天蝎座凶位,主一时不死,会耗费钱财至死。

朋友、仇人看狮子座、宝瓶座(与上升星座室女座不和),凡人命盘,月亮位于狮子座,或宝瓶座,都主与之为仇,火星在狮子座,所以作乱者多中毒而死。凡人出生时,月亮在巨蟹或双鱼,是朋友相爱(这两星座与室女座相和)。

性情才干看月亮和水星,水星定位星为火星,火星强。月亮定位星土星,土星在角宫,很强。并且土星位于水星星座,代表有大才能。狮子座内第一等恒星入室女座,也主大才能。

接着分析其命数长短,日月位于地平线下,金星在上升宫,极弱。土星又损命宫,都主夭折。土星在上升损害上升宫,不可取之论寿元,要看日月,主向限月亮到火星冲位,则死,15 岁 8 月 28 日死亡,此时月到火星冲处,太阳到火星刑处,太阳又到土星六合位,这让人不敢确定是否一定死亡。再分析其流年,位于狮子座 8°,会和其本命火星,主死,此年被臣子下毒,大汗出血而亡,都是火星之象。

例 3　六七品官。

原书的行星数据:上升轴位于天秤座 14°,天顶位于巨蟹座 18°,福点位于双鱼座 2°20′,罗睺位于金牛座 23°5′,土星位于摩羯座 12°32′,木星位于天秤座 28°40′,火星位于天蝎座 5°45′,太阳位于天秤座 20°40′,金星位于射手座 6°38′,水星位于天蝎座 11°45′,月亮位于双鱼座 9°6′,(该书使用托勒密的福点,不分昼夜)。

父亲类神为太阳和土星,夜间生人,尤其为土星。土星靠近第 4 宫轴,在舍星座,有力,并且水星通过紧密度数六合土星,太阳和木星合相于上升轴,因此父亲寿命长。

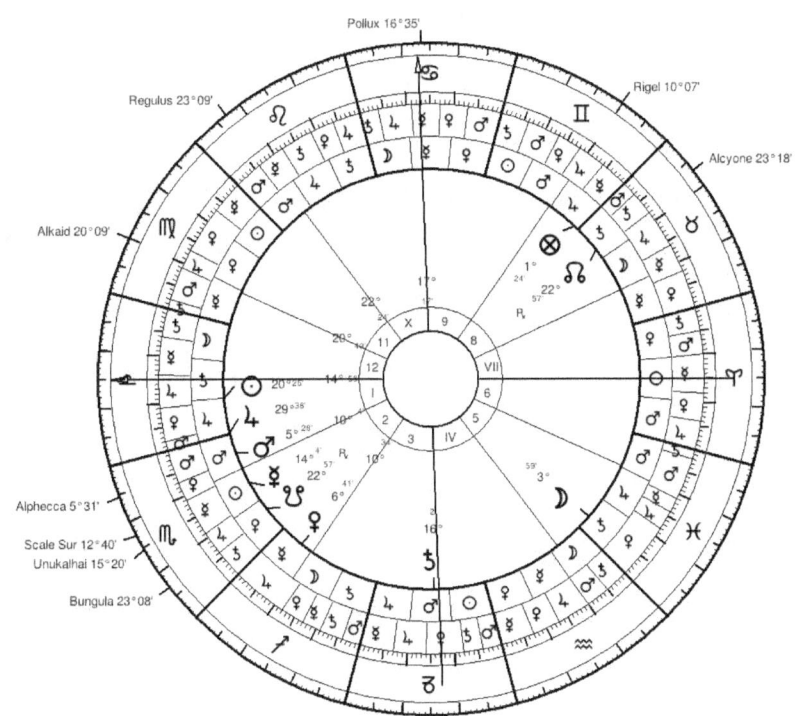

母亲类神为金星和月亮,月亮被金星紧密刑相位,金星位于第3宫果宫,月亮位于续宫,所以母亲也寿命长。并且月亮在三合星座被水星三合,因为太阳在命宫比较强,主母亲寿命比父稍短。

《天步真原》中,兄弟姐妹看第10宫,见吉则吉,见凶则凶。同父母所生的兄弟姐妹,先选母亲命宫,母亲命宫选法,昼生人,金星所在星座为母亲命宫,夜生人,月亮所在星座为母亲命宫,母亲命宫的第10宫,有吉星相会或映射,则有兄弟姐妹,有三吉星则有三人,其他类推,如果吉星位于双子座、射手座、室女座,一星代表二人。如果第11宫有吉星,也有兄弟姐妹。

此命第10宫为巨蟹座,定位星为月亮,巨蟹座为多育星座,月亮也主生育,因此兄弟多。土星东出于月亮,其间没有别的行星,土星入舍星座冲第 10 宫,土月元素性质又相互为仇,太阳刑土星与第 10 宫,代表兄弟姐妹都先去世,金星与第 10 宫的狮子座三合,因此只有一个兄弟存活。

上升星座是阳性星座,上升宫有太阳和木星皆为阳性,为人男子气概,太阳和木星在上升,主长相好。火星和太阳都在上升宫,太阳被土星所刑,主少年多险难。但是木日在内皆强,因此不会早夭。

五星都位于天顶轴与天底轴之东限,主命主身材不高。木星在天秤座,主肥胖。金星、土星、木星、水星都位于强宫,为人活泼。吉星位于上升,6、7 宫没有凶星,虽然身上带有疾病,也不凶。土星在第 4 宫,代表脚上有疾病。太阳和木星位于天秤座,都属于热湿性质,为人热多湿而病少。才能看月亮和水星,月亮在火星三方星座内,水星在火星星座,火星呈弱,位于东限,金星于东限速行,代表人刁滑而不伤人。水星有月三合,为人有胆气,有才干,聪明之人。心性没有大的戾气,因为凶星不在月亮和水星之上。火星和计都合相,为人心性多变,也有脾气。金星为上升定位星,为人色心重,乐于交际,喜欢玩乐。

《天步真原》在财运方面,首先看福点,福点要在四角宫、或地平线上、或 11 宫、9 宫,若在地平线下,或 3、6 宫或在日光内,不能作财帛类神。其次,看第 2 宫、第 2 宫定位星,但是 2 宫不是大的财帛,大的财帛要看福点。以上财帛类神星如果在东限、又东出太阳、在四角宫、高于其他行星、本命吉星映射、日月吉映射,五者全,财帛大,其余次之。

此命福点位于双鱼座 2°20′,合相月亮,在木星星座,有金星刑,火星三合,代表所得财物与众人共耗费。五十岁以后财运旺盛,此时主向限福点位于双子座 7°冲金星。

事业方面,看太阳,太阳位于上升星座,得贵人喜爱。太阳在天秤座,为降星座,为土星升星座,主未必中贵人意,最后才得到贵人赏识,由于太阳位于土星升星座,终不得大任。以上结论是因为木星位于上升,金星位于续宫的缘故。

论妻子,看月亮,月亮在西限,即将进东限(主向限原理),主娶亲不早不晚,月在双鱼座,为双体星座,代表有小三。

此命子女方面,女儿多,子女多死。因为第10宫为巨蟹座,为阴性星座,月亮又位于多育星座,因此女儿多。太阳弱而与第10宫相刑,代表儿子少,而子女多死。土星又冲第10宫,幸好土星没有进入第4宫轴,否则子女都不会存活(此处子女断法使用《天步真原》的方法,具体参考本书子女相关章节)。

月亮在第8宫,火星三合,主出外久远,此命寿星为太阳,太阳可以代表命主,太阳位于降星座,与木星相会,年纪大了会有皮肤病疮疾,木星在日光下,病从热生,并且将与火星相会,因此主此类疾病。

例4　意大利占星家吉罗拉莫·卡尔达诺终身批断。

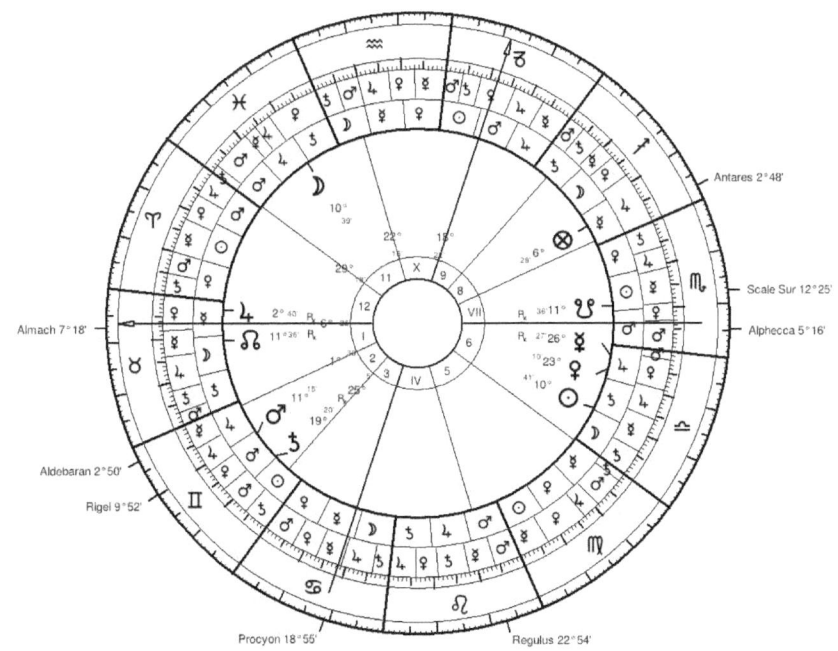

　　《天步真原》中的数据：上升轴位于金牛座 6°10′，天顶轴位于摩羯座 18°15′，福点位于天秤座 7°15′，罗睺位于金牛座 11°36′。土星位于双子座 20°28′，木星位于金牛座 3°26′，火星位于双子座 11°19′，太阳位于天秤座 10°27′，金星位于天秤座 23°3′，水星位于天秤座 23°7′，月亮位于双鱼座 11°42′。

卡尔达诺肖像

　　古典占星中，终身批断古案例是极为罕见的，此案例为著名占星师 Girolamo Cardano 自己的命造。

吉罗拉莫·卡尔达诺的命盘

这是吉罗拉莫·卡尔达诺在原著《Libelli Quinque》中的命盘图式，对比《天步真原》中的命盘图式，我们会发现，《天步真原》中很多图式、信息存在错误，原著中图式中间有命盘的人物姓名，《天步真原》中则改译到无法识别该人物，并且原著中论断的内容数量要远超于《天步真原》。由此笔者推断，薛凤祚在编译《天步真原》时，其命理部分主要翻译吉罗拉莫·卡尔达诺的原著，或者因为他和他的老师手头的版本不佳，翻译出现各种错误，或者因为他们的语言问题，导致翻译错、疏、漏、缺。当然我们不能苛求古人，但是也要客观指出这个问题。因此《天步真原》并不能完整体现吉罗拉莫·卡尔达诺的占星系统和论断方法，在其原著中有 100 个案例，有十分详细的终身批断案例和占星理论。

吉罗拉莫·卡尔达诺(Girolamo Cardano，1501 年 9 月 24 日 ～ 1576 年 9 月 21 日)，意大利文艺复兴时期百科全书式的学者，数学家、物理学家、占星家、哲学家和赌徒，古典概率论创始人。在他的著作《论运动、重量等的数字比例》(Opus novum de proportionibus) 建立了二项定理和二项系数的确定。他一生写了 200 多部著作，内容涵盖医药、数学、物理、哲学、宗教和音乐。在本案例中，他论断了自己的一生，这一案例弥足珍贵，可以作为范例学习。

吉罗拉莫·卡尔达诺生于帕维亚，是达芬奇的一位律师朋友的私生子(后来他的父母结婚)，早年多病。1526 年获帕维亚大学医学博士学位，发现他是私生子，禁止他进入米兰的医师学院，1534 年他搬到米兰，生活贫困，直到他成为数学讲师，后来他成为欧洲名医。曾任英国国王爱德华六世的御医，曾任教于帕维亚大学、博洛尼亚大学。

他总是争论不休，言辞犀利，在他早期的一篇医学评论中，他在谈话和写作中都提出了不明智的批评和指责，这使他在大学委员会中并不受欢迎。他被迫在远离米兰医疗精英的小镇上当医生。直到 1535 年，他才被任命在数学领域进行公开演讲，这个职位曾经由他父亲担任。次年，他发表了他的第一部数学和医学著作。1534 年他出版了自己的第一本占星书籍，进入了占星术专业领域，这是一本写了诸多短期和长期预测的小册子。作为一名占星家，他出版了许多书籍，直到被宗教裁判所指控为异端。1539 年他考入了医师学院，很快就担任校长，名声迅速增长。1543 年，他在帕维亚接受了医学教授职位。

他的家庭生活非常不幸。他的长子 Giambattista 是一个医生，因为毒杀了不忠的妻子，于 1560 年被判死刑（儒略历 1540 年 4 月 4 日被斩首，公历 4 月 14 日）。他的女儿沦为妓女，死于梅毒。他的小儿子 Aldo 是个赌徒，游手好闲，喜好偷窃。他自己因为推算耶稣的出生星盘，被指控为大逆不道，于 1570 年入狱，并失去教职。更为可悲的是，他的儿子参与了指控，他被监禁了两个月，出狱后失去了职位和出版书籍的权利，于 1571 年，他移居罗马，获得了教皇格里高利十三世的退休金资助，以此度过余生，并完成了自己的自传。据说，他通过占星术推算出自己的忌辰。晚年成为教皇的宫廷占星师，并公布自己将于 1576 年 9 月 21 日（公历 10 月 1 日）去世，后来在此日自杀身亡，在他去世之前完成了他的自传《De propria vita》。

卡尔达诺在他的自传中提及，有一次他和一个威尼斯人赌博，他意识到对方作弊，于是他强行退出比赛，他躲避好几个小时，害怕被发现，他试图登到一艘船上，结果绊了一跤，从舷梯上坠落水中，当时他浑身全副装备，遇到麻烦的时候他才会这样装备，结果船长救了他，船长也不想惹那个威尼斯人，于是帮助了他。这个事件在卡尔达诺自批命造的时候曾提及，他在案例中提到他用刀伤了对方，挣扎逃跑，仓皇中登船躲避。后世的人认为他虚荣心很强，因为他写了四个版本的自传，写过四篇对自己命理的解析。在最后的岁月里，卡尔达诺终于面对了宗教法庭，他被迫停止了教学，先被监禁，后被软禁，1571 年，安抚博洛尼亚的宗教裁判官对他进行宣判，他发誓放弃异教徒观念，并承诺克制自己。

早年在他一本书的第一版内，他将自己的命盘中的月亮排到了 12 宫（实际月亮应该在 11 宫），月亮是他的寿星，后来他指出，他当时错断自己在 56 岁高烧 40 天，最后事实是他在 54 岁高烧 40 天。他预言自己在 68 岁这一年有灾难，74 岁时水星到达刑上升轴的位置，非常凶，代表他会得多种疾病。他分析自己的命盘，认为木星位于上升宫，金星为上升定位星，火星刑月，木星起到了缓解作用。他说他在 21～31 岁期间因为阳痿，不能和女人做爱，长期为此痛心，让他对其他人充满了嫉妒。

根据其自推命例中的信息，他出生于儒略历 1501 年 9 月 24 日 18：28 分 32 秒，生于意大利的 Pavia，即帕维亚。笔者根据他的死亡时间推导，认为他出生于 1501 年 9 月 24 日 18：32 分 23 秒。罗睺和计都属于很强的业力星，根据笔者的古典占星经验，这两颗行星带有极强的业力因果特性，无论吉凶，并且往往带有特殊效应，譬如双胞胎命造，罗睺参与的可能性极高。一切特殊的人生经历，罗睺和计都都会参与。此命罗计压上升轴和下降轴，一生充满了悲剧。罗和计属于强分离性行星，压上升与下降轴，在格局性质支持的条件下，多见于养子，或出身有问题，而命主本人就是私生子。

土星与金星呈 120°三合紧密相位，主父亲高寿。父亲类神太阳位于天秤座，入降星座，位于果宫，因此不取太阳，取更旺的土星作为父亲的类神星。母亲寿命更高，金星位于天秤座，入舍星座，强旺，与水星合相，火星停驻无力，三合金星，不能损害金星。

月亮与第10宫主兄弟姐妹，第10宫被白羊座的木星六合，月亮位于双鱼座，双鱼为双体星座，金星和水星刑第10宫，会有两个兄弟，第10宫是摩羯座，为阴性星座，代表有一个姐妹。

四角宫没有凶星，因此长相俊美。幼年难养，因为月亮被火星和土星三合相位映射。按托勒密年限法，1~4岁归月亮主宰，所以命主在虚岁4岁前难养。太阳和月亮都位于果宫，最难养，但是最后无妨，因为太阳和月亮都位于吉星星座。

出生时候艰难，几乎半死，过了数月又得瘟疾将死，这种种都和火星刑月亮有关。月亮作为上升星座的升主星，六合映射上升星座，金星为上升星座定位星，月亮在双鱼座，又是金星升星座，木星是月亮定位星，月亮吉利，主长相俊美，体质湿多热多，火星紧密映射月亮，代表有脾气，易怒。

上升宫有罗睺星，且近轴，金牛座为颈部，代表命主脖子后面比较硬，难以直起头，脖子前倾。金牛座为上升星座，主额头长。上升星座在节气上属于春分，金与木主之，又是盈月，所以血多。日月有火星映射，且都落于果宫，代表眼睛小。

四角宫无凶星，日月也不在四角宫，第6宫内没有凶星，为人无大的凶祸，但是第6宫，毕竟为疾病宫，里面有太阳、金星和水星，金水位于日光下，不吉利。金星被土星三合紧密度数映射，月亮和火星刑相位紧密度数映射，命有疾病之苦。

在《天步真原》中论断疾病，主要看上升宫、太阳、月亮所在宫，以及太阳和月亮的定位星。1、6、7宫与疾患有关，1、7宫为常有疾患或缺陷，6宫为临时疾患。土星主右耳、膀胱、左胁、骨骼、颈部、黑痰、冷痰、筋骨,木星主肺部、血肉、右胁,火星主左耳、黄痰、肠道、肾脏、臀部,太阳主左眼、心脏、血液,金星主口鼻、精卵、脾胃,水星主记忆力、聪慧和手,月亮主脑部、右眼、白痰,月亮与土星映射主黑痰,与火星映射主黄痰。太阳和月亮、水星都主脑部。凶星在东病长久,在西为临时疾患。

Z	□ ☽	D ➡	Asc	25.032	1526.10.16
Z	△ ☉	D ➡	Asc	25.057	1526.10.25
Z	♂	D ➡	Asc	25.559	1527.04.27
Z	♒ ♃	D ➡	MC	25.578	1527.05.04

8 岁时,命主曾有夜间出冷汗的症状,此时主向限土星右相位合月亮。24 岁得皮肤疮疾,此时主向限上升轴到达火星,并且月亮刑之,到51 岁,整整 27 年才痊愈。这是因为火星之后土星紧挨,时间长久。51岁时,上升轴到木星六合的位置,木星映射,疾病痊愈。

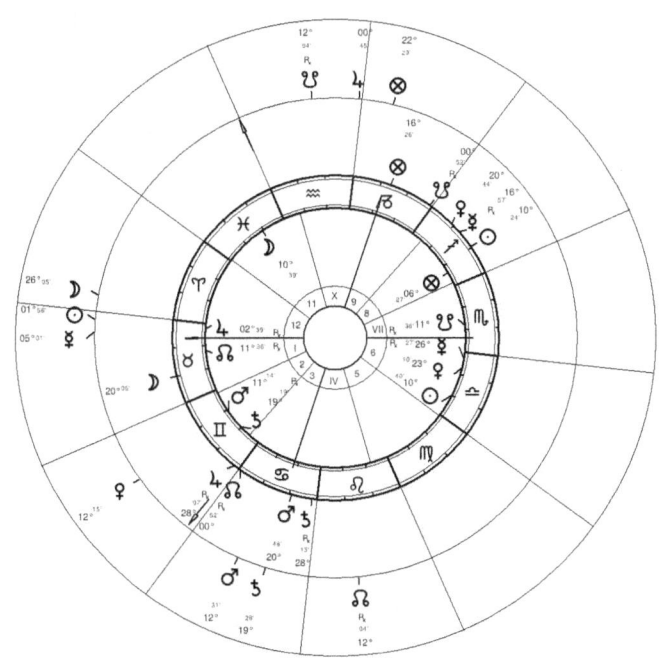

31 岁主向限运图

本命盘中,金星和水星位于第 6 宫合相,在日光下,主疾病,得痔疮出血,都是金水被火土凶星映射的缘故。病了十年,到 31 岁痊愈,此时主向限中,金星到本命盘火星对面星座与之相冲,本命盘的太阳与之六合,本命盘月亮与之相刑,日月会照,代表病愈(上图为周岁 31 岁年运,外盘为过运可略过,中层为主向限)。

命主有心悸之病,因为太阳在本命盘第 6 宫,为果宫,又入降星座,到 37 岁的时候,有了好的方法治疗。此时,上升轴在主向限行进中,被太阳三合映射。

命主还有流火病。所谓流火病,也叫丹毒,即淋巴管炎。因为月在双鱼座被火星刑映射。44 岁的时候,月亮位于自己六合位,此病当治,此时,上升轴位于木星六合映射之位。

命主声音嘶哑,这是因为土星逆行,其父也有此病。水星主言语,水星与土星三合映射,由于金星合相水星,所以声音不是特别嘶哑。

64 岁时,命主从车上跌下,伤面部、左臂。按行星过运法,月亮位于火星,月又在昴星内,太阳和火星位于上升星座,月亮在第 7 宫狮子座内。此命寿星为月,有其他古籍认为以上升轴论断寿命,但是这一年,主向限上升轴到达火星和土星,按道理应该死亡,但是此命的寿星是月亮,不是上升轴,所以有大危险却未死亡。当主向限的月亮到土星刑相位之处时,得了痢疾,差点死亡。

Z	⚹ ☿	D →	☽	25.009	1526.10.08
Z	□ ☽	D →	Asc	25.032	1526.10.16
Z	△ ☉	D →	Asc	25.057	1526.10.25
Z	☌ ♂	D →	Asc	25.559	1527.04.27

主向限的上升轴到火星,同时也被月亮所刑时,此时 25 岁,命主赌钱多输,发怒后用刀把贵人戳伤,逃走时候上船掉下水,差点淹死,后来

被捞起。27岁时候，得了病，小便次数多，一天小便十斤，差点死亡。此时上升轴到达土星，土星代表时间长久，此病拖延，未能立即痊愈。

论人心性、性情看水星和月亮，此命水星定位星为金星，月亮所在星座的升主星也是金星，并且金星和水星六合，有土星三合映射，代表命主好学问、善于做事、伶俐爽快、喜谋计、吃苦耐劳、记仇、妒忌、暗里害人、为人好色，月亮为盈月，为人胆大而过失小。金星被土星映射，所以常有淫邪之念。

木星靠近上升轴，代表命主为人耐劳，命主写了上百卷书。土星、金星、水星位于果宫，所以著作于晚年才完成。

土星逆行，代表心多谋划，为人难信。火星与月亮相刑，代表为人多怒，没有主意，性急喜欢赌钱。

水星逆行，在天河内和有水星特性的小恒星合相，代表为人有学问，但是糊涂，凡事不明白。土星三合映射，并且土星逆行，代表缺记性，学问不知道停止，好色也不知停息，这也是金水被土星映射的缘故。

财运看福点，福点在天秤座 7°15′（托勒密的福点排法，不分昼夜）位于日光下，不能以之论断财富。接着看第2宫，第2宫为双子座，定位星为水星，水星主财，钱财都是从学问中来。水星逆行，代表穷。金星与之相合，又在金星星座、金星界，主有财富。水星逆行，代表财来财去。主向限中，当木星、金星、水星到木星六合位，其年发财。水星、金星到木星三合位，其年也有财。

事业上，没有什么高位。四角宫没有吉星，34岁的时候，主向限 Mc 到土星三合的位置，到知识部门做教官。但是土星三合的位置为宝瓶座，宝瓶座定位星为土星，土星为凶星，代表官职带不来好处，反而多仇怨、退职。Mc 到金星、水星三合相位时，又进入医疗部门。

婚姻方面,月在日西,论宫,则在东限(升限),代表娶亲不早不晚,31 岁时,火星在木星对宫冲白羊座,土星位于双子座,太阳被火星六合映射,木星三合映射,当时,火星为第 7 宫天蝎座定位星,到月亮三合映射位,火星为命主,月亮为女人,第 7 宫主妻子,该年结婚。月亮被火星映射,主妻子性傲,月在吉星宫,妻子聪明,在双鱼座,在阳性宫,有映射,代表能生子女。

此命主子女的行星,为木星、金星、月亮,太阳不主子女,因为太阳反厌第 10 宫、11 宫,又位于果宫。木星映射第 11 宫,为阳性,主有一子。11 宫位于宝瓶座,生儿子的时候,木星又到宝瓶座。月亮在双鱼座,双鱼座为阴性,主有一女。生女儿的时候,月亮于双鱼座 4°,被木星六合。金星在第 10 宫的三合相位,金星阴性,第 10 宫摩羯座也是阴性,会生女儿,但是金星在天秤座阳性星座,与水星相合,有土星映射,金星又在东,因此又生一子。

死亡时间为上升轴到金水刑相位的位置,此时 72 岁,在 2 月 12 日当死,因为金水刑,又没有一颗吉星相助,如果有救星就不这样论断,因此断为疾病,病因冷而得,金水有土星相刑,且金水靠近上升轴,以金星和水星的 90°刑相位作为煞星位。此命寿星有二个,第一个是月亮,月亮在主向限已经过了诸煞星位,因此取第二寿星上升轴进行论断。

Z	□ ☿	D ➡	Asc	75.965	1577.09.21

事实命主并未死于 72 岁,但是其理论正确,死于之后的主向限上升轴行至刑水星处。命主死于 1576 年 9 月 21 日。电脑软件数据比较接近。笔者认为,如果按现代电脑数据,调整出生分钟,应期会更为接近。

笔者根据他的死亡时间推导命盘,认为他出生于 1501 年 9 月 24

日 18:32 分 23 秒。并发现他在 1570 年 9 月,月亮合相土星,土星在本命盘逆行,且火土合相,他在这一年,因为推算耶稣的出生星位,被指控为大逆不道,于 1570 年入狱,并失去教职。更为可悲的是,他的儿子参与了指控。如他所说,月亮是他的寿星,遇凶尤凶。

60 岁时,当年流年上升为双子座,水星位于本宫,位于室女座升星座,为第 5 宫定位星,强旺,此年身强体健,大多毛病都没了。第 10 宫定位星土星,土星在第 3 宫,落入果宫,又在狮子座,入降星座,整年没有一个人来求医,当地人都不来,月亮主远行,三合上升,太阳刑上升,并且上升宫有木星,因此有远方官贵求医。

53 岁时,似乎身体还行,忽然有一天午时后大约过了 2 小时 30 分时,小肠疼痛长达 2 小时,夜里开始腹泻,睡着就不疼了,但总是起夜小便,于是命主观察星盘。他发现此时,月亮在太阳冲处,太阳和月亮有土星相刑,土星位于本命盘的月亮处,月亮在本命盘的火星处,因此主痛疾。月亮到本命盘土星处(月亮在双子座 6°),本命盘土星在双子座 21°,月到木星刑相位处,位于果宫,因此腹痛。

53 岁,论流年,则上升到天蝎 1°,月亮到月亮对宫(室女座),上升宫木星对冲,流年不吉。生病是因为上升宫到天蝎座凶处,本命上升到自己对宫相冲,火星刑映射,月亮和土星相刑,土星位于本命盘月亮处,月入相位本命盘土星,木星位于果宫,又刑其相会的月亮,主要不吉利的地方是月亮入相位本命盘土星,过了一段时间略好了,因为金星三合映射,接着月亮入相位火星,大病一场差点死了,月亮离双子座,木星离开室女座,火星离开摩羯座,之后身体痊愈了。

例 5　诸侯，为教皇之子。

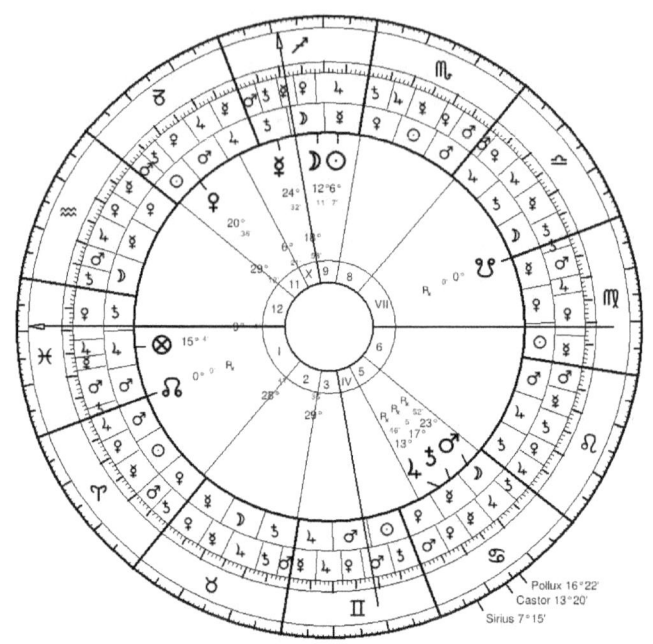

命主生于公元 1503 年 11 月 19 日（儒略历）。此命照星为太阳（即寿星），命主死于 45 岁。主向限太阳到土星对冲，火土二煞星冲寿星太阳，因此死亡。木星、火星和土星同宫位于巨蟹座，火土凶，因此木星也变凶性，而且土星位于巨蟹座落陷，与土星本性不和，发凶。火星位于巨蟹座，太阳位于射手座，两者为等赤经上升星座，彼此会发生关联，巨蟹座命令射手座，巨蟹座比射手座更有力量。因此《天步真原》称巨蟹座为伏物宫，射手座称之为物伏宫。上升星座的升主星金星，与火土相冲，也主凶象，并且月亮在日光下，代表谋而不就。

木星、火星、土星三颗行星逆行，人有三颗行星逆行，多以忿怒取怨。死于内变，因为金星作为上升星座的升主星，被火土冲，有木星在内也不得救，必家人害其命。月在日光下，有凶星映射或趋于凶的恒星以及凶星，更凶（即月亮黏合）。月亮在狮子座或天秤座、宝瓶座、天蝎座,代表少年夭折或凶死,因为月亮代表人的脑,月亮在日宫内,代表要做大事不成,壮年人存心不善,招祸被害。

所谓煞星,是论断寿星时候用,主要会对命主产生灾害甚至死亡。《天步真原》中分为正煞星和次煞星,正煞星有六个,分别是土星、土星对冲、火星、火星对冲,土星刑、火星刑。

例6　弑主之命。

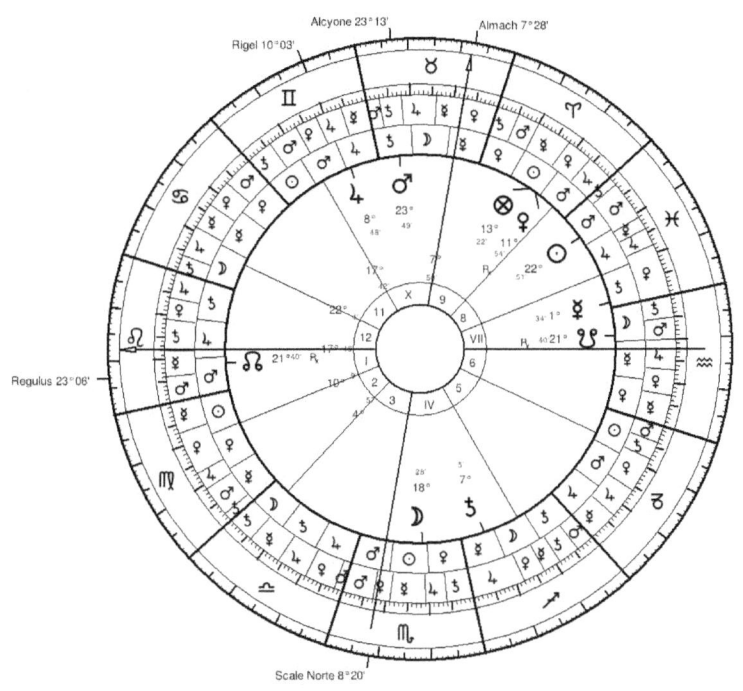

此命生于 1520 年 3 月 4 日(儒略历)。上文案例的教皇之子,被此命杀死。此命火星和月亮相冲,为人好杀。土星在射手座 6°49′,土星为此命正煞星,和他主人命盘的太阳同度!此命上升星座为狮子座,其主人的命盘上升星座为双鱼座,双鱼座和狮子座为不和星座,同谋的七八个人都和狮子座相合。主人命盘的照星(即寿星)是太阳,太阳星座是此命的上升星座,且罗睺在内。火星合相昴宿六,作乱者不止一人。

两人上升宫都有北月交,虽然在不同星座,但是也有着重大意义。尤其被杀者北月交压轴,对其影响巨大。杀人者的月亮位于天蝎座18°,位于被杀者第8宫死亡宫。并且杀人者的月亮与被杀者的土星呈三合紧密相位(被杀者的土星位于巨蟹座17°)。被杀者命盘最凶的地方就在巨蟹座,火星合相土星位于第5宫冲上升定位星金星,大凶之象。而杀人者的月亮位于巨蟹座18°,参与到这种凶煞汇聚的格局中,就成为了行凶者。

例5和例6的分析非常有意思,因为涉及到合盘。但是原作者的解析比较少,笔者在此做一些深入分析。

被杀诸侯的寿星是太阳,寿星是古典占星中能够代表一个人生命力主体的行星,而在杀人者命盘中,太阳位于第8宫死亡宫,这代表杀人者是前命寿命的终结者。

杀人者的土星位于射手座7°,而被杀者的太阳位于射手座6°,紧密合相,凶仇之象,也意味着杀人者损坏了被杀者的寿星。

被杀者的寿星是太阳,太阳的舍星座是狮子座,杀人者的罗睺在此星座内,损坏太阳星座,坏了太阳的根本。

最后我们从星座观察,前者的上升星座是双鱼座,为后者的第8个死亡宫星座。后者的上升星座是狮子座,为前者的第6宫奴宫,并且带有损害性。两者的上升星座,狮子座与双鱼座天生就是不和星座。

关于星座关系,《天步真原》指出白羊与金牛、天蝎俱不相和,金牛与白羊、阴阳、天秤、人马俱不相和,阴阳与白羊、天蝎不相和,巨蟹与狮子、宝瓶不相和,狮子与巨蟹、双女、摩羯、双鱼不相和,双女与狮子、宝瓶不相和,天秤与天蝎、金牛不相和,天蝎与人马、天秤、白羊、阴阳不相和。人马与天蝎、金牛不相和,摩羯与狮子、宝瓶不相和,宝瓶与摩羯、双鱼、巨蟹、双女不相和，双鱼与狮子、天秤不相和。相恨宫为金牛、狮子、天蝎、宝瓶。

例7　双胞胎。

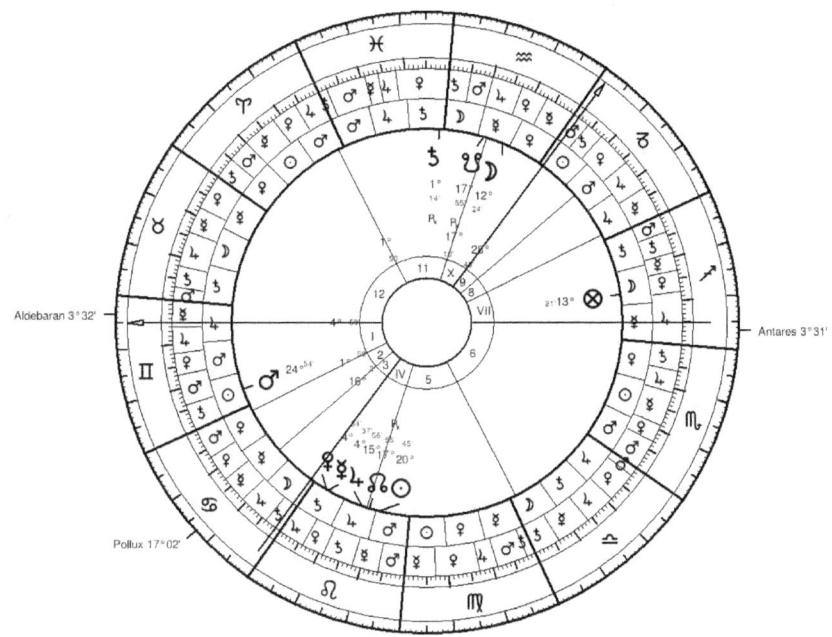

　　此命生于1552年8月3日。上升星座为双子座，其定位星水星和金星紧密合相，属于标准的双胞胎格局。月亮合相计都，主凶。木星合相罗睺和月亮对冲，太阳与火星六合，但是因为赤经斜升大，作刑相位分析。火星在角宫内，土星是第一高星（即上位映射）。水星是上升星座定位星在本交处，大抵凶星会命星在本交所生，皆凶。此命吃牛乳活了16个小时，小腹以下一人，小腹以上二人，为怪胎。

例 8　幼儿跌下摔死。

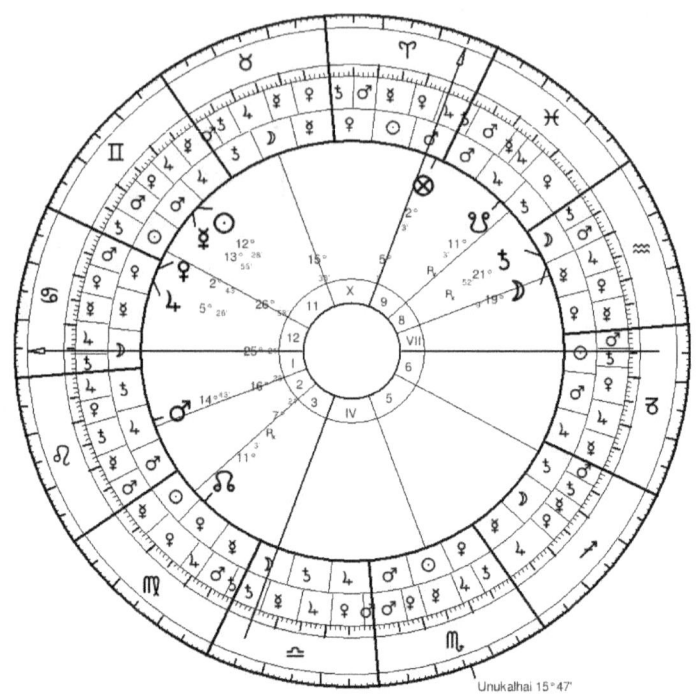

Unukalhai 15°47′

此命生于 1551 年 5 月 25 日。原书数据：上升位于巨蟹座 25°，天顶位于白羊座 5°，福点位于双鱼座 28°36′，罗睺位于室女座 11°1′。土星位于宝瓶座 22°26′，木星位于巨蟹座 5°29′，太阳位于双子座 15°，金星位于巨蟹座 3°10′，水星位于双子座 11°50′，月亮位于宝瓶座 19°14′。

月离火星，趋于土星，极凶。土星逆行，吉星逆行不能救人，凶星逆行其凶更甚。土星在舍星座，太阳为本命寿星，吉星通无权，又与日月全无映射，月亮合凶星，冲凶星，都在紧密度数，代表从高处坠亡，火星和月亮对冲照度，代表 3 年内死。

其年，太阳又行进狮子座；其月，火星也进入狮子座；日、月、水星都在狮子座，死于六月，算时死于午时后 5 小时，从初一日后 20 日 17 时，流日上升宫到宝瓶座，火星、太阳、水星对冲而死。

例 9 先贱后为侯王。

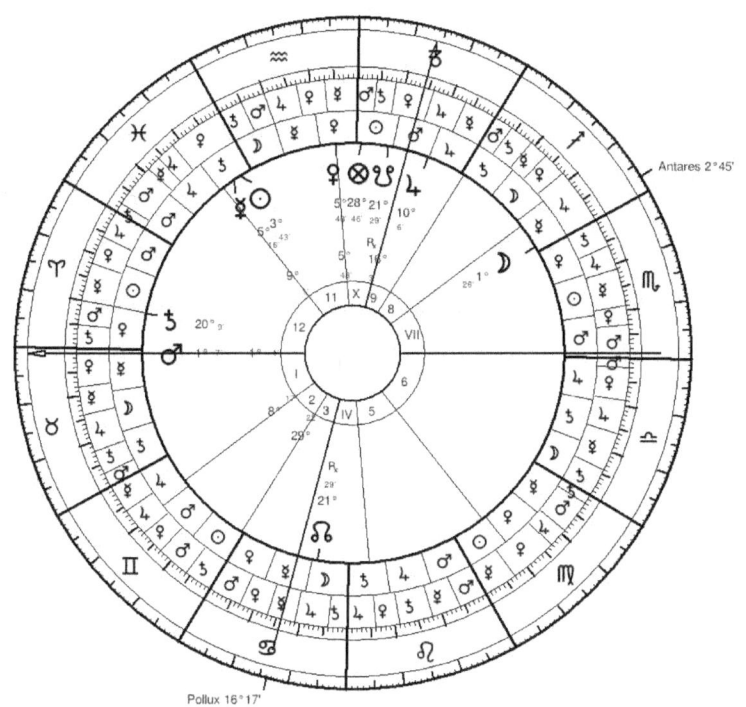

儒略历公元 1498 年 2 月 13 日,原书数据:上升轴位于金牛座 1′,天顶位于摩羯座 15°,罗睺位于摩羯座 21°20′,福点位于摩羯座 28°23′。土星位于白羊座 21°26′,木星位于摩羯 9°24′,火星位于金牛座 1°28′。太阳位于双鱼座 4°11′,金星位于宝瓶座 6°27′,水星位于双鱼座 11°26′,月亮位于射手座 2°34′。

原书数据有误,罗睺应为计都。火星位于上升星座,速行,太阳和水星对火星上位六合映射,金星于上位刑火星,木星于上位三合火星,并且太阳和水星位于木星星座,所以为人有胆力才干。日月五星都速行,代表诸事皆能。日月五星都在地平线上各处,代表有名望。月冲火星,心狠好杀,有胆力,作事勉强。月亮有水星刑,为人聪明。月亮在第 7 宫地平上,下弦月,娶妻迟。月亮有金星六合,娶富贵家的女子为妻。金星在 11 宫,将近 10 宫,是尊贵帝王之女。日月相刑,夫妻不和。金星近 10 宫,在土星星座内,有火星刑之,会因为邪淫伤身,其人因此残下体。

福点位于 10 宫,木金夹之,有日月吉映射,富贵长久。土星在 12 宫,上升宫定位星金星被火星刑之,上升轴到土星合映射时,被人害入狱,12 宫主监狱,土星不吉之故。

人福有三,或以功德、或以才力、或以天命。福从功德来,要看在天经星(恒星);才力来要看五星在本宫;天命来要看在四角内同太阳映射。此人三个角宫都有行星,木金夹福,有大福,为侯王。

五星在各宫前,俱在 10°内,惟土星在后,五星皆在吉星界内,有险不危。此命寿星为月亮,白天生人,先取太阳,但是太阳位于 12 宫,不能取用(明显使用后天分宫制取寿星)。

当寿主星月亮在主向限中运行到与土星相刑的时候,就是其死期。行运 61 年,流月日到土星而死。做侯王的时候,是天顶到太阳,行运 45 年时发生。行运 41 年的时候,月亮到火星所冲,被人谋害,命将死而被迫作乱。凡月冲火星,人好杀。月冲土星,主身危。

例 10　邪教罪烧死

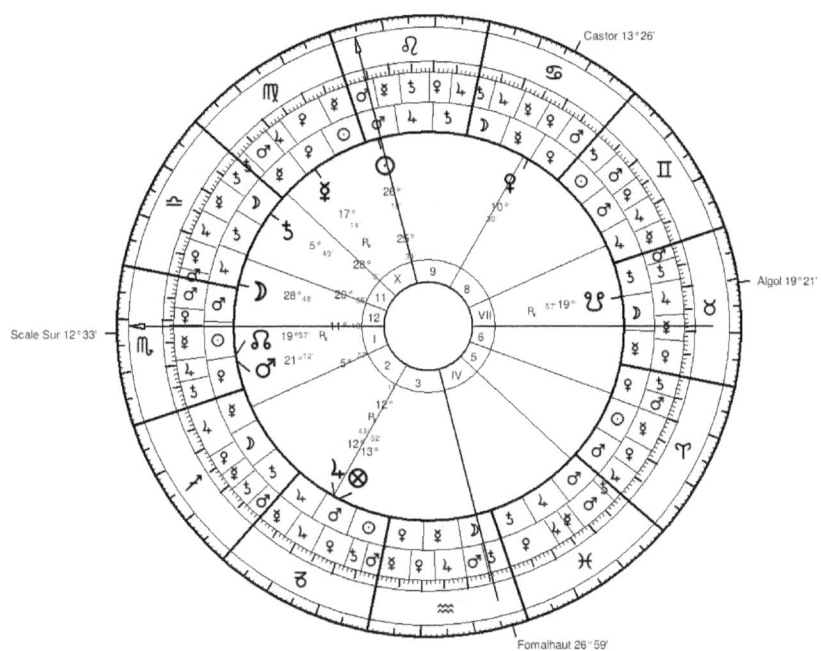

此命生于儒略历公元 1510 年 8 月 10 日午时。27 年内,以邪教得罪逃走,至 37 年自出,问前罪,烧死。日为命主星,土为煞星,土星在日降处。主向限在 37 年,太阳到达土星。日有火星弦照,火星在角内,又在本宫,又同天首(即罗睺星,煞星同天首主分尸)。前云火星在天蝎,又日恶照,主烧死。月在 12 宫凶处,凡月在 12 宫内,为人有恶名,多仇人,又在火星界,且木星退行在降处,是土星弦照,问官俱是仇人(木星为审问官)。

Z	♄	D ⇨	☉	37.037	1547.09.03

又且日在狮子内,作 10 宫,其日最为苦难,又且狮子是火宫分,又火星处有三经星皆与火星同性,又且天首与火星相会(天首与日月火土主凶亡),故凶。

例 11　路易十四

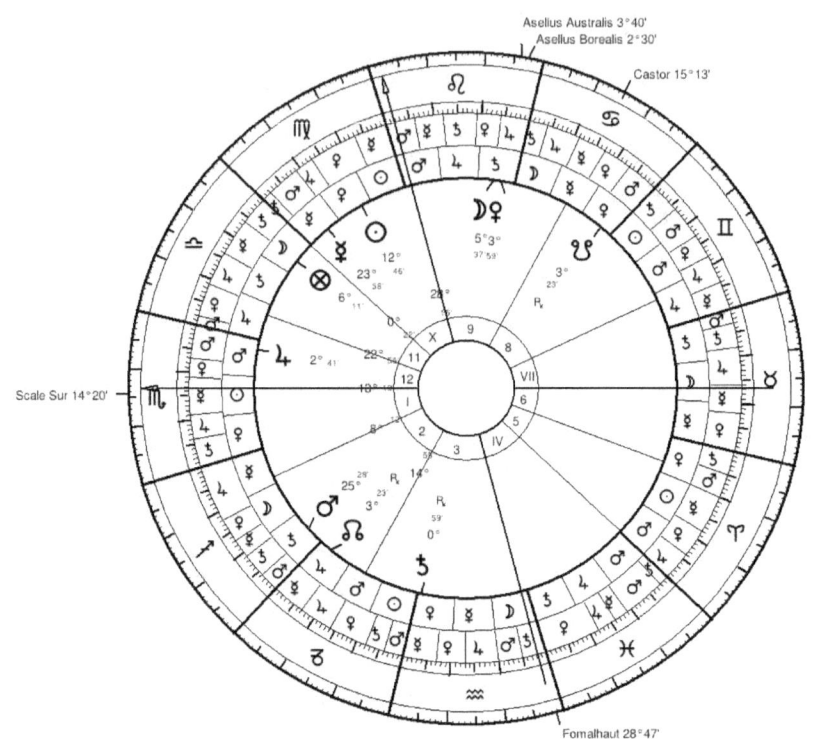

路易十四（法语：Louis XIV；1638 年 9 月 5 日～1715 年 9 月 1 日），全名路易·迪厄多内·波旁（Louis－Dieudonne），自号太阳王（法语：le Roi du Soleil），是波旁王朝的法国国王和纳瓦拉国王。在位长达 72 年 110 天，是在位时间最长的君主之一，也是有确切记录在世界历史中在位最久的主权国家君主。

路易十四登基之初，由他的母亲奥地利的安妮摄政，直到 1661 年法国宰相红衣主教马扎然死后他才真正开始亲政。在红衣主教阿尔芒·让·迪普莱西·德·黎塞留和马扎然的外交成果的支持下，路易十四在法国建立了一个君主专制的中央集权王国。他把大贵族集中在凡尔赛宫居住，将整个法国的官僚机构集中于他的周围，以此强化法王的军事、财政和机构的决策权。他建立起的这一绝对君主制一直持续到法国大革命时期。

在他执政期间（1661 年～1715 年），法国参加了四次大的战争：1667 年至 1668 年与西班牙争夺荷兰的遗产战争（即移归权战争），1672 年至 1688 年与荷兰的战争（法荷战争），1688 年至 1697 年与神圣罗马帝国皇帝之间的九年战争（大同盟战争，也被称为奥格斯堡同盟战争、巴拉丁王位继承战争）以及 1702 年至 1713 年的西班牙王位继承战争。这些战争耗尽了法国的国库，使国家陷入高债。

此案例选自威廉·李利的学生 John Gadbury 的著作。路易十四生于 1638 年 9 月 5 日 11:03 分。

下面我们列出原书的数据：

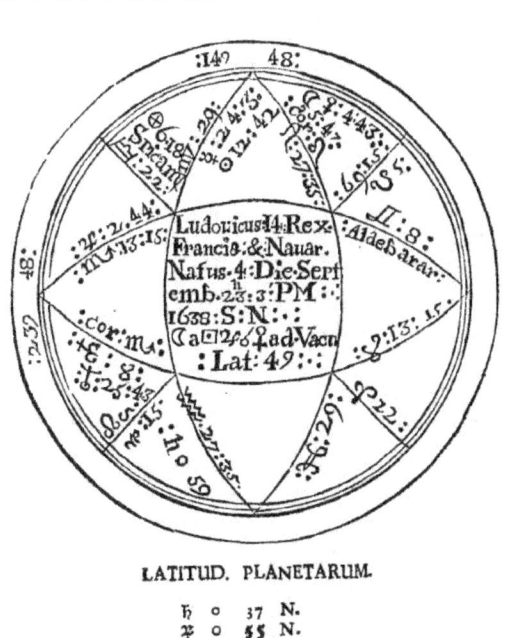

(8)

A Speculum of Directions belonging to this Nativity.

Years of age.	Years of our Lord.	The Horoscope to Promittors.	The midheaven to Promittors.	☉ directed to Promittors.	☽ directed to her Promittors.	the ⊕ directed to Promittors.
0	1638					
1	1639			ad T ♄ 11		ad T ♀ 10
2	1640	ad T ♀ 20			ad T ♀ 44	
3	1641					
4	1642		ad ⚹ ☿ ad ⚹ ♃ 56			
5	1643					
6	1644			ad con. ♌ 16		
7	1645			(ad T ♄ 31		ad T ☿ 1
8	1646					
9	1647		ad T ♀ 4		ad T ♀ 10	
10	1648			(42		
11	1649			ad ☌ ☿ SL		
12	1650	ad T ♀ 9		ad ☌ ☿ CL. ad T ♂ 40 ad □ ♂ 23		
13	1651					
14	1652	ad ⚹ ☿ 55	ad corp. ☉ 15		ad T ☿ 20	(57
15	1653		ad T ☿ 28			ad sp. ♍ SL
16	1654	ad con. An.		ad dom. 11.		ad T ☿ 53
17	1655	(☽ 36		(46		
18	1656	ad con. An. (♀ 14	ad cau. ♌ (CL 20	ad T ♄ 48 ad △ ♄ 47	ad cor. ♌ CSL (13 ad △ ♂ SL 14 ad T ♂ --18 ad MC 31	ad sp. ♍ CL (13
19	1657					ad dom. 11 (22
20	1658	ad T ♄ 21	ad T ♄ 6		ad △ ♂ CL (13	
21	1659	ad An. ♄ 42				
22	1660		(SL 15 ad cand. ♌	ad ⚹ ♀ 27 ad ⊕ 8 ad ⚹ ☽ 41	ad T ♀ 48	
23	1661					

(9)

A Speculum of Directions belonging to this Nativity.

♄ directed to Promittors.	♃ directed to Promittors.	♂ directed to Promittors.	♀ directed to Promittors.	☿ directed to Promittors.
ad □ ☿ 28				
ad ☍ ☿ CSL 59		ad T ☿ 33	ad T ♀ 24	ad □ ♂ 4
ad ☍ ☽ CL 31	ad □ ♀ 53			
ad ☍ ☽ SL 7		ad ⚹ ☿ 24		
ad T ♀ 16	ad □ ☽ 27			
	ad T ☿ 42			ad △ & T ♄ (45
			ad T ☿ 45	
		ad T ☽ 24		
ad T ♀ 39				ad ⚹ ♀ 54 ad ⚹ ☽ 45
				ad T ♀ 16 ad ⊕ 21
	ad ⚹ ☉ 26 ad Horoscop. 48	ad △ ☉ 41 ad T ♃ 58	ad T ☿ 0	
	ad T ♀ 42			
ad T ☿ 34			ad △ ♂ 23 ad MC 37 ad cor. ♌ 53	
				ad T ☿ 53
ad ⚹ ♂ CL 11				
ad T ♂ 46		ad T ♂ 39		
ad ⚹ ♂ SL 32				

B

(12)

A Speculum of Directions belonging to this Nativity.

Years of age.	Years of our Lord.	The Horoscope to Promittors.	The midheaven to Promittors.	☉ directed to Promittors.	☽ directed to her Promittors.	the ⊕ directed to Promittors.
43	1681				ad ☌ ☿ CL 2 ad □ ☉ 21	
44	1682			ad ⚹ ♂ 18		
45	1683				ad cau. ♌ (CL 35 ad dom 11.38	ad ⚹ ☉ 13 ad Hor. 51
46	1684					
47	1685				ad T ♄ 27 ad △ ♄ 27	
48	1686	ad T ♄ 44	ad T ☿ 39 ad sp. ♍ 43			ad T ♀ 21
49	1687		(32 ad dom. 12.	ad □ ♄ 52		
50	1688				ad ⚹ ♀ 14	
51	1689			ad ☍ ♃ SL 40	ad ⚹ ☽ SL 12	
52	1690				ad ⚹ ☽ CL 38	
53	1691	ad □ ♀ 32		ad □ ♀ 37		

(13)

A Speculum of Directions for this Nativity.

♄ directed to Promittors.	♃ directed to Promittors.	♂ directed to Promittors.	♀ directed to Promittors.	☿ directed to Promittors.
			ad T & □ ♂ 1	
ad ☍ ☿ SL 52	ad △ ♀ 5			
ad □ ♂ 11	ad △ ☽ CL 26			ad □ ♀ 9
ad T ♄ 56	ad △ ☽ SL 42			ad □ ☽ 32
		ad T ☿ 41	ad △ & T ♄ 7	ad T ☿ 55
ad T & ⚹ proximum 12.	ad T ☿ 52	ad ⚹ prop. 58	ad ⚹ ♀ 54 ad ⚹ ☽ CL 55	
		ad T ☿ 10	ad ⚹ ☽ SL 52 ad T ☿ 49	
ad △ ♀ 45 ad △ ☽ 59 ad △ ☽ SL 38				
		ad T ☿ 21		

需要注意，以下论断主向限时，其中岁数后的断语与主向限具体年限没有直接关系，而是阶段性论断，具体可以参考上面的主向限图表，对比笔者贴出的软件截图。另外，John Gadbury 和他的老师威廉·李利一样，在赤经数值上使用 Naibod 数值。

1647 年，路易十四 9 岁时，出天花。此年 9 月的太阳返照盘，土星位于第 4 宫的双子座，与月亮对冲，太阳位于第 7 宫，刑土星与月亮。

火星作为本命盘的上升定位星合相金星,位于返照第 8 宫。

```
Z P      Mercury  OL D =>      Sun         OL  11°03'50"  Nai 26 Nov 1649 07:01

Z P dex □ Mars    OL D =>      Sun         OL  12°32'03"  Nai 25 May 1651 04:16


         Z P    ☿ OL D =>    ☉ OL  11°03'50"  Pto 28 Sep 1649 10:47
         Z P dex □ ♂ OL D => ☉ OL  12°32'03"  Pto 19 Mar 1651 12:19
```

12 岁的时候,臣民造反,他得了病而发高烧,太阳为其寿星,此时在主向限行运中,到达水星,右相位刑火星。此处所指,其实是 1648 年 8 月 26 日,巴黎爆发了人民武装起义。起义者一夜之间就筑起了 1200 个街垒,他们用"福隆德"射击马扎然拥护者的住宅,在外省也爆发了反政府的起义。1648 年 10 月,国王路易十四从京城出走,马扎然被第一次流放。此次暴乱一直到 1652 年 10 月 21 日,路易十四才得以返回巴黎。这就是法国历史上第一次"投石党运动"。

```
Z P      Sun      OL D =>      Midheaven   OL  13°49'31"  Nai 14 Sep 1652 12:55

Z P      Jupiter  OL C => sin ✳ Sun        OL  13°57'25"  Nai  2 Nov 1652 07:19

Z P sin ✳ Mercury OL D =>      Ascendant   OL  14°20'46"  Nai 26 Mar 1653 12:31
```

14 岁这一年,路易十四继承王国,此时他命盘主向限中,Mc 到达太阳。上升轴六合水星,月亮进入木星界,木星六合太阳,火星三合太阳。此处开始需要注意,John Gadbury 使用的是威廉·李利著作内的托勒密界,按此法月亮位于狮子座土星界,然后在狮子座内向水星界、金星界、木星界、火星界行进。

```
Z R      Denebola OL D =>      Midheaven   OL  17°22'45"  Nai 23 Apr 1656 12:33

Z R      Saturn   OL D => sin △ Sun        OL  17°15'20"  Nai  8 Mar 1656 16:01

Z R      Regulus  OL D =>      Moon        OL  17°07'03"  Nai 17 Jan 1656 13:07

Z R dex △ Mars    OL D =>      Moon        OL  17°40'54"  Nai 13 Aug 1656 13:54

         M R Spica     D =>    Part of Fortune  14°45'38"  Nai 27 Aug 1653 04:14

Z P dex △ Mars    OL D =>      Moon        OL  18°10'48"  Nai 14 Feb 1657 07:02
```

19 岁时,他加入了英格兰人,夺取了佛兰德斯很多市镇,敦刻尔克就是其中一个。此时 Mc 到达狮子座的恒星五帝座一(Denebola,狮子尾),太阳三合土星,月亮到达轩辕十四(大约狮子座24°),并三合火星,福点纬度会和室女座角宿一。

20岁,他在征战中取得进步,此时月亮纬度三合火星。他在接下来的一年里开始了与西班牙人的同盟条约,并讨论与西班牙公主缔结婚姻。

```
Z R sin ✳ Venus    0L D =>    Sun    0L  21°34'30"  Nai 26 Jul 1660 07:16
```

22岁,他与西班牙公主结婚。此时上升轴到达土星的映点,太阳六合金星出现了。土星位于宝瓶座0°59分,其映点星座为天蝎座,映点为天蝎座29°1′(具体参考本书前文章节的映点星座知识)。

```
Z R sin ✳ Moon    0L D =>    Sun    0L  23°16'46"  Nai 18 Apr 1662 21:11

Z P dex ✳ Sun    0L C =>    Moon    0L  23°00'56"  Pto 10 Sep 1661 15:55
```

23岁,皇太子出生,Mc此时到达五帝座一,但纬度未会合,此时太阳六合月亮。

```
Z R       Mercury 0L D =>  Midheaven  0L  24°10'08"  Nai 14 Mar 1663 12:29

Z R dex □ Mars    0L D =>  Midheaven  0L  25°32'33"  Nai  4 Aug 1664 13:17

Z R dex ✳ Jupiter 0L D =>  Moon       0L  23°45'16"  Nai 11 Oct 1662 21:22

Z R       Mars    0L D => sin ✳ Part of Fortune 0L  23°02'36"  Nai 21 Jan 1662 11:12
```

24岁或25岁的时候,他的使臣与西班牙争吵,后来又发生了与教皇的争执的事情。此时Mc到达水星,与火星相刑。月亮六合木星,福点六合火星。

```
Z R dex □ Mars    0L D =>  Midheaven  0L  25°32'33"  Nai  4 Aug 1664 13:17
```

27岁时,母亲去世,与英格兰发生战争,此年无所收获,主向限Mc与火星相刑。

```
Z R       Sun     0L D =>  Moon       0L  32°00'11"  Nai 23 Feb 1671 12:54

Z R sin ✳ Venus   0L D =>  Midheaven  0L  33°21'44"  Nai 11 Jul 1672 04:39

Z R sin ✳ Moon    0L D =>  Midheaven  0L  34°54'16"  Pto  1 Aug 1673 01:42
```

33和34岁,他向佛兰德斯和德国进军并取得了惊人的胜利,此时主向限,月亮合相太阳,Mc六合金星和月亮,Mc合相福点,上升轴合向第2宫轴,代表一系列的成功与收获、公元1672年法王路易十四派遣12万大军进攻荷兰原本号称"最强防线"的荷兰堡垒,面对法国天才工程师——沃邦将军所研发的新式攻城技术时,居然一触即溃、全面崩盘。法军迅速地占领荷兰大部分的国土(七个省有五个已基本沦陷),造成荷兰的大恐慌与政变,史称灾难年(Rampjaar),接着再派六万精兵进攻西班牙的弗朗什孔泰与南尼德兰。

```
Z R sin □ Venus    OL D =>      Part of Fortune OL  33°11'11"  Nai  7 May 1672 00:15
```

35岁,教皇反对他,福点刑金星。

```
Z R sin □ Moon     OL D =>      Part of Fortune OL  35°13'59"  Pto 29 Nov 1673 01:02

Z R      Denebola OL D =>       Moon            OL  35°04'53"  Pto  4 Oct 1673 16:53
```

36岁,军队一直行进到希德尔堡。盖伦被杀了,他自己也疯了。此时,上升合心宿二,月亮合五帝座一,福点刑月,火星冲月。

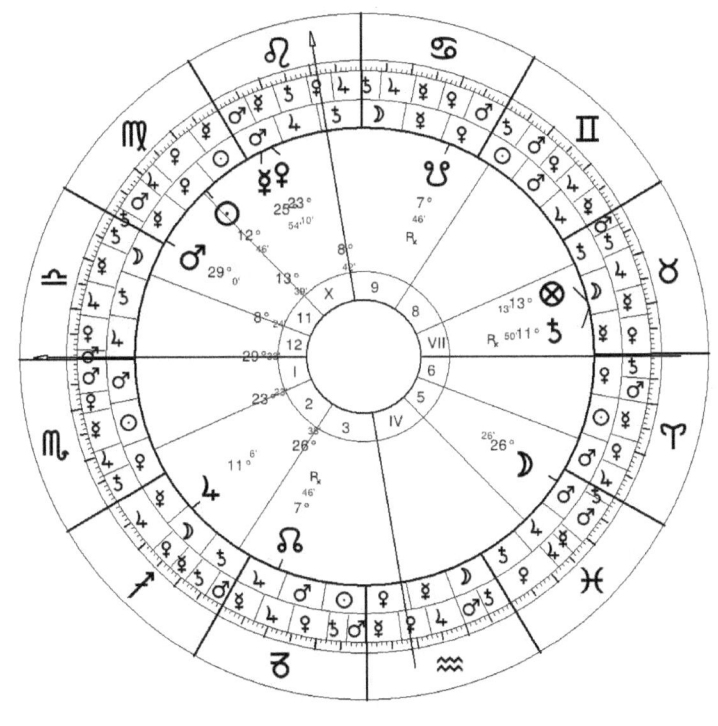

37岁太阳返照盘

37 岁,他疾病发作,一直到他 38 岁,主向限中没有行星产生影响,但是在 1675 年生日开始的太阳返照盘中,火星于室女座冲双鱼座的月亮,土星冲本命盘上升轴,并且木星刑日。

```
M R Spica      D =>        Sun          36°21'10" Nai 24 Jul 1675 08:31
```

38 岁,1677 年～1678 年初,1678 年法荷战争的胜利,太阳纬度合相室女座角宿一。

```
Z P sin □ Sun   OL D =>     Ascendant     OL  39°17'07" Nai 15 Jul 1678 01:40
```

第 40 年大约 40 天的时候,上升轴于射手座刑太阳,大约是 1678 年 10 月,他的运气不太好,勃兰登堡公爵最近给他的部队打了一两次重大的败仗。

在此,笔者只选译了有关主向限的部分,其余太阳返照和 12 宫分析在此略过。

黄道释放行运法

最后我们介绍一种希腊占星师所使用的运限法,我们称之为黄道释放行运,这种方法源出于 Valens 的著作。这种运限属于星座运限法,以福点或精神点所在的星座作为运限的起运点。我们知道,福点和月亮有关,精神点和太阳有关。月亮代表身,太阳代表心。因此福点起运,可以预测有形的、可见的层面,而精神点起运,可以预测无形的、精神层面的。具体而言,通过福点星座起运,我们可以分析任何身体疾患和灾害、享受、快乐、美丽、恋爱之类的行运。以精神点星座起运,分析职业起伏相关的行运。论断时候,如果福点和其定位星处于凶的状态时,以精神点论断身心行运为主。当精神点和其定位星处于凶的状态时,以福点论断身心行运为主。

当福点和精神点落于同一个星座的时候,以该星座论身,以该星座的下一个星座起运论精神方面。此法我们可以用之于新月和满月生人,尤其对于夜间出生,新月位于天底时尤甚,此时上升轴和下降轴刑此点。新月生人比满月生人更好,因为新月福点、精神点位于上升,而满月位于下降轴。日月相刑的命盘,两个点互相相冲,这种情况,有些占星师以点所在星座的下一个星座起运,但是 Valens 认为此时这两个点位于不同星座,因此并未采纳此法。

另外,男命常用精神点星座起运,女命常用福点星座起运。幼儿经常先以福点星座起运,成人后,论断职业之类,以精神点星座起运。

取年、月的数值时,土星周期数值 15,木星周期数值 12,火星周期数值 15,金星周期数值 8,水星周期数值 20,太阳周期数值 19,月亮周期数值 25,对应于星座即可,需要注意宝瓶座为 30 年或 30 月,而摩羯座为 27 年或 27 月。最后,我们列出图表如下:

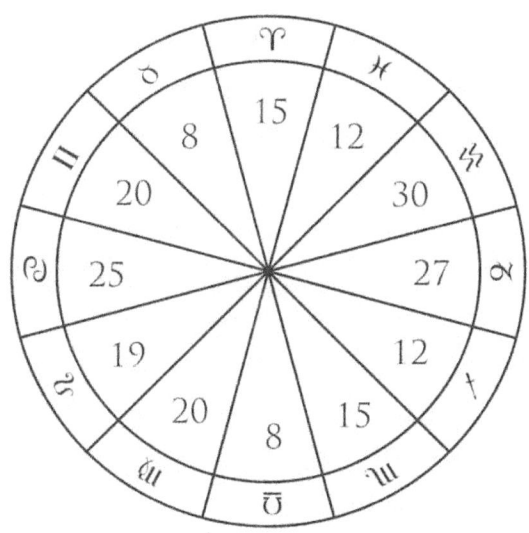

如果福点或精神点位于白羊座,白羊座定位星为火星,火星主宰 15 年,此时从出生生日开始 15 年内属于白羊座主宰,我们称之为第一主运。这 15 年第一主运可以细分为次运,白羊座代表第一次运,主宰 15 个月的

行运;第二次运,为金牛座,定位星金星数值为 8,主宰 8 个月行运;第三次运,为双子座,定位星水星数值为 20,主宰 20 个月的行运;第四次运,为巨蟹座,定位星水星数值为 25,主宰 25 个月的行运,依次类推。第二主运,为金牛座,主宰 8 年,第三主运为双子座,主宰 20 年,第四主运为巨蟹座,主宰 25 年,第五主运为狮子座,主宰 19 年,依次类推即可。

我们需要注意的是,12 星座,在次运周期计算时候,总共是 17 年 7 个月,如果主运时间大于这个时间,在 12 星座次运行完该如何处理?譬如双子座主运为 20 年,次运 12 星座从双子座开始到金牛座行运结束是 17 年 7 个月,剩下的 2 年 5 个月,我们似乎又回到了双子座,此时,我们需要特殊处理,取对冲星座,即和双子座 180° 对冲的射手座,分配给射手座 12 个月,摩羯座 1 年 5 个月,结束次运。其他类推即可。

有的占星师,在以上情况下,采纳三方星座,继续行运,Valens 表示不赞同。以上行运还可以进一步的细分,在此我们不做介绍,读者可以通过软件操作。在论断时候注意福点的四轴星座具有强化吉运的特性。

案例:

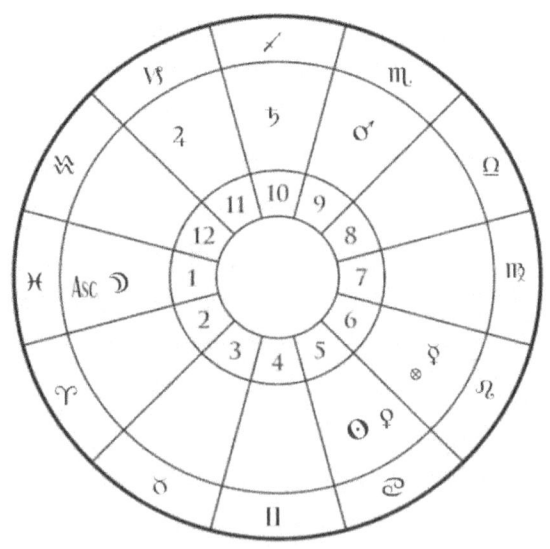

　　此盘为满月后生人,Valens 论断此命的 70 岁行运,健康根据福点星座开始行运,此命福点位于狮子座,狮子座主 19 年运,室女座主 20 年运,天秤座主 8 年运,天蝎座主 15 年运,总共 62 年,这些年运中命主经历了多次灾厄,从高处摔下,摔断了四肢,距离 70 岁有 8 年,这 8 年运位于射手座,土星位于射手座,夜生人,土星不合星宗,为凶性,这八年中,命主经历了海难和身体疾病,伤病之类的原因都和福点定位星所在位置有关,命盘中福点位于狮子座,定位星太阳位于巨蟹,巨蟹代表胸部和胃部,所以他的灾害来源于巨蟹座。

　　当前的次运,位于白羊座,火星是这一段时间的行运定位星,天蝎座的火星和主运中射手座的土星搭配,代表死于胃病和咳嗽的疾病。火星和土星上位映射双鱼座的月亮,代表痢疾。此外,土星为出生前满月点定位星。

　　论断职业,我们从精神点星座天蝎座开始,天蝎座主宰 15 年,射手主宰 12 年,一直到 27 岁他都一直是一个流浪汉,生活起伏不定,他的财产被监护人浪费耗费了。福点的第 11 个星座为双子座,没有吉星映射,又被土星所冲。27 岁之后,进入摩羯座行运,木星在内,并且位于 11 宫,被太阳和金星所映射,命主获得了巨大的成功,成为王者的朋友,也因此变的富有,但是也伴随起伏挫折,由于被凶星映射,财富也是短暂的,木星逆行且降于摩羯座。54 岁后行运进入宝瓶座,火星和水星映射,而吉星反厌,由于错信,导致结束职业生涯,失去很多东西,并且陷入债务,穷困潦倒。

The Essence of Ancient
Astrology in Theory and Practice

天文书第四类
（择吉占星）

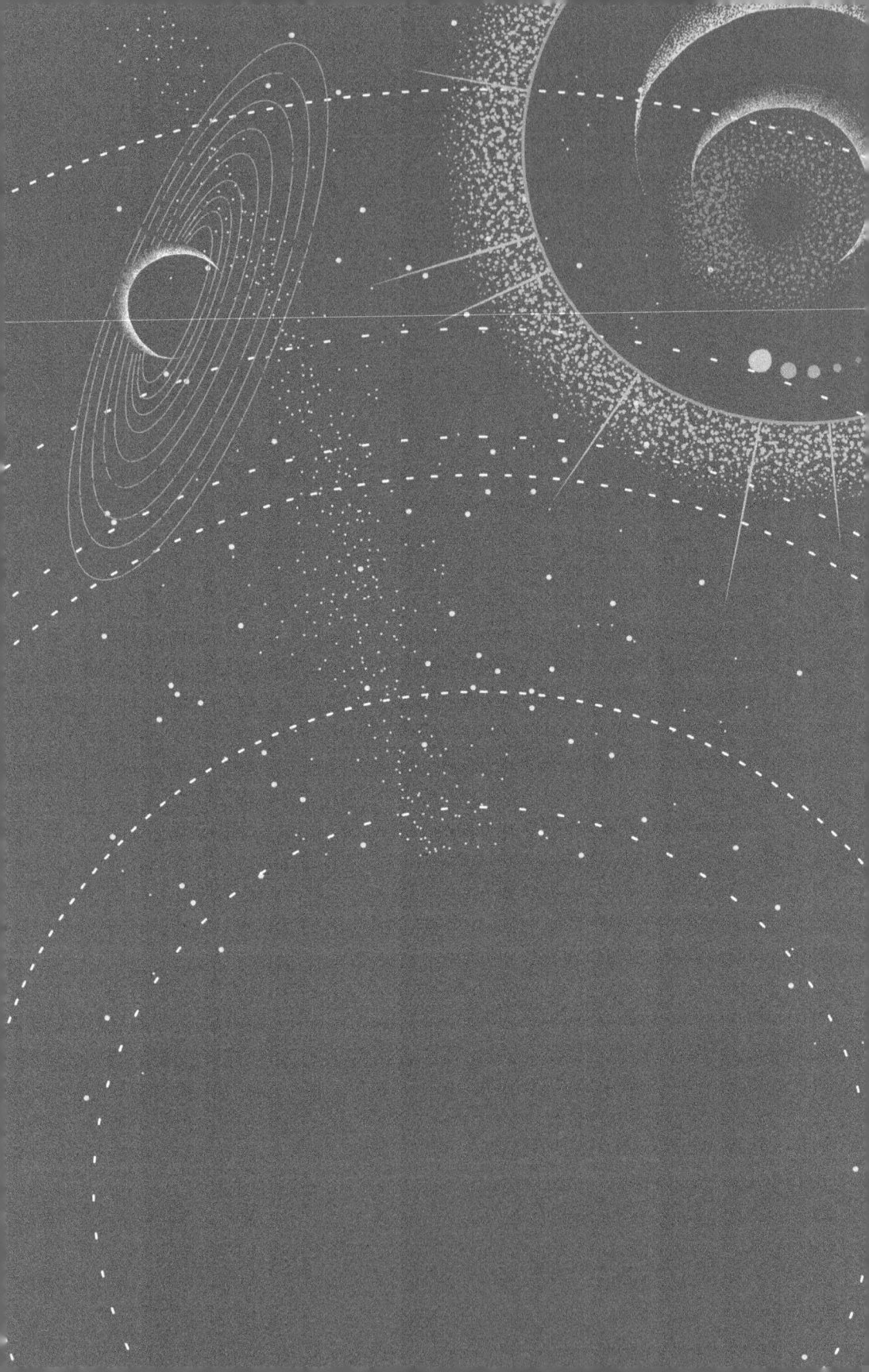

第一门　总论选择

凡论选择,必选一时辰,看东方是何宫度出地平环上,以此宫度为主,安一命宫。

又将其人当生命宫,并流年命宫,与选择时安命宫,相合看之。若当生命宫并流年命宫,与此时安命宫皆吉,则凡事成就;若当生命宫并流年命宫皆吉,所选之时命宫与上不相合者,则所求之事,虽行,不能成就;若当生命宫并流年命宫凶,其选择时与上相拗不合,则所求之事祈福却致祸也。

凡一切选择吉凶,专看太阴,并太阴所在宫主星。又看所求之事干系何位,并其位宫主星。又看其事所主之星要吉。又看所选时安命宫,并宫主星及四正柱皆要吉。

若求一事快疾结绝,不欲缠绵者,所选时安命要在转宫,太阴亦要在转宫,又要吉星相照。若欲修造起盖久远坚固者,所选时安命要在定宫,太阴亦要在定宫;若要作显明事者,选太阴在阳宫;若作隐密事者,选太阴在阴宫。

凡一切选择,不喜太阴在所选时安命宫内。唯交易则喜太阴在命宫旺相。又凡一切选择,凶星吉照可用,若吉星恶照亦可用。若太阴所到宫主星在四弱柱上,又太阴与凶星相照,则所行之事久后不吉。又所求之事主星,不喜在四正柱上。所喜者,在第十一位、或第九位、或第三位、或第五位皆可。若要选出征及争讼之事,则其主星喜在四正柱上。又凡选择欲行一事,若太阴不在吉位,却看木星或金星,在命宫或第十位顺受者可用。

注：古典占星师中，很多占星师认为不应该为没有本命盘的人择吉。也有人通过本命盘结合太阳返照盘、卜卦盘进行择吉。《天文书》在择吉内容上，言简意赅，意思明确。笔者在选择分类上，只做部分选注和增补。

无论任何择吉，需要考虑择吉盘的上升和上升定位星、第 4 宫和第 4 宫定位星、月亮和月亮定位星、太阳和太阳定位星、福点和福点定位星、择吉事项的类神星、择吉事项的宫位及其定位星，并且这些与本命盘或占卜盘的吉凶不能互相违背，一定要以本命盘或占卜盘作为根本参考。譬如 Abū Ma′shar 曾指出，择时上升定位星同时是太阳返照盘的月亮定位星或上升定位星，并且它在返照盘与择时盘中都呈吉象，则择吉之人在事项上可以获得更多荣耀，事项结果也会更理想。当返照盘的上升定位星、日月、天顶都没有在择吉盘中佐证，则择吉见效微弱。Al－Kindi 认为，择吉时刻之前最近的新月或满月点，以及它们的定位星位置也需要注意，如果这些位置未受凶星影响，则可以增加吉象（满月点注意地平线上方的发光体）。让新月点或满月点位于择时盘的轴，会合吉星，且月亮入相位吉星，则更为吉利。

我们可以通过上升轴、上升定位星、界主星、位于上升宫的行星，映射上升定位星的行星的性质来了解择吉中事体过程的特性。诸如土星，代表嫉妒、健谈、心胸狭窄、固执己见、自我，尤其涉及秘密事情或与神秘相关时；木星能带来好运、福气、和煦的天气，使人热爱朋友，代表虔诚而受人尊敬的事物，也利于官职方面得益；火星代表大胆、冒险、鲁莽、反应快、易怒，在相关行动中，它代表有利可图和快速；金星代表净化、医药、多情、有序。水星代表聪明、平凡、容易对付，也代表井然有序、与家庭相关、或容易买到的。当有多行星参与的时候，我们可以考虑其混合特性。

择吉的时候,我们需要熟悉星座的特性,星座分为启动星座、固定星座和双体星座。启动星座凡事快速变化,不能固定任何事物,也不能持续很长时间,它们适合播种、买卖、订婚、旅行,疾病代表很快康复,诉讼不会持续太久,出走者速回,许下的承诺无法兑现,不利于种植植物,不利于建造。总之任何周期持续长久的事务,不适合。在启动星座中,最快的是白羊座和巨蟹座,变化更为迅速。天秤座和摩羯座更强力,更平衡。固定星座,更有利于持续、持久之事,诸如建造建筑物、建立婚姻关系、签订协议等等。女人此时离异,则不会再回到丈夫身边,被监禁则时间很长。其中天蝎座是固定星座中最轻微的,狮子座是最坚定的,宝瓶座最迟滞而极端,金牛座更均衡。双体星座对于合作、友谊、手足情谊都是有益的,此时事项将会重复。买卖、结婚之类则不长久,且容易产生欺骗、诡计。被控告之人将从中脱身(双鱼座除外,因为它的上升赤经时间短)。出狱之人会再次入狱,逃脱之事物将被捕获,但是会再次逃脱。诉讼无法得到判决,疾病容易复发,容易发生重丧,凡事具有多变性和重复性。利于迁居、移民、洗头、净化金银、孩子上学之类。择吉的时候,可以将上升、月亮安置在相关星座,让月亮入相位吉星,并让月亮于此类星座内被接纳。白天进行的事情,上升、月亮位于日间星座则更有力,夜晚进行的事情,上升、月亮位于夜间星座则更有利,日间星座即阳性星座,夜间星座即阴性星座。

Abraham Ibn Ezra 的著作针对择吉,提出两个理论,第一个理论,如果知道其出生命盘,无论任何目的去择吉,永远不要选择其 6、8、12 宫的星座作为择吉上升星座,根据对方的择吉目的选择适当的星座和宫位。如果一个人要拜会贵人,则以其本命盘 Mc 所在星座作为择吉盘的上升星座,或选太阳所在的星座,太阳位于本命盘的果宫则不取。如果择吉目的是贸易,可以选择本命盘的 11 宫,目的是学习可以选择本命盘的 3、9 宫,如果本命盘某宫有凶星,则择吉盘的上升轴不可以位于凶星所在度。我们举一个案例,譬如某人拜会贵人,这类事属于第 10 宫所主宰,我们采用其出生盘 Mc,发现 Mc 位于双子座 4°,而本命盘土星位于双子座 12°,择吉时候我们选择双子座的时候就要避开这颗土星的影响力,土星的影响半径为 9°,双子座 12°加 9°等于 21°,因此我们选择双子座作为上升的时候,至少要使用双子座 21°,以避开土星的影响力。再譬如,出生盘上升位于室女座 20°,土星位于天顶轴双子座 15°,我们谒贵择吉的时候,选双子座作为上升,度数不能低于 24°,如果实在不能选择,至少要选择双子座 16°,绝不能低于这个度数。其他可以类推。印度占星家认为,知道本命盘,找到寿主星,在择吉盘中始终让寿主星位于吉利位置。

第二种理论,是按照择吉的目的进行选择。譬如男子为婚姻择吉,就选金星,金星位于吉利位置并且映射上升轴,则无论是否知道其出生命盘都是有效的。让月亮位于吉利宫位,合相吉星或者被吉星映射,避免其合相凶星,或被凶星凶映射。避免月亮合相太阳,或位于星座的 1°(即初度),这会导致赤道南北与凶星等距。如果非得要在月亮合相凶星或凶星映射太阳的日子择吉,不能让月亮位于轴,将月亮置于果宫,只代表担心与虚扰,如果月亮不在上升星座中有任何力量,则更安全。Al-Andarzaghar 认为,当择吉盘上升星座为狮子座、射手座和宝瓶座的时候,不需要担心月亮位于不吉的位置,或者月亮连结凶星,不用太担心月亮。Abraham Ibn Ezra 指出,大多占星家都认为月亮不能位于上升星座,他认为月亮也要注意不要位于第 4 宫、第 9 宫,如果月亮连结吉星则不忌,因为第 9 宫为第 3 宫的对宫,第 3 宫为月亮喜乐宫,则第 9 宫为其哀宫,因此不吉利。月亮的定位星也不能焦灼或逆行。

第二门　选择条件

凡选择条件,各有所系。

若要沐浴,必择太阴与木星相在火星宫分,或在木星宫分,又太阴与木星相吉照;

若选剃头必择在太阴在水局,若选裁衣,要太阴在二体宫,或转宫皆可,又要进行吉照,忌太阴在定宫,最忌土星火星恶照;

注:剪发选月亮落在水元素星座巨蟹座、双鱼座、天蝎座,入相位于木星或金星,更吉,代表美丽满意的发型,并且头发会生长缓慢。月亮入相位火星或土星,则不吉。火星落于上升星座,要小心受伤。月亮也不能与火星、土星形成入相位,尤其位于四轴,要防止受伤或烦恼。裁剪衣服,需要月亮在双体星座,或启动星座,并且吉星映射,最忌讳火星或土星映射。

若要做金银器皿,择太阴在火局与太阳吉照,或火星或进行木星皆与太阴吉照;

若要买物,看太阴在巨蟹宫至人马宫,又要金木二星照,又要福德星在四正柱上,及寅亥二宫,又有吉星相照;

若要卖物,看太阴在磨羯至阴阳宫,离一吉星,却又遇一吉星,则卖

物快疾,又有利息。若太阴遇凶星时,则卖物迟滞,亦无利折本;

若要与人合本作经商,看太阴在二体宫与吉星相照,顺受。

注:Abraham Ibn Ezra 认为,选一个时间与人合伙,让木星位于轴,不要与火星刑冲,也不能让火星位于轴,否则会发生灾害和争端。将福点置吉位,让其定位星映射福点,或让吉星映射福点。

若要自行规办本钱作买卖,要太阴与水星吉照,又看第二位并第二位宫主星有利。又要看第十一位并宫主星有力,则事能成就。

若人平日不曾出行,忽然上马到一处,要取一时辰,要太阴在转宫与火星吉照,又要木星相照得吉。

若人行一事要显名而出者,取太阴在转宫与太阳相照,又要太阳、太阴与命宫相照。

若人要行隐暗事者,选取太阴在太阳光下,近与太阳相会,又要命主星在太阳光下,忌太阳太阴与命宫相照。

若人要藏一物或子要藏身,取太阴与太阳会后相离时节,又太阴在太阳光下,或太阴在地平环上,与地平环下吉星相照,又要命主星亦然如此吉照。

若修书信,要太阴在转宫,又看寄书与和等人,关系何星、相照顺受。如寄书与贵人,要看太阳;寄书与文学人,要看水星;寄书与军官军人,要看火星,相照顺受系依此例推之。

若人移屋居住,要太阴在有利度数上,或遇吉星相照,又在第三位,要第三位宫主星吉照。又看命宫并命宫主星吉照。

若人起盖房舍,取太阴在土宫或在风局,又看太阴与一星相照,正遇其星在庙旺宫分吉照，其星又在黄道北。先太阳东出，又太阴在黄道北，取增光升上时则吉，即太阴与罗睺或土星同度。又忌土星在命宫。

若要毁拆房舍，看太阴属南方宫分，离一凶星遇一吉星。吉星又比太阳现出东方。或太阴在地平环上，与地平环下一星相照。又要太阴在黄道南下降。

若要筑城，取太阴在定宫吉位，又与吉星相照。又要命宫并宫主星吉。四正柱上不要凶星照。

若拆毁墙垣，要太阴力弱，又下降。又要土星陷弱宫无力，不在四正柱上。

若买田地，要太阴在土局，与木星、金星相照顺受。又与土星吉照，土星亦要顺受有力，又要第四位并宫主星吉。

若开河渠，要太阴在水局与土星吉照，土星又先太阳东出顺行。又要太阴在命宫、第三位或第五位，则吉。

若栽植树株，要太阴在定宫或二体宫，又要此时安命在定宫。其命宫主星又比太阳先东出，又要与吉星相照。亦要太阴与金星、木星在风局相照。却不要火星与命宫相照。又看太阴所在宫主星有力，又与太阴相照，如此则栽植茂盛。

若选择农作，要太阴在巨蟹宫，或双女、金牛、磨羯等宫，又要与吉星相照，又要安命在以上四宫内一宫，又要宫主星吉，或吉星相照。

若求子嗣，要太阴在阳宫，与太阳三合，又要太阳有力，又安命宫在阳宫。命宫主星亦要在阳宫。又要吉星照其四正柱上，并不要有凶星照，却要有吉星照。

注：和女子同房，如果想怀上男孩。择吉时候，可以让上升星座为

固定星座、直向上升星座,四轴落于固定星座,上升定位星位于上升星座或天顶或 11 宫,且黄道行进中第一个跨越上升轴到地平线上方的行星为吉星。让昼日夜月安置适当,不可以让凶星位于任何一个轴,让吉利未受损害的吉星位于轴。然后,确保上升定位星吉利,并且避免该行星在受孕第九个月呈现凶象。如果确保该行星在孕后第 7、10 月呈现凶象,则更佳。另外需要小心第 6 宫和第 8 宫定位星,如果呈现凶象,则不可以影响到之前的因素,还需要注意凶星和计都。

月亮落于上升星座,和太阳三合,对此类事最有利,但是要小心燃烧之径,金星也要吉利,如果金星受损,则母亲受损,如果月亮受损,则胎儿受损,并且要让第 5 宫及其定位星吉利。

另外,如果上升星座为天秤座,并且其定位星未损害,也是吉利的,因为天秤座是人形星座,此时天顶为巨蟹座,为多育星座,使代表子女的相关类像位于阳性星座,则胎儿为男孩。在确定阴阳上,参考东出、西入、阴阳限、阴阳星座等等。

与女人同房,有效利用白羊座、摩羯座、狮子座和天秤座,它们代表巨大的动力,利于行房。除此外,月亮入相位金星和火星更佳,金星代表彼此的愉悦,火星代表大量的精子。应该避免月亮入相位代表冷淡乏味的土星,如果月亮入相位太阳且容纳,则代表双方极大的快乐舒适。月亮落在双鱼座不佳,容易得病。月亮在双子座,天秤座或宝瓶座,这些人形星座,对此类事有利,代表愉悦。月亮入相位木星,女性会以法律,道德类防卫杜绝行房。

如果想房事避孕,让月亮位于双子座、狮子座、室女座,入相位金星,切忌入相位木星,也需要小心月亮落在巨蟹座、天蝎座、双鱼座,如果月亮和火星形成相位,则妨碍受孕。另外,金星位于上升,位于天秤座和双鱼座,会获得诸多愉悦快感。如果土星位于第 7 宫,则双方不和谐。

若求入目,要太阴在金星度数上,有要太阴与金星相照,金星要有力。又顺行,所行度数渐增。又太阴无凶星相照相遇,如此则乳母、婴儿皆吉。

若小儿断乳,要太阴离太阳光远,不要凶星相照,又要太阴所在宫分宫主星,与吉星相照,又要命宫主星与太阴所在宫主星相吉照,又太阴要在定宫,或二体宫。

注:Abraham Ibn Ezra 声称,如果给孩子断奶,让月亮和木星合相或映射,让上升定位星速行,未焦灼、不逆行。并且他说 Enoch 认为,月金合相时候,给孩子断奶,母亲将永远不会再生育,并且他指出,这一点经过 Dorotheus、Māshā'allāh、Abū Ma'shar 的验证。

若选入学,要太阴在人马宫、双女宫、阴阳宫,三宫内一宫,与水星吉照,水星又先太阳东出,其太阳太阴不要与凶星相照。又当时安命宫亦在巳上三宫内一共,活在双鱼宫,命宫主星又与太阴水星吉照,又要木星与命宫相照,又要水星在命宫,又太阴在第三位或第五位,则吉。

若医治诸病,看所患之症,或寒、或热、或湿、或燥。如病寒,则用太阴在火局又与吉星相照;如病热,则用太阴在水局,亦与吉星相照其相照星之性,亦要与所患之处病相拗。

若医治头疼,须用吐者,要太阴在白羊宫或金牛宫,与吉星相照。忌凶星照,又要太阴望后减光时,命宫亦要在白羊宫或金牛宫。

若医病,须服通药者,要太阴在水局下降,又要太阴在地平环上,与地平环下一星吉照;又要进行与太阴相照;又要火星与太阴吉照。忌太阴与木星同度,如此用药有效。

若用针出血者,忌太阴在所管穴道宫分,喜吉星照,忌恶星照。用太阴减光时,若火星吉照太阴,亦无妨。

若用针刀治眼者,要太阴与木星或金星吉照。又要金木二星在地平环上;又要太阴在增光时,忌太阴与凶星照;又要太阴与太阳吉照。

若选嫁娶,要太阴在金牛宫或狮子宫、双女宫、阴阳宫,又用金星照,要在吉处,不要恶星照。

若选择结婚,要太阴在金牛宫或狮子宫,忌太阴在第六位、第八位、第十二位,又忌太阴与凶星同宫。要与吉星相照,与金星相照最吉,又要金星在吉处。

注:上升和定位星以及太阳代表男方,第 7 宫与其定位星以及金星代表女方。天顶及其定位星代表婚后未来的生活,第 4 宫和第 4 宫定位星代表结果。月亮离相位的行星代表男方,趋相位的行星代表女方。月亮代表双方婚姻中未来的吉凶,结婚时候月亮不利,则婚姻会带来不幸,并且损害男女双方。水星代表夫妻生育的子女,当吉星合相或映射水星,代表很快会有子女。当月亮和金星都位于启动星座,代表感情无法持久,如果女方为寡妇,则代表欺骗了前任丈夫。

月亮落在白羊座不利;落于金牛座 1°～20°有利,其余不利;落于双子座前半段有利,后半段不利;月亮位于巨蟹座,应避免结婚;落于狮子座有利,但是代表财产方面有一方会欺骗另一方;室女座有利于男子与寡妇订婚,但是在女子选择婚姻上不利于男方,代表很快失去第一任丈夫；天秤座对订婚有利，结婚不利；天蝎座前半段有利于与处女结婚，代表妻子顺从丈夫，善良正直，但是后半段不利，代表恩爱不持久，女方与仆人私通；月亮落于射手座有利于婚姻，只不过女方深谙生活之道，射手座对于很多方面有利，但推迟结婚更好；月亮落于摩羯座开端不利，落于中间和末端有利，代表女子顺从丈夫，相较于处女而言，对寡妇更有利，但是子嗣稀少；月亮落在宝瓶座不利于婚姻，女方对男人的欲望强烈；月亮落于双鱼座有利，女方善良正直，但是会讲空话而招致丈夫的忌恨。以上尤其应于结婚时，月亮落于上升宫，位于此类星座的情形。

最有利婚姻的吉时为，木星位于金星第 10 个星座，此时金星位于月亮的第 10 个星座，多子多福。木星、金星、月亮彼此三合，也是有利于婚姻的吉时，遇到多育星座更佳。结婚时候，如果金星位于阳性星座，木星位于阴性星座，则婚姻对男方更有利，反之则相反，此外，盈月、月亮速行也对结婚有利。当结婚时，太阳受损，金星合相木星或映射木星，男方婚姻不长久，男方遭遇不幸，但女方会获得幸福、快乐和利益。火星或土星合金星或映射金星，则女方不利，辛苦而痛苦，婚姻分离。

若选出征之日，要太阴在转宫。出征之时，看东方土、木、火三星宫分，内一宫出地平环即为命宫。最紧的是火星宫分，又要火星与命宫三合或六合照。又要命宫主星在定宫或二体宫。不要命宫主星在命宫或在第十位、或第十一位，又要第七位宫主星力弱。别与一星相照，其星与一星又相照，彼星又在太阳光下，又忌第七位宫主星在第四位，又忌第二位宫主星在第八位，若第八位宫主星第二位，可也。又要命主星强旺如第七位主星，如此则征战之事胜旺。

若要知出征遇敌不遇敌，看火星在第十位，则遇敌又交锋。若出征时，火星在第十位，与吉星同度，又吉星与出征时命宫相干，系吉。从相吉照，又顺受，则敌人自求讲和。又看命宫主星在何宫，看所在宫分主星有力、吉、顺受，又比太阳先东出，如此则征战胜旺。其第七宫主星不要如命宫主星强旺。

若要根寻逃走人，并寻觅失物，看太阴在何宫分，及宫主星与太阴吉照，又要太阴在地平环上，与凶星相照。

若病人遗嘱子孙，要太阴在定宫与吉星相照，又要命宫吉，并宫主星吉。又要四正柱上，无恶星照，则子孙能遵守遗留之言。

若人陆地出行，要太阴在转宫，或在土局。出行时安命宫亦要在转宫或土局。又要太阴与迁移宫主星吉照，又看所求之事关系何星，要太阴与之相照在吉处，忌与火星相照，并火星所在宫主星相照，有看太阴并迁移宫主星，及所求之事宫主星，并要与吉星相照，不要凶星相照，最忌者火星。

注：土星不会给陆地旅行带来太大损害。对于旅行而言，固定星座不吉。

若水路出行，要太阴在水局，不要凶星照。最忌者土星。又要出行时安命宫吉，并宫主星亦吉，四正柱上不要凶星照，如此则吉。

注：火星不会给水路旅行造成损害。

若选入城之日，有二等。

如明白入城时,要太阴在巨蟹宫、或双女宫、或金牛宫、或磨羯宫。又要与吉星相照。入城时安命宫亦要在巳上四宫内一宫。又要吉星照,又要命宫主星亦与吉星照。

若暗地入城者,看太阴与吉星照,又要吉星在地平环下,不要在第四位,又要太阴与太阳会后相离。仍在太阳光下。

若君王登位时,选取太阴在人马宫、或双鱼宫、或天蝎宫、或狮子宫,此时安命亦要在四宫内一宫。又要太阴与太阳木星相照,与火星吉照,皆要顺受。太阳要有力,不要与凶星照。命宫主星亦要在巳上四宫内一宫有力。又要木星金星在四正柱上,又要第十位宫主星吉,又与吉星相照,又比太阳先东出,如此则久远得吉。

若官员到任或受官职,要安命在定宫,命宫主星要在吉位,又要与太阳吉照;又要第十位宫主星吉,无凶星照,不要第十位、并第十一位宫主星恶照;又要太阴所在宫分与宫主星吉照;第四位宫主星与吉星照,又在吉位上,四正柱上不要凶星照;命宫主星不要与第八位宫主星照,忌太阴与罗睺计都相遇。

若国家祭旗之行,又要比太阳先东出,又取太阴增光,行疾升上时,与太阳三合照,或火星三合照,又吉位顺受,又要此时安命宫吉,并命宫主星亦吉,有力顺行,比太阳先东出,最要火星强旺。

若收旗之时,选太阴在二体宫,与吉星相照,又取太阴增光升上时,安命亦要在二体宫,与吉星相照,又要命宫主星有力。

若收藏五谷,选太阴在土星宫分,与土星吉照,又要第十位是定宫。

若求见贵人成事,选太阴在定宫或二体宫,要与所在宫主星吉照,并安命宫吉照。安命亦要在定宫或二体宫。

若求仕者,选太阴在二体宫,又看太阳与太阴相会之时。用一吉星在命。若太阳与太阴相冲之时，用一吉星在第七位。凡求一切事，皆依此例推选。

若进贡求见君王，选太阴与吉星照，忌凶星照。又与一吉星相遇，后离了再遇一吉星，其后遇之星比前所遇星又要有力。

若结交朋友，选太阴在定宫，又看与何一等人结交，关系何星，要本星与太阴相照，忌四正柱上凶星照。又要第十一位宫主星与命宫相照，或与命宫主星相照、顺受。

注：如与人合作，最适合的星座是火元素星座。其中，最令人称赞的是狮子座，最受人责备的是白羊座。

若买头匹，选太阴在金牛宫或狮子宫，与吉星相照，此星要顺兴，先太阳东出，又要此时安命在二体宫，命宫主星亦要在二体宫。

若选围猎之日，要太阴在二体宫，安命亦要在二体宫。宫主星要吉照，又要有力。又要第七位宫主星在四辅柱上，渐行迟，又要太阴在增光时，相离火星。太阴所在宫主星却与火星相照，火星要吉，要在旺处，忌太阴无星相，又忌太阴在转宫及与所在宫主星不相照，又忌土星相照。

若采捕水中之物，要太阴在水局增光时，与太阴所在宫主星吉照，忌凶星照。安命要在二体宫，忌在水局。命宫主星却要在水局，与命宫相照，又要命宫主星在水局，与水局宫主星吉照，忌金、水二星与火星相照，却要金、水二星与太阴相照。

第三门　总结推用此书之理

凡论天文形象阴阳吉凶之理,备载于前至矣尽矣。所应祸福依此书逐一推断,可也。若一切凡断决人事吉凶,看星象强弱衰旺,宜仔细详之。凡遇一吉星,不可便作吉断。遇一凶星,不可便作凶断,须看再有吉凶星相助,然后断其凶吉。

卜卦占星与中国数术案例精粹

古典占星，涉及命理、世运、择吉、卜卦，《明译天文书》中，并没有卜卦占星的内容，鉴于卜卦占星的重要性，在本书篇末录入三则古代案例和一些笔者的实战案例，供读者参考学习，古代案例选自著名波斯占星家 Māshā'allāh b. Atharī 与英国古典占星师 William Lilly（威廉·李利），其余案例为笔者的实战案例，笔者的每一个案例都有各种术数解析，这些解析来自笔者实战习惯。日常预测，笔者会随机使用任何一种或多种术数进行解析，保持这种习惯数十年，限于篇幅，在本书随机录入十几则案例供大家参考。

特别说明：以下案例根据笔者日常习惯而列，在实际占卜的时候，笔者会随机起出一种或几种占卜模式，同步分析，这些模型任何一个都能够独立清晰占卜事情，每一个都单独处理，任何一种术数都有其分析特点和规律，彼此之间不需要任何互参，由于笔者研究多种术数，不能厚此薄彼，或者长时间只用一种，这样会荒废其他术数。同样，笔者建议读者学习任何一种术数，都要学会独立分析，不要去参考任何其他种类的术数。

首先我们列出古典卜卦占星的基本规则：

首先根据 12 宫的特性，确定对方问的事情属于哪一宫，确定事物类象。然后以上升轴及其定位星、月亮作为求测者，事物类象宫及其定位星作为事物类象，进行相关分析。

首先，观察上升定位星和月亮，哪一个更强（哪一个位于轴），哪一个映射上升轴，则以其作为求测者主要类象进行分析。如果其中一个与事物类象星产生连结关系,则求测者所占问的事情能够成就。如果事物类象星与上升定位星连结,求测者的事情无须努力就能轻易达成。上升定位星或月亮位于所问事的宫内,或事物类象星位于上升星座,则事情可以达成,除非上升星座为事物类象星的陷降星座,或者被燃烧。上升定位星或月亮与类象宫内的行星连结,该行星在其星座内有佐证(即舍、升、三方主),代表事情能够达成。

其次,如果没有以上论述的情形,则观察行星递光,即从月亮或一颗快速行星传递力量。譬如一颗行星离相位上升定位星,入相位事物类象星;或者一颗行星离相位事物类象星,入相位上升定位星,则代表事情通过中间人或媒介而完成。

最后,当也没有行星递光时,我们观察行星聚光,譬如事物类象星与上升定位星同时入相位一颗比它们慢的行星,该行星映射事物类象星座,或者位于上升、天顶,代表事情会归于一个求测者信任之人完成,或归于判决者完成。

以上三种方法可以判定一切求测之事,务必要熟悉掌握。

以上三法中,注意观察接受上升定位星或事物类象星管理的那颗行星,观察行星聚光中的最终慢速行星,不被凶星干扰,位于角、续宫,未燃烧、逆行,未落入果宫,落入或映射类象宫,则事情能够达成。如果不吉利,代表事情达成后败坏。如果接受管理的行星逆行,在求测者相信自己已经要达成事体时,事情突然被终止。

当上升定位星与事物类象星是同一颗行星时,如果该行星与自己所在星座的舍升行星连结,即被接纳时,则代表事情达成,如果月亮与其连结,并且没有损害时,也代表事情达成。

上升定位星与事物类象星呈三合、六合相位,则事情容易达成;呈刑冲相位,则经历艰辛、拖延。当事情类象星为凶星时,上升定位星与之产生刑冲相位,凶星不接纳它们,则当事情带起的凶性降临时,求测者希望事情不要存在发生,如为三合六合相位,则可以从中避免。

Umar al－Tabarī 以及很多古典占星师,取最强类神作为主要类神,这种方法和命理占星的严谨规则有一定关系,具体列出如下:

上升轴定位星映射上升轴,则取上升定位星作为求测者;它位于果宫,则观察月亮;如果月亮映射上升星座,则以月亮作为求测者;当第7宫定位星映射第7宫时,以该定位星作为其所问的事体类神星;如果未映射,以月亮的定位星作为事体类神星。

如果月亮也没有映射上升星座,但是月亮离 A 星趋 B 星,取 A 星作为求测者,B 星作为其事体类象星;如果上升定位星和月亮都没有映射上升星座,月亮也没有趋离相位,取月亮作为求测者,月亮定位星作为事体类象星;如果月亮位于自己力量所在的星座,则取月亮作为求测者,月亮所在星座的三方主为事体类象星。

如果有行星递光,将上升定位星通过递光传递予第7宫定位星,或者其它行星聚光月亮,则月亮作为求测者,参与递光或聚光的行星为事体类象星(递光和聚光的概念,见本书前面章节)。

在主要类神的论断基础上,参考次要类神,次要类神可以有多个,譬如游隼于上升宫的行星,未映射上升星座的上升定位星,简单说,就是能够加强巩固相关主题的类神。同理,游隼于第7宫的行星和未映射第7宫的第7宫定位星,可以作为事体的次要类神。

在这里,力量计算也是非常重要的。舍、升、界、三方、旬的力量进行叠加,舍赋予5分,升赋予4分,界赋予3分,第一三方主赋予2分,旬赋予1分,甚至有些老占星师还将时主星赋予1分力量,和对待旬的力量一样。如果上升定位星在上升星座，同时拥有升和界或三方或旬，则为胜出者，就是求测者，其它行星没力量参与此象。如果上升定位星位于四轴，尤其是天顶，则其为求测者，其它行星都不可以作为求测者类象星，除非同时有其它行星在上升星座拥有舍、界、三方的力量，又位于角轴。如果上升定位星距离上升轴3°则取上升定位星，如果超过3度，其它带有力量的行星位于轴上，则其它行星作为独立类象星需要考虑。

如果上升定位星在上升星座没有其它力量，也不在轴，在上升星座拥有三种力量的行星如果位于星座的开端，则比较强，可以取为类神，如果在星座末端，其它占有两种力量的行星则优先取之，这里力量指的是升、界、三方、旬的力量太弱，如果只占有旬，除非它同时是昼日夜月的舍主星或为时主星，才能取用。夜间求测者，福点在求测问题上带有一定力量和意义。

在卜卦占星的应期方面，快速行星、启动星座应期数值取日、月；慢速行星、固定星座应期数值取年、月。一般而言，取应期的行星位于固定星座取年、双体星座取月、启动星座取日。Māshā'allāh认为行星位于升象限则应期快，位于降象限则应期慢（古人大多以1、3象限为升，2、4象限为降）。一般，上升、天顶应期快，下降轴应期取月，天底轴应期取年。行星在双体星座，时间会加倍。取应期类神，一定要注意其本身在事体中居于重要地位，如果确定应期的类神看起来晦涩难明，可以参考日月，取其中映射上升星座的一个论断应期。

Sahl列出取应期的五条规则：第一、观察两颗用神行星之间的映射关系，1°等于1年、1月、1日、1小时，具体根据其所在的位置、速度快慢而定；第二、观察两颗行星之间（快星趋于慢星）的真实行星过运时间；第三、观察两颗用神行星之间的星座数目，譬如一个星座1天，或两个星座 60 天，1°按 1 天进行计算；第四、从上升星座开始到接受管理的客星，或从接受管理的客星到上升星座，计算它们之间的星座数目，一个星座 1 个月；第五、观察能代表时间应期的行星本身的时间数值，譬如月亮一般是 1 到 2 月，月亮负责管理，即月亮为主星时，为 25 个月；金星为 10 个月、8 个月，金星为主星负责管理时，为 8 年；水星为 5 个月、3 个月，水星为主星负责管理时，为 20 个月；太阳为 1 年、19 个月；火星为 15 个月（有作 18 个月）、15 年；木星为 12 年、12 个月；土星为 30 个月、30 年。

　　当两颗类象主客行星，都位于第 1 象限，并且都速行的时候，它们之间每 1°取 1 小时。如果它们都位于第 2 象限，每 1°论断 1 月。它们都位于第 3 象限，则它们之间的度数断年或月。如果它们所在象限不一致，一颗位于东限（1、4 限），另一颗位于西限（2、3 限），东限快，而西限慢，因此两者折中，以它们之间的星座数目，1°代表 1 日进行论断，当时间超出这个范围时，按 1°代表 1 个月进行论断。

　　在占卜忌讳上，Sahl 强调，火星位于轴不要分析盘，尤其是天蝎座上升。

例1　病人的生死

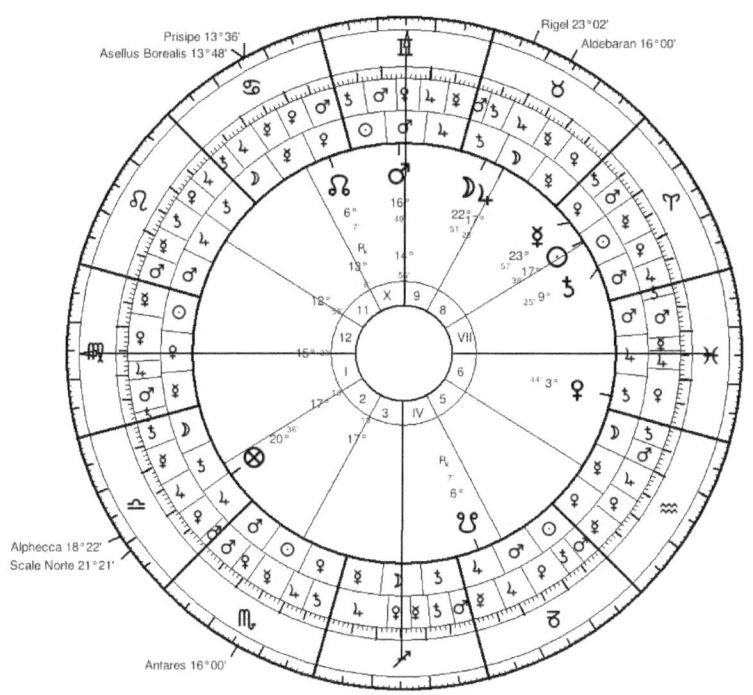

原著的星盘数据：上升位于室女座 15°，天顶位于双子座 15°，土星位于白羊座 10°15′，木星位于金牛座 19°15′，火星位于双子座 17°13′，太阳位于白羊座 20°13′，金星位于双鱼座 5°37′，水星位于白羊座 24°15′，月亮位于金牛座 26°25。

占卜时间为公元 791 年 4 月 11 日。Māshā'allāh 论断中指出上升定位星为水星，处于空亡状态，没有趋于任何行星，代表恐惧，害怕死亡。第 8 宫为死亡宫，火星为其定位星，位于天顶，映射象征生命力的上升星座，象征求测者的痛苦与失去希望。接着分析月亮，月亮未趋于任何行星，也处于空亡状态。但是月亮位于第 9 宫，映射了上升星座，在主类象上，明显月亮强于上升定位星，因为月亮映射了上升星座，且行速快速。能够率先从所在星座突破出去。

水星和月亮的空亡，标志了疾病的拖延和其重要性。月亮能够率先行出所在星座，因为它比其它行星以及水星的度数都大。月亮行出星座后首先连结金星，将自己的能量特性传递过去，而金星趋于木星，金星接纳木星，木星也接纳金星，而木星没有趋于任何行星（原理上木星也只能趋于土星），金星和木星彼此通过力量和相位关系，互相接纳，所以病人会恢复健康活力，虽然病情会持续发展，一直到金星到达木星的距离，当金星到达木星，超过 1′ 的时候，疾病开始减退，健康即将到来。当水星从白羊座中行出时，它会通过六合连结金星，水星进入了金牛座，因此被金星所接纳。而金星自己趋于木星，两者互相接纳，水星作为次要主类神，也显示了病人的康复。

这个盘如果金星趋于火星，火星没有接纳金星，当金星度数到达火星的时候，病人就会死亡。一般而言，当上升定位星和月亮都连结事体的类象星的时候，事情就会发生，譬如当咨询死亡的时候，如果上升定位星和月亮都连结第 8 宫定位星，就代表死亡将会发生，除非第 8 宫定位星接纳它们。

例 2　是否能获得遗产

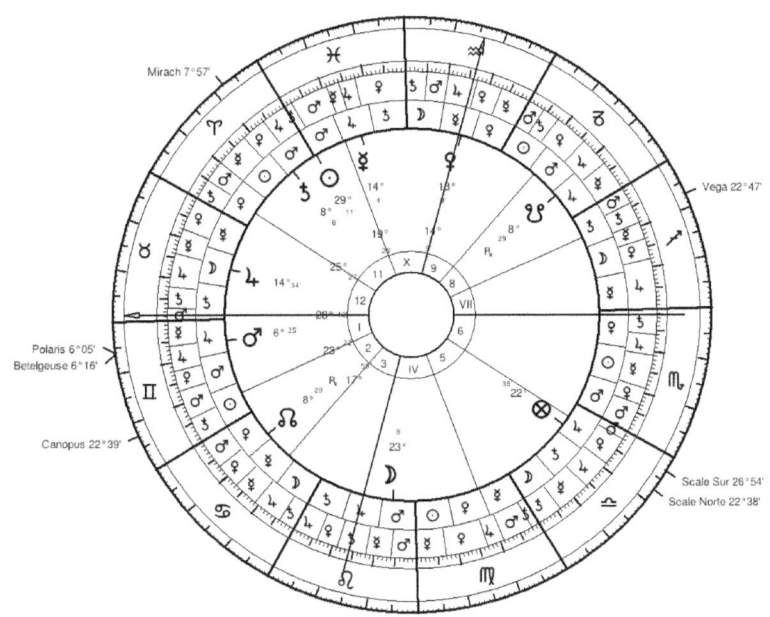

原著数据:上升轴位于金牛座 28°,天顶位于宝瓶座 13°,木星位于金牛座 14′15′,火星位于双子座 6°13′,太阳位于白羊座 1°20′,金星位于宝瓶座 16°41′,水星位于双鱼座 19°15′,月亮位于狮子座 28°48′,

上升定位星金星未趋于任何行星,处于空亡状态。但是金星离相位木星(原著金星度数大于木星),木星是第 8 宫定位星,代表亡者的物质财产。从接纳中离相位,代表卑鄙和可怕的事情。接着看月亮,月亮空亡,月亮离相位金星,月亮和金星都位于轴,都映射上升星座。此时选择主类神,我们需要根据它们谁的度数更大,谁更快的脱离所在星座。这里我们首选月亮,月亮离开所在星座,先连结火星,火星为凶星,未接纳月亮,火星也没有被月亮接纳,火星也不是亡者财物相关的定位星,所以火星在这里起到禁止、阻碍目的的作用。我们接着看金星,金星脱离所在星座后,映射火星,与月亮体现的一样。

如果火星是亡者财物的类神星,或者它接纳了金星或月亮,或者它是一颗吉星,或位于角轴,或者它位于一个有自己力量的位置,则可以论断他能得到亡者财物。如果一些吉星位于亡者财物的宫位,金星与之连结,也能获得。如果有一颗凶星位于该宫位,并且有力量,接纳金星(或者未接纳金星,但是金星与之连结),代表能获得亡者财物。如果一颗凶星位于此宫位,接纳金星或月亮,但是没有力量,依然可以获得亡者财物,因为接纳没有没毁灭掉。

在案例中,月亮离相位金星,进入下一个星座连接火星,当度数到达火星度数时,他失去了有关此事的希望,月亮是这个事情的类象星,它先于金星,与火星连结,在月亮和火星结合的刹那,就决定了物质的损害,此事失败。

例3 综合论断

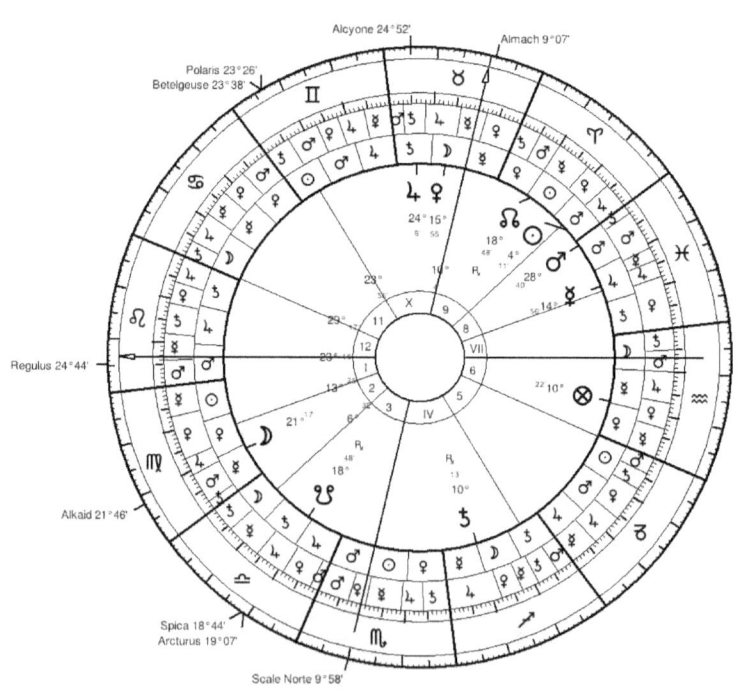

占卜时间：1632 年 3 月 14 日下午 2:15 分。

求测者的问题：

1、想活的长久一些。是还是否？

2、一生中最适合去哪里发展？

3、生命中哪一段时间是最幸运的。

4、要求论断他已经发生的一些事情。

5、将来会发生什么意外，结果是好还是坏。

6、何时发生？

William Lilly 论断分析如下：

1、上升位于狮子座，因此狮子座代表求测者的状态情形。恒星 Cor Leonis（轩辕十四）位于狮子座 24°34′，与上升狮子座 23°27 分呈紧密度数合相。轩辕十四的行星性质为木星和火星（恒星特性有不同说法），轩辕十四属于一等恒星，影响力很大。上升轴定位星和命宫星座定位星，都是太阳，太阳位于白羊座 4°，于木星界中。月亮三合第 10 宫的木星和金星，上升定位星太阳和月亮都代表求测者的体征（威廉·李利经常使用此法验盘）。

以上组合和行星特质，代表求测者中等身材、不胖不瘦、身体结实、清秀而不失优雅、面孔白皙、头发微红、皮肤干净、右脸颊有些伤口（他是一个军人），这一点和轩辕十四合于上升轴有关。上升星座为火元素星座，定位星太阳又落于火元素星座白羊座，白羊座其性质热而干，因此这位求测者的脾性也是如此。为人果敢、胆汁质特性、有傲气、精神强大。太阳作为上升定位星，升于白羊座，月亮三合两个自然吉星金木，象征着为人冷静、谦虚、受过良好的教育，能控制自己的脾性，但是月亮与水星呈冲相位，水星主思想理智，月亮主情绪，这种相位主有时候也会失去理智，变的愚蠢而荒唐，由于水星、月亮都运行快，所以只是一时如此，让他对生活产生较大的偏见。

2、论断是否长寿。我们需要检查上升定位星有没有受到损害，此盘上升定位星并没有被第 6 宫定位星土星和第 8 宫定位星木星损害。上升定位星太阳升于白羊座，十分强，绝无损害，位于第 9 宫并且速行（速行代表强力运行）。并且位于木星界，木星为吉星，强化太阳的吉利。月亮的三合相位中，离相位金星，入相位第 10 宫的木星，月亮被火星所冲，此时月木的这种格局，干涉了火星冲的恶意。进一步我们发现，此盘为白天占卜，太阳位于地平线上，金星和木星位于第 10 宫角宫，都强有力，明显比火星和土星强大。综合以上，可以判断求测者会活很多年，而且很健康，只是有小病而已。这一点迄今为止已经验证，现在是 1646 年 3 月，他还健康的活的好好的。

3、什么地方更适合他发展或生活？上升定位星位于后天第 9 宫宫轴附近，代表长途旅行或变动，并且位于白羊座启动星座，更主变动，代表他突然决定去东南方向旅行或变动，或者要去的地方位于伦敦的东南方向。方向是因为上升定位星位于四象限的第 2 象限，主南方。东方是因为太阳位于白羊座，白羊座主东方（他坦白确实如此）。太阳距离第 9 宫轴 2°10′，代表他会在两个月内离开出发。那些对应白羊座的国家或地区，更适合他的发展（英国属于白羊座，由于属于外国的国家和地区，这里笔者略去白羊座的其它国家和城市名称）。

如果他决定留在英国，这是好的，因为罗睺和太阳都位于白羊座，这些都代表有利于他。我建议他的人生发展可以考虑 Kent、Essex、Suffex 或者 Suffolk 这些地区，因为它们都位于伦敦的东或南部。

月亮如此强的三合映射金星和木星，金星、木星位于金牛座，金牛座代表爱尔兰,因此爱尔兰非常适合他,他在那里会获得荣誉,由于月亮入相位木星,三合位于天顶第10宫的金星与木星,第10宫利于事业和荣誉、地位。

事实是他去了爱尔兰,在那边发展的很好,并且战胜了叛军,获得胜利的荣耀。

4、生命中哪一段时间最幸运?这个问题属于行运预测,一般而言,预测运气的时候,如果金木吉星位于第9宫和第10宫,主5~15岁或年轻时候幸福吉顺。如果金木吉星位于第7和第8宫,主20~30岁吉顺,如果金木吉星位于4、5、6宫,主中年的30~45岁吉顺。金木吉星位于1、2、3宫时候,主老年或45~60岁吉顺。

考虑到此盘金木双吉星位于第10宫,罗睺和太阳位于第9宫,判断他年轻时候是他一生最愉快的时光。火星位于第8宫,主24、25、26岁等等,因此断他这些年林遇到了障碍和困难。进一步看,没有吉星位于3、4、5、6、7宫,判断他余生少有吉顺,多劳顿困难。但是不会突发灾害,因为月亮三合木星,而且是3°内的紧密相位映射,很强,木星主贵人、权贵、领导,会得到这种人的支持和帮助。因此主三年后他会遇到贵人帮助,运气吉顺。由于木星的强力,这种吉顺会持久力强。

5、求测者要求论断曾经发生过的事情。太阳为上升定位星,可以观察太阳刚离开的相位和位置,根据当年星历,太阳在此前位于双鱼座,在运行轨迹上,先同星座合相位火星,接着刑土星,再接着六合木星。火星为第4宫定位星,代表土地。火星位于第8宫,代表女人的资产,由此判断,他因为土地房产方面、妻子继承的遗产或因为一个女人而遇到麻烦。之所以判断以上这么多方面,是因为月亮入相位冲火星,月亮位于第2宫,主其物质资产,这表明争执或麻烦与金钱有关(反馈准确)。

接着太阳与土星产生刑相位,土星是求测者的妻子,因为土星是第7宫配偶宫定位星。代表他怕老婆,并且已经和老婆有一些分歧。福点位于宝瓶座,土星又为福点定位星,代表妻子根本不想让他占有她的财产或管理它,只留给她自己享用。土星逆行,同时它为外行星,本身就运行缓慢,而且土星位于火元素星座,第7宫星座又是固定星座,这种种都表示他老婆是个悍妇,是那种不喜欢被人约束,也不可能对老公低头的人。

最后,太阳六合于第10宫的木星,代表一些大律师或相关机构会调停他们夫妻的矛盾,因为太阳为求测者,土星为其妻子,第10宫为机构,木星为律师,当前,日土呈三合相位,这表明夫妻双方都愿意这样去协调,在这个事上也没有太大的障碍,除了水星刑土星,代表有些障碍,水星主律师、笔录等等,同时水星又是第2宫定位星,代表求测者不同意给予或支付所要求的一笔钱,或者求测者财源不足,没有足够的资金让他支撑此事。同时,水星又是11宫定位星,代表一些虚伪的朋友会妨碍他,或者给出相反建议,或这些发生在律师身上。由于11宫是第7宫的第5宫,代表妻子的一个子女可能是破坏此事的原因。

金星是第10宫定位星,其定位星木星是第8宫定位星,第8宫定位星为妻子的财富,木星又主财,代表妻子会把自己的财富托付给一个贵人。

6、将来会发生什么?何时发生?在这个问题上,首先考虑太阳,因为它是上升定位星,根据太阳的状态,判断他将来的行运能够任意遨游,能够心想事成,并且能自由成行,会去很多国家地区,在将来好几年中都是如此。原因很简单,太阳在命盘中力量很强,没有其它凶的映射,主其任意遨游。并且太阳位于白羊座,为启动星座,又位于第9宫宫轴,代表人生多动变旅行。

接着,我们观察月亮,月亮位于此盘第2宫,财帛宫,入相位第10

宫的木星,木星是第5宫和第8宫定位星,第5宫定位星主子女,第8宫定位星主妻子的财产,代表此人很可能因为孩子的教育问题渴望与某个贵人打交道(木星在第10宫主贵人),子女的教育抚养和生活费用,是妻子支付的(这些事情在他离开英国前都定下来了)。

月亮于室女座游隼,并且白天求测,如果是夜间求测,则室女座三方主第一主为月亮,月亮还算有点力量。水星作为第2宫定位星,代表物质财运,位于双鱼座,属于陷落之地,但是位于水星界,水星与火星同星座,又星座损害,并且火星与月亮相冲。

根据以上,可以知道,在求测之前,求测者已经非常缺钱而需要钱了。根据度数,水月距离6°21′,可以知道他在求测前,需要钱的时间已经有六个月了。

最后,看到月亮三合趋于木星,在月亮离开室女座之前,与火星相冲,代表他在享受几年快乐生活之后,会面临失去生命和财富土地的危险。因为月位于第2宫,火星为第4宫定位星,代表土地房产,现在位于第8宫,第8宫主死亡、遗产。

7、何时发生?月亮三合木星,吉星吉映射,月木距离3°,代表在三年内他会生活的比较愉快。太阳作为上升定位星,正在白羊座运行,没有遇到任何凶星映射,运行26°后离开白羊座,进入金牛座,按1°一个月,为26个月,或者说两年多以后,他将四处旅游,自由生活。月亮距离火星7°22′,在论断时间时,不适合用年或月定论,因为其所在星座为双体星座,因此两者权衡,照其意推断,大约三年又三季这样,之后月火冲会产生影响。他问的是一般性问题,一般会采取一年1°进行计算。由于在他问事的时候,太阳很强,所以他能够在多年来克服很多困难和灾害。在不幸中同时获得荣誉,但是由于月火相冲,所以尽管有权力,也能为贵族服务，但是可以预见，由于月火相冲，火星是第 4 宫定位星，也主死亡，代表他在英国的所有一切都会被终结，包括生命。

William Lilly 的行星卜卦书籍对于初学者来说，是非常好的资料。但是他的很多观念和用法，笔者持保留意见，尤其是行星力量和类象取法上。

例 4　岳母电话告知，说岳父的手机丢失了

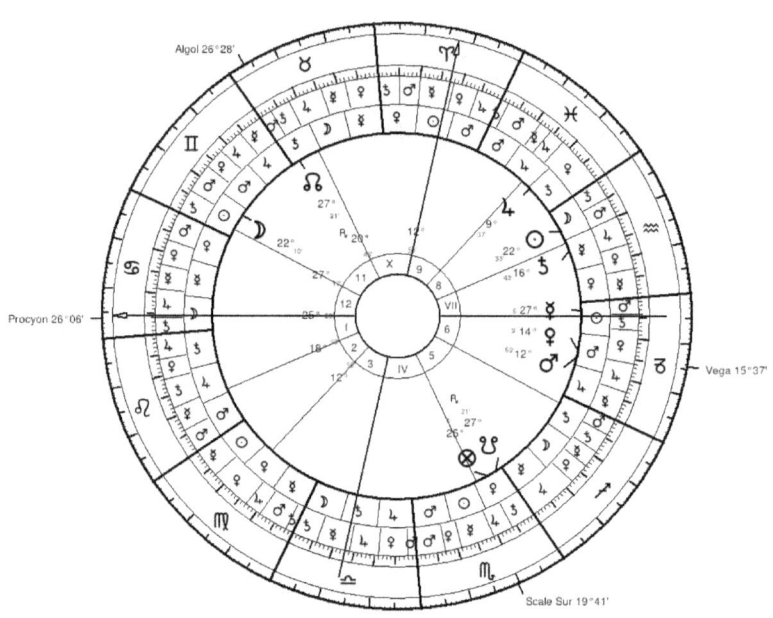

占卜时间：2022 年 2 月 11 日下午 3：32 分。在占卜时，首先要熟悉占卜的事项类象以及相关规定和逻辑。占卜中，古代不同占星师有不同的传承规定，这些逻辑不一定适用于每一个人，所以学术数需要自己实践明理，从中有自己的明判。下面我先列举一下古人对于失物占的规定。

Dorotueus 认为，上升和上升定位星代表失主，第 7 宫和第 7 宫定位星代表失物。他认为日月三合映射，则失物很快找回，并且不费力。日月相刑，则失物将在一段时间之后才能找回，且过程困难，窃贼会转移失物。日月对冲，东西依然能够寻回，但是困难重重。月亮会合某一行星,并且位于该行星主宰的星座,失物将寻回,太阳如果映射该行星或该星座,则更佳。月亮的12分部位于上升、天顶,或与太阳位于同星座,或与月亮的定位星、东出的行星同星座,则失物能寻回。月亮位于燃烧路径,求测者将失去对失物的掌控权,即使能寻回也费时费力。日月都位于地平线下,则永久失去。太阳会合或映射福点,则迅速找回失物。月亮会合或映射福点,但是太阳未映射福点,能寻回失物,但是过程缓慢。月亮位于上升,则能迅速找回失物。太阳单独位于上升也一样,如果太阳位于宝瓶座、双子座、天秤座,对找回失物是不利的。

Al－Kindi 认为,月亮代表失物,月亮入相位上升定位星或第2宫定位星,或者月亮定位星,代表找回失物。如它们之间没有相位关系,月亮也不在上升角宫或第2宫,则失物找不到。

Umar Al－Tabarī 认为,上升、上升定位星、月亮为逃亡者或丢失的事物,太阳、天顶定位星、月亮所在星座为求测者或失物者。上升定位星、月亮入相位天顶定位星或月亮定位星,则失物能找回。这种入相位如为刑、冲、合相,并且上升定位星和月亮位于上升角宫,则逃亡者或失物没有离开所在区域。入相位如为三合、六合,并且上升定位星和月亮位于果宫,代表失物找到的时候已经不在该区域。

Sahl 认为,上升、上升定位星、太阳为求测者,第7宫、第7宫定位星、月亮为丢失的人或事物。其实这就是上升和第7宫常规化的宾主用法,按这个逻辑,如果上升定位星入相位第7宫定位星,则失去的人或事物就能够容易的找回,上升定位星位于第7宫也一样。同理,第7宫定位星入相位上升定位星或位于第7宫,则失去的人或事物就能够找回。其他具体推断结合行星吉凶力量得出相关推论。根据月亮所在的位置论断失物所在的方位,譬如月亮位于上升宫,则位于东方。

　　在这个星盘中,笔者认为失物者为月亮(上升定位星)、火星(天顶定位星)、太阳(天顶升主星)。这一点非常符合事实,因为岳父、岳母两人出行丢失手机。上升、上升定位星、天顶定位星代表失主是非常合理的,这种多象表达一个人物时,让信息清晰化,天顶定位星火星合相金星,火星、金星为夫妻象,落于6宫,代表遇到麻烦。月亮和太阳精确三合,这是快速能找到失物的标志。月亮的 12 分部,相当于月亮的精确信息,能够有效表达月亮的具体状态,此盘中月亮的 12 分部位于宝瓶座 25°29′,与太阳位于同一星座,并且度数距离太阳很近,这也是快速找到失物的标志。Dorotueus 强调的月亮 12 分部的用法,在这个案例中非常准确。第 7 宫定位星土星为失物,与太阳合相,又被月亮映射,也代表能够迅速找到,太阳位于落陷星座,代表找到过程稍微麻烦,土星代表失物,舍于宝瓶座,代表失物安静在所遗失处,没有被人发现,宝瓶座和土星的特性,代表附近偏僻、有土石、曲路。宝瓶座为西南方向。

	Longitude	Latitude	Rectascension	Declination
Asc	25°28'14" ♋	0°00'00"	117°26'15"	21°02'40"
MC	12°55'58" ♈	0°00'00"	11°53'51"	5°06'26"

☉	22°32'36" ♒	0°00'00"	324°53'46"	-13°59'54"
☽	22°09'57" ♊	2°04'43"	81°20'08"	25°16'52"
☿	27°05'23" ♑	1°17'29"	298°52'28"	-19°28'19"
♀	14°09'11" ♑	6°03'52"	284°42'07"	-16°39'14"
♂	12°59'13" ♑	- 0°36'57"	284°10'30"	-23°25'01"
♃	9°37'23" ♓	- 0°58'15"	341°33'04"	- 8°51'36"
♄	16°43'15" ♒	- 0°51'31"	319°26'37"	-16°38'33"
☊℞	27°20'35" ♉	0°00'00"	55°03'48"	19°33'54"

　　表格中,最后一列为赤纬数值,土星代表失物,土星与金星产生赤纬同向映射,说明失物被女性发现。结果最后果然是岳母找到。

　　第 7 宫轴有水星,水星游隼,代表失物,说明手机没有被人发现,位于当事人求测地较远的方位,下降轴为西面。

根据以上判断,笔者告知迅速找可以找到,位于西南近山石树林的 S 路段的路边,根据笔者的预测结果,结果一会功夫,他们就在几公里外的青檀寺附近的弯道找到了失物。

清制七政四余星盘占卜分析:

正印	偏印	正官	七杀	正财		偏财	伤官	食神	劫财	比肩	壬寅
炁	水	月	土	金		木	孛	火	罗	计	金

爵星	喜神	禄神	催官	寿元	印星	官星	魁星	文星	科甲	科名	壬寅
木	孛	日	月	金	水	月	炁	日	土	水	（乙未）

产星	血忌	血支	仁元	人元	地元	天元	马元	禄元	地驿	天马	甲申
木	土	土	水	火	火	金	水	木	金	水	男

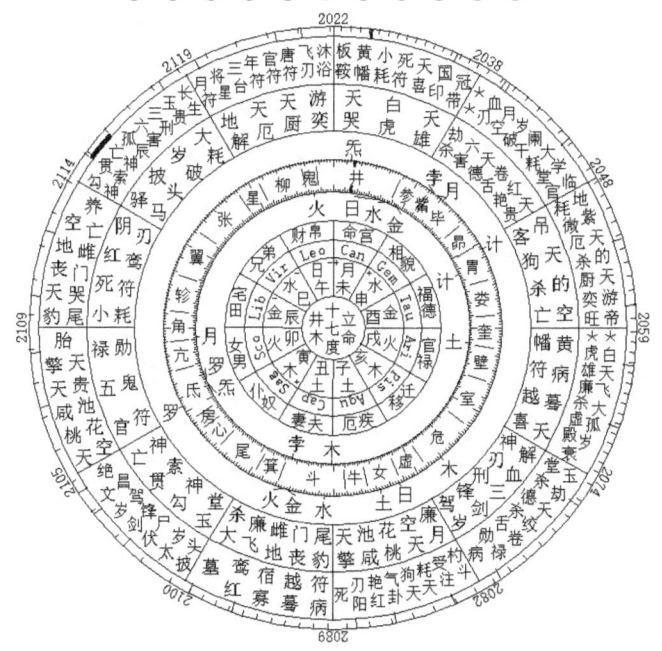

分析：七政四余占星术在古代易学系统中，只有命理系统。但是任何模式都可以用于占卜，同样任何成熟的占卜系统都可以用于命理。前提条件是象、数、理精熟通透，所以七政四余同样可以用于占卜、世运等等。

此盘以命宫为求测者，气星位于命宫井宿，为余奴犯主，紫气星与僧道有关，说明失物者可能去过宗教场所，气星在井木也代表有树林的地带。失去财物，财物需要论断财帛宫、财帛宫主星、化曜财星。月亮为身星，也代表求测者及其事。月与孛星位于相貌宫，恶弱宫说明求测者失物不在身边。月化正官，孛化伤官，伤官见官代表失物。月孛又落于驿马宫，水星驿马主星冲命宫，代表求测者遗失于路上。命宫未，身宫申，未申为坤，说明丢失于西南道路。日、月、气、孛相络，日月精确会照，说明失物能够找到。并且月孛木同经，木星化气偏财，财生官星，化去伤官，失物必然找到。木星为救星，则观察木星，木星为迁移主星，迅速找可以找到。一般，术数主要注意阴阳动静，在七政四余占星术中，同经的行星，为静盘中的动象，彼此相互关联，是论断的关键，而占卜中尤其要分动静之机。

我们也可以分析化曜，化曜正财为金星，偏财为木星，金星冲照命宫，木星三合命宫，均与命宫有情，这是失物容易找回的征兆。金星位于对宫，说明失物在外，被火星克制，容易失去，但是火星化曜食神生财，同时以五星论，则水星在内克制火星，金星得救，木星归垣于亥宫，金木与命宫有情，金水又为恩星照命，必然寻回。金星与火星同躔，可以论断失物的性质，火星有朱雀特性，水星为玄武特性，所以为有图案、文字之类的电子产品，位于斗宿内，说明事长形物品，金星位于蓦越宫，说明失物处于不安定的区域，譬如野外，病符则说明手机为旧物。

以琴堂五星论法,则以日柱为求测者,时柱为失物,日柱未为命宫,气星在内,代表失物者去过寺庙、树林地带。时柱宫,月孛在驿马宫,代表丢失物品于道路低洼之处。配合前论可以精断。

本案例,在实际分析的时候,还使用了六壬课进行了分析,这里不做相关的演示。

例5 建筑被阻

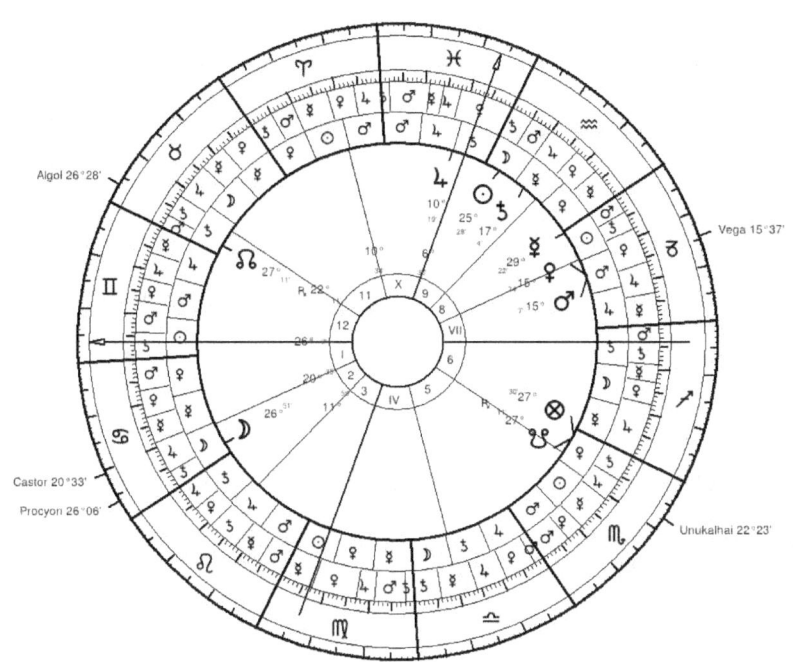

占卜时间:2022 年 2 月 14 日 13:06 分,某老板办公楼盖到一半,被镇长喝令停止。从年前停滞数月,想尽各种关系、方法,对方都油盐不进,工程无法进展。

基本分析:上升星座为双子座,定位星为水星,水星同时是第 4 宫定位星。一般,当上升定位星同时是其他宫位星座的定位星时,占卜时该宫的类象很容易发生,或会参与到事件中。在这个案例中,水星就代表求测者和办公楼。月亮代表求测者,水星位于摩羯座,和火星、金星一起冲月亮,这属于敌对者,遇到了明着敌对的敌人。金星火星合相于第7宫,为敌人之象,金星为天顶升主星,代表政府官员,火星升于摩羯,对方态度非常强硬。月亮离相位金星火星,说明求测者急于促进此事成功,之前矛盾重重,而水星离日,水星空亡,没有映射任何行星,建筑迟迟无法完成,目标无法实现,第4宫定位星是水星,也和结局相关,水星离相位月亮说明难以达成求测者的想法,代表求测者当前看不到希望,但是水星位于29°,即将进入下一个星座,所以水星进入下一个星座的相位代表事情的进一步发展。而下一个月太阳进入双鱼座,遇到木星位于天顶,说明通过花费钱财达成求测者的愿望,水星进入下一个星座,没有和其他星座的行星产生入相位,而是逐步靠近土星,距离土星17°,所以至少10多天之后才有新的进展,之后缓慢解决问题。2月24日得到消息,说又找了其他贵人,对方于2月23日晚上才对此事松口。

我们可以观察水星的定位星,代表此事,水星定位星为土星,落入宝瓶座,入舍星座,这代表已经盖起的部分,而同宫太阳落陷,代表官方不允。

月亮位于巨蟹座,为月亮舍星座,同时位于第2宫,说明求测者有财力,此时月亮冲金星、火星,属于Pushing power,即主传客星,而火星升于摩羯座,也在强力冲月亮,说明求测者想尽办法想用钱财收买此事,而对方则使劲抗拒,双方矛盾相互抵触。月亮位于土星界,求测者就是想解决建筑问题。火星位于金星界,紧密合相金星,金星为12宫定位星,说明对方就是软硬不吃,明暗妨碍。并且金星为罗睺的定位星,这种排斥的力量和周期很长。

此盘中福点也代表此事关键信息,福点位于第 6 宫轴,为是非障碍之象,并且合相计都,代表事情进行不下去半途中止。同时必要点位于白羊座 29°5′,与月亮、水星产生紧密的刑相位,同时六合太阳,必要点代表贫穷、争斗、恐惧、仇恨和大的冲突、敌人、愤怒、商业贸易、买卖、诡计等等,当水星点与月亮、水星产生紧密刑相位时,代表大的矛盾、斗争和愤怒。必要点的公式为:Asc＋福点－精神点(昼) Asc＋精神点－福点(夜),星盘中的福点、精神点都充分体现了必要点之凶性,且必要点的舍主星为火星,升主星为太阳,都体现了政府的阻碍。

我们以上升星座的三方主星分析求测者在这一事件中的行为过程,昼盘双子座的第一主星为土星,土星位于宝瓶座,与太阳合相,说明命主会通过自己的关系找寻各种贵人,因为宝瓶座特别主聚集,但是太阳落陷,做无用功。第二三方主为水星,水星歧度,说明还会找各种连带关系去说服。下降轴代表对方,其第一三方主为太阳,太阳落陷说明不答应,第二三方主为木星,木星位于天顶并舍于双鱼座,这是非常吉利的,说明最后对方会有所转变。

下面我们列表观察盘中的赤纬信息。

☉	25°28'26" ♒	0°00'00"	327°44'25"	-13°01'43"
☽	26°50'48" ♋	4°18'34"	119°47'51"	25°00'47"
☿	29°22'28" ♑	0°45'03"	301°21'48"	-19°32'44"
♀	15°33'43" ♑	5°47'56"	286°11'11"	-16°46'07"
♂	15°07'14" ♑	-0°39'05"	286°29'23"	-23°13'41"
♃	10°18'40" ♓	-0°58'16"	342°11'44"	-8°36'00"
♄	17°04'00" ♒	-0°51'44"	319°47'19"	-16°32'28"
☊ᵣ	27°11'23" ♉	0°00'00"	54°54'17"	19°31'48"

土星和金星形成了赤纬同向映射,也代表土地遇到障碍和阻力,因为金星位于第 7 宫,同时是 12 宫定位星。

月亮合相恒星 Procyon，中文名南河三，其行星特性为火星、水星，代表声音严厉、大嗓门、强词夺理、脾气倔强、喜欢文化、喜好收集资产、拥有很多资产、经常发假誓。这些会在本星盘中代表求测者的一些特性。同时我们必须观察火星和水星，火星和水星的特性也诠释了利益和事件的障碍特性。

说明：实战分析中，不一定每一种技术都要全面使用，但是一定要逻辑、有序的科学分析。

例 6　命理占卜

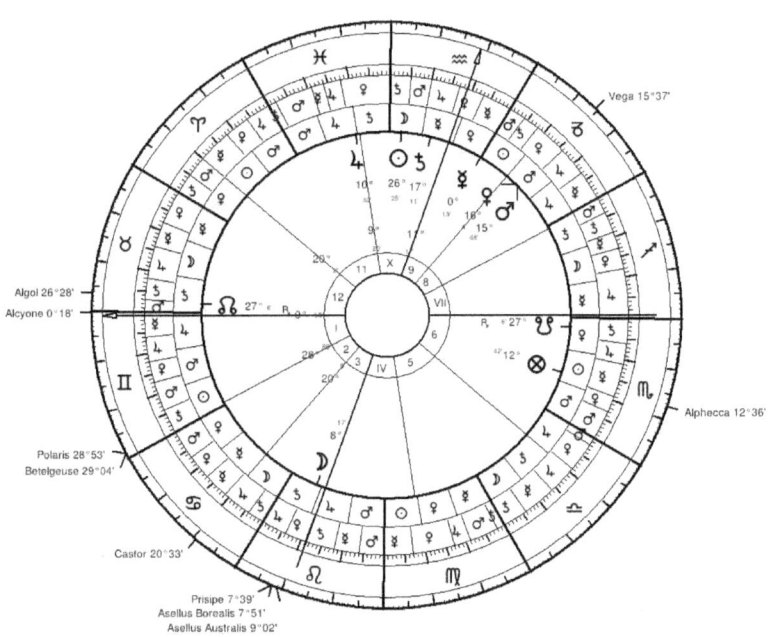

2022 年 2 月 15 日中午 11：24 分。一位女士想问命运、流年。笔者以占卜盘简单论断其来意和命运。

分析：上升星座为双子座，罗睺合相上升轴，并且罗睺合相恒星大陵五，占卜中，罗睺、计都位于上升、下降轴，往往对方发生不吉利的业力事件。并且上升轴位于歧度,说明对方运气已经发生或正在发生分离事件、灾害等等。歧度的位置影响到金星和水星,金星与火星合相,水星刚离开金星与火星的星座,说明刚刚结束男女关系或婚恋关系。水星位于迁移宫,说明命主最近发生了变动或动荡,水星歧度,也说明其行运不稳。上升轴合相昴宿六,也说明对方遇到了障碍。以上格局也说明命主以后会有脑梗的疾病。此星盘有意思的地方在于,上升轴、水星都歧度,说明当事人会在占卜上摇摆不定。上升轴合相昴星团,星云之类都有阻碍、厌黩的意思,说明求测者运气阻碍停滞。

上升轴的三方主星第一主为土星,土星位于天顶,代表事业,同星座的太阳落陷,代表事业上出现波折,因为月亮与土日相冲,并且月亮位于太阳星座,客传主星,月亮为第2宫定位星,说明事业起伏影响到了命主的财运,出现了大的破耗。强有力的土星说明命主过去事业不错,并且虽然出现波折,不会坏掉根基。福点出现在第6宫,也说明财帛破耗。土星点位于宝瓶座$26°23'$,土星为土星点定位星,土星点的位置也佐证了事业财运的破败,女性以火星、太阳为丈夫,也代表婚姻发生了挫折,同时也指向健康方面的脑梗瘫痪之象。

反馈:以上准确(脑梗分析笔者并未告知)。基于以上预测的准确性,对方不敢问以后的行运,因此笔者也未进行后续的分析。

例 7 命中是否有儿子？

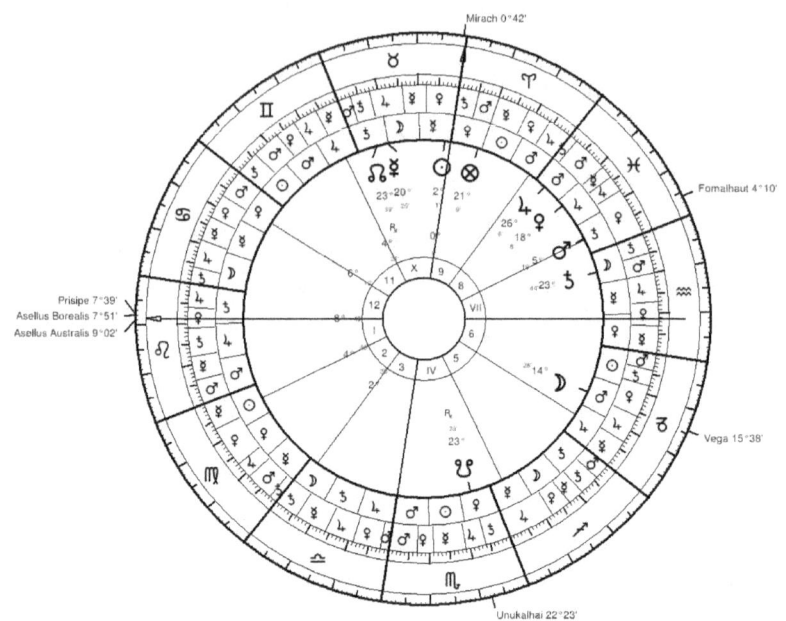

2022 年 4 月 22 日中午 12:01 分，某男子问是否会有儿子。出生于 1971 年 2 月 12 日早上，时辰不详。鉴于出生时间不确定，使用占卜方式。

上升轴合相鬼宿星团，对事情的进行、实现有巨大困难。月亮合相织女星于摩羯座，织女星具有金星、水星特质，月亮为阴性、摩羯座为阴性，所以命主只生女儿。上升定位星为太阳，代表求测者，也代表阳性，在这里可以代表对儿子的期待，但是却位于金牛座阴性星座，位于金星舍星座、金星第一三方主、金星界，又位于天顶，天顶为论断子女的关键位置之一，代表命主只有女儿。根据月亮入相位角度看，月亮入相位金星、木星并且产生行星拦截，金木在同星座，木星有力量，代表生了一个合法的女儿，水星离相位月亮、金星，并且水星合相罗睺，代表后来又有一个私生女。

夫妻宫定位星土星位于第 7 宫，冲上升星座，代表妻子无法实现为命主生儿子的愿望。木星为第 5 宫定位星,位于双鱼座为阴性星座,且与金星合相,金星升于双鱼座,双鱼座为双体星座,代表命主有两个女儿。金星与木星合相,木星有力量,代表长女,是妻子所生。金星与水星产生密切的六合相位,通过主授客星的形式影响水星,水星合相罗睺,代表次女为私生子,为小三所生。火星位于双鱼座,火金合相,火金为男女交媾,说明命主还想要子女,但是火星合相北落师门,北落师门其性质是金星、水星,只生女儿,不利子女,因此之后要子女,还是女儿。并且火星、金星与第 5 宫子女宫定位星会合,也是出轨并有私生女的象征。

我们也可以从三方主星入手,木星的三方主星论断子女,此盘为昼盘,木星第一三方主为金星,第二三方主为火星,均落入双鱼座,为阴性星座,因此命中只有女儿。

反馈:听完以上所断,对方默认。

六爻占卜分析:
公历:2022 年 4 月 22 日 12:01　星期五
农历:壬寅(虎)年三月大廿二　谷雨
干支:壬寅　甲辰　乙巳　壬午
旬空:辰巳　寅卯　寅卯　申酉
谷雨 4 月 20 日 10:25　立夏 5 月 5 日 20:27

六神	雷地豫[震宫一世卦]	火地晋[乾宫游魂卦]
玄武	兄弟辛卯木 ▬▬ ▬ ▬妻财庚戌土 X→	▬▬▬▬▬子孙己巳火
白虎	子孙辛巳火 ▬▬ ▬ ▬官鬼庚申金	▬ ▬ ▬ ▬妻财己未土
腾蛇	妻财辛未土 ▬▬▬▬▬子孙庚午火应	▬▬▬▬▬官鬼己酉金世
勾陈	妻财庚辰土 ▬▬ ▬ ▬兄弟乙卯木	▬ ▬ ▬ ▬兄弟乙卯木
朱雀	兄弟庚寅木 ▬▬ ▬ ▬子孙乙巳火	▬ ▬ ▬ ▬子孙乙巳火
青龙	父母庚子水 ▬▬ ▬ ▬妻财乙未土世	▬ ▬ ▬ ▬妻财乙未土应
	[本卦]	[变卦]

分析：此卦，妻财庚戌独发，独发之爻，该爻集中信息，妻财化子孙，妻财为异性，巳火为阴性，巳在离宫，离为女，且动爻阴爻，代表命主只生女儿。应爻午火位于妻位，为本宫之爻，妻财未土伏于其下，午火与世爻、伏爻妻财相合，代表命主有一个女儿是妻子所生，六合之卦代表已经成人。六爻妻财乘玄武化出子孙，代表小三近年为他生一女。此为动近静远之理。

卦象震阳，坤离具阴，阴卦多，多生女，而月日中寅卯空亡，震卦空亡难有儿子。变卦游魂卦，代表求测者得次女后，心神不定，更想要儿子。

例8　来意预测

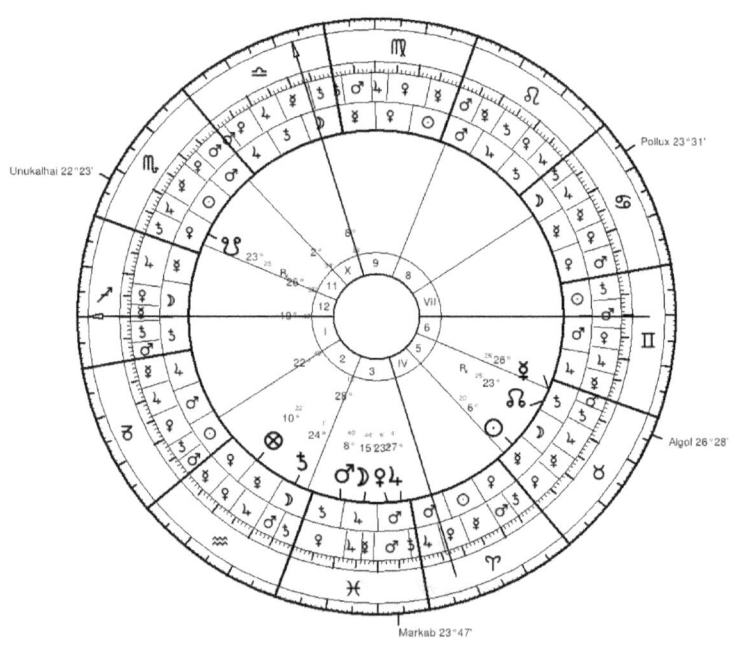

2022 年 4 月 26 日 22 点之前，某男微信咨询问事。笔者于 22:16 分起六爻卦，占星盘以及其他模式。

占星盘中，上升定位星是木星，上升星座的第一三方主也是木星，界主星是水星，求测者以木星作为代表，水星也代表事情的相关信息。我们发现水星为第7宫定位星，整个星盘水星被罗睺、计都隔断在外，这预示了配偶要离婚，因为罗计代表分离、阻碍。月亮为一般性类象星，代表求测者及其事体，月亮入相位金星，离相位火星，火金形成格局，火星为夫，金星为妻，为情感，说明夫妻情感出现纠纷，在闹离婚。金星同时为第10宫定位星，并且金星在双鱼座为升星座，双鱼座同时为木星舍星座，10宫为政府官方，木星为审判、司法或相关机构，金木合相是民政部门，因此可以得出结论，夫妻发生矛盾，妻子想离婚，已经闹到民政部门。

结果是无法离婚，因为木星为求测者，金星入相位木星，且金木都在双鱼座有力量，由于水星的特性，以及金星与水星的映射关系，金星通过主授客星的形式影响水星，说明妻子对丈夫还有感情，同时妻子有桃花。水星合相凶星大陵五，并且土星与水星有密切刑相位，说明当前妻子的离婚态度坚决，双方矛盾时间周期较为长久，但是木星以六合相位与水星密切映射，水星入相位木星，化解了这一危机。

六爻卦解析：

公历：2022年4月26日22:16　星期二

农历：壬寅（虎）年三月大廿六　谷雨

干支：壬寅　甲辰　己酉　乙亥

旬空：辰巳　寅卯　寅卯　申酉

谷雨4月20日10:25　立夏5月5日20:27

六神	水山蹇［兑宫四世卦］	
勾陈	父母丁未土 ■■	■■ 子孙戊子水
朱雀	兄弟丁酉金 ■■■■	■■ 父母戊戌土
青龙	子孙丁亥水 ■■	■■ 兄弟戊申金世
玄武	父母丁丑土 ■■■■	■■ 兄弟丙申金
白虎	妻财丁卯木 ■■	■■ 官鬼丙午火
螣蛇	官鬼丁巳火 ■■	■■ 父母丙辰土应

［本卦］

分析：静卦注意分析世、应、月卦身、旺爻，空亡之爻、未出现的六亲爻以及与月日发生刑冲克害关系之爻。内卦为人，外卦为事，外坎为难、灾害，内卦艮为止，为息事宁人，并且艮卦为宅。说明当事人遇到了困难或困境，想终止困境。

水山蹇是一个伏藏卦，所谓伏藏卦，指的是卦中没有出现本宫之爻。伏藏卦的吉凶状态都不长久，因为缺乏根源。飞爻戊申兄弟持世，且旺于日建，卦中双申，兄弟极旺，此时必然克妻财，卦中妻财未出现，未出现的爻一定要注意分析，妻财空亡，伏于二爻官鬼之下，申金旺克妻财，金木相克主口舌，申卯相绝主离婚。青龙持世，代表家庭婚姻问题，而妻财白虎乘之，代表妻子态度强硬，妻财丁卯空亡则有问题，伏于间爻官鬼之下，此官鬼为外人，因为是间爻，又不是本宫官鬼，且丙午为日之桃花煞。月卦身为酉，应爻妻位与酉合，日建酉又合之，不会离婚，卦又为静卦，也利于休止。

世下伏子孙，为妻财长生，子孙也会成为妻子的牵绊，而难以下决心离婚。虽然世爻申绝卯，日建酉破卯，但是应爻如上问分析，合太重不会离异，本宫官鬼夫星伏于应下，尤应。

六壬课分析:

公历:2022 年 4 月 26 日 22:16　星期二

农历:壬寅(虎)年三月大廿六　谷雨

干支:壬寅　甲辰　己酉　乙亥

旬空:辰巳　寅卯　寅卯　申酉

谷雨 4 月 20 日 10:25　立夏 5 月 5 日 20:27

月将:酉　甲辰旬寅卯空

```
    青  勾  合  朱
    卯  辰  巳  午
 空寅            未蛇
 虎丑            申贵
    子  亥  戌  酉
    常  玄  阴  后


    合  蛇  青  合
    巳  未  卯  巳
    未  酉  巳  己


 官鬼      卯  青
 兄弟  癸丑    虎
 妻财  辛亥    玄
```

　　分析:此课六阴相继,为阴私隐匿之课。四课不备,二阳一阴,不备课,什么不备什么就会出问题。六合不备,是婚变的征兆。四课三传,青龙、螣蛇、六合、玄武都属于阴私之事,所以来人必然问阴私家事。青龙乘官鬼卯为丈夫,空亡则有问题,卯空则无力生巳,且巳火不备,直接指向婚姻,说明男方心不安,婚姻关系发生破裂。

　　三传间连茹,凡事隔手,中传兄弟闭口,是第三方的标志,且传出妻财临玄武,说明妻子有外遇。但是此课初传官鬼与末传妻财、日干三合尚有情意牵绊,因此这一次不会离异。

奇门遁甲局分析：

公历:2022 年 4 月 26 日 22:16 星期二

农历:壬寅(虎)年三月大廿六 谷雨

干支:壬寅 甲辰 己酉 乙亥

旬空:辰巳 寅卯 寅卯 申酉

谷雨 4 月 20 日 10:25 立夏 5 月 5 日 20:27

拆补 谷雨上元阳遁 5 局 乙亥时旬首己

转盘 直符天心落 4 宫 直使开门落 7 宫

直符 天心　己 辛　景门　乙 白虎	螣蛇 天蓬　癸 丁　死门　壬 玄武	太阴 天任　辛 己　惊门　丁 九地
九天 天柱　庚 庚　杜门　丙 六合	壬　　　　戊	六合 天冲　丙 乙　开门　庚 九天
禽　九地 戊　天芮　丁 丙　伤门　辛 太阴	玄武 天英　壬 戊　生门　癸 螣蛇	白虎 天辅　乙 甲　休门　己 直符

分析：直符宫甲戌己位于巽宫,与巽宫辰相冲,此类主矛盾,且位于地户宫,更主阴私。九星直符为天心,下临巽宫,金克木为妻财动,景门火烧金悖直符九星,夫妻口舌之象,且为反吟局,夫妻离异。甲戌加乙亥,戌乘太阴,亥乘玄武,必然主家庭阴私矛盾。地八神为白虎,主口舌争斗。时干宫位于乾宫,与符宫相冲,代表矛盾反复,短期难停。

直使开门逢兑宫,为兄弟动,上见六合,直使为事,为家庭、妻妾、子女,开门克天冲也是妻动,代表因为婚姻问题已经到官方解决,同时代表妻子有外遇,天盘见丙,为第三者,尤应,但是兑宫空亡无气,因此难以离婚。

来意的难度是占卜的天花板。当通过占卜可以知道求测者的来意的来龙去脉时,意味着可以知道其中一切过程、结果。但是来意并非是只想知道对方问什么,来意本身也分多个层次,极致层次可以知道一个人多个问题,甚至询问的次序;也可以知道多个人不同的问题。总之,来意的预测不可以拘泥于只知道对方想什么或者问什么。来意也并非一种单纯的分类占,它是预测者对预测模式的完全掌控下,知根知底的操作模式。对于来意的预测,除了技术层面全面掌握,还必须精熟事理、易理,世间万事万物,有其象必有其事,但是通理才能明象,还必须明白易学真理,懂得事物的次序、数理的规律,这种层次需要长期实战的累积而水到渠成。

例9　占卜的共性特征

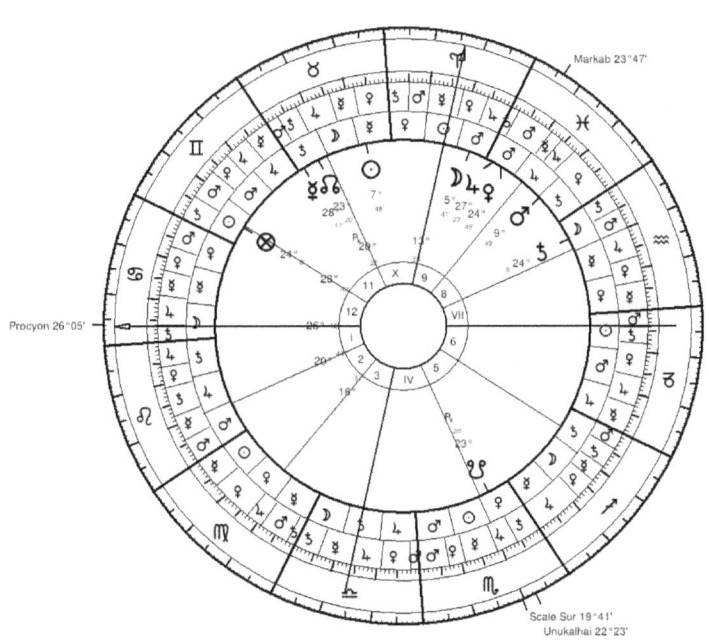

宇宙有共性规律,对于宇宙而言,万事万物如同数据库一样,每一个数据的特质、关系也都包含其中。时空会影响导每一个数据,因此每

天来占卜的人所问的事情都有共性。占卜的极致就是"同中求异"，能够发现共性，也能够发现个性。古人在各种术数中也经常总结这种规律，并且在实践中非常重视。

2022年4月28日上午9点多，有人代问朋友的企业混改，想将手下的几百套房子变现，受困几年至今未解决。笔者于9：50分起六爻卦，得地火明夷之水火既济。10点多又有一男子，问新房交房，问什么时候卖出比较好。笔者于10：37分占卜六爻卦得乾为天之泽火革。下午又有人问海南买房是否合适。全天三个求测都围绕房产问题。其实这种情况并非巧合，每一天都有自己的规律，4月28号为辛亥日，一般壬寅、戊申、乙巳、辛亥日这几个干支相生的日柱，很容易咨询住房或新旧交替之事。

下面我们以上文第二则案例进行简单解读。求测者要卖房子，关心何时卖出。在星盘中上升宫巨蟹座、月亮为求测者，第4宫定位星金星、升主星土星为房子，第10宫定位星火星为价格。金星以紧密度数合相木星于双鱼座，两者皆有力量，金星为房子，木星为钱财，这是房子变现的标志，因此一定卖出。月亮六合土星，度数松散，两者没有密切的力量关系，因此卖出缓慢，不可能在近期卖出。根据金星与木星的度数范围，命主会在第2月～第3月期间卖出。

六爻卦分析：

公历：2022年4月28日10：37　星期四
农历：壬寅（虎）年三月大廿八　谷雨
干支：壬寅　甲辰　辛亥　癸巳

公历：2022年4月28日10：37　星期四
农历：壬寅（虎）年三月大廿八　谷雨
干支：壬寅　甲辰　辛亥　癸巳

旬空:辰巳　寅卯　寅卯　午未

谷雨 4 月 20 日 10:25　立夏 5 月 5 日 20:27

六神	伏神	乾为天[乾宫六世卦]	泽火革[坎宫四世卦]
螣蛇		██████父母壬戌土世 O→	██　██父母丁未土
勾陈		██████兄弟壬申金	██████兄弟丁酉金
朱雀		██████官鬼壬午火	██████子孙丁亥水世
青龙		██████父母甲辰土应	██████子孙己亥水
玄武		██████妻财甲寅木　 O→	██　██父母己丑土
白虎		██████子孙甲子水	██████妻财己卯木应
		[本卦]	[变卦]

分析:二爻为宅,妻财化出父母,代表最终一定会卖出,求测者只想卖出此宅。玄武临之,价格并不高。其爻辞也吉利,九二:见龙在田,利见大人。说明能够卖出。世爻父母化出父母,世爻不宜乱动,化出丁未退神,说明出现过有人想买宅,临时又忽然退却的事情,让求测者心下不安,所以找我预测。只是此卦太岁发用克制父母爻,内外乾卦为囚气,代表年内难以卖出。

反馈:最近有人来咨询,签字后忽然后悔不购买,因此找笔者咨询此事。

阿拉伯地卜卦分析:

简要分析：命宫为大悲卦,此卦代表苦难、悲伤、疾病、痛苦,但是利于问土地、建筑类事情。其行星特性为土星,外元素风,内元素土,利于问房产之事,入命尤应。第4宫为房产,第4宫内为龙尾卦,此卦对结束类事体有利,正好利于问房产出售,并且龙尾卦同时出现在第2宫,说明2、4宫信息相通,2宫为钱财宫,这是房产变现的直接标志。最后的结局为大吉卦,为钱财之象,因此必然能够卖出。关于地卜卦的应期,最好专门起卦占卜应期,这里略过。

例10 命卜同功

海外某女,出生于1971年,于2022年5月4日20:33分问婚姻。以占卜、命理角度各自分析,结论相同,互不混淆,不同术数,结果一致,只是信息的彰显角度、侧重不同而已。当时以金口诀、六壬、六爻、七政四余占星术、子平八字各自解读一遍。并未使用古典占星盘,此处案例中将古典占星补入。

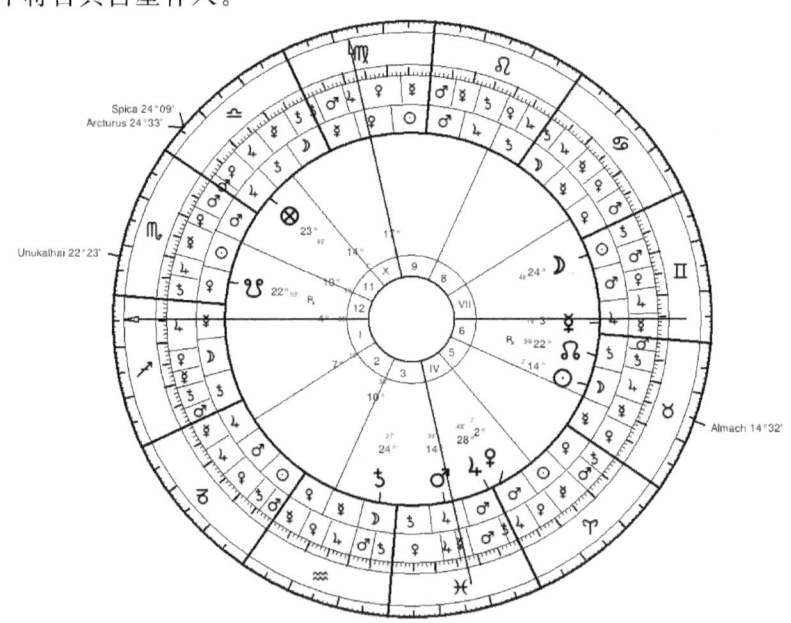

分析：婚姻占卜中，上升星座、上升定位星、月亮、月亮离相位的行星为求测者，第7宫、第7宫定位星、月亮入相位的行星为配偶或目标。

上升轴所在的星座定位星是木星，界主星、三方主也都是木星，木星更代表求测者的信息。金星为女性求测者的类象星，同时也是情感类象星。木星和金星在映射半径上存在关系，但是两者位于不同星座，属于微弱连结，这种关系代表婚姻情感不正常，因为双方不完全属于彼此，但是又有着情感连结的关系，同时金星落陷于白羊座，说明求测者有不合法的事实婚姻。木星与火星合相于双鱼座，木星位于舍星座，此时木星能够赋予火星相关力量，木星是子女的类象星，火星是第5宫子女宫定位星，命主会有非婚生子女。

其第7宫内，水星位于第7宫轴，第7宫为双子座，双体星座，代表不稳定或多次婚姻。水星在此处也代表配偶与自己不属于合法婚姻，并且水星的不定性，水星又是天顶定位星，代表命主当前遇到了年纪比自己很小的其他异性，鉴于双子座的特性，新人也不安定，婚姻的不安定性持续。

月亮与土星精确三合，并且土星位于舍星座，是这一格局中的主宰力量，代表命主之前的非法婚姻状态时间周期很长。而水星位于第7宫冲命宫，当前对这段持久的非法婚姻动摇了，不再想坚持，也由此出现了不靠谱的新人。

在实际占卜当中，阿拉伯点可以有效使用，会起到画龙点睛的作用，此案例中笔者讲解一种特殊点的用法。这种点叫做需要和愿望点，因为生活中所寻求的一切事物的阻碍都源自于两颗凶星，即火星与土星，而水星在代表人们寻求中的参与行星。如果火星和土星位置合适，不使所寻求的事物不幸，则代表愿望实现。所以这个点的公式，Abū Ma'shar认为是水星＋火星－土星。如果这个点的两颗凶星本身不凶，尤其昼火夜土,代表满足愿望。如果凶,则不能实现、满足愿望。这个点适合用于求测者没有意识到自己的需求时。如果求测者确切知道需要什么,譬如财运、婚姻、权利,我们需要在盘中找到相关类象进行论断,当然我们也可以参考此点得到相关指示。在此案例中,该点位于双子座 23°30′,水星为该点的定位星,我们需要分析火星、土星、水星、双子座,水星位于下降轴,水星与金星产生紧密相位,说明婚恋中出现不合法的情况,也会出现年纪比自己小太多的人,月亮合相该点,更证明了这一点。因为双子座属于双体星座,所以求测者的婚姻会出现极大的不安定性。土星与月亮有极其密切的相位关系,火星也与月亮产生刑相位,因此合法婚姻以及年轻男子并不适合求测者。

事实:命主有不合法婚姻,并且育有一子,已经成人,不想继续这种婚姻,认识一个年纪小很多的异性,但是需要舍弃当前环境,到对方城市,因此犹豫不决。

六壬课分析:

公历:2022 年 5 月 4 日 20:33　星期三

农历:壬寅(虎)年四月小初四　谷雨

干支:壬寅　甲辰　丁巳　庚戌

旬空:辰巳　寅卯　子丑　寅卯

谷雨 4 月 20 日 10:25　立夏 5 月 5 日 20:27

月将:酉　甲寅旬子丑空

	青	勾	合	朱	
	辰	巳	午	未	
空卯				申蛇	
虎寅				酉贵	
	丑	子	亥	戌	
	常	玄	阴	后	

```
空   青   勾   合
卯   辰   巳   午
辰   巳   午   丁


父母   乙卯   空
父母   甲寅   虎
子孙        丑   常
```

分析：丁日占卜,大多事会呈现怪异、怪诞、出乎意料的情形,因为丁日为螣蛇日,而丁丑、丁卯、丁巳日、丁未、丁酉日尤甚。日干上六合午火,日支上青龙辰土,均为自刑,自刑者自作,会由于自己的错误决定而产生不利的婚姻状态,四课卯辰巳午相连,与三传丑寅卯相连,代表持久的不正常婚姻,因为发用乙卯乘天空,发用是事体的类象,天空为虚假之神。为何此命有事实婚姻,因为六合临日干,青龙临日支,六合为婚姻喜象,青龙为丈夫、婚姻喜象,青龙入宅必有婚姻,只是其阴神卯辰相害,天将又见天空,使婚姻表现荒诞,青龙丙辰初建为甲辰,加于乙巳之上,其真五行为木,木生丁为父母,因此婚姻对象年纪偏大。

三传末传见子孙空亡,四课辰土也是子孙类象,其阴神乘天空,都主非婚生子女,或义子女、非亲生子女等等。此课发用天空,退连茹中末传空亡,进而逢辰斩关,说明求测者当前面临选择的困难,斩关代表有重大变化抉择,进退维谷,求测者对当前的选择不放心,因为发用天空代表幻想、不切实际,三传退则寅为日干长生,且日上逢禄,宅上青龙,说明命主当前财运、事业昌盛,如果选择变动,又担心自己丢掉安适。三传符合退茹空亡宜进步的说法,但是遇到格局一定要认真分析,此课实则退而安适,进也有发展,当求测者选择变化,则进而逢辰,会遇到新恋情、新的露水姻缘。

金口诀分析：

公历：2022 年 5 月 4 日 20：33　星期三

农历：壬寅（虎）年四月小初四　谷雨

干支：壬寅　甲辰　丁巳　庚戌

旬空：辰巳　寅卯　子丑　寅卯

谷雨 4 月 20 日 10：25　立夏 5 月 5 日 20：27

月将：酉　甲寅旬子丑金空

人元：　辛

贵神：己酉（太阴）

将神：庚戌（河魁）　◆

地分：　亥

五动：

三动：子孙动

分析：女性占卜婚姻，人元为丈夫、贵神为丈夫。课中人元、贵神为酉金，且为四大空亡，太阴为暗昧不明之神，并且酉戌穿害，穿害对于婚姻和合之事尤其损害，说明求测者有非法婚姻。这种情况，一句话归纳就是："是夫不是夫。"将神见庚戌，戌为虚诈之将，酉戌相穿害，婚姻中辍，酉戌的这种组合更主非法婚姻、非婚生子女。人元生地分，子孙动，尤应。

其格局逆连茹，代表这种婚姻的周期非常长，长期在逆境中挣扎。为何会遇到年纪小的情人，因为干生方位为子孙动，酉戌亥连茹，因此酉戌亥三者均与婚恋有关。金生水则情动，但是酉亥自刑，都是自作，戌为求测者与亥为罗网关系，亥又为日之驿马星，所以两人有城市距离，且天干庚辛加于戌亥，庚辛为道路之神。人元再遁，为己亥，水土竞争，因此当事人有变动的想法。此课罗网太强，最后不会变动。

六爻分析：

公历：2022 年 5 月 4 日 20:33　星期三

农历：壬寅（虎）年四月小初四　谷雨

干支：壬寅　甲辰　丁巳　庚戌

旬空：辰巳　寅卯　子丑　寅卯

谷雨 4 月 20 日 10:25　立夏 5 月 5 日 20:27

六神	天泽履[艮宫五世卦]		风泽中孚[艮宫游魂卦]
青龙	官鬼丙寅木　▆▆▆▆▆	兄弟壬戌土	▆▆▆▆▆官鬼辛卯木
玄武	妻财丙子水　▆▆▆▆▆	子孙壬申金世	▆▆▆▆▆父母辛巳火
白虎	兄弟丙戌土　▆▆▆▆▆	父母壬午火　O→	▆▆　▆▆兄弟辛未土世
螣蛇	子孙丙申金　▆▆　▆▆	兄弟丁丑土	▆▆　▆▆兄弟丁丑土
勾陈	父母丙午火　▆▆▆▆▆	官鬼丁卯木应	▆▆▆▆▆官鬼丁卯木
朱雀	兄弟丙辰土　▆▆▆▆▆	父母丁巳火	▆▆▆▆▆父母丁巳火应

分析：天泽履卦，卦辞曰："履虎尾，不咥人，亨。"意思就是踩到老虎尾巴，虚惊一场。这种卦意代表心中有疑惧。四爻独发，履卦四爻爻辞曰："履虎尾，愬愬终吉。"意思同上文分析，代表其婚姻状态。变卦为风泽中孚，其四爻爻辞曰："六四：月几望，马匹亡，无咎。象曰：马匹亡，绝类上也。"意思是事情不成。综合而言，代表求测者当前在婚姻上有疑虑之事，举步不前，最后所期待的结果不能实现。

就卦爻而言，官鬼位于二爻，又位于应爻，代表丈夫。阳爻居于二爻阴位，为失位之象。九二：履道坦坦，幽人贞吉。象曰：幽人贞吉，中不自乱也。卦中二爻与五爻具为阳，两不相应，则阴阳失衡无助，幽人正应其婚姻名不正，言不顺。

履为艮宫卦，艮卦，其象意为止，也代表新的开始，预示了求测者想终止一个阶段，开始一个新的目标，当然这只是大意，需要技术分析的支撑。本卦与变卦，三金一木，木被克倒，木为官鬼，为丈夫，金为子孙，子孙克官鬼不利于婚姻。根据八节建旺，兑为死气，乾为囚气，巽为相气，囚死克木，代表事情已经发生在过去，说明求测者过去婚姻不顺，但是此处并不能论断克夫、丧夫，因为巽为相气。再看爻的结构，子孙爻持世，应爻是官鬼，子孙克官鬼，不利于婚姻，应爻为女方之位，官鬼临之，代表有事实婚姻，而世为男方，子孙临之，代表男方不愿意娶。且父母发动，父母爻为合法婚姻的标志，代表结婚证，父母发动，外卦反吟，代表长期的婚姻关系没有合法的保障。论断婚姻，必须分析妻财、官鬼，此卦妻财爻未出现，而财爻伏于子孙之下，且六神乘玄武，代表非婚生子女。四爻独发，又为间爻，其下伏神戌土兄弟动而劫财，这是另外一个新人出现，结果也不好。

星命合批：

阴历：辛亥年 五月 初二日 未时（昼）

生于：小满初

病	长生	衰	冠带
劫财	伤官	日主	伤官
钗钏金	长流水	钗钏金	杨柳木

坤造：辛亥年　　癸巳月　　庚戌日　　癸未时　　［寅卯空］

壬食神	庚比肩	辛劫财	乙正财
甲偏财	丙七杀	丁正官	己正印
戊偏印	戊偏印	丁正官	

沐浴	冠带	临官	帝旺	衰	病	死	墓
偏财	正财	七杀	正官	偏印	正印	比肩	劫财
沙中金	沙中金	山下火	山下火	平地木	平地木	璧上土	璧上土

大运：甲午	乙未	丙申	丁酉	戊戌	己亥	庚子	辛丑

	5岁	15岁	25岁	35岁	45岁	55岁	65岁	75岁
始于:	1975	1985	1995	2005	2015	2025	2035	2045
流年:	乙卯	乙丑	乙亥	乙酉	乙未	乙巳	乙卯	乙丑
	丙辰	丙寅	丙子	丙戌	丙申	丙午	丙辰	丙寅
	丁巳	丁卯	丁丑	丁亥	丁酉	丁未	丁巳	丁卯
	戊午	戊辰	戊寅	戊子	戊戌	戊申	戊午	戊辰
	己未	己巳	己卯	己丑	己亥	己酉	己未	己巳
	庚申	庚午	庚辰	庚寅	庚子	庚戌	庚申	庚午
	辛酉	辛未	辛巳	辛卯	辛丑	辛亥	辛酉	辛未
	壬戌	壬申	壬午	壬辰	壬寅	壬子	壬戌	壬申
	癸亥	癸酉	癸未	癸巳	癸卯	癸丑	癸亥	癸酉
	甲子	甲戌	甲申	甲午	甲辰	甲寅	甲子	甲戌
止于:	1984	1994	2004	2014	2024	2034	2044	2054

胎元：甲申　泉中水

交运：1975年6月6日7时

正印（土）	偏印（月）	正官（木）	七杀（金）	正财（火）		偏财（孛）	伤官（计）	食神（罗）	劫财（炁）	比肩（水）	辛亥（金）
爵星（火）	喜神（木）	禄神（炁）	催官（土）	寿元（金）	印星（计）	官星（木）	魁星（孛）	文星（土）	科甲（土）	科名（金）	癸巳 庚戌
产星（火）	血忌（木）	血支（火）	仁元（金）	人元（木）	地元（金）	天元（孛）	马元（水）	禄元（金）	地驿（火）	天马（木）	癸未 女
伤官（计）		地纬（土）	天经（木）	局主（土）	职元（罗）	值难（月）			生官（火）		

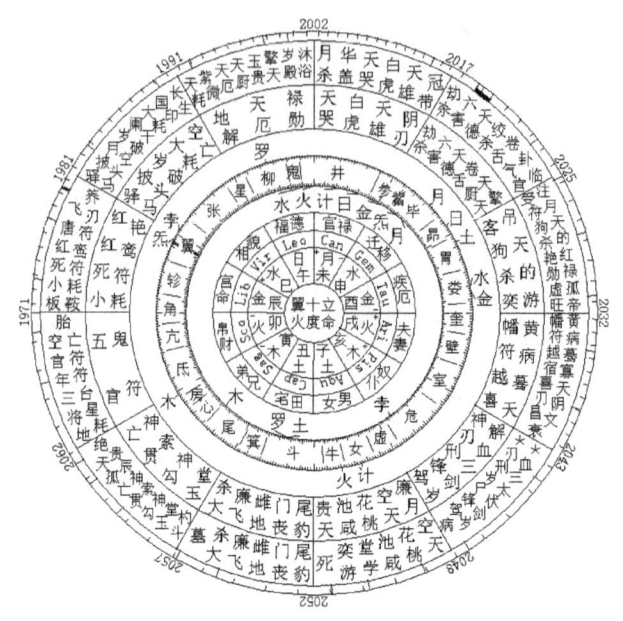

清制七政四余盘

分析：由于对方问婚姻，而并非系统问命运，因此分析时，只侧重婚姻问题。八字生于庚戌日，为魁罡、日德。虽然不见魁罡重逢，但是月下无其它可取，此命以魁罡格论，官星藏于库中，富贵可期，伤官显露，为人有才干，但是魁罡、金神格、建禄、井栏斜叉之类不利于女性婚姻。此命官星藏，伤官露，代表没有合法的婚姻，女命以食伤为子女，没有官星之力，则子女为非婚生。日下坐官星，月下七杀，代表有事实婚姻。2015年命主开始走戊戌大运，戊癸合火，未戌相刑，库中官星被刑，代表命主不想继续这种生活，库刑则开，会有新人出现。

女性论命与男命不同，尤其重视性宫与闺门，所谓性宫即财帛宫，闺门即迁移宫。此命性宫空亡不利，且被土星，金水会照，女命尤忌金水，不利婚姻，且性宫主星火星合计位于男女宫，代表非婚生子女，闺门位于申宫，闺门主星水星落入酉宫，且金水相会，落入红艳之地，主婚姻不正。星盘中，命宫坐红鸾对天喜，金水会合于娄金狗，为露水姻缘之象。夫妻宫坐寡宿,也不利于婚姻。夫妻宫主星火星为难星,与金水同经,代表有非法婚姻。火星落入子女宫,且计星入宝瓶,土入疾厄宫,为余奴伤主,又咸池落入子女宫,代表有非婚生子女。

此命福德主、官禄主入迁移宫,月居日前,又位于天德、卦气之位,代表命主会在海外生活,且事业旺盛。2025 年命主换大限,入金牛座,大限主星金星入垣,其内见禄勋、帝旺,金星又为禄主,未来运气通泰,因此做出任何决定都无碍行运。2022 年命主限行毕月乌,本命盘月临于毕,且限顶月度,月为身星入迁移,流年驿马入限,所以命主有更换城市的计划。

例 11　税务麻烦

2022 年 5 月 19 日,下午 17:09 分,有人说遇到麻烦事。笔者根据梅花易数起卦如下:

公历:2022 年 5 月 19 日 17:09　星期四
农历:壬寅(虎)年四月小十九　立夏
干支:壬寅　乙巳　壬申　己酉
旬空:辰巳　寅卯　戌亥　寅卯
立夏 5 月 5 日 20:27　小满 5 月 21 日 9:23

六神	泽水困[兑宫一世卦]		天水讼[离宫游魂卦]
白虎	妻财丙寅木▓▓	▓▓父母丁未土　X→	▓▓▓▓▓父母壬戌土
螣蛇	子孙丙子水▓▓▓▓	▓▓兄弟丁酉金	▓▓▓▓▓兄弟壬申金
勾陈	父母丙戌土▓▓▓▓	▓▓子孙丁亥水应	▓▓▓▓▓官鬼壬午火世
朱雀	父母丁丑土▓▓ ▓▓	官鬼戊午火	▓▓▓▓▓官鬼戊午火
青龙	妻财丁卯木▓▓▓▓	▓▓父母戊辰土	▓▓▓▓▓父母戊辰土
玄武	官鬼丁巳火▓▓	▓▓妻财戊寅木世	▓▓ ▓▓妻财戊寅木应
	[本卦]		[变卦]

分析:此卦根据对方问语的字数,以先天起卦法起卦。本卦困卦代

表遇到困境,变卦讼,易经曰:"天与水违行,讼。"乾为公家,代表违反公家的规定而产生了是非。乾由兑化出,兑代表缺漏,乾为公家、圆满,代表缺税漏税。其先天策数为11354,35为进数,54为退数,会数代表公家,3为震木,5为艮土,木克土因此遭遇官方纠纷,运数4为兑卦,兑金克木解灾,并且54为退数,因此有救,会从此事中脱困解决问题。而兑变乾,代表补足缺漏,才能解决问题。为何因为财物,也就是税务问题,因为互卦中巽生离火,克制兑金,导致兑金生体受到损害,逢生不生必见凶咎,离火在四月旺,又得巽木生,火为坎卦之财,因此应于财物类事。

六壬课分析:

公历:2022年5月19日17:09　星期四

农历:壬寅(虎)年四月小十九　立夏

干支:壬寅　乙巳　壬申　己酉

旬空:辰巳　寅卯　戌亥　寅卯

立夏5月5日20:27　小满5月21日9:23

月将:酉　甲子旬戌亥空

朱	合	勾	青
巳	午	未	申

蛇辰			酉空
贵卯			戌虎

寅	丑	子	亥
后	阴	玄	常

青	青	常	常
申	申	亥	亥
申	申	亥	壬

兄弟		亥	常
父母	壬申	青	
子孙	丙寅	后	

分析： 日干为求测者，其上日禄乘太常，日支上申金乘青龙，龙常皆为工作、公家类象，且亥水发用，亥水空亡，四课上神申亥相害，遇到害，凡事必中辍，亥空亡尤应，禄为财禄，因此代表求测者会在事业上，因为钱财缺漏而产生是非。寅年巳月，与日支上神申金三刑，此为凑三刑，代表求测者在事业工作中的财务方面不合国家有关部分的法律法规。课式伏吟，因此当前不好找此时的突破口，但是中末传天将龙后，可以妥善处理收尾，寅申相冲，代表主动去解决，亥水生旺，则伏吟局安定，主客皆欢。

读者可以根据求测时间起出相关古典占星星盘研究，此处不做解析。

例 12　出轨

2022 年 5 月 23 日，下午 13:36 分，有人求测朋友之事，朋友已婚遇到感情纠葛。下午 13 点 55 左右看到留言，以电脑软件起六爻卦论断如下：

公历：2022 年 5 月 23 日 13:58　星期一
农历：壬寅(虎)年四月小廿三　小满
干支：壬寅　乙巳　丙子　乙未
旬空：辰巳　寅卯　申酉　辰巳
小满 5 月 21 日 9:23　芒种 6 月 6 日 0:26

六神	泽水困[兑宫一世卦]		天泽履[艮宫五世卦]
青龙	妻财丙寅木 ▆▆ ▆▆	父母丁未土　X→	▆▆▆▆▆ 父母壬戌土
玄武	子孙丙子水 ▆▆▆▆▆	兄弟丁酉金	▆▆▆▆▆ 兄弟壬申金世
白虎	父母丙戌土 ▆▆▆▆▆	子孙丁亥水应	▆▆▆▆▆ 官鬼壬午火
螣蛇	父母丁丑土 ▆▆ ▆▆	官鬼戊午火	▆▆ ▆▆ 父母丁丑土
勾陈	妻财丁卯木 ▆▆▆▆▆	父母戊辰土	▆▆▆▆▆ 妻财丁卯木应
朱雀	官鬼丁巳火 ▆▆ ▆▆	妻财戊寅木世 X→	▆▆▆▆▆ 官鬼丁巳火
	[本卦]		[变卦]

分析：在一般的六爻书中很少会论及卦象、爻象，这类知识是很多易学爱好者的薄弱之处或者忽略之处。试想，没有卦，何来干支纳甲，卦体和干支纳甲本身就是一体化的。而古代的六爻论断技术，明清书籍并不能代表全貌。我们读古代史书会发现古人论卦，有一些顶级高手论断事情如同亲眼所见。这些都不可能只通过干支六亲得出所有细节，因为卦本身演绎阴阳规律，当真正了解了卦的结构，就会明白所有干支纳甲的作用与功能，所以卦学系统的一切都要精熟，才能有条不紊的看透一个卦。所以我们需要全面掌握卦的知识点，才能够铁断、精断。

以卦气阴阳升降而言，此卦于小满后，六爻升阳，初爻降阴，而正好此两爻发动，且升阳之月，阴爻持世，代表做事退悔颠倒，进退不一。初爻降阴，而初爻老阴，更代表隐晦行为。六爻升阳，但是得老阴，代表进退失据，未之驿马在巳，因此巳月发生此类事而进退失据。

根据16变卦原理，此卦从兑卦变出，为第一变，凡事初起，且为震宫外戒卦，震主变化、惊悚，事情从外部而来。因此，此卦的初爻非常重要，而卦中初爻变动，则更确。此卦关键就在初爻，世爻不宜乱动，妻财持世，下伏官鬼化出官鬼，鬼伏财下，为有夫之妇，化出官鬼，则代表女子与此男子发生关系，妻财持世而动，女方是比较主动的。世爻寅与月巳、年申三刑，说明男方会发生退悔之心，并且在当前以及年内会处于一种焦虑、烦恼的状态下。官鬼巳火与应爻亥水相冲，此男担心妻子发现撞破。并且妻财持世克父母，还担心影响工作，但是整个卦六合，代表担心但是不会产生实质灾害，六合也不利于摆脱当前的麻烦。

三爻午火官鬼为月卦身，代表事情，且暗动，与六爻未化出的戌三合，午为此男，寅为此女，六爻未为寅木之库，且为父母爻，持青龙代表工作，说明两人在工作关系中再三接触，并且这种情况之后也无法避免,因为未化进神。

以卦体阴阳结构而言,爻辞初六曰:"臀困于株木,入于幽谷,三岁不觌。"象曰:"入于幽谷,幽不明也。"初六爻为阴爻,居于阳位不合,且居于坎陷之下爻,又为世爻,代表求测者的行为让自己被困,坎为阴匿、隐伏。初爻与四爻相应(两者皆为单卦下爻),四爻阳居阴位,二者不能相应,此卦重视分析四爻的缘故就在于此。干宝认为,兑为孔穴,坎为隐伏,隐伏在下而漏孔穴,臀之象也! 所以爻辞臀说明了此卦相关爻、象的隐私性,而此处孔穴也为女阴,因此初爻财化鬼,就是男女关系。上六爻爻辞曰:"困于葛藟,于臲卼,曰动悔。有悔,征吉。"象曰:"困于葛藟,未当也。动悔,有悔吉,行也。"意思很简单,就是说求测者陷于此事,暂不得脱,但是求测者已经后悔,想要从中撤离,这种后悔是好的,有这种想法逐步实行,会脱离困境。虞翻曰:巽为草莽,称葛藟。其实意会之,就是野合关系,或者不正之事,因此后悔而脱离关系是正确的。

古典占星分析:

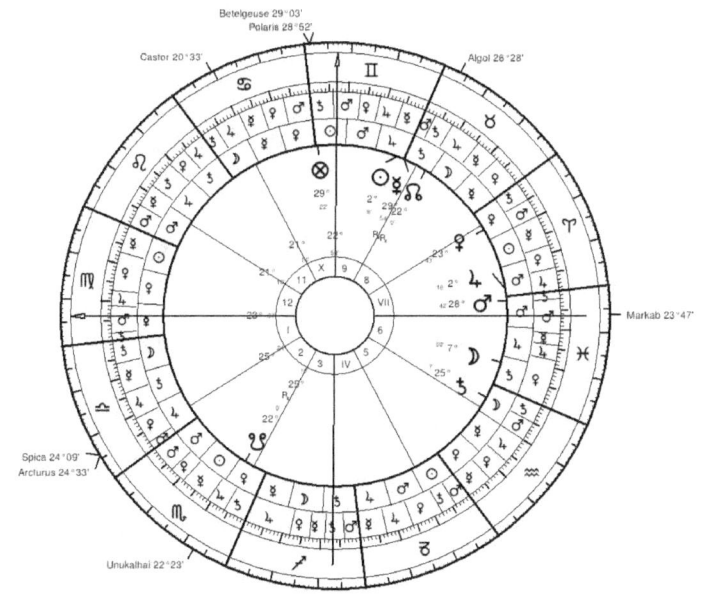

上升星座为室女座,上升轴第一三方主为金星,界主星为火星,因此水星、金星、火星代表求测者及其事体的一些类象。水星代表求测者,水星与太阳虽然隔宫,却处于日光焦灼下,水星逆行想逃离这种状态,焦灼的水星代表发生了隐匿事件,水星逆行则代表求测者对此事产生退却。水星位于金星星座,罗睺在内,说明事隐匿的情感问题,由于金星与水星彼此反厌,更代表一夜情之类,并且更体现了退悔之象。水星同时是天顶定位星,因此求测者十分担心会影响到工作,因此而退却胆怯。月亮与火星位于双鱼座,火星位于第7宫,月亮位于第6宫,这也是代表求测者担心、犯错,害怕影响婚姻的标志。

例13 美国大选

本人对国外新闻并不关注,后来有人咨询美国大选,大概知道美国总统特朗普与拜登竞选。在这种背景下,使用了古典占星、六爻、六壬金口诀、奇门遁甲、意大利西比拉牌占等术数随机进行了解读并在公众号公布预测结果,下面分享其中一些论断的案例。

2020年11月3日上午9:58分,星盘图如下:

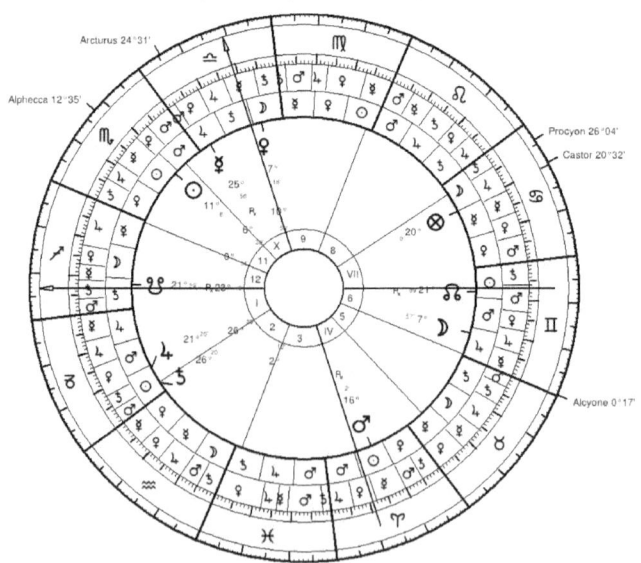

分析：上升宫为求测者，也可以代表主方，第 7 宫为对方，为客。因此上升宫代表特朗普，第 7 宫代表他的竞争者拜登。计都代表结束，也代表火星、土星的能量，罗睺代表开始，也代表金星、木星的能量。计都位于上升轴，罗睺位于下降轴，强烈表达了特朗普结束政治生涯，拜登上位。上升定位星木星，与土星合相于摩羯座，土星为天顶升主星，代表了特朗普的政治职位，木星陷落于摩羯座，也说明其运势走向消亡。水星代表拜登，与天顶定位星都位于天秤座，天秤座是一个衡量平衡的星座，代表总统的更替，其格局预示拜登会当上总统，但是这个盘有一个很有意思的信号，金星位于天秤座，位于舍星座，代表女性得力，因此代表女贵更得其中好处。月亮作为一般性类象行星，在第 6 宫，代表竞争的麻烦和是非。

我们注意到，水星合相于恒星大角星，大角星属于富贵恒星，其行星特性为木星、火星，因此非常吉利，在中国实体星占学当中，大角星于亢宿，为天王座，代表王者，中西对于大角星的认知惊人的相似，根据笔者研究，中西的占星术在恒星、行星与恒星的运行关系的论断上可以互参融汇。

六爻卦解断：

公历：2020 年 11 月 3 日 19：29　星期二

农历：庚子（鼠）年九月小十八　霜降

干支：庚子　丙戌　庚戌　丙戌

旬空：辰巳　午未　寅卯　午未

霜降 10 月 23 日 7：0　立冬 11 月 7 日 7：15

六神	雷泽归妹[兑宫归魂卦]	泽雷随[震宫归魂卦]
騰蛇	父母丁未土 ▅▅ ▅▅ 父母庚戌土应	▅▅ ▅▅ 父母丁未土应
勾陈	兄弟丁酉金 ▅▅ ▅▅ 兄弟庚申金 X→	▅▅▅▅▅ 兄弟丁酉金
朱雀	子孙丁亥水 ▅▅▅▅▅ 官鬼庚午火	▅▅▅▅▅ 子孙丁亥水
青龙	兄弟丙申金 ▅▅ ▅▅ 父母丁丑土世	▅▅▅▅▅ 父母庚辰土世
玄武	官鬼丙午火 ▅▅▅▅▅ 妻财丁卯木 O→	▅▅ ▅▅ 妻财庚寅木
白虎	父母丙辰土 ▅▅▅▅▅ 官鬼丁巳火	▅▅▅▅▅ 子孙庚子水
	[本卦]	[变卦]

分析：上卦震变兑，下卦兑变震，此为卦体反吟，反吟代表双方激烈竞争，如同拉锯战，反吟利客不利主，利于拜登。卦中五爻为帝位，兄弟庚申临之化酉金进神，兄弟代表竞争，乘勾陈主权柄、争夺。内卦二爻妻财化退，这样的组合非常玄妙，内卦为主，代表特朗普。外卦为事、客，代表拜登。九月占卜金相得力，且月日时皆助申伐卯，特朗普必败。

此卦月卦身为父母戌，又临月建，代表正在发生的大事，且戌又生申，明显拜登必赢。从世应的主客而言，六爻戌为拜登，也是极旺获胜之象。

金口诀解析：

公历：2020 年 11 月 3 日 9:52　星期二

农历：庚子(鼠)年九月小十八　霜降

干支：庚子　丙戌　庚戌　辛巳

旬空：辰巳　午未　寅卯　申酉

霜降 10 月 23 日 7:0　立冬 11 月 7 日 7:15

月将：卯　甲辰旬寅卯空

人元：　甲

贵神：甲申(白虎)　　◆

将神：壬午(胜光)

地分：　申

五动：鬼动　财动　官动

分析：任何涉及主客双方的事情，都可以合占或分开占卜，一切看个人喜好习惯。之前解析都属于合占，这里金口诀使用了分开占卜。此课起课目的是看拜登竞选的情况。此课鬼动，官动，虽然财动不利官，但是人元六甲，官鬼具动，并且用神月令为相，为上位之象。两金刑克皆无顺，火临金位有迍遭，因此竞争激烈，行事艰难。

公历：2020 年 11 月 3 日 9：52　星期二
农历：庚子（鼠）年九月小十八　霜降
干支：庚子　丙戌　庚戌　辛巳
旬空：辰巳　午未　寅卯　申酉
霜降 10 月 23 日 7：0　立冬 11 月 7 日 7：15
月将：卯　甲辰旬寅卯空

人元：　乙
贵神：癸未（太常）
将神：癸未（小吉）　◆
地分：　酉

五动：鬼动

分析：此课论断特朗普，虽然课中鬼动，但是格局不佳，为枭鸣卦，而且人元空亡，鬼动逢空，失官之象，且神将被月建戌土刑破，损官象。下一太岁为丑，神将又遭岁破，必然失官，并且太常为官禄，坐于沐浴之地，沐浴主败。

例 14　快递

由于疫情封控，快递停滞，在解封后，一台 Switch 在途中，已经到达临沂市，2022 年 11 月 5 日 22：14 分，占卜快递何时能到。

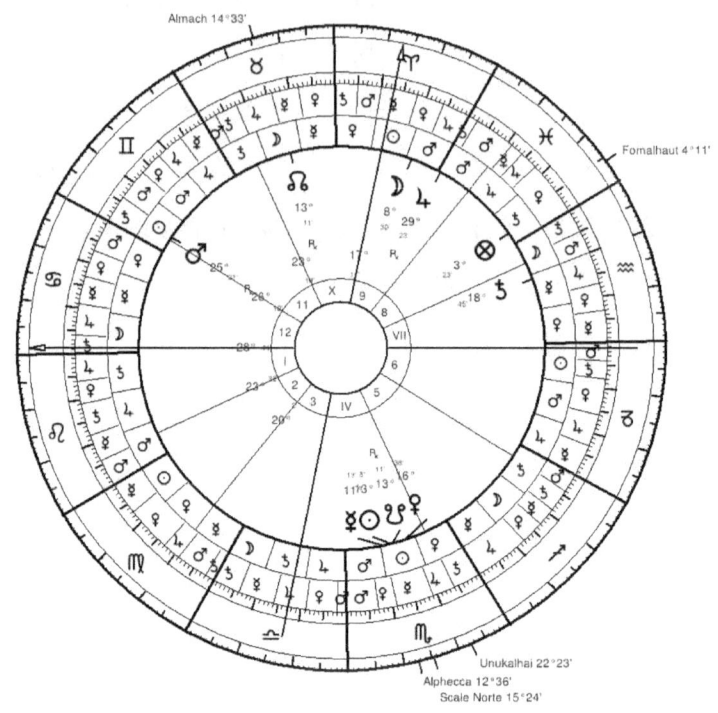

分析：占卜盘属于特定的时空盘，能够体现当前时空所问的事情，而它真正作用于本命盘才能体现出最精确的象意，但是这样操作起来非常不方便。它与本命盘的关系非常有趣。譬如笔者本命盘的上升星座为射手座，正好位于这个占卜盘的第5宫，第5宫与娱乐、游戏相关，而笔者的快递正好就是游戏机。笔者本命盘的上升定位星就是木星，在占卜盘中为上升宫的升主星，又是第5宫主星，木星通过逆行又精确映射上升轴，两者之间仅差1°，代表一天后就能到达，同时上升轴位于巨蟹座末端，也代表事情即将结束或进入新阶段。月亮作为普通类象，落入第9宫，代表快递正在途中。太阳与计都同度，被计都所拦截，太阳1日行1°，第二天就能离相位计都，脱离罗计的拦截，也正代表第二天收到。

大定卦解析：

公历：2022 年 11 月 5 日 22：14　星期六

农历：壬寅（虎）年十月大十二　霜降

干支：壬寅　庚戌　壬戌　辛亥

旬空：辰巳　寅卯　子丑　寅卯

霜降 10 月 23 日 18：36　立冬 11 月 7 日 18：46

六神	地风升[震宫四世卦]		地山谦[兑宫五世卦]	
白虎	妻财庚戌土 ▰▰　▰▰	官鬼癸酉金	▰▰　▰▰	官鬼癸酉金
螣蛇	官鬼庚申金 ▰▰　▰▰	父母癸亥水	▰▰　▰▰	父母癸亥水 世
勾陈	子孙庚午火 ▰▰　▰▰	妻财癸丑土 世	▰▰　▰▰	妻财癸丑土
朱雀	妻财庚辰土 ▰▰▰▰	官鬼辛酉金	▰▰▰▰	官鬼丙申金
青龙	兄弟庚寅木 ▰▰▰▰	父母辛亥水　O→	▰▰　▰▰	子孙丙午火 应
玄武	父母庚子水 ▰▰　▰▰	妻财辛丑土 应	▰▰　▰▰	妻财丙辰土
	［本卦］		［变卦］	

分析：以后天观象法取卦坤、震二卦，大定卦必须以二象成卦，分先后次序。坤卦 168 策，震卦 144 策，壬寅年数为 158，庚戌月数为 266，壬戌日数为 124，辛亥时数为 163，按大定成卦的算法，168＋144＋158＋266＋124＋163＋720－9＝1734。1 为艮卦，7 为巽卦，3 为坎卦，4 为离卦。34 为进数，快递必到，不会停滞。卦数合为升之谦卦。

卦辞曰：元亨，用见大人，勿恤，南征吉。意思是顺利，东西被主人收到，不需要担心，巳午未时辰内收到。

以卦爻而论，二爻为门户，父母为信息，妻财为快递，父母化出子孙生妻财，亥日必到。亥下伏子孙，寅亥合，东西目前在快递中转处。卦中午伏丑下生丑，丑土空亡，逢未冲实，因此代表第二天未时收到。

六爻卦解析:

公历:2022 年 11 月 5 日 22:14　星期六

农历:壬寅(虎)年十月大十二　霜降

干支:壬寅　庚戌　壬戌　辛亥

旬空:辰巳　寅卯　子丑　寅卯

霜降 10 月 23 日 18:36　立冬 11 月 7 日 18:46

六神	伏神	火山旅[离宫一世卦]		坤为地[坤宫六世卦]
白虎		▆▆▆▆▆ 兄弟己巳火　O→		▆▆　▆▆ 妻财癸酉金世
螣蛇		▆▆　▆▆ 子孙己未土		▆▆　▆▆ 官鬼癸亥水
勾陈		▆▆▆▆▆ 妻财己酉金应　O→		▆▆　▆▆ 子孙癸丑土
朱雀	官鬼己亥水	▆▆▆▆▆ 妻财丙申金　O→		▆▆　▆▆ 父母乙卯木应
青龙		▆▆　▆▆ 兄弟丙午火		▆▆▆▆▆ 兄弟乙巳火
玄武	父母己卯木	▆▆　▆▆ 子孙丙辰土世		▆▆　▆▆ 子孙乙未土
		[本卦]		[变卦]

分析:此卦摇卦而得,三爻、四爻两处妻财发动,皆为用神,四爻位于外卦,这是快递在临沂的情况,酉金化出丑土,与六爻巳火三合从革,是中转之象,酉金化丑,乘勾陈是暂时在临沂逗留装车之象,因为丑土空亡,绝对不会在临沂停滞。三爻申金,代表快递继续上路,申为传送,且乘朱雀,化出卯木,卯冲酉代表离开临沂。本卦为六合卦,世应辰酉相合,也是必然收到快递的标志。整个卦没有官鬼,官鬼伏藏则卦无气,到亥日,亥鬼入世辰墓,则忧虑无,快递到。世爻暗动,变出未土,代表未时可到。

根据爻辞,九四:旅于处,得其资斧,我心不快。象曰:旅于处,未得位也。得其资斧,心未快也。四爻为阴位,但是却遇到阳爻,不得其位,因此代表东西到了临沂,担心停滞,心情不畅快。三爻爻辞,九三:旅焚其次,丧其童仆,贞厉。此处童仆为快递人员,丧其童仆,是东西脱离快递人员之手的意思。二爻为月卦身,至关重要,午克申、酉,我克者为财,正符合财在我手,其爻辞六二:旅即次,怀其资,得童仆贞。象曰:得童仆贞,终无尤也。二爻阴位得阴爻,得位居正,事情得到稳妥的结果,快递到家了,拿到了,快递人员是个年轻小哥。

快递于亥日未时收到,快递人员确实是一个年轻小哥。

金口诀解析:
公历:2022年11月5日22:14 星期六
农历:壬寅(虎)年十月大十二 霜降
干支:壬寅 庚戌 壬戌 辛亥
旬空:辰巳 寅卯 子丑 寅卯
霜降10月23日18:36 立冬11月7日18:46
月将:卯 甲寅旬子丑金空

人元: 乙
贵神:丙午(朱雀) ◆
将神:己酉(从魁)
地分: 巳

五动:贼动
三动:子孙动

分析:三阴一阳,以朱雀午火为用神,阳性代表速到。四课火旺金死,以火为主,朱雀强旺代表速到,且临酉为信息临门户之象,短期的事情以时煞为主,此课时马入课为地分,代表快递正在路上,人元乙生之,为速到之象,因为金口诀占信息之类,以干方为关键,人元为信息快递,地分为家宅。遁干乙丙,逢丁为三奇,因此代表亥日丁巳时可以得到消息,用神午与未合,代表未时收到。此课日月戌与酉相穿,说明省内外有疫情而担心中辍。

说明:在日常生活中,最有难度的预测就是杂占,尤其日常事情的细节、应期是最难预测,这些都是预测中的天花板。

例 15 职务侵占

2022 年 11 月 25 日 22:06 分,某女微信咨询,说警察局让她母亲去一趟,说她母亲认识的人被抓起来了。

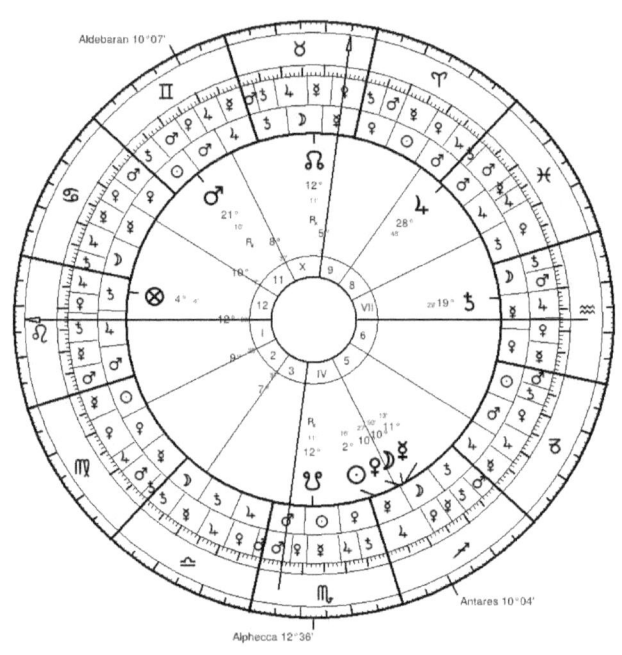

分析:上升轴位于狮子座 12°38′,母亲点位于狮子座 12°15′,阿拉伯点在命理、占卜、择吉中都极为有用。此处母亲点与上升轴精确合相,精准指向事情来自母亲。太阳为母亲在此次事件中的遭遇,月亮为一般性类象,太阳、月亮、金星、水星落入射手座,被木星所接纳,木星落于双鱼座,强烈表达木星的信号,土星代表对方,木星落入第 8 宫,根据衍生宫原理,木星落入第 7 宫的第 2 宫,代表对方的钱财。月亮离相位太阳、金星,入相位水星。日月金水汇聚,其中的关系非常明显,代表求测者的母亲通过朋友或同事（金星为第 3 宫定位星）认识对方，和对方有财务往来（水星为第 2 宫定位星，水星为信息），自己和同事与对方的财务往来有相关信息留下（木星为对方财务），警方要探寻这些信息。土星为对方，土星与火星三合，且土星为土星点定位星（土星点位于宝瓶座 28°02′），这代表对方被警方控制失去自由。火星冲日月金水，就代表警方想了解相关具体信息。度数松散，也代表求测者的母亲无碍。以上需要侧重分析太阳、金星、月亮、水星，因为它们属于接受管理的客星。

笔者直接得出结论，求测者通过朋友或同事认识此人，此人已经被警方控制，属于职务侵占罪，求测者母亲和同事均与此人有财物往来，并且留下信息，警方根据这些联系到求测者母亲，警方需要求证记录。由于金星为女性，且与月亮同度，代表和其母亲为同性别，因此笔者判断求测者母亲的同事为女性。土星是被抓进去的人，土星落入阳性星座，与火星产生相位，且两者都位于阳性星座，代表此人为男性。

以上全验。

例 16　经济是非

2022 年 12 月 5 日，某女问事，笔者一看为凶格，对方会有是非灾害，并且依靠子孙才能半解灾害，告知让她简述事体即可。她说客户在她的资产公司买了一个资产，她们以包销的方式从上端接过来的，这是一个国有公司（甲方），结果国有公司违约了，在她公司付款时间之前提前解约，但是她公司既然签订了主合同，就有权利去卖这个资产，然后客户答应给她一个月的时间让她和甲方沟通，但是甲方一直未同意，因为她是通过正规招标拿到这个项目，所以客户就走了民事诉讼，而她也与客户沟通，让对方签订退款协议，退款协议签订后，她就可以在三天内全部退款,但是客户要求百分之二十的赔付,而合同里没有这个规定,走了民事诉讼之后,为了这个赔付,客户自己找关系报了刑事,并且刑事案件受理了。求测者是公司的实控人,会被采取一定措施。她去做了笔录,经侦方想控制她,但是她怀孕了,因此取保。

对于此类,尤其专业术语的领域,我们论断到非常合拍是非常困难的,因为隔行如隔山。这就是为什么学习预测,一定要精熟多个领域的常识的原因。抛开专业经济、法律常识方面,我们就术数角度而言,这个事件是能够看出事情涉及三方或多头,犯了官讼是非,牵扯地皮、领地,涉及处罚刑禁,自罗其祸,但是能够通过子孙下辈解救。这些是能够清晰解读出来的,如果想进一步高清解读,这个事件的分析需要深入分析,并且懂得一定相关领域的概念才能做到。

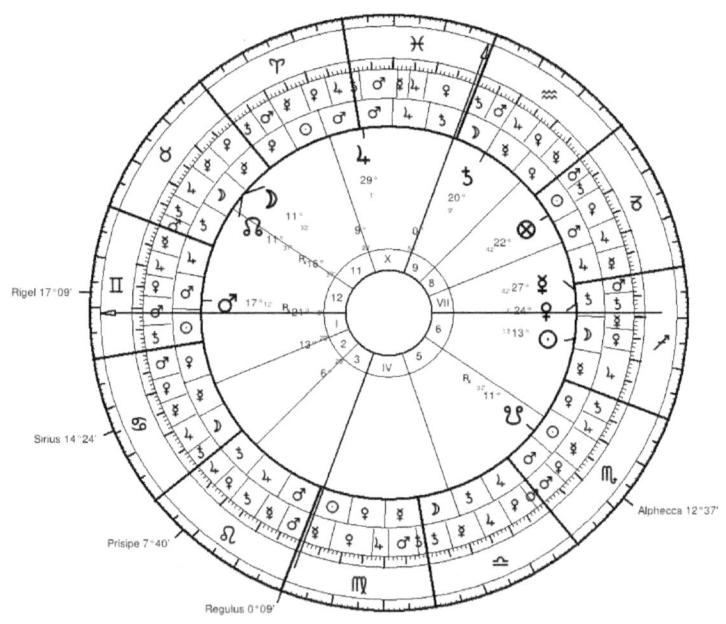

占卜时间为 2022 年 12 月 5 日 17:24 分 51 秒,火星入命宫,与太阳、金星、水星相冲,火星为第 6 宫定位星,与第 6 宫内的太阳相冲,尤

其火星逆行入相位太阳，这是格局的重心，是官司诉讼之象。必要点位于白羊座 $17°44'$，与火星紧密六合，并且火星又是水星点定位星，太阳属于水星点升主星，两者相冲，火星又合上升轴，代表求测者的事情属于商业欺诈性质。太阳、金星、水星在第 7 宫，代表事情，水星落入第 7 宫并且落限，对求测者不利。并且三颗行星汇聚并游隼于双子座，都处于不利的状态，被木星所接纳，木星位于第 10 宫，与金水日相刑，尤其水星以紧密度数与木星相刑，木星强力把其力量推向双子座，说明求测者在合作中，触犯了对方的利益，因为木星主财，金星为第 11 宫定位星，也代表钱财。而上升星座为双子座，属于双体星座，水星又落入双体星座，说明求测者在此事的立场处于摇摆不定，定位不准确，而导致的是非。

非常有趣的地方，在木星属于吉星，金星对水星也有一定的助力，但是金星游隼，根据金星、木星的特性，金星属于第 5 宫定位星，代表子孙会给求测者带来一定的援助力量。

最后我们分析月亮，月亮为一般性类象，月亮位于 12 宫，并未映射上升轴，说明月亮并不是主要类象，月亮入 12 宫，距离罗睺在 $4°$ 内，不利于月亮的状态，弱化了月亮的吉利力量，说明四个月后此事才能缓和有所结果。

如果我们使用阿拉伯点，会发现需要和愿望点落于白羊座 $24°45'$，水星点位于白羊座 $17°40'$，其定位星皆为火星，火星位于上升轴，且火星为第 6 宫定位星，代表官讼是非，水星点的意义赋予其商业买卖、诡计欺诈的意思，并且白羊座为第 11 宫，代表金钱利益，因此这种格局代表商业买卖因为欺诈诡计而沾惹官非。

大六壬解析：

公历：2022 年 12 月 5 日 17：04　星期一

农历：壬寅（虎）年十一月小十二　小雪

干支：壬寅　辛亥　壬辰　己酉

旬空：辰巳　寅卯　午未　寅卯

小雪 11 月 22 日 16：21　大雪 12 月 7 日 11：47

月将：寅　甲申旬午未空

```
    青  勾  合  朱
    戌  亥  子  丑
空酉              寅蛇
虎申              卯贵
    未  午  巳  辰
    常  玄  阴  后


    蛇  空  空  后
    寅  酉  酉  辰
    酉  辰  辰  壬


  子孙  庚寅  蛇
  官鬼      未  常
  兄弟  戊子  合
```

分析：日上辰土乘天后、华盖覆身，为墓象，且为上门乱首，阴神又见酉金乘天空，壬水败于酉，让日干陷入此境。墓神覆日，百事昏沉，代表求测者会因为被告欺诈之事而陷入麻烦。幸好天空乘酉不备，此事尚且有余地。发用子孙克辰解困，此处子孙一定是自己的孩子，我们通过初建法，遁出壬寅，并且亥月寅为月将，又逢亥生，只是不该酉时占卜，日薄西山，只能解祸一半，寅坐胎地，因此为胎儿。求测者本命为未，虚岁三十二岁，行年为丑，其上逢午火妻财，乘天将玄武，丑午相害，必然因为求财方式不正引出灾害。本命上神为子水，乘六合，子未穿害,必然因为合作中辍导致是非。

三传初末拱雀,且为日干官鬼,犯官司之象,丑加申上,秋天就见官非是非,初克中,中克末,此类格局往往事涉三方或多方,而中末空亡且相害,为中辍之象,代表事情涉及多方,中间出现中断,导致不能持续,而产生的利益纠葛。所幸害落空亡反为吉,代表凶事困扰但是不能实害,但是本命上见子未相害,所以这种灾害的影响力还是有的。从发展观的时间轴线上,2023年为卯年,木助寅力,且四月戌土冲辰破墓,可以散灾。

金口诀解析:
公历:2022 年 12 月 5 日 17:26 星期一
农历:壬寅(虎)年十一月小十二 小雪
干支:壬寅 辛亥 壬辰 己酉
旬空:辰巳 寅卯 午未 寅卯
小雪 11 月 22 日 16:21 大雪 12 月 7 日 11:47
月将:寅 甲申旬午未金空

人元: 丁
贵神:甲辰(勾陈)
将神:庚子(神后) ◆
地分: 未

五动:贼动
三动:子孙动

分析:此课土加水上竞田庄,子入水库,子未穿害,且庚克甲为财动,辰克子为贼动,代表因为公司资产的多方复杂关系的不确定性,导致了是非官讼。人元丁火腾蛇作闹,代表求测者忧心烦恼。课中贼动、财动,子为贼性,又见三合,说明在多层合作中钱财操作违规导致是非。

丁生未子孙动,再遁亦为丁未,子孙解祸之象。水土相争,冬季难以安定。用神子水得月令相助,只是困扰而事情不会进一步恶化。只是上见华盖,下见穿害,事情会在较长一段时间内拖延。好在地盘未土空亡,能得到暂时的缓解,只剩下辰土之墓。

六爻卦解析:

公历:2022 年 12 月 5 日 17:43　星期一

农历:壬寅(虎)年十一月小十二　小雪

干支:壬寅　辛亥　壬辰　己酉

旬空:辰巳　寅卯　午未　寅卯

小雪 11 月 22 日 16:21　大雪 12 月 7 日 11:47

六神	伏神	火山旅[离宫一世卦]		地山谦[兑宫五世卦]
白虎		▉▉▉ 兄弟己巳火　O→	▉▉ ▉▉ 妻财癸酉金
螣蛇		▉▉ ▉ 子孙己未土	▉▉ ▉▉ 官鬼癸亥水世
勾陈		▉▉▉ 妻财己酉金应　O→	▉▉ ▉▉ 子孙癸丑土
朱雀	官鬼己亥水	▉▉▉ 妻财丙申金	▉▉▉ 妻财丙申金
青龙		▉▉ ▉ 兄弟丙午火	▉▉ ▉▉ 兄弟丙午火应
玄武	父母己卯木	▉▉ ▉▉ 子孙丙辰土世	▉▉ ▉▉ 子孙丙辰土
		[本卦]		[变卦]

分析:应爻为对方、事体,与兄弟爻巳火三合金局,六爻巳火化出酉金,且为酉金长生,为该公司的甲方。妻财化出子孙入墓为客户。巳酉丑三合从革局,又为财局,代表资产变迁。但是世爻辰土与酉金六合,产生争合的格局。说明求测者管理他人资产进行变革求财,产生了矛盾争执,因为财持勾陈,世持玄武,且辰酉自刑,这一格局也说明求测者属于不正当求财,带有违规特性。官鬼伏于财下,持朱雀,也代表钱财引起的官司。卦中午未具空,持龙蛇二将,兄弟子孙无故空亡,说明

合作方都存在虚而不实的状态。

旅卦是一个寄人篱下之卦，凡有灾害，都是不能自主所导致，客居主位，自罗其害。初六：旅琐琐，斯其所取灾。象曰：旅琐琐，志穷灾也。说明求测者是操作不当，贪其钱财，自取其灾。九四：旅于处，得其资斧，我心不快。象曰：旅于处，未得位也。得其资斧，心未快也。说明对方对处理方式得到的钱财不满意，期待更多的赔偿。上九：鸟焚其巢，旅人先笑后号咷。丧牛于易，凶。象曰：以旅在上，其义焚也。丧牛于易，终莫之闻也。这一段说明甲方毁约。

下面我们从命理角度分析此事，原则上年内事件的占卜，使用占卜进行预测即可，命理分析反而麻烦。除非分析一整年的行运时，使用命理分析才比较合适。

求测者为女性，出生于 1991 年 2 月 13 日上午 6:20 分。

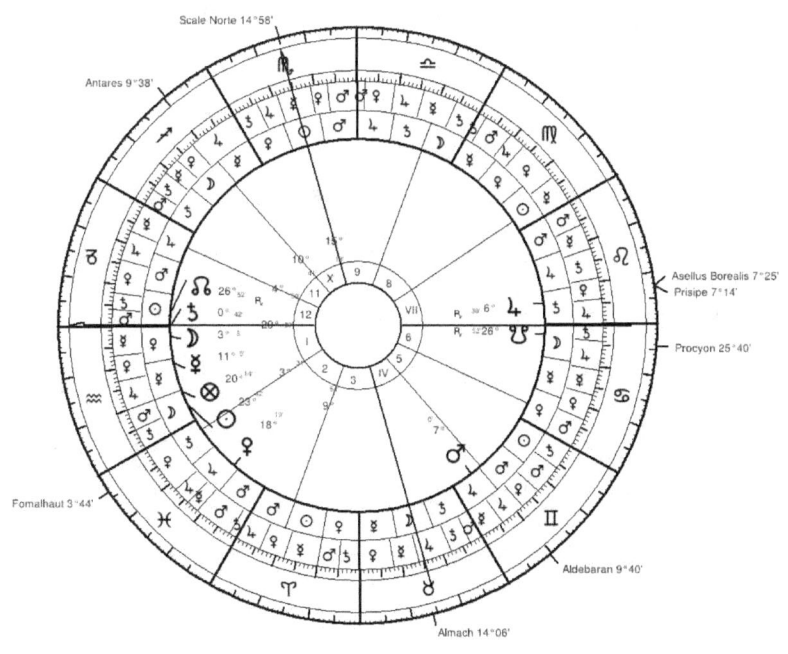

本命盘

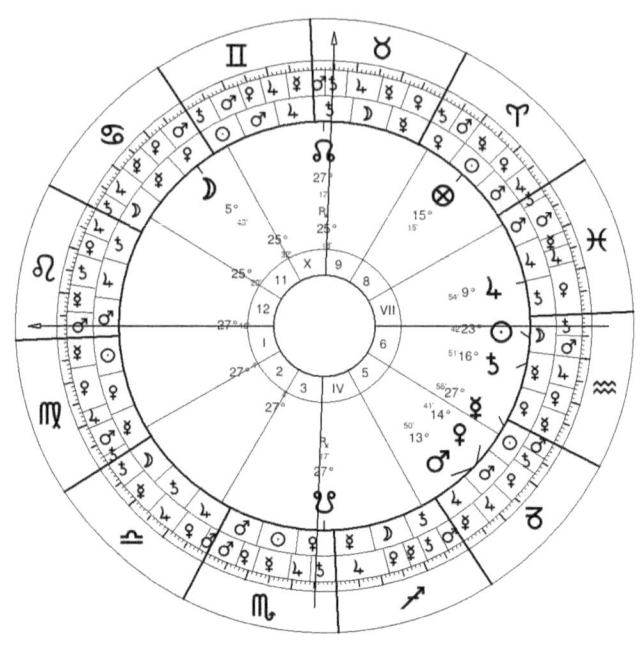

2022 年太阳返照盘

　　本命上升轴位于歧度,命主虚岁 32 岁,简要分析时,我们主要侧重分析小限和返照盘上升。小限位于狮子座,实际上因为上升轴歧度问题,这一年狮子座、室女座我们都要注意去分析。我们发现太阳落于太阳返照盘的第 6 个星座,合相下降轴,这是招惹官非、合作是非的标志,同时我们发现狮子座还是返照盘的上升星座,太阳是上升定位星,这种信息被放大强化,因此是非官讼必应! 水星落入第 6 宫更强化了这个信息。并且本命盘上升轴也落入返照盘第 6 宫。返照盘中,土星作为本命盘主星与太阳合相,太阳落陷,土星位于舍星座,这里土星主宰事体,因此命主会陷入官讼是非中。水星为返照盘第 2 宫定位星,代表财务问题,返照盘水星合相本命盘上升轴与罗睺,代表业力性质的财务是非。

025d 15m 51s	025y 03m 05d	19 May 2016	♀ ♓	
030d 32m 30s	030y 06m 16d	29 Aug 2021	♀	dex □ ♂
034d 13m 39s	034y 02m 23d	06 May 2025	♃	

以上论断十分清晰,由于本命未进行精确校订,所以这里使用的界向行运法的时间段并非精确时间段。上图显示,命主在 2021 年到 2025年 5 月之前主配星为金星,客配星为火星,所在星座为双鱼座,金星与火星主宰这一段时间的行运,命主本命盘金星位于第 2 宫财帛宫,金星升于双鱼座,这是非常有利的,代表利于财运。但是界向行运处于火金刑的状态,太阳返照盘中,火星和金星又合相于第 5 宫,第 5 宫主子女,同时火星、金星的不利状态也代表财务是非。所以返照盘火星金星合相于第 5 宫,水星作为本命盘子女宫定位星合相上升轴,也都是怀孕的标志。

四柱八字解析:

墓	临官	临官	帝旺
正官	七杀	日主	伤官
路旁土	松柏木	大溪水	炉中火

坤造:	辛未年	庚寅月	甲寅日	丁卯时	[子丑空]
	乙劫财	甲比肩	甲比肩	乙劫财	
	己正财	丙食神	丙食神		
	丁伤官	戊偏财	戊偏财		

帝旺	衰	病	死	墓	绝	胎	养
正官	偏印	正印	比肩	劫财	食神	伤官	偏财
松柏木	长流水	长流水	沙中金	沙中金	山下火	山下火	平地木

大运:	辛卯	壬辰	癸巳	甲午	乙未	丙申	丁酉	戊戌
	8 岁	18 岁	28 岁	38 岁	48 岁	58 岁	68 岁	78 岁
始于:	1998	2008	2018	2028	2038	2048	2058	2068
流年:	戊寅	戊子	戊戌	戊申	戊午	戊辰	戊寅	戊子
	己卯	己丑	己亥	己酉	己未	己巳	己卯	己丑
	庚辰	庚寅	庚子	庚戌	庚申	庚午	庚辰	庚寅

辛巳	辛卯	辛丑	辛亥	辛酉	辛未	辛巳	辛卯
壬午	壬辰	壬寅	壬子	壬戌	壬申	壬午	壬辰
癸未	癸巳	癸卯	癸丑	癸亥	癸酉	癸未	癸巳
甲申	甲午	甲辰	甲寅	甲子	甲戌	甲申	甲午
乙酉	乙未	乙巳	乙卯	乙丑	乙亥	乙酉	乙未
丙戌	丙申	丙午	丙辰	丙寅	丙子	丙戌	丙申
丁亥	丁酉	丁未	丁巳	丁卯	丁丑	丁亥	丁酉
止于：2007	2017	2027	2037	2047	2057	2067	2077

分析： 建禄格，日干建禄于月，又日下临禄，时见阳刃，身旺。月下食神、偏财为用。此类命造，财官旺则皆为好命。时上伤官合去官星，时下阳刃合杀去官。因此并非贵命，谋财之命。比肩劫财阳刃过旺，为分财夺利之神，七杀更充分证明命主求财具有投机性和风险性，2022 年大运癸巳，太岁壬寅，运干冲丁，岁干合去伤官星，岁支寅卯成林，比肩劫财太旺，谋财不合法治，官杀混以至于招惹官非。2023 年也行运不佳，癸卯年，癸冲丁火，亦然破局，因此这一场是非会延至 2023 年。

例 17　疾病虚扰

2022 年 12 月 10 日上午 11：28 分（水星时），一女子咨询，说怀疑自己得了绝症。

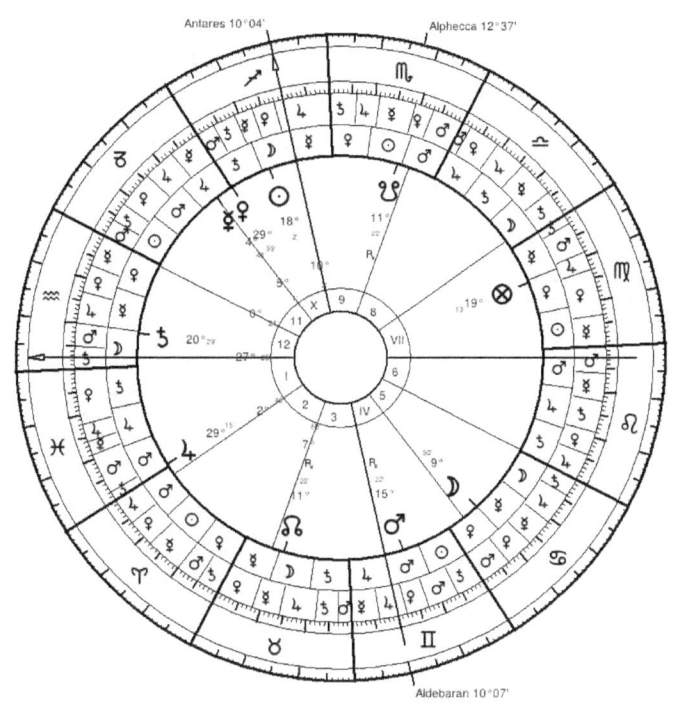

分析：笔者根据星盘，简单分析得出结论，判断女子所说的疾病属于性病，并且是女子不检点与人发生性关系所导致的虚惊。简要回复女子后，未见答复。笔者于是午休，在下午此女电话过来，后于微信告知，自己怀疑是不是得了艾滋病，说与陌生人约炮，对方事后威胁她，说自己的是病人，让她三天内找他花费 200 元买一颗药控制症状。根据格局，笔者判断她是在 12 月 9 日到 12 月 10 日之间的交接时间段发生的性关系，她反馈说是 12 月 10 日凌晨 1：15 分之后的时间内。

月亮为一般性类象，月亮落入第 6 星座，代表疾病。土星为上升定位星，落入 12 宫，代表暗害、忧惧、灾害、秘密性、私密性。月亮落入的具体位置都与疾病有关，月亮落入金星旬、金星界，金星为其三方主，所以金星是其主要疾病表现。而金星落入歧度，说明疾病属于金星类疾病，并且疾病状态处于模棱两可之间。月亮被火土围攻，火星入相位命主星土星，并且产生主客互传，而相对两者力量，接受管理的火星更主宰事情性质，火星与金星、太阳相冲，为代表男女出轨，并且两者三合相位，又都是凶星，代表在和合中产生凶事，同时巨蟹座为疾病星座、皮肤病星座、带有污秽的特性。月亮与水星相冲的离相位，则说明女子与陌生人约炮，因为水星本身属于速行行星，且位于淫色星座。

命主星为土星，火星与太阳入相位土星，以太阳关系最为密切，太阳为男子，且为第 7 宫定位星，因此与异性有关。鉴于金星歧度之象，笔者判断她与男子发生关系在两日的交界时间。无论命理、占卜还是择吉，我们都可以使用阿拉伯点，阿拉伯点会在论断中给予更精准的锁定，在此盘中，牵扯到性与情感相关，我们可以观察金星点，金星点位于摩羯座 14°，土星即金星点的定位星，土星位于 12 宫，命求测者出轨，并且因为性而遇到恐吓，由此清晰得见。

我们接着来分析带有十二分部的占卜盘：

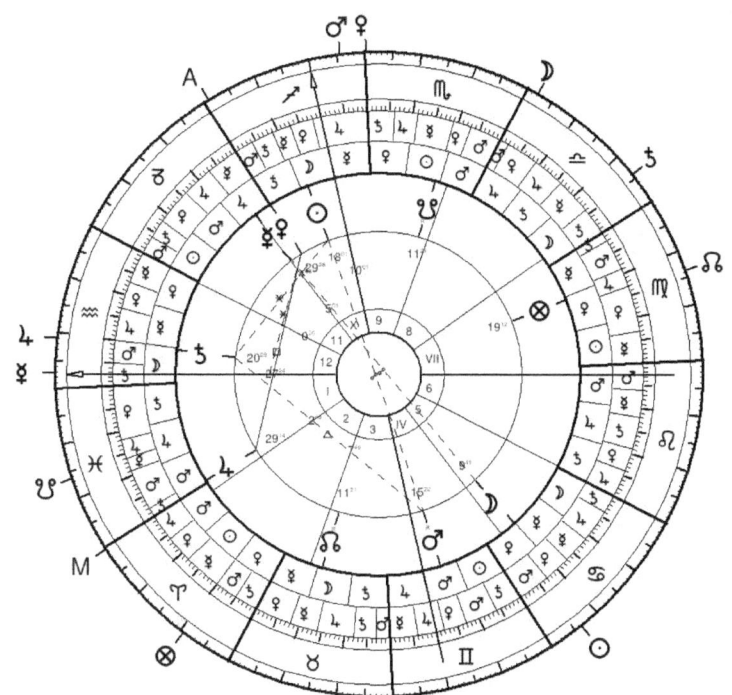

	Dodecatemorion	
	Longitude	Latitude
☉	6°23'47" ♋	0°00'00"
☽	27°57'38" ♎	0°00'00"
☿	27°12'08" ♒	0°00'00"
♀	29°43'42" ♏	0°00'00"
♂	4°25'20" ♐	0°00'00"
♃	20°59'37" ♒	0°00'00"
♄	5°50'27" ♎	0°00'00"
☊	16°19'37" ♍	0°00'00"
☋	16°19'37" ♓	0°00'00"
⊗	20°33'48" ♈	0°00'00"
Asc	28°59'56" ♐	0°00'00"
MC	0°23'29" ♈	0°00'00"

　　上升轴12分部与金星紧密合相,土星为上升轴定位星,其12分部位于天秤座,月亮为其求测者类象星,其12分部也落入天秤座,并且月亮作为第6星座定位星,还是疾病类象,求测者和疾病的12分部都指向金星,所以金星为其疾病的主要体现来源。第8宫为死亡宫,因此求测者会受到类似恐吓。

　　古典占星占卜盘、择吉盘,其实也是求测者命盘的过运盘,命盘与占卜盘或择吉盘结合分析更有意思,也更系统,但是操作不便,所以占卜单独成为系统。下面我们提供求测者的本命盘以供读者参考研究使用。求测者生于1988年12月3日。

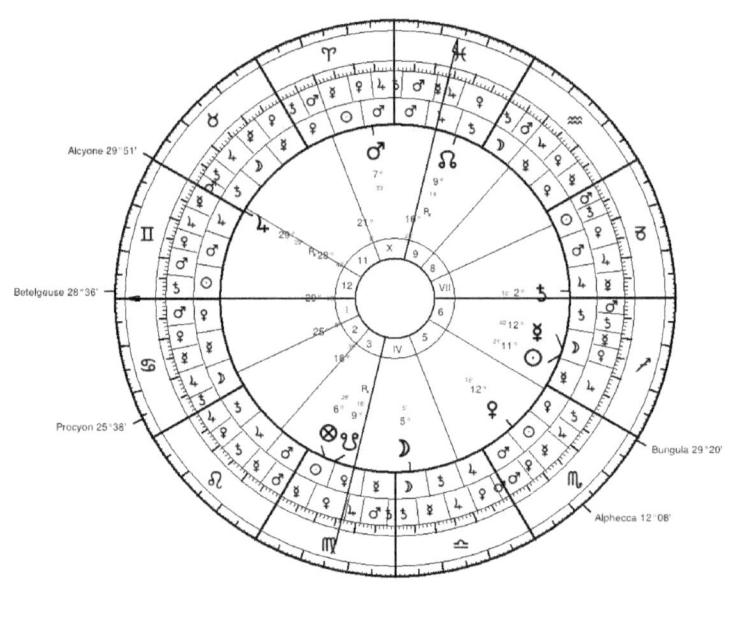

本命盘

　　分析:对比占卜盘和本命盘,我们发现命主上升轴歧度,巨蟹座属于上升星座,月亮属于本命盘命宫的定位星,在占卜盘中月亮位于第6宫,为疾病,两者相校,其信息极为明显,就是占病。占卜盘中,土星为命主星落入12宫,在本命盘中土星位于第7宫轴,代表异性、敌人。占卜盘的金星位于本命盘第 7 宫轴,且过运盘金星合本命下降轴,过运盘水星与本命盘土星、上升轴产生紧密合相,这些都说明和陌生人产生了不洁的性行为而导致的恐惧。

大六壬解析:

公历:2022 年 12 月 10 日 11:28　星期六

农历:壬寅(虎)年十一月小十七　大雪

干支:壬寅　壬子　丁酉　丙午

旬空:辰巳　寅卯　辰巳　寅卯

大雪 12 月 7 日 11:47　冬至 12 月 22 日 5:49

月将:寅　甲午旬辰巳空

```
    朱  合  勾  青
    丑  寅  卯  辰
蛇子              巳空
贵亥              午虎
    戌  酉  申  未
    后  阴  玄  常


    朱  空  贵  勾
    丑  巳  亥  卯
    巳  酉  卯  丁


    兄弟      巳  空
    子孙  辛丑  朱
    妻财  丁酉  阴
```

分析:丁酉日占卜,螣蛇为监将,这是一个蛇入门户的日子。此日占卜,多为诡异、怪异、荒诞之事,不可以常规论之,因为事体轨迹会完全不按常理出牌。日上卯木为日干沐浴之地,干支金木成局交战,且为三合之课,代表和合中产生争斗,产生疾病忧惧。

发用巳乘天空,问病出现兄弟是特别异常之象,且乘天空破碎,为虚诈之象,本身又逢空亡,必然属于虚无荒诞之事。因此其病必然为虚扰,兄弟代表他人传染,中传丑土为污秽、隐晦、丑陋之事,末传酉为阴私门户,也代表女性生殖器,一般在阴私类象中,丑也类女性乳房。三传从兄弟传至妻财,且妻财丁酉为日干支,丁神诡异,代表被他人以传染疾病而恐吓之象,同时也代表了当事人的不检点。

例 18　风水选地

2022 年 12 月 16 日上午 9:33 分,微信留言,问朋友父亲的墓地选择,有两个公墓在不同地方。

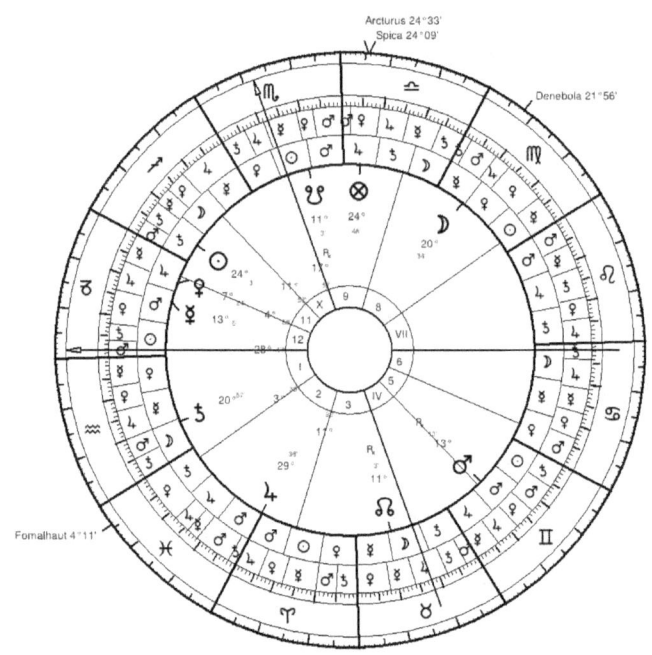

分析:上升定位星为土星,土星与月亮代表求测者,天底定位星金星代表所问的葬地,都位于果宫无力,且金星与水星合相,正代表这两个墓地,都位于启动星座,不具有安定性,因此这两个墓地对方都不会选择,求测者会有变化,其选择会变的更多。并且罗睺星位于天底轴星

座,也代表多个地,事情会有增加变化,强化了该信息。从天底星座的三方主也可以发现事情的变化,其第一三方主为金星,代表一开始选的地方,金水上文已经分析,第二三方主为月亮,位于第 9 星座有远方变动之象。并且月亮为第 7 宫定位星,也代表推翻之前的选择。

六爻卦解析:

公历:2022 年 12 月 16 日 9:33 星期五

农历:壬寅(虎)年十一月小廿三 大雪

干支:壬寅 壬子 癸卯 丁巳

旬空:辰巳 寅卯 辰巳 子丑

大雪 12 月 7 日 11:47 冬至 12 月 22 日 5:49

六神	伏神	兑为泽[兑宫六世卦]	泽天夬[坤宫五世卦]
白虎		▆▆ ▆▆ 父母丁未土世	▆▆ ▆▆ 父母丁未土
螣蛇		▆▆▆▆▆ 兄弟丁酉金	▆▆▆▆▆ 兄弟丁酉金世
勾陈		▆▆▆▆▆ 子孙丁亥水	▆▆▆▆▆ 子孙丁亥水
朱雀		▆▆ ▆▆ 父母丁丑土应 X→	▆▆▆▆▆ 父母甲辰土
青龙		▆▆▆▆▆ 妻财丁卯木	▆▆▆▆▆ 妻财甲寅木应
玄武		▆▆▆▆▆ 官鬼丁巳火	▆▆▆▆▆ 子孙甲子水
		[本卦]	[变卦]

分析:此卦六冲卦,变卦夬,五阳一阴,为缺象,难以成事。按八节建旺,兑卦为废气,未葬之时,择地以父母爻为主,世应皆为父母爻,但是父母爻不宜乱动,世应父母爻丁丑、丁未都是退神,说明这两个葬地都不会取,但是三爻父母乘朱雀又化出进神,说明事情有所变化,会接到消息。应爻动说明事主会有变化,化出辰土为父母之墓,代表会葬在旧地,返祖归宗之象。

果然后续接到几次消息、电话,事主准备葬在老家祖地。

此事虽然简单,但是足以说明一个问题,占卜时,不要想当然的使用对方的问题进行分析,实际分析的时候,占卜者应该客观以格局为主进行分析,分析结果一切皆有可能。预测师必须要保持这种客观的态度。曾有人问子女婚姻问题,笔者论断时候发现格局显示对方子女为同性恋,根本没有婚姻,直接告诉对方,对方默然。这种论断都必须极为客观才能做到。

例 19　头晕病因

2023 年 1 月 4 日上午 10：33 分,患者头晕求测。

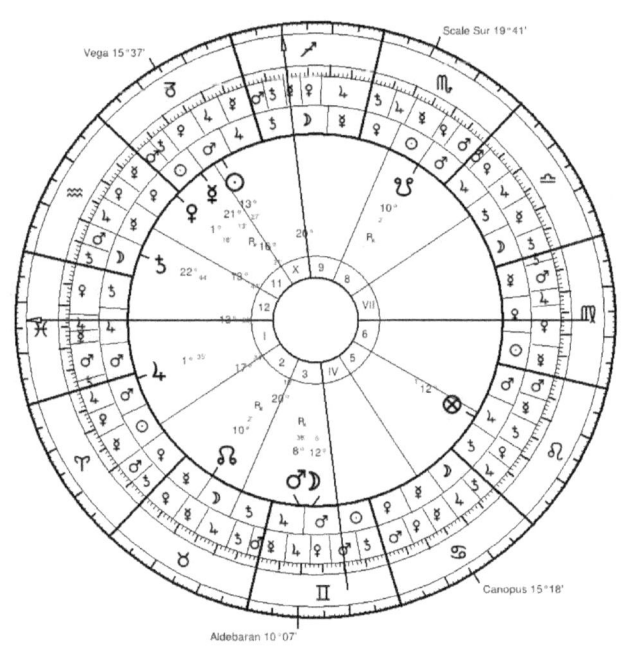

分析：关于疾病预测,在宫位类象上,古人有一些不同观念。譬如 Dorotheus、Sahl、Al－Khayyāt 等人,以上升宫为医生,第 10 宫为患者,第 7 宫为疾病,第 4 宫为医药。如果凶星位于第 10 宫,则病因归咎于病人自身,吉星位于第 10 宫,则代表病人身体的健康状态。当凶星出现于第 7 宫,则代表疾病变化,病上加病,吉星在第 7 宫,代表不药而愈。凶星位于第 4 宫,代表用药大大增加痛苦,吉星在此则吉利。

Umar Al—Tabarī 以上升宫与其定位星为病人,6 宫与 6 宫定位星为疾病,第 7 宫与其定位星为死因,第 4 宫及其定位星为结局,第 8 宫与其定位星为死亡,第 9 宫及其定位星为医生、医生的治疗水平状态,第 10 宫及其定位星为药物,福点可以作为以上相关象的佐证。第 6 宫定位星是一个主要类象,如果落入上升或天顶则为显疾,落入 4、7 宫则为隐疾。月亮、上升宫损害,而月亮定位星、上升定位星吉利,则身体有器质性疾病,而非精神状态疾患,反之,则为精神状态疾病,而不是身体器质性疾病。第 9 宫如果凶,则医生无知,无法将病人治愈。

Al—Kindī 认为,占卜病人是否能被医生治愈时,以上升宫为病人,第 10 宫为医药,第 7 宫为医生,第 4 宫为结果。在论断病人的康复上,他认为月亮、太阳、上升定位星,如果它们避凶(尤其第 8 宫定位星),则病人康复。如果这三者有两个避凶,哪怕第 3 个入相位第 8 宫定位星,也会康复。

这些不同观念代表着一些不同的哲学观,或者根据患者关键问题的入手角度而产生不同。

其实我们可以发现,以上确定类象的方式不同,主要是宾主变化,也就是上升宫和第 7 宫分别代表事情的宾主两方,其他则跟随这种宾主的变化而变化,因此实际取象需要根据问题的宾主而论。

在此案例中,上升定位星木星为患者,木星位于白羊座 1°,说明最近病情刚开始出现,木星位于白羊座,白羊座属于火星星座。月亮离相位火星,火星逆行。两种现象都说明患者的疾病与火星有关,白羊座为头部,火星为血液,月亮火星合相于双子座,双子座特性我们必须要探究,双子座为风元素星座,代表流动性。

第 6 宫代表疾病,福点落入,更充分体现其重要性,6 宫定位星为太阳,代表头部,太阳、水星、火星、月亮映射第 7 宫,体现脑部血液流动现象引起的疾患。并且太阳落入摩羯座,第 7 宫也代表疾病症状,水星与太阳合相于摩羯座,摩羯座特性冷而干,水星运转速度快,代表流动性,土星舍于摩羯座,火星升于摩羯座,结合这些我们可以知道,命主头颈部的血液流动缓慢,火星为血液,水星为流动。但是火土反厌日水,说明病情轻微。

根据以上特性,笔者论断,患者属于神经受到压迫,导致供血不足引起的头晕。

例 20　射覆

所谓射覆,指的是古人在瓯、盂等器具下覆盖某一物件,让人预测里面是什么物品。属于预测中一种高级论断模式,堪比预测来意。

2023 年 1 月 12 日下午 5：10 分,有人微信留言说寄过来东西。笔者于晚上 7：05 分 54 秒占卜。

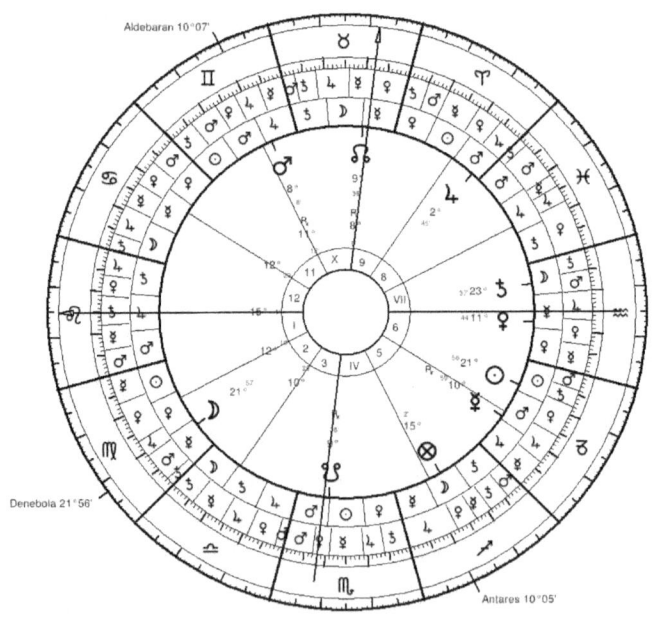

分析：上升星座为狮子座,太阳为上升定位星,月亮作为一般性类

象星,位于第2宫,代表礼物,作为第12宫定位星为动物牲畜之象,月亮入相位太阳,并且呈精确一度内紧密相位,代表东西速到,一天内可以到达。太阳合相水星位于摩羯座,水星作为第2宫定位星,代表一些杂物,太阳位于摩羯座,且太阳与水星的定位星土星位于第7宫,并且土星合相金星位于轴与上升星座相冲,土星同时又是上升界主星、太阳的定位星,更指向关键类象,土星代表肉食,摩羯座代表丑陋形态,代表快递过来的物品属于带有血液、污渍的剥皮羊肉,因为摩羯座前半截类似一头公羊,上升狮子座代表四足动物,在恒星星座中月亮位于狮子座的后腿位置,强调了奔跑、强健的四足动物。

习惯了使用回归制的占星者往往会忽略恒星星座的作用,其实我们观察恒星制或实体星图,黄道附近的恒星十二星座与其他恒星星座都有重要的取象价值。

大六壬课分析:

公历:2023 年 1 月 12 日 19:05　星期四
农历:壬寅(虎)年十二月大廿一　小寒
干支:壬寅　癸丑　庚午　丙戌
旬空:辰巳　寅卯　戌亥　午未
小寒 1 月 5 日 23:6　大寒 1 月 20 日 16:30
月将:丑　甲子旬戌亥空

```
    蛇 朱 合 勾
    申 酉 戌 亥
 贵未        子青
 后午        丑空
    巳 辰 卯 寅
    阴 玄 常 虎


    青 朱 虎 勾
    子 酉 寅 亥
```

酉　午　亥　庚

兄弟　癸酉　朱
子孙　甲子　青
妻财　丁卯　常

分析：庚午日，为白虎日，干支雀虎战斗，为凶象，又发用癸酉为剑锋金，其天将乘朱雀，日上亥乘勾陈，日辰上神朱勾相会，且酉为羊刃，必然为屠宰的动物，且中传与末传相刑，刑刃相逢也是此意，末传见卯遁干丁鬼乘太常，更说明为带血的动物肉类。是什么动物呢？酉金在丑月旺，貌似为鸡鸭，但是绝对不可取，因为其下坐午火，败于午，属于小于牛马的动物，而大于鸡鸭。正时戌加未上，且贵人为未，统领天将，天罡覆丑摩羯，因此为宰杀的羊类动物。

晚上讲课时提到此事，并起六爻卦再次论断：

公历：2023 年 1 月 12 日 22:40　星期五
农历：壬寅（虎）年十二月大廿一　小寒
干支：壬寅　癸丑　庚午　丁亥
旬空：辰巳　寅卯　戌亥　午未
小寒 1 月 5 日 23:6　大寒 1 月 20 日 16:30

六神	伏神	泽水困[兑宫一世卦]	泽山咸[兑宫三世卦]
螣蛇		▆▆ ▆▆ 父母丁未土	▆▆ ▆▆ 父母丁未土 应
勾陈		▆▆▆▆▆ 兄弟丁酉金	▆▆▆▆▆ 兄弟丁酉金
朱雀		▆▆▆▆▆ 子孙丁亥水 应	▆▆▆▆▆ 子孙丁亥水
青龙		▆▆ ▆▆ 官鬼戊午火　X→	▆▆▆▆▆ 兄弟丙申金 世
玄武		▆▆▆▆▆ 父母戊辰土　O→	▆▆ ▆▆ 官鬼丙午火
白虎		▆▆ ▆▆ 妻财戊寅木 世	▆▆ ▆▆ 父母丙辰土
		[本卦]	[变卦]

分析：此卦，月卦身为午，与月令相害，代表死物，被杀之物。世爻妻财为我，也为财物，应爻乘朱雀为对方，亥水空亡，并且寅亥合，说明快递已经发出在路上，朱雀、白虎相会，为肃杀之气，代表宰杀类的动物。三爻官化兄，火金交战，为宰杀无疑，且二爻父母戌辰化出官鬼，是带血之肉食。午辰只是表达了肉食的形态，应爻子孙乘朱雀，代表发声特殊的动物。但是丑月水死，且动爻克之，不可以取猪，可取三合之卯未，而本宫卦为兑卦，兑为羊，因此取为羊。

我们接着看爻辞，九二：困于酒食，朱绂方来，利用亨祀，征凶，无咎。象曰：困于酒食，中有庆也。爻辞明确指出为食品，且为祭祀物品。一般牛羊猪用于祭祀。

1月13日上午收到快递，为剥皮后的一只整羊。

例21　新冠疾病复发

2023年1月18日上午7:20分，男子留言说回老家复阳了，胸闷心慌，比较难受，问是否严重，是否回杭州或去岳父母家。

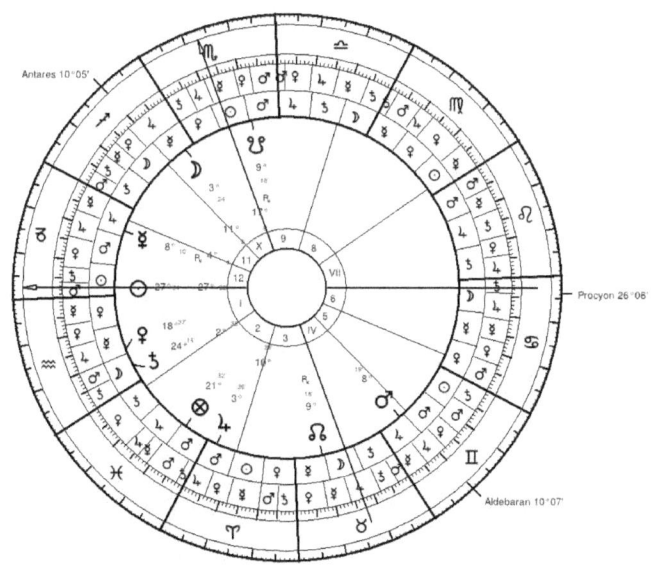

分析：太阳位于上升轴,此时太阳的影响力比较大,太阳代表心脏,摩羯座属于火星升的星座,而太阳同时落入火星界,因此会有心血管循环上的疾患影响。同时月亮入相位冲火星,也体现相关的迹象。第6星座定位星水星入12宫也是疾患的体现,上升宫定位星土星与金星合相于宝瓶座,金星为天底轴、第9宫定位星,因此患者必然会更换地方。

大六壬解析:

公历:2023年1月18日8:09 星期三
农历:壬寅(虎)年十二月大廿七 小寒
干支:壬寅 癸丑 丙子 壬辰
旬空:辰巳 寅卯 申酉 午未
小寒1月5日23:6 大寒1月20日16:30
月将:丑 甲戌旬申酉空

```
    合  勾  青  空
    寅  卯  辰  巳
 朱丑           午虎
 蛇子           未常
    亥  戌  酉  申
    贵  后  阴  玄


    虎  阴  贵  合
    午  酉  亥  寅
    酉  子  寅  丙


    兄弟  壬午  虎
    父母  己卯  勾
    官鬼  丙子  蛇
```

分析：白虎乘午发用,与月建相害,末传、日支相冲,又为羊刃,不利于心脏之象。午加酉上,午火死于酉金,代表心肺功能不佳,同时也代表必有疑怕之事。三传四仲，前后无靠，代表求测者会时而遇到各种人事，无法安静，同时心神难安。但是日上六合乘寅，阴神有见贵神，代表命主有去长辈处或原住地的想法，因为寅为日干长生，三传都是死败之气，而日上见长生逢合，趋生避死，因此去长辈处或回原住地都是好的选择。此课为三交课、地烦课，此类课需要细辨，此课虽为凶课，却不重，格局不达凶的标准，并且三传虎头蛇尾，又是第四课发用，虚扰居多，实害则少。

七政四余占星术分析：

壬寅（金）比肩（计）劫财（罗）食神（火）伤官（孛）偏财（木）　正财（金）七杀（土）正官（月）偏印（水）正印（炁）

癸丑丙子　科名（水）科甲（日）文星（日）魁星（月）官星（炁）印星（水）寿元（金）催官（月）禄神（孛）喜神（木）爵星（木）

壬辰男　天马（水）地驿（金）禄元（土）马元（水）天元（水）地元（土）人元（水）仁元（土）血支（土）血忌（土）产星（木）

生官（金）　值元（金）职难（罗）局主（土）天经（水）地纬（水）　伤官（孛）

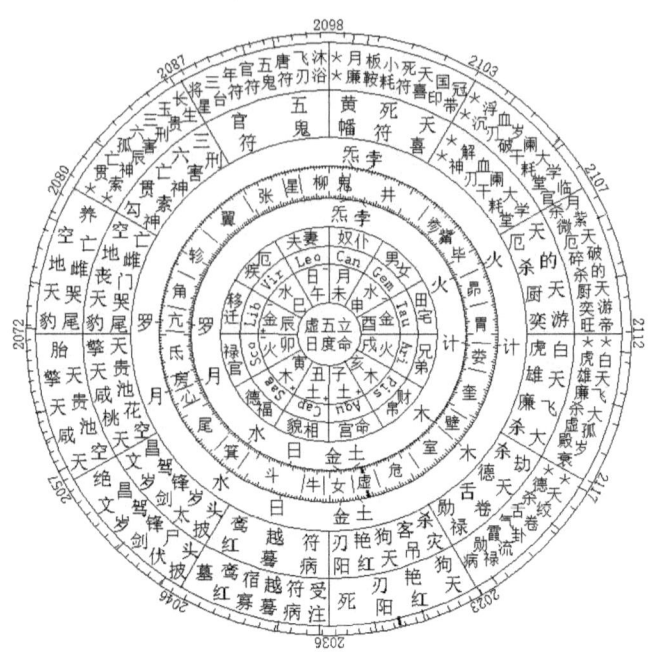

分析：土星掌病符落入命宫，坐于阳刃之地，与身星月同经，旧疾重来之象，命度虚日鼠，与占卜者本身有密切关系，日躔病符宫，为疾病之象，并且日与气孛同经，气为难星，代表心脏不舒服，月躔房日兔，更充分说明这一点。金星为迁移主、田宅主落入命宫，说明命主有变动避灾的想法，并且也会实行，田宅主也是长辈，命度于日宿，为夫妻宿，因此计划中也有去岳父母家避灾的想法。命主土星为令星，且坐于子宫，土旺，因此病不重。

从化气而言，金化财，土化七杀，财生杀旺，因此主病。从洞微限而言，限逆行，土隔度送金，是进一步的表现，代表命主会变动，日躔于下一限宫，说明疾病会持续一段时间。以岁为日计算行限，几日后就进入女宿，金星于内，因此近期就会选择变动。

说明：

以上案例使随机选录用了笔者常用的部分术数，这些术数从本质上并无区分。全世界无论任何一种文化种类的术数,其本体的原理都基于模拟宇宙。宇宙的机理不会相悖,宇宙机理中的绝对规律都是一样。所以这些不同的术数都是一种模拟宇宙原理的模型,而并非宇宙本体,作为模型,开发目的一样,只是构造原理上略有差异。正如音乐一样,在乐理和物理机制上,各种乐器是相通的。所以不同术数的原理、论断方法并无差异,所有的术数模型在论断的时候,用中国的术数原理来讲,都使用象、数、理,具体操作的时候都使用阴阳、宾主、格局、力量,在量化程度上都使用数的形式进行加减,这样才能称量出精准的结果。而不同的术数,模型的模拟程度上是存在高低的,这只和模型本身的构造机理的差异性有关。这些认知必须建立在对至少几种模式达到相当高度的认知才能有所了解。本书限于内容和篇幅,无法具体介绍各种术数的论断方法,但是上文的案例都是系统分析,极具研究价值,足够专业程度的读者参考学习。

附录 1 著名古典占星家简介

以下选择性介绍本书中所涉及的古典占星名家,以时间轴作为排序的依据。

1、Berossus,译为贝罗索斯,巴比伦别卢斯(Belus,巴比伦的大神)神庙的一位祭司,巴比伦占星家和历史学家,生活的年代约在公元前350～前270年之间(也有人认为更晚一些,到公元前260年左右)。贝罗索斯在关于巴比伦的历史学方面占有一席,因为他写了一部名为《迦勒底》的巴比伦通史,题献给当时巴比伦统治者塞琉古二世(Antiochus Seleucus II)。此书共三卷,第一卷论宇宙结构及天文星占之学,后两卷从开天辟地直叙述到亚历山大远征之时为止。后两卷现已佚失,但希腊、罗马时代的作家们经常提到这部历史著作。

贝罗索斯移民到西方,并在希腊的 Kos 建立了一所占星学校,后来其他的占星学家记录了有关他的一些资料,据说他将美索不达米亚的天文学、占星术和哲学著作翻译成希腊语。在雅典曾给他竖立了一座雕像,鉴于他占星预测的准确性,这座雕像的舌头被塑为金色,象征他金口玉言的准确性。后人还提及了他的两个学生,分别是 Antipater 和 Athenodorus,他们不仅继承了他的占星教义,还拓展了他所传授的占星实战技术。Athenodorus 还留下了一种计算孕期时间星盘的方法。

2、Nechepsō and Petosiris(大约公元前 1 世纪)西方古代占星家经常将占星术追溯到 Nechepso 和 Petosiris 身上。他们两个是最有影响力的希腊占星起源人物。一般认为埃及建立了最早的西方占星术，Nechepso 指的是一个法老王，译为尼赫普索。Petosiris 是一个常见的埃及名字，译为佩托西里斯，被称为法老王的祭司，此人以法老 Nechepsō 的名号，写了 14 本占星书。

在 Firmicus 的作品中，所提及更早的还有 Hermes、Asclepius(赫尔墨斯和阿斯克勒庇斯)和其它人。但是要论及具体的占星学说，提及更多的也是 Nechepsō 和 Petosiris。著名的希腊占星师 Vettius Valens 几乎将他们视为希腊占星术的创始人，并且后世也有人认为，他们掌握了全部占星术的秘密。在公元 1 世纪初，Thrasyllus 也曾提及他们。尽管他们是古代最有影响力的占星术作者，但是他们的作品并未流传至今，我们只能通过其它作者的引用看到其中一些内容。在占星术作品中，Nechepsō 经常被称为国王。

现代研究者试图破解他们在历史上的真正身份。有人认为 Nechepso 可能就是埃及第 26 王朝的 Necho II(公元前 610 年～公元前 595 年)。

3、Timaeus，蒂迈乌斯，公元前 1 世纪晚期或公元 1 世纪的占星师，后期的 Antiochus、Valens 都曾引用或提及他的理论。《Anonymous of 379》的匿名作者也在作品中指出，Timaeus 是 Nechepsō and Petosiri 之后的占星师。

4、Teucer of Babylon，透克罗斯，来自巴比伦，他罗列过行星类象、黄道十二星座类象、和旬星的意义。Prophyry 是最早提及他的占星家。他的一些著作内容被 Vettius Valens 和 Rhetorius of Egypt 等人所引用。有人认为他活跃于公元前 1 世纪。

5、Thrasyllus，塞拉西鲁斯（公元前 36 年去世）是罗马帝国早期的皇帝 Tiberius（提比略）身边的宫廷占星师，他的兴趣非常广泛，在哲学领域也有所涉及。据说，提比略在称帝前与塞拉西鲁斯会面咨询命盘，塞拉西鲁斯论断了提比略的重大事情之后，提比略问他："今天，你自己的命盘有什么信息？"提比略有一个习惯，每次咨询后，会将占星师人扔下悬崖。在快速计算后，塞拉西鲁斯冒了一身冷汗，回答说："我的命盘反应今天我有急剧的危险。"提比略被塞拉西鲁斯的论断所震撼，于是塞拉西鲁斯成为提比略最信任的占星顾问之一。塞拉西鲁斯写过一本占星著作，名为《Pinax》，这本书并未流传下来。后世的一些占星家在著作中，曾引用或提及他的一些观念。

塞拉西鲁斯的儿子，名叫 Balillus（公元前 1 世纪）子承父业，他成为罗马皇帝身边的宫廷占星师。辅佐了四任罗马皇帝。他有一本名叫占星实践的书流传了下来（《Astrologoumena》）。

6、Abraham，亚伯拉罕（大约公元 1 世纪）。Valens 在其著作中提及 Abraham 论断旅移民的理论，该理论使用了类似黄道释放法的周期技术。

7、Critodemus，克里托德摩斯（大约公元 1 世纪）Firmicus 将其列为早期的希腊占星家之一。公元 2 世纪的 Valens 在其作品中，多处引用他的内容，并认为他的作品和 Nechepso and Petosiris 的作品一样神秘而夸张。

8、Anubio，阿努比奥（大约公元 1 世纪）在公元 1 世纪左右，他写了一首关于占星术的指导诗。他是唯一的已知使用对联体（希腊格律诗的一种形式）写诗的占星作家。Rhetorius、Firmicus 和 Hephaistio 都在自己的著作中提及他。

9、Marcus Manilius,马库斯·曼尼利乌斯(公元 1 世纪初),大约在公元 1 世纪初(公元 14 年),曼尼利乌斯用拉丁文写了一首关于占星术的长篇诗歌,名为《Astronomica》。这首诗是第一部完整保存到今天的希腊占星术主要著作,完整的应用了黄道十二星座、恒星以及后天十二宫。

10、Antiochus of Athens(疑为公元前 1 世纪),安条奥库斯,他的出生年代是未知的,他曾写过一本重要的占星书,书中定义了希腊占星术所有的基本技术概念,不幸的是,原文没有保存下来,后世的一些作品中保留了他的一些定义。

11、Claudius Ptolemy,克罗迪斯·托勒密(古希腊语:ΚλαύδιοςΠτολεμαῖος;拉丁语:Claudius Ptolemaeus,约 90 年—168 年),是希腊数学家,天文学家,地理学家和占星家。公元 2 世纪中叶左右曾在埃及工作。尽管他曾经写过光学、地理和谐波等主题,但是却以在天文学和占星学方面的著作而闻名世界。其占星著作《Tetrabiblos》,中文译名为《占星四书》

12、Dorotheus of Sidon(Δωρόθεος Σιδώνιος),译为西顿的都勒斯,是一位极有影响力的占星家,他生活在公元 1 世纪后期,用希腊语撰写了五本关于占星术的诗集,后世称之为《占星五经》。他的著作对后来的希腊和中世纪占星术产生了巨大影响。

13、Vettius Valens,译为维提乌斯·瓦伦斯,Valens 出生于安提阿古城(Antioch),该城现在位于如今的土耳其安塔基亚(Antakya)。根据他的著作内容,他受孕于公元 119 年 5 月 13 日,出生于公元 120 年 2 月 8 日,公元 140 年,他的母亲去世,34 岁时,在国外工作,成为上位者的朋友,因为一个女人而陷入危险并受到身体伤害。35 岁时(公元 154

年），他经历了一次海上航行，其间他遭遇海盗和风暴，在他作品的第七本里面列出了事故中同船的五个人的命盘。后来他前往埃及寻找更精确的时间论断技术，最终定居在那里，并在亚历山大建立了一所学校。Valens 晚年时期，安东尼瘟疫在罗马帝国爆发，现代人推测，可能Valens 死于瘟疫。

Valens 以其占星术专著《Anthology》而著称。这部作品，是他在公元 150 年—175 年间用希腊文所写的九卷占星内容。这本选集是现存最长、最详细的占星学专著。这部书是研究希腊希腊占星术的重要的资料，并且他是一位实践的职业占星家，他在书中使用了 100 多个案例来证明他的占星术技术。Valens 在书中引用了许多早期作者和权威的观点，比如巴比伦的 Teucer，如果不是 Valens 作品的引用，这些知识就不为人知了。其中一些引用知识，是公元前 2 世纪的法老尼赫普索Nechepso 和大祭司佩托西里斯 Petosiris 的著作内容，这些知识都在Valens 的作品中被直接引用。他还大量引用了 Critodemus 的作品，有时他在作品中表示 Critodemus 没有什么实质东西，在他的第九本书中还提到过 Thrasyllus。

Valens 认为传统宗教是无用的，他发现命运可以代替宗教，人们知道了命运的一切，可以有一种摆脱焦虑的自由感和一种得救的感觉。他完全相信一切都是根据命运而发生的，他说占星家注定是命运的斗士和先知。他拒绝使用择吉占星术来改变命运。

Valens 在著作内，罗列前人的占星格言，同时加入自己的实践方法并附录案例，以说明自己方法的准确性。但是波斯时期也有书籍认为他书内抒写了强烈的自信，彰显了骄傲，认为他的一些内容有偏离传统轨道。

14、Antigonus of Nicaea，尼西亚的安提戈努斯，活动于大约在公元2世纪晚期，安提戈努斯写了一本占星术指导手册，其中包括一些命盘案例。这本手册至少包含四册书。后来的 Hephaistio of Thebes，即赫菲斯提奥，在其著作中引用到了他的三个案例，这三个案例，是目前现存希腊占星系统中最长的案例解说，所以其研究价值很高。通过案例，我们可以看到希腊占星早期的实战论断方法。赫菲斯提奥在著作中提到了安提戈努斯的作品，其占星原理源出 Nechepso and Petosiris，所以他的论断技术中，有一些早期的占星论断方法。三个案例中有两个已经确认，一个是罗马皇帝哈德良，另外一个是他的甥孙 Gnaeus Pedanius Fuscus Salinator，格内乌斯·佩达尼乌斯·弗斯库斯·萨利纳。

15、Porphyry of Tyre，提尔的波菲利是一位杰出的新柏拉图哲学家，他活跃于公元3世纪晚期。他是一位杰出的新柏拉图主义哲学家，偶尔会在他的哲学著作中提及占星学教义，并且至少有一部现存的占星学文献是他所写。一般他被认为是托勒密占星四书导论的作者。他指出，其中很多占星概念不是托勒密所定义，而是逐字从安条奥库斯已经失传的著作中复制出来的。

16、Firmicus Maternus，费尔米库斯·马特尔努斯是西西里岛的一名律师和占星家，生活公元4世纪中叶，写了一本占星学的拉丁语教科书，称为 Mathesis，该书摘录了大量早期希腊占星的材料。书名 Mathesis，源自希腊语，意为"学习"或"学习行为"。在 Firmicus 时代的拉丁语中，该术语的意思是"知识"或"科学"，因此他的作品名称的意思就是占星科学。

17、Paulus of Alexandria，亚历山大的保罗，在4世纪末期，他写了一本占星书，致力于他的儿子 Cronamon。他的生平，我们不得而知。

在其作品的第二版序言中，保罗指出，他儿子提出星座的上升时间是错误的，所以保罗根据 Ptolemy 的说法，在第二版中做了修订。

18、Hephaistio of Thebes，底比斯的赫菲斯提奥，是一位占星家，他在公元 5 世纪初期在埃及撰写了三册占星术纲要，名为《Apotelesmatika》，这本书的资料来源主要是拖勒密和都勒斯。

19、Olympiodorus，奥林匹奥多罗斯，公元 6 世纪中叶的新柏拉图主义哲学家、占星家和教师，他生活在拜占庭帝国的早期，在亚历山大的一所学校教学，有时候他被称作小奥林匹奥多罗斯。因为五世纪有一位年长的哲学家和他同名，并且也在亚历山大教学。在 Paulus of Alexandria 的作品中，有源出于 Olympiodorus 的注解。

20、Rhetorius of Egypt，希腊晚期占星学家之一，活跃于公元 6 世纪初或 7 世纪初期。他撰写了一部占星术大摘要，其中大部分内容来自早期的占星家的内容的摘录，譬如安条奥库斯（Antiochus of Athens）等等。

21、Zādānfarrūkh al—Andarzaghar，波斯占星学家，活跃于大约公元 650 年期间，Al—Andarzaghar 是戒律老师的意思，真实的名字是 Zādānfarrūkh。有命理占星存世，从知识构造风格上而言，《Book of Aristotle》应该为其所编辑整理的命理占星书籍。

22、Theophilus of Edessa 西奥菲勒斯，（约公元 695～785 年）是一位基督教徒，同时也是哈里发马赫迪（Caliph al—MahdĪ）的首席占星家。其母语为希腊语，是真正意义的最后的希腊占星家之一，对军事占星很有研究，改编 Dorotheus 和 Rhetorius 的占星内容以适用于军事方面，并长期随军驻野。

23、Māshā'allāh b. AtharĪ，玛沙阿拉·伊本·阿萨里（公元 740

年～815 年），是 8 世纪的波斯犹太著名占星家，天文学家和数学家。他最初来自呼罗珊（Khorasan），在阿尔曼努尔（Al－Manhur）和阿玛蒙（Al－Ma′mūn）统治时期住在巴士拉（Basra），是 8 世纪末和 9 世纪初将占星术和天文学引入巴格达的人之一。曾参与了巴格达建城择吉，对命理占星、择吉占星、世运占星均有深入的研究。

24、Al－KindĪ，阿尔·金迪（公元 801 年～870 年）著名的占星家、哲学家和科学作家。是阿拉伯的第一位哲学家。其著作有《四十章》。曾使用波斯世运占星术预测了阿拉伯统治于 1258 年结束。据说 Abū Ma'shar 曾经是占星术的怀疑论者，后来他遇到了 Al－KindĪ，他把自己的观点告知 Al－KindĪ，Al－KindĪ 明智的回答他，当一个人准备批判一门学科之前首先要搞懂它，研究它。Abū Ma'shar 采纳了他的意见，众所周知，Abū Ma'shar 后来成为有史以来最权威的占星家之一。

25、Abū Ma'shar Ja'far b. Muhammad b. Umar，即 Abū Ma'shar（阿布马沙）拉丁文名阿尔布玛扎（Alb Umazar）是公元 9 世纪最著名的占星学家之一，他于公元 786 年出生于阿富汗，同时代的占星家还有 Sahl B. Bishr 与 Masha'allāh。马沙阿拉大约于公元 740 年，在伊拉克的巴士拉出生，死于公元 815 年，他去世时阿布马沙大约三十岁。在大约公元 834 年，阿布马沙 47 岁的时候，受著名占星学家 Al－Kindi 影响，他开始学习占星术。他后来成为中世纪最重要的多产占星术作家。他的论文中引用了较早的伊斯兰、波斯、希腊和美索不达米亚学者的研究结果，并在此基础上有所发展。其作品在 12 世纪被译成拉丁文，以手抄本的形式广泛流传，对西方古典占星学者产生了很大的影响。在论述天体运动时，他指出：世界之始正当七大行星交合于白羊座 1°，世界末日将发生在七大行星交合于双鱼座末度之时。

有关于阿布马沙的出生时间是存在一定争议的,他的出生时间,主要来源于历史学家 Al－Nadim 的记录,他记录阿布马沙生于公元 786 年,在 100 岁时,公元 886 年,死于伊拉克。1962 年有人根据阿布马沙的作品里的案例,认为阿布马沙生于公元 787 年 8 月 10 日。阿布马沙的学生 Shadhan b. Bahr 曾经记录说,阿布马沙每到满月时候会发作癫痫症,但是阿布马沙不知道自己的出生时间,因此他不得不使用占卜盘论断自己的寿命、生平和健康问题。由此我们可以知道,阿布马沙并不知道自己的出生时间。

历史学家 Al－Nadim 认为阿布马沙是在 47 岁以后开始学习占星术。但是拉丁文版本的书籍中,阿布马沙的学生 Shadhan b. Bahr 有一个占星卜卦盘咨询阿布马沙,时间是公元 832 年 10 月。因此有两种可能,第一种是阿布马沙学习占星早于 47 岁,另外一种可能是阿布马沙出生年份有误。一般不会空穴来风,阿布马沙学习占星较晚有可能是真实的。

即使在当时的年代,阿布马沙本人的名声也是好坏参半,有人说他完全就是抄袭,但是其实这个指责真的是说不过去,对古代文档的整理是必要的,而且整理中没有注明出处就是抄袭,这就太苛责了。另外有些人指责他著书粗心大意,篡改数据等等。但如果没有他的著述,我们现代人无法研究学习到那个时代的精彩技术,他的著作非常细致,汇集各类理论,但是过于细致也会导致不利于实战操作,有些内容过于理想化、理论化。

26、Umar bin al－Farrukhān al－Tabarī,乌玛·阿拉塔巴里,于公元 825 年去世,是波斯早期的著名占星学家。曾被 Al－Mansūr,即曼苏尔王雇佣,整个占星团队成员还有著名占星师 Māshā′allāh 和 Nawbakht 等人,他曾参与了巴格达建城择吉(建城时间为公元 762 年 7 月 31 日),最后备选择吉盘由 Nawbakht 负责挑选。他的作品涉及卜卦占星、择吉占星、世俗占星、命理占星,曾写过一本世俗占星太阳公转理论的作品,写过一本 138 章节的卜卦作品和一部 136 章节的涉及择吉与占卜的作品,还有一部关于论断来意的作品,除了自己的作品,他还有一个重要贡献,就是他把 Dorotheus 的作品《Carmen》从巴拉维语翻译成阿拉伯语,学过古典占星的人都知道,《Carmen》这部作品的影响力有多大,所以我们今天能够看到这部作品,乌玛·阿拉塔巴里的功劳是非常大的。

27、Sahl B. Bishr,全名为 Abū′Uthmān Sahl b. Habīb b. Hāni′ al—Isrā′ al—Yahūdī,具体出生时间不详,活跃于公元 811—825 年。是 9 世纪犹太占星学家。John of Seville 将他的五部著作翻译为拉丁文。

28、Al—Biruni,全名 Abu′l—Rayhan Muhammad Ibn Ahmad Al—Biruni。阿尔·比鲁尼,中世纪阿拉伯著名的科学家、史学家、哲学家、占星家。公元 973 年出生于 Kath,当时是花瓦利兹姆公国的首都,也就是今天乌兹别克斯坦的希瓦市(具体出生于儒略历公元 973 年 9 月 4 日 5 点 05 分)。他从小从事科学研究,22 岁时出版了一部有关地图学的专著。比鲁尼写了一百多本书和专著,涉及数学、几何学、地理学、天文学、占星术、矿物密度和历史等多种学科。他在公元 1048 年 12 月 13 日死于阿富汗的加兹纳,也就是现在的加兹尼。阿尔·比鲁尼的著作是文艺复兴时期占星学的重要来源。比鲁尼被后世学者誉为"百科式的学者"、"各种文化交流的使者",在伊朗科学文化史上享有崇高的声誉。

29、Abraham Ibn Ezra　亚伯拉罕·伊本·伊斯拉(1089 — 1167),出生于纳瓦拉(Navarre,中世纪时期位于西班牙东北部和法国西南部的王国)的图迭拉(Tudela,现在位于西班牙),1167 年去世于卡拉奥拉(Calahorra)。他是中世纪最卓越的犹太学者和作家。伊本·艾兹拉擅长哲学、天文学、占星术、数学、诗歌、语言学和释经学。他被称为智者、大师。

伊本·伊斯拉出生于图迭拉,后来他在科尔多瓦(Córdoba,西班牙城市名)生活。在 1140 年之前,为了逃离阿尔摩哈德(Almohads)新政权对犹太人的疯狂迫害,他离开了西班牙。伊本·伊斯拉开始了居无定所的流浪生活,游历过北非、埃及(1109 年,可能由犹大·哈列维陪伴)、以色列、意大利、法国、英格兰,1161 年他再次回到纳尔博纳(Narbonne),直到 1167 年 1 月 23 或 28 日去世。

伊本·以斯拉的占星著作广为流传。他死后不久,他的门徒和崇拜者就开始将他的作品摘录抄录并加以评论,从 13 世纪下半叶开始,翻译成拉丁语、法语和其他欧洲语言。其占星作品涉及命理、卜卦、择吉、世运等等,内容非常丰富。在他的著作中经常引用前人的观念,然后表述自己的看法,他引用较多的有 Enoch,也是他相对比较信任的资料来源,Enoch 在希伯来和阿拉伯文献中其实就是赫尔墨斯。

30、Guido Bonatti,圭多·博纳提,大约出生于 1207 年,死于 1296 年至 1300 年),意大利数学家、天文学家和占星家,是 13 世纪最著名的占星家。博纳提是罗马帝国皇帝腓特烈二世、埃泽利诺三世、意大利皇帝圭多·诺维罗、圭多·蒙蒂费尔特罗的占星顾问。他还为佛罗伦萨、锡耶纳和 Forlì 的政府服务。他的雇主都是吉伯林派(神圣罗马皇帝的支持者),他们与圭尔派(教皇的支持者)有冲突,所有人都在某个时期被逐出教会。他最著名的作品《Book of Astronomy》,写于 1277 年左右。

31、Jean-Baptiste Morin,吉恩-巴蒂斯特·莫林(1583 年 2 月 23

日～1656 年 11 月 6 日)法国数学家、占星家和天文学家。出生在博若莱,16 岁时开始学习哲学。1611 年,他在阿维尼翁学医,两年后获得医学学位。1613 年至 1621 年,他受雇于布洛涅主教,并在此期间被送往德国和匈牙利。他作为占星家为主教服务,还参观矿山、研究金属。他随后为卢森堡公爵工作到 1629 年。莫林在 1624 年发表了一篇为亚里士多德辩护的文章。他还在光学领域工作,并继续研究占星术。他和 Pierre Gassendi 一起研究观测天文学。莫林坚定地相信地球在太空中是固定的,他以反对伽利略和其观点而闻名。在他的晚年的时候,莫林完成了《Astrologia Gallica》(即法国占星学),这 26 本错综复杂的拉丁文书于 1661 年在海牙出版,共 850 页。该著作涵盖了命理、世运、择吉和气象占星学,以及与占星技术(相对于他们所基于的神学讨论)最相关的部分,已被翻译或意译为法语、西班牙语、德语和英语。

莫林在其作品中,批判了许多经典占星理论,包括托勒密的占星学系统、波斯阿拉伯时期的占星术,其中虽然有自己的经验和认知,但是大部分存在很多个人观念上的偏见。

1630 年,莫林被任命为皇家学院的数学教授,他一直担任这个职位直到去世,去世前,预知了自己的死亡。

32、William Lilly,威廉·李利(1602 年 5 月 11 日～1681 年 6 月 9 日)李利生于英国莱斯特郡一个耕农家庭,青年时去了伦敦做起了男仆的工作。7 年后他与前主人的遗孀结婚,得到一大笔财产,同时也得闲能够研习占星术。1644 年英国内战期间,出版了他的第一本占星书。1647 年,出版了他的代表作——《基督占星》(Christian Astrology)。到 1659 年,他已经声名远扬,其卜卦占星对近代影响深远。

附录 2 月亮趋离与行星入十二宫吉凶

内容选自《天步真原》,对月亮趋离的论断有重要的参考价值,文内加光代表盈月(即初一至十五),失光代表亏月(即十五至三十)。

离,一宫内三十度皆为离;不在一宫,十度为离,不但星,照亦同。

五星月有虚逐,亦有虚离。如月在狮子二十度,火在狮子三十度,从巨蟹到月无星无照,后边无所离,离为虚;前有火星十度,逐不为虚。

如月在狮子二十度,土星在狮子十度,从月到天秤无星无照,逐为虚;若前后俱无星无照,即离与逐皆虚。五星皆然,惟月为要,今论月。

离土星

月离土星逐木星:月加光时,作福,有大官,得亲人遗财,土内寻银,各样大福。若月失光,则无前事,但多管闲事,不能得大财(亏月,则主业务管理、出差、船长、税吏、靠水为生、外国事务等)。

离土星逐火星:加光时,心恶(也代表疾病,早死);失光,母有大病,母穷苦,父母不和,破家,多强死(即溺死、吊死、烧死,各种凶死)。

月离土星逐日:大苦难,有风疾,常苦恼,有蛊病(癫痫、精神病、水臌、麻风病之类）。

离土星逐金星：加光时，大富贵，有福，有能为，好色，有伤。若失光，极好色。

离土星逐水星：加光，通明，能知深远之理，或名医（神秘学、宗教、术数、商业、教师、口才等等）。失光时，口哑，耳聋，身体坏，人不爽快（忧郁、黄疸、肺病、浮肿、痛性尿淋沥）。

月离土星前无星：有痔病苦，胆小，无主意，不爽快，贫穷，懒、奸，老时尤甚。

以上诸事，若有经星吉照及月升光时，其害略轻，大抵多失家出外。若月失光，诸皆因冷生，脾胃弱。

逐土星

月离木星逐土星：加光时，得外人喜悦，管外人事，作水上生理，多出外。失光时，贫苦事人。

离火星逐土星：加光时，懒惰，心慢，诸事不成，母或寡或病。失光，病苦，身不全。

离日逐土星：日生，家事多失，父母伤，终有大福。夜生，贫病，多强死。

离金星逐土星：加光，夜生，娶不正妇人或老人（得妻子的支持而获得地位和荣誉）；日生，好色，主多远游，劳苦。若妇人遇此，为不正之人（男子好色失名，女子为娼）。

月离金星逐土星：失光时，夜生，多无子；失光时，日生，软弱，主贫贱，水内生涯。

月离水星逐土星：加光时，日生，或哑，或聋（从事计算、教学、商业、旅游、口译等工作，能洞悉天体星学，或负责管理水域、监狱）；夜生，加光时，皆平常生理,受苦之人(劳作,体力工作,有的会被拘留或入狱,如果构造于凶星星座或凶星映射时,代表蓬头垢面或畸形中死去)。

月离水星逐土星:失光时,日生,穷人,丐子,牢内死,或大病死(于寺庙服务或癫痫、精神病)。

月虚不离各星:加光时逐土星,母寡,母病,家事常失常得;失光时,父母皆有伤,人软弱。

土星吉凶

土星为第一宫主星,大抵人聪明、嫉妒、饮食少、胆小。在角内,多为首生子。在七宫,强死,为人亦恶。在十宫,人福来迟,三十年前不能得。四宫,家事皆坏,夜生尤甚,昼生稍减。在第一宫,不吉。二宫或八宫,人多苦恼,被人妒。八宫,或同火星,或同木星,得别人财物。三宫,主坏兄弟,照更凶。在九宫,学问多假。十宫与十一宫,坏子。五、六宫,有不治之疾。十二宫,为人大难相与,大抵死于狱。

离木星

月离木星逐火星:夜生,加光时,有大权、大官,多险苦,终能忍耐,火星在角更甚,若火在降角,其人作火内生涯,夜生贫苦乞丐,多病,强死;失光时,夜生,火星在角,为人有名、有官,若火在降角,为兵;日生,失光时,离木星,逐火星,父母家事要失,大抵父母早去,贫苦,役于人(火星于2、8、6、12宫,死于暴毙)。

月离木星逐日:父母家事皆失,为徒流、或逃亡。

大抵月或日在土星或火星宫内离木星:加光时,父母尊贵,亦少年丧父母,自己亦尊贵,有福,福多自妇女来,为人文雅。失光时,福贵多从父母来,少年得。

月离木星逐水星:加光时,人爽快,有名声,大抵管钱粮关塞,其福长久。失光时,读书为客,管闲事,得亲人遗财。

月离木星,前无星照:加光时,外游,穷苦贫贱。失光,苦恼,有病,多狱灾。

逐木星

月逐木星:加光时,富有体,而知未来事,大抵不宜。有火星对照、弦照,主大险危。月失光,少年苦恼,寄养于他人,迟迟有小福,亦忌火星凶照,有照更苦。

月离水星逐木星:加光时,有权,有官,有福,有兵权,作事易成;失光时,管兵,但为人心险多劳。

月离日逐木星:日生,福自父母来,有大名,富贵;夜生,自己作福,喜远游,福来迟。

月离金星逐木星:加光时,亦有大权、大福,大抵福来自妇人;失光时,亦有福,少年时得他人财物。

月离水星逐木星:加光时,为大人,为朝官,福自读书中来;失光时,亦有福,官小,土内求财物。

木星吉凶

木星在一宫,大抵有大权,后生多为首生子,或妨兄弟;二宫主富;四宫得大人爱,有大权;三宫常有小出行,有好兄弟、朋友;五宫内亦有福;十一宫同在四角内,其性随各宫之性(如在狮子,即有狮子性)。西边角七宫,不甚吉;木星喜在十一宫,六宫、七宫,亦有福,老年方来。七宫在阴阳内,生相大;八宫与二宫,但多为财富争讼,夜生更甚;九宫福自教学中来;十一宫与四宫,其事更大。

离火星

月离火星逐日:身弱,命不长,大苦恼,多外死。

月离火星逐金星:加光时,杀人、骗盗无所不为,多死于法,为恶,不得便宜。

月离火星逐金星:失光时,其人有福,福多自妇人来。

月离火星逐水星:加光时,夜生,作兵卒,有名,心狠;日生,皆以罪死。失光时,日生,逐金星,性甚恶,强死;失光时,夜生,主监狱事。

月离火不逐他星:加光时,家事失,少年妨父母,命多险厄,或陷下死,或死于恶兽,或死于罪责。失光时,家事坏,作生涯俱苦恼事,或烧铁之类。

逐火星

月离日逐火星:日生,父母早死,坏目,身体、手足有伤或少年死。夜生,心狠,作兵卒。在角内,有名;在降角,卑贱,父母早亡;火内作生计。

月离金星逐火星:日生,加光时,为妇人有大苦(因为感情而有危险、灾害,诸如监禁、谴责、凶死、出卖);夜生,有权,心狠,领兵征战。火与月在一宫或五宫,更大;别宫,作军卒生计。失光,家事皆失,有苦有病。

月离水星逐火星:夜生,加光时,作大将,心狠毒;在角内,愈大。若在降角,夜生,不孝,仇父母兄弟,多强死(弑父、弑子女或兄弟、亲戚或者因为不利的婚姻关系而弑妻，因为疯狂杀人而被判死刑）。**若失光，日生，作光棍与贼；相合，亦死于法**（加光，日生，也主此类，代表无宗教，伪证，欺骗，凶性日益增长，窃贼，抢劫杀人，因为此罪行死于暴力）；**月失光离水星逐火星，夜生，为军兵，大胆，有大名，多性气**（成为士兵或运动员），**若月与火在一宫或五宫，皆强死；别宫内，多苦。**

若逐火星，火星在本宫，皆为将官。在土星宫，内心甚恶，贱人，如皂僧之类。

月不离他星逐火星：加光时，夜生，多险厄，多被脱骗，喜争战。日生，坏目，坏身体。

一宫或六宫、十二宫，加光时与火星相合，其人不婚娶，父母早丧，多跌死。五宫、十一宫、二宫、八宫逐火星，日生，命短，胸间窄。夜生，失光时，上面各宫内有大权，作官。

大抵日与火星相合不吉。加光时不吉。与月同土星相会失光时皆不吉之甚。

火星吉凶

火星在一宫内，日生，大胆，有风疾，好浪费，说谎，不稳实。四宫相同，但四宫不生子女，亦有病，大抵多在牢狱。在七宫，好杀人，为人恶。在一宫，火星有权，大抵强死、早死。十宫内多军流死，其宫为阴宫，其事差减，但在天蝎阴宫更甚。

夜生人一宫或十宫，火星在木星或金星、水星有权宫内，皆有大权。木星权自帝王来，金星自百姓来，水星才干来。上角内比上，福、祸小，在八宫大抵死于兵（八宫亦是上角）。

日月在角内到火星，即强死。金牛、巨蟹、天秤，为人杀。在二宫，其人无才能。五宫、十一宫,大抵失家。凡各事在阴宫、夜生,俱小。

离日

月离日逐金星:日生,无子,娶老妻,财富自苦中来;夜生,妻多,有福,富贵,为人好,但看无土星照。

月离日逐水星:昼生,心不善;夜生,作差役人。若有木星照,为官吏,亦有大学问。

月离日不逐他星:其人无福,走外,为役于人。

逐日

月离金星逐日:父母不相和,亦贫,少年有福。

月离水星逐日:或风疾,或哑,或聋,贫苦,无定居,年老稍减。大抵月逐日俱无福,有病有风。

日吉凶

日在一宫,兄弟不相和。在第一宫,宫分属阳。在本宫或升内或有吉照,大抵大富贵。若有凶星相近,坏目。

在一宫同土星光相及,昼生,有大权,位尊。若有他星照,为但作小官。

日在一宫有火星照或光相及,有大权,从艰难中来。

日在第一宫,昼生,宫分如上说。木星在四正角,有火星在十宫,属阳。月光满亦在角内,非帝王即有天下大权。若同上说,月与火星俱在十宫内或八宫,亦有大权,终强死。

　　土星在十宫内，日如上说。火星在二宫或八宫，月满时有大权，终死狱中。

　　日在第一宫，别角有木星、金星、水星，为大人父母来，大福长久。若有土星吉照，其福长久。

　　日在第一宫，木星、火星、水星在别角有土星吉照，有火星吉照亦大权，大胆，奸谋害人，贪财，终坏己身。

　　日在一宫，夜生亦贵，作人亦好，若有土星、火星吉照或在一宫内，兄长俱死，家事俱失。或在第一宫，或在别宫，皆然。

　　日在二宫，人爽快，财物艰难，多争竞。有金星或木星吉照或相合，有福，亦从艰难来。凡日在二宫，难求大事。

　　日在三宫，父不吉，软弱，良善，亦作钱粮之官，妻子俱迟。

　　三宫是日本宫，或升或木星、金星、水星宫内或升内，俱管教诲事。若内有火星或土星照或同在一宫内，为人心恶、奸贪。

　　日在四宫有火土星照，要杀父，一家俱坏，身多苦恼。

　　日在五宫，尊贵，有好友。若有金星或金六合照，还有大贵之想，大抵来自百姓。若凶星俱在，亦不能坏事，因宫分好，但坏子女。若单有日在内，福小，子女多伤。

　　日在六宫，大艰苦，有久病。若火星在第一宫，有权，有官，但早死或坏身家。十宫内有星有福。

　　日在六宫，十宫内无星，木星或金星在六宫内，凶事少。

　　日在七宫，若月在一宫内或十宫，有大权，在本宫或木星宫更大。

　　日在七宫，月亦在，福亦在。木星在别角，为福德帝王。

　　若日、月、福俱在，木星别角，火星或土在二宫或八宫，要失权，失权时更有凶祸。

　　日在七宫或别宫，水星、月在一宫内，皆有大学问。若有土星，学问不善用。

若夜生,日与土星同在七宫,水、金亦在内或十二宫或六宫,水星、金星、土星在内,不生子女,如内监。

日在八宫,父早亡。若火、土在内或火、土吉照,有风疾。

日在八宫,月在对照,有火、土星照,多病,皆从头上来。若有木、火吉照或相合,病皆可医。

日在九宫,作匠人佛相,多出外。若有凶星照,在外多苦恼。

日在十宫,昼生,在日宫或木星宫或木星升,或为帝王,或为大臣,从父母来。若火星在别角,即多从苦恼得。

日在十宫如上说。有火星在七宫,月光满照,火星或在一宫或在十宫,有大权,当死狱中。

日在十宫,有火星在二宫或九宫,有月凶照或同月、火星在一宫内,月光满,亦同上说。

日如上说,无火星、木星在别角,月亦在角,光满,同木星有照,普天下有名。

日不在十宫,在十宫、一宫分内,父母俱贵好,星照多更吉,大抵日在角内同水星,皆主大学问。

日在十一宫,有福,尊贵,父母俱贵,有木吉照更吉。或金星同日在东边,福皆自朋友来。若日在十一宫内,同凶星或恶照,伤子女,别无不吉。

日在十二宫,为贱役,父母早亡,家事多失,有病,有狱灾,若有吉星在内,终不能吉,不吉星在内,常有病,心凶狼。

逐金星

月逐金星:加光时,其人易坏易贫;月失光,年少亦有福,仇多。大抵月逐金星,其人多好色,有好色之祸。

若月逐金星,日生,月在四角内,火星或在七宫或十宫,多为色死于非命。若妇人由此,主淫。

月加光或满,离水星逐金星,喜生利,人爽快(香水、颜料、药品、宝石类行业,或音乐,也主色欲,容易遇到性格有缺陷之人,而因此遇到不顺)。若失光,夜生,尊贵有权,为官,月在第一宫,更大(尤其月亮、金星没有被太阳以任何形式映射)。

离金星

月离金星逐水星:加光时,好管闲事,作伏侍妇人之事;失光,心恶,有病。

月离金星:加光时,前无吉星,贫苦,心恶;失光,常苦恼。

金星吉凶

金星为一宫主星,为人爽快,好交,可信。形貌好,好色,肯怜人,好歌唱。若有水星吉照,为御命大臣。

金星若同木、日、火星,皆有大权,管兵,亦多子女。若有火星凶照,为兵刃伤手足或失血病,同土星,多恶疮,同水星,有水胞疾。

金星喜五宫与七宫。

金星在西,与土星相对,为人极坏。

在七宫内,老年有福,十宫东边,有大名,亦为侯王。有日照,福自朝廷;火星照,兵马来;木星照,功德来。

四宫,有财福,内人吉,不甚生子女。二宫,为人爽快,好色。八宫,妻有缺陷或不生子。八宫,得亲人遗财。十一宫,年少有福,后减。五宫同十一宫。三宫内与月、水、木同处,为功德教化,有大福,若有土星或木星为功德,受劳苦。九宫,信邪教,与火星、土星相同,为邪教,为女色恶死。同木、土、水相合或有吉照,知未来事,有福。

六宫,内人贱,形恶。十二宫,妻不吉。

离水星

月离水星,前无别星:加光时,是有学问人,为医卜,有福;失光,不喜学问,多水厄,口耳不便利。

逐水星

月逐水星:加光时,聪明,大才学,若有木三合照,为学问,得大权。月逐水星失光,心忌,多疑,人恶,多病。

水星与金相合,好色。与木相合,有胆,骄傲。

月空走,不离星,不逐星,角亦无好星,人生穷苦,倚他人度日,身弱,常有病。若有好星照,少年贫苦,后来有福,生日内有头一个大权,亦在好处,身体好,心好到底,喜走水路,喜出外。若生日无位在不好处,难为家室,儿女难为眼睛,子不孝,外无好名。

水星吉凶

水星有各星之性:有日性,为光相似;有月性,为动相似。凡日月无权时,如日月相合在地平下,或三宫、六宫,或第二宫,或五宫,水星在东在第一宫，或在西在七宫，水星此时替日月为主管事，是大聪明异常之人。若水在昂星相近，忒聪明，有风气。

若一宫是水星宫，身不大，眼睛小，不悭吝，善生利，喜求未来事，有本领。若有金星吉照，善作文。在月位中，爽快，易交。在土星内，喜天文。若夜生有土星照，仇人多，凶厄多。若火星在七宫，有月光满照，多死于火灾。水在各角内，大抵喜学问。单有火星弦照，文章多不善用。

在二宫，不喜学问，在东更甚。八宫，风痴，为人恶。三宫、十一宫，在东稍吉；九宫、六宫，在西稍吉；六宫、十二宫，夜生稍吉；三宫、九宫，日生稍吉。六宫，为医，有名，外游，有福。

水星喜在第一宫，但得在东，即大吉。

水会各星

水同各星相合，不甚吉，独同土星吉，为二星同一三角，如在阴阳、天秤、宝瓶，人有主意。

水同土星在一宫：日生，管闲事；夜生，役于人；若宫分属阴，不生子女，如内监。在二宫：日生，为医，有名有财；夜生，亦然而无福。三宫，管坟墓事。四宫，明深微之理，有狱厄。五宫，常在外，管钱粮。六宫、十二宫：夜生，心恶，贫苦；若有火星凶照，死于法。七宫：得别人家事，大富；夜生，穷苦，心恶，死于狱。八宫：日生，有病，有福；夜生，贫苦。水星在九宫，同土星，主教化事。水星与土星在十宫内，得他人大财，以善计取财。十一宫大抵同五宫。十二宫同六宫。

水星与木星在一宫：日生，有大权；夜生，次之。在二宫，得他人财；夜生，为人无主意。三宫，管教内事。四宫，好寻土中财物。五宫同四宫。六宫，为人有才能，有福。七宫，有妇人来，大福大权次之。九宫同三宫。十宫有大权，大富。十一宫同五宫。十二宫，若水星在东，作书办，有权，老年坏；在西，死不善终。

水星与火星在一宫：日生，无福，为妇人事死于法；夜生，有大权。若有土星恶照，险厄多，被骗诈，无福。二宫，多外游寄养；夜生，心恶如风痴。三宫，知未来事，有福。四宫，懒惰，卑贱，与亲人不和，好讼；夜生，管兵马，强死。五宫，大胆，有利，有权，常胜人。六宫、十二宫同五宫，到底日生，心恶，有狱厄事，人死时更极苦，月加光有照更甚；六宫、十二宫夜生，欠人债，多争讼，被卑下人伤。七宫，日生，为妻受大苦，恐不免于死，心恶。八宫，日生，家业俱失，有风痴疾；夜生，心恶，强死。九宫，心大不良。十宫，常行水路。

大抵水星同火星，亦有权，不长久即坏，但当分何星宫中。在水星宫中，即聪明爽快。在火星宫中，即喜兵、喜用；在木星宫，为官。在土星宫，作恶事，凌人为事；在日月宫，做火内生意；火星、水星在十一宫，死于争战；十二宫内有苦难，或少债，或争讼，常被官责罚。

水星与日在一宫，贵为侯王，大聪明。二宫，有财有权。三宫，算未来之事，善医卜。四宫，不大贵，有学问，但看在何星宫中，在土星宫，险厄甚多。五宫，富贵，作事易成，福不长久。六宫内，怠惰，不能成大事。若十宫有吉星，亦可望吉事。七宫，日生，有大权，大官，但不善终；夜生，贫穷，作小生意。八宫，软弱，无才能，有痴风疾。九宫，作邪法。十宫，日生，有普天下大权，有木星照更大。十一宫，有福迟迟来。十二宫，贫穷，伏役，常出外。

水星与金星在一宫：日生，近君王，有权；夜生，聪明，诸事易成，迟迟有大权，常管朝廷事。在二宫，日生，多管闲事，爽快，在东能文，尊贵；夜生，在西，大福大权。三宫，管教化事，如礼部之类。四宫，有学问，在东先贱后贵。五宫，大福迟来，来自妇人。六宫，日生，娶妻难，作生意，有福；夜生，在东,出外生意,管船水游行;在西,有才能,宝石生理。七宫,病苦多,家室难;夜生,有福迟来,来自妇人,但忌有火、土凶照,即不吉。八宫,在西,日生,不能成事,为无用之人,难得妻子,大抵风痴;夜生,得他人财物,大抵无病而死;在东,作事易成,福迟来,有才能。九宫,善天文、算数。十宫,有大名、大权,好色。十一宫,管妇女事,多苦难。十二宫,日生,好色,多死于兵;夜生,有妇人来险厄,福来易坏。

水星、白羊、巨蟹、狮子、双女加热,木星相合更甚。宝瓶在西亦同,巨蟹在北有热风。

（以下论天气）

大抵在白羊、在日光内、在东,天气爽快,养人。若水在此退行,即多病。

金牛在日光内,大黑乱风,在西养人,在东有湿,退行天好养人。

水在阴阳日光内,海中、地内皆大风;在西,大风;在东,天晴;若退行,人心闷。

在双女日光内,有热风。在西,干;在东,湿,养人;退行,多妖言。

在天秤日光内,有大风。在西,养人;在东,湿;退行,百姓乱。

天蝎在日光内,在西,晴;在东,雨;退行,兵马作乱。

人马在日光内,雨多。在西,甚湿;在东,养人;退行,山内多险厄。

摩羯,大抵雨多。退行,为人好飘海。

水星在宝瓶,在日光内,下雪。在西,热,天黑;在东,雨。退行,人有病。

水在双鱼,天黑有雨。在西,天气好;在东,天晴养人;退行,大臣有险厄。

附录3 灵台经

灵台经的内容应该出自印度阿拉伯占星内容。从印度传入中国，里面有结合印度的宿度用法。有许多古典占星技术在内，有很好的参考价值。但是此书为残本，流传至今，已经内容不全。

定三方主第九

寅午戌，昼生，日木土；夜生，木日土。申子辰，昼生，土水木；夜生，水土木。亥卯未，昼生，金火月；夜生，火金月。巳酉丑，昼生，金月火；夜生，月金火。各星如果入舍，需要看距离日月几度，右件，凡昼生，看日所在之宫，以定之。夜生，看月所在之宫，以定之，而为主也。

经云：昼生人，日在阳宫，夜生人，月在阴宫：为不背三方主，皆得力，大富贵之人也。若昼生，日在阴宫；夜生，月在阳宫；此为背三方主，合一生贫贱。据此论之，恐未臻元奥。又四门经云：若虽不背，看三方。三方若在无力之地，或伏留逆行，即不可以为有福之人也。若虽背，看三方主。三方主若在有力之地，或居王庙之宫，不可便为无福之人也。然有此论，又别无断定。今是以撮其枢要，准以为标，庶有效焉。

凡论人灾福，以卯辰巳为少年时，以午未为中年时，以申酉为老年时。

若初主在少年时,中主在中年时,末主在老年时,为不背三主,大贵之人也。若初主在老年时,末主在少年时,此为背三主也。若初方主在北面,以西为初年,戌亥是也;以北为中年时,子时是以东为老年时,丑寅是也。

如论向背,以南方而言之,见其向背也。若方主虽逆行伏留,或在王庙之宫,但依加减论之,方见准的也。若初中主在本分地位,末主在中主前者,其三主减半论之。若末主在初主前,若在卯北,其末主并不论其灾福。若在卯南者,即全力论之。其初末主,俱不论之也。若中主在初主前者,居卯北,即中主全不论之,其初主亦减力论之。若在卯南者,即初主全不论之。以中主言之,即中年乃应也。若初主在中主后者,减半论之。若初主在末主地分之后者,全不论之。更在临时消息,看身命宫主,及诸星之力,以定贫富贵贱,并其星曜力分,分虽数以定之。凡定三方主远近,先算寿期长短,以三限分之,即可定期远近之灾福也,以定灾福应验之期也。

飞配诸宫第十

古经云:以二十八宿,定一十二月,将从朔日数之,以定身宫。盖太阴行度,有迟有疾有眺,数了切难为约定。但以历等,先定太阴所在之宫,便为身宫,以加时所至之宿,便为见生之宿。于此宿上,有三绝之宿,先数七宿为第一绝,次数十宿为第二绝,更数十宿为第三绝,凡相去二十五宿也。假令毕为见生之宿,即从毕数七,至星为第一绝;又从星数十,至尾为第二绝,又从尾数十,至奎为第三绝。凡为三绝日得患者,难治也。右身宫。

但生时,诸星曜落在陷宫,及五弱之位者,若与月同宫,即不为陷,缘日月无陷宫故也。或若对望旁合见,即可减三分之力论之。若在本分王庙之宫,即全力论之。若日木在主,大贵有钱,长寿。火在,妨母。火在前,损日月,减即可。土在,作事多滞,宜修道。金在,好容貌,多欲,得女人爱慕。

水在,好文,心巧有智。交在,宜官。天一在,小年近贵人也。太一在,毒害多灾。若有瘢痕及虫伤,火烧应之,即吉。与交同。右身宫灾福。

《紫唐经》云:"以太阳所在之宫宿为命宫,以加时所至之宿,便为命宿。"亦于此宿上,有六害之宿。以太阳所在之宿为第一命宿,前数四宿为第二宿,又前数七宿为第三宿,又前数四宿为第五宿,又前为第六。数五宿宿,若诸恶星押此六宿,悉有灾厄。以星曜之力言之,押命宿多灾厄,押意宿多不称意,押事宿多飞祸,押克宿多贼害,押聚宿多死亡,押同宿多离别。假令太阳在娄宿,便以娄为第一命宿,数四至毕为第二意宿,又自毕数七至星为第三事宿,又自星数四至轸为第四克宿,又自轸数四至氏为第五聚宿,又氏数五至箕为第六同宿。他皆仿此。又都例经云:天轮初出地平际,卯上星辰为命宫。以次定一十二位所有灾福,在七强宫中。右命宫。

昼生从日,夜生从月,从东出配之至终。如配在七强,福禄殊常。配在五弱位,即福薄,仍须以星曜逆顺,及旺庙言之,分其分数,须看配到之处有何星曜照临旁合,以定厚薄。又须看财位强弱助之,若昼生,夜三方主皆弱。右福德。

不以昼夜,从财宫主数至财宫,从东出配之至终。看其位高下,及有无星曜照临旁合,定之其主,是日因先代,月因外家,木因官长,火因兵盗,土因奴仆、田园,水因文书,金因妻。如已上宫中有善星,必因上事成之。恶星,因上事破之。首尾,即兵盗破。太一如上天一,因贵人成之。右财帛位。

白日从木至月,夜生反此,从东出配之善星守之,长命;恶星见之,夭折。但见木月,有寿。若木逆月在同宫未,则短寿。又恶星克,即夭亡。昼生火与月同,亦夭亡。如土克日,火克月,太一克木,皆减一分之力。木月又在无力之地,又减一分之力。火守西没,减四分之力。火守八煞,恶死。但善见木月,减一分之力。常以善恶累增损之,则得寿长短。限得阴范策,有百六之会，易周有百八之数。每一纪为一分之寿，即九分，有一百八岁也。如阴德可延一纪者，即一百二十岁。如定得分数，即余年余月余日尚未知之，即取木星余日，以太阳余日乘之所得，以周天分除之所为岁数，余则弃之。其周天分除不尽者，命以三十除为别本，以一十除为岁数。今且以十二除之月数，不尽为日数，则得所之纪余年余月余日也。每一纪一十二年，此法甚妙。更有一法，在行年宫篇收之。又若生男，后三日及九日，月至火守处，生女。七日后月至土守处，必主撮口，夜生尤甚妙。右寿命宫。

昼生从土至火，夜生反此，从东出配之。如是日月木水并好死，是蚀神火孛恶死，金因女人死，土好道死，木卒死，水冷疾死，土腹疾死，火见血死，蚀神惊怕死，孛劫死，天一与恶星并乐死。又常以申、酉二位定之，不以贫富贵贱，先须看此二位，大底不宜见火，必主恶死，虽大贵亦不免之。

故李公云：火星入宫一度至三度，笞死；至八度，乃剑死；至十一度，缢死；至十四度，水死；至十七度，呪诅死；至二十度，惊劫死；至二十三度，虫伤、刑害死；至二十六度，非横死；至二十八度，坠扑死；至三十度，市死。又若火在八煞位角亢，水死；氐房心狐魅死；尾箕，虫伤死；斗牛女，抵触死；虚危，魂寐死；室壁，水死；奎娄，虫伤死；胃勖，骨烟死；毕觜参，驰驴死；井鬼柳，捕逐死；星张，马坠死；翼轸，蛇豕死；十五度，必市死。又云：自南六宫乾位，虫伤并市死。北面六度，阴谋水火死。如火伏在此，及身命有木，贵而夭亡。无金木，夭折，中年死。

又一法，如筭至某年某月日死者，看其火在何宫，及看身命有何星曜，以此言之，即知死之所因也。阳宫从师子宫星宿，顺行数为头，张、翼、轸、角、亢、氐、房、心、尾、箕、斗、牛、女、虚六度已前，皆为阳位也。阴宫从巨蟹、柳宿逆数为头，至鬼、井、参、觜、毕、胃、昴、娄、奎、壁、室、危、虚七度已来，为阴宫也。日月木疾病死，火见血死，土坠死，金因女人死，水文字死，交中朋友死,天一贵人害死,太一兵盗死,不然用兵死。右死囚宫。

从师子星宿顺数为头,至张、翼、轸、角、亢、氐、房、心、尾、箕、斗、牛、女、虚六度已来,为阳位也。右阳宫。

从巨蟹,柳宿逆至虚七度已来,为阴位也。右阴宫。

昼夜皆从月至第八位,东出配之,看此位宫辰宿曜言之。但火土到此宫,即为灾。如火土是主星,不为灾也。即蚀,神天一为灾矣。又看其下临何宫位,以所并之宫是何宫?所临之位是何位?即言其妨害。缘主星在此,不为身分之灾,必临注他人也。如行年星曜到此宫,亦与生时同论之也若生时,即主一生之事。若行年如此者,即以星曜在此宫,月日为限也。右灾厄宫。

昼夜皆从日数至第六宫,从东出配之,以此宫宿所主言之,日月主眼目之疾,木主风疾,火主疮痍,土主肿痛,水主冷疾,金主嗽疾,交中内疾,天一心疾,太一中恶之疾。此乃生时,即一生如此。行年,即一年也。右疾患宫。

昼夜从土数至木,从东出配之,以此位宫宿所主言,及看强弱星曜临照,定其吉凶。若身命及此宫配在师子、人马、磨竭、宝瓶、双女,皆主少兄弟;如得鱼、羊竭、蟹,即多兄弟;如是鱼、羊、人马,夫妻有异类兄弟(即赫尔墨斯兄弟点)。

又从水数至木,从东出配之,其入克为妙。配在福德相貌位,有兄弟相宜。又以火守,三方主居土位,恶星不克为妙。中所经历者星,是兄弟数。看此位亦如上法,即知姊妹强弱也。如要知兄弟之数,白日看南面之宫有几星,夜生看北面之宫有几星,是兄弟姊妹之数,阳是兄弟,阴是姊妹。要知得力与不得力者,看其星善恶断之也。右兄弟宫(Valens 的观念,公式为兄弟点=Asc+木星-水星)。

昼夜皆从土至金,东出配之,看星曜论吉凶。但妻宫、妻位并见金,唯不宜见火,见即不吉。若善星助,亦妨。恶星克,即淫乱、恶声名、败家风。若金在娄,亦淫乱。若更火,即为娼妇。若木见,则有二妻,得女人之财。若日月见,得好妻。若土见,难婚及老幼不等。若见水,得好妻,会文字、音律。若蚀神,妻恶。亦妨之,见天一,得贵族之女。见太一,得丑恶之妻。又须以其宫在高下位定之[即男性婚姻点。行星中土星在最远位置,也代表阳性,金星代表女性,根据阳先阴后的原理,公式为 Asc＋金星－土星(昼夜同)有些人认为应该昼夜不同,但是 Abū Ma'shar 认为,昼夜同更准]。又从数至日月,从金配之约虚处,以行年配至终。右妻妾宫。

　　是婚姻之年也。此宫唯忌土火,见之必主难婚,或以贱为妻,亦少子。若土见金,又见妻宫,妻多病及不具足。若火见金,妻不良。火在金宫金度,亦同。右会合宫。

　　昼夜从金至土,东出配之。若其中有星曜,如上断之,亦依妻宫断之。右夫宫(即丈夫点,本书中的女性婚姻点,公式为 Asc＋土星－金星)。

　　昼夜从木至土,从东出配之。若其中有善星,必生好男女。有恶星,必生妨害。如自东出,至加临所至之宫,其中所经历者星曜,是女数。如先见阴星,首生是女。先见阳星,首生是男。以善星为淑善之男,以恶星为凶暴之子。以伏逆为伤害也,以阴阳星定男女力。右男女宫(即子女点)。

　　昼夜从火至木,东出配之。如行年上有金、木到,此必有男女。又木到火金元守,有子。又行年至木金元守,火到本元守,亦有子。又土与金水对,少子。若金月与恶星同在翻复宫,绝嗣。若星在阳宫,生时属阴,又在双女身宫,主双生。如增修宫在高位见月,即男女易养。若金在阴阳宫第二分,绝男女,主不生养。右生育宫(即本书的子女出生数目点,Asc＋木星－火星)。

　　昼夜从日至木,东出配之,在有力之位,善星临照,即有好男女。若被恶星克之,即少子难养,有少亦妨之。右男宫(即儿子点,公式为 Asc＋木－

日，一般古典占星内，此点公式为 Asc＋木星－月亮）。

昼夜从月至金，东出配之，一如前法，善恶星断其吉凶。要知其数，看从东出配到之宫，有几个星，是其数也。善星吉，恶星凶。以阴阳星，定其男女也。右女宫（即女儿点，公式为 Asc＋金－月）。

白日从日至土，夜生反此，东出配之，如有善星，父贵。如昼生，日见火；夜生，土见日；日与蚀神同并，主妨父也。右父宫（即父亲点）。

昼生从金至月，夜生反此，东出配之，看星善恶，定其吉凶。如昼生，火见月；夜生，土见月；及月在土下宫，皆主妨母。日月同在翻复宫，又居东方，此人父母不同类。日三方高，父强；月三方，母强也。凡日月与东出宫背，又被恶星照，此人父母必主离别。如金月在土下宫，母贱，亦恶声名。日宫主及三方主，在奴婢祸害宫，必父贱，及无禄也。若月宫主及三方主，在第六、十二，母贱，短寿。右母宫（即母亲点）。

昼夜从官宫主数至官宫，东出配之，看其高下，在高位，即为官大贵。若在下位，即为官毕下。如虽在高位，主星不照，恶星不尅，居官而无禄也。若在下位，主星又照，或居王庙，则为大官，只是不清贵也。如木、日、水、天一交首占高位，为文官。土、火、金、尾、孛在高，居武。常以星力浅深强弱，定其高下。又以其星，是主与不是主，及王庙而言之。又从土至月，东出配之，为武官。从木至水，东出配之，为文官。其高下，如上法断之。右官禄宫。

昼生从月至水，夜生反此，东出配之。唯不宜蚀神、太一、土、火并，已与身为仇雠害，施恩祸报。若此星曜对望旁合，同此论之。若此星曜在王庙，反灾为福，宜近武勇之人，结交得力也。若火在小十宫，即被人谋害。又日被火克，月被土克，并不宜知己也。右交游宫（即朋友点，昼生公式为 Asc＋水－月，夜生公式为 Asc＋月－水）。

白日从月至日，夜生反此，东出配之，此宫所主，善星见好修饰，见日好道,见木好丹,见月好释,见火多礼,见土好长生之术,见金好女人,见水好文章,见火好武勇,见天一好接贵人,见太一好奸虚作盗。对望旁合见,亦同此。右精魂增修宫(即精神点)。

白日从相貌宫至精魂增修宫,夜生反此,东出配之。若得牛、羊、鱼、摩等宫,多情欲。如见金尤甚。若水在羊竭,火在花树,鸳鸯好男色。金月在第四,男女俱淫,为巫现。若金留,与众通。若土木克,则淫于六畜。火与金,淫常不足。金在第八,好男女色。火在第九,亦同。金在狮子,好夺人妻妾。金在蟹、磨,有秽行。月在张九、氐十二、十三、十四、尾十二、胃十四、井二十四,金在奎二、参一、井十九、柳十三、氐五、斗十三、危十一,日在室十三、翼十三,水在井十五、翼三、氐四,火在井十五、翼十五、角六、亢四、氐五,已上皆主淫秽,亦以贱为妻,或受他妻为妻。其宫若男女宫并,即幸于男女也。与奴婢并,即幸于奴婢也。但以所并者,必私通之也。又金在第七位,土火同宫,浮恶毒,与外人私通,不择好恶。金在官宫,月在田宅,合取亲戚为妻,其位高强即吉。右情欲宫(情欲点公式昼生为 Asc＋精神点—12 宫轴,夜生为 Asc＋12 宫轴—精神点)。

昼夜从水至月,从东出配之。如在高位好星见,得奴婢之力。如下位恶星临之,主不得力,宜子细定之。若恶星守照,必婢逆作贼,火土首尾见之,常有害主之心。右奴婢宫(即赫尔墨斯奴仆点,公式为 Asc＋月—水,昼夜相同。Al－Andarzaghar 论奴仆点时,昼夜不同,夜间用 Asc＋水—月)。

白日从情欲至水,夜生反此,东出配之,看所临之位,必主事多艰迫也。假如临男女宫,即于男女上多致艰迫。右艰迫宫。

从天想宫日至月,地想宫从月至日,此二宫皆业次之分也。每宫分为三分,即每分十度也。此定之其事极繁,皆出五行定分经中,此乃更不具录也。右天想宫。

秤星力分第十一

夫定人灾福,先以身命宫,次以三方主定之。若身命宫主不得力,但得三方主居好处,亦得中下富贵。如三方主俱不得力,身命主在好位,亦得小富小贵。

木在第三宫,与月同俱不为陷,又日月无陷宫,所到之处皆如福。如星曜在五弱之位见日月,俱不为陷,仍可减力论之。如首尾在四正宫,为官之人也。首多吉,尾多凶。如太一、土、火,虽为官,必患恶疮致死也。

若身宫主及方主,俱在下位,余星在高位,得三分之力;若居王庙之宿,得六分之力;身命主及方主,俱在下位,居王庙之官,诸星在高位,得七分之力;若诸星不得力、得四分之力;若身命主、方主,在下位,居王庙,余星在高处,亦居王庙、得八分之力;若身命主、方主居高、余星在下位居王庙,得九分之力;若身命主居王庙,占高位,得六分之力;若身命主不在好处,三主居主王庙在好处,方主王庙,在下之位,得六分之力;在有力位,但身主、命主一与方主并,即未定其灾福,仍须常见日月,即得十分之力;每星曜见日月,即得十分之力;每星曜见日月,即加二分之力;不见,即可减二分力论之。

星曜在王庙好乐,得多少力各不同。木在室,得八分力;在鬼,得十分力;在人马,得四分之力。火在心,得十分;在斗,得六分。土在斗,得十分;在亢,八分;在虚,四分之力。金在亢,得十分;在胃,九分;在昴,八分力;在毕,六分;在室,五分之力。水在翼,十分;在轸,九分。日在星,十分;在娄,八分。月在胃,八分;在昴,七分;在毕,六分;在蟹宫,得四分力。首在星得六分力;在轸,八分力。尾在壁,八分。天一在女,得十分之力;月孛在柳,得六分之力。

若身命主、方主在王庙,居强位见日月,得十分力。若在于本分地位,倍之。如留,又倍之,得三十分之力也。若在下位,得七分之力;见日月,得七分之力。若余星不在王庙，居强位见日月，得八分之力；不见日月，不得力。若余星在高处，不居王庙，得八分之力；不见日月，五分之力。但与主星减二分力论之也。凡星曜入王庙之宫，不在王庙之度，有及与不及，至与不至，亦须加减是之。或向或背，亦须增损断之。向王庙之度者，为星跃顺行，其王庙之度在前。若星逆行，其王庙之度在后，即为向也。背王庙之度者，为星曜顺行，其王庙度在后。星逆行，王庙度在前，皆为背也。又及与不及者，为王庙之度在前，星行得至，其度为及也。不及者，为王庙之度在前，星行不至，其度便留，留乃逆，并为不及也。不至者，为星曜逆行，王庙之度在后，欲至其度，而便留，留乃复顺，为不至也，得至者，王庙之度在后，星逆行，入其度也。向者，得及得至者，并城二分力论。若背与不及，不至者，并减四分论之。若近者，王庙之度三日而得至者，并可减一分之力论之。若在其王庙之宿度，即十分论之。更若临本分地位者，倍而论之。若留守其宿者，又再倍而论之。若顺，即为文；逆，即为武。须在七强之位，即大贵也。若身命主、方主在五弱之位者，大贫之人也。

凡言善星被恶星克者，虽是同宫，须有凌犯即为尅也。若恶星在前，日月五星不出其宫行住犯之，即为灾。若恶星在后，星曜逆来浚者，即灾甚也。若善星在前，恶曜逆来犯者，灾亦甚重矣。若星曜在后，恶星逆来凌者，灾尤重也。若善星在前，恶星在后，恶星行疾者，不为凌，不凌不犯，不为灾也。若七日内有凌犯者，即不为离褆褓。

若日月在高处，恶星在下位来克，不为灾也。若善星与日月在下位，恶星在高处来克，必为灾也。若俱在高处，所克不深。若在下位，所犯必重也。若生时，日月交蚀，则不具足也。若火逆来见日月，得善星救，则损目。不救，则撮口死。木主重位，土主重务，金主女人女业，水主文才，火主武略，交主兵权，天一主服色贵，太一主刑杀，日主天子，月主后妃。月在第五，多男女。水在西没，怕妻。火逆，非命。土犯，命少孤，宜为道僧。火犯,命勇猛好杀。木犯,命有寿。金之厄。命有女人之厄。水犯,命劣技能。日犯,命贵人。重彗曜犯,命妨妻。金,性快,自用意。火,性急,难侵犯。土,性厚,多仁惠。水,性聪,多能解。木,性仁,好梗直。日主先代,月主外家,木为福惠,火为官,土为田宅,金为妻,水为艺业。土为腹疾,水为冷疾,火为官事、虫伤,金为女人色欲,木为风疾,水为文学言语。

行年灾福第十二

但以东出宫为首,一岁一移宫,直须过生日后,方可移宫。常以行年宫主,言其吉凶。若得日为主,须候太阳至本王庙宫宿之时,有喜宜近贵人。如行年得月水为主,则月水行疾,当以身命主及本主星推之时为主,则有非常之喜。在顺行之时,仍须在有力之地。木至身命主,先有灾忧,后有大喜。若得火为主,灾在逆伏身命,及行年,必为灾。若是主星,即看何时至官、命,及第三、第九,皆为有喜之时也。若得土为主,合作事钝滞,多破财、病病,在逆伏之时也。若是主星,即合有土地之权,须在有力之地。若庶人,则多钱。若得金为主,看何时到本王庙之,皆为有喜之时也。又常以生时三绝六害之宿,定逐年吉凶,亦甚准,的宜用之也。

岁星入命,主远行起灾。位寅上,得财,见贵人;丑上,兄弟不和;子上,损六畜,或因六畜所损;亥上,忧子;戌上,远行吉;酉上,生贵子,迁官;申上,平平;未上,大喜;亦妨鞍马灾。午上,迁官;巳上,得知己力;辰上,远行即吉。荧惑入命,六十日惊恐,苍肿血光。寅上,失财;丑上,得财;子上,官灾疾病;亥上,忧妻子;戌上,损六畜、奴婢;酉上,女人口舌,妻子血光;申上,为人谋害;未上,作事不成;午上,忧官;巳上,大吉,小人即凶;辰上,兵厄,生时得力,不为灾;镇星入命,夜生灾;寅上,小口破财;丑上,大吉;子上,远行;亥上,子孙争论;未上,迁官;戌上,有喜;酉上,妻患;申上,大吉。

午上,加官;巳上,忧小口,哭泣;辰上,破财。太白入命,争讼起。寅上,加衣;丑上,加六畜;子上,忌咒诅;亥上,有疾病、口舌;酉上,逢贵人;戌上,进财;申上,女人为灾;午上,有不测之喜;巳上,大人举焉;辰上,恶人累及。

　　天一到处,皆为喜。太一到处,皆为灾。蚀神入命,毁谤、口舌。寅上,损财;丑上,兄弟不和;子上,父母疾病;亥上,损子;戌上,得贵人力;酉上,损财、妨妻;申上,贵人往来;未上,百事吉;午上,先忧后喜;巳上,得贵人接引;辰上,心不安,为人连累。火至三、六、十一,皆喜。木至二、五、七、九,皆喜。若逆入六、十,火来即死。水日火至命,皆为灾。土至三、六、十一,喜。金至三、四、五、十、十二,皆喜。

　　行年至土元守宫,灾至;火元守,合有子。火土见,力减;至木元守宫,火土见,亦为灾;至金元守,宜婚姻,有子;至水元守宫,土火见,有灾。木见,则不为灾;至月元守宫,火土见,灾重;至日元守宫,宜入仕,见贵人;至土元守宫,亦多灾。日月至土、火元守宫,土火至日月元守官,土至火元守宫,皆为灾重。日至金元守,喜、火至金元守,有女人灾;土至金元守,喜;土至木元守,有官灾;木至火元守,有子。火至土元守（疑有缺漏）喜;土至日元守,灾;火至月元守,破财、疾病;木至土元守,大富,得财。金至土元守,大吉;金至木元守,因女人破财;金至火元守,心疾;金至水元守,因文书喜。水至木元守,有盗;水至金元守,有吉。火至木元守,忧公事;日月至木元守,皆有喜。

　　右件,行年更有细微灾福,备在诸经,此即撮要而已,故不尽录也。

www.ingramcontent.com/pod-product-compliance
Lightning Source LLC
Chambersburg PA
CBHW070854120626
46546CB00001B/10